Jörg Bialon, Uwe Springer
Eingriffsrecht

Eingriffsrecht
Eine praxisorientierte Darstellung

von

Jörg Bialon M.A.
Kriminalhauptkommissar beim Polizeipräsidium Duisburg und
Lehrbeauftragter an der FHöV NRW

Uwe Springer
Polizeidirektor und hauptamtlicher Dozent an der FHöV NRW

4. Auflage 2018

C.H.BECK

Zitiervorschlag: *Bialon/Springer* EingriffsR Rn.

www.beck.de

ISBN 978 3 406 72245 5

© 2018 Verlag C.H. Beck
Wilhelmstraße 9, 80801 München
Druck: Nomos Verlagsgesellschaft mbH & Co. KG / Druckhaus Nomos
In den Lissen 12, 76547 Sinzheim
Satz: Fotosatz Buck,
Zweikirchener Straße 7, 84036 Kumhausen

Umschlaggestaltung: Martina Busch Grafikdesign, Homburg Saar
© Elena Genova, iStockphoto

Gedruckt auf säurefreiem, alterungsbeständigem Papier
(hergestellt aus chlorfrei gebleichtem Zellstoff)

Vorwort

Mit diesem Werk gehen wir bereits in die 4. Auflage. Dies ist nur deshalb möglich, weil die Nachfrage und die Bewertungen der ersten Auflagen eine Weiterführung und Weiterentwicklung fast zwangsläufig einfordern und uns immer wieder motivieren, die Aktualität des Werks in allen Bereichen aufrecht zu erhalten.

Umstrukturierungen am Studiengang sind ebenso wieder eingearbeitet wie Gesetzesänderungen und aktuelle Rechtsprechung. Hervorzuheben sind die Neuerungen zur Einziehung und Unbrauchbarmachung, die neuen Vorschriften zur Vernehmung von Beschuldigten und Zeugen und die Gesetzesänderungen zur Entnahme von Blutproben.

Aber auch die bestehenden Darstellungen und Erläuterungen wurden an die neueste Rechtsprechung und die neuesten Literaturkommentierungen angepasst, sodass mit dieser Auflage wieder ein Werk vorliegt, das insgesamt den aktuellen Strukturen des Bachelorstudiengangs für den Polizeivollzugsdienst in Nordrhein-Westfalen und dem aktuellen Rechtsstand entspricht (Stand: 31.5.2018).

Die aktuelle Sicherheitslage regt in vielen Bereichen Denkprozesse an, die häufigere Gesetzesänderungen mit sich bringen, sodass auch das noch so aktuellste Werk von Neuerungen eingeholt werden kann. Wir versichern, dass wir in diesem Fall – so wie auch bei der 3. Auflage – Neuerungen über die Internetseite des Beck-Verlags zugänglich machen, sodass die Aktualität für jeden Fall gewahrt bleibt.

Es hat sich bewährt, Änderungs- oder Verbesserungsvorschläge von Studierenden und Dozenten für die nächste Auflage entgegenzunehmen und dann gegebenenfalls einzuarbeiten. In diesem Sinne bitten wir auch weiterhin um Anregungen.

Duisburg und Düsseldorf, Juni 2018 *Jörg Bialon und Uwe Springer*

Vorwort zur 1. Auflage

Zum 1. September 2012 beginnt im Fachbereich Polizei der Fachhochschule für öffentliche Verwaltung NRW ein neu konzipierter Bachelor-Studiengang. Auch für das Fach Eingriffsrecht haben sich dabei Änderungen ergeben. Zum einen sind die Inhalte aus didaktischen Gründen reduziert worden. Zum anderen wurden die Themen auch anders als bisher auf verschiedene Module verteilt. Dabei ist wesentlich, dass das Grundlagenmodul, mit dem das Studium beginnt, nun von September bis Mai dauert. Aufbauend auf dem Grundlagenmodul werden in weiterführenden themenspezifischen Modulen weitere Befugnisse des Eingriffsrechts gelehrt. Das vorliegende Buch hat sich zum Ziel gesetzt, den Aufbau des neuen Studiengangs bezogen auf Eingriffsrecht inhaltlich wiederzugeben. Damit wird Studierenden ermöglicht, im Studium den Überblick zu behalten. Das Buch erhebt nicht den Anspruch, die jeweilige Materie bis in die Tiefe zu erläutern. Vielmehr geht es darum, Studentinnen und Studenten in die Lage zu versetzen, sich einführend mit dem jeweiligen Thema zu beschäftigen und dadurch in den Präsenzveranstaltungen und auch im Selbststudium aktiv das Studium zu gestalten.

Das Buch ist aus Begleitheften entstanden, die zu den einzelnen Modulen konzipiert waren. Diese Hefte wurden sehr erfolgreich von den Studenten eingesetzt. Insofern bedanken sich die Autoren bei Christoph Keller, der eine Reihe von ursprünglich von ihm für die Begleithefte geschriebenen Artikeln zur Verfügung gestellt hat. Diese Skripte wurden überarbeitet und an die Ziele des Buches angepasst. Dank gilt auch Prof. Dr. Andreas Mertens, der viele Beiträge gegengelesen und hilfreiche Anmerkungen dazu gegeben hat.

Die Autoren wünschen den Lesern viel Erfolg für das Studium und hoffen, dass dieses Buch einen kleinen Beitrag dazu leisten kann.

Inhaltsverzeichnis

Abkürzungsverzeichnis

aA	anderer Auffassung/andere Ansicht
ABl.	Amtsblatt der Europäischen Union
Abs.	Absatz
AEUV	Vertrag über die Arbeitsweise der Europäischen Union
AllgVerwR	Allgemeines Verwaltungsrecht
AMG	Arzneimittelgesetz
Anm.	Anmerkung
Art.	Artikel
AsylG	Asylgesetz
AufenthG	Aufenthaltsgesetz
AufenthV	Aufenthaltsverordnung
Aufl.	Auflage
AZRG	Ausländerzentralregistergesetz
BAMF	Bundesamt für Migration und Flüchtlinge
BannMG	Bannmeilengesetz
BayObLG	Bayerisches Oberstes Landesgericht
BeamtStG	Beamtenstatusgesetz
BeckRS	Beck Rechtsprechung
Beschl.	Beschluss
BewachV	Bewachungsverordnung
BGB	Bürgerliches Gesetzbuch
BGBl.	Bundesgesetzblatt
BGH	Bundesgerichtshof
BGHSt	Entscheidungen des Bundesgerichtshofs in Strafsachen
BKA	Bundeskriminalamt
BPolG	Bundespolizeigesetz
BremPolG	Bremisches Polizeigesetz
BT-Drs.	Bundestagsdrucksache
BtM	Betäubungsmittel
BtMG	Betäubungsmittelgesetz
BuF	Beobachtungs- und Feststellungsbericht
BVerfG	Bundesverfassungsgericht
BVerfGE	Amtliche Sammlungen der Entscheidungen des Bundesverfassungsgerichts
BVerwG	Bundesverwaltungsgericht
BVerwGE	Amtliche Sammlungen der Entscheidungen des Bundesverwaltungsgerichts
bzw.	beziehungsweise
CEPOL	Europäische Polizeiakademie (auch EPA)
COSI	Ständiger Ausschuss für die operative Zusammenarbeit im Bereich der inneren Sicherheit
DAD	DNA-Analyse-Datei

DAR	Deutsches Autorecht (Zeitschrift)
dh	das heißt
Diss	Dissertation
DNA	Desoxyribonukleinsäure
DÖV	Die öffentliche Verwaltung (Zeitschrift)
DPolBl	Deutsches Polizeiblatt (Zeitschrift)
Drs.	Drucksache
DSG	Datenschutzgesetz
DVBl	Deutsches Verwaltungsblatt (Zeitschrift)
DWW	Deutsche Wohnungswirtschaft
EAD	Europäischer Auswärtiger Dienst
EBDD	Europäische Beobachtungsstelle für Drogen und Drogensucht
EGGVG	Einführungsgesetz zum Gerichtsverfassungsgesetz
EGMR	Europäischer Gerichtshof für Menschenrechte
EingriffsR	Eingriffsrecht
EMA	Einwohnermeldeamt
EMRK	Europäische Menschenrechtskonvention
EPA	Europäische Polizeiakademie (auch CEPOL)
EPICC	Euregionale Informations- und Cooperationscentrum
Erl.	Erlass
EU	Europäische Union
EuGH	Europäischer Gerichtshof
EuHbG	Europäisches Haftbefehlsgesetz
Eurojust	Einheit für justizielle Zusammenarbeit der Europäischen Union
Europol	Europäisches Polizeiamt
EUV	Vertrag über die Europäische Union
EZB	Europäische Zentralbank
f.	folgende
FamFG	Gesetz über das Verfahren in Familiensachen und in den Angelegenheiten der freiwilligen Gerichtsbarkeit
FeV	Fahrerlaubnisverordnung
ff.	fortfolgende
Frontex	Europäische Agentur für die operative Zusammenarbeit an den Außengrenzen der Mitgliedstaaten der Europäischen Union
G	Gesetz
GA	Goltdammer's Archiv für Strafrecht (Zeitschrift)
gem.	gemäß
GesEntw LRg	Gesetzesentwurf der Landesregierung
GewO	Gewerbeordnung
GewSchG	Gewaltschutzgesetz
GG	Grundgesetz
GPT	Grenzüberschreitendes Polizeiteam
GÜG	Grundstoffüberwachungsgesetz
GV. NRW	Gesetz-und Verordnungsblatt für das Land NRW

GVBl	Gesetz- und Verordnungsblatt (zB Berlin)
GVG	Gerichtsverfassungsgesetz
HambSOG	Hamburgisches Gesetz zum Schutz der öffentlichen Sicherheit und Ordnung
HdB	Handbuch
HK-GS	Handkommentar Gesamtes Strafrecht
hM	herrschende Meinung
ICT	Intra-Corporate Transfer
IDF	Identitätsfeststellung
idR	in der Regel
IGVP	Integrierte Vorgangsbearbeitung Polizei
IM	Innenministerium
IRG	Gesetz über die internationale Rechtshilfe in Strafsachen
iSd	im Sinne der (des)
iSv	im Sinne von
iVm	in Verbindung mit
JA	Juristische Arbeitsblätter (Zeitschrift)
JGG	Jugendgerichtsgesetz
JurisPR-ITR	Juris PraxisReport IT-Recht (Zeitschrift)
JURA	Juristische Ausbildung (Zeitschrift)
JuS	Juristische Schulung (Zeitschrift)
JuSchG	Jugendschutzgesetz
JustG	Justizgesetz
KK	Kriminalkommissariat
KPB	Kreispolizeibehörde
krit.	kritisch
KUG	Kunsturheberrechtsgesetz
LBG	Landesbeamtengesetz
LFischG	Landesfischereigesetz
LG	Landgericht
LImSchG	Landesimmissionsschutzgesetz
LKA	Landeskriminalamt
LT	Landtag
LZG	Landeszustellungsgesetz
MBl	Ministerialblatt
MIK	Ministerium für Inneres und Kommunales
mwN	mit weiteren Nachweisen
NJW	Neue Juristische Wochenschrift (Zeitschrift)
NPA	Neues Polizeiarchiv (Zeitschrift)
Nr.	Nummer
NRW	Nordrhein-Westfalen
NStZ	Neue Zeitschrift für Strafrecht
NVwZ	Neue Zeitschrift für Verwaltungsrecht
ofW	ohne festen Wohnsitz
OLAF	Europäisches Amt für Betrugsbekämpfung
OLG	Oberlandesgericht
OVG	Oberverwaltungsgericht
OWiG	Ordnungswidrigkeitengesetz

PfP	Partnership for Peace
POG	Polizeiorganisationsgesetz
PolDÜV NRW	Verordnung über die Zulassung der Datenübermittlung von der Polizei an ausländische Polizeibehörden
PolG	Polizeigesetz
PolizeiR	Polizeirecht
POR	Polizei- und Ordnungsrecht
PSP	Polizei – Studium – Praxis
PsychKG	Gesetz über Hilfen und Schutzmaßnahmen bei psychischen Krankheiten
RdErl.	Runderlass
RdSchr.	Rundschreiben
RIS	Recht auf informationelle Selbstbestimmung
RiStBV	Richtlinien für das Straf- und Bußgeldverfahren
RiVASt	Richtlinien für den Verkehr mit dem Ausland in strafrechtlichen Angelegenheiten
Rn.	Randnummer
s.	siehe
SDÜ	Schengener Durchführungsübereinkommen
SIS	Schengener Informationssystem
SKB	Szenekundige Beamte
sog.	sogenannt(e)
StA	Staatsanwaltschaft
StGB	Strafgesetzbuch
StPO	Strafprozessordnung
StraFo	Strafverteidiger Forum (Zeitschrift)
StrafVerfR	Strafverfahrensrecht
StRR	StrafRechtsReport (Zeitschrift)
StV	Strafverteidiger
StVG	Straßenverkehrsgesetz
StVO	Straßenverkehrsordnung
SVR	Straßenverkehrsrecht
TierSchG	Tierschutzgesetz
Urt.	Urteil
uU	unter Umständen
uva	und viele andere
v.	vom
VE	Verdeckter Ermittler
VersammlG	Versammlungsgesetz
VG	Verwaltungsgericht
VGH	Verwaltungsgerichtshof
vgl.	vergleiche
ViVA	Verfahren zur integrierten Vorgangsbearbeitung und Auskunft
VR	Verwaltungsrundschau (Zeitschrift)
VV	Verwaltungsvorschrift
VwGO	Verwaltungsgerichtsordnung
VwVfG	Verwaltungsverfahrensgesetz

Literaturverzeichnis

Lehrbücher zum Eingriffsrecht

Benfer, J./Bialon, J., Rechtseingriffe von Polizei und Staatsanwaltschaft, 4. Aufl. 2010 (zit.: *Benfer/Bialon* Rechtseingriffe)

Hansen, P., Eingriffsrecht Nordrhein-Westfalen, 2002 (zit.: *Hansen* EingriffsR NRW)

Lisken, H./Denninger, E., Handbuch des Polizeirechts, 5. Aufl. 2012 (zit.: *Bearbeiter* in Lisken/Denninger HdB PolizeiR)

Nimtz, H./Thiel, M., Eingriffsrecht Nordrhein-Westfalen, 1. Aufl. 2017 (zit.: *Nimtz* EingriffsR NRW)

Osterlitz, T., Eingriffsrecht im Polizeidienst, Bd. I und II, 14. Aufl. 2017 (zit.: *Osterlitz* EingriffsR I oder II)

Kay, W./Böcking, R., Allgemeines Verwaltungs- und Eingriffsrecht im Polizeidienst, Bd. II, 4. Aufl. 2003 (zit.: *Kay/Böcking* AllgVerwR/EingriffsR II)

Tetsch, L. J., Eingriffsrecht, Bd. I, 4. Aufl. 2008 (zit.: *Tetsch* EingriffsR I)

Tetsch, L. J., Eingriffsrecht, Bd. II, 4. Aufl. 2010 (zit.: *Tetsch* EingriffsR II)

Fallsammlungen zum Eingriffsrecht

Bialon, J./Springer, U., Fälle zum Eingriffsrecht, 2. Aufl. 2018 (zit.: *Bialon/Springer* Fälle EingriffsR)

Keller, C., Eingriffsrecht Nordrhein-Westfalen, 3. Aufl. 2010 (zit.: *Keller* EingriffsR NRW)

Lehrbücher zum Polizeirecht allgemein

Götz, V./Geis, M.-E., Allgemeines Polizei- und Ordnungsrecht, 16. Aufl. 2017 (zit.: *Götz/Geis* POR)

Gusy, C., Polizei- und Ordnungsrecht, 10. Aufl. 2017 (zit.: *Gusy* POR)

Knemeyer, F.-L., Polizei- und Ordnungsrecht, 11. Aufl. 2007 (zit.: *Knemeyer* POR)

Kugelmann, D., Polizei- und Ordnungsrecht, 2. Aufl. 2011 (zit.: *Kugelmann* POR)

Möller, M./Warg, G., Allgemeines Polizei- und Ordnungsrecht, 6. Aufl. 2011 (zit.: *Möller/Warg* POR)

Pieroth, B./Schlink, B./Kniesel, M., Polizei- und Ordnungsrecht, 9. Aufl. 2016 (zit.: *Pieroth/Schlink/Kniesel* POR)

Schenke, W.-R., Polizei- und Ordnungsrecht, 10. Aufl. 2018 (zit.: *Schenke* POR)

Thiel, M., Polizei- und Ordnungsrecht, 3. Aufl. 2016 (zit.: *Thiel* POR)

Lehrbücher zum Polizeirecht NRW

Dietlein, J./Hellermann, J., Öffentliches Recht in Nordrhein-Westfalen, 6. Aufl. 2016 (zit.: *Dietlein/Hellermann* ÖffR NRW)

Haurand, G., Allgemeines Polizei- und Ordnungsrecht Nordrhein-Westfalen, 7. Aufl. 2017 (zit.: *Haurand* POR NRW)

Hemmer, K.-E./Wüst, A./Christensen, R./Kübbeler, C., Polizei- und Ordnungsrecht Nordrhein-Westfalen, 6. Aufl. 2018 (zit.: *Hemmer/Wüst/Christensen/Kübbeler* POR NRW)

Pieper, H.-G., Polizei- und Ordnungsrecht NRW, 1. Aufl. 2017 (zit.: *Pieper* POR NRW)

Schütte, M./Braun, F./Keller, C., Eingriffsrecht, 1. Aufl. 2016 (zit.: *Schütte/Braun/Keller* EingriffsR NRW)

Wolffgang, H.-M./Hendricks, M./Merz, M., Polizei- und Ordnungsrecht in Nordrhein-Westfalen, 3. Aufl. 2011 (zit.: *Wolffgang/Hendricks/Merz* POR NRW)

Kommentare zum Polizeigesetz NRW

Schütte, M./Braun, F./Keller, C., Polizeigesetz Nordrhein-Westfalen, 2012 (zit.: *Schütte/Braun/Keller* PolG NRW)

Tegtmeyer, H./Vahle, J., Polizeigesetz Nordrhein-Westfalen, 12. Aufl. 2018 (zit.: *Tegtmeyer/Vahle* PolG NRW)

Tetsch, J./Baldarelli, M., Polizeigesetz des Landes Nordrhein-Westfalen, 2011 (zit.: *Tetsch/Baldarelli* PolG NRW)

Möstl, M./Kugelmann, D., BeckOK Polizei- und Ordnungsrecht Nordrhein-Westfalen, 8. Ed. 2018 (zit.: BeckOK PolR/*Bearbeiter*, Stand, PolG NRW)

Versammlungsrecht

Arbeitskreis Versammlungsrecht, Musterentwurf eines Versammlungsgesetzes, 2011

Brenneisen, H./Wilksen, M., Versammlungsrecht 4. Aufl. 2011 (zit.: *Brenneisen/Wilksen* VersammlR)

Dietel, A./Gintzel, K./Kniesel, M., Versammlungsgesetz, 17. Aufl. 2016 (zit.: *Dietel/Gintzel/Kniesel* VersammlG)

Ott, S./Wächtler, H./Heinhold, H., Gesetz über Versammlungen und Aufzüge, 7. Aufl. 2010 (zit.: *Ott/Wächtler/Heinhold* VersammlG)

Weber, K., Grundzüge des Versammlungsrechts unter Beachtung der Föderalismusreform, 2010 (zit.: *Weber* Grundzüge VersammlR)

Waffenrecht

Gade, G. D./Stoppa, E., Waffengesetz, 2011 (zit.: *Gade/Stoppa* WaffenG)

Gade, G. D., Basiswissen Waffenrecht, 4. Aufl. 2017 (zit.: *Gade* Basiswissen WaffenR)

Heller, R. E./Soschinka, H., Waffenrecht, 3. Aufl. 2013 (zit.: *Heller/Soschinka* WaffenR)

Steindorf, J./Heinrich, B./Papsthart, C., Waffenrecht, 10. Aufl. 2015 (zit.: *Steindorf/Heinrich/Papsthart* WaffenR)

Lehrbücher zum Strafverfahrensrecht

Beulke, W., Strafprozessrecht, 13. Aufl. 2016 (zit.: *Beulke* StrafProzR)

Brodag, W.-D., Strafverfahrensrecht, 13. Aufl. 2014 (zit.: *Brodag* StrafVerfR)

Hartmann, A./Schmidt, R., Strafprozessrecht, 6. Aufl. 2016 (zit.: *Hartmann/Schmidt* StrafProzR)

Hartmann-Wergen, T., Grundlagen zum Strafprozessrecht, 8. Aufl. 2017 (zit.: *Hartmann-Wergen* Grundlagen StrafProzR)

Heger, M., Strafprozessrecht, 2013 (zit.: *Heger* StrafProzR)

Klesczewski, D., Strafprozessrecht, 2. Aufl. 2013 (zit.: *Klesczewski* StrafProzR)

Kramer, B., Grundlagen des Strafverfahrensrechts, 8. Aufl. 2014 (zit.: *Kramer* Grundbegriffe StrafVerfR)

Lübkemann, W., Strafrecht, Strafverfahrensrecht, Ordnungswidrigkeitenrecht, 27. Aufl. 2013 (zit.: *Lübkemann* StrafR*)*

Putzke, H./Scheinfeld, J., Strafprozessrecht, 7. Aufl. 2017 (zit.: *Putzke/Scheinfeld* StrafProzR)

Roxin, C./Schünemann, B., Strafverfahrensrecht, 29. Aufl. 2017 (zit.: *Roxin/Schünemann* StrafVerfR)

Schroeder, F.-C./Verrel, T., Strafprozessrecht, 7. Aufl. 2017 (zit.: *Schroeder/Verrel* StrafProzR)

Volk, K./Engländer, A., Grundkurs StPO, 8. Aufl. 2013 (zit.: *Volk/Engländer* GK StPO)

Kommentare zur Strafprozessordnung

Hannich, R., Karlsruher Kommentar, Strafprozessordnung, 7. Aufl. 2013 (zit.: KK-StPO/*Bearbeiter*)

Joecks, W., Studienkommentar StPO, 4. Aufl. 2015 (zit.: *Joecks* StPO)

Löwe, E./Rosenberg, W., Löwe/Rosenberg, Die Strafprozessordnung und das Gerichtsverfassungsgesetz, 26. Aufl. 2006–2014 (zit.: LR/*Bearbeiter*)

Meyer-Goßner, L./Schmitt, B., Strafprozessordnung, 60. Aufl. 2017 (zit.: Meyer-Goßner/Schmitt/*Bearbeiter*)

Wolter, J., Systematischer Kommentar, Strafprozessordnung, 5. Aufl. 2016/2018 (zit.: SK-StPO/*Bearbeiter*)

Kommentare zum Ordnungswidrigkeitenrecht

Göhler, E., Kommentar, Gesetz über Ordnungswidrigkeiten, 17. Aufl. 2017 (zit.: Göhler/*Bearbeiter* OWiG)

Lemke, M./Mosbacher, A., Ordnungswidrigkeitengesetz, 2. Aufl. 2005 (zit.: *Lemke/Mosbacher* OWiG)

Mitsch, W., Karlsruher Kommentar zum Gesetz über Ordnungswidrigkeiten, 5. Aufl. 2018 (zit.: KK-OwiG/*Bearbeiter*)

Lehrbücher/Kommentare zum Jugendschutzrecht

Nikles, B./Roll, S./Spürck, D./Erdemir M./Gutknecht, S., Kommentar zum Jugendschutzrecht und Jugendmedienschutz-Staatsvertrag, 3. Aufl. 2011 (zit.: Nikles/Roll/Spürck/Erdemir/Gutknecht/*Bearbeiter* JugendschutzR)

Trittermann, K., Jugendschutz, 2012 (zit.: *Trittermann* Jugendschutz)

Wieser, R., Jugendschutz in der Öffentlichkeit, 2. Aufl. 2012 (zit.: *Wieser* Jugendschutz)

Jäckel, A./Mundinger, K., Jugendschutzgesetz, 3. Aufl. 2015 (zit.: *Jäckel/Mundinger* JugendschutzG)

1. Teil. Grundstudium

1. Abschnitt. Handlungsformen und Rahmen polizeilicher Aufgabenwahrnehmung

Die Hauptaufgaben der Polizei befinden sich im Bereich der Verfolgungsmaß- **1** nahmen (von Straftaten und Ordnungswidrigkeiten) und im Bereich der Gefahrenabwehr. Man spricht hier auch von Repression und Prävention.

Während in früheren Zeiten eine klassische Trennung der Rechtsgebiete vollzogen wurde, befasst sich das Fach „Eingriffsrecht" mit Sachverhalten, bei denen sowohl repressiv als auch präventiv eingeschritten wird. Die frühere Trennung in Strafverfahrensrecht/Ordnungswidrigkeitenrecht (Repression) und Polizeirecht (Prävention) wurde für die Vermittlung des „polizeilichen Handlungsrechts" an der FHöV NRW (und auch bei den anderen Bildungseinrichtungen der Polizei) aufgegeben.

Dies entspricht in der Tat dem polizeilichen Alltagshandeln, denn hier ist der Polizeibeamte mit Sachverhalten konfrontiert, bei denen er in kürzester Zeit entscheiden muss, auf welchem Rechtsgebiet er tätig wird und welche Rechtsnorm damit Anwendung findet.

Gerade auch in der Bachelorausbildung des Polizeivollzugsdienstes NRW hat sich die gemeinsame Vermittlung der Inhalte der Prävention und Repression in Theorie und Training bewährt und gewährleistet schon in den ersten Praxiseinsätzen eine ganzheitliche rechtliche Betrachtung polizeilicher Einsatzsituationen.

1. Kapitel. Hauptaufgaben der Polizei

Das Tätigkeitsfeld der Polizei lässt sich in drei Hauptaufgaben einteilen: **2**

Verfolgung von Straftaten	Gefahrenabwehr	Verfolgung von Ordnungswidrigkeiten

Im Rahmen dieser Aufgabenerfüllung nimmt die Polizei Rechtseingriffe vor. **3** Ein Grundrechtseingriff ist „jedes staatliche Handeln, das dem Einzelnen ein Verhalten, das in den Schutzbereich eines Grundrechts fällt, ganz oder teilweise unmöglich macht."[1] Von Rechtseingriffen spricht man also dann, wenn in Grundrechte eines Bürgers eingegriffen wird.

Grundrechte im formalen Sinne sind die Bestimmungen der Art. 1–19 GG.[2] **4**

Im Rahmen präventiver Aufgabenerfüllung (**Gefahrenabwehr**) werden dabei **5** folgende Handlungsarten unterschieden:

---

[1] *Pieroth/Schlink* StaatsR II Rn. 253.
[2] Inhaltsverzeichnis des Grundgesetzes der Bundesrepublik Deutschland.

Schlicht-hoheitliches Handeln	**Handeln durch Verwaltungsakt**	Faktische Eingriffe

„Klassische" Handlungsform der Gefahrenabwehr ist die Ordnungs- oder Polizeiverfügung, also ein Gebot oder Verbot gegenüber dem Bürger, damit dieser selbst tätig wird oder eine mögliche Handlung unterlässt.[3]

6   Diese Handlungsform stellt einen Verwaltungsakt iSd § 35 S. 1 VwVfG NRW dar. Der Verwaltungsakt ist dabei eine **hoheitliche Maßnahme** einer **Behörde** auf dem Gebiet des **öffentlichen Rechts** zur Regelung **eines Einzelfalls** mit **unmittelbarer Außenwirkung.**

Schlicht-hoheitliches Handeln	Handeln durch Verwaltungsakt	Faktische Eingriffe

7   Eine schlicht-hoheitliche Handlung ist eine eingriffsfreie Handlung, die als schlichte Verwaltungshandlung oder tatsächliche Verwaltungshandlung, schlichter Hoheitsakt oder **Verwaltungsrealakt** bezeichnet wird. Das schlichthoheitliche Handeln ist insbesondere dadurch gekennzeichnet, dass gegenüber dem Bürger kein **Grundrechtseingriff** vorliegt.

> **Beispiele:** Streifenfahrt, Verkehrsüberwachung, Beobachtung von Kriminalitätsbrennpunkten

Schlicht-hoheitliches Handeln	Handeln durch Verwaltungsakt	**Faktische Eingriffe**

8   Ein **faktischer Rechtseingriff** liegt vor, wenn die Polizei durch tatsächliches Handeln in die Grundrechte eines Bürgers eingreift.[4]

Er ist durch tatsächliches (faktisches Handeln) begründet, die Verwaltungsaktqualität wird jedoch nicht erreicht.

> **Beispiele:** Heimliches Beobachten von Personen, verdecktes Fotografieren, polizeilicher Bericht an eine andere Behörde.

Ein faktischer Rechtseingriff liegt auch dann vor, wenn jemand im Zustand der Willenlosigkeit polizeilich „angegangen" wird. Das ist beispielsweise gegeben,

---

[3]   *Möller/Warg* POR Rn. 61.
[4]   *Pieroth/Schlink/Kniesel* POR § 2 Rn. 49 f.

wenn eine Person in einem die freie Willensbestimmung ausschließenden Zustand in Gewahrsam genommen wird.[5]

Das ist auch dann der Fall, wenn die Polizei gewaltsam eine Wohnung öffnen muss, weil davon ausgegangen werden kann, dass sich der Wohnungsinhaber in hilfloser Lage in der Wohnung befindet und deshalb nicht (mehr) selbst öffnen kann. Die zwangsweise Durchsetzung derartiger Lagen wird immer über den sofortigen Vollzug gem. § 50 II PolG NRW gelöst (ohne vorausgegangenen Verwaltungsakt).

> **Exkurs: Begriff des Realaktes** 9
>
> In der Literatur zu diesem Begriff findet man leider keine einheitlichen Darstellungen. So ist häufig zu lesen:
> Im Verwaltungsrecht ist Realakt ein anderer Ausdruck für schlichtes Verwaltungshandeln.
> Teilweise wird schon der faktische Rechtseingriff als Realakt bezeichnet. Um dieser Problematik aus dem Weg zu gehen ist es immer wichtig, dass man bei dieser Begrifflichkeit hinterfragt, ob ein Rechtseingriff, dh ein Grundrechtseingriff beim Bürger vorliegt.
> Der Rechtsschutz gegen Realakte ist lediglich durch die allgemeine Leistungsklage oder die Feststellungsklage (§ 43 VwGO) vor den Verwaltungsgerichten zu erlangen.

Im Rahmen der **repressiven Aufgabenerfüllung** werden folgende Handlungs- 10 arten unterschieden:

Handeln durch Justizverwaltungsakt	Prozesshandlung

Ein Justizverwaltungsakt liegt nach der Legaldefinition des **§ 23 EGGVG** vor bei „Anordnungen, Verfügungen oder sonstigen Maßnahmen, die von den Justizbehörden zur Regelung einzelner Angelegenheiten auf den Gebieten (…) der Strafrechtspflege getroffen werden".

Da die Polizei, wenn sie strafverfolgend tätig wird, funktional Justizbehörde ist,[6] erlässt sie zB bei der Beschlagnahme des Führerscheins einen Justizverwaltungsakt.[7] Damit sind mit Justizbehörde nicht nur die Gerichte, sondern auch die StA und die Polizei gemeint.

Justizverwaltungsakte sind damit insbesondere Maßnahmen nach der Strafpro- 11 zessordnung. Der Justizverwaltungsakt ist auf dem Gebiet der Strafverfolgung mit einem Verwaltungsakt auf dem Gebiet der Gefahrenabwehr vergleichbar.

---

[5] *Rachor* in Lisken/Denninger HdB PolizeiR E Rn. 37 ff.
[6] VGH Mannheim NVwZ-RR 1989, 412.
[7] *Benfer/Bialon* Rechtseingriffe Rn. 1570.

> **Beispiele:** Mitnahme eines auf frischer Tat betroffenen „Einbrechers", Auf-
> forderung an den flüchtenden Täter, stehen zu bleiben, Anordnung einer
> Wohnungsdurchsuchung

Handeln durch Justizverwaltungsakt	Prozesshandlung

Eine Prozesshandlung ist jede „prozessgestaltende Betätigung" der Verfahrens-
beteiligten, also auch der StA, unabhängig von der Form (etwa eine Erklärung
eines Antrages oder eines Realaktes[8]), wenn sie auf die Gestaltung des Verfahrens gerichtet ist.[9] Die Aktenvorlage durch die StA ist ein schlichter Realakt.[10]

12 Von Prozesshandlungen kann man dann sprechen, wenn eindeutig kein Justizverwaltungsakt vorliegt. Das ist bei allen Maßnahmen gegeben, denen keine
Verfügung vorausgeht. Insoweit sind **faktische Eingriffe** zur Strafverfolgung
als Prozesshandlung zu qualifizieren.

13 **Justizverwaltungsakte** und **Prozesshandlungen** sind dadurch gekennzeichnet,
dass durch die Handlungen in Grundrechte von Bürgern eingegriffen wird.

2. Kapitel. Vorrang und Vorbehalt des Gesetzes

14 Gemäß **Art. 20 III GG** ist die Gesetzgebung an die verfassungsmäßige Ordnung,
die vollziehende Gewalt und die Rechtsprechung sind an Gesetz und Recht
gebunden. Aus diesem Gesetzmäßigkeitsgrundsatz ergibt sich für die Exekutive der Vorrang und Vorbehalt des Gesetzes.

15 **Vorrang des Gesetzes** bedeutet, dass die Exekutive bei ihrem Handeln die bestehenden Gesetze beachten muss. Man umschreibt den Vorrang des Gesetzes
auch mit „Kein Handeln gegen das Gesetz". Verwaltungshandeln wird durch
die Gesetze vorgegeben und auch durch sie beschränkt.

16 **Vorbehalt des Gesetzes** bedeutet, dass die Exekutive nicht ohne gesetzliche
Ermächtigung handeln darf. Man umschreibt den Vorbehalt des Gesetzes auch
mit „Kein Handeln ohne Gesetz". Das Prinzip des Gesetzesvorbehalts verlangt
materielle Rechtmäßigkeit. Damit ist gefordert, dass Rechtseingriffe einer Ermächtigung bedürfen. Vorbehalt des Gesetzes bedeutet, dass die Exekutive
(Polizei) dann nach einer gesetzlichen Ermächtigungsnorm suchen muss, wenn
durch das staatliche Handeln in ein Grundrecht eingegriffen wurde.

17 Gemäß Art. 19 II GG muss ein Gesetz allgemein und nicht nur für den Einzelfall
gelten, soweit nach diesem Grundgesetz ein Grundrecht durch Gesetz oder
aufgrund eines Gesetzes eingeschränkt werden kann.

18 Dabei besteht die grundgesetzliche Anforderung nach der Beachtung des
Zitiergebots.

---

[8] Meyer-Goßner/Schmitt/*Meyer-Goßner* StPO Einl. Rn. 95.
[9] OLG Hamburg NJW 1972, 1586.
[10] BGHSt 26, 384 = NJW 1976, 1755.

Merke: Das Gesetz muss das Grundrecht unter Angabe des Artikels nennen.

Bei dem letzten hier dargestellten Satz handelt es sich um das sog. Zitiergebot. Das Zitiergebot besagt, dass der Gesetzgeber verpflichtet ist, innerhalb des einschränkenden Gesetzes die Grundrechte zu benennen, deren Einschränkung er durch Gesetz oder aufgrund eines Gesetzes vornimmt oder zulässt.

Das Zitiergebot soll den Gesetzgeber vor einer leichtfertigen oder unbeabsichtigten Einschränkung der Grundrechte warnen. Würde man das Zitiergebot wortgenau auf Gesetzesvorhaben anwenden, so wären viele Gesetze schon deshalb verfassungswidrig, weil sie die Wirkung des Gesetzes bezüglich einzelner Grundrechte übersehen oder diese daher nicht zitieren. Das Bundesverfassungsgericht hat hierzu wiederholt die Notwendigkeit einer engen Auslegung dieser Vorschrift betont, um sie nicht zu einer leeren Förmlichkeit erstarren zu lassen.

Folgende Grundsätze bezüglich des Zitiergebots lassen sich feststellen: 19

- Das Zitiergebot gilt nicht für vorkonstitutionelles Recht (Recht, welches vor der bestehenden Verfassung bereits existierte). In diesem Sinne gilt es zB nicht für das Strafgesetzbuch und die Strafprozessordnung.
- Das Zitiergebot gilt nur für förmliche, dh im formellen Gesetzgebungsverfahren vom Parlament verabschiedete Gesetze.
- Das Zitiergebot betrifft nur Gesetze, die darauf abzielen, ein Grundrecht über die in ihm selbst angelegten Grenzen hinaus einzuschränken.[11] Es gilt deshalb ausschließlich für solche Grundrechtsbeschränkungen, zu denen der Gesetzgeber im Grundgesetz ausdrücklich ermächtigt ist, nicht dagegen für Regelungen in Ausführung der im Grundgesetz enthaltenen Regelungsaufträge.
- Vom Zitiergebot nicht betroffen ist daher die Begrenzung derjenigen Grundrechte, die von vornherein mit Schranken versehen sind wie die allg. Handlungsfreiheit des Art. 2 I GG. Ebenfalls nicht zitierpflichtig ist Art. 5 I GG, weil dieses Grundrecht nach Art. 5 II GG nur im Rahmen der allgemeinen Gesetze und der anderen dort genannten Schutzbestimmungen garantiert ist.[12] Gleiches gilt für Art. 9 II GG.
- Auch gilt das Zitiergebot nicht, wenn gesetzliche Ermächtigungen einen Regelungsvorbehalt ausfüllen, wie bei Art. 12 und 14 GG.
- Letztlich kann festgestellt werden, dass aufgrund der hier dargestellten Eingrenzungen das Zitiergebot nur noch für **Art. 2 II, 8, 10, 11 und 13** GG gilt.
- **Allerdings:** Wo das Zitiergebot gilt, haben Verstöße dagegen die Nichtigkeit des Einschränkungsgesetzes zur Folge.[13]

Aus den hier genannten **Rechtsgrundsätzen** ergeben sich die Prüfungsmaßstä- 20 be für polizeiliche Eingriffe in die Grundrechte von Bürgern. Daraus haben sich Prüfungsschemata für die Lösung von Fällen entwickelt. Für die Ausbildung

---

[11] BVerfGE 28, 36 (46) = NJW 1970, 1268.
[12] BVerfGE 33, 52 (77) = NJW 1972, 1934.
[13] BVerfGE 5, 13 (15) = NJW 1956, 986.

des Bachelor-Studiengangs der Polizei wird für das Fach Eingriffsrecht für die Rechtmäßigkeitsprüfung einer Maßnahme folgendes Schema vorgeschlagen:

21 **Prüfungsschema Eingriffsrecht[14]**

Rechtmäßigkeit von polizeilichen Eingriffsmaßnahmen

I. Ermächtigungsgrundlage

Nach dem Grundsatz des Vorbehaltes des Gesetzes bedarf es bei einem Grundrechtseingriff einer Ermächtigungsgrundlage, welche auf ein verfassungsmäßiges Gesetz zurückzuführen ist.

Grundrechtseingriff?

bei Anlass: repressive/präventive Zielrichtung?

II. Formelle Rechtmäßigkeit

1. Zuständigkeit
   a) Sachliche Zuständigkeit
   b) Örtliche Zuständigkeit
2. Bei Anlass: allgemeine Verfahrensvorschriften (solche, die bei allen VA beachtet werden müssen), insbesondere bei gefahrenabwehrenden VA: Anhörung gem. § 28 VwVfG NRW
3. Bei Anlass: Formvorschriften
   - Grundsatz: Formfreiheit (§ 37 II VwVfG NRW),
   - Ausnahme: insbesondere Schriftform, dann Begründung (§ 39 VwVfG NRW)

III. Materielle Rechtmäßigkeit

1. Tatbestandsvoraussetzungen der Ermächtigungsgrundlage
2. bei Anlass:
   a) besondere Verfahrensvorschriften: solche, die bei einzelnen Maßnahmen zu beachten sind und vor oder bei Anordnung der Maßnahme erfüllt sein müssen; zB §§ 42 II PolG, 163a IV StPO; nicht: zB §§ 36 I PolG; 98 II StPO)
   b) Anordnungsbefugnis: bei Richtervorbehalt
3. Adressat
4. Rechtsfolge
   a) Rechtsfolge entspricht der Ermächtigungsgrundlage
   b) bei Anlass: hinreichende Bestimmtheit
   c) bei Anlass: kein Ermessensfehler
   d) Verhältnismäßigkeit iwS

IV. Ergebnis

1. Maßnahme rechtmäßig/rechtswidrig
2. gegebenenfalls Folgemaßnahmen

---

[14] Erklärungen zum Prüfungsschema finden sich in *Bialon/Springer* Fälle EingriffsR XVII ff.

3. Kapitel. Grundbegriffe der Gefahrenabwehr und der Strafverfolgung

A. Gefahrenbegriffe

I. Abstrakte Gefahr

Eine abstrakte Gefahr liegt vor, wenn bei ungehindertem Geschehensablauf 22 infolge eines Zustands oder eines Verhaltens nach der Lebenserfahrung mit hinreichender Wahrscheinlichkeit eine Störung der öffentlichen Sicherheit oder Ordnung eintreten könnte.

Die Erwartung des Störungseintritts ist generell und nicht konkret in einem 23 Einzelfall. Deshalb spricht man hier von einer abstrakten Gefahr. Die abstrakte Gefahr bezieht sich nicht auf einen bestimmten Lebenssachverhalt, sondern auf einen verallgemeinerten typischen Fall, deshalb ist hier auch mit abstrakt generellen Mitteln zu begegnen, zB mit ordnungsbehördlichen Verordnungen oder mit einfachen Aufgabenzuweisungen.

Der Gefahrenbegriff aus §§ 1 PolG NRW und 1 OBG NRW meint die abstrakte 24 Gefahr. Sie rechtfertigt gefahrenabwehrende Maßnahmen ohne Eingriffscharakter. Es handelt sich dann um schlicht-hoheitliche Tätigkeiten. Gemäß § 1 V 2 PolG NRW sind Maßnahmen nur nach dem zweiten Unterabschnitt „Datenverarbeitung" des Zweiten Abschnittes dieses Gesetzes zulässig, soweit die Polizei gem. § 1 I 2 PolG NRW Straftaten vorbeugend bekämpft oder die erforderlichen Vorbereitungen für die Hilfeleistung und das Handeln in Gefahrenfällen trifft.

Das BVerwG hat stark zwischen der abstrakten Gefahr und einer bloßen Gefah- 25 renvorsorge differenziert. „Solange die Behörde mangels genügender Kenntnisse über die Einzelheiten der zu regelnden Sachverhalte oder über die maßgeblichen Kausalverläufe zu der erforderlichen Gefahrenprognose nicht im Stande ist, liegt keine abstrakte Gefahr vor. Zwar kann auch in derartigen Situationen ein Bedürfnis nach staatlicher Regelung bestehen, ein solches Einschreiten liegt jedoch außerhalb der Gefahrenabwehr und ist dem **Gesetzgeber** vorbehalten."[15]

Konkret urteilte das BVerwG, dass die Auflistung von bestimmten Hunderassen in der Gefahrtier-Verordnung und einer dadurch geordneten Gefährlichkeit nur durch den Gesetzgeber vorgenommen werden kann. Regelungen durch ordnungsbehördliche Verordnungen sind in diesem Bereich nicht zulässig.

> **Beispiel:** Zu geringe Profiltiefe von Reifen begründet generell die abstrakte Gefahr eines Schadenseintritts. Lagern von Heizöl im Keller begründet nach der Lebenserfahrung eine abstrakte Gefahr für das Grundwasser.

II. Konkrete Gefahr

Eine konkrete Gefahr ist eine im Einzelfall bestehende Gefahr. Sie ist gegeben, 26 wenn Tatsachen vorliegen, aus denen sich ergibt, dass in einem bestimmten Einzelfall ein Schaden tatsächlich befürchtet werden muss. Der Zeitpunkt des Schadens muss nicht definitiv bestimmt sein. Die konkrete Gefahr setzt voraus,

---

[15] *Möller/Warg* POR Rn. 264.

dass aufgrund der Gesamtumstände in Bezug auf Ort, Zeit, Personen, Verhalten im Einzelfall ein Schadenseintritt wahrscheinlich ist. Hierbei stellt das BVerwG[16] an die Wahrscheinlichkeit des Schadenseintritts umso geringere Anforderungen, je größer der Schaden und je höher das gefährdete Sicherheitsgut anzusehen ist.[17]

> **Beispiel:** Wird ein Pkw-Fahrer im Einzelfall angehalten und es wird festgestellt, dass er ein Fahrzeug mit Reifen ohne erforderliche Profiltiefe führt, liegt eine konkrete Gefahr vor. An dem Heizöltank im Keller wird nunmehr festgestellt, dass er an einigen Stellen starke Rosterscheinungen zeigt.

III. Gegenwärtige Gefahr

27 Eine gegenwärtige Gefahr liegt vor, wenn die Einwirkung des schädigenden Ereignisses bereits begonnen hat oder wenn eine Einwirkung unmittelbar oder in allernächster Zeit mit einer an Sicherheit grenzender Wahrscheinlichkeit bevorsteht. Die gegenwärtige Gefahr ist eine Steigerung der konkreten Gefahr in zeitlicher Hinsicht. Die Situation erlaubt kein Warten mehr.

IV. Gegenwärtige erhebliche Gefahr

28 Eine gegenwärtig erhebliche Gefahr ist eine gegenwärtige Gefahr für ein bedeutendes Rechtsgut. Zu den bedeutsamen Rechtsgütern gehören der Bestand des Staates, Leben, Gesundheit, Freiheit oder nicht unwesentliche Vermögenswerte.[18]

V. Gefahr für Leib oder Leben

29 Gefahr, bei der eine nicht nur leichte Körperverletzung oder der Tod einzutreten droht. Damit ist auch eine schwere, im Allgemeinen lebensgefährliche Bedrohung der menschlichen Gesundheit eine Gefahr für Leib oder Leben.

VI. Gemeine Gefahr

30 Gemeine Gefahren sind Gefahren für eine Vielzahl von Personen für Leib, Leben, Gesundheit oder bedeutende Sachwerte. Dazu zählen Katastrophen, Großbrände, Überschwemmungen usw.

VII. Dringende Gefahr

31 Eine dringende Gefahr liegt vor, wenn eine Sachlage oder ein Verhalten bei ungehindertem Verlauf des objektiv zu erwartenden Geschehens mit hinreichender Wahrscheinlichkeit ein wichtiges Rechtsgut schädigen wird. Die dringende Gefahr setzt keine zeitliche Dringlichkeit voraus. Allein die konkrete Sachlage und die Wahrscheinlichkeit eines Schadens für ein wichtiges Rechtsgut reichen aus.[19]

---

[16] BVerwG NJW 1970, 1890 ff.
[17] *Tegtmeyer/Vahle* PolG NRW § 8 Rn. 8.
[18] *Tegtmeyer/Vahle* PolG NRW § 8 Rn. 14 f.
[19] BVerwGE 47, 31 (40) = NJW 1975, 130.

VIII. Anscheinsgefahr[20]

Eine Anscheinsgefahr liegt zugrunde, wenn nach pflichtgemäßer, besonnener 32 und verständiger Lagebeurteilung von einer tatsächlichen Gefahrensituation auszugehen ist.

> **Beispiel:** Der Polizeibeamte hört nachts aus einer Wohnung Hilferufe. In Wirklichkeit stammen die Schreie aus einem Fernsehfilm.

Maßnahmen aufgrund einer Anscheinsgefahr sind grundsätzlich rechtmäßig, sofern nicht andere Rechtmäßigkeitsvoraussetzungen fehlen.

IX. Putativgefahr

Von einer Putativgefahr spricht man, wenn nur der handelnde Beamte von einer 33 Gefahr ausgeht. Ein objektiver Beobachter erkennt, dass keine Gefahr vorliegt. Maßnahmen sind in diesen Fällen immer rechtwidrig.

> **Beispiel:** Im Rahmen von Filmaufnahmen kämpfen Darsteller mit Messerattrappen. Ebenfalls aufgestellt sind Filmkameras. Ein Polizeibeamter greift in das Kampfgeschehen ein. Er hätte aufgrund der äußeren Umstände erkennen können, dass hier keine reale Gefahr vorliegt.

X. Gefahrenverdacht[21]

Bei einem Gefahrenverdacht kann nicht festgestellt werden, ob eine Gefahr 34 tatsächlich vorliegt. Es fehlen ausreichende Anhaltspunkte, die letzlich eine zumindest konkrete Gefahr begründen, die notwendig ist, um Eingriffsmaßnahmen durchzuführen. Die Polizei verfügt über Anhaltspunkte, die auf eine Gefahr hindeuten, sie ist sich aber bewusst, dass ihre Erkenntnisse unvollständig sind und eine Gefahr daher möglicherweise nicht vorliegt.[22] In den Fällen des Gefahrenverdachts werden überwiegend Gefahrerforschungseingriffe für rechtmäßig gehalten. Dabei handelt es sich um Maßnahmen im Vorfeld einer konkreten Gefahr, die dann dazu dienen, den Sachverhalt zu erhellen (zB § 9 PolG NRW, § 16a IV PolG NRW).

B. Begriff der öffentlichen Sicherheit

Der Begriff der öffentlichen Sicherheit hat durch Rechtsprechung und Literatur 35 eindeutige Zuordnung erlangt.

Schutzgüter der öffentlichen Sicherheit sind die objektive Rechtsordnung, alle Individualrechtsgüter, die Funktionsfähigkeit staatlicher Einrichtungen und sonstige kollektive Schutzgüter.

Zu den Individualrechtsgütern des Einzelnen zählen alle Freiheitsrechte, ins- 36 besondere Leben, Gesundheit, Freiheit, Eigentum und Ehre.

---

[20] *Denninger* in Lisken/Denninger HdB PolizeiR D Rn. 47; VG Aachen BeckRS 2018, 6928 Rn. 10.

[21] *Paeffgen* GA 2014, 638 ff.

[22] *Tegtmeyer/Vahle* PolG NRW § 8 Rn. 21.

Bei der Gefährdung von Individualrechtsgütern ist auch das öffentliche Interesse zu prüfen.

Individualrechts-güter	Staat und seine Einrichtungen	Objektive Rechtsordnung

Öffentliches Interesse liegt grundsätzlich nicht vor bei einer (zulässigen) Selbstgefährdung bei der Dritte nicht mitgefährdet sind und die in einem Zustand der freien Willensentschließung erfolgt.

37 Öffentliches Interesse ist immer dann gegeben, wenn sich der Betroffene in einer hilflosen Lage oder in einem die freie Willensbestimmung ausschließenden Zustand befindet und die Tragweite seines Handelns nicht abzusehen vermag. Öffentliches Interesse liegt auch dann vor, wenn die Selbstgefährdung unbeteiligte Dritte zu gefährlichen Rettungsaktionen veranlassen könnte und wenn es um besonders hochrangige Grundrechte geht und deshalb staatliche Schutzpflichten ausgelöst werden können.[23]

Der Bergsteiger oder andere Extremsportler gefährden nur sich selbst. Eine Gefahr für die öffentliche Sicherheit besteht nicht, weil kein öffentliches Interesse gegeben ist. Werden allerdings durch diese Handlungen Rechte Dritter gefährdet, muss von einem öffentlichen Interesse ausgegangen werden, wenn beispielsweise der Extremsportler besondere Rettungsaktionen provoziert.[24]

Individualrechts-güter	Staat und seine Einrichtungen	Objektive Rechtsordnung

38 Geschützt ist die Funktionsfähigkeit des Staates und seiner Organe. Die Polizei wehrt Gefahren für ihre eigene Funktionsfähigkeit selbst ab.

Individualrechts-güter	Staat und seine Einrichtungen	Objektive Rechtsordnung

39 Das Sicherheitsgut der objektiven Rechtsordnung umfasst die Gesamtheit des geltenden Rechts. Dazu gehören natürlich die Verfassungsnormen, formelle Gesetze des Bundes und der Länder, aber auch Rechtsverordnungen und Satzungen.

---

[23] *Pieper* POR NRW 19.
[24] VG Freiburg Urt. v. 2.7.1996 – 6 K 1756/94 – Tauchverbot um Teufelstisch.

C. Begriff der öffentlichen Ordnung[25]

Unter öffentlicher Ordnung versteht man die Gesamtheit der ungeschriebenen 40
Normen, deren Befolgung nach den jeweils herrschenden sozialen und ethischen Anschauungen als unentbehrliche Voraussetzung eines geordneten Zusammenlebens innerhalb eines bestimmten Gebietes angesehen wird.

Um deutlich zu machen, dass die Polizei ebenso wie die Ordnungsbehörde le- 41
gitimiert ist, auch geringfügige Verstöße gegen die öffentliche Ordnung zu unterbinden, wurde der Begriff der öffentlichen Ordnung als polizeiliches Schutzgut in die allgemeine Aufgabennorm (§ 1 PolG NRW) und in die allgemeine Befugnisnorm (§ 8 PolG NRW) wieder eingeführt.

Die Polizei wird dadurch legitimiert, im Einzelfall auch gegen belästigendes Verhalten in der Öffentlichkeit, das noch unter der Schwelle einer Ordnungswidrigkeit gem. §§ 116 ff. OWiG bleibt, einzuschreiten.[26] Die Regeln sind nach Zeit und Ort unterschiedlich. Was vor 60 Jahren undenkbar war (zB Baden mit einem Bikini), kann heute allgemein akzeptiert sein. Was in einer Großstadt normal ist, kann in einem kleinen Dorf unvorstellbar sein.

Schutzgut der öffentlichen Ordnung können nach wohl einhelliger Auffassung 42
nur ungeschriebene Verhaltensregeln sein, denn bei einer Verletzung von Rechtsvorschriften wäre ein Verstoß gegen die Rechtsordnung gegeben und damit die öffentliche Sicherheit tangiert.[27]

> **Klausurtipp:** Die öffentliche Sicherheit ist bei der Fallbearbeitung vor der öffentlichen Ordnung zu behandeln. Geschriebene Rechtssätze gehen ungeschriebenen Regeln vor.

> **Beispiel:** Während einer Beerdigung pfeift ein Passant in Unkenntnis der Bestattung laut ein Karnevalslied. Hier ist ausschließlich die öffentliche Ordnung gestört, weil dieses Verhalten nicht Gegenstand eines geschriebenen Rechtssatzes ist.

D. Grundbegriffe der Strafverfolgung

Strafverfolgungsmaßnahmen setzen nicht erst ein, wenn feststeht, dass eine 43
Straftat geschehen ist, sondern bereits dann, wenn der Anfangsverdacht einer Straftat gegeben ist.

Demzufolge ist zu erläutern, was unter dem Verdacht einer Straftat zu verstehen ist. Für polizeiliche Eingriffsmaßnahmen ist der einfache Tatverdacht (Anfangsverdacht gem. § 152 StPO) vom dringenden Tatverdacht zu unterscheiden.

---

[25] *Pieper* POR NRW 31.
[26] *Baumann* DVP 2008, 450 ff.; LT-Drs. 14/10089, 2.
[27] *Fechner* JuS 2003, 734.

I. Einfacher Tatverdacht

44 **Der einfache Tatverdacht** besteht bei zureichenden tatsächlichen Anhaltspunkten. Wenn also nach kriminalistischer Erfahrung die Verwirklichung einer Straftat möglich erscheint. Eine solche geringe Wahrscheinlichkeit genügt gem. § 152 StPO für die Einleitung eines Ermittlungsverfahrens, sie muss aber auf Tatsachen, nicht bloß auf Vermutungen beruhen.

„Verdacht der Täterschaft ist die auf objektiven Umständen beruhende und nach pflichtgemäßem Ermessen getroffene Entscheidung, eine bestimmte oder bestimmbare Person könne eine Straftat begangen haben oder daran beteiligt gewesen sein."[28]

Verdächtiger ist somit jemand, der als Täter oder Teilnehmer einer verfolgbaren Straftat in Betracht kommt. Erkennbar strafunmündige Kinder können daher nicht Verdächtige sein.

II. Dringender Tatverdacht

45 **Der dringende Tatverdacht** liegt vor, wenn aufgrund konkreter Tatsachen eine große Wahrscheinlichkeit dafür besteht, dass der Beschuldigte als Täter oder Teilnehmer eine Straftat begangen hat, wenn also eine Steigerung zum einfachen Tatverdacht bzw. zum Verdächtigen besteht. Es reicht eine einfache Tatwahrscheinlichkeit nicht aus. Vielmehr muss der Tatverdacht gefestigt sein. Die Annahme der Täterschaft ist hoch.

„Im Vergleich zum „einfachen" Tatverdacht bringt der dringende Verdacht der Täterschaft einen stärkeren Verdachtsgrad zum Ausdruck. Während einmal die Wahrscheinlichkeit der Täterschaft bei höchstens 50 % liegen darf und der Verdacht erst entfällt, wenn diese gegen 0 % geht, erfordert der dringende Verdacht eine auf Tatsachen beruhende Wahrscheinlichkeit, die bei mehr als 50 %iger Sicherheit ansetzt und gegen 100 %ige Gewissheit geht."[29]

Belasten Verdachtsmomente eine Mehrzahl von Personen, obwohl nur einer die Tat begangen haben kann, sind alle Personen tatverdächtig, solange faktisch noch keine Unterscheidung in Verdächtige und Nichtverdächtige vorgenommen werden konnte.[30]

> **Beispiel:** Nach einem schweren Verkehrsunfall behaupten die vier Insassen des Pkw, dessen Fahrer den Unfall verursacht hat, den Wagen nicht geführt zu haben. Alle stehen erheblich unter dem Einfluss alkoholischer Getränke.

III. Beschuldigter

46 Beschuldigter ist diejenige Person, gegen die sich das Strafverfahren richtet. Zum Beschuldigten wird jemand, wenn die Strafverfolgungsbehörden gegen ihn Ermittlungsmaßnahmen ergreifen, die der Feststellung dienen, ob und gegebenenfalls wie diese Person strafrechtlich verurteilt werden kann.

---

[28] *Benfer/Bialon* Rechtseingriffe Rn. 83.
[29] *Benfer/Bialon* Rechtseingriffe Rn. 94.
[30] *Benfer/Bialon* Rechtseingriffe Rn. 91.

Eine Legaldefinition für den Begriff des Beschuldigten fehlt in der Strafprozessordnung. Häufig wird dargestellt, dass die Stärke des Verdachtsgrades einen Verdächtigen zum Beschuldigten macht. Dies ist als grundsätzlich falsch abzulehnen.

> **Merke:** „Für die Annahme der Eigenschaft als Beschuldigter bedarf es keines besonders starken Tatverdachts, denn es geht letztlich darum, bisher vage Hinweise auf die Täterschaft eines Einzelnen zu erhärten oder aufzuheben."[31]

Die Unterscheidung zwischen Verdächtigem und Beschuldigtem ist deshalb **47** von elementarer strafprozessualer Wichtigkeit, weil sich hiermit Belehrungspflichten verbinden.

Gemäß § 163a IV StPO ist dem Beschuldigten vor der ersten Vernehmung zu eröffnen, welche Tat ihm zur Last gelegt wird. Nach § 163b I StPO ist der § 163a IV StPO auch bei der Identitätsfeststellung anzuwenden.

Nicht **jede Ermittlungstätigkeit** in Verbindung mit einem Tatverdacht versetzt **48** den Verdächtigen in den Beschuldigtenstatus. Anhaltspunkte für eine bloße Behandlung als Verdächtiger sind, dass mehrere Personen in den Kreis möglicher Täter einbezogen sind, deren Täterschaft sich aber gegenseitig ausschließt (Beispiel → Rn. 45). Es bestehen keine einzelfallbezogenen Verdachtsgründe gegen eine Person, sondern nur allgemeine kriminalistische Erfahrungssätze aus bestehenden Vorstrafen, einer räumlichen Nähe zum Tatort, persönlichen Beziehungen zum Opfer oder Zugehörigkeit zu einer bestimmten Personengruppe.[32] Solche Konstellationen ergeben sich insbesondere bei der Bekämpfung und Verfolgung der Rauschgiftkriminalität.

E. Doppelfunktionales Handeln der Polizei

Wenn die Polizei handelt, stellt sich oft die Frage, ob sie auf dem Gebiet der **49** Gefahrenabwehr (präventiv) oder der Straf- bzw. Ordnungswidrigkeitenverfolgung (repressiv) tätig wird. Ganz häufig ist es so, dass die Polizei in einem zu regelnden Lebenssachverhalt sowohl präventiv als auch repressiv tätig wird.

> **Beispiele:** Im Rahmen einer Verkehrsunfallflucht hat die Polizei im Sinne der Gefahrenabwehr Maßnahmen zu treffen, die der Hilfe von verletzenden Unfallopfern dienen. Andererseits hat sie für die Verfolgung des flüchtigen Unfallverursachers zu sorgen.
>
> Bei einer Geiselnahme hat die Polizei Maßnahmen zu treffen, die das Leben der Geisel schützen. Andererseits will sie die Geiselnehmer festnehmen, um sie der Strafverfolgung zuzuführen.

Einen Polizeieinsatz, bei dem sowohl präventive als auch repressive Maßnah- **50** men vorgenommen werden, nennt man **Gemengelage.** Diese Lagen enthalten sowohl Aspekte der Gefahrenabwehr als auch solche der Strafverfolgung.[33]

---

[31] BVerfG NJW 1996, 3071.
[32] *Kramer* Grundbegriffe StrafVerfR Rn. 22.
[33] BGH BeckRS 2017, 118214 Rn. 25 ff.; kritisch dazu: Lenk NVwZ 2018, 38 ff..

Aufgrund der gegebenen Einsatzsituationen ist es keineswegs immer eindeutig, ob der Polizeibeamte präventiv oder repressiv einzuschreiten hat. Wenn eine Maßnahme sowohl auf dem Gebiet der Gefahrenabwehr als auch auf dem Gebiet der Strafverfolgung durchgeführt werden könnte, dann liegt eine doppelfunktionale Maßnahme vor.[34]

51 Die Entscheidung, ob eine Maßnahme auf einer präventiven oder repressiven Rechtsgrundlage beruht, richtet sich der hM danach, wo der **Schwerpunkt der Maßnahme** zu sehen ist. Dabei kommt es auf den objektiven Zweck nach dem **Gesamteindruck** der Maßnahme an.[35] Bei einer akuten Bedrohung höchster Rechtsgüter geht die Gefahrenabwehr der Strafverfolgung vor.

> **Hinweis:** Eine **weitere Handlungsform** ist die Durchsetzung einer Grundmaßnahme, also die Anwendung von Zwang. Dazu wird auf die Kapitel 32 und 33 dieses Buches verwiesen.

4. Kapitel. Sachliche und örtliche Zuständigkeiten

A. Sachliche Zuständigkeiten

52 Angelehnt an die oben aufgestellte Struktur, lassen sich die polizeilichen Aufgaben in vier Handlungsfelder unterteilen:

Diese Aufgaben sind der Polizei durch Gesetz oder Rechtsverordnung übertragen und finden sich in den sachlichen Zuständigkeiten wieder.

I. Aufgabe der Gefahrenabwehr

53 Die Aufgabe der Gefahrenabwehr ist der Polizei durch § 1 PolG NRW übertragen. § 1 PolG NRW lässt sich in verschiedene Aufgabenfelder einteilen.

1. Aufgabe der subsidiären Gefahrenabwehr

54 Grundsätzlich obliegt die Aufgabe der Gefahrenabwehr den Ordnungsbehörden (§ 1 OBG NRW). Die Polizei ist nur zuständig, wenn ein Handeln der anderen Behörde nicht oder nicht rechtzeitig möglich erscheint.

§ 1 I PolG NRW: Die Polizei hat die Aufgabe, Gefahren für die öffentliche Sicherheit abzuwehren (Gefahrenabwehr). **Sie hat im Rahmen dieser Aufgabe Straftaten zu verhüten sowie vorbeugend zu bekämpfen und die erforderlichen Vorbereitun-**

---

[34] *Tegtmeyer/Vahle* PolG NRW § 1 Rn. 39 ff.; BGH BeckRS 2017, 118214 Rn. 19 ff.

[35] *Tegtmeyer/Vahle* PolG NRW § 1 Rn. 45; zu dem ganzen Thema: *Nolte* Kriminalistik 2007, 343 ff.; *Schoch* JURA 2013, 1115 ff.

gen für die Hilfeleistung und das Handeln in Gefahrenfällen zu treffen. Sind außer in den Fällen des Satzes 2 neben der Polizei andere Behörden für die Gefahrenabwehr zuständig, hat die Polizei in eigener Zuständigkeit tätig zu werden, soweit
ein Handeln der anderen Behörden nicht oder nicht rechtzeitig möglich erscheint;
dies gilt insbesondere für die den Ordnungsbehörden abliegende Aufgabe, gem.
§ 1 Ordnungsbehördengesetz Gefahren für die öffentliche Ordnung abzuwehren.
Die Polizei hat die zuständigen Behörden, insbesondere die Ordnungsbehörden,
unverzüglich von allen Vorgängen zu unterrichten, die deren Eingreifen erfordern.

Es geht hier um die Aufgabe der allgemeinen Gefahrenabwehr. Die Polizei wird 55
dann handeln, wenn die eigentliche zuständige Behörde aus zeitlichen oder
personellen Gründen nicht eingreifen kann.

> **Beispiel:** Die Polizei fährt im Winter an einem See vorbei und stellt fest, dass
> auf dem zum Teil zugefrorenen See Kinder mit ihren Schlittschuhen fahren.
> Die Polizeibeamten fordern die Kinder auf, sofort den See zu verlassen.

Es besteht im vorliegenden Sachverhalt eine Gefahr (gegenwärtig) für das Leben
der Kinder. Zuständig ist die Ordnungsbehörde, die jetzt natürlich nicht vor
Ort ist. Es wäre fatal, würde die Polizei wegfahren, um die Ordnungsbehörde
zu benachrichtigen, damit diese tätig werden kann. Zwischenzeitlich könnten
Kinder auf dem Eis eingebrochen und ertrunken sein. Also liegt hier ein Eilfall vor und die Polizei handelt, weil die eigentlich zuständige Behörde nicht
rechtzeitig tätig werden kann.

Im Rahmen der subsidiären Aufgabenwahrnehmung hat die Polizei die zuständigen Behörden, insbesondere die Ordnungsbehörden, unverzüglich von allen
Vorgängen zu unterrichten, die deren Eingreifen erfordern. Diese Unterrich-
tungspflicht besteht insbesondere dann, wenn ein weiteres Tätigwerden der
an sich zuständigen Behörde noch erforderlich ist.

2. Aufgabe der originären Gefahrenabwehr

Originär zuständig ist die Polizei zur Verhütung und vorbeugenden Bekämp- 56
fung von Straftaten und für Vorbereitungen für die Hilfeleistung und das
Handeln in Gefahrenfällen.

§ 1 I PolG NRW: Die Polizei hat die Aufgabe, Gefahren für die öffentliche Sicherheit
oder Ordnung abzuwehren (Gefahrenabwehr). **Sie hat im Rahmen dieser Aufgabe
Straftaten zu verhüten sowie vorbeugend zu bekämpfen und die erforderlichen
Vorbereitungen für die Hilfeleistung und das Handeln in Gefahrenfällen zu
treffen.** Sind außer in den Fällen des Satzes 2 neben der Polizei andere Behörden für
die Gefahrenabwehr zuständig, hat die Polizei in eigener Zuständigkeit tätig zu werden, soweit ein Handeln der anderen Behörden nicht oder nicht rechtzeitig möglich
erscheint; dies gilt insbesondere für die den Ordnungsbehörden obliegende Aufgabe,
gem. § 1 Ordnungsbehördengesetz Gefahren für die öffentliche Ordnung abzuwehren. Die Polizei hat die zuständigen Behörden, insbesondere die Ordnungsbehörden,
unverzüglich von allen Vorgängen zu unterrichten, die deren Eingreifen erfordern.

Die Verhütung von Straftaten umfasst den klassischen Fall der Verhinderung
der Begehung von Taten.

> **Beispiel:** Die Polizei stellt fest, wie der sichtlich angetrunkene A aus der Gaststätte kommt und mit einem Fahrzeugschlüssel in der Hand auf einen geparkten Pkw zusteuert. Bevor der A in das Fahrzeug steigen kann, um los zu fahren, erteilen die Beamten die Verfügung, dass es ihm untersagt ist, in diesem Zustand ein Fahrzeug zu führen.
>
> Die Polizeibeamten verhindern damit, dass ein Straftatbestand nach § 316 StGB verwirklicht wird. Es handelt sich hier um einen klassischen Beispielsfall der Verhütung von Straftaten.

57 Mit der vorbeugenden Bekämpfung ist unter anderem die Aufgabenzuweisung gemeint, dass die Polizei Kriminalakten oder andere kriminalpolizeilich bezogene Sammlungen führt. Der Begriff der **Vorsorge für die Verfolgung künftiger Straftaten** wurde gestrichen (Entscheidung des BVerfG hinsichtlich der Gesetzgebungskompetenz).

Mit dem Auftrag der erforderlichen **Vorbereitung für die Hilfeleistung und das Handeln in Gefahrfällen** ist die Polizei legitimiert, für die Fälle von Gefahrenlagen entsprechende Vorbereitungen zu treffen. Dazu gehören Listen mit möglichen Kontaktpersonen, wie zB Spezialisten (Sprengstoffsachverständige, Naturwissenschaftler, Ärzte) und Verantwortliche für Anlagen und Einrichtungen (Werksleitung, Leiter der Flughafenfeuerwehr).[36] Als Ermächtigungsgrundlage ist § 11 PolG NRW heranzuziehen.

§ 1 V 2 PolG NRW: „Soweit die Polizei gemäß Absatz 1 Satz 2 PolG NRW Straftaten vorbeugend bekämpft oder die erforderlichen Vorbereitungen für die Hilfeleistung und das Handeln in Gefahrenfällen trifft, sind Maßnahmen nur nach dem Zweiten Unterabschnitt „Datenverarbeitung" des Zweiten Abschnittes dieses Gesetzes zulässig."

3. Schutz privater Rechte

58 Gemäß § 1 I PolG NRW hat die Polizei die Aufgabe, Gefahren für die öffentliche Sicherheit abzuwehren. Schutzgut der öffentlichen Sicherheit sind die objektive Rechtsordnung, alle Individualrechtsgüter, die Funktionsfähigkeit staatlicher Einrichtungen und sonstige kollektive Schutzgüter.

59 **a) Inhalt des privaten Rechts.** Grundsätzlich sind auch private Rechte Teil der Rechtsordnung und damit Teil der öffentlichen Sicherheit. Damit ist eine grundsätzliche Zuständigkeit der Polizei auch in diesem Bereich gegeben, die über § 1 II PolG NRW eine Begrenzung erfährt.

„Unter einer bürgerlichen Rechtsstreitigkeit versteht man in Abgrenzung zu einer öffentlich-rechtlichen Rechtsstreitigkeit eine solche, in der sich rechtlich gleichgeordnete Parteien maßgeblich über Rechtsverhältnisse und Rechtsfolgen des Privatrechts streiten."[37]

> **Beispiele:**
>
> 1. Kaufangelegenheiten sind zivilrechtlicher Natur. Verträge werden zwischen gleichberechtigten Vertragspartnern geschlossen. Auch wenn der

---

[36] *Schütte/Braun/Keller* PolG NRW § 11 Rn. 7 f.
[37] BeckOK StPO/*Gerhold*, 29. Ed. 1.1.2018, GVG § 13 Rn. 10 ff.

Staat als Vertragspartner auftritt, handelt es sich um privates Recht. Der Staat handelt in diesen Fällen nicht hoheitlich sondern fiskalisch.

2. Erbrecht ist privates Recht. Ein Erblasser kann frei bestimmen, wen er zum Erben einsetzt.

60

Gemäß § 13 Hs. 1 Alt. 1 GVG gehören die bürgerlichen Rechtsstreitigkeiten die Familiensachen und die Angelegenheiten der freiwilligen Gerichtsbarkeit vor die ordentlichen Gerichte und werden als Zivilsachen definiert.[38] § 1 II PolG NRW spricht von einem **Schutz** privater Rechte. Gemeint ist damit der Schutz von bürgerlichen Rechtsstreitigkeiten.

Gemäß § 1 II PolG NRW obliegt der Polizei der Schutz privater Rechte nach diesem Gesetz nur dann, wenn gerichtlicher Schutz nicht rechtzeitig zu erlangen ist und wenn ohne polizeiliche Hilfe die Verwirklichung des Rechts vereitelt oder wesentlich erschwert werden würde.

> **Merke:** Die Polizei trifft Maßnahmen, damit der Bürger später seine privaten Rechte vor Gericht auch tatsächlich durchsetzen kann, aber sie regelt nicht die private Streitigkeit.

> **Merke:** Die Polizei ist niemals zuständig, um private Rechtsansprüche durchzusetzen.

Grundsätzlich stellt der Staat Regeln für den Rechtsverkehr im Privatrecht zur Verfügung, mischt sich aber ansonsten nicht ein. Damit muss sich der Bürger selbst um die Durchsetzung seines Rechts kümmern und gegebenenfalls das Gericht einschalten. **61**

Nach dem zivilrechtlichen Beibringungsgrundsatz muss der Betroffene im Privatrecht dem Gericht alle notwendigen Informationen zur Verfügung stellen, die das Gericht zur Entscheidungsfindung benötigt. Das Gericht wertet nur die Tatsachen, die von den Beteiligten „vorgetragen werden". Daraus folgt, dass der Betroffene auch die gegnerischen Beteiligten namentlich benennen muss und dem Gericht auch Zeugen mitteilen muss.[39] **62**

Aus dieser grundsätzlichen Überlegung ergibt sich das Tätigkeitsfeld der Polizei. Die Polizei regelt nicht die zivilrechtliche Streitigkeit, sondern sichert die Möglichkeit, dass die Streitigkeit vor Gericht geregelt werden kann. Zu dieser Sicherung ist sie unter bestimmten Voraussetzungen zuständig. **63**

Zivilrechtliche Ansprüche leiten sich ganz überwiegend aus den Vorschriften des BGB ab. Dabei muss die Polizei überprüfen, ob der vom Bürger geltend gemachte zivilrechtliche Anspruch plausibel erscheint. Nur dann liegt eine Gefahrenlage vor, die ein polizeiliches Einschreiten rechtfertigt.[40] **64**

---

[38] BeckOK StPO/*Gerhold*, 29. Ed. 1.1.2018, GVG § 13 Rn. 10 ff.
[39] BeckOK VwGO/*Breunig* VwGO § 86 Rn. 1 ff.
[40] OVG Münster VerwRspr 1969, 85; OVG Lüneburg BeckRS 2008, 39623.

65 **b) Aufgabenzuweisung zum Schutz privater Rechte.** Die sachliche Zuständigkeit der Polizei folgt aus § 1 I 1 PolG NRW iVm § 11 I Nr. 1 POG NRW iVm § 1 II PolG NRW.

In den Fällen des Schutzes privater Rechte besteht regelmäßig eine Gefahr für die Rechtsordnung und damit eine Gefahr für die öffentliche Sicherheit. Durch § 1 II PolG NRW wird das Eingreifen der Polizei geregelt:

- Ungeschrieben gilt, dass der zivilrechtliche Anspruch glaubhaft gemacht werden muss
- Gerichtlicher Schutz ist nicht rechtzeitig zu erlangen und ohne polizeiliche Hilfe würde die Verwirklichung des Rechts vereitelt oder wesentlich erschwert.

66 Die Polizei wird zum Schutz privater Rechte nur tätig, wenn eine zeitliche Dringlichkeit besteht, dh wenn gerichtlicher Schutz nicht rechtzeitig erlangt werden kann. „Dabei ist zu berücksichtigen, dass auch die Gerichte kurzfristig tätig werden können und zumindest vorläufige Maßnahmen zum Schutz privater Rechte treffen können, so zB in Form der einstweiligen Verfügung (§§ 935 ff. ZPO) oder des persönlichen Arrests (§§ 916, 918 ZPO).“[41] Die Polizei handelt dann, wenn auch diese Möglichkeiten des Gerichts nicht rechtzeitig zu erlangen sind.

67 Weiterhin muss ohne polizeiliche Hilfe die Verwirklichung des Rechts vereitelt oder wesentlich erschwert sein. Damit wird zum Ausdruck gebracht, dass eine Untätigkeit der Polizei dazu führt, dass der Rechtsanspruch wahrscheinlich verloren geht.

> **Beispiel:** Stellt die Polizei nach einer Schadensverursachung nicht die Personalien des Verursachers fest, so kann sich der Geschädigte nicht an das Gericht wenden. Eine Durchsetzung seines Anspruchs ist damit nicht mehr möglich.

68 **c) Verletzung öffentlichen Rechts.** Bei privatrechtlichen Streitigkeiten kommt es häufig zu einer Kollision mit Vorschriften des öffentlichen Rechts. In solchen Fällen handelt die Polizei dann in erster Linie zum Schutz des öffentlichen Rechts, zB zur Verfolgung von Straftaten oder Ordnungswidrigkeiten.

> **Merke:** Wenn die private Rechtsstreitigkeit auch einen Straftatbestand oder Tatbestand einer Ordnungswidrigkeit erfüllt, ergibt sich eine Zuständigkeit der Polizei aus § 163 I 1 StPO oder § 53 I OWiG. Der Schutz privater Rechte tritt in diesen Fällen zurück.

> **Beispiel:** Nach einem Verkehrsunfall (Sachschaden) aufgrund des Nichtbeachtens von Rotlicht wird die Polizei in erster Linie zur Verfolgung der Ordnungswidrigkeit tätig. Zur Schadenregulierung kann der Geschädigte auf die polizeilichen Ermittlungen zurückgreifen.

---

[41] *Tegtmeyer/Vahle* PolG NRW § 1 Rn. 28.

Im Rahmen einer Körperverletzung wird auch der teure Mantel des Geschädigten in Mitleidenschaft gezogen. Die Polizei wird zur Verfolgung von Straftaten tätig. Hinsichtlich des Schadenersatzes für seinen Mantel kann der Geschädigte auch hier auf die polizeilichen Datenerhebungen und Ermittlungen zurückgreifen.

d) Polizeiliche Maßnahmen. Liegen die Voraussetzungen für einen Schutz 69 privater Rechte vor, stehen der Polizei die Maßnahmen der Gefahrenabwehr zur Verfügung.

In der Regel kommt es zur Anwendung folgender Maßnahmen:

aa) Identitätsfeststellung nach § 12 I Nr. 1 PolG NRW   70
Ein Geschädigter oder Gläubiger benötigt die Personalien des Schadensverursachers oder Schuldners, um seinen Rechtsanspruch vor Gericht anzumelden. Die Polizei stellt die Personalien fest.

bb) Datenübermittlung nach § 29 I Nr. 1 PolG NRW   71
Die Personalien müssen natürlich an denjenigen weitergeleitet werden, der einen Rechtsanspruch geltend machen will. Insofern liegt regelmäßig eine Datenübermittlung nach § 29 PolG NRW vor.

cc) Befragung von Zeugen nach § 9 I PolG NRW   72
Insofern in einem Sachverhalt Zeugen vorhanden sind, werden diese entsprechend nach ihren Feststellungen befragt.

dd) Sicherstellung nach § 43 PolG NRW   73
In erster Linie kommt hier die Sicherstellung nach § 43 Nr. 2 PolG NRW in Betracht, nämlich um den Eigentümer oder rechtmäßigen Inhaber der tatsächlichen Gewalt vor Verlust oder Beschädigung einer Sache zu schützen. Es sind aber auch Fälle nach § 43 Nr. 1 PolG NRW denkbar.

ee) Gewahrsamnahme nach § 35 I Nr. 5 PolG NRW   74
Eine Gewahrsamnahme kommt in Betracht, wenn die üblichen Maßnahmen zum Schutz privater Rechte nicht ausreichen, um den Anspruch des Gläubigers zu sichern. Dies ist zB dann der Fall, wenn sich ein Schuldner ins Ausland absetzen will und für den Gläubiger keine Zeit besteht, ein Gericht einzuschalten. Es dürfte allerdings fraglich sein, ob es sich um einen echten Eilfall handelt, weil der Gläubiger regelmäßig bereits seit längerer Zeit von dem Anspruch weiß und ihn bei Gericht hätte geltend machen können. Die Anwendung der Ermächtigung dürfte sich daher auf sehr viel weniger Fälle beschränken.

e) Selbsthilfe. Wenn es um die Thematik privater Rechte geht, dann kann der 75 Bürger einerseits wie zuvor dargestellt polizeiliche Hilfe in Anspruch nehmen, ihm stehen aber auch Selbsthilferechte zu, die dem Bürger auch ohne polizeiliche Hilfe die Möglichkeit geben, sein privates Recht zu schützen.

An erster Stelle ist damit zunächst das allgemeine Selbsthilferecht aus § 229 **BGB** zu nennen. Danach kann der Bürger eine Sache zerstören, beschädigen oder wegnehmen, einen Flüchtigen festnehmen oder einen Widerstand brechen, wenn obrigkeitliche Hilfe nicht erreichbar ist und wenn ohne sofortiges Eingreifen die Gefahr besteht, dass die Verwirklichung des Anspruchs vereitelt oder wesentlich erschwert wird.

76 Das **allgemeine Selbsthilferecht** kann nur dann in Anspruch genommen werden, wenn polizeiliche Hilfe nicht sofort zu erlangen ist. Daneben gibt es weitere besondere Selbsthilferechte, die unabhängig von polizeilicher Hilfe in Anspruch genommen werden können. Auf drei dieser Rechte sei hier kurz hingewiesen. Im BGB findet sich eine Vielzahl weiterer Vorschriften.

77 Das **Pfandrecht des Vermieters** ergibt sich aus §§ 562 ff. **BGB**. Danach hat der Vermieter für seine Forderungen aus dem Mietverhältnis ein Pfandrecht an den eingebrachten Sachen des Mieters. Es erstreckt sich nicht auf die Sachen, die der Pfändung nicht unterliegen. Das Pfandrecht des Vermieters erlischt mit der Entfernung der Sachen von dem Grundstück, außer wenn diese ohne Wissen oder unter Widerspruch des Vermieters erfolgt (§ 562a BGB). Der Vermieter darf die Entfernung der Sachen, die seinem Pfandrecht unterliegen, auch ohne Anrufen des Gerichts verhindern, soweit er berechtigt ist, der Entfernung zu widersprechen. Wenn der Mieter auszieht, darf der Vermieter diese Sachen in seinen Besitz nehmen (562b BGB).

78 Daneben gibt es das **Pfandrecht des Gastwirtes**, welches sich aus § 704 **BGB** ergibt. Der Gastwirt hat für seine Forderungen für Wohnung und andere dem Gast zur Befriedigung seiner Bedürfnisse gewährte Leistungen, mit Einschluss der Auslagen, ein Pfandrecht an den eingebrachten Sachen des Gastes. Die für das Pfandrecht des Vermieters geltenden Vorschriften des § 562 I 2 und der §§ 562a–562d finden entsprechende Anwendung.

79 Gemäß § 859 **BGB (Selbsthilfe des Besitzers)** darf sich der Besitzer verbotener Eigenmacht mit Gewalt erwehren. Wird eine bewegliche Sache dem Besitzer mittels verbotener Eigenmacht weggenommen, so darf er sie dem auf frischer Tat betroffenen oder verfolgten Täter mit Gewalt wieder abnehmen.

4. Vollzugshilfe

80 Die Polizei leistet anderen Behörden Vollzugshilfe (§§ 47–49 PolG NRW). Sie ist ein Sonderfall der Amtshilfe (§§ 4 ff. VwVfG NRW).[42] Bei dieser Aufgabenerfüllung unterstützt die Polizei eine andere Behörde, in dem sie unmittelbaren Zwang einsetzt, § 47 I PolG NRW.

5. Übertragung von Aufgaben durch andere Rechtsvorschriften

81 Die Polizei hat ferner die Aufgaben zu erfüllen, die ihr durch andere Rechtsvorschriften übertragen sind. Neben der Aufgaben der allgemeinen Gefahrenabwehr aus § 1 PolG NRW gibt es eine Vielzahl von Aufgaben, die dem speziellen Gefahrenabwehrbereich und anderen Bereichen zugeordnet werden können. Dieser Themenbereich wird unter der Rubrik „sonstige zugewiesene Aufgaben" behandelt.

II. Aufgabe der Strafverfolgung

82 Gemäß § 1 IV PolG NRW iVm §§ 10, 11 POG NRW iVm § 163 StPO hat die Polizei die Aufgabe, strafbare Handlungen zu verfolgen.

---

[42] BeckOK PolR NRW/*Gusy/Worms*, 8. Ed. 10.2.2018, PolG NRW § 1 Rn. 259.

Die Anwendung des § 1 IV PolG NRW in diesem Bereich ist strittig. **Die Herlei-** 83
tung der Zuständigkeit aus §§ 10, 11 POG NRW iVm § 163 StPO kann ebenso
vertreten werden.[43]

Nach § 1 IV PolG hat die Polizei ferner die Aufgaben zu erfüllen, die ihr durch
andere Rechtsvorschriften übertragen sind. Eine solche andere Rechtsvorschrift
ist die Aufgabenzuweisung nach § 163 StPO. Wer mit dem Begriff der Polizei
gemeint ist, bestimmt § 11 POG NRW. Gemäß § 11 POG NRW sind die Kreispolizeibehörden zuständig für die Erforschung und Verfolgung von Straftaten.

Eine **Straftat** wird allgemein als eine tatbestandsmäßige, rechtswidrige und 84
schuldhafte Handlung eines Menschen definiert, für die das verletzte Gesetz
als Rechtsfolge die Bestrafung des Täters vorsieht.

Die Tatbestandsmäßigkeit umfasst die Übereinstimmung von Handlung und 85
gesetzlichem Tatbestand. Die Rechtswidrigkeit umfasst ein Unwerturteil der
Rechtsordnung über die Tat und die Schuld ein Unwerturteil über den Täter
und seine Beziehung zur Tat.[44] Wer den Tatbestand eines Gesetzes verwirklicht,
handelt in der Regel auch rechtswidrig, es sei denn, er kann einen Recht-
fertigungsgrund in Anspruch nehmen. Kinder sind immer absolut schuldunfähig. Gegen Kinder können keine strafprozessualen Maßnahmen getroffen
werden.

Ziel der **Strafverfolgung** ist es, den Strafanspruch des Staates durchzusetzen. 86
Die Normen, die der Polizei zur Erfüllung dieser Aufgabe zur Verfügung stehen, ergeben sich aus der Strafprozessordnung.

▶ **Überblick über das Strafverfahren** 87

Ein Strafverfahren erstreckt sich auf vier Verfahrensabschnitte:

Ermittlungsverfahren	§ 158 StPO (Strafanzeige)
	§ 160 StPO (Staatsanwaltschaft)
	§ 163 StPO (Polizei)
Zwischenverfahren	§ 199 StPO (Anklageschrift)
Hauptverfahren	§ 203 StPO (Eröffnungsbeschluss)
Vollstreckungsverfahren	§§ 449 ff. StPO

Das Ermittlungsverfahren beginnt in der Regel mit der Erstattung einer Straf- 88
anzeige. Eine solche kann gem. § 158 StPO bei der StA, den Behörden und Beamten des Polizeidienstes und den Amtsgerichten mündlich oder schriftlich
angebracht werden. Die mündliche Anzeige ist zu beurkunden.

Die StA ist gem. § 160 StPO Herrin des Ermittlungsverfahrens. Das Handeln der 89
Polizei im Strafverfahren ergibt sich dementsprechend aus § 163 StPO.

---

[43] *Pieper* Polizei INFO/Report 1/2 2011, 42 ff.
[44] *Lübkemann* StrafR 63.

Gemäß § 163 StPO haben die Behörden und Beamten des Polizeidienstes Straftaten zu erforschen und alle keinen Aufschub gestattenden Anordnungen zu treffen, um die Verdunkelung der Sache zu verhüten.

90 Aus dieser Vorschrift ergibt sich auch das **Legalitätsprinzip** und damit die Pflicht der Polizei, Straftaten zu erforschen. Diese Erforschungspflicht setzt dann ein, wenn der **Verdacht einer Straftat** besteht. Mit dem Abschluss der Ermittlungen gibt die Polizei die Sache an die StA ab.

III. Die Aufgabe der Verfolgung von Ordnungswidrigkeiten

91 Ordnungswidrigkeiten sind Rechtsverstöße, die keinen kriminellen Unrechtsgehalt haben. Sie sind daher nicht mit Strafe bedroht, sondern können im sog. Ordnungswidrigkeitenverfahren mit Geldbuße geahndet werden.

92 Nach § 1 OWiG ist eine Ordnungswidrigkeit eine rechtswidrige und vorwerfbare Handlung, die den Tatbestand eines Gesetzes verwirklicht, das die Ahndung mit einer Geldbuße zulässt.

> **Merke:** Eine Handlung ist also dann eine Ordnungswidrigkeit, wenn sie tatbestandsmäßig, rechtswidrig und vorwerfbar ist.

93 Die **Verantwortlichkeit** ist in § 12 OWiG geregelt. Gemäß § 12 I 1 OWiG handelt nicht vorwerfbar, wer bei Begehung einer Handlung noch nicht 14 Jahre alt ist. Gemäß § 12 I 2 OWiG handelt ein Jugendlicher dann verantwortlich, wenn er zur Zeit der Handlung nach seiner sittlichen und geistigen Entwicklung reif genug ist, das Unrecht der Tat einzusehen und nach dieser Einsicht zu handeln. Voll verantwortlich sind Volljährige. Eine ausdrückliche Berücksichtigung des Heranwachsendenstatus kennt das Ordnungswidrigkeitenrecht nicht. Bei der Bußgeldzumessung kann dieser Gesichtspunkt jedoch berücksichtigt werden.

Die Polizei hat im Rahmen der Verfolgung von Ordnungswidrigkeiten eine herausragende Rolle, weil sie grundsätzlich bei Ordnungswidrigkeiten, egal auf welchem Rechts- oder Fachgebiet eine Ordnungswidrigkeit festgestellt wird, eine Einschreitbefugnis hat. Gemäß § 53 I OWiG haben die Behörden und Beamten des Polizeidienstes nach pflichtgemäßem Ermessen Ordnungswidrigkeiten zu erforschen. Das heißt, dass die Polizei von sich aus Ordnungswidrigkeiten zu erforschen hat.

94 Die grundsätzliche Aufgabenzuweisung zur Verfolgung von Ordnungswidrigkeiten ergibt sich aus § 1 IV PolG NRW iVm §§ 10, 11 POG NRW iVm § 53 I OWiG. Auch hier kann die Anwendbarkeit des § 1 IV PolG NRW kritisch betrachtet werden.[45]

95 Nach § 1 IV PolG hat die Polizei ferner die Aufgaben zu erfüllen, die ihr durch andere Rechtsvorschriften übertragen sind. Eine solche andere Rechtsvorschrift ist die Aufgabenzuweisung nach § 53 OWiG. Wer mit dem Begriff der Polizei gemeint ist, bestimmt § 11 POG NRW. Gemäß § 11 POG NRW sind die Kreispolizeibehörden unter anderem zuständig für die Erforschung und Verfolgung von Ordnungswidrigkeiten.

---

[45] *Pieper* Polizei INFO/Report 1/2 2011, 42 ff.

Bei der Verfolgung von Ordnungswidrigkeiten ist grundsätzlich zu unterschei- 96
den, ob die Polizei lediglich Ermittlungsbehörde oder **Verwaltungsbehörde**
(Verfolgungsbehörde) ist.

Grundsätzlich ist festzustellen, dass die Polizei auf allen Gebieten des Ord-
nungswidrigkeitenrechts zumindest Ermittlungsbehörde ist. Die Aufgabenzuweisung hierzu ergibt sich aus der Normenkette § 1 IV PolG NRW iVm §§ 10,
11 POG NRW iVm § 53 I OWiG.

§ 53 I OWiG: Die Behörden und Beamten des Polizeidienstes haben nach pflichtgemäßem Ermessen Ordnungswidrigkeiten zu erforschen und dabei alle unaufschiebbaren Anordnungen zu treffen, um die Verdunkelung der Sache zu verhüten.
Sie haben bei der Erforschung von Ordnungswidrigkeiten, soweit dieses Gesetz
nichts anderes bestimmt, dieselben Rechte und Pflichten wie bei der Verfolgung
von Straftaten. Ihre Akten übersenden sie unverzüglich der Verwaltungsbehörde,
in den Fällen des Zusammenhangs (§ 42 OWiG) der StA.

Um für diese Fälle tatsächlich auch Maßnahmen treffen zu können, dient § 53 I 97
2 OWiG als sog. **Transmissionsklausel**, um die entsprechenden Vorschriften der
Strafprozessordnung anwenden zu können.

In der Praxis wird die Polizei in diesen Fällen die Identität des Betroffenen feststellen, um den Sachverhalt dann der zuständigen Verfolgungsbehörde durch
eine Anzeige zuzuleiten.

Diese Zuständigkeitsregelung gilt für alle Ordnungswidrigkeiten. Sie gilt dann 98
nicht, wenn die Polizei Verwaltungsbehörde ist. Gemäß § 35 OWiG ist für die
Verfolgung und Ahndung von Ordnungswidrigkeiten grundsätzlich die Verwaltungsbehörde zuständig.

Verwaltungsbehörde ist die Polizei für folgende Bereiche (nicht abschließend)[46]: 99

* Verfolgung von Verkehrsordnungswidrigkeiten,
* Verfolgung von Verstößen gegen die Gefahrgutverordnung Straße,
* Ordnungswidrigkeiten auf dem Gebiet des Waffenrechts,
* Ordnungswidrigkeiten auf dem Gebiet des Versammlungsrechts,
* Ordnungswidrigkeiten nach dem 3. Teil/OWiG und 4. StRÄG.

Für Ordnungswidrigkeiten, bei denen die Polizei Verwaltungsbehörde ist, gilt 100
§ 46 II OWiG als Transmissionsklausel.

§ 46 II OWiG: Die Verfolgungsbehörde hat, soweit dieses Gesetz nichts anderes
bestimmt, im Bußgeldverfahren dieselben Rechte und Pflichten wie die StA bei der
Verfolgung von Straftaten.

Die Verwaltungsbehörde ist Herrin des **Ermittlungsverfahrens**. Nur sie kann 101
Akteneinsicht gewähren und ein Verfahren einstellen.[47]

Im Einzelnen gelten folgende Grundsätze:

* Gemäß § 46 III OWiG sind Verhaftung und vorläufige Festnahme unzulässig.

---

[46] BeckOK PolR NRW/*Gusy/Worms*, 8. Ed. 10.2.2018, PolG NRW § 1 Rn. 267 f.; KK-OWiG/
Lampe § 35 Rn. 18, § 36 Rn. 20.
[47] *Denninger* in Lisken/Denninger HdB PolizeiR D Rn. 214; BeckOK OWiG/*Inhofer*,
18. Ed. 1.3.2018, OWiG § 35 Rn. 13.

- Das kurzfristige Festhalten zur Identitätsfeststellung ist zulässig.
- Gemäß § 46 IV 1 OWiG ist § 81a I 2 StPO mit der Einschränkung anwendbar, dass nur die Entnahme von Blutproben und anderen geringfügigen Eingriffen zulässig ist. Die Entnahme einer Blutprobe bedarf keiner richterlichen Anordnung, wenn bestimmte Tatsachen den Verdacht begründen, dass eine Ordnungswidrigkeit nach den §§ 24a und 24c StVG begangen worden ist, § 46 IV 2 OwiG. In diesen Fällen darf die Polizei als Verwaltungsbehörde die Blutprobe selbst anordnen.[48]
- Grundsätzlich ist die erkennungsdienstliche Behandlung im Bußgeldverfahren zwar nicht ausgeschlossen, in der Praxis wird diese jedoch kaum Anwendung finden.
- Durchsuchungen sind grundsätzlich zulässig, jedoch wird die Wohnungsdurchsuchung in den seltensten Fällen verhältnismäßig sein.
- Die Beschlagnahmevorschriften ergeben sich aus den §§ 94 ff., 111b ff. StPO.

102 Ein Ermittlungsverfahren wird durch eine Anzeige ausgelöst oder von Amts wegen eingeleitet. Wenn das **Bußgeldverfahren** durch eine Anzeige eingeleitet wird, gilt § 158 StPO. Anzeigen können bei den Verwaltungsbehörden, bei der StA, der Polizei und den Amtsgerichten mündlich oder schriftlich eingereicht werden. Ist eine Anzeige erstattet, hat die Verwaltungsbehörde tätig zu werden.

103 Anders als im Strafverfahren, in dem die StA durch das Legalitätsprinzip verpflichtet ist, gilt im Ordnungswidrigkeitenrecht das **Opportunitätsprinzip**. Ob die Verwaltungsbehörde eine Ordnungswidrigkeit verfolgt, steht in ihrem Ermessen. Die gesetzliche Grundlage für das Opportunitätsprinzip ist der § 47 OWiG:

§ 47 OWiG: Die Verfolgung von Ordnungswidrigkeiten liegt im pflichtgemäßen Ermessen der Verfolgungsbehörde. Solange das Verfahren bei ihr anhängig ist, kann sie es einstellen.

Es besteht demnach keine Verpflichtung der Verfolgungsbehörde, ein Bußgeldverfahren einzuleiten oder ein eingeleitetes Verfahren fortzuführen. Die Verfolgungsbehörde kann bei unklarer Sach- oder Rechtslage von einer Verfolgung Abstand nehmen, zB wenn die Aufklärung erhebliche Schwierigkeiten macht oder wenn eine neue Vorschrift, die verletzt wurde, noch nicht bekannt ist. Auch kann eine Verfolgung von Bagatellverstößen unterbleiben, wenn der Täter selbst erheblichen Schaden erlitten hat.[49]

104 Die Nichtverfolgung einer Ordnungswidrigkeit ist keine Strafvereitelung iSd § 258 StGB (gilt nur für Straftaten). Auch kann es sich nicht um eine Begünstigung gem. § 257 StGB handeln. Allerdings ist auch im Ordnungswidrigkeitenrecht die ungerechtfertigte Verfolgung Unschuldiger nach § 344 II 2 Nr. 1 StGB strafbar.[50]

Zu den Grenzen der Opportunität gehören auch die bestehenden Verwarn- und Bußgeldkataloge. Gemäß § 26a StVG wird das Bundesministerium für Verkehr,

---

[48] KK-OWiG/*Lampe* OWiG § 46 Rn. 32, 37.
[49] <http://www.verkehrsportal.de/verkehrsrecht/ordnungswidrigkeiten_07.php?output=text> (Stand: 17.4.2018); KK-OWiG/Mitsch OWiG § 47 Rn. 110 ff.
[50] *Denninger* in Lisken/Denninger HdB PolizeiR D Rn. 217.

Bau- und Wohnungswesen ermächtigt, durch Rechtsverordnung Vorschriften über die Erteilung von Verwarnungen und Regelsätze für Geldbußen im Bereich der Verkehrsordnungswidrigkeiten zu erlassen. Derartige Rechtssätze binden Verwaltungsbehörde, StA und Gericht.

Kataloge in **Runderlassen oder Verwaltungsvorschriften** sind verwaltungsin- **105** terne Richtlinien und sind nur für die weisungsunterworfene Verwaltungsbehörde bindend (zB Verwarngeldkatalog Umweltschutz).

Die Verwaltungsbehörde ist befugt, andere Stellen einzuschalten. Sie kann die Polizei ersuchen, Ermittlungshandlungen vorzunehmen. Die Polizei muss dem entsprechen (§ 46 I OWiG iVm § 161 2 StPO). Wenn die Polizei als Ermittlungsbehörde (§ 53 OWiG) tätig geworden ist, hat sie die Ermittlungsakten ohne Verzug an die Verwaltungsbehörde abzugeben.

IV. Sonstige zugewiesene Aufgaben

1. Aufgaben auf dem Verkehrssektor[51]

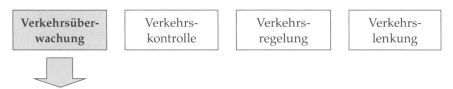

Die Aufgabe zur generellen Verkehrsüberwachung ergibt sich aus § 1 IV PolG NRW iVm § 11 I Nr. 3 POG NRW.[52]

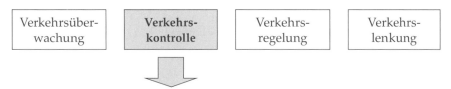

Die Aufgabe zur Durchführung von Verkehrskontrollen ergibt sich aus § 1 IV PolG NRW iVm § 11 I Nr. 3 POG NRW iVm § 36 V StVO.

Die Vorschrift ermächtigt nur zum Anhalten zu den angeführten Zwecken **106** (Verkehrskontrolle, Kontrolle der Verkehrstüchtigkeit und Verkehrserhebungen) und stellt dabei klar, dass eine Kontrolle zur Überprüfung der Fahrtüchtigkeit eines VT auch ohne konkreten Anlass erfolgen kann.[53]

§ 36 V StVO stellt eigentlich eine Ermächtigungsnorm da. Insofern wird hier **107** nach dem Rückschlussverfahren von der Ermächtigung auf die Zuständigkeit geschlossen.

---

51 *Müller* NZV 2016, 254 ff., 2017, 19 ff.
52 BeckOK PolR NRW/*Keller*, 8. Ed. 10.2.2018, POG NRW § 11 Rn. 18.
53 BeckOK PolR NRW/*Keller*, 8. Ed. 10.2.2018, POG NRW § 11 Rn. 20.1.

Verkehrsüber-wachung	Verkehrs-kontrolle	**Verkehrs-regelung**	Verkehrs-lenkung

Die Aufgabe zur Durchführung von Verkehrsregelungen ergibt sich aus § 1 IV PolG NRW iVm § 11 I Nr. 3 POG NRW iVm § 44 II 1 StVO.

§ 44 II StVO: Die Polizei ist befugt, den Verkehr durch Zeichen und Weisungen (§ 36 StVO) und durch Bedienung von Lichtzeichenanlagen zu regeln.

Die entsprechende Ermächtigung für die erforderlichen Zeichen und Weisungen ergibt sich dann aus § 36 I StVO.

§ 36 I StVO: Die Zeichen und Weisungen der Polizeibeamten sind zu befolgen. Sie gehen allen anderen Anordnungen und sonstigen Regeln vor, entbinden den Verkehrsteilnehmer jedoch nicht von seiner Sorgfaltspflicht.

Verkehrsüber-wachung	Verkehrs-kontrolle	Verkehrs-regelung	**Verkehrs-lenkung**

Die Aufgabe zur Durchführung von Verkehrsmaßnahmen bei Gefahr im Verzuge für die an sich zuständige Behörde ergibt sich aus § 1 IV PolG NRW iVm § 11 I Nr. 3 POG NRW iVm § 44 II 2 StVO.

Es handelt sich hier um Verkehrslenkungsmaßnahmen, die in Notsituationen von der Polizei getroffen werden können.

2. Weitere Aufgaben

108 Zu den weiteren Aufgaben können insbesondere genannt werden:[54]

- Ausführung des Versammlungsgesetzes,
- Ausführung des Waffengesetzes,
- Ausführung des Jugendschutzgesetzes,
- Aufgabe zur Sicherstellung ungültiger Personalausweise,
- Kontrolle von Reisegewerbekarten,
- Kontrollen nach dem Fahrpersonalgesetz,
- Überwachung der Beförderung gefährlicher Güter,
- Kontrolle von Berechtigungsscheinen durch Rückschlussverfahren.

109 **Exkurs: Systematik der Ermächtigung**
Wenn eine Ermächtigungsnorm (in der Befugnis) expressis verbis das Wort Polizei benutzt, kann im Rückschlussverfahren von der bestehenden Ermächtigung auf die Zulässigkeit geschlossen werden.
Dann bedarf es keiner gesonderten Zuständigkeitsregelung.

---

[54] BeckOK PolR NRW/*Gusy/Worms*, 8. Ed. 10.2.2018, PolG NRW § 1 Rn. 261 ff.

Wenn eine Ermächtigungsnorm von einer zuständigen Behörde spricht und dieser Behörde Befugnisse verleiht, dann muss es eine Aufgabenzuweisung (Zuständigkeitsregelung) geben, die feststellt, wer mit dieser benannten zuständigen Behörde gemeint ist. Solche Regelungen sind die vorhandenen Zuständigkeitsverordnungen.

B. Örtliche Zuständigkeiten

Der Polizeibezirk iSd §7 I POG NRW ist das Gebiet der Kreispolizeibehörde. 110 Die polizeilich zu schützenden Interessen sind in der Aufgabenzuweisung (sachliche Zuständigkeit) dargelegt. Außerhalb der eigenen Kreispolizeibehörde dürfen Polizeibeamte unter den Voraussetzungen des §7 II POG NRW tätig werden. Durch §7 II POG NRW werden die Fälle erfasst, in denen der Polizeibeamte aufgrund eines Sachverhalts im eigenen Bezirk tätig wurde und dann weitere Handlungen in dem anderen Bezirk notwendig werden. §7 III POG NRW betrifft Handlungen im gesamten Land Nordrhein-Westfalen.

Das Handeln von Polizeivollzugsbeamtinnen und Polizeivollzugsbeamten au- 111 ßerhalb Nordrhein-Westfalens ist in §8 POG NRW geregelt. Das Tätigwerden in einem anderen **Bundesland** ist unter den Voraussetzungen des §9 POG NRW zulässig. Zur Erforschung und Verfolgung von Straftaten und Ordnungswidrigkeiten und zur Gefahrenabwehr gibt es Abkommen zwischen den Ländern und der Bundesrepublik.

Eine fehlerhafte Beurteilung der örtlichen Zuständigkeit ist in §46 VwVfG ge- 112 regelt.

§46 VwVfG: Die Aufhebung eines Verwaltungsaktes, der nicht nach §44 VwVfG nichtig ist, kann nicht allein deshalb beansprucht werden, weil er unter Verletzung von Vorschriften über das Verfahren, die Form oder die örtliche Zuständigkeit zustande gekommen ist, wenn offensichtlich ist, dass die Verletzung die Entscheidung in der Sache nicht beeinflusst hat.

5. Kapitel. Allgemeine Form- und Verfahrensvorschriften

Zur formellen Rechtmäßigkeitsprüfung gehört neben der örtlichen und sachli- 113 chen Zuständigkeit die Prüfung der Beachtung der allgemeinen Form- und Verfahrensvorschriften bei Verwaltungsakten. Dazu gehören vor allem die §§28, 37 und 41 VwVfG NRW, bei schriftlichen VA auch §39 VwVfG NRW.[55]

§28 I VwVfG NRW: Bevor ein Verwaltungsakt erlassen wird, der in Rechte eines Beteiligten eingreift, ist diesem Gelegenheit zu geben, sich zu den für die Entscheidung erheblichen Tatsachen zu äußern.

§28 VwVfG NRW verlangt grundsätzlich, dass ein Bürger vor Erlass eines VA, der in seine Rechte eingreift, Gelegenheit erhält, sich zur Sache zu äußern. Gerade für die Polizei besteht in vielen Fällen nicht die Möglichkeit oder Zeit, dem Betroffenen Gelegenheit zur Äußerung einzuräumen. Diese Fälle sind in §28 II und III VwVfG NRW benannt.

---

[55] *Bialon/Springer* Fälle EingriffsR XIX.

114 Die **Anhörung** kann mündlich oder schriftlich erfolgen. Eine bestimmte Form ist nicht vorgeschrieben.

§ 37 I VwVfG NRW-Bestimmtheit und Form des Verwaltungsaktes: (1) Ein Verwaltungsakt muss inhaltlich hinreichend bestimmt sein.

115 Der Adressat muss zweifelsfrei erkennen können, was von ihm verlangt wird. Die praktische Bedeutung des Bestimmtheitsgebots ist immens, weil die Verfügung Grundlage einer zwangsweisen Durchsetzung sein kann. Hinsichtlich der Form des Verwaltungsaktes bestimmt § 37 II 1 VwVfG NRW, dass dieser schriftlich, mündlich oder in anderer Form erlassen werden kann.

116 Gemäß § 39 VwVfG NRW ist ein schriftlicher Verwaltungsakt mit einer Begründung zu versehen.

§ 39 VwVfG NRW: (1) Ein schriftlicher oder elektronischer sowie ein schriftlich oder elektronisch bestätigter Verwaltungsakt ist mit einer Begründung zu versehen.

117 § 41 VwVfG NRW verlangt die Bekanntgabe des Verwaltungsaktes. Ein Verwaltungsakt wird erst mit der Bekanntgabe wirksam.

Daher muss die Verwaltung dafür sorgen, dass der Adressat Kenntnis vom Verwaltungsakt bekommt.[56]

§ 41 I VwVfG NRW: Ein Verwaltungsakt ist demjenigen Beteiligten bekannt zu geben, für den er bestimmt ist oder der von ihm betroffen wird.

Hinweis: In der polizeilichen Praxis werden Verwaltungsakte überwiegend mündlich erlassen.

Merke: Die hier genannten allgemeinen Form- und Verfahrensvorschriften gelten nur für Verwaltungsakte. Sie sind nicht auf Justizverwaltungsakte iSd § 23 EGGVG anwendbar, § 2 II Nr. 2 VwVfG.

6. Kapitel. Ermessen und Übermaßverbot

A. Ermessen

118 Nach § 163 I 1 StPO hat die Polizei **Straftaten zu erforschen.** Sofern ihr strafrechtlich relevante Sachverhalte bekannt werden, ist sie gesetzlich verpflichtet, ihnen nachzugehen. Diese Verpflichtung bezeichnet man als das **Legalitätsprinzip.** Daher hat die Polizei hier kein Entschließungsermessen, sie muss einschreiten.

Bei der **Verfolgung von Ordnungswidrigkeiten** gilt das **Opportunitätsprinzip,** §§ 47 I 1, 53 I 1 OwiG. Es ist also nach pflichtgemäßem Ermessen zu entscheiden, ob eine Ordnungswidrigkeit verfolgt wird oder von der Verfolgung abgesehen wird. Dabei sind Erlasse, die interne Weisungen darstellen, zu beachten.[57]

---

[56] BeckOK VwVfG/*Tiedemann* 39. Ed. 1.4.2018, VwVfG § 41 Rn. 1.
[57] So zB: Verfolgung von Verkehrsverstößen durch die Polizei und Erhebung von Sicherheitsleistungen bei Ordnungswidrigkeiten und Straftaten; Verfolgung und Ahndung von Verkehrsordnungswidrigkeiten durch die Ordnungsbehörden, RdErl. d. Ministeriums für Inneres und Kommunales – 43.8 – 57.04.16 – v. 2.11.2010.

Demgegenüber kann die Polizei nach den Polizeigesetzen zur **Gefahrenabwehr** tätig werden. Ob und inwieweit sie es tut, ist in ihr Ermessen gestellt. Dieses Ermessen ist das **Opportunitätsprinzip.**

Nach §3 PolG NRW trifft die Polizei ihre Maßnahmen zur Gefahrenabwehr **119** nach pflichtgemäßem Ermessen. Dabei findet der Entscheidungsspielraum auf zwei Ebenen statt. Zum einen kann die Polizei darüber entscheiden, ob sie überhaupt einschreiten will. Man spricht hier von einem **Entschließungsermessen.** Zum anderen kann die Polizei darüber entscheiden, mit welchen Mitteln oder Maßnahmen sie einschreiten will. Man spricht dabei von einem **Auswahlermessen.**[58]

Das Ermessen ist nach den Regeln des **§40 VwVfG NRW** auszuüben:[59]

- Die Behörde muss von dem zugestandenen Ermessen Gebrauch machen. Betätigt die Behörde ihr Ermessen überhaupt nicht, so liegt ein **Ermessensnichtgebrauch** (Ermessensmangel, Ermessensunterschreitung) vor.
- Ermessenentscheidungen sind nach dem Zweck der Ermächtigung zu treffen. Lässt sich die Behörde nicht ausschließlich vom Zweck der Ermächtigung leiten, so liegt ein Ermessensmissbrauch (Ermessensfehlgebrauch) vor. **Ermessenfehlgebrauch** liegt vor, wenn der Polizeibeamte den Zweck der Ermächtigung nicht berücksichtigt, den Sachverhalt nicht hinreichend aufklärt, nicht nach sachlichen, objektiven Maßstäben wertet, sondern subjektiv-pflichtwidrig handelt oder keine sachgerechte Interessenabwägung vornimmt.
- Eine **Ermessensüberschreitung** liegt vor, wenn die Polizei den ihr gesetzlich gezogenen äußeren Rahmen des Ermessens verletzt. Das ist der Fall, wenn sie zB den Gleichheitsgrundsatz missachtet, von einer anderen gesetzlichen Bindung abweicht oder geltendes Recht verletzt.

Ermessensfehler führen zur Rechtswidrigkeit der polizeilichen Maßnahme; **120** insoweit ist auch das Ermessen gerichtlich überprüfbar, §114 VwGO.

I. Entschließungsermessen

Grundsätzlich steht der Polizei ein Ermessen zu, ob sie einschreitet. Ermessen **121** bedeutet, dass die Polizei nicht generell und ausnahmslos verpflichtet ist, zur Gefahrenabwehr einzuschreiten. In diesem Zusammenhang ist die Ermessenreduzierung von Bedeutung, da sie eine Pflicht zum Einschreiten auslösen kann. Bei einer solchen Pflicht zum Einschreiten kann das pflichtwidrige Unterlassen einen Schadensersatzanspruch wegen einer Amtspflichtverletzung auslösen und der Bürger kann einen Anspruch auf Einschreiten der Polizei ableiten.[60] Als Maßstab einer Pflicht zum Einschreiten ist die Wertigkeit der bedrohten Rechtsgüter zu betrachten. Eine Pflicht zum Handeln der Polizei wird angenommen zum Schutz hochwertiger Rechtsgüter, also zur Abwehr von Gefahren für Leben, Gesundheit und bedeutende Vermögenswerte.[61] In diesen Fällen wird von einer

---

[58] *Rachor* in Lisken/Denninger HdB PolizeiR E Rn.105.
[59] BeckOK VwVfG/*Aschke* 39. Ed. 1.4.2017, VwVfG §40 Rn.78ff.
[60] *Rachor* in Lisken/Denninger HdB PolizeiR E Rn.124.
[61] *Tegtmeyer/Vahle* PolG NRW §3 Rn.6; *Rachor* in Lisken/Denninger HdB PolizeiR E Rn.125; *Kugelmann* POR Kap.10, Rn.14ff.

Ermessensreduzierung auf Null gesprochen. Ob auch in Bereichen unterhalb dieser Schwelle eine Einschreitpflicht besteht, ist umstritten.[62]

Gesichtspunkte des unzumutbaren Aufwands und der Kollision mit anderen Aufgaben stehen einer Pflicht zum Einschreiten entgegen. Dabei ist zu beachten, dass die personellen und sachlichen Ressourcen der Polizei beschränkt sind. Hört der Polizeibeamte zwei Hilferufe aus unterschiedlichen Richtungen, so kann er nur einem von beiden nachgehen, denn die Polizei kann nicht überall zur gleichen Zeit sein.[63]

II. Auswahlermessen[64]

122 Das Auswahlermessen besagt, dass die Polizei berechtigt ist selbst festzulegen, welche Maßnahmen sie zur Gefahrenabwehr trifft. Auch hierbei hat sie sich im Rahmen der Schranken des § 40 VwVfG NRW zu bewegen. Ein Auswahlermessen ist grundsätzlich gegeben bei Kann-Vorschriften.

Bei sog. Ist-Vorschriften besteht kein Auswahlermessen. Bei „Soll-Vorschriften" ist grundsätzlich so zu verfahren, wie es das Gesetz vorschreibt. Nur im begründeten Einzelfall darf von der Vorschrift abgewichen werden.

III. Anwendung

123 Fehler im Bereich der Ermessensausübung sind in der Praxis von untergeordneter Bedeutung. Die Erklärung der Rechtswidrigkeit einer Maßnahme ist in der Regel in den tatbestandlichen Voraussetzungen oder in der Unverhältnismäßigkeit des Eingriffs zu suchen.[65]

B. Übermaßverbot/Verhältnismäßigkeit im weiteren Sinne

124 Das Übermaßverbot wird begrifflich auch als das Verhältnismäßigkeitsprinzip im weiteren Sinne bezeichnet. Das Verhältnismäßigkeitsprinzip hat Verfassungsrang und leitet sich aus dem Rechtsstaatsprinzip ab, Art. 20 III GG.

125 Das Verhältnismäßigkeitsprinzip unterteilt sich in:
- die Geeignetheit,
- die Erforderlichkeit,
- die Verhältnismäßigkeit im engeren Sinne (Angemessenheit).

126 Für den Bereich der Gefahrenabwehr hat der Gesetzgeber das Übermaßverbot in § 2 PolG NRW geregelt. Daraus ergeben sich im Einzelnen folgende Grundsätze:

127 • **Geeignetheit**
Ein Mittel muss zur Erreichung seines Zwecks überhaupt geeignet sein. Das ist der Fall, wenn es den Zweck zumindest fördert. Dass es ihn tatsächlich erreicht, lässt sich erst nachträglich feststellen.[66] Gefordert ist eine **objektive**

---

[62] *Rachor* in Lisken/Denninger HdB PolizeiR E Rn. 125.
[63] *Rachor* in Lisken/Denninger HdB PolizeiR E Rn. 126.
[64] *Rachor* in Lisken/Denninger HdB PolizeiR E Rn. 105.
[65] *Rachor* in Lisken/Denninger HdB PolizeiR E Rn. 108.
[66] *Gusy* POR Rn. 397; BeckOK PolR NRW/*Kugelmann*, 8. Ed. 10.2.2018, PolG NRW § 2 Rn. 20 f.

Zwecktauglichkeit, dh es muss die Frage gestellt werden, ob die Maßnahme grundsätzlich zur Gefahrenabwehr geeignet ist. Eine Geeignetheit kann nur angenommen werden, wenn eine Maßnahme auch rechtlich und tatsächlich durchführbar ist. Es kann nichts verlangt werden, was niemand ausführen darf bzw. kann.[67]

- **Erforderlichkeit**   128

Das Kriterium der Erforderlichkeit ist die praktisch bedeutsamste Grenze polizeilichen Handelns. Das Gebot der **Erforderlichkeit** ist verletzt, wenn das Ziel der staatlichen Maßnahmen auch durch ein anderes, gleich wirksames Mittel erreicht werden kann, dass das betreffende Grundrecht nicht oder weniger fühlbar einschränkt.[68]

Dabei ist dasjenige Mittel anzuordnen, welches nicht nur den Betroffenen, sondern auch die Allgemeinheit am wenigsten belastet.

Im Polizeigesetz gibt es an vielen Stellen Formulierungen, die das Prinzip der Erforderlichkeit schon in den Zulässigkeitsvoraussetzungen beinhalten. Dabei wird dieses Prinzip auch mit der Formulierung „Notwendigkeit" oder „Unerlässlichkeit" beschrieben (zB § 8 PolG NRW, 41 I Nr. 4 PolG NRW uva).

- **Verhältnismäßigkeit im engeren Sinne (Angemessenheit)**   129

Das Gebot der Verhältnismäßigkeit im engeren Sinne wird auch als **Angemessenheit** oder Zumutbarkeit bezeichnet.

„Die Verhältnismäßigkeit im engeren Sinne verlangt eine Abwägung zwischen dem öffentlichen Interesse an der Erfüllung der polizeilichen Aufgabe und der Schwere des Eingriffs. Wenn die Intensität des Eingriffs in einem Missverhältnis zu dem mit der Maßnahme verfolgten Zweck steht, hat die Maßnahme zu unterbleiben."[69]

Eigentlich muss der Grundsatz bestehen, dass das Vorliegen der tatbestandlichen Voraussetzungen einer Befugnisnorm die Angemessenheit der Maßnahme indiziert, sodass das Prinzip der Verhältnismäßigkeit nur im Einzel- und Ausnahmefall als **Korrektiv** dient und eine Maßnahme, die die tatbestandlichen Voraussetzungen erfüllt, trotzdem rechtswidrig werden lässt.[70] Beispielsweise sind Abschleppmaßnahmen von Fahrzeugen nicht bei sämtlichen verkehrsrechtlichen Verstößen zulässig. Ebenso sind Blutproben nicht bei jedem Anfangsverdacht einer Straftat zulässig.

In der **Gefahrenabwehr** sind auf der einen Seite die Dauer und die Schwere des Grundrechtseingriffs beim Betroffenen und auf der anderen Seite die Bedeutung der zu schützenden Rechtsgüter und die möglichen Folgen zu betrachten, wenn die Polizei nicht einschreiten würde. Danach ist eine Abwägung vorzunehmen.

Bei der **Strafverfolgung** sind auf der einen Seite die Dauer und die Schwere des Grundrechtseingriffs beim Betroffenen und auf der anderen Seite die

---

[67] BeckOK PolR NRW/*Kugelmann*, 8. Ed. 10.2.2018, PolG NRW § 2 Rn. 11 ff.
[68] BVerfGE 53, 135 (145 ff.) = NJW 1980, 1511; BVerfGE 67, 157 (177) = NJW 1985, 121; BVerfGE 68, 193 (219) = NJW 1985, 1385.
[69] *Rachor* in Lisken/Denninger HdB PolizeiR E Rn. 180; BVerfGE 67, 157 (173) = NJW 1985, 121.
[70] *Rachor* in Lisken/Denninger HdB PolizeiR E Rn. 181.

Strafandrohung für das Delikt, dessen die Person verdächtig ist und die eingetretenen Folgen der Straftat bzw. bei Versuchsdelikten die möglichen Folgen der Straftat. Danach ist eine Abwägung vorzunehmen.

7. Kapitel. Inanspruchnahme von Personen

130 Wenn es um die Frage der polizeirechtlichen Inanspruchnahme von Personen geht, so wird unterschieden zwischen dem Verhaltens- und Zustandsverantwortlichen sowie dem Nichtverantwortlichen. Die verantwortlichen Personen werden auch als **Adressaten** bezeichnet.

131 Eine Verantwortlichkeit beruht entweder auf einem die Gefahr verursachenden Verhalten einer Person (Verhaltenshafter) oder darauf, dass von einer Sache oder einem Tier eine Gefahr ausgeht (Zustandshafter).

132 Polizeipflichtig können sein:[71]

133 **1. natürliche Personen**
Bei natürlichen Personen kommt es auf die Geschäftsfähigkeit oder strafrechtliche Verantwortung nicht an. Auch die Staatsangehörigkeit ist ohne Bedeutung.

134 **2. juristische Personen des Privatrechts**
Bei juristischen Personen des Privatrechts (zB Firmen, Handelsgesellschaften) ist es für die Polizeipflichtigkeit unerheblich, ob es sich um inländische oder ausländische juristische Personen handelt. Auch **Personenvereinigungen**, die nicht juristische Personen sind, zB Erbengemeinschaften, können polizeipflichtig sein.

135 **3.** ausnahmsweise auch **juristische Personen des öffentlichen Rechts**
Gegen juristische Personen des öffentlichen Rechts (im Regelfall sind das Behörden) können die Polizeibehörden grundsätzlich nicht einschreiten.[72]

136 Hier gilt der Satz, dass „**eine Hoheitsverwaltung nicht mit Anordnungen oder gar mit Zwang in die hoheitliche Tätigkeit einer anderen Hoheitsverwaltung eingreifen darf.**[73] Die Polizei muss in derartigen Fällen bei der zuständigen Behörde, notfalls bei der Aufsichtsbehörde, die Beseitigung der Störung verlangen. Nur bei äußerster Dringlichkeit, bei unmittelbar bevorstehender oder gegenwärtiger Gefahr für hochrangige Rechtsgüter (Leib oder Leben von Menschen, bedeutende Sachwerte) ist die Polizei zu Maßnahmen befugt.[74] Die Einschränkungen gelten nicht, wenn die juristischen Personen des öffentlichen Rechts fiskalisch handeln, also wie eine Privatperson auftreten.

A. Verhaltensverantwortlicher

137 §4 PolG NRW regelt **die Verhaltenshaftung.** Polizeipflichtig ist derjenige, der durch eigenes Verhalten eine Gefahr verursacht. Die Polizeipflicht setzt kein Verschulden im Sinne des Zivilrechts und keine Schuld im strafrechtlichen

---

[71] *Tegtmeyer/Vahle* PolG NRW §4 Rn. 3.
[72] *Tegtmeyer/Vahle* PolG NRW §4 Rn. 7.
[73] *Denninger* in Lisken/Denninger HdB PolizeiR D Rn. 98.
[74] *Denninger* in Lisken/Denninger HdB PolizeiR D Rn. 98; VV 4.0 zu §4 PolG NRW.

Sinne voraus.[75] Maßgebend ist das Verhalten, durch das die Gefahr verursacht wird. „Nach der Theorie der unmittelbaren Verursachung ist Störer derjenige, der die unmittelbare Ursache für den Eintritt der Gefahr gesetzt und damit die Gefahrengrenze überschritten hat."[76]

Darüber hinaus gibt es eine (Zusatz-)Verantwortlichkeit des mittelbaren Veranlassers. Der sog. Zweckveranlasser ist nur eine scheinbare Ausnahme von dem Grundsatz der Unmittelbarkeit.[77]

> **Beispiel:** Der Besitzer eines Kaufhauses organisiert im Schaufenster seines Geschäftes eine Modenschau. Durch die Zuschauer entsteht ein Rückstau, wodurch wiederum Verkehrsstörungen entstehen. Grundsätzlich sind in diesem Fall die Zuschauer Verursacher der Verkehrsstörung. Allerdings kann auch der Verantwortliche des Kaufhauses in Anspruch genommen werden, da es ihm darauf ankam, dass die Passanten stehen bleiben. Damit ist er als Zweckveranlasser in diesem Sinne anzusehen und kann polizeilich als Adressat in Anspruch genommen werden.

▷ **Fall:**[78]

Der K wird unter Androhung eines Zwangsgeldes in Höhe von 10.000 EUR untersagt, während der Nachtzeit zwischen 22.00 und 06.00 Uhr Lieferungen an den Supermarkt in T. vorzunehmen zu lassen. Die K ist Eigentümerin des Supermarktes und hat die Schlüssel den Lieferanten überlassen.

Entscheidung:

1. Verursacher ist nach allgemeinem Polizei- und Ordnungsrecht derjenige, dessen Verhalten die Gefahr „unmittelbar" herbeiführt. Personen, die entferntere, nur mittelbare Ursachen für den eingetretenen Erfolg gesetzt, also nur den Anlass für die unmittelbare Verursachung durch andere gegeben haben, sind in diesem Sinne keine Verursacher.

2. Allerdings kann auch ein **„Hintermann"** verantwortlich sein, wenn dessen Handlung zwar nicht die polizeirechtliche Gefahrenschwelle überschritten hat, aber mit der durch den Verursacher unmittelbar herbeigeführten Gefahr oder Störung eine natürliche Einheit bildet, die die Einbeziehung des Hintermanns in die Polizeipflicht rechtfertigt. Eine derartige natürliche Einheit besteht typischerweise beim Zweckveranlasser als demjenigen, der die durch den Verursacher bewirkte Polizeiwidrigkeit gezielt ausgelöst hat.

3. Im vorliegenden Sachverhalt muss davon ausgegangen werden, dass die K das Verhalten ihrer Lieferanten billigend in Kauf nimmt, denn sie musste erkennen, dass ihre Lieferanten Waren nachts anliefern, obwohl sie auf das nächtliche Lieferverbot hingewiesen haben will.

4. Zur Unterbindung hätte sie die Schlüssel zurückfordern müssen.

---

[75] *Tegtmeyer/Vahle* PolG NRW §4 Rn.4.
[76] *Tegtmeyer/Vahle* PolG NRW §4 Rn.15.
[77] *Tegtmeyer/Vahle* PolG NRW §4 Rn.17; *Müller-Eiselt* VR 2014, 85ff.; VG Hamburg BeckRS 2012, 55156; VG Gelsenkirchen BeckRS 2017, 131547 Rn.96ff.
[78] OVG Münster BeckRS 2007, 23396.

5. In den Fällen des sog. Zweckveranlassers ist es so, dass neben dem Hintermann auch der Vordermann einen Störungsbeitrag leistet, der seine ordnungsrechtliche Verantwortlichkeit begründen kann, ohne den Hintermann von seiner Verantwortlichkeit zu befreien.

138 Das **Rechtsinstrument des Zweckveranlassers** ist allerdings umstritten. Wer zB von Grundrechten Gebrauch macht, kann in der Regel kein Störer im Sinne des Polizeirechts sein.[79]

In bestimmten Fällen wird auch eine polizeiliche Verantwortung für **fremdes Verhalten** begründet, s. §4 II und III PolG NRW. Dabei wird zwischen zwei Gruppen der Verantwortlichkeit für fremdes Verhalten unterschieden:

1. Fallgruppe: Verantwortlichkeit der Aufsichtspflichtigen (Minderjährige, unterhalb einer bestimmten Altersgrenze, Betreuten oder unter Vormundschaft Gestellten).[80]

2. Fallgruppe: Geschäftsherrn, der für das Verhalten des von ihm bestellten Verrichtungsgehilfen verantwortlich ist.[81]

139 Die Immunität von **Abgeordneten** beeinflusst die Polizeipflichtigkeit grundsätzlich nicht. Für Beschränkungen der persönlichen Freiheit gilt Art. 46 GG:

Die Beschränkung der persönlichen Freiheit eines Abgeordneten ist von der Aufhebung der Immunität abhängig. Hierzu gehören Freiheitsentziehungen, wie Ordnungshaft oder Erzwingungshaft, aber auch Aufenthaltsbeschränkungen und Platzverweise.[82] Gefahrenabwehrende Maßnahmen sind möglich. Auch Abgeordnete (Bundestag, Landtag, Europaparlament) können Adressaten gefahrenabwehrender Maßnahmen sein. Die Einschränkungen des Art. 46 GG beziehen sich auf strafverfolgende Maßnahmen.

140 Einschränkungen bezüglich der Polizeipflichtigkeit gelten auch gegenüber exterritorialen Personen. Zu dieser Thematik wird auf die §§ 18–21 GVG und die hierzu bestehenden Erlasse verwiesen, insbesondere:

1. Diplomaten und andere bevorrechtigte Personen[83]
   Polizeifachhandbuch 17–55 BU
2. Allgemeine Bestimmungen für die Verfolgung und Ahndung von Ordnungswidrigkeiten im Straßenverkehr,
   Anwendungsbereich für besondere Personen,
   Polizeifachhandbuch 8–44 LA/NRW
3. Maßnahmen der Polizei bei Verkehrsdelikten unter Beteiligung von Diplomaten und anderen bevorrechtigten Personen[84]
   Polizeifachhandbuch 8–44–1 LA/NRW

---

[79] *Bialon* POLIZEIinfo 7/8 2009, 24 ff. – Zusammenfassung des Rechtsgutachtens von Prof. Dr. Vahle; *Wobst/Ackermann* JA 2013, 916 ff.

[80] *Bialon/Springer* Fälle EingriffsR Fall 1.

[81] *Denninger* in Lisken/Denninger HdB PolizeiR D Rn. 101.

[82] *Denninger* in Lisken/Denninger HdB PolizeiR D Rn. 92.

[83] Auswärtiges Amt, RdSchr. v. 15.9.2015 –503-90-507.00-, GMBl 2015, 1206.

[84] Maßnahmen der Polizei bei Verkehrsdelikten unter Beteiligung von Diplomaten und anderen bevorrechtigten Personen, RdErl. IM v. 29.4.2005 – 44 – 57.04.16.

An dieser Stelle sei auf nachfolgend aufgeführte allgemeine Grundsätze 141
hingewiesen:[85]

1. Gegen eine diplomatische Mission dürfen behördliche Zwangsmaßnahmen aufgrund bundes- oder landesrechtlicher Rechtsvorschriften weder angedroht noch durchgeführt werden.
2. Das gleiche gilt hinsichtlich der Diplomaten und der anderen Mitglieder einer diplomatischen Mission und ihrer Familienangehörigen, soweit diese gerichtliche Immunität genießen.
3. Daher sind vor allem unzulässig:
   a) Maßnahmen der Strafverfolgung (vorläufige Festnahme, Verhaftung, Durchsuchung, Beschlagnahme, Blutentnahme, Vernehmung gegen den Willen des Betroffenen)
   b) Maßnahmen aufgrund des OwiG, insbesondere die Ahndung von Ordnungswidrigkeiten und die Verwarnung mit oder ohne Verwarnungsgeld
4. Die Anwendung von Gewalt gegen eine bevorrechtigte Person ist ausnahmsweise zulässig
   a) zum eigenen Schutz des Betroffenen,
   b) bei konkreter Gefahr für Leben oder Gesundheit anderer Personen.

B. Zustandsverantwortlicher

§ 5 PolG NRW regelt die Zustandshaftung. Zustandshaftung ist die Verantwort- 142
lichkeit für die Beseitigung von Gefahren, die sich aus dem Zustand einer Sache
oder dem Verhalten eines Tieres ergeben. Die Verantwortlichkeit folgt aus der
Sozialpflichtigkeit des Eigentums und der Herrschaftsgewalt über die Sache
oder das Tier.

▷ **Fall:[86]**

Im Juni 2006 befand sich der Zirkus in Wendlingen in der Sommerpause. Am
19.6.2006 konnten zwei Tiger, die im Eigentum eines ungarischen Tierdompteurs stehen und der mit seiner Tigernummer für die Saison 2006 vom „Circus
Barelli" engagiert worden war, durch eine Nachlässigkeit des (beim Tierdompteur angestellten) Tierpflegers bei der Reinigung der fahrbaren Tigeranhänger
ins Freie gelangen. Die zwei Tiger – ein sibirischer Tiger und das bengalische
Tigerweibchen „Princess" – befanden sich dann auf dem mit einem ca. 1,50 m
hohen Zaun umschlossenen Gelände des Zirkus Dem Tierpfleger gelang es,
den sibirischen Tiger wieder zurück in den Käfig zu treiben. Bei der Tigerdame
„Princess" gelang dies jedoch nicht. Sie lief weiter auf dem Zirkusgelände umher und verletzte zwei Ponys, bevor schließlich ein Tierarzt aus der „Wilhelma"
„Princess" mit einem Pfeil aus einem Betäubungsgewehr betäubte und sie
wieder in den Käfig zurückbrachte. Der „Ausbruch" von „Princess" hatte den
Einsatz von 31 Polizeibeamten, eines Polizeihubschraubers und eines Rettungswagens sowie eines Notarzteinsatzfahrzeuges zur Folge. Für den Polizeieinsatz

---

[85] Eine zusammenfassende Übersicht findet sich in RdSchr. d. Auswärtigen Amts v. 15.9.2015 – 503-90-507.00 –, Kap C 1.
[86] VG Stuttgart Urt. v. 7.3.2008 – 1 K 2800/07.

wurde der Klägerin mit bestandskräftigem Bescheid vom 4.7.2006 2.902,49 EUR in Rechnung gestellt. Die Klägerin beantragte im Januar 2007 bei der Polizeidirektion Esslingen die Zurücknahme dieses Gebührenbescheids, hilfsweise dessen Widerruf, was die Polizeidirektion ablehnte. Die Klägerin erhob am 27.3.2007 Klage. Sie war der Ansicht, dass sie nicht Kostenschuldnerin sei und deshalb nicht in Anspruch genommen werden dürfe. Sie sei weder Eigentümerin der Tiger samt Käfigen noch sei der Tierpfleger bei ihr angestellt. Sie habe lediglich einen Gastspielvertrag mit dem Eigentümer der Tiger, bei dem auch der fragliche Tierpfleger angestellt sei.

Entscheidung:

1. Die Klägerin hat keinen Anspruch auf Rücknahme oder Widerruf des Gebührenbescheides vom 4.7.2006.

2. Das Verbringen des Tigers in den Käfig ist eine der Klägerin individuell zurechenbare öffentliche Leistung, die zur Beseitigung einer Gefahr der öffentlichen Sicherheit und Ordnung erbracht worden war. Nachdem es niemandem gelungen war, auch den zweiten, auf dem Zirkusgelände frei herumlaufenden Tiger in den Tigeranhänger zurückzutreiben, haben die Voraussetzungen für ein polizeiliches Einschreiten zur Gefahrenbeseitigung vorgelegen.

3. Die Klägerin, die persönlich haftende geschäftsführende Gesellschafterin der Circus Barelli GbR ist, ist auch als **Zustandsstörerin** für die Beseitigung der Gefahr verantwortlich gewesen. Die Verantwortung der Klägerin für die auf dem eingezäunten Gelände des Zirkus befindlichen Tiger ist Ausfluss der Sachherrschaft der Klägerin über diese Tiere. Diese Sachherrschaft ermöglichte ihr die Nutzung der Tiere mit den sich daraus ergebenden wirtschaftlichen Vorteilen. Wer aber die Sachherrschaft über die Tiere innehat, muss dafür Sorge tragen, dass andere nicht durch diese Tiere gestört oder geschädigt würden. Dass der Tierpfleger durch sein nachlässiges Verhalten die Tiere in den störenden Zustand versetzt hat, sei demgegenüber unbeachtlich. Es besteht zwischen der Inanspruchnahme des Handlungsstörers und des Zustandsstörers nach dem Polizeigesetz kein Rangverhältnis. Die festgesetzten Gebühren und Auslagen sind auch ihrer Höhe nach rechtmäßig.

143 Verantwortlich ist der Inhaber der tatsächlichen Gewalt. Der Eigentümer oder ein anderer Beteiligter werden zusätzlich als mögliche Adressaten polizeilicher Maßnahmen genannt, § 5 II PolG NRW.

144 **Inhaber der tatsächlichen Gewalt** ist derjenige, der die tatsächliche Sachherrschaft ausübt, der Besitzer einer Sache oder eines Tieres. **Tiere** sind keine Sachen, sondern Mitgeschöpfe (§ 1 TierSchG, § 90a BGB). Sie werden polizeirechtlich wie Sachen behandelt.[87]

„Inhaber der tatsächlichen Gewalt ist auch der Besitzdiener iSd § 855 BGB, der als Weisungsabhängiger tatsächlich über die Sache herrscht. Hausangestellte fallen ebenso unter den Begriff wie Firmenangestellte."[88]

---

[87] *Denninger* in Lisken/Denninger HdB PolizeiR D Rn. 106.
[88] *Denninger* in Lisken/Denninger HdB PolizeiR D Rn. 111.

Es ist unerheblich, wie der Besitz erlangt wurde. Deshalb kann auch der Dieb als Inhaber der tatsächlichen Gewalt verantwortlich sein. Neben der tatsächlichen Einwirkungsmöglichkeit ist auch ein entsprechender Herrschaftswille gefordert.

„Dieser muss nicht ständig psychisch aktualisiert werden, deshalb hat auch zB der schlafende Besitzer den entsprechenden Herrschaftswillen."[89]

Der freiwillige Eigentumsverzicht (Dereliktion, § 959 BGB) entbindet nicht von **145** der Verantwortlichkeit, sonst würden Abfallverursacher jeglicher Art nicht zur Verantwortung gezogen werden können. Der Eigentümer, der die Sachherrschaft aufgegeben hat, bleibt für den Zustand der herrenlos gewordenen Sache polizeipflichtig, zumindest dann, wenn die Polizeipflicht vor der Eigentumsaufgabe begründet war.[90]

> **Beispiel:** Der Eigentümer, der sein schrottreifes Auto im öffentlichen Verkehrsraum abstellt, bleibt trotzdem verantwortlich.

Eigentümer ist, wer das umfassende und grundsätzlich unbeschränkte Herr- **146** schaftsrecht an einer Sache hat und in der Regel mit der Sache nach Belieben verfahren darf (§ 903 BGB). Miteigentümer gelten als Eigentümer; jeder von ihnen ist verantwortlich. Der Zustandsstörer ist verantwortlich für alle Schäden, die aus der Sache selbst entstehen können. Dabei ist es unerheblich, ob der polizeiwidrige Zustand durch die Sache selbst, das Verhalten des Berechtigten oder Dritter entstanden ist. Der Absturz eines Felsens begründet die Verantwortlichkeit des Grundstückeigentümers.[91]

Sonstiger Berechtigter iSd § 5 II PolG NRW ist jeder Dritte außer dem Eigentü- **147** mer, der eine Einwirkungsberechtigung auf die Sache hat. Das können zB Mieter, Pächter oder Entleiher sein.

C. Inanspruchnahme nicht verantwortlicher Personen

§ 6 PolG NRW regelt die Inanspruchnahme nicht verantwortlicher Personen, **148** also von sog. **„Nichtstörern".**

Benötigt die Polizei die Unterstützung „fremder Personen oder Institutionen", weil sie zB nicht über die technischen Mittel verfügt, um eine Gefahrensituation zu beseitigen, so geht sie grundsätzlich zunächst Beziehungen vertraglicher Art, also privatrechtliche Beziehungen ein. Der Kfz-Abschleppdienst wird in Anspruch genommen, wenn ein Fahrzeug abzuschleppen ist. Mit dem Abschleppdienst besteht ein fiskalisches Vertragsverhältnis. Der Schlüsseldienst wird in Anspruch genommen, wenn eine Türe geöffnet werden muss. Die Baubehörde beauftragt ein Abbruchunternehmen, wenn eine ohne Baugenehmigung errichtete Garage abgerissen werden muss.

---

[89] *Denninger* in Lisken/Denninger HdB PolizeiR D Rn. 112.
[90] *Denninger* in Lisken/Denninger HdB PolizeiR D Rn. 113.
[91] *Gusy* POR Rn. 357.

Polizeirecht kommt erst ins Spiel, wenn die Polizei hoheitlich-obrigkeitlich, das heißt mit Ge- und Verboten gegen den Bürger vorgeht.[92]

Dabei ist die Inanspruchnahme zunächst nach den Grundsätzen der Verhaltensverantwortlichkeit (§ 4 PolG NRW) und den Grundsätzen der Zustandsverantwortlichkeit (§ 5 PolG NRW) zu prüfen.

Daneben gibt es den polizeilichen Notstand. Ein solcher liegt vor, wenn eine Sachlage besteht, die unter eng umrissenen Voraussetzungen die Inanspruchnahme von Personen bedingt, die nicht Verhaltens- oder Zustandsverantwortliche sind. Allerdings ist ein polizeilicher Notstand nicht deshalb begründet, weil ein Störer iSv §§ 4 und 5 PolG NRW der polizeilichen Verfügung nicht nachkommt. In einem solchen Fall müssen die polizeilichen Zwangsmaßnahmen ergriffen werden. Die Gefahrenabwehr hat dann über Ersatzvornahme, Zwangsgeld oder unmittelbaren Zwang zu erfolgen.[93]

„Die Leistung des Nichtstörers ist subsidiär gegenüber der Möglichkeit der Polizei, selbst einen geeigneten Spezialisten zu beauftragen."[94]

> **Beispiel:** Unwetter haben einen Baum umstürzen lassen, der eine viel befahrene Schnellstraße in einer unübersichtlichen Kurve blockiert. Der Baum muss schnellstens von der Straße entfernt werden. Da höchste Eile geboten ist, kann auf die entsprechenden technischen Hilfsdienste nicht gewartet werden. Die eingesetzten Polizeibeamten verpflichten vorbeikommende Passanten, bei der Beseitigung des Baumes zu helfen. Die Inanspruchnahme erfolgt aufgrund des § 6 I PolG NRW.

149 Problematisch ist die Inanspruchnahme des Nichtstörers, wenn dieser sich weigert. Zur Gefahrenbeseitigung kann hier in aller Regel die Nutzung einer Sache eingesetzt werden, die im Besitz desjenigen ist, der sich weigert an der Gefahrenbeseitigung mitzuwirken. In diesem Fall kann dem „Nichtstörer" notfalls auch mit Zwang die Sache weggenommen werden, um sie zur Gefahrenbeseitigung zu nutzen.

> **Beispiel:** Wegnahme einer Zugmaschine, um einen umgestürzten Baum zu beseitigen; Wegnahme von Sand, um eine Ölspur abzustreuen.

Ist jemand nach § 323c StGB zur Hilfe rechtlich verpflichtet, liegt kein Fall des § 6 PolG NRW vor. Insoweit richten sich Verpflichtung und Grenzen der Hilfeleistung nach dem Strafrecht. Diese gehen dem Polizei- und Ordnungsrecht vor.[95]

150 Grundsätzlich entspricht es den Grundprinzipien einer rechtsstaatlichen Ordnung, dass der in Anspruch genommene **Nichtstörer** durch einen angemessenen Opferausgleich entschädigt wird.

---

[92] *Denninger* in Lisken/Denninger HdB PolizeiR D Rn. 138.
[93] *Thiel* POR § 8 Rn. 135; BeckOK PolR NRW/*Wittreck*, 8. Ed. 10.2.2018, PolG NRW § 6 Rn. 8.
[94] *Denninger* in Lisken/Denninger HdB PolizeiR D Rn. 142.
[95] *Gusy* POR Rn. 381; BeckOK PolR NRW/*Wittreck*, 8. Ed. 10.2.2018, PolG NRW § 6 Rn. 21 ff.

Im Zusammenhang mit der Problematik der Inanspruchnahme von Nichtstörern stellt sich der Sachverhalt beim Zusammentreffen von Demonstranten und Gegendemonstranten. Wer sich rechtmäßig versammelt, kann kein Störer sein. Ist eine Gegendemonstration zu erwarten, haben die Polizeibehörden gegen diese Gegendemonstranten als Störer vorzugehen, da sie insoweit eine Schutzpflicht zugunsten der ersten Versammlung haben. Gegen die erste Versammlung als Nichtstörer dürfen die Polizeibehörden nur unter den eng begrenzten Voraussetzungen des § 6 PolG NRW vorgehen.[96]

D. Sonstiges

Gemäß § 4 IV PolG NRW sind die Abs. 1–3 nicht anzuwenden, soweit andere Vorschriften dieses Gesetzes oder andere Rechtsvorschriften bestimmen, gegen wen eine Maßnahme zu richten ist. **151**

Diese Vorschrift betrifft in erster Linie den Adressat im Strafverfahren aber auch Verantwortliche im Bereich der Gefahrenabwehr, wenn die Ermächtigung explizit bestimmt, gegen wen eine Maßnahme gerichtet werden muss.

Es handelt sich dabei um Ermächtigungen, die bestimmte Personen oder Personengruppen benennen.

> **Beispiel:** Bei einer Razzia darf die Polizei die Identität von allen Personen feststellen, die sich an den „gefährlichen Orten" aufhalten (§ 12 I Nr. 2 PolG NRW). Insofern ergibt sich der Adressat hier unmittelbar aus der Ermächtigung.

> **Merke:** Ist im Bereich der Gefahrenabwehr die Formulierung „zur Abwehr einer Gefahr" benutzt, so ergibt sich die Adressatenregelung aus den §§ 4–6 PolG NRW (§§ 8 I, 12 I 1, 34 I 1, § 43 Nr. 1 PolG NRW).
>
> Wird in der Ermächtigung ein Betroffener direkt bezeichnet (zB der Inhaber in § 41 PolG NRW) oder der Personenkreis eingeengt (zB der Minderjährige in § 35 PolG NRW), so ergibt sich die Adressatenregelung aus der Ermächtigung selbst, was in der überwiegenden Anzahl der Ermächtigungen der Fall ist.
>
> So gestattet der Gesetzgeber in § 9 II 1 PolG NRW die Feststellung der Personalien einer Person, die befragt werden kann. Insofern ergibt sich der Adressat auch hier unmittelbar aus der Ermächtigung, denn es ist derjenige, der befragt werden darf.
>
> Adressaten polizeilicher **Maßnahmen nach der StPO** können der Angeklagte, der Angeschuldigte, der Beschuldigte, der Verdächtige und andere Personen (Zeugen, Sachverständige) sein.[97]

---

[96] *Gusy* POR Rn. 385; BeckOK PolR NRW/*Wittreck*, 8. Ed. 10.2.2018, PolG NRW § 6 Rn. 14 f.
[97] *Gusy* POR Rn. 386.

E. Auswahl unter mehreren Störern[98]

152 Eine Gefährdung der öffentlichen Sicherheit kann gleichzeitig nebeneinander oder hintereinander von mehreren Verhaltens- und/oder Zustandsstörern verursacht werden. In solchen Fällen hat die Polizei Auswahlermessen hinsichtlich der Frage, welchen Störer sie zur Beseitigung der Gefahr in Anspruch nehmen will. Die Auswahl unter mehreren Störern wird durch das Übermaßverbot begrenzt. Eine Differenzierung bei der Auswahl mehrerer Störer muss sachlich begründet sein und darf nicht aufgrund persönlicher Erwägung erfolgen.

153 Im Sinne der Geeignetheit darf die Polizei nichts rechtlich Unmögliches verlangen. Auch die Grundsätze der Erforderlichkeit und Zumutbarkeit sind zu prüfen. Die Effektivität der Gefahrenabwehr muss immer im Vordergrund stehen. In der Literatur und Rechtsprechung wird häufig eine Rangfolge, wonach der Handlungsstörer vor dem Zustandsstörer heranzuziehen ist, benannt. Dieser Annahme kann nicht zugestimmt werden.[99]

154 Bei einer Ermessensentscheidung können folgende Auswahlkriterien hilfreich sein:[100]

- größere zeitliche oder örtliche Nähe zur Gefährdung,
- größerer Anteil an der Verursachung der Gefährdung,
- höhere Leistungsfähigkeit des Inanspruchgenommenen gegenüber anderen,
- Unverhältnismäßigkeit der Beeinträchtigung bei der Inanspruchnahme anderer Störer.

F. Kinder als Adressaten polizeilichen Handelns[101]

155 Es gibt ganz **verschiedene Einsatzsituationen**, bei denen Maßnahmen gegenüber Kindern getroffen werden. Da Kinder grundrechtsfähig sind, wird mit den meisten polizeilichen Handlungen in ein Grundrecht eingegriffen. Daher sind gemäß dem Vorbehalt des Gesetzes dafür Ermächtigungsgrundlagen erforderlich. Nachfolgend sollen verschiedene Einsatzsituationen und die entsprechenden Rechtsgrundlagen erläutert werden.

> **Merke:** Für das Einschreiten gegen Kinder und Jugendliche ist die PDV 382 – Bearbeitung von Jugendsachen – als Erlass bindend. Die PDV 382 enthält auch Richtlinien für das Einschreiten gegen Kinder.

I. Kinder als „Tatverdächtige"

> **Beispiel:** Eine Funkstreife der Polizei wird zu einem Einkaufszentrum gerufen. Dort wird von einem Ladendetektiv ein elfjähriger Junge festgehalten, der zwei CDs in die Innentasche seines Anoraks gesteckt hatte und den

---

[98] *Denninger* in Lisken/Denninger HdB PolizeiR D Rn. 127 ff.
[99] *Tegtmeyer/Vahle* PolG NRW § 4 Rn. 10.
[100] *Osterlitz* EingriffsR I 240; BeckOK PolR NRW/*Wittreck*, 8. Ed. 10.2.2018, PolG NRW § 4 Rn. 32 ff.
[101] Fallbearbeitung in *Bialon/Springer* Fälle EingriffsR Fall 27; ausführliche Darstellung in BeckOK StGB/*v. Heintschel-Heinegg*, 37. Ed. 1.1.2018, StGB § 19.

Laden gerade verlassen wollte, als er von dem Ladendetektiv aufgehalten wurde. Der Junge gibt sich trotzig und bestreitet die Tat.

Hier stellt sich die Frage, ob Maßnahmen zur **Strafverfolgung** möglich sind. § 19 StGB bestimmt, dass Personen, die das 14. Lebensjahr noch nicht vollendet haben, schuldunfähig sind. Damit besteht ein absolutes **Verfahrenshindernis**.

> **Merke:** Strafverfolgende Maßnahmen, wie sie gegenüber Tatverdächtigen zur Ermittlung der Wahrheit durchgeführt werden, dürfen bei Kindern nicht vorgenommen werden! **Gleiches gilt auch für die Verfolgung von Ordnungswidrigkeiten.** § 12 I 1 OWiG bestimmt, dass der nicht vorwerfbar handelt, der bei Begehung einer Handlung noch nicht vierzehn Jahre alt ist.

Im obigen Sachverhalt stellt sich nun die Frage, welche Maßnahmen gegen den Jungen dann getroffen werden können. Ziel ist es, dafür zu sorgen, dass der Junge aus seinem Fehlverhalten lernt und in Zukunft keine vorwerfbaren Handlungen mehr begeht. Deshalb muss auf die geistige und seelische Entwicklung des Kindes positiv Einfluss genommen werden. Zuständig dafür sind die Erziehungsberechtigten und gegebenenfalls das Jugendamt. Gerade das Jugendamt kann aber nur tätig werden, wenn es Informationen über den Vorfall erhält. Daher muss die **Identität** des Jungen **festgestellt** und ein **Bericht an das Jugendamt** gefertigt und übermittelt werden.

Da eine Gefahr für das Individualrechtsgut Gesundheit des Jungen (geistige 156 und seelische Entwicklung) gegeben ist, wird die Polizei zur Gefahrenabwehr tätig. Die sachliche Zuständigkeit ergibt sich aus § 1 I 1 und 3 PolG NRW iVm § 11 I Nr. 1 POG NRW. Dabei bestimmt § 1 I 4 PolG NRW, dass die Polizei die zuständigen Behörden, insbesondere die Ordnungsbehörden, **unverzüglich** von allen Vorgängen **zu unterrichten** hat, die deren Eingreifen erfordern. Eigentlich ist für die Abwehr der Gefahr im obigen Beispiel das Jugendamt zuständig. Das Jugendamt kann hier nicht einschreiten, weil die Behörde noch gar keine Kenntnis von dem Ereignis hat. Somit ist die Polizei subsidiär zuständig. Ermächtigungsgrundlage für die Identitätsfeststellung ist § 12 I Nr. 1 PolG NRW. Der Ladendiebstahl zeigt, dass hier bereits die psychische Entwicklung des Jungen und damit seine Gesundheit konkret gefährdet sind. Daher wird die Polizei sich von dem Jungen Personalien geben lassen, um diese dem Jugendamt zu übermitteln. Die dazu erforderlichen Fragen nach Personalien und das Anhalten des Jungen für die Identitätsherstellung sind erforderliche Maßnahmen iSd § 12 II 1 PolG NRW. Der Junge ist hier Verhaltensverantwortlicher, § 4 I PolG NRW. Die weiteren Voraussetzungen für die Rechtmäßigkeit der IDF liegen vor.

Die einschreitenden Polizeibeamten werden einen Bericht fertigen, in dem der 157 Vorfall geschildert wird und die Personalien des Jungen angegeben sind. Damit werden die Daten nach § 24 I PolG NRW **gespeichert** und nach § 28 II PolG NRW an das Jugendamt **übermittelt**.

Das Einkaufszentrum wird auch die beiden CDs zurückbekommen wollen. 158 Fraglich ist, welche Norm es der Polizei erlaubt, die **CDs sicherzustellen** bzw. den **Jungen** danach zu **durchsuchen**. Eine Durchsuchung nach § 102 StPO und eine Sicherstellung/Beschlagnahme nach §94 I, II StPO scheiden, wie oben dargestellt → Rn. 664, aus. Das Einkaufszentrum hat zivilrechtlich einen Anspruch darauf, die beiden CDs zurückzubekommen. Man könnte die Maßnahme also zum **Schutz privater Rechte**, §1 II PolG NRW, vornehmen. Für die Sicherstellung käme dann §43 Nr. 2 PolG NRW als Ermächtigungsgrundlage infrage, für die Suche nach den Gegenständen §39 I Nr. 2 PolG NRW. Um an die CDs zu gelangen, könnte man aber auch den Weg über die rechtlichen Voraussetzungen der **Einziehung** begründen. Die Voraussetzungen ergeben sich aus §73 I StGB. Tatbestand ist eine rechtswidrige Tat, die auch von einem Kind begangen werden kann.[102] Der Täter muss aus der Tat etwas erlangt haben, das wären im obigen Fall die beiden CDs. Das Einkaufszentrum hat einen zivilrechtlichen Anspruch auf Herausgabe des weggenommenen Gegenstands. Damit liegt ein Fall der Einziehung vor. Demnach können im obigen Fall nach §111b I StPO die beiden CDs beschlagnahmt werden. Über §111b II StPO finden die §§102–110 StPO sinngemäß Anwendung. Dann darf der Junge auch gem. §102 StPO nach Tatbeute durchsucht werden. In §102 StPO ist dann das Wort „Beweismittel" durch „Gegenstände, die der Einziehung unterliegen" zu ersetzen. Da bei Vorliegen einer rechtswidrigen Tat das Institut der Einziehung speziell in §73 I StGB und §111b I StPO geregelt ist, gehen diese Vorschriften den Normen des PolG vor. Die Rückgabe der CDs an das Einkaufszentrum richtet sich nach den §§111n und 111o StPO.

159 Fraglich ist, was mit dem Jungen geschieht, wenn im Einkaufszentrum die Ermittlungen der Polizei abgeschlossen sind. Theoretisch könnte man dann den Jungen nach Hause schicken. Die polizeiliche Erfahrung zeigt, dass Kinder noch nicht in der Lage sind, die Konsequenzen ihres Handelns und eines solchen Vorfalls zu überblicken. Es besteht die konkrete Gefahr, dass der Junge in einer Kurzschlussreaktion beschließt, nicht zu seinen Eltern nach Hause zu gehen, sondern wegzulaufen. Daher ist der Junge nach §35 I 1 PolG NRW in **Gewahrsam** zu nehmen. Hier liegt nicht das Tatbestandsmerkmal vor, dass der Junge sich in einem die freie Willensbildung ausschließenden Zustand befindet. Es ist von Hilflosigkeit auszugehen, weil er, wie oben begründet, nicht ausreichend in der Lage ist, die Situation angemessen einzuschätzen. Der Gewahrsam ist auch erforderlich, um die dargestellte Gefahr abzuwehren. Der Junge wird natürlich nicht in das Polizeigewahrsam gebracht, sondern entweder dem Elternhaus zugeführt (möglichst durch ein Zivilfahrzeug und in Zivil gekleidete Kräfte) oder zur Wache mitgenommen, damit ihn die Eltern dort abholen können. Im geschilderten Sachverhalt liegt kein Fall des §35 II PolG NRW vor, denn der Junge hat sich nicht willentlich der Obhut der Sorgeberechtigten entzogen.[103]

160 Begeht der Junge mehrfach rechtswidrige Taten, so ist es auch zulässig, eine Sammlung von **Merkblättern** (Vorstufe einer Kriminalakte) bei der Polizei anzulegen, §24 I, II PolG NRW.

Die Merkblätter nutzt die Polizei in der Zusammenarbeit mit anderen Organisationen und Behörden. Gemeinsam soll darauf hingearbeitet werden, dass der

---

102 *Verrel* NStZ 2001, 284 (285).
103 Ausführlich zum Obhutsgewahrsam: *Kahl* Kriminalistik 2013, 208 ff.

Junge lernt, sich an Gesetze zu halten (s. unter anderem die Initiative „Kurve kriegen" des IM NRW).

Bei **Intensivtätern** im Kindesalter ist es unter besonderer Berücksichtigung der 161 Verhältnismäßigkeit auch möglich, den Betroffen gem. § 14 I Nr. 2 PolG NRW **erkennungsdienstlich zu behandeln** und die Daten nach § 24 I, II PolG NRW zu speichern (zusammen mit den Merkblättern als Vorstufe einer Kriminalakte).[104]

II. Kinder als Zeugen im Strafverfahren

Begehen Kinder eine Straftat, so stellt sich die Frage, ob sie **Mittäter** haben, die 162 14 Jahre oder älter sind oder aber, ob die Kinder von Jugendlichen/Erwachsenen zu den Straftaten **angestiftet** oder benutzt worden sind. In allen diesen Fällen muss gegen diese anderen Personen (Mittäter, Anstifter, mittelbare Täter) strafverfolgend vorgegangen werden. Die Kinder, die die rechtswidrige Tat ausführen, sind dann **Zeugen in dem Strafverfahren** gegen die anderen strafmündigen Personen. Wie auch sonst bei Zeugen ist es dann möglich, die **Identität** nach § 163b II StPO **festzustellen**. Auch eine **Vernehmung** nach § 163 III StPO ist zulässig. Allerdings ist bei der Vernehmung von Kindern zu beachten, dass zu klären ist, ob sie alleine in der Lage sind, über ihr **Zeugnisverweigerungsrecht** zu entscheiden. Bei Kindern bis zum siebten Lebensjahr wird man davon ausgehen, dass die Verstandesreife hierzu noch nicht ausreicht.[105] Bei älteren Kindern ist dies im Einzelfall zu prüfen und das Ergebnis mit den jeweiligen Gründen zu dokumentieren. Sind Kinder noch nicht in der Lage, den Inhalt und den Sinn des Zeugnisverweigerungsrechts zu erfassen, so gilt § 52 II 1 StPO. Dann darf die Vernehmung nur durchgeführt werden, wenn das Kind zur Aussage bereit ist und auch die **gesetzlichen Vertreter der Vernehmung zustimmen**. Ist einer der gesetzlichen Vertreter selbst Beschuldigter, so kann er über die Ausübung des Zeugnisverweigerungsrechts nicht selber entscheiden und der andere gesetzliche Vertreter auch nicht, § 1909 I BGB. Dann ist ein Ergänzungspfleger zu bestellen, der diese Aufgabe wahrnimmt, § 151 Nr. 5 FamFG.[106]

> **Beispiel:** Der Vater eines zwölfjährigen Mädchens steht im Verdacht, seine eigene Tochter sexuell missbraucht zu haben. Das Mädchen hat seinem elfjährigen Bruder von der Tat erzählt. Der Junge soll als Zeuge zu der Tat vernommen werden. Damit müsste der Sohn entscheiden, ob er gegen seinen eigenen Vater aussagt bzw. von seinem Zeugnisverweigerungsrecht, § 52 I 3 StPO, Gebrauch macht. Wenn sich ergibt, dass der Junge noch nicht in der Lage ist, über sein Zeugnisverweigerungsrecht selbst zu entscheiden, so kann weder der Vater noch die Mutter als gesetzliche Vertreter über das Zeugnisverweigerungsrecht entscheiden. Hier müsste ein Ergänzungspfleger bestellt werden.

---

[104] *Rachor* in Lisken/Denninger HdB PolizeiR E Rn. 412; BeckOK PolR NRW/*Ogorek/ Molitor*, 8. Ed. 10.2.2018, PolG NRW § 14 Rn. 9.

[105] BGHSt 14, 159 ff. = NJW 1960, 1396; nach jüngeren Entscheidungen sollen auch Kinder mit acht, neun oder zehn Jahren noch nicht die nötige Verstandesreife besitzen: OLG Hamburg BeckRS 2013, 08728, OLG Koblenz BeckRS 2014, 11452.

[106] Zu dem ganzen Thema: OLG Brandenburg BeckRS 2011, 23528; *Nisse*, Delikte gegen Kinder, 2012, 68 f.

Im obigen Beispiel soll die **Vernehmung auf Bild-Ton-Träger aufgenommen werden**, § 58a I 2 Nr. 1 StPO.[107] Dadurch soll verhindert werden, dass das minderjährige Opfer in der Hauptverhandlung erneut, und auch noch uU im Beisein des Angeklagten, seine Aussage wiederholen muss und dadurch erneut traumatisiert wird.[108]

III. Kinder als Geschädigte/Opfer

163 In dem obigen Beispiel → Rn. 162 ist das zwölfjährige Mädchen Opfer einer Straftat, die der eigene Vater an ihm begangen hat. Damit ist das Kind Zeuge in dem Strafverfahren gegen den Vater. Es gelten die oben beschriebenen rechtlichen Voraussetzungen der Zeugenvernehmung und der Identitätsfeststellung → Rn. 162.

164 Am Körper des Mädchens werden sich mit hoher Wahrscheinlichkeit Spuren des sexuellen Missbrauchs finden lassen. Daher ist eine **körperliche Untersuchung**, § 81c I StPO, nötig. Auch hier gilt, dass die körperliche Untersuchung, wie das Zeugnis bei der Vernehmung, verweigert werden kann, § 81c III 1 StPO.[109] Da das Mädchen in gerader Linie mit dem Vater verwandt ist, kann sie daher die körperliche Untersuchung verweigern. Über dieses Recht ist das Mädchen zu belehren, § 81c III 2 StPO iVm § 52 III StPO. Wann die Sorgeberechtigten einzuschalten sind bzw. ein Ergänzungspfleger zu bestellen ist, regelt § 81c III StPO. Es wird auf die obigen Ausführungen zur Vernehmung des Kindes als Zeuge verwiesen, → Rn. 162.

165 Weiter sind die Bestimmungen über die **Nebenklage**, §§ 395 ff. StPO, über die **Entschädigung des Verletzten**, §§ 403 ff. StPO und die **sonstigen Befugnisse des Verletzten**, §§ 406d ff. StPO, zu beachten.[110]

In einem wie oben beschriebenen Fall gilt es vor allem, das Kind vor weiteren Straftaten zu schützen und alles dafür zu tun, dass es die Folgen der Tat verkraftet und in eine geschützte und behütete Umgebung kommt. Daher ist unverzüglich das Jugendamt durch die Polizei einzuschalten und weitere Maßnahmen zum Schutz des Kindes abzustimmen.

IV. Kinder als Verursacher von Gefahren

166 Immer wieder kommt es vor, dass Kinder von zu Hause **weglaufen**. Damit liegt eine gegenwärtige Gefahr für die Gesundheit und gegebenenfalls auch für das Leben des Kindes vor. Wie bereits beschrieben → Rn. 159, sind Kinder noch nicht in der Lage, ihr Leben eigenständig zu führen und ohne die Hilfe der Eltern zurechtzukommen. Das gilt jedenfalls für eine längere Abwesenheit vom Elternhaus. Rechtsgrundlage für die **Gewahrsamnahme** des Kindes durch die Polizei ist dann § 35 I Nr. 1 PolG NRW.

167 Wenn das Kind **bewusst und gewollt weggelaufen** ist, so ist auch der Tatbestand des § 35 II PolG NRW erfüllt. Selbst wenn man bei Beurteilung des Einzelfalls

---

[107] RiStBV Nr. 19.
[108] BGH NStZ-RR 2004, 336.
[109] *Frister* in Lisken/Denninger HdB PolizeiR F Rn. 275 ff.
[110] *Nisse*, Delikte gegen Kinder, 2012, 69.

zu dem Ergebnis käme, dass die Voraussetzungen des § 35 I 1 PolG NRW ausnahmsweise bei einem Kind nicht vorliegen, so ist durch § 35 II PolG NRW das **Aufenthaltsbestimmungsrecht der Sorgeberechtigten** geschützt, das sich aus § 1631 I BGB ergibt. Danach haben die Sorgeberechtigten das Recht, den Aufenthalt des Minderjährigen zu bestimmen. Wenn also ein Kind von den Sorgeberechtigten (im Regelfall die Eltern) als vermisst gemeldet wird, so wird die Polizei hier zum Schutz des privaten Rechts der Sorgeberechtigten tätig und nimmt das weggelaufene Kind in Gewahrsam, um es den Sorgeberechtigten oder dem Jugendamt zuzuführen.[111]

Hält sich das Kind an einem Ort auf, „an dem ihm oder ihr eine unmittelbare **168** Gefahr für das körperliche, geistige oder seelische Wohl droht", § 8 1 JuSchG, so kann die zuständige Behörde die zur Abwendung der Gefahr erforderlichen Maßnahmen treffen. § 8 JuSchG nennt dabei ausdrücklich die Möglichkeit eines Platzverweises und der Gewahrsamnahme. Nach § 1 JuSchGZVO[112] ist für Sofortmaßnahmen zum Schutz von Kindern und Jugendlichen nach § 8 JuSchG auch die Kreispolizeibehörde neben dem Jugendamt zuständige Behörde. Wenn also ein Fall des § 1 I 3 PolG NRW, also ein Eilfall, vorliegt, dann können die Polizeibeamten der zuständigen Kreispolizeibehörde Platzverweis und Gewahrsamnahme gegen das Kind, das sich an einem **jugendgefährdenden Ort** aufhält, aussprechen bzw. durchführen.[113] Ob eine Gefahr für das körperliche, geistige oder seelische Wohl des Kindes gegeben ist, ist nach den Bestimmungen des Jugendschutzgesetzes und den Gegebenheiten des Einzelfalls zu entscheiden.

Hält sich das Kind an einem sonstigen gefährlichen Ort auf, so ist sowohl ein **169** kurzfristiger Platzverweis nach § 34 I PolG NRW als auch ein Aufenthaltsverbot nach § 34 II PolG NRW möglich. Zu den tatbestandlichen Voraussetzungen wird auf die jeweiligen Ausführungen bei → Rn. 356 ff. verwiesen.

Wird ein Kind in Gewahrsam genommen, so ist § 37 II 4 PolG NRW zu beachten. **170** Nach dieser Vorschrift ist die Polizei verpflichtet, die **Sorgeberechtigten** von der Gewahrsamnahme **zu benachrichtigen**, auch gegen den Willen des Betroffenen.

V. Zwang gegen Kinder

Schon aus Gründen der Geeignetheit, aber auch unter dem Aspekt der Angemessenheit, dürfte sich das **Zwangsgeld**, § 53 PolG NRW, als Durchsetzungsmittel gegenüber Kindern verbieten.

Die **Ersatzvornahme**, § 52 PolG NRW, ist sehr wohl denkbar.

> **Beispiel:** Ein neunjähriger Junge geht mit einem Schäferhund spazieren. Leider hat er den angeleinten Hund überhaupt nicht unter Kontrolle. Der Hund zieht den Jungen wohin er will. Dabei ist das Kind schon einmal auf eine stark befahrene Fahrbahn geraten und hat nur mit Mühe den Hund auf den Gehweg zurückgezogen. Für einen gerade vorbeikommenden

---

[111] *Tegtmeyer/Vahle* PolG NRW § 35 Rn. 15; *Tetsch/Baldarelli* PolG NRW 751 f.
[112] Jugendschutzzuständigkeitsverordnung – JuSchGZVO v. 16.12.2003 (GV. NRW 2003, 820).
[113] *Tegtmeyer/Vahle* PolG NRW § 35 Rn. 16; *Tetsch/Baldarelli* PolG NRW 750 f.

Polizeibeamten auf Fußstreife ist ersichtlich, dass es jederzeit wieder zu einer gefährlichen Situation kommen kann. Eine Aufforderung an den Jungen, den Hund unter Kontrolle zu halten, ist offensichtlich ungeeignet. Daher greift der Polizeibeamte nach der Leine und führt den Hund im Beisein des Kindes zurück zur Wohnanschrift des Kindes. Hier liegt eine Ersatzvornahme in Form der Selbstvornahme vor.

171 Auch **unmittelbarer Zwang** kann gegen Kinder bei strenger Beachtung des Übermaßverbotes angewendet werden.[114] Bei einem **Schusswaffengebrauch** ist § 63 III PolG NRW zu beachten:

„Gegen Personen, die dem äußeren Eindruck nach noch nicht 14 Jahre alt sind, dürfen Schusswaffen nicht gebraucht werden. Das gilt nicht, wenn der Schusswaffengebrauch das einzige Mittel zur Abwehr einer gegenwärtigen Gefahr für Leib oder Leben ist."

G. Jugendliche als Adressaten polizeilichen Handelns

I. Jugendliche als Tatverdächtige

172 Die **Definition** für Jugendliche ergibt sich aus § 1 II JGG. Danach ist Jugendlicher, wer zur Zeit der Tat 14, aber noch nicht 18 Jahre alt ist.

§ 3 1 JGG: Ein Jugendlicher ist **strafrechtlich verantwortlich**, wenn er zur Zeit der Tat nach seiner sittlichen und geistigen Entwicklung reif genug ist, das Unrecht der Tat einzusehen und nach dieser Einsicht zu handeln.

Wenn die Polizei von dem Anfangsverdacht einer Straftat Kenntnis bekommt und ein Jugendlicher Tatverdächtiger ist, so gilt das Legalitätsprinzip, § 163 I 1 StPO. § 2 JGG benennt die Ziele, die mit einem Strafverfahren gegen Jugendliche verfolgt werden. Dabei spielt der Erziehungsgedanke die wesentliche Rolle und der Jugendliche soll davon abgehalten werden, erneut straffällig zu werden. Daher sind die allgemeinen Vorschriften des Strafverfahrens nur anzuwenden, soweit das Jugendgerichtsgesetz nichts anderes bestimmt, § 2 II JGG.

Polizeiliche Ermittlungsmaßnahmen sind daher unter besonderer Berücksichtigung des Verhältnismäßigkeitsprinzips durchzuführen. Sie haben sich auch an dem in § 2 JGG beschriebenen Ziel zu orientieren.

173 Anders als bei Kindern kann bei Jugendlichen, die tatverdächtig sind, die **Identitätsfeststellung** nach § 163b I StPO durchgeführt werden. Auch andere Ermittlungsvorschriften wie zB §§ 102, 94, 81a, 81b Alt. 1 und auch Alt. 2 StPO sind möglich. Auch die **vorläufige Festnahme**, § 127 II StPO, ist zulässig. Dabei ist § 72 JGG, der eine Konkretisierung des Verhältnismäßigkeitsprinzips darstellt, zu beachten.[115]

In das JGG ist der § 67a eingefügt worden. Abs. 1: „Wird dem Jugendlichen die Freiheit entzogen, sind der Erziehungsberechtigte und der gesetzliche Vertreter so bald wie möglich über den Freiheitsentzug und die Gründe hierfür

---

[114] S. das Beispiel bei *Tegtmeyer/Vahle* PolG NRW § 63 Rn. 11.
[115] *Benfer/Bialon* Rechtseingriffe Rn. 732.

zu unterrichten." Die Norm ist eine Umsetzung des Art. 5 RL 2013/48/EU[116]. Unterbleibt eine Unterrichtung des Erziehungsberechtigten und des gesetzlichen Vertreters, ist nach Art. 5 II 1, letzter Teilsatz RL 2013/48/EU ein anderer geeigneter Erwachsener zu informieren. Diese Vorgabe wird mit § 67a II 2 JGG umgesetzt. Wann eine Person ein „geeigneter Erwachsener" im Sinne der Richtlinienvorschrift ist, wird nicht ausdrücklich festgelegt. Eine Auslegungshilfe bietet insoweit aber Erwägungsgrund 55, in dem als Zielrichtung der Informationspflicht eine sachgerechte Wahrnehmung der Kindesinteressen deutlich wird. Außerdem wird als Beispiel für einen anderen geeigneten Erwachsenen namentlich ein Angehöriger genannt.

> **Merke:** Die vorläufige Festnahme nach § 127b StPO (**Hauptverhandlungshaft**) ist gegen Jugendliche nicht möglich, da nach § 79 JGG die Vorschriften der StPO über das beschleunigte Verfahren keine Anwendung finden.

> **Merke:** Eine **Sicherheitsleistung**, §§ 127a, 132 StPO, darf gegen Jugendliche nicht angeordnet werden.[117]

> **Merke:** Bei der polizeilichen **Vernehmung** des tatverdächtigen Jugendlichen, § 163a IV StPO, ist unbedingt § 67 I JGG zu beachten.

Danach haben **Erziehungsberechtigte und gesetzliche Vertreter** neben dem **174** Beschuldigten das Recht, gehört zu werden, Fragen und Anträge zu stellen oder bei Untersuchungshandlungen anwesend zu sein. Außerdem hat der Beschuldigte das Recht, die Erziehungsberechtigten und gesetzlichen Vertreter vor der Vernehmung zu konsultieren. Über diese Rechte ist der beschuldigte Jugendliche zu belehren. Aber nicht nur er, sondern auch die Erziehungsberechtigten und gesetzlichen Vertreter![118] Die Erziehungsberechtigten und gesetzlichen Vertreter können dieses Recht auch gegen den Willen des Jugendlichen wahrnehmen. Dies bedeutet, auch wenn der Jugendliche ausdrücklich erklärt, dass er die Erziehungsberechtigten nicht bei seiner Vernehmung dabei haben will, müssen diese trotzdem vorher von der Vernehmung unterrichtet und ihnen die Möglichkeit gegeben werden, an der Vernehmung teilzunehmen, wenn sie das wollen.[119] § 67 III JGG nennt Voraussetzungen, wann die Rechte der Erziehungsberechtigten und gesetzlichen Vertreter eingeschränkt werden können. Diese Voraussetzungen gelten auch für die polizeiliche Vernehmung.

---

[116] RL 2013/48/EU des Europäischen Parlaments und des Rates über das Recht auf Zugang zu einem Rechtsbeistand in Strafverfahren und in Verfahren zur Vollstreckung des Europäischen Haftbefehls sowie über das Recht auf Benachrichtigung eines Dritten bei Freiheitsentzug und das Recht auf Kommunikation mit Dritten und mit Konsularbehörden während des Freiheitsentzugs v. 22.10.2013, ABl. 2013 L 294, 1.

[117] PDV 382, 3.2.9.

[118] LG Saarbrücken NStZ 2012, 167; *Möller* NStZ 2012, 113 ff. (115 f.); *Diemer/Schatz/Sonnen* JGG, 7. Aufl. 2015, § 67 Rn. 25 f.

[119] S. dazu BVerfGE 107, 104 ff. = NJW 2003, 2004 ff.; *Möller* NStZ 2012, 113 ff. (117).

Auch bei Jugendlichen gilt grundsätzlich, dass sie nach den Ermittlungsmaßnahmen nicht einfach **nach Hause geschickt** werden dürfen, sondern je nach Alter und Verstandesreife des Jugendlichen entschieden werden muss, ob es zu verantworten ist, dass der Jugendliche sich alleine zum Elternhaus begibt oder ob er von einer Zivilstreife nach Hause gebracht bzw. dem Jugendamt übergeben wird.

Wie bei Kindern ist das **Jugendamt** über die Vorkommnisse zu unterrichten.

II. Jugendliche als Zeugen und Geschädigte/Opfer

175 Für die Fälle, dass ein Jugendlicher **Zeuge** in einem Strafverfahren bzw. **Geschädigte/Opfer** einer Straftat ist, wird auf die obigen Ausführungen zum Verfahren bei Kindern verwiesen → Rn. 162 ff.

In den Fällen des § 35 II PolG NRW ist bei Jugendlichen sorgfältig zu prüfen, ob ein Eilfall vorliegt und zum Schutz des Aufenthaltsbestimmungsrechts der Sorgeberechtigten eine **Gewahrsamnahme** erforderlich ist. Bei 16- und 17-Jährigen wird man durchaus zu dem Ergebnis kommen, dass hier nicht die Polizei dafür zuständig ist, den zivilrechtlichen Schutz zu gewähren. Das gilt vor allem dann, wenn für die körperliche, geistige und seelische Entwicklung des Jugendlichen keine Gefahr ersichtlich ist.

> **Beispiel:** Die Eltern eines 17-Jährigen wenden sich an die Polizei. Seit zwei Tagen ist ihr Sohn abgängig. Dabei wissen sie, dass er sich bei seiner 19-jährigen Freundin in deren Wohnung aufhält. Die Eltern geben an, dass sie die Wohnung selbst schon einmal gesehen haben und auch die junge Frau kennen. Sie sind selbst der Ansicht, dass keine unmittelbare Gefahr für ihren Sohn erkennbar ist. Aber sie wollen nicht, dass er mit der Frau zusammen ist, sondern zu seinen Eltern zurückkehrt und bei ihnen wohnt.

In dem geschilderten Fall ist es nicht Aufgabe der Polizei, das Aufenthaltsbestimmungsrecht der Eltern gegen den Sohn durchzusetzen. Hier sind die Eltern auf die Zuständigkeit des Amtsgerichts bzw. des Jugendamts hinzuweisen.

2. Abschnitt. Ausgewählte Befugnisse des Eingriffsrechts

> **Hinweis:** Die Darstellung zu den Befugnissen der Polizei ist nach dem bereits unter → Rn. 21 vorgestellten Prüfungsschema aufgebaut.

8. Kapitel. Generalklausel zur Gefahrenabwehr, § 8 PolG NRW[120]

176 Eingriffsermächtigungen entstehen durch Situationen im Leben, die einer gesetzlichen Regelung bedürfen. So müssen beispielsweise Wohnungen durchsucht werden, Menschen in Gewahrsam genommen werden oder Sachen sichergestellt werden. Es ist jedoch nicht möglich, jede erdenkliche Situation zu erfassen und begrifflich zu belegen.

---

[120] Fallbearbeitung in *Bialon/Springer* Fälle EingriffsR Fall 1.

Aus diesem Grund gibt es Generalklauseln, die dann zur Anwendung kommen, wenn es für den konkreten Fall keine spezielle Eingriffsnorm gibt.

> **Beispiel:** Eine Streife der Kreispolizei des Kreises X führt auf der Bundesstraße 10 eine Radarkontrolle durch. Nachdem kaum Geschwindigkeitsüberschreitungen registriert werden, stellt die Polizei fest, dass A 300 m vor der Messstelle seinen Wagen geparkt hat. Am Rückfenster hat A ein deutlich sichtbares Plakat mit der Aufschrift „Achtung! Geschwindigkeitskontrolle!" angebracht. Die Polizei gebietet A, das Plakat zu entfernen. Die Verfügung zur Unterlassung der Warnung kann nach § 8 I PolG NRW ausgesprochen werden.[121]

Auf § 8 I PolG NRW können nur sog. untypische Maßnahmen gestützt werden. **177**
Die Befugnis ist nur anzuwenden, wenn die §§ 9–46 PolG NRW die Befugnisse der Polizei nicht besonders regeln (Sperr- oder Auffangwirkung).

VV 8.0 zu § 8 PolG NRW: Auf die Generalklausel des § 8 I PolG NRW darf nicht zurückgegriffen werden, wenn es sich um Maßnahmen zur Gefahrenabwehr nach den §§ 9–46 PolG NRW handelt. Die Voraussetzungen für diese Maßnahmen sowie deren Art und Umfang sind in den genannten Vorschriften abschließend geregelt.

Im Verhältnis zur Generalklausel besteht zugunsten der **Standardermächtigun-** **178** **gen** ein sog. Anwendungsvorrang.[122] Ein Rückgriff auf die Generalklausel ist im Regelungsbereich der Standardmaßnahmen ausgeschlossen.

> **Beispiele: 1.** Das Betreten und Durchsuchen einer Wohnung zu Zwecken der Gefahrenabwehr richtet sich ausschließlich nach dem § 41 (§ 42) PolG NRW. Auf § 8 I PolG NRW darf die Maßnahme nicht gestützt werden.
>
> **2.** Nimmt die Polizei eine Person in Gewahrsam, obwohl die Tatbestandsvoraussetzungen des § 35 PolG NRW nicht vorliegen, so kann sie ihr Vorgehen nicht damit rechtfertigen, dass die Ingewahrsamnahme eine erforderliche Maßnahme gemäß der Generalklausel ist.

Der Anwendungsbereich der Generalklausel ist in mehrfacher Hinsicht subsidiär:[123]

- Die Generalklausel des § 8 PolG NRW gilt nur im Anwendungsbereich des Polizeirechts.
- Die Generalklausel des § 8 PolG NRW ist subsidiär anzuwenden, soweit das PolG NRW nur subsidiär Anwendung findet (§ 8 II PolG NRW).
- Die Generalklausel des § 8 PolG NRW gilt nicht im Anwendungsbereich der polizeilichen Standardmaßnahmen.

---

[121] OVG Münster Kriminalistik 1997, 425.
[122] *Götz* POR § 8 Rn. 5.
[123] *Gusy* POR, 7. Aufl. 2009, Rn. 313.

A. Ermächtigungsgrundlage

I. Grundrechtseingriff

179 In der Regel stellen Maßnahmen auf der Grundlage von § 8 I PolG NRW Grundrechtseingriffe in Art. 2 I GG dar. Grundsätzlich können durch polizeiliche Eingriffsermächtigungen nur Eingriffe in Grundrechte vorgenommen werden, die durch das PolG NRW einschränkbar sind (§ 7 PolG NRW). So sind Eingriffe in das Post- und Fernmeldegeheimnis (Art. 10 GG) ausgeschlossen.

II. Handlungsform

180 Maßnahmen der Polizei, die sie aufgrund des § 8 PolG NRW trifft, stellen sich regelmäßig als Verwaltungsakte (VA) iSd § 35 VwVfG NRW dar, können sich aber auch als Realakt darstellen. Ein Realakt liegt etwa in einer sog. Gefährderansprache oder in einer polizeilichen Warnung vor einem gefährlichen Straftäter.[124]

B. Formelle Rechtmäßigkeit

181 Es handelt sich um eine präventiv-polizeiliche Maßnahme (§ 1 I 1, 3 PolG NRW iVm § 11 I Nr. 1 POG NRW oder § 1 I 1, 2 PolG NRW iVm § 11 I Nr. 1 POG NRW).

Während das allgemeine und besondere Polizei- und Ordnungsrecht die materiellen Ermächtigungen für Verwaltungsakte (VA) regelt, wird es hinsichtlich der Regelungen über das verfahrensmäßige Zustandekommen des VA und dessen Bestandskraft durch das allgemeine Verwaltungsverfahrensrecht (VwVfG NRW) ergänzt.[125]

Beachte: Mithin sind die allgemeinen Verfahrens-/Formvorschriften aus dem VwVfG NRW zu beachten. In Betracht kommen §§ 28, 37 II und 41 VwVfG NRW.

C. Materielle Rechtmäßigkeit

I. Tatbestandsvoraussetzungen

1. Konkrete Gefahr

182 Bei der Gefahr muss es sich um eine im einzelnen Fall bestehende, konkrete Gefahr handeln. Gefahr ist ein Zustand, der bei natürlicher Weiterentwicklung der Geschehensabläufe zu einem Schaden führt. Die konkrete Gefahr ist die erkennbare, objektiv nicht entfernte Möglichkeit des Schadenseintritts.

Hinweis: S. hierzu Gefahrenbegriffe → Rn. 22 ff.

---

[124] *Schenke* POR Rn. 50.
[125] *Götz* POR § 12 Rn. 6.

2. Öffentliche Sicherheit oder Ordnung

Die öffentliche Sicherheit als weitere Voraussetzung für Maßnahmen nach § 8 **183** PolG NRW ist bedroht, wenn ein Sicherheitsgut in Gefahr ist und ein öffentliches Interesse an der Schadenverhütung besteht.

Die „öffentliche Ordnung" ist regelmäßig in den Gesetzen nicht definiert. Es handelt sich um einen wertausfüllungsbedürftigen Begriff. Unter „öffentlicher Ordnung" wird die Gesamtheit der ungeschriebenen Regeln verstanden, „deren Befolgung nach den jeweils herrschenden sozialen und ethischen Anschauungen als unerlässliche Voraussetzung eines geordneten menschlichen Zusammenlebens innerhalb eines bestimmten Gebiets" angesehen wird.[126]

> **Beachte:** S. hierzu Begriff der öffentlichen Sicherheit oder Ordnung → Rn. 35 ff.

3. Fehlen besonderer Befugnisse

Auf § 8 I PolG NRW können nur sog. untypische Maßnahmen gestützt werden, **184** dh solche, die nicht in den §§ 9 ff. PolG NRW oder in anderen Rechtsvorschriften iSd § 8 II PolG NRW speziell geregelt sind (→ Rn. 176 f.).

II. Besondere Form- und Verfahrensvorschriften

Für notwendige Maßnahmen nach § 8 PolG NRW hat das Gesetz keine speziel- **185** len Form- und Verfahrensvorschriften vorgesehen.

Die **Anordnung** kann durch jeden Polizeibeamten getroffen werden. **186**

III. Adressatenregelung

Das Polizeirecht stellt für Eingriffe als **Rechtmäßigkeitserfordernis** auf, dass **187** sich der Eingriff gegen den Verantwortlichen zu richten hat.[127] Der Generalklausel ist aber nicht zu entnehmen, gegen wen diese Maßnahmen zu richten sind. Sie wird deshalb durch **Adressatenbestimmungen** vervollständigt (§§ 4, 5, 6 PolG NRW), die (erst) festlegen, wer als Verantwortlicher zur Beseitigung einer konkreten Gefahr herangezogen werden darf.[128] Bestimmt eine Befugnis zur Gefahrenabwehr die Richtung der Maßnahme nicht, erfolgt die Inanspruchnahme nach den Vorschriften der §§ 4, 5 und 6 PolG NRW.

Die Generalklausel enthält keine Adressatenbeschreibung, sodass auf die Nor- **188** men zur Verantwortlichkeit zurückgegriffen werden muss (§§ 4, 5 und 6 PolG NRW).

IV. Rechtsfolge

Die Rechtsfolgen der Generalklausel sind auf den Erlass der „notwendigen **189** Maßnahmen" gerichtet. Gemeint sind grundrechtseingreifende Maßnahmen aller Art. In der Regel wird der Polizeibeamte gegenüber einer polizeipflichtigen Person Gebote oder Verbote (Verwaltungsakte) erlassen.

---

[126] *Denninger* in Lisken/Denninger HdB PolizeiR D Rn. 35.
[127] *Götz* POR § 9 Rn. 1.
[128] *Poscher* JURA 2007, 801.

> **Beispiel:** Der Polizeibeamte verlangt von einem Jugendlichen, der zur Nachtzeit laut singend durch die Stadt zieht, die nächtliche Ruhestörung zu unterlassen.

> **Merke:** „**Notwendige Maßnahmen**" sind Maßnahmen, die im Sinne des Verhältnismäßigkeitsgrundsatzes **erforderlich** sind.

V. Anwendungsbereich der Generalklausel

190 Die Anwendungsmöglichkeiten der Generalklausel sind vielfältiger Natur, zB[129]

- Grundmaßnahme für das Erschießen eines verletzten Tieres,
- Verbot einer störenden Betätigung (zB Ruhestörung),
- Versetzen von Fahrzeugen iVm der Anwendung von Zwang,
- Anhalten eines Fahrzeuges zur Gefahrenabwehr,
- Gefährderanschreiben[130] und Meldeauflagen[131],
- Aufforderung an Kinder, Bahngleise zu verlassen,
- Aufforderung, ein behindernd abgestelltes Auto zu entfernen,
- Verfügung an einen Betrunkenen, sein Auto nicht zu fahren.

191 Strittig ist die Frage, ob auch die **körperliche Untersuchung** und andere körperliche Eingriffe auf die Generalklausel gestützt werden können.

> **Beispiel:**[132] Ein Polizeibeamter befreit die Atemwege einer hilflosen Person, die nach einem Sturz die Zunge verschluckt hat. Da auch derartige Hilfsmaßnahmen als Rechtseingriffe zu qualifizieren sind, kann § 8 PolG NRW als Ermächtigungsgrundlage herangezogen werden.

Zum Teil wird die Ansicht vertreten, dass eine körperliche Untersuchung unzulässig sei. Wenn der Gesetzgeber die vergleichsweise harmlose körperliche Durchsuchung, nicht aber die einschneidendere Untersuchung ausdrücklich regelt, verbietet es sich, diese vermeintliche Regelungslücke durch Rückgriff auf die polizeiliche Generalklausel zu schließen.[133]

Nach aA können „Untersuchungen zur Gefahrenabwehr nur unter strikter Beachtung des Grundsatzes der Verhältnismäßigkeit – also insbesondere bei Lebensgefahr – angeordnet werden",[134] so zB im Falle der Anordnung einer körperlichen Untersuchung.

> **Beispiel:** Auspumpen des Magens nach einem Suizidversuch.[135]

---

[129] *Hülsbeck* Der Kriminalist 2008, 442.
[130] *Kießling* DVBl 2012, 1210 ff.
[131] *Hülsbeck* Der Kriminalist 2008, 442; *Meyn* Kriminalistik 2008, 672; krit. dazu: *Schucht* NVwZ 2011, 709 ff.; s. auch Gesetzesentwurf der CDU-Fraktion im Landtag NRW, LT-Drs. 16/5038 v. 11.2.2014 (Meldeauflagen als polizeiliche Standardmaßnahmen).
[132] *Osterlitz* EingriffsR I 278.
[133] *Rachor* in Lisken/Denninger HdB PolizeiR E Rn. 718.
[134] *Tegtmeyer/Vahle* PolG NRW § 8 Rn. 25.
[135] *Chemnitz* PolizeiR NRW § 8 Rn. 10.1.6.

9. Kapitel. Generalklausel zur Strafverfolgung, § 163 I 2 StPO[136]

Ebenso wie das Recht der Gefahrenabwehr gibt es im Strafprozessrecht eine **192** Generalklausel als Eingriffsbefugnis. Grundsätzlich verfolgt die StPO das Prinzip der Einzeleingriffsermächtigungen. Eine abschließende Regelung ist aufgrund der Vielfalt und der sich ständig ändernden Erscheinungsformen der Kriminalität kaum denkbar. Deshalb ist für den Bereich der strafverfolgenden Maßnahmen eine Generalklausel ebenso wichtig wie eine Generalklausel für den Bereich der Gefahrenabwehr.

> **Beispiel:**[137] Polizeibeamte werden zu einem Verkehrsunfall entsandt und erreichen den Unfallort. Zwei Pkw sind in einer Kurve zusammengestoßen. Blutspuren deuten auf die Verletzung von Menschen hin (§ 229 StGB: Fahrlässige Körperverletzung). Um den Geschehensablauf aufklären zu können, versuchen sie zunächst herauszufinden, wer die Fahrzeugführer waren (Beschuldigte) und wer den Geschehensablauf beobachtet haben könnte (Zeugen). Die Befragung zur Feststellung, wer als Zeuge oder Beschuldigter in Betracht kommt, ist auf die Generalklausel zu stützen. Die folgende Befragung von Beschuldigten und Zeugen selbst ist Vernehmung.

Eingriffshandlungen zur Strafverfolgung sind auf die Befugnisse der Strafprozessordnung zu stützen. Speziell geregelt sind dort aber nur Maßnahmen mit größerer Eingriffsintensität, zB Untersuchungshaft, Telefonüberwachung, Durchsuchung, Beschlagnahme.

Für **Ermittlungshandlungen**, die nicht von einer speziellen Eingriffsermächti- **193** gung erfasst werden, ist auf § 163 I 2 StPO zurückzugreifen. Im Bereich der Strafverfolgung ist zB die kurzfristige Observation nicht speziell geregelt.

> **Beispiel:** § 163 I 2 StPO rechtfertigt die heimliche Beobachtung einer Person unterhalb der Schwelle des § 163 f. StPO, also kurzfristige Observationen. Das sind solche, die höchstens an zwei Tagen oder ununterbrochen nicht länger als 24 Stunden dauern sollen.[138]

A. Ermächtigungsgrundlage

I. Grundrechtseingriff

Der Grundrechtseingriff richtet sich nach der jeweiligen Rechtsfolge. Häufig ist **194** ein Grundrechtseingriff in Art. 2 I GG anzunehmen.

II. Handlungsform

Die Maßnahmen der Polizei, die sie aufgrund des § 163 I 2 StPO trifft, stellen **195** sich in der Regel als Justizverwaltungsakte iSd § 23 EGGVG dar.

---

[136] Fallbearbeitung in *Bialon/Springer* Fälle EingriffsR Fall 2.
[137] *Kay* POLIZEIreport 2006, 15 (18).
[138] BeckOK StPO/*Sackreuther*, 29. Ed. 1.1.2018, StPO § 161 Rn. 11.

Eingriffsmaßnahmen zur Strafverfolgung, welche die Voraussetzungen des **Justizverwaltungsaktes** nicht erfüllen, können sich aber auch als faktische Rechtseingriffe (oder als Prozesshandlungen) darstellen. Darunter fallen alle Maßnahmen, die dem Betroffenen nicht vorher bekannt gegeben oder nicht bekannt gegeben werden können, zB heimliche, verschleierte oder getarnte Maßnahmen der Polizei (Observation eines Verdächtigen).

B. Formelle Rechtmäßigkeit

196 Es handelt sich um eine strafprozessuale Maßnahme.

C. Materielle Rechtmäßigkeit

I. Tatbestandsvoraussetzungen

1. Anfangsverdacht einer Straftat

197 Voraussetzung ist ein **Anfangsverdacht** iSd § 152 II 2 StPO einer bestimmten Straftat,[139] mag diese auch noch wenig präzise umrissen sein. **Bloße Vermutungen** reichen nicht aus. Ausreichend ist aber, dass eine auf kriminalistische Erfahrungen gestützte Vermutung dafür spricht, dass eine verfolgbare Straftat begangen wurde.

> **Beachte:** S. hierzu Grundbegriffe der Strafverfolgung → Rn. 43 ff.

2. Keine andere gesetzliche Vorschrift regelt die Befugnisse speziell

198 Die angestrebte **Rechtsfolge** darf nicht in einer anderen Vorschrift geregelt sein. Ausdrücklich ist auf die Rechtsfolge abgestellt. Ist beispielsweise die Rechtsfolge in einer anderen Vorschrift speziell geregelt und sind die dort geforderten Zulässigkeitsvoraussetzungen nicht erfüllt, darf unter **keinen Umständen ein Rückgriff** auf die Generalklausel erfolgen.

II. Besondere Form- und Verfahrensvorschriften

199 Im Zusammenhang mit zulässigen Ermittlungsmaßnahmen nach § 163 I StPO bestehen keine bestimmte Form- noch Verfahrensvorschriften. Maßnahmen zur Strafverfolgung iSv § 163 I 2 StPO kann jeder zuständige Polizeibeamte anordnen und durchführen.[140]

200 Die **Anordnung** kann durch jeden Polizeibeamten getroffen werden.

III. Adressatenregelung

Die **Richtung der Maßnahme** wird durch § 163 I StPO nicht bestimmt. Die Adressaten sind nach Sinn und Zweck der Vorschrift unter Beachtung des **Verhältnis**mäßigkeitsgrundsatzes (insbesondere nach dem Grundsatz der Geeignetheit und Erforderlichkeit) zu bestimmen.

---

[139] LG Köln StV 1988, 291.
[140] *Kay* POLIZEI-heute 2001, 192 (194).

IV. Rechtsfolge

Die Behörden und Beamten des Polizeidienstes sind befugt, alle Behörden um 201 **Auskunft** zu ersuchen, bei Gefahr im Verzug auch, die Auskunft zu verlangen, sowie Ermittlungen jeder Art vorzunehmen, soweit nicht andere gesetzliche Vorschriften ihre Befugnisse besonders regeln.

Als Rechtsfolge lässt § 163 I StPO damit **Ermittlungen** jeder Art zu. Gestattet sind offene und heimliche (also bewusst verschleierte, verdeckte, getarnte) Erhebungen. Weiter kann die Polizei bei allen Behörden Auskünfte einholen.

> **Beispiel:** Ein Beamter eines Sittendezernates entnimmt einer verschlüsselten Kleinanzeige, dass Kinderpornos zum Verkauf angeboten werden. Unter der angegebenen Nummer ruft er an und gibt sich als Kaufinteressent aus, um einen sog. Scheinkauf durchzuführen.

Infrage kommen **Informationserhebungen**, also Eingriffe in das Recht auf in- 202 formationelle Selbstbestimmung nach Art. 2 I GG iVm Art. 1 I GG durch Verfügungen (Justizverwaltungsakte) oder faktische Rechtseingriffe.

Im Zuge der Ermittlungen ist die Polizei berechtigt, alle Behörden um **Auskunft** 203 zu ersuchen. Ihr ist damit ein Fragerecht im öffentlich-rechtlichen Bereich zugestanden. In Ausnahmefällen (bei Gefahr im Verzug) soll die Polizei die Auskunft verlangen können. Eine strafprozessuale Verpflichtung zur Auskunft wird hingegen nicht begründet.

„Verweigert eine Behörde die Auskunft, muss die Polizei die StA einschalten."[141]

Merke: § 163 I StPO gestattet nicht die Anwendung von Zwang.

Die Anwendung der **Generalklausel** kommt für viele Ermittlungsmaßnahmen in Betracht:[142]

- Informatorische Befragung (zB „Haben Sie etwas gesehen?"); dabei geht es darum festzustellen, ob eine Straftat vorliegt und welchen Status (Tatverdächtiger, Zeuge) die Personen haben, die befragt werden,
- kurzfristige Observation (zur Strafverfolgung),
- Erkenntnisanfrage über einen Tatverdächtigen bei anderen Ämtern,
- Erkundigungen im Umfeld einer gesuchten Person,
- Einsatz von „nicht offen ermittelnden Polizeibeamten"[143].

10. Kapitel. Identitätsfeststellung zur Gefahrenabwehr, § 12 PolG NRW[144]

Die Polizei muss unter bestimmten Voraussetzungen in Erfahrung bringen 204 können, mit wem sie es zu tun hat und „wer" jemand ist. Auf der anderen Seite steht die Verpflichtung des Einzelnen, **seine persönlichen Daten** preiszuge-

---

141 MüKoStPO/*Kölbel* StPO § 163 Rn. 10.
142 VerfGH Rheinland-Pfalz NJW 2014, 1434; BeckOK StPO/*Sackreuther*, 29. Ed. 1.1.2018, StPO § 161 Rn. 11 ff.
143 *Rosengarten/Römer* NJW 2012, 1764 ff.
144 Fallbearbeitung in *Bialon/Springer* Fälle EingriffsR Fälle 4, 6 und 13.

ben, mithin seine Identität offen zu legen. Eine Personenkontrolle durch Polizeibeamte ist ein staatlicher Hoheitsakt, dem sich die überprüfte Person zu unterwerfen hat und der für sie demgemäß eine physische Zwangssituation begründet.[145]

205 Die Identitätsfeststellung dient dabei

- der Feststellung der Personalien einer unbekannten Person oder
- der Prüfung, ob eine bestimmte Person mit einer gesuchten identisch ist (sog. Identitätsabgleich).[146]

206 Identitätsfeststellung ist (datenschutzrechtlich) eine Datenerhebung. Datenerhebung ist das Beschaffen von Daten über die betroffene Person (§ 3 II Nr. 1 DSG NRW).

207 Die Identitätsfeststellung eignet sich als Maßnahme der Gefahrenabwehr, indem durch Aufhebung der **Anonymität** ein gewisser „Abschreckungseffekt" ausgelöst wird und so bevorstehende Straftaten verhindert werden können („Hemmschwellentheorie").[147] Bedeutung hat die Identitätsfeststellung unter anderem auch für die Sicherung privater Rechte.

Die Rechtsnormen des § 9 PolG NRW und § 36 V StVO können letztlich dazu führen, dass die Identität einer Person festgestellt wird. Beide Maßnahmen haben jedoch primär ein anderes Ziel. § 9 PolG NRW spricht von „sachdienlichen Angaben". § 36 V StVO zielt auf die Verkehrskontrolle. Die Feststellung der Identität ist in beiden Fällen ein Nebeneffekt und nicht primäres Ziel der Maßnahme.

> **Merke:** Die verschiedenen Tatbestände des § 12 PolG NRW gehen denjenigen über die Befragung und **Auskunftspflicht** vor.[148] § 9 PolG NRW und § 36 V StVO können nie Grundlage sein, wenn die Feststellung der Identität das vordergründige Ziel der polizeilichen Maßnahme ist.[149]

A. Ermächtigungsgrundlage

I. Grundrechtseingriffe

> **Hinweis:** S. hierzu auch Ausführungen zur Rechtsfolge → Rn. 235 ff.

208 Mit einer Identitätsfeststellung können mehrere Grundrechtseingriffe verbunden sein:

- Erhebung personenbezogener Daten durch die Befragung = Recht auf informationelle Selbstbestimmung (Art. 2 I GG iVm Art. 1 I GG),

---

[145] OLG Oldenburg Kriminalistik 2009, 298.
[146] *Wolffgang/Hendricks/Merz* POR NRW Rn. 135.
[147] *Chemnitz* PolizeiR NRW Rn. 4.5.2; *Baumann/Vahle* Kriminalistik 1992, 689 (692).
[148] *Götz* POR § 8 Rn. 12.
[149] VG Arnsberg BeckRS 2017, 132823.

- Anhalten für die kurze Dauer der Befragung = Freiheitsbeschränkung (Art. 2 II 2 GG iVm Art. 104 I GG),
- Festhalten für die Dauer der Identitätsfeststellung = Freiheitsentziehung (Art. 2 II 2 GG iVm Art. 104 GG),
- Durchsuchung der Person = allgemeines Persönlichkeitsrecht (Art. 2 I GG iVm Art. 1 I GG),
- Durchsuchung mitgeführter Sachen = Nutzungsrecht am Eigentum (Art. 14 I GG).

II. Handlungsform

Die Verfügung an eine Person, sich auszuweisen, stellt einen belastenden Verwaltungsakt (§ 35 VwVfG NRW) dar.

B. Formelle Rechtmäßigkeit

Es handelt sich um eine **präventiv-polizeiliche Maßnahme** (§ 1 PolG NRW). Die **209** Identitätsfeststellung ist nach Polizeirecht nur zulässig, soweit sie zu Zwecken der Gefahrenabwehr erfolgt.[150] Während das allgemeine und besondere Polizei- und Ordnungsrecht die materiellen Ermächtigungen für VA regelt, wird es hinsichtlich der Regelungen über das verfahrensmäßige Zustandekommen des VA und dessen Bestandskraft durch das allgemeine Verwaltungsverfahrensrecht (VwVfG NRW) ergänzt.[151]

> **Beachte**: Mithin sind die allgemeinen Verfahrens- und Formvorschriften aus dem VwVfG NRW zu beachten. In Betracht kommen §§ 28, 37 II und 41 VwVfG NRW.

Die Personalienfeststellungen als **Eingriffsverwaltungsakte** lösen grundsätzlich **210** eine Pflicht zur Anhörung aus (§ 28 I VwVfG NRW), weil sich niemand ohne Angabe von Gründen vor einer staatlichen Stelle ausweisen muss.[152]

Der zur Angabe der Personalien Aufgeforderte muss grundsätzlich erkennen können, weshalb gegen ihn eingeschritten wird. Dabei ist es ausreichend, dass der Betroffene entweder aufgrund

- eigenen Verhaltens **oder**
- eines Hinweises über den Anlass der Identitätsfeststellung

nicht im Zweifel über den Anlass der Maßnahme sein kann.

> **Beachte** überdies die „allgemeinen Regeln der Datenerhebung" § 9 IV, V, VI PolG NRW.

---

[150] *Schenke* POR Rn. 119.
[151] *Götz* POR § 12 Rn. 6.
[152] OLG Hamm NVwZ 1982, 156 (157).

C. Materielle Rechtmäßigkeit

I. Tatbestandsvoraussetzungen

1. Zur Abwehr einer konkreten Gefahr, § 12 I Nr. 1 PolG NRW

211 Bei der Gefahr muss es sich um eine im einzelnen Falle bestehende, konkrete Gefahr handeln. Die konkrete Gefahr liegt schon dann vor, wenn in einem durch bestimmte Umstände eingegrenzten Einzelfall in überschaubarer Zukunft mit einem Schadenseintritt hinreichend wahrscheinlich gerechnet werden muss.[153] Die Wahrscheinlichkeit, mit der eine Sachlage oder ein Verhalten bei ungehindertem Ablauf des zu erwartenden Geschehens ein polizeiliches Rechtsgut schädigen wird, kann naturgemäß größer oder aber kleiner sein.

212 Es gilt der Grundsatz der **umgekehrten Proportionalität:** Je hochwertiger das bedrohte Rechtsgut bzw. das zu erwartende Schadensausmaß ist, desto geringer sind die Anforderungen an die Schadenseintrittswahrscheinlichkeit, dh bei hochwertigen Rechtsgütern kann in Ausnahmefällen schon die Möglichkeit des Schadenseintritts ausreichend sein.[154]

213 Die Identitätsfeststellung wird aber selten geeignet sein, die Gefahr unmittelbar abzuwehren. So dient die Maßnahme in erster Linie der **Vorbereitung** weiterer Maßnahmen. Dazu gehört insbesondere die Personalienfeststellung zur Sicherung privater Rechte.[155] Die Identitätsfeststellung ist „oftmals das Mittel, zum Schutz privater Rechte einzuschreiten, soweit die Polizei dazu berufen ist (§ 1 II 2 PolG NRW)".[156]

> **Beispiel:** Nachdem A den Pkw des B versehentlich beschädigt hat, stellt die Polizei die Personalien des A fest und teilt diese dem B mit. Die Kenntnis der Personalien ist notwendige Voraussetzung, um die Forderung gegebenenfalls gerichtlich geltend zu machen. Insofern ist die Personalienfeststellung gem. § 12 I Nr. 1 PolG NRW geeignet zur Gefahrenabwehr.

214 § 12 I Nr. 1 PolG NRW enthält keine Adressatenbeschreibung, sodass auf die Normen zur Verantwortlichkeit zurückgegriffen werden muss (§§ 4, 5 und 6 PolG NRW). Mithin ist eine **ordnungsgemäße Identitätsfeststellung** eines Schädigers zum Schutz privater Rechte gar geboten, dh, Polizeibeamten obliegt die Pflicht zur Feststellung der Personalien eines ersatzpflichtigen Schädigers als **Amtspflicht** gegenüber der geschädigten Person.

> **Beispiel:**[157] Im Falle einer zivilrechtlichen Streitigkeit waren die Personalien des Schädigers durch die Polizei festzustellen. Dabei hatten sich die Polizeibeamten ohne weitere Überprüfungen auf die Angaben des Schädigers verlassen. Der Schädiger gab indes falsche Personalien an, sodass das vom

---

[153] *Benfer/Bialon* Rechtseingriffe Rn. 218.
[154] BeckOK PolR NRW/*Gusy/Worms*, 8. Ed. 10.2.2018, PolG NRW § 1 Rn. 118 f.; BeckOK PolR NRW/*Worms/Gusy*, 8. Ed. 10.2.2018, PolG NRW § 8 Rn. 109.
[155] *Gusy* POR, 7. Aufl. 2009, Rn. 228; zur IDF nach dem Fotografieren von Polizeibeamten: OVG Lüneburg NVwZ 2013, 1498.
[156] *Tegtmeyer/Vahle* PolG NRW § 12 Rn. 6.
[157] LG Hagen NVwZ 2000, 479.

Geschädigten beklagte Land NRW Schadensersatzansprüche in Höhe von 1388,61 DM zu begleichen hatte.

2. Gefährlicher/Verrufener Ort („Razzia"), § 12 I Nr. 2 PolG NRW[158]

a) Aufenthalt einer Person an einem Ort. Liegen die Voraussetzungen des 215 § 12 I Nr. 2 PolG NRW vor, so darf grundsätzlich jedermann (!), der sich an dem fraglichen Ort aufhält, auf seine Personalien kontrolliert werden.[159] Die Brisanz der Vorschrift liegt mithin darin, dass von solchen Eingriffen „Jedermann" betroffen sein kann, der sich zufällig an einem von der Polizei als „verrufen" definierten Ort aufhält, unabhängig davon, ob der Betroffene den Anschein gefährlichen und kriminellen Tuns verursacht hat oder nicht. So kann etwa der harmlose Tourist, der sich in einer Großstadt in ein Lokal verirrt, das in einem stark kriminalitätsbelasteten Gebiet liegt und auch Anziehungspunkt für die „Unterwelt" ist, uU von der Polizei angehalten und aufgefordert werden, sich auszuweisen.[160]

Eine konkrete Gefahr ist – anders als § 12 I Nr. 1 PolG NRW – hier nicht gefor- 216 dert.

> **Beispiel OVG Lüneburg BeckRS 2010, 47421:** Wer sich an „verrufenen" oder gefährlichen Orten aufhält, kann sich nicht über eine Ausweiskontrolle oder Durchsuchung durch die Polizei beschweren. Die Kontrolle und die Durchsuchung sind rechtmäßig, weil der Mann sich an einem Ort aufgehalten hat, von dem bekannt ist, dass dort Straftaten von erheblicher Bedeutung verabredet, vorbereitet oder verübt werden. Eine Identitätskontrolle ist auch ein insgesamt nicht gravierender Eingriff, sodass die Einschreitschwelle niedrig angesetzt werden kann. Für eine solche Maßnahme muss deshalb auch keine konkrete Gefahr bestehen. Das Recht auf informationelle Selbstbestimmung und das Freiheitsrecht der kontrollierten Person werden durch eine solche Kontrolle nicht beschränkt.[161]

> **Beispiel OVG Hamburg BeckRS 9998, 31835:** Das Tatbestandsmerkmal des „sich Aufhaltens" an einem gefährlichen Ort im Sinne der Gefahrenabwehr bedeutet zumindest einen zögerlichen Bewegungsablauf, der nach außen dokumentiert wird, etwa ein Bleiben oder Verweilen. Ein sich Aufhalten in diesem Sinne kann nach dem allein maßgeblichen äußeren Anschein auch vorliegen, wenn eine Person über die Straße schlendert oder hin und her pendelt und dabei öfter den gefährlichen Ort passiert oder dort Kontakt mit anderen Personen aufnimmt oder sich dort mit anderen Personen trifft und so das zielgerichtete Gehen unterbricht. Das zielgerichtete Passieren des gefährlichen Ortes ohne Anzeichen eines verzögerten Ganges, das direkte Gehen von einem Punkt zum anderen, erfüllt das Tatbestandsmerkmal nicht.

---

[158] *Tomerius* DVBl 2017, 1399 ff.
[159] VG München Kriminalistik 1991, 367.
[160] OVG Berlin NJW 1986, 3223.
[161] OVG Lüneburg Kriminalistik 2010, 361.

217 Abzugrenzen ist das „Aufhalten" also vom bloßen „Antreffen" oder vom „Sich-Befinden" an einem bestimmten Ort. Es wird daher mehr verlangt. Von seinem Wortlaut her deutet „Aufhalten" auf ein „Verweilen" hin, also auf einem längeren Aufenthalt an diesem Ort.[162]

VV 12.12 zu § 12 PolG NRW: Identitätsfeststellungen nach § 12 I 1 Nr. 2–4 PolG NRW sind bei Personen, die offensichtlich in keiner Beziehung zu dem mit der Maßnahme verfolgten Zweck stehen, nicht vorzunehmen.

218 Die zu überprüfende Person braucht **nicht verdächtig** zu sein. Es genügt der Aufenthalt an einem Ort, der für seinen „generellen Missbrauch" (Begehung oder Planung von Straftaten, Prostitution etc) polizeibekannt ist.[163]

> **Beispiel:** In einer Villensiedlung werden in den letzten 14 Tagen gehäuft Einbrüche festgestellt. Die Bevölkerung ist beunruhigt. Die Zivilstreife stößt gegen 17.00 Uhr auf zwei Personen in einem Pkw mit ortsfremden Kennzeichen. Die Beamten halten den Pkw an, überprüfen Führerschein und Fahrzeugschein des Fahrzeugführers. Weiterhin bitten Sie den Beifahrer, seinen Personalausweis auszuhändigen. § 163b StPO scheidet als Ermächtigungsgrundlage aus, weil die drei Männer zum Antreffzeitpunkt weder als Verdächtige noch als Zeugen einer Straftat in Betracht kommen. Jedoch ist die Wohnsiedlung ein begrenzter Ort, von dem Tatsachen die Annahme rechtfertigen, dass dort Personen gewerbsmäßig Wohnungseinbrüche und damit Straftaten von erheblicher Bedeutung begehen.

219 **b) Tatsachen rechtfertigen die Annahme …. .** Es muss sich durch **Tatsachen, dh durch Fakten,** belegen lassen, dass die in Rede stehenden Handlungen dort aller Voraussicht nach in Zukunft begangen werden. Die Tatsachen müssen sich aus konkreten polizeilichen Erkenntnissen ergeben. Eine bloß subjektive Einschätzung der Örtlichkeit durch die Polizei ist nicht ausreichend.[164] Eine sog. Ausforschungsrazzia ist unzulässig.

> **Beispiel:**[165] „Es ist nicht zulässig, im Rahmen eines sog. Fahndungstages mit dem allgemeinen Ziel, gesuchte Straftäter zu fassen, an beliebigen Orten Identitätsfeststellungen durchzuführen."

220 Die im Gesetz geforderten Tatsachen sind (rein) **ortsbezogen.** Als Orte kommen unter anderem Bahnhöfe, Parkanlagen, bestimmte Plätze oder Straßenzüge in Betracht. Im Moment der Kontrolle braucht es nicht zu den Verhaltensweisen kommen, die im Gesetz genannt sind. Es müssen also in diesem Moment nicht zB Straftaten vorbereitet oder verübt werden. Es genügen die durch Tatsachen belegten Erkenntnisse, dass an diesen Orten derartige Handlungen bereits mehrfach vorgekommen sind und wahrscheinlich in Zukunft wieder vorkommen.[166]

---

[162] *Rachor* in Lisken/Denninger HdB PolizeiR E Rn. 133; VG Düsseldorf BeckRS 2013, 55703.
[163] *Vahle* DNP 1995, 59 (64).
[164] *Benfer/Bialon* Rechtseingriffe Rn. 221.
[165] *Tegtmeyer/Vahle* PolG NRW § 12 Rn. 8.
[166] *Tegtmeyer/Vahle* PolG NRW § 12 Rn. 9.

c) Personen verabreden, bereiten vor oder verüben Straftaten von erheb- 221
licher Bedeutung oder .... In § 12 I Nr. 2a PolG NRW ist der Kreis der Anlass-
straftaten auf solche von „erheblicher Bedeutung" iSd § 8 III PolG NRW begrenzt, sodass der Verhältnismäßigkeitsgrundsatz jetzt unmittelbar zum
Ausdruck kommt (VV 12.13 zu § 12 PolG NRW). In verschiedenen Befugnissen
ist die Straftat von erheblicher Bedeutung Eingriffsvoraussetzung. Diese Prämisse wird in § 8 III PolG NRW legal definiert. Diese (Definitions-)Norm enthält
indes keine polizeilichen Befugnisse.

Die Aufzählung der Straftaten ist nicht abschließend („... insbesondere ...").
Hierzu können auch andere Straftaten zählen, soweit sie gewerbs- oder ban-
denmäßig oder in anderer Weise organisiert begangen werden und dementsprechend einen erheblichen materiellen oder immateriellen (Gesamt-)Schaden
verursachen (VV 8.3 zu § 8 PolG NRW).

d) Personen treffen sich, die gegen aufenthaltsrechtliche Bestimmungen 222
verstoßen oder .... Das betrifft vor allem Straftaten nach den §§ 95 ff. AufenthG
und den §§ 84 ff. AsylG.

e) Gesuchte Straftäter verbergen sich. Gesuchte Straftäter sind solche, die
rechtskräftig verurteilt sind und zur Vollstreckung der Strafe gesucht werden.

3. Gefährdeter Ort („Objektschutz"), § 12 I Nr. 3 PolG NRW

a) Aufenthalt einer Person. Zum Aufenthalt einer Person sei hier auf die 223
Ausführungen unter → Rn. 217 verwiesen.

b) Besonders gefährdeter Ort. Gefährdete Objekte sind solche Anlagen und
Einrichtungen, die für die Versorgung der Bevölkerung von besonderer Bedeutung sind und daher Zielrichtung terroristischer Anschläge sein können. Ver-
kehrsanlagen und -einrichtungen sind zB Bahnhöfe, Bahn- und Gleisanlagen
und Ähnliches. Versorgungsanlagen und -einrichtungen sind zB Kraftwerke,
Wasserversorgungsanlagen, Großmarkthallen und Ähnliches. Zu anderen besonders gefährdeten Objekten gehören zB ausländische Vertretungen, Handels-
missionen, militärische Anlagen, Privatwohnungen Prominenter etc.[167]

c) Tatsachen rechtfertigen die Annahme .... Zu den Tatsachen, die die An- 224
nahme einer Straftat rechtfertigen sei hier auf die Ausführungen unter
→ Rn. 219 f. verwiesen.

d) Begehung von Straftaten in oder an den Objekten. Durch die Straftaten 225
müssen die Objekte selbst gefährdet sein. In Bahnhöfen finden zB regelmäßig
Drogendelikte oder Körperverletzungen statt. Diese Vorschrift rechtfertigt
keine Identitätsfeststellung von Personen aufgrund dieser Delikte. Gemeint sind
also Straftaten in oder an Objekten, durch die Objekte selbst unmittelbar gefährdet werden.

Identitätsfeststellungen an Orten, an denen zB regelmäßig Drogendelikte begangen werden, sind durch § 12 I Nr. 2a) PolG NRW geregelt.

e) Gefährdung der Person oder des Objekts selbst. Die Identitätsfeststellung 226
nach § 12 I Nr. 3 PolG NRW dient dem **Schutz gefährdeter Orte.** Die Vorschrift

---

[167] *Rachor* in Lisken/Denninger HdB PolizeiR E Rn. 344.

enthält eine Rechtsgrundlage für Kontrollen zum sog. Objektschutz. Sie regelt die Identitätsfeststellung für den Fall, bei dem gegen den Betroffenen selbst kein konkreter Verdacht besteht; sie dient hier vielmehr dem Schutz gefährdeter Objekte bzw. Orte, weil nach erfolgter Identitätsfeststellung ein potentieller Täter von der Tatbegehung abgehalten wird. Infrage kommen Feststellungen bei Sammelkontrollen (Razzien) und Einzelkontrollen.

Eine konkrete Gefahr für das **betreffende Objekt** wird nicht vorausgesetzt. Es genügt, wenn ein Objekt dieser Art gefährdet ist.

> **Beispiel:**[168] Eine Polizeistreife stellt auf einem Parkplatz in der Nähe der Flugschneise eines Flughafens einen Pkw mit drei Insassen fest. Weil derzeit mit Anschlägen zu rechnen ist, gibt die Streifenwagenbesatzung das Kennzeichen zwecks Überprüfung an die Leitstelle durch. Nach Halterfeststellung werden die Personalien der Insassen festgestellt.[169]

227 **f) Gefährdungslage oder personenbezogene Anhaltspunkte.** § 12 I Nr. 3 PolG NRW enthält mehrere Voraussetzungen, die kumulativ vorliegen müssen. Es müssen Tatsachen die Annahme rechtfertigen, dass in oder an den in der Vorschrift genannten Objekten Straftaten begangen werden sollen, durch die Personen oder die Objekte gefährdet sind. Zudem müssen sich die zu kontrollierenden Personen innerhalb oder in unmittelbarer Nähe der Objekte aufhalten. Die weitere Voraussetzung enthält die Alternativen:

- Entweder muss sich die Erforderlichkeit für die Maßnahme aus der Gefährdungslage **oder**
- es muss sich die Erforderlichkeit für die Maßnahme aus den auf die Person bezogenen Anhaltspunkten ergeben.

Die Anwendung dieser Vorschrift ist nicht davon abhängig, dass die Androhung eines Anschlags auf ein bestimmtes Objekt vorliegt. Es genügt, dass in nahe zurückliegender Zeit Anschläge auf derartige Objekte erfolgt sind und Erkenntnisse bestehen, dass weitere Anschläge stattfinden werden.[170]

228 **g) Erforderlichkeit.** In Bezug auf **die Erforderlichkeit** der Identitätsfeststellung muss nur eine der beiden unter f) aufgeführten Voraussetzungen vorliegen.[171]

4. Kontrollstelle zur Verhütung von Straftaten, § 12 I Nr. 4 PolG NRW[172]

229 Die Vorschrift steht im Zusammenhang mit § 111 StPO. Sie dient jedoch nicht der Strafverfolgung wie § 111 StPO, sondern der Verhinderung der dort aufgeführten Straftaten.

230 § 12 I Nr. 4 PolG NRW benennt bestimmte Straftaten, die verhütet werden sollen:

- § 129a StGB und einer der in § 129a StGB genannten Straftaten,
- § 250 I 1 StGB: Schwerer Raub mit Schusswaffe, Waffe oder sonstigem Werkzeug,

---

[168] *Vahle/Buttgereit* EingriffsR 59.
[169] VGH Mannheim VBlBW 1982, 338.
[170] *Tegtmeyer/Vahle* PolG NRW § 12 Rn. 20.
[171] *Tegtmeyer/Vahle* PolG NRW § 12 Rn. 15.
[172] *Keller* Kriminalistik 2010, 265 ff.

- § 255 StGB: Räuberische Erpressung mit Schusswaffe, Waffe oder sonstigem Werkzeug oder Mittel,
- § 27 VersammlG.

Logisch konsequent können Straftaten nur verhütet werden, wenn eine bestimmte Wahrscheinlichkeit besteht, dass derartige Taten überhaupt begangen werden sollen. Eine konkrete Gefahr ist nicht gefordert. Der Begriff der abstrakten Gefahr verlangt eine „hinreichende Wahrscheinlichkeit". Darauf ist hier abzustellen.[173]

„Die (bloße) **Einrichtung einer Kontrollstelle** ist ein Realakt. Es handelt sich **231** dabei um eine schlicht-hoheitliche Maßnahme, die nicht in Rechte Dritter eingreift, soweit sie im öffentlichen Verkehrsraum durchgeführt wird."[174] Zur Einrichtung einer Kontrollstelle ist außer bei Gefahr im Verzuge die Zustimmung des Innenministeriums oder einer von ihm beauftragten Stelle notwendig. Gemäß VV 12.16 ist beauftragte Stelle das Landesamt für Zentrale Polizeiliche Dienste (LZPD).

> **Hinweis:** Zur Problematik der Vorfeldmaßnahmen bei Versammlungen s. die Ausführungen zum Versammlungsrecht → Rn. 1025.

> **Beispiel:**[175] Die Polizei errichtet in der näheren Umgebung des Kernkraftwerks (K) Kontrollstellen zur Überprüfung von Personen ein, die sich auf dem Weg zu einer in der Nähe von K geplanten Demonstration befinden, die nach Erkenntnissen der Polizei gewalttätig verlaufen wird. Jeder Demonstrant wird angehalten und seine Personalien überprüft.

II. Besondere Form- und Verfahrensvorschriften

1. Befragen/Ausweis fordern   § 9 III–VI PolG NRW

2. Bei Festhalten

- § 36 PolG NRW:	Richterliche Entscheidung	**232**
- § 37 I PolG NRW:	Bekanntgabe des Grundes	
- § 37 II PolG NRW:	Benachrichtigung	
- § 37 III PolG NRW:	Unterbringung in Gewahrsam	
- § 38 PolG NRW:	Entlassung	
- § 38 II PolG NRW:	Höchstdauer des Festhaltens bei der IDF	

3. Bei Durchsuchung

- § 39 III PolG NRW:	Gleichgeschlechtliche Durchsuchung oder Ärztin/	**233**
	Arzt	
- § 40 II PolG NRW:	Anwesenheitsrecht/Bescheinigung	

> **Merke:** Die **Anordnung** kann durch jeden Polizeibeamten getroffen werden.

---

[173] *Tegtmeyer/Vahle* PolG NRW § 12 Rn. 27.
[174] *Tegtmeyer/Vahle* PolG NRW § 12 Rn. 25.
[175] *Vahle/Buttgereit* EingriffsR 60.

III. Adressatenregelung

234 • § 12 I Nr. 1 PolG NRW: §§ 4–6 PolG NRW
 • § 12 I Nr. 2–4 PolG NRW: Der Adressat der Maßnahme ergibt sich unmittelbar aus der Vorschrift selbst. Es bedarf keines Rückgriffs auf die allgemeinen Adressatenvorschriften.

IV. Rechtsfolge

235 Ist eine Identitätsfeststellung zulässig, so darf die Polizei die **erforderlichen Maßnahmen** treffen (§ 12 II PolG NRW). § 12 II 1 PolG NRW enthält eine **generalklauselartige Ermächtigung**, denn es werden die zur Identitätsfeststellung erforderlichen Maßnahmen zugelassen. Diese auf den ersten Blick sehr allgemein gehaltene Befugnisnorm wird durch die nachfolgenden Sätze eingeschränkt, da das Wort „insbesondere" in § 12 II 2 PolG NRW die möglichen Maßnahmen begrenzt.

236 Welche Mittel zur Legitimation ausreichen, hängt vom Anlass der Überprüfung und dem Grad der Beteiligung des Betroffenen ab. Legt der Betroffene einen gültigen Personalausweis vor, und sind keine Anhaltspunkte für dessen Fälschung, Verfälschung oder sonstige Unstimmigkeiten vorhanden, gilt die Identität als festgestellt.

237 Die Feststellung der Identität durch die Polizei stellt idR eine freiheitsbeschränkende Maßnahme dar. Übersteigt die Maßnahme einen gewissen Rahmen, so kann daraus auch eine freiheitsentziehende Maßnahme werden. Im Folgenden werden grundsätzliche Darstellungen und Anwendungsregelungen bezüglich freiheitsentziehender und freiheitsbeschränkender Maßnahmen dargestellt.

238 Gemäß Art. 104 II GG hat über die Zulässigkeit und Fortdauer einer Freiheitsentziehung nur der Richter zu entscheiden. Bei jeder nicht auf richterlicher Anordnung beruhender Freiheitsentziehung ist unverzüglich eine richterliche Entscheidung herbeizuführen. Die Polizei darf aus eigener Machtvollkommenheit niemanden länger als bis zum Ende des Tages nach dem Ergreifen in eigenem Gewahrsam halten.

Aus den Formulierungen dieses Grundgesetzartikels ergeben sich einige Fragen. Als wesentliche Fragestellung ist dabei zunächst einmal zu definieren, was eine Freiheitsentziehung ist. Freiheitsbeschränkung und Freiheitsentziehung grenzt das BVerfG nach der Intensität des Eingriffs ab. Freiheitsentziehung ist die schwerste Form der Freiheitsbeschränkung.[176] Eine Freiheitsbeschränkung liegt vor, wenn jemand durch die öffentliche Gewalt gegen seinen Willen daran gehindert wird, einen Ort aufzusuchen oder sich dort aufzuhalten, der ihm an sich zugänglich ist. Der Tatbestand der Freiheitsentziehung kommt nur in Betracht, wenn die – tatsächlich und rechtlich an sich gegebene – körperliche Bewegungsfreiheit nach jeder Richtung hin aufgehoben wird.[177]

---

[176] BVerfGE 10, 302 = NJW 1960, 811; BVerGE 58, 208 = NJW 1982, 691.
[177] BVerfGE 94, 166 = NVwZ 1996, 678.

Tatsächlich gibt es in der Umsetzung dieser Unterscheidung unterschiedliche **239** Auslegungen. Eine Ansicht legt auch eine gewisse Zeitdauer als Unterscheidungsmerkmal zugrunde.

Die hM geht allerdings davon aus, dass es auf den Zweck der Maßnahme ankommt. Dementsprechend liegt eine Freiheitsentziehung immer dann vor, wenn der Betroffene tatsächlich in einen eng umschlossenen Raum gebracht wird. Der Begriff der Freiheitsentziehung wird in § 415 II FamFG als Unterbringung in einer JVA, einem Haftraum, einer abgeschlossenen Verwahranstalt, einer abgeschlossenen Anstalt der Fürsorge, einer abgeschlossenen Krankenanstalt oder einem abgeschlossenen Teil einer Krankenanstalt definiert. Allerdings kann § 415 II FamFG nicht zur Auslegung herangezogen werden, da es sich gegenüber den Grundrechten um rangniedrigeres Recht handelt.[178] Nach dieser Meinung ist eine Freiheitsentziehung also eine Beschränkung der Freiheit in alle Richtungen. Dann ist eine Freiheitsbeschränkung die Beeinträchtigung der Freiheit in lediglich eine bestimmte Richtung.

Neben der typischen Freiheitsbeschränkung des Platzverweises sind danach insbesondere Nebenfolgen zulässiger Rechtseingriffe, bei denen es gerade nicht auf eine allseitige Beschränkung der Freiheit ankommt, Freiheitsbeschränkungen, also das Festhalten zur Identitätsfeststellung, die Mitnahme zur Blutprobenentnahme, zur Durchsuchung oder zur erkennungsdienstlichen Behandlung.

Allerdings sollte die zeitliche Komponente nicht gänzlich außer Acht gelassen **240** werden, denn wenn die Mitnahme zur Wache zwecks Identitätsfeststellung zwar von der Zielrichtung her nicht auf eine Freiheitsentziehung ausgerichtet ist, sich aber herausstellt, dass umstandsbedingt die Feststellung der Identität zB fünf Stunden dauern wird, kann sicherlich nicht mehr von lediglich einer Freiheitsbeschränkung gesprochen werden. Verbringt die Polizei beispielsweise eine Vielzahl von Personen gleichzeitig auf eine Dienststelle, um sie dort der Reihe nach erkennungsdienstlich zu behandeln, so stellt der unfreiwillige Aufenthalt der Wartenden unter Umständen schon eine Freiheitsentziehung dar.

Nach *Lisken/Denninger*[179] liegt eine „Freiheitsbeschränkung vor, wenn jemand durch **241** die öffentliche Gewalt gegen seinen Willen daran gehindert wird, einen Ort aufzusuchen oder sich dort aufzuhalten, der ihm an sich zugänglich ist."

Beispiele: Platzverweisung, die Wohnungsverweisung und die Meldeauflage.

Folgende Übersicht soll zur Rechtssicherheit beitragen:

Gewahrsamnahme nach dem PolG oder vorläufige Festnahme nach der StPO	Freiheitsentziehung	Begründung unzweifelhaft über die Zielrichtung

---

178 *Moritz* NJW 1977, 796.
179 *Rachor* in Lisken/Denninger HdB PolizeiR E Rn. 496.

Vorführung	Freiheitsbe- schränkung	Begründung unzweifelhaft über die Zielrichtung
Mitnahme zur Blut- probe	Freiheitsbe- schränkung	Begründung unzweifelhaft über die Zielrichtung
Platzverweis	Freiheitsbe- schränkung	Keine allseitige Beschränkung der Freiheit
Mitnahme zur Iden- titätsfeststellung	Freiheitsbe- schränkung	Grundsätzlich – allerdings mit Bedenken – als Freiheitsbeschrän- kung einzuordnen. Wenn absehbar ein erheblich längerer Zeitraum erwartet werden kann, muss diese Maßnahme als Freiheitsentziehung angesehen werden.

242 Gemäß § 12 II 4 PolG NRW kann unter den Voraussetzungen des Satzes 3 auch eine Durchsuchung der Person sowie der von ihr mitgeführten Sachen durch- geführt werden, welche im Vergleich zum Festhalten, insbesondere zeitlich, ein milderes Mittel ist. Wenn die Polizei von dieser Möglichkeit keinen Gebrauch macht, ist ein Verbringen des Betroffenen zur Wache zwecks Identitätsfeststel- lung nicht erforderlich und damit materiell rechtswidrig.[180]

243 Eine allgemeine Pflicht zum Mitführen von **Ausweispapieren** existiert nicht. Auch § 111 OWiG ahndet nur falsche Angaben, nicht hingegen das Unterlassen des Mitführens von Ausweisen. Derartige „Unterlassungen" sind daher nicht polizeirechtswidrig. Der Anspruch der Polizei auf Vorlage der Papiere entsteht nur bezüglich freiwillig mitgeführter Ausweise.[181] Auch § 12 II PolG NRW be- gründet keine Verpflichtung zum Mitführen von Ausweisen.

> **Hinweis:** Nach § 12 II PolG NRW besteht daher (nur) die **Pflicht zum Aushän- digen** von mitgeführten (!) Ausweispapieren.[182]

D. Sonstiges

244 Die unbefugte Verweigerung der Angabe dieser Personaldaten oder unrichtige Angaben gegenüber einem zuständigen Amtsträger stellt hiernach eine Ord- nungswidrigkeit dar, die mit Geldbuße geahndet werden kann (§ 111 OWiG).

„§ 111 OWiG ist die allgemeine Verpflichtung zu entnehmen, gegenüber zu- ständigen Behörden und Beamten über Vor-, Familien- und Geburtsnamen, Ort und Tag der Geburt, Familienstand, Beruf, Wohnung und Staatsangehörigkeit Auskunft zu geben. Doch enthält diese Bestimmung einen für alle denkbaren Fälle behördlichen **Auskunftsverlangens** bestimmten Maximalkatalog allge-

---

[180] *Pieper* Kriminalistik 2006, 647.
[181] *Gusy* POR, 7. Aufl. 2009, Rn. 232.
[182] *Tegtmeyer/Vahle* PolG NRW § 12 Rn. 35.

mein geltender Auskunftspflichten, der für die Zwecke der Identitätsfeststellung nicht überschritten werden darf, aber nicht ausgeschöpft werden muss."[183]

So hat die Rechtsprechung keinen Verstoß gegen § 111 OWiG angenommen, wenn der Betroffene in einem Verkehrsordnungswidrigkeitenverfahren die Angabe des Berufs verweigert.[184]

Wegen einer Auskunftsverweigerung darf eine Geldbuße gem. § 111 OWiG indes nur dann verhängt werden, wenn das behördliche Auskunftsverlangen formell und materiell rechtmäßig war. Liegen aber etwa die einschlägigen Voraussetzungen einer Ermächtigung (zB § 12 PolG NRW) nicht vor, so ist die entsprechende Maßnahme materiell fehlerhaft, weil sich niemand ohne Grund gegenüber einem Amtsträger ausweisen muss.[185] **245**

11. Kapitel. Identitätsfeststellung zur Strafverfolgung, § 163b StPO[186]

Identitätsfeststellungen sind oftmals der erste Schritt **in polizeilichen Ermitt-** **246** **lungen** und eröffnen den Weg für Folgemaßnahmen. In Verbindung mit § 163c StPO regelt die Vorschrift des § 163b StPO die Feststellung der Identität von Verdächtigen und Unverdächtigen durch die StA und Beamte des Polizeidienstes für Zwecke der Strafverfolgung umfassend.

§ 163b StPO lässt die Identitätsfeststellung nur zur Verfolgung von Straftaten und Ordnungswidrigkeiten zu. Dabei unterscheidet § 163b StPO zwischen der Identitätsfeststellung bei Verdächtigen (§ 163b I StPO) und Unverdächtigen (§ 163b II StPO), soweit dies zur Tataufklärung erforderlich ist.

A. Ermächtigungsgrundlage

I. Grundrechtseingriff

Mit einer Identitätsfeststellung können mehrere Grundrechtseingriffe verbun- **247** den sein:

- Erhebung personenbezogener Daten durch die Befragung: Recht auf informationelle Selbstbestimmung (Art. 2 I GG iVm Art. 1 I GG),
- Anhalten für die kurze Dauer der Befragung: Freiheitsbeschränkung (Art. 2 II 2 GG iVm Art. 104 I GG),
- Festhalten für die Dauer der Identitätsfeststellung: Freiheitsentziehung (Art. 2 II 2 GG iVm Art. 104 GG),
- Durchsuchung der Person: allgemeines Persönlichkeitsrecht (Art. 2 I GG iVm Art. 1 I GG),
- Durchsuchung mitgeführter Sachen: Nutzungsrecht am Eigentum (Art. 14 I GG),
- ED-Behandlung: Recht auf informationelle Selbstbestimmung und Recht am eigenen Bild (Art. 2 I GG iVm Art. 1 I GG).

---

[183] LR/*Erb* StPO § 163b Rn. 13.
[184] BayObLG NJW 1979, 1054.
[185] *Vahle* Kriminalistik 1996, 43.
[186] Fallbearbeitung in *Bialon/Springer* Fälle EingriffsR Fall 5.

II. Handlungsform

248 Die Maßnahmen der Polizei, die sie aufgrund § 163b StPO trifft, stellen sich in der Regel als Justiz-Verwaltungsakte iSd § 23 EGGVG dar.

B. Formelle Rechtmäßigkeit

249 Die Maßnahme dient der Strafverfolgung (§ 163 StPO).

C. Materielle Rechtmäßigkeit

I. Tatbestandsvoraussetzungen

1. Identitätsfeststellung bei Tatverdächtigen, § 163b I StPO

> **Beachte:** Bei der Identitätsfeststellung des Verdächtigen ist es ausreichend, dass er nur verdächtig, aber noch nicht formell Beschuldigter ist.

250 Die Polizei darf die Personalien einer Person feststellen, wenn **diese einer Straftat** (Verbrechen, Vergehen, auch des sog. Nebenstrafrechts, zB des Wirtschaftsstrafrechts) **verdächtig ist** (§ 163b I StPO). Der einfache Tatverdacht besteht bei zureichend tatsächlichen Anhaltspunkten. Dringender Tatverdacht ist nicht erforderlich.

> **Hinweis:** S. hierzu Grundbegriffe der Strafverfolgung → Rn. 43

> **Beispiel:** Im Rahmen einer Fahndung nach Verkehrsunfallflucht wird das Fluchtfahrzeug auf einem Parkplatz festgestellt. An dem Fahrzeug befinden sich vier Personen. Nach erfolgter Belehrung machen die Personen keinerlei Angaben. Alle Personen sind Verdächtige und die Feststellung der Identität richtet sich nach § 163b StPO.

> **Beachte:** Keine Verdächtigen iSv § 163b I StPO sind Kinder und Zeugen.

2. Identitätsfeststellung bei Nichtverdächtigen (insbesondere Zeugen), § 163b II StPO

251 **a) Person ist unverdächtig (Zeuge).** Die Strafverfolgungsbehörden dürfen die Identität von Personen feststellen, die einer Straftat (noch) nicht verdächtig sind, wenn diese Maßnahme zur Aufklärung einer Straftat (eines Dritten) geboten, dh erforderlich ist. Adressat ist somit eine Person, die nicht im Verdacht steht, die aufzuklärende Straftat begangen zu haben. Das sind in erster Linie Opfer oder Zeugen.[187]

252 **b) Zur Aufklärung einer Straftat geboten.** Dies ist der Fall, wenn im entscheidungserheblichen Zeitpunkt konkrete Anhaltspunkte dafür bestehen, dass die Person unter anderem als Zeuge benötigt wird.[188]

---

[187] *Benfer/Bialon* Rechtseingriffe Rn. 277.
[188] Meyer-Goßner/Schmitt/*Schmitt* StPO § 163b Rn. 15.

II. Besondere Form- und Verfahrensvorschriften

1. Belehrung

Dem **Verdächtigen** ist vor der Maßnahme zu eröffnen, welcher Straftat er ver- 253
dächtigt wird (§163b I 1 Hs. 2 StPO iVm §163a IV 1 StPO). Verstößt die Polizei
gegen diese Verpflichtung, so handelt sie idR rechtswidrig.[189] Die Weigerung
des Bürgers bleibt rechtlich dann folgenlos, insbesondere begeht er keine Ordnungswidrigkeit wegen Verweigerung der Personalien nach §111 OWiG.[190]

> **Beispiel:**[191] Wird ein Kraftfahrzeugführer wegen des Verdachts, eine Ver-
> kehrsordnungswidrigkeit begangen zu haben, angehalten und zur Aus-
> händigung der Kraftfahrzeugpapiere aufgefordert, so ist seine Weigerung,
> diesem Verlangen nachzukommen, nicht rechtswidrig, wenn es der kont-
> rollierende Polizeibeamte unterlassen hat, ihn zuvor von der ihm zur Last
> gelegten Verkehrsordnungswidrigkeit in Kenntnis zu setzen.

Hinweis: S. hierzu Grundbegriffe der Strafverfolgung → Rn. 43 ff.

Eine ausreichende Unterrichtung über den Grund der Identitätsfeststellung 254
liegt jedoch dann vor, wenn der Betroffene entweder aufgrund seines eigenen
vorangehenden Verhaltens (zB mutwilliges Beschädigen eines fremden Kfz,
heimliches Einstecken eines Gegenstandes in Jackentasche beim Kaufhausbum-
mel) oder aufgrund eines – sei es auch knappen – Hinweises des kontrollierenden Beamten nicht im Zweifel über den Anlass der Personenkontrolle sein
kann.[192]

Dem Unverdächtigen muss bereits bei Beginn der ersten Maßnahme zur Identitätsfeststellung darüber belehrt werden, zur Aufklärung welcher Tat er durch
seine Identifizierung beitragen soll (§163b II 2 Hs. 2 StPO iVm §69 I 2 StPO).

2. Durchführungsvorschriften

Aus §163c StPO ergeben sich folgende Vorschriften: 255

- Zeitliche Beschränkung der Identitätsfeststellung auf das unerlässlich not-
  wendige Maß, §163c I 1 StPO,
- Bei festgehaltenen Personen: Vorführung zum Gericht, §163c I 2 StPO,
- Die §§114a–c StPO gelten entsprechend, §163c I 3 StPO, → Rn. 465,
- Höchstdauer der Freiheitsentziehung: 12-Stunden-Frist, §163c II StPO[193],
- Vernichtung von Unterlagen nach der Identitätsfeststellung beim Unverdäch-
  tigen, §163c III StPO.

Für die Durchsuchung von Personen gilt §81d StPO in analoger Anwendung.
§81d StPO gebietet es – über seinen Wortlaut hinaus –, dass Durchsuchungen

---

[189] KG Berlin BeckRS 2000, 15972; OLG Hamm BeckRS 2012, 859; OLG Celle JuS 2013, 268.
[190] *Vahle* DNP 1995, 59.
[191] OLG Düsseldorf NJW 1980, 251.
[192] OLG Karlsruhe MDR 1978, 339.
[193] EGMR NVwZ 1999, 397.

von Personen nur von einer Person des gleichen Geschlechts vorgenommen werden.[194]

> **Beachte**: Anordnungsbefugt ist jeder Polizeibeamte. Eine Ermittlungsbeamteneigenschaft ist nicht erforderlich.

III. Adressatenregelung

- § 163b I StPO: Verdächtige,
- § 163b II StPO: Unverdächtige.

IV. Rechtsfolge

1. Identitätsfeststellung bei Tatverdächtigen, § 163b I StPO

256 Zur Identitätsfeststellung dürfen die „**erforderlichen Maßnahmen**" getroffen werden, die zur Feststellung der Identität zu treffen sind (vgl. § 163b I 1 StPO). Der Betroffene kann hiernach insbesondere angehalten und befragt werden, er kann aufgefordert werden, sich auszuweisen und mitgeführte Ausweispapiere vorzulegen.

Kann die Identität anders nicht oder nur mit erheblichen Schwierigkeiten festgestellt werden, erlauben §§ 163b I 2, 3 StPO den Einsatz folgender Maßnahmen:

- Festhalten,
- Durchsuchen,
- Erkennungsdienstliche Maßnahmen.

257 Diese Abstufung bringt den verfassungsrechtlichen Grundsatz der **Verhältnismäßigkeit** zum Ausdruck, der bei jeder Personalienfeststellung (und sonstigen Datenerhebungen) strikt zu beachten ist.[195]

> **Beispiel:**[196] In der Regel macht die Vorlage eines Personalausweises eine Identitätsfeststellung hinreichend möglich. Dass möglicherweise die in dem Ausweis angegebene Anschrift falsch sein könnte, rechtfertigt eine Mitnahme zur Wache grundsätzlich nicht. Etwas anderes gilt nur bei berechtigten Zweifeln des kontrollierenden Beamten an der Echtheit des vorgelegten Ausweises.

258 Der **Ausweis** muss in jedem Fall Minimalforderungen erfüllen, mithin ein Lichtbild haben und die Gewähr dafür bieten, dass die Anschrift korrekt ist. Ein Führerschein ist somit regelmäßig kein ausreichendes Dokument. Gleichwohl kann der Führerschein in Kombination mit dem Fahrzeugschein im Einzelfall zum ausreichenden Legitimationspapier werden.[197]

---

[194] *Graf* Kriminalistik 2006, 283 (284).
[195] BVerfG NVwZ 1992, 767.
[196] *Vahle* DVP 2008, 279.
[197] *Benfer/Bialon* Rechtseingriffe Rn. 262.

2. Identitätsfeststellung bei Nichtverdächtigen (insbesondere Zeugen), § 163b II StPO

a) Zulässige Maßnahmen. Die zulässigen Maßnahmen entsprechen im An- 259 satz denen, die bei einem Tatverdächtigen getroffen werden dürfen. Im Unterschied zur Personalienfeststellung beim Verdächtigen dürfen die **Durchsuchung** des Unverdächtigen zur Auffindung von Ausweispapieren oder sonstigen Hinweisen auf die Identität sowie die **erkennungsdienstliche Behandlung nicht gegen den** (mutmaßlichen) **Willen der Person** vorgenommen werden (§ 163b II 2 Hs. 2 StPO). Das schränkt die Befugnis erheblich ein.

Zulässig ist das **Festhalten** einer unverdächtigen Person nach § 163b II 2 Hs. 1 260 StPO nur

- wenn die Identitätsfeststellung ansonsten nicht oder nur unter erheblichen Schwierigkeiten erfolgen könnte **und**
- die Maßnahme nicht außer Verhältnis „zur Bedeutung der Sache" steht.

> **Hinweis:** Es ist anhand des Sachverhaltes zunächst zu prüfen, ob die Ermittlungsbeamten versucht haben, die einfachen Identifikationsmöglichkeiten auszuschöpfen, da es andernfalls schon an der Erforderlichkeit für qualifizierte Maßnahmen fehlen würde. Ist das Festhalten dann erforderlich, ist zu prüfen, ob es zur Bedeutung zur Sache außer Verhältnis steht. Es kommt dabei nicht auf die Bedeutung der zu erwartenden Aussage an, die ja noch gar nicht bekannt ist. Entscheidendes Abwägungskriterium ist dann das Gewicht der aufzuklärenden Straftat, nicht aber die voraussichtliche Relevanz des Betroffenen für das weitere Verfahren.[198]

b) Unzulässige Maßnahmen

> **Beispiel:**[199] Ein Zeuge beobachtet den Aufbruch eines Pkw. Den eingesetzten Polizeibeamten wird die Zeugeneigenschaft des Z bekannt. Als sie ihn daraufhin ansprechen, leugnet er seine Beobachtungen. Eine Angabe seiner Personalien und die Herausgabe seines Personalausweises lehnt er ab. Daraufhin durchsuchen die Beamten den Z. Die Durchsuchung widerspricht dem erkennbaren Willen des Z und ist aus diesem Grunde rechtswidrig.

Unverdächtige dürfen nach dem (eindeutigen) Gesetzeswortlaut **nicht gegen** 261 **ihren Willen** durchsucht und erkennungsdienstlich behandelt werden. Über dieses Weigerungsrecht ist der Betroffene aufzuklären.[200]

> **Hinweis:** Die Praxis behilft sich mit folgendem Kunstgriff:[201] Die Namensverweigerung stellt nach § 111 OWiG eine Ordnungswidrigkeit dar. Nach § 46 OWiG ist § 163b StPO auch zur Verfolgung von Ordnungswidrigkeiten anwendbar. Zur Verfolgung dieser Zuwiderhandlung wird gem. § 46 I OWiG

---

[198] Meyer-Goßner/Schmitt/*Schmitt* StPO § 163b Rn. 17.
[199] *Kay* POLIZEIreport 3/2006, 8 (9).
[200] SK-StPO/*Wolter* § 163b Rn. 53.
[201] *Vahle* DVP 1995, 59 (60).

(§ 53 I 2 OWiG) iVm § 163b I StPO eine Identitätsfeststellung zur Ermittlung des Betroffenen (wegen der begangenen Ordnungswidrigkeit) durchgeführt. Damit werden auch die weitergehenden Maßnahmen nach Abs. 1 zulässig, jedoch unter schärferer Beachtung des Verhältnismäßigkeitsgrundsatzes.

Eine Durchsuchung eines unbeteiligten Zeugen nach Ausweispapieren wird hiernach nur dann rechtens sein, wenn andere aussagewillige Personen nicht zur Verfügung stehen und es sich um eine Straftat von einigem Gewicht handelt (zB nicht bei leichter Körperverletzung oder Ähnliches).[202]

12. Kapitel. Kurzfristige Observation zur Gefahrenabwehr, § 16a IV PolG NRW[203]

262 Die kurzfristige Observation ist eine der Standardmaßnahmen der Polizei, die praktisch täglich durchgeführt wird. Sie gehört zu den Gefahrenerforschungseingriffen. Es sollen Informationen gesammelt werden, die mit darüber entscheiden, ob ein weiteres Einschreiten der Polizei nötig ist oder nicht.

A. Ermächtigungsgrundlage

I. Grundrechtseingriff

263 Es werden personenbezogene Daten über die beobachtete Person erhoben (regelmäßig über das Verhalten der Person). Damit liegt ein Eingriff in das **Recht auf informationelle Selbstbestimmung** (RIS), Art. 2 I GG iVm Art. 1 I GG, vor.

264 Der Eingriff beginnt jedoch erst, wenn eine **Person gezielt beobachtet wird**. Daher ist ein Umherschauen, um einen Überblick zu gewinnen oder das allgemeine = ungezielte Beobachten von Personen noch kein Eingriff in das RIS.[204] Ebenso liegt noch kein Grundrechtseingriff vor, wenn die einschreitenden Polizeibeamten sich zu Beginn eines Einsatzes lagemäßig orientieren.

Beispiel: Zwei Beamte eines Einsatztrupps beobachten das Geschehen auf einem Bahnhofsvorplatz. Es ist bekannt, dass dort regelmäßig mit illegalen Drogen gedealt wird. Das ungezielte Wahrnehmen des Geschehens auf dem Platz ist noch kein Observieren iSd § 16a PolG NRW! Erst wenn die Beamten eine bestimmte Person oder eine Personengruppe gezielt „ins Visier" nehmen, liegt eine Observation iSd § 16a PolG NRW vor.

II. Handlungsform

265 Das Beobachten ist auf das Herbeiführen eines tatsächlichen Erfolgs gerichtet und stellt damit einen **faktischen Rechtseingriff** dar.

---

[202] *Vahle* DVP 2008, 279 (280).
[203] Fallbearbeitung in *Bialon/Springer* Fälle EingriffsR Fall 6.
[204] *Tegtmeyer/Vahle* PolG NRW § 15 Rn. 6.

B. Formelle Rechtmäßigkeit

Die Maßnahme dient der Gefahrenabwehr iSd § 1 I PolG NRW. **266**

C. Materielle Rechtmäßigkeit

I. Tatbestandsvoraussetzungen

1. Zum Zweck der Gefahrenabwehr

Die Observation muss **zum Zweck der Gefahrenabwehr** erfolgen. Damit sind **267** die Aufgaben aus § 1 I PolG NRW gemeint. Wie in der VV 1.11 zu § 1 PolG NRW ausgeführt, reicht das Vorliegen einer **abstrakten Gefahr** aus. Auch der **Gefahrenverdacht** rechtfertigt es, durch Beobachtung festzustellen, ob gegen die observierte Person weiter eingeschritten werden soll oder ob ihr Tun „harmlos" und damit nicht polizeirelevant ist.

> **Beispiel:** Auf einem Parkplatz sind in den letzten Wochen gehäuft Pkw aufgebrochen worden (Kriminalitätsbrennpunkt). Die Taten wurden überwiegend nachts begangen. Zwei Polizeibeamte stellen sich um 23.00 Uhr so auf, dass sie das Geschehen auf dem Platz beobachten können. Als drei junge Männer langsam zwischen den Fahrzeugen hin und her laufen, ohne in einen Pkw einzusteigen, werden sie von den Polizisten gezielt beobachtet. Nach wenigen Minuten kommen zwei junge Frauen auf die drei zu, begrüßen sie herzlich und gemeinsam geht die Gruppe in Richtung Innenstadt. Hier ist zuerst der Verdacht begründet, dass die drei Männer eine Tatgelegenheit auskundschaften. Die Voraussetzungen zur kurzfristigen Observation nach § 16a IV PolG NRW liegen vor. Nach wenigen Minuten stellt sich ihr Verhalten aber als polizeilich unbedeutend heraus. Der Verdacht einer Gefahr hat sich als unbegründet erwiesen.

Für Aufgaben, die der Polizei iSd § 1 IV PolG NRW auf anderen Rechtsgebieten übertragen sind, muss sich die Befugnis zur Observation aus den dortigen Rechtsvorschriften ergeben (zB für die Strafverfolgung aus den §§ 163 I 2 und 163 f. StPO).

2. Erforderlichkeit der Maßnahme

Die Observation muss für diesen Zweck **erforderlich** sein. Hier ist gem. § 2 I PolG NRW zu prüfen, ob die kurzfristige Observation geeignet und erforderlich ist.

3. Gefährdung der Erfüllung der polizeilichen Aufgabe ohne die Observation

Ohne diese Maßnahme wird die **Erfüllung der polizeilichen Aufgabe gefährdet**. **268** Hier ist zusätzlich zur Erforderlichkeit eine Subsidiaritätsklausel[205] eingefügt worden. „Damit muss die Maßnahme gegenüber anderen Ermittlungsmethoden „ultima ratio" sein. Ihr zeitlicher Umfang ist auf das Notwendigste zu be-

---

[205] *Rachor* in Lisken/Denninger HdB PolizeiR E Rn. 304.

schränken und offene Maßnahmen (falls zwecktauglich) genießen gegenüber verdeckten grundsätzlichen Vorrang".[206]

II. Besondere Form- und Verfahrensvorschriften

Als besondere Formvorschrift ist auf **§ 16 PolG NRW**, der den **Kernbereich privater Lebensgestaltung schützen**[207] soll, zu achten.

In dieser Norm werden die Urteile des BVerfG zur akustischen Wohnraumüberwachung,[208] in denen sich das Gericht auf den Kernbereich privater Lebensgestaltung bezieht und entsprechende Regeln zu deren Schutz festgelegt hat, gesetzlich umgesetzt. Fraglich ist, was zum absolut geschützten Kernbereich persönlicher Lebensgestaltung gehört. Dazu führt das BVerfG in seiner Entscheidung aus:

„Zur Entfaltung der Persönlichkeit im Kernbereich privater Lebensgestaltung gehört **die Möglichkeit, innere Vorgänge wie Empfindungen und Gefühle sowie Überlegungen, Ansichten und Erlebnisse höchstpersönlicher Art zum Ausdruck zu bringen, und zwar ohne Angst, dass staatliche Stellen dies überwachen.** Vom Schutz umfasst sind auch Gefühlsäußerungen, Äußerungen des unbewussten Erlebens sowie Ausdrucksformen der Sexualität. Die Möglichkeit entsprechender Entfaltung setzt voraus, dass der Einzelne über einen dafür geeigneten Freiraum verfügt. Auch die vertrauliche Kommunikation benötigt ein räumliches Substrat jedenfalls dort, wo die Rechtsordnung um der höchstpersönlichen Lebensgestaltung willen einen besonderen Schutz einräumt und die Bürger auf diesen Schutz vertrauen."[209]

„Ob ein Sachverhalt dem unantastbaren Kernbereich zuzuordnen ist, hängt davon ab, ob er nach seinem Inhalt höchstpersönlichen Charakters ist, also auch in welcher Art und Intensität er aus sich heraus die Sphäre anderer oder Belange der Gemeinschaft berührt (vgl. BVerfGE 80, 367 <374> = NJW 1990, 563). Maßgebend sind die Besonderheiten des jeweiligen Falles (vgl. BVerfGE 34, 238 <248> = NJW 1973, 891; BVerfGE 80, 367 <374> = NJW 1990, 563). Entscheidend ist, ob eine Situation gegeben ist, in der aufgrund von konkreten Hinweisen oder typischerweise und ohne gegenteilige tatsächliche Anhaltspunkte im Einzelfall der unantastbare Kernbereich privater Lebensgestaltung betroffen wird, etwa im Zuge der Beobachtung von Äußerungen innerster Gefühle oder von Ausdrucksformen der Sexualität."[210]

„Der Schutz des Kernbereichs privater Lebensgestaltung umfasst auch die **Kommunikation mit anderen Personen des besonderen Vertrauens** (vgl. BVerfGE 90, 255 <260> = NJW 1995, 1015)."[211]

„Hierzu zählen Ehepartner und engste Familienangehörige des Betroffenen, aber auch sonstige Personen des ‚besonderen Vertrauens', wie etwa enge persönliche Freunde oder Personen, die dem Kreis der nach § 53 StPO Zeugnisverweigerungsberechtigten angehören (Geistliche, Ärzte, Strafverteidiger usw.)."[212]

---

[206] *Schütte/Braun/Keller* PolG NRW § 16a Rn. 27.
[207] *Gercke* GA 2015, 339 ff.
[208] BVerfGE 109, 279 ff. = JuS 2004, 522 f.; BVerfGE 120, 274 ff. = JA 2008, 475 f.
[209] BVerfGE 109, 279 (313 f.) = NJW 2007, 2753 ff.
[210] BVerfGE 109, 279 (314 f.) = NJW 2007, 2753 ff.
[211] BVerfGE 109, 279 (323) = NJW 2007, 2753 ff.
[212] *Petri* in Lisken/Denninger HdB PolizeiR G Rn. 26.

Der Entwurf der Landesregierung zum neu gestalteten § 16 PolG NRW zählt Beispiele auf, **wann diese Einschränkung nicht gelten soll.**[213]

§ 16 PolG NRW (neu) entspricht dem vom BVerfG geforderten **zweistufigen Schutzkonzept.** Als erste Stufe enthält der Abs. 1 das generelle Verbot der Erhebung personenbezogener Daten, die dem Kernbereich der privaten Lebensgestaltung zuzurechnen sind.

Im Abs. 3 wird die zweite Stufe des Schutzkonzepts geregelt. Danach sind erhobene personenbezogene Daten, die dem Kernbereich der privaten Lebensgestaltung zugehören, unverzüglich zu löschen. Erhebung und Löschung sind zu dokumentieren.

Zur Frage, unter welchen Umständen eine Observation außerhalb einer Wohnung den Kernbereich privater Lebensgestaltung tangieren kann, führt die Landesregierung in ihrem Gesetzesentwurf aus:

„Bei den Maßnahmen außerhalb der Wohnung besteht generell eine geringere Wahrscheinlichkeit, dass der Kernbereich betroffen sein kann, da die von der Überwachung betroffene Person sich grundsätzlich in der Öffentlichkeit bewegt bzw. in der Öffentlichkeit mit anderen Personen kommuniziert und damit ein Sozialbezug gegeben ist. Gleichwohl kann der Kernbereich privater Lebensgestaltung auch durch das verdeckte Erheben von Daten außerhalb von Wohnungen berührt werden, wenn die Person nicht damit rechnen muss, von anderen wahrgenommen zu werden zB an abgelegenen Orten oder in einem Fahrzeug. Sollte eine Situation eintreten, in der mit der heimlichen Erfassung innerer Zustände oder gegenüber engsten Vertrauten geäußerten Gefühlsregungen zu rechnen ist, ist daher die Datenerhebung gem. Abs. 2 S. 1 unverzüglich zu unterbrechen."[214]

Neben § 16 PolG NRW sind auch die Verfahrensvorschriften aus § 9 III–VI PolG NRW sinngemäß anzuwenden.

III. Adressatenregelung

Die Ermächtigung beschreibt die Richtung der Maßnahme. Die Formulierung ist aber unglücklich, denn letztlich kann jedermann Adressat der Observation sein. Die Aufzählung „die in den §§ 4 und 5 PolG NRW genannten und andere Personen" bringt zum Ausdruck, dass bei Personen, die noch nicht als Verhaltens- oder Zustandsverantwortliche ausgemacht sind, nicht die strengen Voraussetzungen des § 6 PolG NRW vorzuliegen brauchen, um sie zu observieren. Häufig lässt sich zu Beginn einer Beobachtung noch gar nicht abschätzen, wie der Status der observierten Person ist. 269

IV. Rechtsfolge

§ 16a IV PolG erlaubt der Polizei eine kurzfristige Observation. 270

---

[213] GesEntw LRg zur Änderung des PolG NRW, Landtag NRW 11.11.2009, Drs. 14/10089, 28 f.

[214] GesEntw LRg zur Änderung des PolG, Landtag NRW 11.11.2009, Drs. 14/10089, 28.

Unter „Observation" ist das gezielte Wahrnehmen einer Person zu verstehen, um deren Verhalten, Vorhaben oder Kontakte zu erheben.[215] Häufig wird es sich dabei um visuelle Wahrnehmungen, das klassische **Beobachten**, handeln. Aber auch das **Belauschen** einer Person gehört zur Rechtsfolge dieser Befugnis. Das kann man auch indirekt daraus schließen, dass das Abhören einer Person mittels Technik gesondert in den §§ 17 und 18 PolG NRW geregelt ist. Die Observation kann sowohl **offen als auch verdeckt** erfolgen.

271 **Verdeckt** ist eine Maßnahme, wenn die Polizei beabsichtigt, dass ihr Handeln der betroffenen Person nicht bekannt wird. Die Maßnahme wird also gezielt getarnt oder verschleiert.[216] Wenn die beobachtete Person bemerkt, dass sie von der Polizei observiert wird, ändert das nichts daran, dass ein verdecktes Tun der Polizei vorliegt.

272 Beobachtet und belauscht werden darf nur außerhalb von Wohnungen.[217] Observationen in die Wohnung hinein bzw. in der Wohnung selbst sind nur nach § 18 PolG NRW zulässig.

273 Wie sich aus der Formulierung ergibt, darf die Observation nur kurzfristig erfolgen. Sie muss also **unterhalb der zeitlichen Grenzen aus § 16a I PolG NRW** bleiben. Daher darf sie nicht durchgehend länger als 24 Stunden andauern oder nicht an mehr als zwei Tagen durchgeführt werden oder geplant sein. Die „zwei Tage" müssen nicht hintereinander liegen. Es kommt darauf an, ob eine Observation aus dem gleichen Anlass heraus durchgeführt wird. Ist dies der Fall, dann sind die Tage, an denen beobachtet wird, zusammenzurechnen.

274 Das heißt jedoch nicht, dass eine kurzfristige Observation nur **spontan** durchgeführt werden darf. Sie darf sehr wohl **geplant** werden. Allerdings nicht in der Weise, dass die Zeitgrenzen aus Abs. 1 umgangen werden. Wird also bei der Planung davon ausgegangen, dass die Beobachtung länger dauert als der Abs. 4 erlaubt, dann sind die Zulässigkeitsvoraussetzungen der Abs. 1–3 zu beachten.[218]

275 Die Observation nach § 16a PolG NRW darf nur ohne den Einsatz von technischen Mitteln erfolgen. Deren Einsatz ist in den §§ 17 und 18 PolG geregelt. **Ferngläser** (anders als Nachtsichtgeräte) fallen nicht unter den Begriff der technischen Mittel, weil sie nur das, was ohnehin zu sehen ist, vergrößern. Sie dürfen bei einer kurzfristigen Observation iSd § 16a IV PolG NRW eingesetzt werden.

Hinweis: Die kurzfristige Observation zur Strafverfolgung stützt sich auf die Generalklausel, § 163 StPO, → Rn. 192 ff.

---

[215] *Rachor* in Lisken/Denninger HdB PolizeiR E Rn. 275 und *Petri* in Lisken/Denninger HdB PolizeiR G Rn. 194, 227, 229 dort Fn. 592.

[216] Interessant dazu ist die Einschränkung in der VV 9.4 zu § 9 PolG NRW: „Um ein verdecktes Vorgehen handelt es sich nicht schon, wenn Polizeivollzugsbeamtinnen oder Polizeivollzugsbeamte Dienst in Zivilkleidung verrichten oder ein äußerlich nicht als solches zu erkennendes Dienstfahrzeug benutzen."

[217] *Tegtmeyer/Vahle* PolG NRW § 16a Rn. 10; *Schütte/Braun/Keller* PolG NRW § 16a Rn. 4.

[218] *Petri* in Lisken/Denninger HdB PolizeiR G Rn. 230.

13. Kapitel. Datenerhebung zur Eigensicherung, § 15b PolG NRW

Nachdem im Jahr 2000 mehrere Polizeibeamtinnen und -beamte im Dienst **275a** getötet worden waren, wurde intensiv darüber nachgedacht, wie die Eigensicherung verbessert werden könnte. Eine Folgerung daraus war, dass in das Polizeigesetz NRW die Vorschrift des § 15b eingefügt wurde. Gleichzeitig wurden in NRW alle Streifenwagen mit einer Videokamera ausgestattet, mit der die Fahrzeug- und Personenkontrolle aufgenommen und aufgezeichnet werden kann. Nach Erfahrungen in Rheinland-Pfalz[219] lässt sich dadurch die **Hemmschwelle für potenzielle Angreifer deutlich erhöhen**. Denn der Widerstand gegen die polizeiliche Kontrolle wird dokumentiert und kann später in ein Gerichtsverfahren eingebracht werden.

A. Ermächtigungsgrundlage

I. Grundrechtseingriff

Das Videografieren aus dem Streifenwagen heraus ist ein Erheben von perso- **275b** nenbezogenen Daten. Die erhobenen Daten werden auch gespeichert. Damit sind Eingriffe in das **Recht auf informationelle Selbstbestimmung**, Art. 2 GG I iVm Art. 1 I GG, gegeben.

II. Handlungsform

Es wird keine Verfügung an den Betroffenen erlassen. Das Videografieren führt **275c** einen tatsächlichen Erfolg herbei. Es handelt sich um einen **Realakt**, auch faktischer Rechtseingriff genannt.[220]

B. Formelle Rechtmäßigkeit

Die Maßnahme dient der **Eigensicherung** und damit der Gefahrenabwehr. **275d**

C. Materielle Rechtmäßigkeit

I. Tatbestandsvoraussetzungen

1. Personen- oder Fahrzeugkontrolle

Dabei ist nicht festgelegt, mit welchem Ziel diese Kontrolle erfolgt. Daher sind **275e** sowohl Kontrollen zur Aufgabenerfüllung der **Gefahrenabwehr** als auch solche auf **anderen Rechtsgebieten** (zB zur Strafverfolgung, Verfolgung einer Ordnungswidrigkeit, zur allgemeinen Verkehrskontrolle) erfasst.

2. Gefahr iSd § 1 I PolG NRW

Gemäß VV 1.12 zu § 1 PolG NRW wird damit auf die **abstrakte Gefahr** abgestellt. **275f** Es reicht daher die hinreichende Wahrscheinlichkeit, dass Polizeibeamte bei der Kontrolle gefährdet sein könnten.

---

[219] S. GesEntw LRg, LT-Drs. v. 31.7.2002 – 13/2854, 54.
[220] *Tetsch/Baldarelli* PolG NRW 257 f.

> **Merke:** Eine konkrete Gefahr braucht nicht vorzuliegen.[221]

3. Datenerhebung zum Zweck der Eigensicherung

275g Damit ist die **Maßnahme an einen festgelegten Zweck gebunden**. Wie oben dargestellt, soll die Hemmschwelle erhöht werden, bei der Kontrolle die einschreitenden Polizeibeamten anzugreifen.

Wird die Kamera dazu genutzt, den Tathergang bei einer Straftat oder Ordnungswidrigkeit zu dokumentieren, so muss dazu eine andere Ermächtigungsgrundlage herangezogen werden, zB § 100h I 1 Nr. 1 StPO.

> **Merke:** Da die Kamera aber ausdrücklich zu Eigensicherungszwecken installiert wird, soll sie **nur ausnahmsweise zu anderen Zwecken** gebraucht werden.

II. Besondere Form- und Verfahrensvorschriften

275h Nach § 15b S. 2 PolG NRW ist die **Datenerhebung** für den Betroffenen **erkennbar zu machen**, falls sie nicht offenkundig ist. In NRW schaltet sich mit Beginn der Aufzeichnung eine kleine rotfarbige Lampe ein. Dadurch soll für den Betroffenen signalisiert werden, dass die Kontrolle aufgenommen und aufgezeichnet wird.

> **Merke:** Es empfiehlt sich für die einschreitenden Beamten, zusätzlich den Angehaltenen auf die Videoaufzeichnung hinzuweisen. Nur so kann der Eigensicherungszweck erreicht werden.

275i § 15b S. 3 PolG NRW schreibt vor, dass die Aufzeichnung am Tag nach der Anfertigung zu löschen ist. Allerdings lässt § 15b S. 4 PolG NRW Ausnahmen zu. Danach darf die Aufzeichnung zur Verfolgung von Straftaten und Ordnungswidrigkeiten genutzt werden. Die Norm erlaubt damit eine Zweckänderung.

§ 15b S. 5 PolG NRW verweist auf § 24 VI und VII PolG NRW. Die gewonnenen Daten dürfen auch zu statistischen Zwecken und für die Aus- und Fortbildung genutzt werden.

III. Adressatenregelung

275j Die Richtung der Maßnahme ergibt sich aus der Norm. Der Kontrollierte ist der Adressat.

IV. Rechtsfolge

275k Die Polizei darf **Bildaufnahmen und -aufzeichnungen** durch den Einsatz optisch-technischer Mittel (Videoaufzeichnungsgerät) in Fahrzeugen der Polizei **herstellen**. Das Aufnehmen von Bildern bedeutet das Erheben von Daten, ohne dass sie gespeichert werden. Das dürfte in der Praxis kaum vorkommen. Die

---

[221] S. GesEntw LRg, LT-Drs. v. 31.7.2002 – 13/2854, 55.

Bildaufzeichnung ist das Speichern der aufgenommenen Daten und ist auch technisch in den Fahrzeugen der Polizei in NRW so vorgegeben.

14. Kapitel. Befragung zur Gefahrenabwehr, § 9 PolG NRW[222]

§ 9 PolG NRW enthält neben der **Ermächtigung, Personen zu befragen** (Abs. 1 und 2), auch **allgemeine Grundsätze der Datenerhebung** (Abs. 3–6). **276**

Die Befragung dient unter anderem dazu, Informationen zu erhalten, um die Einsatz- und Gefahrenlage besser einschätzen zu können (sog. **Gefahrenerforschungseingriff**). Häufig ist sie die Voraussetzung dafür, entscheiden zu können, ob ein weiteres polizeiliches Einschreiten erforderlich ist oder nicht.

Keine Befragung und kein Grundrechtseingriff liegen vor, wenn die **Polizei Informationen passiv entgegennimmt.**[223] Das ist zB dann der Fall, wenn ein Bürger bei der Polizei anruft und von sich aus von einem Geschehen Mitteilung macht. Der Grundrechtseingriff beginnt, sobald die Polizei Fragen zu dem Sachverhalt stellt. **277**

A. Ermächtigungsgrundlage

I. Grundrechtseingriff

Die Befragung zielt darauf ab, personenbezogene Daten zu erheben. Da jede natürliche Person selbst darüber entscheiden kann, wem solche Daten offenbart werden sollen, stellt die polizeiliche Forderung, solche Daten preiszugeben, einen Eingriff in das **Recht auf informationelle Selbstbestimmung**, Art. 2 I GG iVm Art. 1 I GG, dar.[224] **278**

> **Hinweis:** Die Definitionen für „Datenerhebung" und „personenbezogene Daten" finden sich in der VV 9.0 zu § 9 PolG NRW.

Für die Dauer der Befragung kann die Person angehalten werden, § 9 I 2 PolG. Damit wird in die **Freiheit der Person**, Art. 2 II 2 GG iVm Art. 104 I GG, in der Form einer Freiheitsbeschränkung eingegriffen. **279**

II. Handlungsform

Die Befragung stellt einen Verwaltungsakt iSd § 35 I VwVfG NRW dar. Es erfolgt die Verfügung, anzuhalten und zu einem polizeilich relevanten Sachverhalt sachdienliche Angaben zu machen.[225] **280**

B. Formelle Rechtmäßigkeit

Die Maßnahme erfolgt zur Gefahrenabwehr. Sie dient der Aufgabenwahrnehmung aus § 1 I–III PolG NRW iVm § 11 I Nr. 1 POG NRW. **281**

---

[222] Fallbearbeitung in *Bialon/Springer* Fälle EingriffsR Fall 1.
[223] *Rachor* in Lisken/Denninger HdB PolizeiR E Rn. 198.
[224] Vgl. BVerfGE 65, 1 (42 f.) = NJW 1984, 419 (422).
[225] AA: *Rachor* in Lisken/Denninger HdB PolizeiR E Rn. 209.

Da es sich um einen Verwaltungsakt iSd § 35 I VwVfG NRW handelt, sind die allgemeinen Verfahrens- und Formvorschriften der §§ 28, 37, 41 und 43 VwVfG NRW zu beachten.

C. Materielle Rechtmäßigkeit

I. Tatbestandsvoraussetzungen

1. Tatsachen müssen vorliegen

282 Das sind **Informationen**, die sich auf den konkreten Sachverhalt beziehen und die **belegbar** und damit auch **gerichtlich nachprüfbar** sind. Vermutungen oder allgemeines Erfahrungswissen aus der Vergangenheit reichen nicht aus.

2. Tatsachen, die die Annahme rechtfertigen

283 Aus den Tatsachen lässt sich ein **logischer**, von einem neutralen Beobachter nachvollziehbarer, **Schluss ziehen**.

3. Betroffene Person kann sachdienliche Angaben machen

284 Das sind Informationen, die es der Polizei erlauben, die **Lage sachgerecht einzuschätzen** oder die dabei helfen, die Gefahr abzuwehren.

4. Erfüllung einer bestimmten polizeilichen Aufgabe

285 Damit sind die Aufgaben aus § 1 I–III PolG NRW gemeint, also die Gefahrenabwehr. Wird die Polizei zur Strafverfolgung oder zur Verfolgung einer Ordnungswidrigkeit tätig, dann ist ein Rückgriff auf § 9 PolG NRW nicht zulässig.

5. Erforderlichkeit

V V 9.11 zu § 9 PolG NRW: Eine Befragung ist für die Erfüllung der Aufgabe erforderlich, wenn ohne Kenntnisse der zu erhebenden Daten die Aufgabe nicht oder zumindest nicht mehr zeit- oder sachgerecht wahrgenommen werden kann.[226]

> **Merke:** Den Tatbestand des § 9 I PolG NRW kann man sich mit folgenden **Hilfsfragen** (aus Sicht des befragten Bürgers) gut merken:
>
> Tatsachen lassen den Schluss zu („Wie kommen Sie darauf, dass ich Ihnen helfen kann?"), dass die betroffene Person sachdienliche Angaben machen kann („Was wollen Sie von mir wissen?") die Angaben dienen der Erfüllung einer bestimmten polizeilichen Aufgabe („Wofür brauchen Sie das?") zur Aufgabenerfüllung sind die sachdienlichen Angaben erforderlich („Ist das wirklich nötig, damit Sie Ihre Aufgabe erfüllen können?")

> **Beispiel:** Die Polizei sucht einen fünfjährigen Jungen, der von seinen Eltern vermisst wird. Der Junge soll sich in einem Waldgebiet nahe der elterlichen Wohnung aufhalten. Am Waldrand wird auf einer Bank sitzend ein älterer Mann angetroffen. Die Polizei erklärt ihm den Anlass, gibt eine Personenbeschreibung und fragt, ob er den Kleinen gesehen hat.

---

[226] S. auch *Petri* in Lisken/Denninger HdB PolizeiR G Rn. 171.

II. Besondere Form- und Verfahrensvorschriften

§ 9 PolG NRW enthält in den Abs. 3–6 besondere Verfahrensvorschriften für die **286** Befragung. Gleichzeitig sind diese Normen **allgemeine Regeln der Datenerhebung** (s. die Überschrift zu § 9 PolG NRW), die, wenn speziell nichts anderes geregelt ist, auch für die übrigen Datenerhebungsermächtigungen aus den §§ 11–21 PolG NRW gelten.[227]

1. Grundsatz der Unmittelbarkeit

Gemäß Abs. 3 gilt der **Grundsatz der Unmittelbarkeit**. Es ist die Person zu be- **287** fragen, um deren Daten es geht. Nur wenn das beachtet wird, kann der Betroffene auch entscheiden, ob er die Daten preisgibt oder für sich behalten will.[228]

Abs. 3 lässt aber Ausnahmen zu: **288**

- Die Befragung der betroffenen Person ist nicht oder nicht rechtzeitig möglich.
- Die Befragung der betroffenen Person ist möglich, aber sie würde die Erfüllung der polizeilichen Aufgabe erheblich erschweren oder gefährden.

In diesen Fällen kann die Polizei die Informationen auch auf anderem Weg einholen. Dies wird sie entweder bei anderen Behörden tun (§§ 27 ff. PolG NRW) oder sie wird andere Personen iSd § 9 I PolG NRW befragen.[229]

> **Beispiel:** Durch eine V-Person (Vertrauensperson, s. zB § 19 PolG NRW) wird der Polizei bekannt, dass der W und der Z eine Entführung vorbereiten. Die Tochter eines reichen Fabrikanten soll in einer dafür angemieteten Wohnung festgehalten werden. Nur gegen ein dickes Lösegeld wollen die beiden die Frau wieder gehen lassen. Die Polizei setzt sich mit dem Vermieter der Wohnung in Verbindung und befragt ihn über die beiden Personen, die die Wohnung angemietet haben.
>
> Eigentlich müsste die Polizei W und Z direkt zu ihrem Vorhaben befragen. Dadurch würden die beiden sicher von ihrer geplanten Tat ablassen. Aber es wäre ihnen wahrscheinlich keine Straftat nachzuweisen und sie würden die Tat uU nur verschieben und später nachholen, gegebenenfalls mit einem anderen Opfer. Hier würde also die direkte Befragung der Personen die Erfüllung der polizeilichen Aufgabe (Schutz des potentiellen Entführungsopfers, Verhüten der Straftat) wesentlich erschweren oder sogar gefährden.

2. Grundsatz der Offenheit

Abs. 4 enthält den **Grundsatz der Offenheit**. Der Sinn dieser Norm ist wie bei **289** Abs. 3 auch, dass die betroffene Person Kenntnis von der Datenerhebung hat und sich so dagegen wehren kann oder zumindest die Möglichkeit hat, nachträglich die Rechtmäßigkeit der Maßnahme gerichtlich überprüfen zu lassen.

Auch Abs. 4 lässt eine Ausnahme zu. Die Daten dürfen verdeckt erhoben wer- **290** den, wenn es das Gesetz ausdrücklich zulässt. „Verdeckt" arbeitet die Polizei,

---

[227] VV 9.0 zu § 9 PolG NRW.
[228] S. dazu *Petri* in Lisken/Denninger HdB PolizeiR G Rn. 158 ff.
[229] VV 9.3 zu § 9 PolG NRW.

wenn sie ihr Einschreiten bewusst tarnt oder die Zugehörigkeit zur Polizei bewusst verschleiert wird.

> **Beispiel:** Polizeibeamte ziehen sich wie Mitarbeiter der Stadtwerke an und schreiten dann ein.

Es kommt darauf an, dass die Polizei gewollt ihr Tun verschleiert. Daher ist das Einschreiten in ziviler Kleidung oder mit einem Zivilwagen kein verdecktes Tätigwerden.[230]

3. Grundsatz der Zweckbindung

291 Abs. 5 enthält den **Grundsatz der Zweckbindung**. Nur für einen bestimmten Zweck dürfen Daten erhoben werden. Ein Sammeln von Daten „ins Blaue hinein", also „Aktion Eichhörnchen = wer weiß, wofür wir das noch gebrauchen können" ist unzulässig.

292 Abs. 5 S. 2 regelt das Erheben von Daten, die Identifizierungszwecken oder Schutz- und Eigensicherungszwecken dienen sollen. In der Praxis sind das die sog. „**personengebundenen Hinweise**" wie zB „gewalttätig", „Konsument von Betäubungsmitteln – BTMK". Diese Daten werden anschließend gespeichert und können bei einem Datenabgleich den einschreitenden Beamten mitgeteilt werden. Solche Informationen sind für die Eigensicherung wesentlich.

4. Grundsatz der Aufklärungspflicht

293 Abs. 6 enthält den **Grundsatz der Aufklärungspflicht**.[231] Die betroffene Person ist in geeigneter Weise (also so, dass sie es begreifen kann)

- über die Rechtsvorschriften für die Datenerhebung (also den Grund der Maßnahme und warum die Polizei zur Datenerhebung befugt ist) und
- die bestehende Auskunftspflicht (wenn überhaupt eine Pflicht besteht, s. dazu weiter unten) oder
- die Freiwilligkeit der Auskunft (die Polizei darf Fragen stellen, aber die Person muss nicht antworten. Das ist immer dann der Fall, wenn keine Auskunftspflicht iSd § 9 II PolG NRW besteht.)

aufzuklären.

294 Auch Abs. 6 enthält Ausnahmen. So kann die **Aufklärung unterbleiben**, wenn sie wegen besonderer Umstände offenkundig unangemessen ist oder die Aufgabenerfüllung dadurch gefährdet wäre. Das wird sehr häufig dann der Fall sein, wenn „Gefahr im Verzug" gegeben ist, also die Gefahrenabwehr zeitlich dringlich ist.

295 Ein Verstoß gegen die Aufklärungspflicht führt zur Rechtswidrigkeit der polizeilichen Maßnahme.[232]

---

[230] VV 9.4 zu § 9 PolG NRW.
[231] S. dazu *Petri* in Lisken/Denninger HdB PolizeiR G Rn. 576 ff.
[232] *Tegtmeyer/Vahle* PolG NRW § 9 Rn. 30a.

III. Adressatenregelung

Der Adressat ergibt sich direkt aus der Ermächtigung, § 9 I PolG NRW = die **296** Person, die sachdienliche Angaben machen kann. Ein Rückgriff auf die §§ 4–6 PolG NRW ist nicht erforderlich.[233] Ergänzt wird diese Regelung durch den Grundsatz der Unmittelbarkeit der Datenerhebung, § 9 III PolG NRW, dazu → Rn. 287 f.

IV. Rechtsfolge

Der Betroffene darf angehalten werden, § 9 I 2 PolG NRW. In der Fortbewegung **297** ist eine Befragung kaum durchzuführen.

Die Person darf befragt werden.[234] Die Polizei darf also Fragen stellen, die dar- **298** auf abzielen, dass die Person Informationen liefert, die zur Aufgabenerfüllung beitragen. Fraglich ist, ob die Person Auskunft geben muss, also antworten muss. Wie in § 9 VI PolG NRW geregelt, gilt der Grundsatz der Freiwilligkeit. Darüber ist der Betroffene auch zu belehren.

Eine **Auskunftspflicht** besteht laut § 9 II 2 PolG NRW nur, wenn dazu eine ge- **299** setzliche Handlungspflicht besteht. Als Beispiel führt die VV 9.22 zu § 9 PolG NRW die Offenbarungspflicht aus § 138 StGB (Nichtanzeige geplanter Strafta-ten) an.

> **Beispiel:** Der T hat von dem Mitschüler G glaubhaft erzählt bekommen, dass dieser in den nächsten Tagen einige verhasste Lehrer und Schüler umlegen werde. T hat das auch seinen Eltern erzählt, die die Polizei verständigen. T will der Polizei aber keine Angaben machen, da er Angst vor G hat. Der ist in der Schule als gewalttätig und als Waffennarr bekannt. Hier ergibt sich aus § 138 StGB für T eine Offenbarungspflicht. Er muss der Polizei die gefor-derten sachdienlichen Angaben machen.

Weitere Offenbarungspflichten ergeben sich zB aus § 323c StGB (Unterlassene Hilfeleistung) und § 1353 BGB (Eheliche Lebensgemeinschaft). Auch aus einer Garantenstellung iSd § 13 StGB (Begehen durch Unterlassen) kann sich eine Auskunftspflicht ergeben.[235]

Wenn die Person durch die Auskunft in die Gefahr gerät, selbst wegen einer **300** Straftat oder Ordnungswidrigkeit verfolgt zu werden, so steht ihr ein **Aus-kunftsverweigerungsrecht** zu, so zB durch § 55 StPO. Ist die Auskunft aber zwingend erforderlich, um eine Gefahr für ein hochrangiges Rechtsgut (also Leben, Gesundheit, Freiheit einer Person oder Sache von bedeutendem Wert) abzuwehren, dann **geht die Gefahrenabwehr der Strafverfolgung vor**. In diesem Fall ist die Aussage allerdings im Strafverfahren/Ordnungswidrigkeitenver-fahren nicht verwertbar.[236]

---

[233] VV 9.11 zu § 9 PolG NRW.
[234] Zum Begriff s. *Rachor* in Lisken/Denninger HdB PolizeiR E Rn. 196 ff.
[235] *Rachor* in Lisken/Denninger HdB PolizeiR E Rn. 219 ff. mit Beispielen.
[236] *Rachor* in Lisken/Denninger HdB PolizeiR E Rn. 224 ff.; *Petri* in Lisken/Denninger HdB PolizeiR G Rn. 578.

301 Als weitere Rechtsfolge ist die betroffene Person laut § 9 II 1 PolG NRW **verpflichtet, die dort aufgezählten Personalien anzugeben**. Hier stellt sich die Frage, wie diese Vorschrift von der Identitätsfeststellung nach § 12 PolG NRW abzugrenzen ist. Bei § 9 PolG NRW geht es darum, die **Person später wieder erreichen zu können**, wenn weitere sachdienliche Angaben erforderlich sind, also die Befragung fortgesetzt werden soll. Nur für diesen Zweck dürfen die Personalien iSd § 9 II 1 PolG NRW erhoben werden. Dabei ist zu beachten, dass der Befragte nicht zur Aushändigung eines Ausweises verpflichtet werden kann, da dies gesetzlich nicht vorgesehen ist.

> **Beispiel:** Im obigen Fall mit dem vermissten Jungen gibt der ältere Mann an, dass sich in dem Wald einige tiefe Höhlen befinden und das Gelände schwer zu durchsuchen ist, wenn man sich nicht gut auskennt. Er sei mit dem Waldgebiet vertraut wie mit seiner Westentasche. Nun bittet ihn die Polizei um seinen Namen und die Wohnanschrift, damit sie ihn gegebenenfalls später noch einmal befragen kann, falls das bei der Durchsuchung des Waldes nötig ist. Sollte der Mann sich weigern, seine Personalien anzugeben (was eher unwahrscheinlich sein dürfte), so kann er auf seine Pflicht dazu aus § 9 II 1 PolG NRW hingewiesen werden.[237]

> **Merke:** Die Befragung, § 9 I PolG NRW, wird auch als **Generalklausel der Datenerhebung** bezeichnet. Damit sind Datenerhebungen, für die keine bereichsspezifische Regelung besteht und die von der Schwere und Tiefe des Eingriffs der Befragung ähneln, über § 9 I PolG NRW möglich.

15. Kapitel. Vernehmung zur Strafverfolgung, §§ 163 III und 163a IV StPO[238]

A. Vernehmung des Beschuldigten, § 163a IV StPO[239]

302 Die Vernehmung des Beschuldigten im Strafverfahren ist in § 163a StPO geregelt. Die Befugnis für die polizeiliche Vernehmung ergibt sich dabei aus Abs. 4. Der Beschuldigte hat Anspruch auf rechtliches Gehör. Die Strafverfolgungsbehörden sind verpflichtet, sowohl belastende als auch entlastende Tatsachen zur Erforschung der Wahrheit zu sammeln. Damit wird die Vernehmung zu einer wesentlichen Maßnahme des Ermittlungsverfahrens.

I. Ermächtigungsgrundlage

1. Grundrechtseingriff

303 Der Beschuldigte wird aufgefordert, zur Sache auszusagen. Er soll zum möglichen Tatgeschehen Angaben machen. Es geht also um sein Verhalten und in welcher Weise es für das Tatgeschehen von Bedeutung ist. Damit wird von ihm

---

[237] Zum weiteren möglichen Vorgehen s. VV 9.21 zu § 9 PolG NRW.

[238] S. auch BVerfGE 120, 378 ff. = JuS 2008, 825 f.; *Petri* in Lisken/Denninger HdB PolizeiR G Rn. 148, 151, 170 ff.

[239] Fallbearbeitung in *Bialon/Springer* Fälle EingriffsR Fall 2.

verlangt, personenbezogene Daten preiszugeben. Diese Aufforderung stellt einen Eingriff in das **Recht auf informationelle Selbstbestimmung**, Art. 2 I GG iVm Art. 1 I GG, dar.

2. Handlungsform

Die Vernehmung des Beschuldigten dient dazu, Straftaten zu erforschen iSd 304 § 163 I 1 StPO und ist ein Justizverwaltungsakt, § 23 I EGGVG.

II. Formelle Rechtmäßigkeit

Die sachliche Zuständigkeit ergibt sich aus § 1 IV PolG NRW iVm § 163 I 1 StPO 305 iVm § 11 I Nr. 2 POG NRW.

III. Materielle Rechtmäßigkeit

1. Tatbestandsvoraussetzungen

a) Anfangsverdacht einer Straftat. Der Status des Beschuldigten setzt voraus, 306 dass der **Anfangsverdacht einer Straftat** iSd § 152 II StPO vorliegt. Es müssen also zureichende tatsächliche Anhaltspunkte für eine verfolgbare Straftat gegeben sein.

b) Zu vernehmende Person ist Beschuldigter. Die betroffene Person muss 307 den Status des **Beschuldigten** haben. Zum Beschuldigten wird der Tatverdächtige, sobald das Ermittlungsverfahren gezielt gegen ihn gerichtet ist. Das wird durch einen Willensakt der Strafverfolgungsbehörde deutlich. Das heißt, indem bestimmte strafverfolgende Maßnahmen gegen den Tatverdächtigen vorgenommen werden, wird er „zum Beschuldigten gemacht".[240]

> **Beispiel**: Die Polizei wird von einem Kaufhaus angerufen und gebeten einen Streifenwagen zu den Geschäftsräumen zu schicken. Dort hat ein Ladendetektiv einen 22-jährigen Mann dabei beobachtet, wie er eine Packung Batterien in die linke Außentasche seines Parkas gesteckt hat. Als die Beamten am Einsatzort eintreffen, zeigt der Ladendetektiv direkt auf den Tatverdächtigen und sagt: „Das ist der Mann, den ich erwischt habe." Nach Belehrung gibt der Ertappte auf Frage der einschreiten Beamten den Ladendiebstahl zu.
>
> Der Status des Betroffenen ist schon zu Anfang des Einschreitens klar, nämlich dass er der Tatverdächtige ist. Die Frage, ob er die Tat begangen hat, ist bereits Vernehmung iSd § 163a IV StPO. Hier wird der Tatverdächtige durch die Maßnahme der Vernehmung „zum Beschuldigten gemacht".

2. Besondere Form- und Verfahrensvorschriften

Die im Folgenden zu behandelnden **Belehrungsvorschriften** haben alle das Ziel, 308 dass der Beschuldigte die Möglichkeit hat, **sich wirksam zu verteidigen**. Dies ergibt sich aus dem Rechtsstaatsprinzip, Art. 20 III GG.

a) Die Belehrung hat in einer dem Beschuldigten verständlichen Sprache zu 309 erfolgen, § 114b I StPO analog.[241] In § 163a StPO wurde 2013 ein neuer Abs. 5

---

[240] *Kramer* Grundbegriffe StrafVerfR Rn. 18 ff.
[241] S. Art. 6 Nr. 3 lit. a EMRK.

eingefügt, wonach die §§ 187 I–III und 189 IV GVG entsprechend gelten. Danach haben die Strafverfolgungsbehörden für einen Beschuldigten, der der deutschen Sprache nicht mächtig ist, einen Dolmetscher für das Verfahren heranzuziehen, soweit das nötig ist, damit er seine strafprozessualen Rechte wahrnehmen kann.[242] Weiter ist der Beschuldigte zu belehren, dass er für das gesamte Strafverfahren die unentgeltliche Hinzuziehung eines Dolmetschers beanspruchen kann.) § 163a IV 1 StPO schreibt vor, dass dem Beschuldigten zu

310 eröffnen ist, **welche Tat ihm zur Last gelegt wird.**[243] Anders als es § 136 I 1 StPO für die staatsanwaltliche oder richterliche Vernehmung vorsieht, braucht dem Beschuldigten bei der polizeilichen Vernehmung nicht mitgeteilt zu werden, welche konkreten Strafvorschriften in Betracht kommen.[244] Dies ist der Tatsache geschuldet, dass polizeilichen Vernehmungen regelmäßig zu einem Zeitpunkt durchgeführt werden, wo noch nicht mit Sicherheit der angenommene Tatbestand einer bestimmten Strafvorschrift zugeordnet werden kann. Es reicht daher, dass der Sachverhalt dem Tatverdächtigen so verständlich gemacht wird, dass er darüber orientiert ist, was ihm vorgeworfen wird, sodass er nun entscheiden kann, ob er zur Sache aussagt oder schweigt und falls er aussagt, wie er sich verteidigt.

Weiter schreibt § 163a IV 2 StPO vor, dass die §§ 136 I 2–6, II, III und 136a StPO anzuwenden sind.

311 **b)** § 136 I 2 StPO regelt zwei Rechte des Beschuldigten:

- Dem Beschuldigten steht es frei, sich zu der Beschuldigung zu äußern oder nicht zur Sache auszusagen. Zudem kann er sich auch jederzeit umentscheiden. Macht er von seinem **Schweigerecht** Gebrauch, so kann das vom Gericht nicht belastend gegen ihn verwendet werden.[245] Auf dieses Recht ist der Beschuldigte hinzuweisen.

> **Merke:** Der Ausdruck „hinweisen" ist hier missverständlich, denn es handelt sich um eine **zwingende** Verfahrensvorschrift. Wird gegen sie verstoßen, so ist die Vernehmung rechtswidrig und die so ermittelte Aussage des Beschuldigten ist im Strafverfahren nicht verwertbar.

> **Beispiel:** Ein wegen einer gefährlichen Körperverletzung Beschuldigter wird vor der ersten polizeilichen Vernehmung nicht wie oben beschrieben belehrt und gibt ein Geständnis ab. Weitere Beweise für die Tat gibt es nicht. In der Hauptverhandlung macht der Angeklagte von seinem Schweigerecht Gebrauch. Nun kann gegen den Willen des Angeklagten weder seine Aussage aus der Akte vorgelesen noch der polizeiliche Vernehmungsbeamte als Zeuge über die Aussage vernommen werden. Der Angeklagte wird also freigesprochen.

---

[242] Dazu näher *Kranjcic* NStZ 2011, 657 ff.
[243] S. Art. 6 Nr. 3 lit. a EMRK.
[244] BGH BeckRS 2017, 118214 Rn. 47.
[245] BGH BeckRS 2016, 05210.

Das Beispiel zeigt, dass durch diesen schwerwiegenden Verfahrensverstoß zu Anfang der Ermittlungen, der Strafverfolgungserfolg komplett vereitelt wurde.

Weiter steht es dem Beschuldigten frei, jederzeit, auch schon vor seiner Vernehmung, einen von ihm zu wählenden[246] Verteidiger zu befragen.[247] Das Recht auf Verteidigerkonsultation wird seit dem 5.9.2017[248] durch die neu eingefügten § 136 I 3, 4 StPO ergänzt: „Möchte der Beschuldigte vor seiner Vernehmung einen Verteidiger befragen, sind ihm Informationen zur Verfügung zu stellen, die es ihm erleichtern, einen Verteidiger zu kontaktieren. Auf bestehende anwaltliche Notdienste ist dabei hinzuweisen." Zu beachten ist, dass nach § 163a IV 3 StPO der § 168c I, V StPO entsprechend gilt. Danach hat der Verteidiger jetzt auch ein Anwesenheits- und Fragerecht bei der polizeilichen Vernehmung. Über den Vernehmungstermin ist der Verteidiger zu unterrichten, außer es würde dadurch der Untersuchungserfolg gefährdet. Einen Anspruch auf Terminverschiebung hat der Verteidiger nicht, § 168c V 3 StPO.

c) § 136 I 5 StPO schreibt vor, dass der Beschuldigte darüber zu belehren ist, dass 312 er zu seiner Entlastung einzelne **Beweiserhebungen beantragen kann**.[249] Das gilt auch, wenn er von seinem Schweigerecht Gebrauch macht.

> **Merke:** Eine vereinfachte Belehrungsformel kann folgendermaßen lauten: „Sie dürfen schweigen, einen Anwalt hinzuziehen und Anträge stellen, die zu ihrer Entlastung beitragen sollen."[250]

d) Der Beschuldigte ist darüber zu belehren, dass er unter den Voraussetzungen des § 140 I und II StPO (zB weil er eines Verbrechens beschuldigt wird) die **Bestellung eines Verteidigers** nach Maßgabe des § 141 I und III StPO beanspruchen kann, § 136 I 5 StPO. Dabei ist er darüber zu belehren, dass er im Fall der Verurteilung nach § 465 StPO die Kosten für den Anwalt zu zahlen hat.

e) Bei der Vernehmung eines Beschuldigten, der ausländischer Staatsangehöri- 313 ger ist, sollte § 114b II 4 StPO analog angewendet werden.[251] Danach ist er darüber zu belehren, dass er die **Unterrichtung der konsularischen Vertretung** seines Heimatstaates verlangen und dieser Mitteilungen zukommen lassen kann.

f) Der 2013 in die StPO eingefügte § 168b III schreibt vor, dass die Belehrung des Beschuldigten zu dokumentieren ist.

---

[246] EGMR Urt. v. 20.10.2015 – 25703/11.

[247] EGMR Urt. v. 9.4.2015 – 30460/13.

[248] Zweites Gesetz zur Stärkung der Verfahrensrechte von Beschuldigten im Strafverfahren und zur Änderung des Schöffenrechts v. 27.8.2017 (BGBl. 2017 I 3295).

[249] Art. 6 Nr. 3 lit. d. EMRK zeigt Beispiele auf, welche Anträge der Beschuldigte stellen kann: „Fragen an die Belastungszeugen zu stellen oder stellen zu lassen und die Ladung und Vernehmung der Entlastungszeugen unter denselben Bedingungen wie die der Belastungszeugen zu erwirken".

[250] *Artkämper/Jakobs*, Polizeibeamte als Zeugen vor Gericht, 2017, Rn. 459.

[251] *Artkämper* Kriminalistik 2010, 27; *Hoven* JA 2013, 368 ff.

314 **g)** In geeigneten Fällen soll der Beschuldigte darauf hingewiesen werden, dass er sich **schriftlich äußern kann**, § 136 I 6 StPO. Das ist gegeben, wenn es sich um einen einfachen Sachverhalt handelt, s. § 163a I 2 StPO. Ein geeigneter Fall liegt auch vor, wenn „der Beschuldigte voraussichtlich willens und in der Lage ist, eine sachgerechte schriftliche Darstellung zu geben".[252] Ebenso ist er in geeigneten Fällen zu belehren, dass es die **Möglichkeit des Täter-Opfer-Ausgleichs** (§ 46a StGB) gibt.

315 **h)** Weitere Verfahrensvorschriften ergeben sich aus §§ 136 II und III StPO. So soll nach Abs. 2 dem Beschuldigten die Gelegenheit gegeben werden, die gegen ihn vorliegenden Verdachtsgründe zu beseitigen bzw. **die zu seinen Gunsten sprechenden Tatsachen** geltend zu machen. Gemäß Abs. 3 sind bei der ersten Vernehmung die **persönlichen Verhältnisse des Beschuldigten** zu erfragen. Diese Angaben gehören schon zur Sachvernehmung. Daher hat der Beschuldigte das Recht, Angaben dazu zu verweigern.[253]

i) § 163a I StPO ist auch bei polizeilichen Vernehmungen zu beachten. Danach ist der Beschuldigte spätestens vor dem Abschluss der Ermittlungen zu vernehmen, es sei denn, dass das Verfahren zur Einstellung führt (S. 1).

Die Vernehmung eines Beschuldigten kann in Bild und Ton aufgezeichnet werden (S. 2 mit Verweis auf § 58a StPO). Und die Vernehmung kann auch mittels Bild und Ton an einen anderen Ort übertragen werden, wenn sich der Beschuldigte und die vernehmende Person an unterschiedlichen Orten aufhalten (S. 2 mit Verweis auf § 58b StPO).

In einfachen Sachen genügt es, dass ihm Gelegenheit gegeben wird, sich schriftlich zu äußern (S. 3).

316 **j)** Nach § 67 I JGG haben die **Erziehungsberechtigten und der gesetzliche Vertreter** das Recht, bei der Vernehmung eines jugendlichen Beschuldigten anwesend zu sein (s. auch → Rn. 174 mit weiteren Erläuterungen).[254] Über dieses Recht sind sowohl der Beschuldigte als auch die Erziehungsberechtigten/gesetzlichen Vertreter zu belehren.[255]

317 **k)** § 136a StPO klärt, welche Vernehmungsmethoden unzulässig sind (**verbotene Vernehmungsmethoden**). Das Verbot wird auch nicht durch die Einwilligung des Beschuldigten aufgehoben, § 136a III 1 StPO.

> **Merke:** Der Gebrauch unerlaubter Vernehmungsmethoden führt **immer** zum Beweisverwertungsverbot hinsichtlich der gewonnenen Aussage, § 136a III 2 StPO.

---

[252] *Frister* in Lisken/Denninger HdB PolizeiR F Rn. 49.
[253] *Mohr/Schimpel/Schröer*, Die Beschuldigtenvernehmung, 2006, 83 f.; *Roxin/Schünemann*, Strafverfahrensrecht, 26. Aufl. 2009, § 25 Rn. 5 ff.
[254] *Artkämper/Jakobs*, Polizeibeamte als Zeugen vor Gericht, 2017, Rn. 549 ff.; *Diemer/Schatz/Sonnen* JGG, 6. Aufl. 2011, § 67 Rn. 25 ff.
[255] *Möller* NStZ 2012, 113 ff.; LG Köln BeckRS 2016, 02338.

§ 136a StPO dient der Achtung und dem Schutz der Menschenwürde. Er verbietet rechtsstaatswidrige Vernehmungsmethoden[256] und ist eine einfachgesetzliche Konkretisierung des Folterverbots. Die in der Vorschrift bezeichneten Vorgehensweisen stehen nur beispielhaft für verbotene Beweismittelgewinnung.[257] Ein Verstoß gegen die Vorschrift kann eine Straftat nach § 343 StGB (Aussageerpressung) darstellen.

- Die **Misshandlung** ist inhaltsgleich zu verstehen wie in § 223 I StGB (Körper- 318
  verletzung). Eine solche ist nur zu bejahen, wenn eine andere Person übel und unangemessen behandelt wird. Erforderlich ist eine nicht unerhebliche Beeinträchtigung des körperlichen Wohlbefindens. Die Beurteilung der Erheblichkeit richtet sich nach der Sicht eines objektiven Betrachters und insbesondere auch nach der Dauer und der Intensität der störenden Beeinträchtigung.[258] **Beispiele:** Schläge, Schlafentzug, grelle Beleuchtung, ohrenbetäubender Lärm, Vorenthalten von notwendigen Medikamenten.
- Bei der **Ermüdung** soll es nicht darauf ankommen, welche Ursache sie hat. 319
  „Entscheidend ist vielmehr, ob die Person tatsächlich so ermüdet ist, dass eine Beeinträchtigung der Willensfreiheit zu befürchten ist, … ."[259] Anders ausgedrückt genügt es, dass der Beschuldigte sich in einem psychischen Zustand befindet, der es ihm ermöglicht, der Vernehmung in freier Willensentschließung zu folgen.[260]
- Ebenfalls verboten sind **körperliche Eingriffe und das Verabreichen von Mit- 320
  teln**. Der Beschuldigte darf nicht in einen Zustand gebracht werden, in dem er seinen Willen nicht mehr frei betätigen kann. Daher dürfen kein Alkohol oder andere berauschende Mittel verabreicht oder überlassen werden. Auch sog. Wahrheitsdrogen (intravenöse Anästhetika mit hypnotischer Wirkung wie zB Scopolamin) sind verboten. Zigaretten oder Kaffee haben keine beeinträchtigende Wirkung. Sie dürfen auch angeboten werden, ohne dass dadurch eine unzulässige Beeinflussung des Vernommenen gegeben ist.
- **Quälerei** liegt vor, wenn dem Betroffenen lang andauernde seelische Schmer- 321
  zen zugefügt werden. Bei körperlichem Quälen liegt eine körperliche Misshandlung vor (→ Rn. 318).
- Eine **Täuschung** liegt bei einer Lüge vor, durch die der Beschuldigte bewusst 322
  irregeführt und seine Aussagefreiheit beeinträchtigt wird.[261] Die Täuschung ist von der zulässigen List abzugrenzen. Wird ein bestehender Irrtum vernehmungstaktisch ausgenutzt, so ist das zulässig. Der Vernehmende darf aber den Irrtum nicht bewusst wecken oder herbeiführen.

Merke: Das Verbot zu täuschen, lässt sich so zusammenfassen: „Es muss nicht alles gesagt werden, aber alles, was gesagt wird, muss zutreffen."[262]

---

[256] BGH NJW 1992, 2903.
[257] BGH NJW 1998, 3506 (3508).
[258] LG Berlin BeckRS 2010, 02070 = JuS 2010, 458.
[259] BGH NJW 2015, 360; *Kramer* Grundbegriffe StrafVerfR Rn. 43a.
[260] BGH NJW 1992, 2903.
[261] BGHSt 35, 328 = NJW 1989, 842; BGH BeckRS 2016, 114839 Rn. 22 f.
[262] *Kramer* Grundbegriffe StrafVerfR Rn. 46.

323 • Unzulässig ist auch die **Hypnose**.[263] Wie bei den anderen unzulässigen Vernehmungsmethoden gilt auch hier, dass die Einwilligung des Beschuldigten nichts an dem Verbot ändert.

324 • § 136a I 2 StPO macht den Einsatz von Zwang davon abhängig, dass er durch das Strafverfahrensrecht zugelassen ist. Bei der Vernehmung des Beschuldigten ist **jegliche Zwangsanwendung unzulässig**. Zwangsmittel sind demnach nur gegenüber dem Zeugen zulässig (dazu weiter bei → Rn. 351).

325 • Ebenfalls verboten ist das **Drohen mit einer nach der StPO unzulässigen Maßnahme**, § 136a I 3 StPO. Der Hinweis auf zulässige prozessuale Maßnahmen ist dagegen möglich (so der Hinweis, dass umfangreiche Durchsuchungen nötig sind und auch durchgeführt werden, falls der Beschuldigte keine Angaben macht).[264] Die gleiche Norm **untersagt das Versprechen eines gesetzlich nicht vorgesehenen Vorteils**. Für den Polizeibeamten als Vernehmungsperson gilt, dass er keinerlei Zusagen machen darf. Höchstens der Hinweis, dass nach aller Erfahrung die kooperative Haltung des Beschuldigten (vor allem ein Geständnis) vom Gericht strafmildernd bewertet wird, ist erlaubt.[265]

§ 136a II StPO ist ein Auffangtatbestand. Unzulässig sind Maßnahmen, die das Erinnerungsvermögen oder die Einsichtsfähigkeit des Beschuldigten beeinträchtigen. Gemeint sind hier Methoden, die nicht schon durch den Abs. 1 verboten sind.

§ 136a III StPO normiert ein **Verwertungsverbot** unzulässig gewonnener Aussagen des Beschuldigten. Das umfasst allerdings nur die direkt gemachte Aussage des Beschuldigten. Erkenntnisse aus der Vernehmung, die für die Ermittlungen genutzt und durch die neue Beweismittel gewonnen werden, dürfen regelmäßig verwendet werden. Die in den USA und anderen Staaten angewandte Grundsatz *„fruit of the poisonous tree"* (danach gilt ein Verwertungsverbot auch für mittelbar gewonnene Beweismittel, wenn das ursprüngliche Beweismittel rechtswidrig erlangt wurde) gilt im deutschen Strafrecht nicht.[266]

326 **l)** Wurde eine Vernehmung ohne die oben dargestellten Belehrungen durchgeführt oder wurde eine verbotene Vernehmungsmethoden iSd § 136a StPO eingesetzt, so muss eine weitere Vernehmung des Beschuldigten damit beginnen, dass er **qualifiziert belehrt wird**. Das bedeutet, dass er neben der Belehrung über seine Rechte nach § 136 StPO zusätzlich darüber in Kenntnis gesetzt wird, dass die bisher gemachten Aussagen nicht verwertbar sind. Dem Beschuldigten muss klar werden, dass er unbelastet von den bisherigen Angaben, die er gemacht hat, nun frei entscheiden kann, wie er von seinen Rechten Gebrauch macht.[267]

---

[263] *Artkämper* StRR 2013, 254 ff. und 338 ff. (hält die Hypnose unter bestimmten Voraussetzungen für zulässig).

[264] *Volk* GK StPO § 9 Rn. 15.

[265] *Artkämper* Kriminalistik 2010, 25.

[266] *Volk* GK StPO § 9 Rn. 27 f. und § 28 Rn. 43.

[267] BVerfG JA 2010, 231; BGH NJW 2009, 1427 ff.; *Artkämper* Kriminalistik 2010, 28 f.

3. Adressatenregelung

§ 163a IV StPO nennt als Adressaten der Vernehmung den Beschuldigten.   **327**

4. Rechtsfolge

Die **Vernehmung** ist in der StPO nicht definiert. Durch Rechtsprechung und **328** Lehre hat sich folgender **Begriff** herausgebildet:[268]

> Eine Vernehmung ist eine Befragung, die im Strafverfahren von einem Staatsorgan mit dem Ziel der Gewinnung einer Aussage durchgeführt oder veranlasst wird.

Dabei soll laut Rechtsprechung gelten, dass nur dann eine Vernehmung vorliegt, wenn die amtliche Funktion des Vernehmenden gegenüber dem Betroffenen offen gelegt wird (**formeller Vernehmungsbegriff**). Nach anderer Auffassung werden aber auch verdeckt erlangte Aussagen vom Vernehmungsbegriff erfasst (**materieller Vernehmungsbegriff**), so zB, wenn die Befragung durch einen verdeckten Ermittler durchgeführt wird und dieser die Zielperson intensiv zu einer Äußerung zum Tatgeschehen auffordert oder eine Privatperson gezielt mit der Befragung beauftragt wird. Den Entscheidungen der letzten Jahre folgend, kann man zusammenfassend feststellen, dass spätestens dann von einer Vernehmung auszugehen ist, wenn der Betroffene zu einer Aussage gedrängt wird.[269]

Keine Vernehmung iSd § 163a IV StPO liegt vor, wenn die Polizei Fragen dazu **329** stellt, ob überhaupt eine Straftat beziehungsweise der Anfangsverdacht einer Straftat vorliegt (Was ist hier passiert?). Gleiches gilt, wenn die Polizei durch Fragen herauszufinden versucht, welchen Status die anwesenden Personen vor Ort haben (Haben Sie etwas gesehen? Waren Sie hier beteiligt?). Es handelt sich in diesen Fällen um eine **informatorische Befragung**.[270]

> **Beispiel:** Die Polizei wird zu einem Verkehrsunfall gerufen. Vor Ort trifft sie auf etwa zehn Personen, die um zwei Pkw stehen, an denen Unfallschäden zu sehen sind. Wer Fahrer der Pkw ist, ist für die Beamten zuerst nicht erkennbar. Daher fragen sie die anwesenden Personen, wer die beteiligten Fahrzeugführer sind. Danach fragen sie die übrigen Anwesenden, ob jemand den Verkehrsunfall beobachtet hat. Die hier durchgeführten informatorischen Befragungen haben ihre Rechtsgrundlage in der Generalklausel, § 163 I 2 StPO. Sie endet, wenn feststeht, dass der Anfangsverdacht einer Straftat gegeben ist und der Status der anwesenden Personen geklärt ist. Bevor weitere Fragen gestellt werden, müssen die Adressaten belehrt werden (entweder als Beschuldigte oder als Zeugen).[271]

---

[268] *Frister* in Lisken/Denninger HdB PolizeiR F Rn. 25; ausführlich zum Vernehmungsbegriff: *Kramer* Grundbegriffe StrafVerfR Rn. 28a.
[269] *Volk* GK StPO § 9 Rn. 19 ff.; *Roxin/Schünemann* StrafVerfR § 24 Rn. 40 f.
[270] *Artkämper/Jakobs*, Polizeibeamte als Zeugen vor Gericht, 2017, Rn. 392 f.
[271] S. dazu: LG Berlin BeckRS 2010, 02070; LG Saarbrücken BeckRS 2013, 17460.

Ebenfalls liegt keine Vernehmung vor, wenn eine Person von sich aus, also ohne dass die Polizei Fragen gestellt hat, Angaben zu einem Sachverhalt macht. Diese **Spontanäußerung** erfolgt freiwillig und ohne Aufforderung. Fraglich, und in der Literatur auch umstritten, ist, wann die Person zu belehren ist.[272] Geht man von dem **Grundsatz des fairen Verfahrens** aus, so ist eine Belehrung sobald wie möglich vorzunehmen. Dafür spricht ebenfalls, dass nur so der Gefahr entgegengetreten werden kann, dass die Angaben im Strafverfahren später als nicht verwertbar eingestuft werden.[273]

330 Der Beschuldigte ist verpflichtet, auf **Vorladung** vor Gericht und vor der StA zu erscheinen, §§ 133 und 163a III StPO. Dagegen braucht er der Ladung zur polizeilichen Vernehmung nicht zu folgen.

B. Vernehmung des Zeugen

331 Die Vernehmung des Zeugen durch die Polizei ist in § 163 III StPO geregelt. Durch das Gesetz zur effektiveren und praxistauglicheren Ausgestaltung des Strafverfahrens v. 17.8.2017,[274] in Kraft getreten am 24.8.2017, ist der Abs. 3 deutlich verändert worden. Die Norm wird durch die neuen Abs. 4–7 ergänzt.

I. Ermächtigungsgrundlage und Formelle Rechtmäßigkeit

332 Es wird auf die Ausführungen zur Beschuldigtenvernehmung verwiesen (→ Rn. 303 ff.).

II. Materielle Rechtmäßigkeit

1. Tatbestandsvoraussetzungen

333 **a) Anfangsverdacht einer Straftat.** Es muss der **Anfangsverdacht einer Straftat** gegeben sein (→ Rn. 306).

b) Zu vernehmende Person ist weder Täter noch Teilnehmer einer Straftat. Die zu vernehmende Person darf **weder Täter noch Teilnehmer** der Straftat sein. Es darf also noch kein so konkreter Tatverdacht gegen die Person vorliegen, dass sie als Beschuldigter des Verfahrens anzusehen ist. Stellt sich während der Vernehmung des als Zeuge Geladenen heraus, dass dieser in Wirklichkeit Beschuldigter ist, dann ist er umgehend als solcher zu belehren.

> **Hinweis:** Es ist davor zu warnen, einen in Wirklichkeit als Beschuldigten angesehenen als Zeuge vorzuladen und zu vernehmen, um seine Rechte als Beschuldigter (vor allem das Schweigerecht) zu umgehen. Wird nämlich aus der Akte bekannt, dass gegen den Betreffenden ermittelt wird, so wird der Verteidiger diesen Fehler aufdecken. Konsequenz ist, dass für die Aussage mangels korrekter Belehrung ein Beweisverwertungsverbot besteht.

---

[272] BGH NJW 2009, 3589; *Soiné* Kriminalistik 2017, 324 ff.

[273] *Artkämper/Jakobs*, Polizeibeamte als Zeugen vor Gericht, 2017, Rn. 398 ff.; s. auch BGH NJW 2013, 2769.

[274] BGBl. 2017 I 3202.

c) Person muss als Zeuge infrage kommen. Zeuge ist eine Person, die durch eigene Sinneswahrnehmungen über Tatsachen (dazu zählen auch innere Tatsachen wie zB Gefühle, Eindrücke) eine Aussage machen kann.[275]

2. Besondere Form- und Verfahrensvorschriften

§ 163 III StPO verweist auf den 6. Abschnitt des 1. Buchs der StPO. Damit gelten die §§ 48–71 StPO jetzt auch für die polizeiliche Vernehmung. Auf besonders wichtige Vorschriften für die polizeiliche Vernehmung wird im Folgenden eingegangen.

a) Ermahnung zur Wahrheit und Belehrung über die Folgen einer Falsch- 334
aussage, § 57 1 StPO. Zeugen sind, bevor sie vernommen werden, zur Wahrheit zu ermahnen. Es soll ihnen bewusst gemacht werden, dass ihre Aussage gewichtige Folgen für die Ermittlungen und vor allem für den Beschuldigten haben kann. Der Zeuge muss darüber im Klaren sein, dass er weder bewusst Falsches sagen, noch Erinnerungslücken nach eigenen Vorstellungen füllen darf.

Deshalb sind Zeugen auch über die strafrechtlichen Folgen einer unrichtigen oder unvollständigen Aussage zu belehren.[276]

b) Zeugnisverweigerungsrecht, § 52 III StPO. Gemäß § 52 III StPO sind Per- 335
sonen, die das Zeugnis verweigern können, über dieses Recht vor jeder Vernehmung zu belehren. § 52 StPO gilt für Verlobte (auch bezogen auf eine Lebenspartnerschaft), Ehegatte oder Lebenspartner (gemeint ist die eingetragene Lebenspartnerschaft) des Beschuldigten (auch wenn die Beziehung nicht mehr besteht), für Personen, die mit dem Beschuldigten in gerader Linie verwandt oder verschwägert sind und für Personen, die mit dem Beschuldigten bis zum dritten Grad verwandt oder bis zum zweiten Grad verschwägert sind.[277]

Sinn des Zeugnisverweigerungsrechts ist der Schutz vor Gewissenskonflikten. 336
Dieses Recht bedeutet aber keine Zeugnisverweigerungspflicht. Wenn der Zeuge jedoch aussagt, dann muss er (anders als der Beschuldigte) die Wahrheit sagen.

Um von seinem Recht Gebrauch machen zu können, muss der Zeuge die Be- 337
deutung dieses Rechts verstehen. § 52 II StPO nennt daher Fälle, in denen davon ausgegangen wird, dass die betroffene Person **nicht alleine über ihr Recht entscheiden kann**. Das ist dann gegeben, wenn die Person minderjährig ist (unter 18 Jahren) und wegen mangelnder Verstandesreife ihr Recht nicht ausüben kann.[278] Die Norm ist auch anzuwenden bei Minderjährigen und Betreuten, die wegen einer psychischen Erkrankung oder einer geistigen oder seelischen Behinderung die Bedeutung ihres Rechts nicht erkennen können. Für alle diese

---

[275] *Artkämper/Jakobs*, Polizeibeamte als Zeugen vor Gericht, 2017, Rn. 98; *Kramer* Grundbegriffe StrafVerfR Rn. 121; *Kudlich/Roy* JA 2003, 565 f.

[276] Zu den möglichen Straftaten s. *Artkämper/Jakobs*, Polizeibeamte als Zeugen vor Gericht, 2017, Rn. 378 ff.; *Weingarten* POLIZEIinfo 2010, 29.

[277] Ein brauchbares Schaubild mit Erklärungen zu Verwandten und Verschwägerten findet sich bei *Fürmann* JuS 2004, 304.

[278] OLG Hamburg BeckRS 2013, 08728.

Fälle gilt, dass der Betroffene nur vernommen werden darf, wenn er zur Aussage bereit ist und der gesetzliche Vertreter der Vernehmung zustimmt. Wenn der gesetzliche Vertreter selbst Beschuldigter ist, so kann er über die Zeugnisverweigerung nicht entscheiden. Gleiches gilt für den nichtbeschuldigten Elternteil, wenn die gesetzliche Vertretung beiden Eltern zusteht. Dann ist nach § 1909 BGB ein Ergänzungspfleger zu bestellen, der die Rechte der verhinderten Erziehungsberechtigten wahrnimmt.

> **Beispiel:**[279] Der Vater eines fünfjährigen Mädchens steht im Verdacht, seine Tochter sexuell missbraucht zu haben. Das Mädchen soll als Zeugin angehört werden. Bei Kindern unter sieben Jahren ist generell davon auszugehen, dass sie die Bedeutung und Tragweite des Zeugnisverweigerungsrechts noch nicht erfassen können. Wenn das Mädchen zur Aussage bereit ist, müssten jetzt die Eltern als gesetzliche Vertreter darüber entscheiden, ob sie der Vernehmung zustimmen. Der Vater kann aber nicht über dieses Recht entscheiden, da er selbst Beschuldigter der Tat ist. Geht man davon aus, dass beide Elternteile im vorliegenden Sachverhalt zusammen gesetzliche Vertreter des Mädchens sind, so kann auch die Mutter nicht darüber entscheiden, ob die Tochter vernommen werden darf. In diesem Fall, der unter § 52 II 2 StPO zu subsumieren ist, ist nach § 1909 BGB ein Ergänzungspfleger zu bestellen.

338 **c) Zeugnisverweigerungsrecht bestimmter Berufsgruppen, §§ 53–54 StPO.** Auch für bestimmte **Berufsgruppen** gilt das Zeugnisverweigerungsrecht, §§ 53–54 StPO (zB Geistliche, Verteidiger des Beschuldigten, Rechtsanwälte, Ärzte). Allerdings ist hier keine Belehrung über dieses Recht vorgesehen, da der Gesetzgeber unterstellt, dass die Angehörigen dieser Berufe ihr Recht durch die fachliche Aus- und Fortbildung kennen.

339 **d) Auskunftsverweigerungsrecht, § 55 StPO.** Werden durch den Vernehmenden Fragen gestellt, bei deren Beantwortung der Zeuge in die Gefahr gerät, dass er selbst oder ein Angehöriger iSd § 52 I StPO wegen einer Straftat oder Ordnungswidrigkeit verfolgt würde, so kann er die Auskunft verweigern.[280] Gemäß § 52 II StPO ist der Zeuge über dieses Recht zu **belehren**. Es ist dem Zeugen nicht gestattet, über diesen Weg seine Pflicht, Zeugnis von einem Tatgeschehen zu geben, zu umgehen. Daher muss der Zeuge hinreichend glaubhaft machen, dass es ihm wirklich um den Schutz seiner eigenen Person oder eines Angehörigen geht und nicht darum, unberechtigt das Zeugnis zu verweigern, s. § 56 StPO.

340 Grundsätzlich kann nur die Auskunft auf **einzelne** Fragen verweigert werden, außer wenn die gesamte Aussage mit einem eventuell strafbaren Verhalten in einem so engen Zusammenhang steht, dass keine sinnvollen Fragen mehr bleiben, bei denen nicht die Gefahr der Strafverfolgung entstünde. Zuvor gemachte Aussagen können durch Verlesung des Vernehmungsprotokolls oder durch Vernehmung des vernehmenden Beamten in die Hauptverhandlung eingeführt werden.

---

[279] S. auch *Artkämper/Jakobs*, Polizeibeamte als Zeugen vor Gericht, 2017, Rn. 561 ff.
[280] BGH NStZ 2013, 241; *Bosch* JURA 2012, 33 ff.

e) Einzelvernehmung; Gegenüberstellung, § 58 StPO. Gemäß § 58 I StPO sind 341 Zeugen **einzeln** und in Abwesenheit der später zu hörenden Zeugen **zu verneh-men.** Damit soll verhindert werden, dass Zeugen sich gegenseitig beeinflussen und ihre Aussage verfälscht wird.

§ 58 II StPO gibt die Möglichkeit, den Zeugen anderen Zeugen oder auch dem 342 Beschuldigten gegenüberzustellen. Die **Gegenüberstellung** dient dazu, den Täter oder Teilnehmer einer Straftat wiederzuerkennen.[281] Sie kann auch dazu genutzt werden, weitere Zeugen ausfindig zu machen. Dabei sind die seit dem 24.8.2017 geltenden §§ 58 II 2–4 StPO zu beachten: „Bei einer Gegenüberstellung mit dem Beschuldigten ist dem Verteidiger die Anwesenheit gestattet. Von dem Termin ist der Verteidiger vorher zu benachrichtigen. Auf die Verlegung eines Termins wegen Verhinderung hat er keinen Anspruch."

f) Aufzeichnung der Zeugenvernehmung auf Bild- und Tonträger, § 58a 343 **StPO.** § 58a I 1 StPO gibt die Möglichkeit, die Vernehmung des Zeugen auf Bild- und Tonträger aufzunehmen. § 58a I 2 Nr. 1 StPO wurde mit den zweiten Op-ferrechtsreformgesetz, dass zum 1.10.2009 in Kraft getreten ist, dahingehend geändert, dass die Altersgrenze von 16 auf 18 Jahre angehoben wurde. Die Norm wurde durch das „Gesetz zur Stärkung der Rechte von Opfern sexuellen Miss-brauchs" (STORMG) v. 26.6.2013[282] erweitert.

> **Merke:** § 58a I 2 StPO ist eine Soll-Bestimmung. Das bedeutet, dass grund-sätzlich so zu verfahren ist und nur im Einzelfall mit einer stichhaltigen Begründung davon abgewichen werden darf.

Sinn und Zweck der Norm ist es, die schutzwürdigen Interessen von Opfern 344 von Straftaten zu wahren (besonders von minderjährigen Opfern).[283] Das ist vor allem dann der Fall, wenn es durch die Vernehmung des Opfers in der Haupt-verhandlung durch die Konfrontation mit dem Tatgeschehen und vor allen Dingen auch mit dem Angeklagten zu einer erneuten Traumatisierung des Opfers kommen könnte. § 58a I 2 StPO gilt auch, wenn zu besorgen ist, dass der Zeuge in der Hauptverhandlung nicht vernommen werden kann (zB weil er weit entfernt vom Gerichtsort im Ausland lebt oder wegen schwerer Erkran-kung zu befürchten ist, dass er dem Gericht zur Hauptverhandlung nicht mehr zur Verfügung steht) und die Aufzeichnung zur Erforschung der Wahrheit erforderlich ist. Die so gewonnenen Aufzeichnungen können gem. § 58a II StPO an bestimmte Personen weitergegeben werden (Verteidiger, Rechtsanwälte, gegebenenfalls auch an den Beschuldigten). § 58a III StPO räumt dem Zeugen ein Widerspruchsrecht gegen die Weitergabe der Aufzeichnung bzw. einer Kopie ein. Auf dieses Widerspruchsrecht soll der Zeuge hingewiesen werden, § 58a III 4 StPO.

g) Feststellen der Identität des Zeugen zu Anfang der Vernehmung, 345 **§ 68 StPO.** Zu Beginn der Vernehmung sind die Angaben zur Person des Zeu-

---

[281] *Odenthal* StraFo 2013, 62 ff.
[282] BGBl. 2013 I 1805.
[283] *Weingarten* POLIZEIinfo 2010, 29.

gen festzustellen, die ihn zweifelsfrei von einer anderen Person unterscheiden. Außerdem ist die ladungsfähige Wohnanschrift zu ermitteln, § 68 I 1 StPO.

346 Davon abweichend darf ein Zeuge, der seine Wahrnehmungen in amtlicher Eigenschaft gemacht hat, statt des Wohnortes den Dienstort angeben, § 68 I 2 StPO.

> **Hinweis:** Hiervon sollten Polizeibeamtinnen und Polizeibeamte durchgehend Gebrauch machen.

§ 68 II StPO räumt auch anderen Zeugen das Recht ein, statt des Wohnortes eine andere ladungsfähige Anschrift anzugeben, wenn sich aus Tatsachen ergibt, dass bei Angabe des Wohnortes Rechtsgüter des Zeugen oder einer anderen Person gefährdet wären (zB wenn zu befürchten ist, dass der Zeuge oder seine Familie durch den Beschuldigten oder dessen Handlanger bedroht oder belästigt werden). Auf die Möglichkeit, eine andere ladungsfähige Anschrift zu nennen, ist der Zeuge gegebenenfalls hinzuweisen, § 68 IV 1 StPO.

§ 68 III StPO gilt für Personen, die dem Zeugenschutzprogramm unterliegen.

347 **h) Persönlichkeitsschutz des Zeugen, § 68a StPO.** Die Vorschrift soll dazu dienen, dem Zeugen zu ersparen, Aussagen zu machen, die zum Kernbereich seiner persönlichen Lebensgestaltung gehören bzw. die persönliche Ehre gefährden. Nur wenn es erforderlich ist, die Glaubwürdigkeit des Zeugen zu überprüfen, dürfen Fragen, zu diesem Bereich gestellt werden. Gleiches gilt nach Abs. 2 für Fragen nach der Beziehung des Zeugen zum Beschuldigten oder zum Verletzten aus der Tat oder ob der Zeuge vorbestraft ist.[284]

348 **i) Unterstützung des Zeugen durch einen Rechtsanwalt, § 68b StPO.**[285] Auch diese Vorschrift ist durch das 2. Opferrechtsreformgesetz zum 1.10.2009 geändert worden. So hat der Zeuge nun grundsätzlich die Möglichkeit, sich von einem Rechtsanwalt im Verfahren beraten zu lassen, § 68b I 1 StPO. Der Rechtsanwalt hat grundsätzlich das Recht, bei der Vernehmung des Zeugen anwesend zu sein, § 68b I 2 StPO. Unter den Voraussetzungen des § 68b I 3 StPO kann der Rechtsanwalt von der Vernehmung ausgeschlossen werden.[286] Kann der Zeuge seine schutzwürdigen Interessen nicht selber wahrnehmen, so ist ihm ein anwaltlicher Beistand zuzuweisen, § 68b II StPO[287].

349 **j) Vorgehen bei der Vernehmung des Zeugen, § 69 StPO.**[288] Vor Beginn der eigentlichen Vernehmung ist dem Zeugen der Grund der Untersuchung (um welche strafrechtlichen Sachverhalt es geht) und die Person des Beschuldigten (damit der Zeuge einschätzen kann, ob er ein Zeugnisverweigerungsrecht nach § 52 StPO hat) zu bezeichnen, § 69 I 2 StPO.

---

[284] BGH BeckRS 2005, 03973.
[285] S. *Artkämper/Jakobs*, Polizeibeamte als Zeugen vor Gericht, 2017, Rn. 143 ff.; *Klengel/Müller* NJW 2011, 23 ff.
[286] S. dazu BVerfG BeckRS 2010, 7941.
[287] KG Berlin BeckRS 2014, 05722; LG Bad Kreuznach BeckRS 2013, 17763.
[288] Zum „idealen Ablauf einer Zeugenvernehmung" s. *Artkämper* Kriminalistik 2010, 25 f.

Danach ist dem Zeugen die Gelegenheit zu geben, zusammenhängend seine Wahrnehmungen zum Gegenstand der Untersuchung zu schildern, § 69 I 1 StPO. Anschließend können vom Vernehmenden weitere Fragen an den Zeugen gestellt werden, § 69 II StPO.

> **Merke:** Auch bei der Vernehmung des Zeugen sind unzulässige Vernehmungsmethoden iSv § 136a StPO verboten, § 69 III StPO.[289]

> **Merke:** Soweit ein Polizeibeamter als Zeuge über in amtlicher Eigenschaft gemachte Wahrnehmungen aussagt, hat er eine Vorbereitungspflicht und muss dementsprechend im Falle von Erinnerungslücken gegebenenfalls die ihm bei seiner Dienststelle zugänglichen Akten einsehen, um sich bereits im Vorfeld Einzelheiten wieder in das Gedächtnis zurückzurufen.[290]

Weiter sind Zeugen, die **Verletzte der Straftat**[291] sind, auf die ihnen zustehenden   350
Befugnisse hinzuweisen, § 406i StPO.[292]

Zeugen können die Kosten, die durch die Weigerung des Zeugnisses verursacht   351
wurden, auferlegt und Ordnungsgeld und -haft angeordnet werden, § 70 StPO.
Das gilt natürlich nicht, wenn ein Zeugnisverweigerungsrecht besteht.

k) Hinzuziehen eines Dolmetschers. § 163 VII StPO verweist auf § 185 I, II GVG.
Danach ist ein Dolmetscher bei der Vernehmung hinzuzuziehen, wenn der Zeuge der deutschen Sprache nicht mächtig ist.[293] Ob ein Dolmetscher erforderlich ist, ist nach pflichtgemäßem Ermessen zu entscheiden.[294]

l) Protokoll der Vernehmung. Nach § 168b II 1 StPO soll die Vernehmung des Zeugen protokolliert werden. Davon kann zB abgesehen werden, wenn das Protokollieren zu einer erheblichen Verzögerung führen würde.[295]

3. Adressatenregelung

Adressat der Vernehmung nach § 163 III StPO ist der Zeuge.   352

4. Rechtsfolge

Die Polizei hat nach § 163 III StPO das Recht, den Zeugen vorzuladen und ihm   353
Fragen zu stellen. Wenn die Polizei den Zeugen aus eigener Initiative vorlädt, besteht für den Zeugen **keine Pflicht, der polizeilichen Ladung zu folgen.** Er braucht bei der Polizei auch keine Aussage zu machen. Wenn er aussagt, so

---

[289] Zur Zulässigkeit der Hypnose bei Zeugenvernehmungen s. *Artkämper* StRR 2013, 338 ff.

[290] AG Frankfurt a.M. BeckRS 2015, 00109.

[291] Zum Begriff des „Verletzten" s. SK-StPO/*Wohlers* § 172 Rn. 23 ff.

[292] S. dazu das Merkblatt des Justizministeriums NRW „Über Rechte von Verletzten und Geschädigten im Strafverfahren" http://www.justiz.nrw.de/BS/opferschutz/allgemeine_informationen/opferschutz_strafverfahren/avr_32/index.php (aufgerufen am 13.3.2018); *Weingarten* POLIZEIinfo 2010, 30 f.

[293] Dazu näher *Kranjcic* NStZ 2011, 657 ff.

[294] BGH BeckRS 9998, 25799.

[295] BT-Drs. 7/551, 76.

gilt, dass er die Tatsachen wiedergeben soll, die er sinnlich wahrgenommen hat.[296]

Durch die oben angegebene Neufassung des § 163 III StPO ist der Zeuge **verpflichtet, auf Ladung vor Ermittlungspersonen der StA zu erscheinen und zur Sache auszusagen**, wenn der Ladung ein **Auftrag der StA zugrunde liegt**.[297]

§ 163 IV StPO regelt, welche Entscheidungen von der StA zu treffen sind (Zeugeneigenschaft, Bestehen von Zeugnis- oder Auskunftsverweigerungsrechten, wenn insoweit Zweifel bestehen; Beschränkung von Angaben über die Identität, zB die Wohnadresse; die Beiordnung eines Zeugenbeistands; Maßregeln nach den §§ 51 und 70 StPO). Damit wird die Sachleitungsfunktion der StA für das Ermittlungsverfahren betont.

Alle anderen Entscheidungen hat die die Vernehmung leitende Person zu treffen. Da es sich hierbei um eine Ermittlungsperson der StA handeln muss, ist damit die notwendige fachliche Qualifikation des Entscheidungsträgers sichergestellt.[298]

Gegen Entscheidungen nach Abs. 4 kann die gerichtliche Entscheidung beantragt werden, § 163 V StPO.

C. Sachverständigenvernehmung, § 163 VI 1 StPO

354 Der Sachverständige ist nicht Zeuge, denn er sagt nicht über seine eigenen Wahrnehmungen zum Tatgeschehen aus, sondern er beurteilt mit der ihm eigenen Sachkunde ihm vorgelegte Tatsachen.[299]

§§ 72 ff. StPO enthalten die Vorschriften zum Sachverständigen. Gemäß § 163 VI 1 StPO gelten bei der Vernehmung eines Sachverständigen durch die Beamten des Polizeidienstes § 52 III und § 55 II StPO entsprechend. Auf die Ausführungen (→ Rn. 335 ff. und 339) zur Belehrung des Zeugen wird verwiesen.

Zugelassene Zwangsmittel gegen einen Sachverständigen regelt § 77 StPO.

D. Vernehmung im Ordnungswidrigkeitenrecht

355 Im Ordnungswidrigkeitenrecht sind die Vorschriften der StPO sinngemäß anzuwenden, s. §§ 46 und 53 OWiG. Auf die Ausführungen zu Vernehmungen im Strafverfahren wird daher hier verwiesen.

Ergänzend bestimmt § 55 I OWiG, dass § 163a I StPO mit der Einschränkung anzuwenden ist, dass es genügt, wenn dem Betroffenen Gelegenheit gegeben wird, sich zu dem ihm gemachten Vorwurf zu äußern. In der polizeilichen Praxis wird dem Betroffenen dazu im Regelfall ein **Anhörungsbogen** zugeschickt.

Gemäß § 55 II OWiG findet § 136 StPO nur eingeschränkt Anwendung. Die Belehrungen, einen Verteidiger schon vor der ersten Vernehmung befragen zu

---

[296] *Artkämper/Jakobs*, Polizeibeamte als Zeugen vor Gericht, 2017, Rn. 98.
[297] *Soiné* NStZ 2018, 141 ff.
[298] BT-Drs. 18/11277, 30.
[299] Zur Unterscheidung von Zeuge und Sachverständigem s. das Schaubild bei *Volk* GK StPO § 21 Rn. 37.

dürfen, sowie das Recht, eigene Beweisanträge zu stellen, entfallen. Der Betroffene ist also „nur" darüber zu belehren, dass es ihm freisteht, sich zur Sache zu äußern oder nicht auszusagen.[300]

Bei der Zeugenvernehmung sind die Vorschriften der StPO ebenfalls sinngemäß anzuwenden.

16. Kapitel. Platzverweis zur Gefahrenabwehr, § 34 I PolG NRW[301]

Der Platzverweis ist die Aufforderung an eine oder mehrere Personen, vorü- 356 bergehend einen Ort zu verlassen oder nicht zu betreten. Der Platzverweis ist abzugrenzen vom Aufenthaltsverbot (§ 34 II PolG NRW) und von der Wohnungsverweisung (§ 34a PolG NRW).

Aufenthaltsverbote erfassen den Zeitraum von drei Monaten (vgl. § 34 II 4 PolG NRW) und weniger, Platzverweisungen den Zeitraum von wenigen Minuten und mehr. Eine Richtgröße für die Dauer einer typischen Platzverweisung stellt die Dauer eines Feuerwehr-, Hilfs- oder Rettungsdienst-Einsatzes dar (§ 34 I 2 PolG NRW).[302]

Eine nicht mehr kurzfristige Maßnahme und daher kein Platzverweis iSv § 34 PolG NRW ist die Wohnungsverweisung nach § 34a PolG NRW.

A. Ermächtigungsgrundlage

I. Grundrechtseingriff

Die Platzverweisung ist ein Eingriff in die körperliche Bewegungsfreiheit 357 (Art. 2 II, Art. 104 I GG).[303] Da jemand durch die öffentliche Gewalt gegen seinen Willen gehindert wird, einen Ort oder Raum aufzusuchen oder sich dort aufzuhalten, der ihm an und für sich tatsächlich oder rechtlich zugänglich ist,[304] liegt eine Freiheitsbeschränkung vor, nicht eine Freiheitsentziehung.[305]

Eine **Freiheitsentziehung** (Art. 104 GG) liegt erst vor, wenn zur Durchsetzung 358 der Platzverweisung die Person in Gewahrsam genommen wird (§ 35 I 3 PolG NRW).[306]

Strittig ist, ob der Platzverweis (auch) in das Grundrecht aus Art. 11 GG eingreift. Nach hier vertretener Auffassung wird der Schutzbereich des Art. 11 GG mit einem Verweis auf die geringfügigen Auswirkungen des Platzverweises als **nicht** berührt angesehen.[307] Die Freizügigkeit (Art. 11 GG) ist (noch) nicht betroffen, weil vorübergehende Beeinträchtigungen nicht vom Schutzbereich dieses Grundrechts erfasst werden.[308] Das von Art. 11 GG geschützte Verhalten muss von einer gewissen Dauer

---

[300] BeckOK OWiG/*Straßer*, 18. Ed. 1.1.2018, OWiG § 55 Rn. 38.
[301] Fallbearbeitung in *Bialon/Springer* Fälle EingriffsR Fall 7.
[302] *Hartmann* JuS 2008, 984 (985).
[303] *Rachor* in Lisken/Denninger HdB PolizeiR E Rn. 435.
[304] BVerfG NVwZ 1996, 678.
[305] *Benfer/Bialon* Rechtseingriffe Rn. 177.
[306] *Tegtmeyer/Vahle* PolG NRW § 34 Rn. 1.
[307] *Rachor* in Lisken/Denninger HdB PolizeiR E Rn. 435.
[308] *Pieper* POR NRW, 3. Aufl. 2006, 110.

sein. Der Platzverweis ist entsprechend der Definition aber nur von kürzerer Dauer („vorübergehend").

Demgegenüber greift wegen seiner zeitlichen und räumlichen Ausdehnung das Aufenthaltsverbot (§ 34 II PolG NRW) in das durch Art. 11 I GG gewährleistete Grundrecht auf Freizügigkeit ein.[309]

II. Handlungsform

359 Es handelt sich um eine **präventiv-polizeiliche Maßnahme** (§ 1 PolG NRW), die sich als Verwaltungsakt darstellt (§ 35 VwVfG NRW).

B. Formelle Rechtmäßigkeit

360 Zuständig ist neben der Polizei auch die Ordnungsbehörde. Gemäß § 24 Nr. 13 OBG NRW gilt § 34 PolG NRW (mit Ausnahme von Abs. 2) entsprechend für die Ordnungsbehörden, soweit dies zur Erfüllung ihrer Aufgaben erforderlich ist.

> **Merke:** Für das Aufenthaltsverbot gem. § 34 II PolG NRW ist also allein die Polizei zuständig, **nicht** aber die **Ordnungsbehörde**.

361 Während das allgemeine und besondere Polizei- und Ordnungsrecht die materiellen Ermächtigungen für VA regelt, wird es hinsichtlich der Regelungen über das verfahrensmäßige Zustandekommen des VA und dessen Bestandskraft durch das allgemeine Verwaltungsverfahrensrecht (VwVfG NRW) ergänzt.

> **Hinweis:** S. Ausführungen zu § 8 PolG NRW → Rn. 160 ff.

C. Materielle Rechtmäßigkeit

I. Tatbestandsvoraussetzungen

1. § 34 I 1 PolG NRW

362 Es muss eine konkrete Gefahr für die öffentliche Sicherheit vorliegen. Das folgt aus der Definition „Gefahr" in § 8 I PolG NRW.

2. § 34 I 2 PolG NRW

363 In § 34 I 2 PolG NRW wird eine spezielle Gefahrensituation beschrieben, nämlich die Behinderung von Feuerwehr, Hilfs- und Rettungsdiensten. In derartigen Fällen liegt immer eine konkrete Gefahr vor.[310] Ein Platzverweis darf allerdings in solchen Situationen ausdrücklich auch gegen Personen angeordnet werden, ohne dass das Vorliegen einer konkreten Gefahr nachgewiesen werden muss.[311] Die Behinderung muss noch nicht eingetreten sein. Es genügt, wenn diese bei einem Verweilen der Person am Ort zu erwarten ist.

---

[309] *Rachor* in Lisken/Denninger HdB PolizeiR E Rn. 442; *Götz* POR § 8 Rn. 25.
[310] *Tegtmeyer/Vahle* PolG NRW § 34 Rn. 8.
[311] *Rachor* in Lisken/Denninger HdB PolizeiR E Rn. 438.

> **Beispiel:** Nach einem schweren Verkehrsunfall sperrt die Polizei den Unfall-
> ort ab, um zu verhindern, dass Schaulustige die Rettungsarbeiten behindern
> oder erschweren.

II. Besondere Form- und Verfahrensvorschriften

Das Gesetz hat keine speziellen Form- und Verfahrensvorschriften vorgesehen. **364**
Die **Anordnung** kann durch jeden Polizeibeamten getroffen werden.

III. Adressatenregelung

§ 34 I 1 PolG NRW enthält keine Angaben darüber, wer Störer ist. Die Inan- **365**
spruchnahme der Personen richtet sich nach den §§ 4–6 PolG NRW.

§ 34 I 2 PolG NRW enthält dagegen Angaben darüber, wer Störer ist, mithin
die Person, welche die Feuerwehr oder Hilfs- oder Rettungsdienste bei deren
Einsatz behindert. Der Adressat ergibt sich somit aus der Norm.

IV. Rechtsfolge

Bei Vorliegen der Tatbestandsmerkmale kann die Polizei eine Person vorüber- **366**
gehend von einem Ort verweisen oder ihr vorübergehend das Betreten eines
Ortes verbieten. Der Platzverweis betrifft immer eine **Person**. Die Person kann
allerdings aufgrund des § 34 PolG NRW auch verpflichtet werden, ihre mitgeführten Sachen mitzunehmen (VV 34.01. zu § 34 PolG NRW).

Ordnet die Polizei an, Tiere oder Sachen von einem **Ort zu entfernen**, wird dies **367**
auf die Generalklausel gem. § 8 PolG NRW gestützt.

> **Beispiel:** Aufforderung an einen Hundehalter, seinen Hund vom Gelände
> eines Kinderspielplatzes zu entfernen.

Mit dem Begriff **„Ort"** sind sowohl Örtlichkeiten unter freiem Himmel als auch **368**
geschlossene Räume gemeint. Es muss sich um einen bestimmten Ort handeln.
Dieser wird durch die jeweilige Gefahrenlage definiert. Bei auswärts wohnenden Personen kann eine Platzverweisung uU auch für das gesamte Stadtgebiet
ausgesprochen werden.[312]

Aus der Formulierung **„vorübergehend"** folgt, dass eine Platzverweisung nur **369**
als ein zeitlich eng begrenztes Aufenthaltsverbot zulässig ist. Maßnahmen sind
(grundsätzlich) dann vorübergehend, wenn sie die Dauer von 24 Stunden nicht
überschreiten.[313]

> **Beispiel:** Nach einer Streitigkeit in einer Gaststätte erteilt der Wirt dem An-
> stifter Hausverbot. Dieser kommt der Aufforderung nicht nach. Der Wirt
> wendet sich an die Polizei. Die Beamten fordern den „Gast" auf der Grund-
> lage des § 34 PolG NRW auf, die Gaststätte zu verlassen.

---

[312] OVG Lüneburg NVwZ 2000, 454.
[313] *Schenke* POR Rn. 132.

1. Platzverweis aus einer Wohnung

370 Die Ermächtigung zum Platzverweis kann sich auch auf Privatbereiche, zB die Aufforderung an einen **Wohnungsinhaber**, wegen Gasalarms vorübergehend die Wohnung zu verlassen, beziehen.[314]

371 Die Befugnis aus § 34 PolG NRW berechtigt **nicht** zum Betreten oder Durchsuchen von Wohnungen. Sollte dies im Einzelfall notwendig sein (zB bei einer Evakuierung gefährdeter Hausbewohner), müssen die Voraussetzungen des § 41 PolG NRW erfüllt sein (VV 34.11 zu § 34 PolG NRW). Wird ein Platzverweis gegen eine Person in einer Wohnung ausgesprochen, ist zu beachten, dass dem Inhaber aus Art. 13 I GG ein Zutritts- oder Anwesenheitsrecht zusteht. Eingriffe dürfen gem. Art. 13 VII GG aufgrund eines Gesetzes unter anderem auch zur Verhütung dringender Gefahren für die öffentliche Sicherheit und Ordnung vorgenommen werden.

Bei **der dringenden Gefahr** kommt es nicht auf eine besondere zeitliche Dringlichkeit an, sondern darauf, dass sie wichtigen Rechtsgütern droht.[315] Wird also eine Person aus ihrer Wohnung gewiesen, so ist bei der Prüfung der Rechtmäßigkeit festzustellen, ob eine konkrete Gefahr (§ 34 I 1 PolG NRW) für ein wichtiges Rechtsgut (zB körperliche Unversehrtheit) besteht.

2. Durchsetzung des Platzverweises

372 Befolgt der Adressat den polizeilichen Platzverweis nicht, kann der Betroffene entsprechend in Gewahrsam genommen oder der Platzverweis zwangsweise durchgesetzt werden. § 35 I Nr. 3 PolG NRW erlaubt die Ingewahrsamnahme für den Fall, dass dies unerlässlich ist, um den Platzverweis gem. § 34 PolG NRW durchzusetzen. „Durchsetzen" bedeutet hier nicht automatisch Zwangsanwendung. Wenn Zwang erforderlich wird, richtet sich dieser nach den besonderen Befugnisnormen der §§ 50 ff. PolG NRW.

V. Sonstiges

373 Eine konkurrierende Befugnis enthält § 8 Jugendschutzgesetz (JuSchG): s. hierzu → Rn. 1145 ff.

Hält sich ein Kind oder eine jugendliche Person an einem Ort auf, an dem ihm oder ihr eine unmittelbare Gefahr für das körperliche, geistige oder seelische Wohl droht, so hat die zuständige Behörde oder Stelle die zur Abwendung der Gefahr erforderlichen Maßnahmen zu treffen. Wenn nötig, hat sie das Kind oder die jugendliche Person

1. zum Verlassen des Ortes anzuhalten,
2. der erziehungsberechtigten Person iSd § 7 I Nr. 6 des Achten Buches Sozialgesetzbuch zuzuführen oder, wenn keine erziehungsberechtigte Person erreichbar ist, in die Obhut des Jugendamtes zu bringen.

In schwierigen Fällen hat die zuständige Behörde oder Stelle das Jugendamt über den jugendgefährdenden Ort zu unterrichten.

---

[314] *Benfer/Bialon* Rechtseingriffe Rn. 179.
[315] *Tegtmeyer/Vahle* PolG NRW § 41 Rn. 23.

Gemäß §1 Verordnung über Zuständigkeiten nach dem **Jugendschutzgesetz** (Jugendschutzzuständigkeitsverordnung-JuSchGZVO) v. 16.12.2003[316] sind zuständige Behörden iSv §7 (Jugendgefährdende Veranstaltungen und Betriebe) und §8 (Jugendgefährdende Orte) JuSchG die örtlichen Ordnungsbehörden und die Kreispolizeibehörden. Die Zuführung des Kindes/Jugendlichen zu den Erziehungsberechtigten/dem Jugendamt stellt eine Freiheitsbeschränkung dar. Die Maßnahme bedarf keiner richterlichen Anordnung bzw. Bestätigung.

Hat sich das Kind/der Jugendliche der Obhut seiner **Erziehungsberechtigten** 374 entzogen und war sein Aufenthaltsort unbekannt, wird das Kind/der Jugendliche gem. §35 II PolG NRW in Gewahrsam genommen und den Erziehungsberechtigten oder dem Jugendamt zugeführt; §8 JuSchG greift in diesen Fällen nicht.

17. Kapitel. Aufenthaltsverbot, §34 II PolG NRW[317]

§34 PolG NRW unterscheidet zwischen dem **Platzverweis** (I) und dem **Aufent-** 375 **haltsverbot** (II). Das Aufenthaltsverbot bezeichnet polizeiliche Verbote, sich für einen bestimmten Zeitraum an einem bestimmten Ort, etwa einem Stadtteil, aufzuhalten. Vom (vorübergehenden) Platzverweis unterscheidet sich das (längerfristige) Aufenthaltsverbot einerseits durch die Größe des betroffenen Ortes, andererseits durch die Dauer der Maßnahme. Bei beiden Maßnahmen wird einer Person aufgegeben, einen bestimmten Ort zu verlassen oder nicht zu betreten. Platzverweis und Aufenthaltsverbot sind qualitativ unterschiedliche Maßnahmen. Sie beziehen sich auf nach Art und Ausmaß nicht vergleichbare Gefahrenlagen.[318] Aufenthaltsverbote können bis zu einem Zeitraum von drei Monaten erteilt werden, Platzverweisungen umfassen oftmals nur einen Zeitraum von wenigen Minuten bis zu ein paar Stunden. Teils wird davon ausgegangen, dass jedenfalls bei einer Beschränkung, die länger als 24 Stunden andauert, kein Platzverweis mehr vorliegt, sondern ein Aufenthaltsverbot anzunehmen ist.[319]

A. Ermächtigungsgrundlage

I. Grundrechtseingriff

Durch das Aufenthaltsverbot wird einer Person verboten, ein Gemeindegebiet 376 oder den Teil eines Gemeindegebietes für längere Zeit zu betreten oder sich dort aufzuhalten. Das Verbot kann bis zu drei Monaten ausgesprochen werden. Damit wird dem Betroffenen für einen längeren Zeitraum das Verweilen und damit das Recht, an einem Ort Aufenthalt zu wahrnehmen, versagt. Es wird in das Grundrecht auf **Freizügigkeit, Art. 11 I GG**, eingegriffen. Freizügigkeit bedeutet die Freiheit, an jedem Ort innerhalb des Bundesgebietes Aufenthalt und Wohnsitz zu nehmen. Das Grundrecht wird unter anderem durch den Krimi-

---

[316] GV. NRW 820.
[317] Fallbearbeitung in *Bialon/Springer* Fälle EingriffsR Fall 3.
[318] OVG Bremen NVwZ 1999, 315.
[319] *Schütte/Braun/Keller* PolG NRW §34 Rn. 1; *Schenke* POR Rn. 132.

nalvorbehalt aus Art. 11 II GG beschränkt. Und so bestimmt § 34 II 3 PolG NRW, das es Ziel des Aufenthaltsverbotes ist, Straftaten zu verhüten.

377 Art. 11 GG ist ein Bürgerrecht, gilt also nur für Personen, die die deutsche Staatsangehörigkeit iSd Art. 116 I GG besitzen. Ausländer können sich bei Eingriffen in ihr Aufenthaltsrecht nur auf Art. 2 I GG, die allgemeine Handlungsfreiheit, berufen.

II. Handlungsform

378 Es handelt sich um eine **präventiv-polizeiliche Maßnahme** (§ 1 PolG NRW), die sich als Verwaltungsakt iSd § 35 I VwVfG NRW darstellt. Die Verbotsverfügung nach § 34 II PolG NRW ist darauf gerichtet, dass es der Betroffene unterlässt, ein bestimmtes Gebiet zu betreten und sich dort aufzuhalten.

379 Regelmäßig wird dieser Verwaltungsakt zuerst mündlich erteilt, dann aber schriftlich bestätigt. Damit ist neben den §§ 28, 37, 41 und 43 VwVfG auch § 39 I VwVfG zu beachten. Danach ist der schriftliche Verwaltungsakt bzw. der schriftlich bestätigte Verwaltungsakt zu begründen. Außerdem ist dann, um die sofortige Wirksamkeit sicherzustellen, die sofortige Vollziehung des Verwaltungsaktes nach § 80 II Nr. 4 VwGO anzuordnen.

B. Formelle Rechtmäßigkeit

380 Wie schon angeführt (→ Rn. 376) dient das Aufenthaltsverbot dem Verhüten von Straftaten. Demnach ergibt sich die sachliche Zuständigkeit aus § 1 I 1, 2 PolG NRW iVm § 11 I Nr. 1 POG NRW. Für diese Aufgabe ist die Polizei, hier die Kreispolizeibehörde, originär zuständig.

C. Materielle Rechtmäßigkeit

I. Tatbestandsvoraussetzungen

381 Rechtfertigen Tatsachen die Annahme, dass eine Person in einem bestimmten örtlichen Bereich eine Straftat begehen oder zu ihrer Begehung beitragen wird, kann ihr für eine bestimmte Zeit verboten werden, diesen Bereich zu betreten oder sich dort aufzuhalten, es sei denn, sie hat dort ihre Wohnung oder nimmt dort berechtigte Interessen wahr.

382 Tatsachen bedeuten nachprüfbare Informationen. Vermutungen oder die allgemeine polizeiliche Erfahrungen reichen daher nicht aus.

383 Die Formulierung „**die die Annahme rechtfertigen**" bedeutet, dass aus den Tatsachen eine logisch nachvollziehbare Prognose abzuleiten ist, dass eine Person in einem bestimmten örtlichen Bereich eine Straftat begehen oder zu ihrer Begehung beitragen wird.

384 Die geforderten Tatsachen werden sich regelmäßig aus bereits in der Vergangenheit begangenen Straftaten ergeben. Das muss jedoch nicht in jedem Fall so sein. Es kann auch das bisher gezeigte (straflose) Verhalten sein, das den Schluss zulässt, dass der Betroffene in Zukunft Straftaten begehen wird oder zu solchen Straftaten beiträgt.[320]

---

[320] VG Arnsberg BeckRS 2009, 40497; VGH Mannheim BeckRS 2017, 111995.

Die Gefahr der Begehung von **Straftaten** muss sich auf einen bestimmten Ort 385
beziehen. Die örtliche Beschränkung bedeutet, dass diese **Örtlichkeit** ein Gemeindegebiet sein kann oder ein Gebietsteil innerhalb einer Gemeinde, jedenfalls ist das Gebiet räumlich genau zu bezeichnen.

Der häufigste Anwendungsfall bezieht sich auf die Bekämpfung von (offenen)
Drogenszenen in Städten und Gemeinden und den Hooliganismus.[321] Angewendet werden kann §34 II PolG NRW auch auf sonstige „gefährliche Örtlichkeiten" und Kriminalitätsbrennpunkte, wenn einzelne Personen sich hier zur
Begehung von Straftaten treffen (und handeln).[322]

> **Beispiel:** Am Hauptbahnhof von D-Stadt wird auf dem Vorplatz den ganzen
> Tag über gedealt. Das hat sich weit über die Stadt hinaus herumgesprochen,
> sodass ein reges Treiben auf diesem Platz herrscht und sich auch viele Per-
> sonen aus den umliegenden Ortschaften dort aufhalten. Neben mehreren
> Dealern, die sich den Verkauf verschiedener Drogen untereinander aufge-
> teilt haben, befinden sich viele Btm-Abhängige vor Ort, die den gekauften
> Stoff auch direkt konsumieren. Die Umgebung des Hauptbahnhofs ist ein
> Kriminalitätsbrennpunkt. Viele dort begangene Straftaten zählen zur Be-
> schaffungskriminalität. Damit ist im Beispiel einer Örtlichkeit beschrieben,
> an der die bereits begangenen Straftaten (Tatsachen) den Schluss zulassen
> (Prognose), dass auch in Zukunft die oben beschriebenen Personen BtM-
> Geschäfte auf dem Bahnhofsvorplatz durchführen und damit Straftaten nach
> den §§ 29 ff. BtMG begehen.

Ein Aufenthaltsverbot darf nur zur **Verhütung von Straftaten** ausgesprochen
werden.

II. Besondere Form- und Verfahrensvorschriften

Spezielle auf die Befugnis bezogene Form- und Verfahrensvorschriften sind 386
nicht normiert.

III. Adressatenregelung

Der Adressat ergibt sich aus der Norm. Es ist die Person, von der zu erwarten 387
ist, dass sie auch in Zukunft an der Örtlichkeit Straftaten begehen wird. Damit
ist ein Rückgriff auf die §§ 4–6 PolG NRW nicht erforderlich, da sich die Adressatenregelung direkt aus §34 II PolG NRW ergibt.

IV. Rechtsfolge

Rechtsfolge ist das Verbot, sich an einem genauer bestimmten Ort aufzuhalten. 388
Darin enthalten ist auch die Ermächtigung zur Aufforderung, den Ort nicht zu
betreten oder den betreffenden Bereich zu verlassen.

Allerdings schränkt §34 II 1 PolG NRW diese Rechtsfolge dahingehend ein, 389
dass die Maßnahme nicht angeordnet werden darf, wenn der **Betroffene in dem
Bereich wohnt**. Außerdem darf die Person in diesem Bereich **berechtigte Inter-**

---

[321] VG Aachen BeckRS 2013, 50249.
[322] VG Bremen BeckRS 2014, 48765.

essen wahrnehmen. Das kann zB gegeben sein, wenn sie Mandant eines Rechtsanwalts ist, der in dem betroffenen Bereich seine Kanzlei hat oder, wenn der Betroffene dort seinen Hausarzt konsultieren will oder auch seinen Arbeitsplatz hat. Für die Zeiträume, in denen der Betroffene die berechtigten Interessen wahrnimmt, gilt das Verbot nicht. Entsprechend sind in der Verbotsverfügung diese Ausnahmen, soweit sie bekannt sind, aufzunehmen. Weiter enthält § 34 II 3 PolG NRW eine Konkretisierung des Erforderlichkeitgebots. Danach ist die Maßnahme örtlich und zeitlich auf das erforderliche Maß zu beschränken. Die **örtlichen Grenzen**, in welchem Gebiet das Verbot gelten soll, sind demnach genau zu beschreiben. Die Größe des Gebietes darf nur so weit gefasst werden, wie es nötig ist, um das Verhüten von Straftaten sicherzustellen. Gleiches gilt für die **zeitliche Ausdehnung** der Maßnahme. § 34 II 4 PolG NRW setzt als Höchstdauer drei Monate fest. Allerdings darf dieser Zeitraum nicht einfach ohne Angabe von konkreten Gründen ausgeschöpft werden, sondern es ist im Einzelfall zu bestimmen, für welchen Zeitraum die Maßnahme erforderlich ist, um Straftaten zu verhüten. Es ist auch denkbar, dass nur an bestimmten Tagen oder zu bestimmten Uhrzeiten das Verbot gilt. Die Regelung trägt dem Grundsatz der Verhältnismäßigkeit Rechnung.

> **Beispiel:** Bei Heimspielen der örtlichen Fußballmannschaft in B-Stadt kommt es vor und nach dem Spiel am Hauptbahnhof und in der Fußgängerzone der Altstadt regelmäßig zu Schlägereien, an denen die Hooligans der Heimmannschaft beteiligt sind. Hier könnte ein Aufenthaltsverbot zeitlich dahingehend konkretisiert werden, dass den betroffenen Personen für die nächsten zwölf Wochen verboten wird, sich am Hauptbahnhof und in der Fußgängerzone der Altstadt aufzuhalten (die räumlichen Grenzen sind jeweils genau zu bezeichnen). Zeitlich kann dieses Verbot dann auf den jeweiligen Spieltag beschränkt werden (mit genauer Angabe der Uhrzeiten).[323]

390 Das Aufenthaltsverbot darf auch mehrfach hintereinander angeordnet werden, wenn die **aktualisierte Prognose** ergibt, dass der Betroffene weiterhin Straftaten an der Örtlichkeit begehen wird.[324]

391 Hinsichtlich der Dauer der Maßnahme ist der Grundsatz der Verhältnismäßigkeit zu beachten.[325] Da ein Aufenthaltsverbot eine massive Beeinträchtigung der Freizügigkeit des Betroffenen darstellt, sind die Grenzen, innerhalb derer der Adressat sich nicht aufhalten darf, so eng, wie es unter Berücksichtigung des verfolgten polizeilichen Ziels möglich ist, festzulegen.[326] Bei auswärts wohnenden Personen kann ein Aufenthaltsverbot uU auch für das gesamte Stadtgebiet ausgesprochen werden.[327]

392 Aufenthaltsverbote „zur Unterbindung von Beeinträchtigungen des Stadtbilds und -lebens durch Bettelei, öffentlichen Alkoholkonsum und öffentliches

---

[323] VG Arnsberg BeckRS 2009, 40497; OVG Lüneburg Urt. v. 26.4.2018 – 11 LC 288/16.
[324] OVG Münster BeckRS 2009, 32346; VGH Mannheim BeckRS 2017, 111995.
[325] VG Stuttgart BeckRS 2013, 53554.
[326] *Schütte/Braun/Keller* PolG NRW § 34 Rn. 8.
[327] OVG Münster NVwZ 2000, 454.

Auftreten von Obdachlosen und Nichtsesshaften" sind dagegen stets unzulässig.[328]

V. Durchsetzung des Aufenthaltsverbots[329]

Zur Durchsetzung des Aufenthaltsverbotes kann die Polizei ein **Zwangsgeld** 393 androhen und festsetzen, §§ 53 I, 56 PolG NRW und gegebenenfalls auch die Ersatzzwanghaft beantragen, § 54 I PolG NRW.[330]

Ob **unmittelbarer Zwang** angewendet werden kann ist zumindest strittig, da 394 nach Verlassen des in der Verfügung benannten Bereichs die Zwangsmaßnahme enden muss. Bei uneinsichtigen Personen stellt sich hier die Frage der Geeignetheit einer solchen Maßnahme (→ Rn. 127).

Möglich ist auch die **Gewahrsamnahme**, § 35 I Nr. 3 PolG NRW. § 35 PolG NRW beschränkt sich nach dem Wortlaut des Gesetzes nicht nur auf den § 34 I PolG NRW, jedoch müsste dann die Gewahrsamnahme wie das Aufenthaltsverbot unerlässlich sein, um das polizeiliche Ziel zu erreichen. Dieses ist insbesondere dann der Fall, wenn der polizeiliche Zweck auf andere Weise nicht oder nur unter erheblichen Schwierigkeiten erreicht werden kann.

Kritiker des Durchsetzungsgewahrsams halten dieser Auffassung entgegen, dass der Begriff Platzverweis, wie er im § 35 PolG verwendet wird, eindeutig polizeilich belegt ist und daher nur der § 34 I PolG NRW gemeint sei. Außerdem ist die zeitliche Dimension eines Aufenthaltsverbots deutlich länger als die mögliche Gewahrsamnahme zur Gefahrenabwehr nach dem PolG NRW.

VI. Sonstiges

Unbestritten ist, dass § 34 II PolG NRW nicht gegenüber potenziellen Versamm- 395 lungsteilnehmern angewendet werden darf, da die Vorschriften des Versammlungsgesetzes vorgehen.[331]

> **Hinweis:** S. hierzu → Rn. 1000 und → Rn. 1017 f.

18. Kapitel. Festnahme von Störern, § 164 StPO

Die Bestimmung des § 164 StPO bezieht sich nur auf strafprozessuale Amts- 396 handlungen. Für präventiv-polizeiliches Handeln ist die dargestellte Ermächtigungsnorm des § 34 PolG NRW heranzuziehen.

Zweck der Regelung ist der Schutz zulässiger strafprozessualer Amtshandlungen vor Störungen.

> **Beispiel:** Die Polizei durchsucht das Anwesen des A mit zahlreichen Beamten. Der Nachbar des A, der B, dem vor 1 Woche der Führerschein entzogen wurde, hegt aufgrund dieser Tatsache einen Groll gegen die Polizei. Darum

---

[328] *Schütte/Braun/Keller* PolG NRW § 34 Rn. 15.
[329] BeckOK PolR NRW/*Ogorek*, 8. Ed. 10.2.2018, PolG NRW § 34 Rn. 53 ff.
[330] OVG Münster BeckRS 2009, 32346.
[331] VVPolG NRW Ziff. 34.23.

> hat er seinen aggressiven Schäferhund an die Leine genommen und führt
> ihn ständig so dicht an die Durchsuchungskräfte heran, dass diese erheblich
> behindert werden. Durch lautstarke und ironische Bemerkungen werden
> die Beamten zudem abgelenkt. Der Einsatzleiter verweist den B aus dem
> Durchsuchungsobjekt.

Störer iSd § 164 StPO kann auch eine unbeteiligte Person sein.[332]

A. Ermächtigungsgrundlage

I. Grundrechtseingriff

397 Der Platzverweis stellt einen Eingriff in das Recht auf Freiheit der Person in
Form einer Freiheitsbeschränkung, Art. 2 II 2 GG dar. Wird die Rechtsfolge der
Festnahme gesetzt, liegt eine Freiheitsentziehung vor.

II. Handlungsform

398 Es handelt sich um einen sog. Justiz-Verwaltungsakt (§ 23 EGGVG).

B. Formelle Rechtmäßigkeit

399 Es handelt sich um eine strafprozessuale Maßnahme (§ 163 StPO).

C. Materielle Rechtmäßigkeit

I. Tatbestandsvoraussetzungen

1. Amtshandlung

400 § 164 StPO schützt nur strafprozessuale Amtshandlungen. Geschützt sind die
Maßnahmen aller im Strafprozess Handelnden, insbesondere die der Polizei,
der StA und des Gerichtes.[333] Die Polizeibeamten müssen nicht Ermittlungspersonen der StA sein, um den Schutz zu erfahren.

401 Gemäß § 164 StPO (gegebenenfalls iVm § 46 I OWiG) kann die Polizei (auch)
einen Platzverweis aussprechen, wenn Dritte eine Amtshandlung stören, die
zum Zwecke der Aufklärung oder Verfolgung von Straftaten oder Ordnungswidrigkeiten vorgenommen wird.[334] Die Amtshandlung muss unmittelbar der
Strafverfolgung oder der Verfolgung von Ordnungswidrigkeiten dienen.[335]
§ 164 StPO ist also **auch anwendbar**, wenn die Polizei ihrer Aufgabe gem. § 53
OWiG nachkommt und zu diesem Zweck Maßnahmen ergreift.[336]

Nach **aA** werden Amtshandlungen zur **Verfolgung von Ordnungswidrigkeiten**
durch § 164 StPO nicht geschützt. Zwar gelten für die Verfolgung von Ordnungswidrigkeiten die Befugnisse der StPO, die Verhaftung und vorläufige Festnahme wird
jedoch mit § 46 III OWiG untersagt. Daher kann auch kein Platzverweis zum Schutz

---

[332] *Benfer/Bialon* Rechtseingriffe Rn. 202.
[333] Meyer-Goßner/Schmitt/*Schmitt* StPO § 164 Rn. 1.
[334] *Gusy* POR, 7. Aufl. 2009, Rn. 277.
[335] *Vahle/Buttgereit* EingriffsR 52.
[336] *Tetsch* EingriffsR II 88.

von „Owi-Verfolgungsmaßnahmen" durch § 164 StPO gerechtfertigt werden. Wenn keine Befugnis für die Festnahme gegeben ist, fehlt sie auch für Minusmaßnahmen. Ob in diesem Fall zur Erhaltung der Funktionsfähigkeit der Polizei auf allgemeines Gefahrenabwehrrecht zurückgegriffen werden kann, ist eine Frage der rechtlichen Bewertung in der konkreten Situation.[337]

Nach der hier vertretenen Auffassung ist § 164 StPO für das **Bußgeldverfahren** entsprechend anzuwenden.[338]

> **Merke:** Das nach den Polizeigesetzen bestehende Recht der Polizei zur Platz-verweisung zwecks Abwehr einer Gefahr bleibt unberührt.

2. An Ort und Stelle

Es handelt sich um den Ort der Amtshandlung. Dies kann ein (Tat-)Ort im **402** Freien oder (auch) ein Tatort in einem Haus sein.

Die von der Vorschrift geschützte Amtshandlung, etwa eine polizeiliche oder staatsanwaltschaftliche Vernehmung oder eine Maßnahme nach **§ 81b StPO**, kann **auch innerhalb der Diensträume** stattfinden. „An Ort und Stelle bedeutet lediglich, dass sich die Störung physisch auf den Ort der Amtshandlung auswirken muss. Eine bloß mittelbare Einwirkung (etwa durch einen Drohbrief) reicht nicht aus; wohl aber genügen Störungshandlungen außerhalb der Diensträume (etwa Lärm oder Werfen von Gegenständen), die die Amtshandlung unmittelbar beeinträchtigen."[339]

3. Störung oder sich Anordnungen widersetzen

a) Störung. Eine Störung liegt dann vor, wenn die Handlung der Person die **403** ordnungsgemäße, auf einen bestimmten Erfolg abzielende Durchführung der strafprozessualen Maßnahme ernstlich behindert, erschwert oder ihre Erfolgsaussicht mindert.

Der Störer muss mit Vorsatz handeln. Fahrlässiges Handeln reicht nicht aus.

> **Beispiel:** Während einer Durchsuchung in der Gaststätte des A, der verdächtigt wird, mit BtM zu handeln, stören die anwesenden Gäste durch lautes Grölen und Provokationen die Arbeit der Durchsuchungskräfte. Der Einsatzleiter fordert die Personen auf, sofort das Lokal zu verlassen.

Die Störung kann durch bloß **passives Verhalten** (zB Sitzblockade) oder aktives **404** Tun (zB Herumlaufen, Dazwischentreten, Verbergen von Gegenständen, Geräuschentwicklung) geschehen.[340] „Auch das Einwirken auf Dritte kann ausreichen. Bloße Belästigungen, die die Amtshandlung nicht erheblich beeinträchtigen, reichen nicht aus, so etwa kritische (auch unsachliche) Bemerkungen. Die Störung muss **vorsätzlich** vorgenommen werden; bedingter Vorsatz genügt. Es reicht also aus, dass dem Störer bewusst ist oder durch einen Hinweis des die

---

[337] *Hansen* EingriffsR NRW Rn. 197.
[338] LR/*Erb* StPO § 164 Rn. 2.
[339] LR/*Erb* § 164 Rn. 4.
[340] *Benfer/Bialon* Rechtseingriffe Rn. 881.

Amtshandlung leitenden Beamten deutlich gemacht wird, dass sein Verhalten eine Störung darstellt."[341]

405 **b) Widersetzen.** Widersetzen meint die Beeinträchtigung von Amtshandlungen durch Unterlassen einer gebotenen Handlung. Gemeint ist jedes passive Verhalten eines Menschen, das der Amtsträger nur unter Aufbietung physischer Kraft überwinden kann.[342]

II. Besondere Form- und Verfahrensvorschriften

406 Jeder Festgenommene muss unverzüglich und in einer ihm verständlichen Sprache über die Gründe seiner Festnahme und über die gegen ihn erhobenen Beschuldigungen unterrichtet werden (Art. 5 II MRK).

§ 114a I 2 StPO ist anzuwenden.

407 Zur Anordnung von Maßnahmen (**Anordnungskompetenz**) nach § 164 StPO ist derjenige Beamte befugt, der die jeweilige Amtshandlung (im Rahmen seiner abstrakten und konkreten Zuständigkeit) leitet.

> **Merke:** Der Beamte muss **nicht** Ermittlungsperson der StA sein.[343]

Der Leiter der Amtshandlung, dh der Beamte, der an Ort und Stelle Anfang, Ende und Inhalt der Amtshandlung bestimmt, ist befugt, die Maßnahme anzuordnen. Die Zwangsbefugnisse stehen mithin StA, Polizeibeamten (nicht unbedingt Ermittlungspersonen der StA) und Richtern zu, wenn sie für die von ihnen getroffenen Anordnungen die entsprechende Zuständigkeit haben.

III. Adressatenregelung

408 Die Richtung der Maßnahme wird durch die Ermächtigung unmittelbar bestimmt. Adressat ist die Person, welche die Amtshandlung bewusst stört oder einer Anordnung keine Folge leistet.

IV. Rechtsfolge

409 Dem Wortlaut nach erlaubt § 164 StPO nur die Festnahme des Störenden. Jedoch ist anerkannt, dass auch andere, mildere Maßnahmen, die den Betroffenen also weniger in seinen Grundrechten einschränken, erlaubt sind. Dazu gehören der Platzverweis, die Ermahnung, sich ruhig zu verhalten und ähnliche Anweisungen.[344]

> **Beispiel:** Nach einem Tötungsdelikt sperrt die Polizei den Tatort ab. Ein „Schaulustiger" wird plötzlich in dem abgesperrten Bereich wahrgenommen. Der Leiter der Mordkommission erteilt der Person einen Platzverweis. Als Rechtsgrundlage kommt § 164 StPO in Betracht. Danach darf der Leiter strafprozessualer Amtshandlungen an Ort und Stelle eine Person festnehmen, die seine amtliche Tätigkeit vorsätzlich stört oder sich den von ihm

---

341 LR/*Erb* § 164 Rn. 7.
342 *Benfer/Bialon* Rechtseingriffe Rn. 884.
343 *Benfer/Bialon* Rechtseingriffe Rn. 888.
344 SK-StPO/*Wolter* § 164 Rn. 9.

innerhalb seiner Zuständigkeit getroffenen Anordnungen widersetzt. Statt einer Festnahme erlaubt die Vorschrift auch weniger einschneidende Maßnahmen. Folglich kann die Verfügung auf § 164 StPO gestützt werden. Wegen des Spezialitätsgrundsatzes scheidet § 34 I PolG NRW als Befugnis aus.

Die Maßnahmen nach § 164 StPO sind zeitlich beschränkt. Sie gelten nur bis zur Beendigung der Amtsvorrichtung. Eine Festnahme muss spätestens am Ende des darauffolgenden Tages enden. Der Betroffene hat die Pflicht, die nach § 164 StPO zulässigen Maßnahmen widerstandslos zu dulden. Gegebenenfalls wird Widerstand mit unmittelbarem Zwang (§§ 57 ff. PolG NRW) gebrochen.

19. Kapitel. Gewahrsamnahme, § 35 PolG NRW[345]

Unter **Gewahrsam** ist ein mit hoheitlicher Gewalt hergestelltes Rechtsverhältnis 410 zu verstehen, kraft dessen einer Person die Freiheit dergestalt entzogen wird, dass sie von der Polizei in einer dem polizeilichen Zweck entsprechenden Weise verwahrt, dh daran gehindert wird, sich fortzubewegen.[346]

Als Gewahrsamsorte kommen nicht nur Gewahrsamszellen in Betracht, son- 411 dern auch etwa eine im Hinblick auf ein konkretes Ereignis eingerichtete mobile Gefangenensammelstelle oder ein Polizeifahrzeuge.[347]

Kein Gewahrsam sind bloße Freiheitsbeschränkungen, so zB das Anhalten einer 412 Person zwecks Befragung. Auch kein Gewahrsam ist der sog unechte Gewahrsam, bei dem sich jemand freiwillig in polizeiliche Obhut begibt. Aufgrund der „Freiwilligkeit" liegt ein Grundrechtseingriff nicht vor.[348]

A. Ermächtigungsgrundlage

I. Grundrechtseingriff

Es handelt sich um eine **freiheitsentziehende Maßnahme** (Art. 2 II GG). Bezüg- 413 lich der Zulässigkeit und Dauer dieser Maßnahme ist entsprechend der grundgesetzlichen Regelung des Art. 104 II GG der Richtervorbehalt zu beachten.

II. Handlungsform

Es handelt sich bei § 35 PolG NRW um eine sog. Ausführungsermächtigung. 414 Ausführungsermächtigungen befugen zum Realakt der Ausführung, indes begleitet von einem befehlenden VA, der dem Betroffenen die Mitwirkung an der Ausführung, mindestens aber deren Duldung, aufgibt.[349]

| Begleitverfügung zur Maßnahme | = | Verwaltungsakt |
| Durchführungshandlung | = | Realakt |

---

[345] Fallbearbeitung in *Bialon/Springer* Fälle EingriffsR Fälle 4, 8 und 13.
[346] OVG Münster NJW 1980, 138.
[347] *Rachor* in Lisken/Denninger HdB PolizeiR E Rn. 494.
[348] *Pieper* POR NRW, 3. Aufl. 2006, 97.
[349] *Pieper* POR NRW, 3. Aufl. 2006, 97.

> **Beispiele:** Die Anordnung einer Durchsuchung, mit welcher der Betroffene zur Duldung der Durchführungshandlung verpflichtet wird, stellt sich als VA dar, die Durchführung der Durchsuchung dagegen als Realakt.[350]

415 Als Ausführungsermächtigung lässt § 35 PolG NRW ein körperliches Einwirken insoweit zu, als dass kein Widerstand gebrochen oder nicht die Funktionsfähigkeit einer Sache zerstört wird. Letzteres ist nur unter den Voraussetzungen des Verwaltungszwangs zulässig.[351]

B. Formelle Rechtmäßigkeit

416 Die Gewahrsamnahme nach § 35 PolG NRW dient der Gefahrenabwehr. Gemäß § 24 Nr. 13 OBG NRW gilt § 35 PolG NRW – mit Ausnahme von Abs. 1 Nr. 4 – entsprechend für die Ordnungsbehörden, soweit dies zur Erfüllung ihrer Aufgaben erforderlich ist.

Während das allgemeine und besondere Polizei- und Ordnungsrecht die materiellen Ermächtigungen für VA regelt, wird es hinsichtlich der Regelungen über das verfahrensmäßige Zustandekommen des VA und dessen Bestandskraft durch das allgemeine Verwaltungsverfahrensrecht (VwVfG NRW) ergänzt.

> **Hinweis:** Hierzu wird auf die weiteren Ausführungen zu § 8 PolG NRW verwiesen → Rn. 176.

C. Materielle Rechtmäßigkeit

I. Tatbestandsvoraussetzungen
417 **1. Schutzgewahrsam, § 35 I Nr. 1 PolG NRW**

> **Beispiel:** In einer lauen Sommernacht schläft der Obdachlose O auf einer Bank im Park. O ist vollkommen betrunken. Frage: Darf die Polizei den Betrunkenen in Gewahrsam nehmen?

Die Polizei übernimmt während des **Schutzgewahrsams** die Verantwortung für die in Verwahrung genommene Person. Zu beachten ist in diesem Zusammenhang, dass Gewahrsam nicht erst in den polizeilichen Verwahrräumen beginnt. Als Gewahrsamsort kommt auch ein Polizeifahrzeug in Betracht. Die Schutzverpflichtung der Polizei beginnt damit mit dem Transport im Dienstkraftfahrzeug.

418 § 35 I Nr. 1 PolG NRW erfasst (auch) den Gewahrsam zur Verhinderung eines Suizids.[352] Die Polizei kann zur Verhinderung eines Selbstmordes eine Person in Gewahrsam nehmen. Zu diesem Zweck kann die Anwendung unmittelbaren Zwangs, insbesondere auch die Fesselung in Betracht kommen.[353]

---

[350] *Schenke* POR Rn. 115.
[351] *Pieper* POR NRW, 3. Aufl. 2006, 97.
[352] *Schnupp* Die Polizei 1980, 341.
[353] BayObLG NStZ 1989, 186.

a) Konkrete Gefahr. Es muss eine konkrete Gefahr für eines der in § 35 PolG NRW genannten Schutzgüter vorliegen.

b) Schutzgüter. Als Schutzgüter benennt § 35 PolG NRW Leib oder Leben einer 419 Person. Eine solche Situation wird insbesondere dann angenommen, wenn die Person sich in einem die **freie Willensbestimmung ausschließenden Zustand** oder in **hilfloser Lage** befindet.

„Ein die freie Willensbestimmung ausschließender Zustand liegt insbesondere bei Bewusstlosigkeit vor. Hilflosigkeit ist dann gegeben, wenn bei einer Person tiefgreifende Störungen des Bewusstseins, der Orientierung, der Wahrnehmung, der Auffassung oder des Denkens einzeln, in Kombination oder gar kumulativ auftreten (VV PolG NRW zu § 35 Ziff. 35.11 4). In Betracht kommen insoweit Kinder, Verunglückte sowie gebrechliche oder alte Menschen. Daneben werden Volltrunkene, Drogen- oder Medikamentenabhängige vornehmlich Adressaten dieser Freiheitsentziehung sein."[354]

c) Erforderlichkeit der Ingewahrsamnahme. Die Erforderlichkeit ist Teil des 420 Tatbestands und nicht erst im Übermaßverbot zu prüfen.

2. Unterbindungsgewahrsam, § 35 I Nr. 2 PolG NRW

a) Unerlässlichkeit zur Verhinderung. Unerlässlich ist die Gewahrsamnahme, 421 wenn mildere Mittel erfolglos angewendet wurden oder offensichtlich keinen Erfolg versprechen.[355] Die für die Begründung herangezogenen Tatsachen sind zu dokumentieren.

b) Unmittelbar bevorstehende Begehung oder Fortsetzung. Eine Tat steht 422 dann unmittelbar bevor, wenn ohne die Ingewahrsamnahme eine fortdauernde Beeinträchtigung des Rechtsgutes polizeilich nicht verhindert werden kann.[356] Die Prämisse „unmittelbar bevorstehende Begehung" ist gleichbedeutend mit **„gegenwärtiger Gefahr".**[357]

Verdachtsgründe, die über **vage Anhaltspunkte** und bloße Vermutungen nicht hinausreichen, genügen für eine Ingewahrsamnahme zwecks Abwehr der Begehung einer Straftat nicht.[358]

Das VG Frankfurt hatte die polizeiliche Ingewahrsamnahme eines sog. „Hütchenspielers" für rechtens erklärt. Die qualifizierte Gefahrenlage sei gegeben, da bei einem polizeibekannten professionellen Hütchenspieler die Gefahr nahe liegend sei, dass er durch Veranstaltung eines Glücksspiels die Strafrechtsordnung verletzen werde.[359]

c) Straftat oder Ordnungswidrigkeit von erheblicher Bedeutung für die 423 **Allgemeinheit.** Die Ordnungswidrigkeiten sind beschränkt auf solche von

---

[354] *Benfer/Bialon* Rechtseingriffe Rn. 693.
[355] VG Düsseldorf BeckRS 2013, 55702; OVG Lüneburg BeckRS 2014, 48082; *Michaelis* JA 3/2014, 201; *Schütte/Braun/Keller* PolG NRW § 35 Rn. 14.
[356] BayObLG NVwZ 1999, 106.
[357] OVG Bremen NordÖR 2000, 109.
[358] OLG Hamm BeckRS 2007, 19249; VG Düsseldorf BeckRS 2013, 55702; VG Düsseldorf BeckRS 2013, 55703.
[359] VG Frankfurt a.M. NVwZ 1994, 720.

„erheblicher Bedeutung". Das ist dann der Fall, wenn durch die Begehung der Ordnungswidrigkeit eine Mehrzahl von Personen unzumutbar und unverhältnismäßig betroffen wird. Auch die Höhe des Bußgeldes kann hier ins Feld geführt werden. So können lang andauernde Ruhestörungen – insbesondere zur Nachtzeit – eine Gewahrsamnahme rechtfertigen.

424 Die erhebliche Bedeutung einer Ordnungswidrigkeit kann auch dann angenommen werden, wenn eine Wirkung erzeugt wird, die nach den herrschenden Anschauungen wesentliche Rechtsgüter des Einzelnen oder der Allgemeinheit tangiert. Ob und wann diese Voraussetzungen vorliegen, bedarf einer Prüfung im Einzelfall.[360]

> **Beispiele:** Laufenlassen eine Radios im Garten mit erheblicher Lautstärke im Hochsommer oder im Winter. Straßenstrich im Sperrbezirk am Abend am Rande eines Parks oder im reinen Wohngebiet.[361]

425 Die Einbeziehung von Ordnungswidrigkeiten wird zT kritisch gesehen. Deshalb ist besonders sorgfältig zu prüfen, ob der Gewahrsam iSd § 35 I Nr. 2 PolG NRW zur Gefahrenabwehr unerlässlich ist oder ob eine andere Maßnahme in Betracht kommt.

> **Beispiel:**[362] „Benützt jemand entgegen dem Verbot in § 10 II des Landesimmissionsschutzgesetzes NRW lautstark ein Kofferradio auf der Straße und folgt der Aufforderung des Polizeibeamten nicht, das Gerät abzustellen, kann der Beamte es nach § 43 PolG NRW sicherstellen. Es wäre dagegen nicht zulässig, den Störer in Gewahrsam zu nehmen."

Ob eine Ordnungswidrigkeit von erheblicher Bedeutung für die Allgemeinheit vorliegt, kann auch nicht abstrakt, sondern nur nach den Umständen des Einzelfalls beurteilt werden.[363]

426 Der Begriff der Straftat ist allgemein gefasst und erstreckt sich neben den schuldhaft begangenen auch auf rechtswidrige Taten des Strafgesetzbuches und strafrechtlicher Nebengesetze.[364]

3. Durchsetzungsgewahrsam (Platzverweis), § 35 I Nr. 3 PolG NRW

> **Beispiel:** Anlässlich eines schweren Verkehrsunfalls hat die Polizei die Unfallstelle abgesperrt. Eine männliche Person versucht immer wieder, in den abgesperrten Bereich zu gelangen, wodurch der Einsatz der Polizei erheblich behindert wird. Dem Mann werden mehrere Platzverweise erteilt, auf die er nicht reagiert.

a) Unerlässlichkeit. S. dazu die Ausführungen → Rn. 421.

---

[360] *Benfer/Bialon* Rechtseingriffe Rn. 696.
[361] *Benfer/Bialon* Rechtseingriffe Rn. 696.
[362] *Tegtmeyer/Vahle* PolG NRW § 35 Rn. 9.
[363] BayObLG NVwZ 1999, 106.
[364] *Benfer/Bialon* Rechtseingriffe Rn. 695.

b) Durchsetzung eines Platzverweises. Zur Durchsetzung des Platzverweises 427
sieht das OVG Bremen[365] durchaus die Möglichkeit der Verbringung des Betroffenen an einen entfernt gelegenen Ort (sog. **Verbringungsgewahrsam**). Dieser
so benannte Verbringungsgewahrsam ist dadurch gekennzeichnet, dass die
Polizei Personen (zB Demonstranten, Drogenhändler, Stadtstreicher) an einen
anderen Ort fährt, an dem sie nicht mehr stören können, und dort freilässt.[366]
Vom Begriff des Verbringungsgewahrsams unterschieden wird der Begriff des
Rückführungsgewahrsams. Hier werden Personen zurück in ihre Heimatstadt
verbracht (zB Hooligans). Verbringungs- und Rückführungsgewahrsam sind
als Freiheitsentziehung und Gewahrsam anzusehen.[367] Die Literatur geht von
einem sog. „a-maiore-ad-minus-Schluss" aus. In der Verbringung einer Person
an einen anderen Ort unter den Voraussetzungen der polizeirechtlichen Ingewahrsamnahme (§ 35 PolG NRW) wird ein Mittel der Gefahrenabwehr gesehen,
das den Betroffenen weniger belastet als eine länger dauernde Freiheitsentziehung in einem Polizeigewahrsam. Auch das Bayerische Oberste Landesge-
richt[368] erachtete den „Verbringungsgewahrsam" als ein Mittel der Gefahrenabwehr, welches die Betroffenen „weniger beschwert als ein längerer
Freiheitsentzug".[369]

Nach hier vertretener Auffassung ist der Verbringungsgewahrsam als **Maßnah-** 428
me a maiore ad minus nach den Vorschriften des Gewahrsams rechtmäßig.[370]
Die Verbringung an einen anderen Ort ist ein Mittel der Gefahrenabwehr, das den Betroffenen weniger beschweren kann als eine länger dauernde
Freiheitsentziehung in einem Polizeigewahrsam.

Beim Verbringungsgewahrsam muss die Verhältnismäßigkeit der Maßnahme 429
besonders sorgfältig geprüft werden. Zu berücksichtigen sind **„objektive Kri-**
terien" und **„persönliche Kriterien"** des Betroffenen:[371]

1. Objektive Kriterien[372]   430
   a) Jahreszeit,
   b) Tageszeit,
   c) Witterung.

2. Persönliche Kriterien   431
   a) Gesundheit,
   b) Alter,
   c) Möglichkeiten und persönliche Voraussetzungen des Betroffenen für das
      Verlassen des Ortes.

Der **Verbringungsgewahrsam** ist zwar nach hier vertretener Auffassung zuläs- 432
sig, soweit sich diese Maßnahme als geringeres Mittel darstellt, nicht diskrimi-

---

[365] OVG Bremen NVwZ 1987, 235 ff.
[366] *Pieper* POR NRW 2006, 116.
[367] OVG Bremen NVwZ 1987, 235.
[368] BayObLGZ 1989, 282.
[369] BayObLG NVwZ 1990, 194.
[370] *Köbschall* POLIZEI-heute 1996, 213 ff.
[371] *Tegtmeyer/Vahle* PolG NRW § 35 Rn. 19.
[372] *Bialon* POLIZEIinfo 6/2008, 30 (31); *Rachor* in Lisken/Denninger HdB PolizeiR E
Rn. 503.

nierend wirkt und den Betroffenen nicht der Gefahr der Beeinträchtigung der körperlichen Integrität aussetzt.[373] Letztlich bedarf es einer einzelfallbezogenen Betrachtung, bei der alle Argumente gegeneinander abgewogen werden müssen.

Nach **aA** ist der Verbringungsgewahrsam ebenso rechtswidrig wie das „**Einsammeln und Verbringen**" von Obdachlosen an oder über die Ortsgrenze. „Verbringen und Aussetzen sind weder durch die Regelungen über den Platzverweis noch durch diejenigen über den Gewahrsam zu rechtfertigen. Der Platzverweis rechtfertigt allein die vorübergehende Entfernung von dem Ort, an welchem sich eine Person gerade aufhält, nicht aber deren Abtransport in weit entfernte Gebiete. Umgekehrt rechtfertigen die Regelungen über den Gewahrsam allenfalls das Festhalten des Betroffenen, nicht hingegen seine Aussetzung im Freien."[374] Zudem begründet der Gewahrsam staatliche Obhutspflichten zugunsten des Betroffenen. Diese kann die Polizei gegenüber ausgesetzten Personen nicht ausüben.[375]

> **Beachte:** Sieht man in dem Verbringungsgewahrsam eine zulässige Rechtsfolge, so ist der **Verhältnismäßigkeitsgrundsatz strikt** zu beachten. Unter dem Aspekt der Erforderlichkeit kommt der Verbringungsgewahrsam nur in Betracht, wenn eine gleichfalls zulässige Gewahrsamnahme den Adressaten tiefgehend in seinen Rechten beeinträchtigt, also länger andauern würde.[376]

433 4. Durchsetzungsgewahrsam (Wohnungsverweisung und Rückkehrverbot), § 35 I Nr. 4 PolG NRW

> **Beispiel:** Die Polizei erteilt dem A gem. § 34a PolG NRW eine zehntägige Wohnungsverweisung mit Rückkehrverbot, das er nicht beachtet. Die Frau des A bittet die Polizei um Hilfe. A zeigt sich gegenüber den eingesetzten Beamten uneinsichtig. Die Beamten nehmen den A gem. § 35 I Nr. 4 PolG NRW in Gewahrsam, da das unerlässlich ist, um eine Wohnungsverweisung oder ein Rückkehrverbot nach § 34a PolG NRW durchzusetzen. Die Gewahrsamnahme ist unerlässlich, weil A das rechtswirksam verfügte Rückkehrverbot nicht beachtet und uneinsichtig ist.

434 a) Unerlässlichkeit. S. dazu die Ausführungen → Rn. 421.

435 b) Durchsetzung der Wohnungsverweisung und des Rückkehrverbots zum Schutz vor häuslicher Gewalt. Eine Gewahrsamnahme in diesem Sinne kommt in Betracht, wenn der Betroffene der polizeilichen Verfügung zum Verlassen der Wohnung nicht nachkommt oder das Rückkehrverbot nicht beachtet.

---

[373] *Kay/Böcking* AllgVerwR/EingriffsR II Rn. 242.
[374] *Gusy* POR, 7. Aufl. 2009, Rn. 297; so auch: BeckOK PolR NRW/*Ogorek*, 8. Ed. 10.2.2018, PolG NRW § 34 Rn. 21 ff.
[375] BGH BeckRS 2008, 04671 (Aussetzung mit Todesfolge durch Polizeibeamte).
[376] *Benfer/Bialon* Rechtseingriffe Rn. 707.

5. Zivilrechtsgewahrsam (Schutz privater Rechte), § 35 I Nr. 5 PolG NRW

a) Unerlässlichkeit. S. dazu die Ausführungen → Rn. 421.   436

b) Schutz privater Rechte. Der Schutz privater Rechte ist Aufgabe der Polizei 437 (§ 1 I, II PolG NRW). Voraussetzung hierfür ist, dass der Gläubiger (Geschädigte) seinen Rechtsanspruch gegenüber der Polizei glaubhaft macht und dass ohne polizeiliches Einschreiten die Durchsetzbarkeit des Rechtsanspruchs vereitelt oder wesentlich erschwert wird.

> **Beispiel:** Der Gläubiger G spricht am Flughafen aufgeregt zwei Polizeibeamte an und erklärt, dass sein langjähriger Mieter M zurück in sein Heimatland Togo wolle. Er befindet sich hier am Flughafen. G erklärt ihnen glaubhaft, dass M noch Mietrückstände von 5.000 EUR habe. Die Beamten können M kurz vor dem Eincheckschalter antreffen. Auf Befragen erklärt er, dass er kein Geld mehr habe und G schließlich genug an ihm verdient habe. Die Beamten nehmen den M daraufhin in Gewahrsam.

c) Zulässigkeit einer Festnahme und Vorführung nach §§ 229, 230 III BGB. 438 Die Ingewahrsamnahme zur Sicherung des persönlichen Sicherheitsarrestes des Schuldners (§ 918 ZPO) ist zulässig, wenn die Polizei sachlich zuständig ist und zudem folgende Voraussetzungen vorliegen:

1. Fluchtverdacht aus § 229 BGB.
   Der Betroffene (Verhaftete) muss der Flucht verdächtig sein. Anhaltspunkte dafür, dass sich der Betroffene bereits auf der Flucht befindet oder im Begriff steht, die Flucht zu ergreifen, können sich zudem aus polizeilichen Erkenntnissen ergeben. Es ist nicht unbedingt erforderlich, dass sich der Fliehende auf Dauer ins Ausland begeben will, denn möglich ist auch ein Untertauchen im Inland.
2. Gefahr der Vereitelung oder wesentlichen Erschwerung der Verwirklichung des Rechtsanspruchs.
   Diese Voraussetzung ist inhaltsgleich der polizeilichen Zuständigkeitsregelung aus § 1 II PolG NRW.
3. Notwendigkeit der Ingewahrsamnahme.
   Die Verhängung des persönlichen Arrests durch das Zivilgericht ist nicht möglich, wenn der Schuldner flüchtig ist. Zur Verhinderung der Flucht ist daher die Ingewahrsamnahme unerlässlich.[377]

V V 35.12 zu § 35 PolG NRW: Wird aufgrund des § 35 I Nr. 5 PolG NRW eine gerichtliche Entscheidung gem. § 36 PolG NRW herbeigeführt, ist die berechtigte Person unverzüglich zu unterrichten und darauf hinzuweisen, dass sie die Möglichkeit hat, gem. § 918 ZPO einen über die Gewahrsamnahme hinausgehenden Sicherheitsarrest beim Arrestgericht (§ 919 ZPO) zu beantragen. Die verpflichtete Person ist im Falle eines Sicherheitsarrestantrages der berechtigten Person durch die Polizei dem Arrestgericht vorzuführen.

---

[377] *Tetsch/Baldarelli* PolG NRW 749.

6. Obhutsgewahrsam, § 35 II PolG NRW[378]

439 **a) Minderjährige.** Gemäß § 2 BGB ist eine Person minderjährig, wenn sie das 18. Lebensjahr noch nicht vollendet hat.

440 **b) Entziehung der Obhut des Sorgeberechtigten.** „Wer sich der **Obhut der Sorgeberechtigten** entzieht, begeht keine Straftat oder Ordnungswidrigkeit. Um der Polizei die Möglichkeit zu geben, solche Minderjährigen „aufzugreifen", ist § 35 II PolG NRW als Gewahrsamsgrund erforderlich."[379] Der Minderjährige hat sich der **Obhut entzogen**, wenn er für eine gewisse Dauer einen dem Sorgeberechtigten unbekannten Aufenthaltsort oder auch einen bekannten Ort gegen den Willen des Sorgeberechtigten wählt.[380]

> **Beispiel:** Polizeibeamte greifen einen zwölfjährigen Jungen auf, der von zu Hause weggelaufen ist. Die Beamten bringen den Jungen zu seinen Eltern zurück.

441 Eine Gefahr kann, muss aber von den Minderjährigen nicht ausgehen. Die Minderjährigen sind einer Gefahr ausgesetzt. Gefährdet ist hier zudem das Rechtsgut des elterlichen Erziehungsrechts (Art. 6 I GG).[381]

Wesentlicher Anknüpfungspunkt der Gewahrsamsregelungen ist nach dieser Rechtsauffassung der Begriff der **elterlichen Sorge** aus den §§ 1626 ff. BGB. Darin enthalten ist gem. § 1631 I BGB auch das Recht und die Pflicht, den Aufenthaltsort des Minderjährigen zu bestimmen.[382]

§ 1626 I BGB: Elterliche Sorge, Grundsätze: Die Eltern haben die Pflicht und das Recht, für das minderjährige Kind zu sorgen (elterliche Sorge). Die elterliche Sorge umfasst die Sorge für die Person des Kindes (Personensorge) und das Vermögen des Kindes (Vermögenssorge).

§ 1631 I BGB: Inhalt und Grenzen der Personensorge: Die Personensorge umfasst insbesondere die Pflicht und das Recht, das Kind zu pflegen, zu erziehen, zu beaufsichtigen und seinen Aufenthalt zu bestimmen.

442 Das **Aufenthaltsbestimmungsrecht** der Eltern/Sorgeberechtigten soll gewährleistet werden.

„Das Personensorgerecht ist unter Beachtung eines zunehmenden Bedürfnisses nach Selbstständigkeit des älter werdenden Kindes zu interpretieren."[383]

Unberührt bleibt die Befugnis der Polizei, nach § 8 JuSchG, Kinder und Jugendliche, die an jugendgefährdenden Orten angetroffen werden, dem Erziehungsberechtigten oder dem Jugendamt zuzuführen. Die Befugnisnormen unterscheiden sich dadurch, dass § 35 II PolG NRW ein „Entziehen aus der Obhut" fordert.

---

[378] *Kahl* Kriminalistik 2013, 208 ff.
[379] *Tegtmeyer/Vahle* PolG NRW § 35 Rn. 15.
[380] *Tetsch/Baldarelli* PolG NRW 751.
[381] *Gusy* POR, 7. Aufl. 2009, Rn. 298.
[382] *Brenneisen* POLIZEIforum 11/1997, 51.
[383] *Benfer/Bialon* Rechtseingriffe Rn. 718.

7. Anstaltsgewahrsam, § 35 III PolG NRW

a) Vollzug von U-Haft, Freiheitsstrafen oder freiheitsentziehenden Maß- **443** **regeln der Besserung und Sicherung.** Das Gesetz benennt konkret die Arten der Freiheitsentziehungen, die in diesem Zusammenhang in Betracht kommen.

b) Entweichen oder Aufenthalt außerhalb der JVA ohne Erlaubnis. Hier **444** stellt sich die Frage der Abgrenzung zu § 87 StVollzG. Ein eigenständiges polizeiliches Einschreiten kommt nur infrage, wenn die Strafvollzugsbehörde noch nicht von sich aus um Fahndung und Festnahme nach § 87 StVollzG ersucht hat (§ 1 I 3 PolG NRW).[384]

> **Beispiel:** Bei Außenarbeiten ist ein Strafgefangener geflohen. Die JVA hat sofort die Polizei informiert und um Rückführung gebeten. Im Zuge der Fahndung können Polizeibeamte den Flüchtigen stellen. Gemäß § 87 Strafvollzugsgesetz kann ein Gefangener, der entwichen ist oder sich sonst ohne Erlaubnis außerhalb der Anstalt aufhält, durch die Vollzugsbehörde oder auf ihre Veranlassung hin festgenommen und in die Anstalt zurückgebracht werden. Da im Beispielsfall die Voraussetzungen von § 87 StVollzG erfüllt sind, kann auf § 35 PolG NRW nicht zurückgegriffen werden,[385] insofern schließt § 87 StVollzG eine „Lücke".[386]

§ 87 StVollzG erfasst nur die Fälle, in denen ausdrücklich um die Festnahme ersucht worden ist. Das Festnahmeersuchen beinhaltet zugleich die Anordnung des unmittelbaren Zwanges.

Entweichen meint das Fliehen aus der JVA. Unerlaubter Aufenthalt außerhalb der JVA ist gegeben, wenn der Betroffene von einem Freigang oder Ausgang, § 11 StVollzG, oder aus dem Hafturlaub, § 13 StVollzG, nicht fristgemäß zurückkehrt.

> **Beispiel:** In der JVA K wurde bisher nicht bemerkt, dass sich ein Gefangener durch Einschleichen in ein Lieferantenfahrzeug aus der JVA absetzen konnte. Polizeibeamte wundern sich, warum ein Fußgänger in „Anstaltskleidung" spazieren geht. Die Beamten überprüfen den Mann und stellen fest, dass es sich um einen Strafgefangenen handelt. Die Beamten bringen den Mann zurück.

II. Besondere Form- und Verfahrensvorschriften

1. Behandlung festgehaltener Personen, § 37 PolG NRW   445

a) Gemäß § 37 I PolG NRW ist der Grund des Festhaltens unverzüglich bekanntzugeben. Unverzüglich bedeutet ohne schuldhaftes Verzögern.

b) Gemäß § 37 II PolG NRW sind Angehörige oder eine Person des Vertrauens zu benachrichtigen. Dazu gehören auch zB Rechtsanwälte. „Eine solche Gelegenheit braucht nicht eingeräumt zu werden, wenn dadurch der Zweck der Maßnahme gefährdet würde."[387]

---

[384] *Gusy* POR, 7. Aufl. 2009, Rn. 298; BeckOK PolR NRW/*Basteck*, 8. Ed. 10.2.2018, PolG NRW § 35 Rn. 66.1.

[385] *Chemnitz* PolizeiR NRW § 35 Rn. 38.7.3.

[386] *Kay/Böcking* AllgVerwR/EingriffsR II Rn. 248.

[387] *Tegtmeyer/Vahle* PolG NRW § 37 Rn. 5.

Beispiel: Aus einer Gruppe von Randalieren werden die Rädelsführer in Gewahrsam genommen, während der andere Teil der Gruppe fliehen konnte. Benachrichtigungsvorhaben der Rädelsführer an die übrigen „Bandenmitglieder" werden von der Polizei abgelehnt, weil Befreiungsversuche und Störungen vor dem Dienstgebäude zu befürchten sind.[388]

c) Gemäß 37 III PolG NRW hat eine getrennte Unterbringung im Polizeigewahrsam zu erfolgen.

d) § 37 III 3, 4, 5 PolG NRW.

Im Ausnahmefall, wenn dies zum Schutz der Person erforderlich ist, kann die festgehaltene Person mittels Bild- und Tonübertragung offen beobachtet werden. Zur Wahrung der Intimsphäre kann der Toilettenbereich durch geeignete Sichtschutzwände abgegrenzt werden.

Mit Satz 4 wird die offene Beobachtung mit **technischen Mitteln** zur Bild- und Tonübertragung von im Polizeigewahrsam befindlichen Personen geregelt.

Damit wird eine Rechtsgrundlage für die Installation und Verwendung von Videokameras in Gewahrsamseinrichtungen klargestellt. Die offene Beobachtung dient zum Schutz der im Polizeigewahrsam befindlichen Personen (zB bei Suizidgefahr, Gefahr von Verletzungen oder Notfällen bei alkoholisierten Personen oder Drogenkonsumenten, soweit zuvor die Gewahrsamsfähigkeit ärztlich festgestellt wurde). Im Hinblick auf den Eingriff in das Recht auf informationelle Selbstbestimmung (Art. 2 I GG iVm Art. 1 I GG) wurde die Schaffung einer speziellen Ermächtigungsgrundlage als erforderlich angesehen. Die Neuregelung ermächtigt nicht zur Aufzeichnung von Daten.[389]

Die Regelung in § 37 III 5 PolG NRW weckt als „Kann-Bestimmung" Bedenken hinsichtlich der **Sichtschutzwände** für den Toilettenbereich. Die Nutzung müsste zur Intimsphäre oder auch zum Kernbereich privater Lebensgestaltung gezählt werden.[390]

Gemäß VV 37.0 ist der Vollzug der Freiheitsentziehung im Polizeigewahrsam in der **Polizeigewahrsamsordnung** für das Land Nordrhein-Westfalen vom 20.3.2009 geregelt.[391]

2. Dauer der Freiheitsentziehung, § 38 PolG NRW

446 Die festgehaltene Person ist unter anderem zu entlassen, sobald der Grund der Maßnahme entfallen ist, in jedem Fall spätestens am Ende des Tages nach dem Ergreifen. Eine Freiheitsentziehung zum Zwecke der Feststellung der Identität darf die Dauer von insgesamt 12 Stunden nicht überschreiten.

---

[388] *Tegtmeyer/Vahle* PolG NRW § 37 Rn. 5.
[389] LT-Drs. 14/10089, 34, 35.
[390] *Sachs/Krings* NWVBl. 2010, 165 (171).
[391] MRdErl. d. IM v. 20.3.2009 – 43.57.01.08.

3. Gewahrsamsfähigkeit und Anordnung der Maßnahme

Nach **VV PolG Ziff. 35.11 zu § 35 PolG NRW iVm § 5 Polizeigewahrsamsordnung** 447 hat die Feststellung der Gewahrsamsfähigkeit in den dort beschriebenen Fällen durch einen Arzt zu erfolgen.

Die **Anordnung** ergibt sich aus § 36 PolG NRW. **Gemäß § 36 I PolG NRW** hat die Polizei unverzüglich eine richterliche Entscheidung über Zulässigkeit und Fortdauer der Freiheitsentziehung herbeizuführen, wenn eine Person aufgrund von § 10 III, § 12 II 3 oder § 35 PolG NRW festgehalten wird. Der Herbeiführung der richterlichen Entscheidung bedarf es nicht, wenn anzunehmen ist, dass die Entscheidung des Richters erst nach Wegfall des Grundes der polizeilichen Maßnahmen ergehen würde. **Gemäß § 36 II PolG NRW** ist für die Entscheidung nach Abs. 1 das Amtsgericht zuständig, in dessen Bezirk die Person festgehalten wird.

Grundsätzlich ist die richterliche Entscheidung bereits vor der Ingewahrsamnahme herbeizuführen. Dies ergibt sich aus Art. 104 II 1 GG. Eine „vorläufige Freiheitsentziehung" ist nur in den Fällen rechtmäßig, in denen der mit der Freiheitsentziehung verfolgte Zweck nicht erreichbar wäre, wenn der Festnahme die richterliche Entscheidung vorausgehen müsste. Allerdings muss die richterliche Entscheidung nach erfolgter Ingewahrsamnahme unverzüglich herbeigeführt werden. Unverzüglich heißt **„ohne jede Verzögerung"**.[392] Ein Verstoß gegen dieses Gebot hat die Rechtswidrigkeit der Ingewahrsamnahme zur Folge.[393]

III. Adressatenregelung

Die Adressaten der polizeilichen Maßnahmen sind unmittelbar in der Ermäch- 448 tigungsnorm benannt.

IV. Rechtsfolge

Rechtsfolge ist die Ingewahrsamnahme einer Person. „Gewahrsam" ist nicht 449 nur das Verbringen in einen **Arrestraum** („das" Gewahrsam). Gewahrsam ist vielmehr jedes Festhalten zum Zwecke der Gefahrenabwehr, soweit nicht Sondervorschriften bestehen, wie zB § 12 II 3 PolG NRW.

20. Kapitel. Vorläufige Festnahme, § 127 II StPO[394]

§ 127 II StPO ist die Ermächtigungsgrundlage für die Festnahme durch die StA 450 und Beamte des Polizeidienstes.

Die **Festnahme** ist dabei von der **Verhaftung** abzugrenzen. Eine Verhaftung liegt 451 vor, wenn die Freiheitsentziehung aufgrund eines richterlichen Beschlusses ergangen ist, unter anderem nach §§ 114, 114a StPO. Die **vorläufige Festnahme nach § 127 II StPO** erfolgt ohne vorherige richterliche Anordnung.

Die Festnahme ist **nicht** möglich bei folgenden Personen: 452

---

[392] OVG Bremen BeckRS 2015, 48609; BGH NJW 2015, 96.
[393] *Rachor* in Lisken/Denninger HdB PolizeiR E Rn. 536 ff.
[394] Fallbearbeitung in *Bialon/Springer* Fälle EingriffsR Fall 9.

- Strafunmündige Kinder (§ 19 StGB),
- Personen, für die ein Prozesshindernis offensichtlich feststeht (zB Exterritoriale),
- Die Festnahme von Abgeordneten deutscher Parlamente ist nach Art. 46 II GG beschränkt auf das Antreffen während der Tatausübung bis zum Ablauf des folgenden Tages (ähnliche Regelungen gelten auch für Landtagsabgeordnete und Abgeordnete des Europaparlaments).

Die Festnahme aufgrund einer **Ordnungswidrigkeit** ist ausgeschlossen, § 46 III OWiG.

Sollen **Jugendliche** vorläufig festgenommen werden, ist der Grundsatz der Verhältnismäßigkeit besonders zu berücksichtigen. Die §§ 71, 72 JGG sind zu beachten.[395] Außerdem gilt seit dem 5.9.2017 der neu eingefügte § 67a JGG. Danach sind der Erziehungsberechtigte und der gesetzliche Vertreter von der Freiheitsentziehung zu unterrichten (s. dazu auch → Rn. 173).

A. Ermächtigungsgrundlage

I. Grundrechtseingriff

453 Art. 2 II 2 GG schützt die **körperliche Bewegungsfreiheit** im engeren Sinne, insbesondere die Freiheit jeden beliebigen Ort aufzusuchen. Eingriffe in das Recht auf Freiheit der Person nach Art. 2 II 2 GG sind entsprechend Art. 2 II 3 GG nur aufgrund eines Gesetzes zulässig. Art. 104 I GG ergänzt Art. 2 II 3 GG jedoch insoweit, als dass Eingriffe in das Recht auf Freiheit der Person nur aufgrund eines förmlichen Gesetzes zulässig sind. Mit der vorläufigen Festnahme ist ein Eingriff in die Bewegungsfreiheit in Form der **Freiheitsentziehung** gegeben. Die weiteren Verfahrensregelungen des Art. 104 II–IV GG, die für die Freiheitsentziehung gelten, sind einfachgesetzlich in der StPO normiert, → Rn. 484.

II. Handlungsform

454 Die vorläufige Festnahme ist ein Justizverwaltungsakt (§ 23 I EGGVG), weil sie konkludent dem Beschuldigten die Pflicht auferlegt, alle notwendigen Maßnahmen bezüglich der vorläufigen Festnahme zu dulden.

B. Formelle Rechtmäßigkeit

455 Die Zielrichtung der Maßnahme ist strafverfolgend. Daher ergibt sich die sachliche Zuständigkeit aus § 1 IV PolG NRW iVm § 163 I 1 StPO iVm § 11 I Nr. 2 POG NRW.

C. Materielle Rechtmäßigkeit

I. Tatbestandsvoraussetzungen

456 Die Tatbestandsvoraussetzungen ergeben aus § 127 II StPO.

---

[395] *Benfer/Bialon* Rechtseingriffe Rn. 732.

1. Gefahr im Verzug

Es muss Gefahr im Verzug gegeben sein. S. weiter → Rn. 485. 457

> **Merke:** Es empfiehlt sich bei der Prüfung der vorläufigen Festnahme zuerst die Voraussetzungen eines Haftbefehls und erst danach das zweite Tatbestandsmerkmal in § 127 II StPO, die Gefahr im Verzug, zu prüfen. Aus diesem Grund wird hier nach unten verwiesen.

2. Voraussetzungen eines Haftbefehls, § 112 I StPO

Die Voraussetzungen der Untersuchungshaft und eines Haftbefehls ergeben 458 sich aus § 112 I StPO.

a) Dringender Tatverdacht gegen den Beschuldigten. Zum Begriff des Beschul- 459 digten wird auf die Ausführungen in → Rn. 46 ff. verwiesen.

Der **dringende Tatverdacht** liegt vor, wenn aufgrund konkreter Tatsachen eine 460 große Wahrscheinlichkeit dafür besteht, dass der Beschuldigte als Täter oder Teilnehmer eine Straftat begangen hat.[396] Es liegt also eine Steigerung zum einfachen Tatverdacht vor.[397]

Die Tat muss nach hM tatbestandsmäßig, rechtswidrig sowie schuldhaft began- 461 gen worden sein und es dürfen keine nichtbehebbaren Verfahrenshindernisse vorliegen.[398]

b) Vorliegen eines Haftgrundes
aa) Flucht bzw. Sich-verborgen-halten, § 112 II Nr. 1 StPO

- **Flüchtig** ist dabei derjenige, der sich von seinem bisherigen Lebensmittel- 462 punkt abgesetzt hat, um für die Ermittlungsbehörden unerreichbar zu sein und um sich ihrem Zugriff zu entziehen. Flucht liegt mithin vor, wenn der bisherige räumliche Lebensmittelpunkt (Wohnung) aufgegeben wird, um für die Strafverfolgungsbehörden unerreichbar zu sein;[399]
- **Verborgen** iSv § 112 II Nr. 1 StPO hält sich derjenige, der seinen Aufenthalt vor den Behörden verschleiert, sodass er für die Ermittlungsbehörden nicht greifbar ist. Der Beschuldigte hält sich verborgen, wenn er unangemeldet, unter falschem Namen oder an einem unbekannten Ort lebt, um sich dem Verfahren zu entziehen.[400]

Es kommt auf den Willen an, der Strafverfolgungsbehörde nicht zur Verfügung 463 zu stehen.[401]

Für die Polizei ist dieser Haftgrund selten anwendbar. Denn wenn der Beschuldigte flüchtig ist oder sich verborgen hält, dann kann er auch nicht festgenommen werden. Damit besteht dann auch ausreichend Zeit, einen Haftbefehl zu

---

[396] BVerfG NJW 1996, 1049.
[397] *Benfer/Bialon* Rechtseingriffe Rn. 95 f.
[398] *Schlothauer* StV 1996, 393.
[399] *Hilger* StV 2005, 35 (36).
[400] *Hansen* EingriffsR NRW Rn. 181.
[401] BGHSt 23, 380 (384) = NJW 1971, 333.

erwirken. Damit liegt keine Gefahr im Verzug iSd § 127 II StPO vor, was aber Voraussetzung für die vorläufige Festnahme wäre.

bb) Fluchtgefahr, § 112 II Nr. 2 StPO

> **Merke:** Gilt nur begrenzt bei leichteren Taten, s. § 113 II StPO; beachte § 127a StPO.

464 In der Rechtspraxis der Untersuchungshaft hat der Haftgrund der Fluchtgefahr die größte Bedeutung. Der weitaus überwiegende Teil aller Haftbefehle wird auf den Haftgrund aus § 112 II Nr. 2 StPO gestützt.

465 **Fluchtgefahr** besteht, wenn bei umfassender Würdigung der Umstände des Einzelfalles es wahrscheinlicher erscheint, dass der Beschuldigte, statt sich dem Strafverfahren zu stellen, sich diesem entziehen werde,[402] also er dauernd oder wenigstens vorübergehend den Fortgang des Strafverfahrens verhindert, weil er für Ladungen und Vollstreckungshandlungen nicht zur Verfügung steht. Ob die Ankündigung des Beschuldigten, er werde sich das Leben nehmen, auch unter § 112 II Nr. 2 StPO fällt ist umstritten, aber wohl eher abzulehnen.[403]

Kriterien, die für eine Fluchtgefahr sprechen können, sind unter anderem:

- Schwere der Strafe (Straferwartung);
- Fehlende oder nur lockere familiäre/soziale Bindungen;
- Verlust des Arbeitsplatzes/arbeitslos;
- Schlechte wirtschaftliche und finanzielle Verhältnisse (Schulden);
- Ohne festen Wohnsitz;
- Lebensweise des Beschuldigten;
- Konkrete Fluchtvorbereitungen;
- Verwendung falscher Namen;
- Auslandsbeziehungen;
- Flucht in bisherigen Strafverfahren;
- Beschaffung von größeren Bargeldbeträgen.

Kriterien, die gegen eine Fluchtgefahr sprechen können, sind unter anderem:

- Keine Fluchtmöglichkeiten;
- Hohes Alter;
- Schlechter Gesundheitszustand;
- Fester Wohnsitz;
- Starke familiäre oder berufliche Bindungen.[404]

466 **Alle** bekannten Tatsachen, die für und gegen eine Fluchtgefahr sprechen, sind in die **Abwägung** einzubeziehen. Ob Fluchtgefahr vorliegt oder nicht, erfordert die Berücksichtigung und Abwägung aller Umstände des Falles.[405]

---

[402] OLG Hamm StV 1997, 643.
[403] OLG Oldenburg NJW 1961, 1984; aA OLG Hamburg StV 1994, 142 (143).
[404] OLG Hamm StV 2003, 509.
[405] OLG Köln StV 1995, 475.

Feste soziale Bindungen mit zwei relativ kleinen Kindern, an denen der Betroffene offensichtlich sehr hängt, können andere Fluchtmotive (zB Straferwartung) insoweit entkräften, dass von einer Fluchtgefahr nicht mehr gesprochen werden kann.[406]

In der Rechtsprechung[407] wurde eine Methodik entwickelt, mit deren Hilfe zumindest ein gewisses Quantum an Sicherheit gewährleistet wird: Ausgehend von der Überlegung, dass der Anreiz zur Flucht parallel zur Höhe der erwarteten Strafe verläuft, geht man zunächst daran, das dem Beschuldigten drohende Strafmaß zu prognostizieren, um sodann zu prüfen, ob „sonstige Umstände" – in der Regel sind dies Gegebenheiten in Bezug auf den Wohnsitz, die Arbeit und die Sozialbindungen – den daraus resultierenden Fluchtreiz mindern oder sogar verstärken. Die außerhalb der Straferwartung liegenden Tatsachen, die gegen Fluchtgefahr herangeführt werden sollen, müssen umso gewichtiger sein, desto höher die Strafprognose ausfällt. In Anbetracht einer „ganz besonders schweren Strafe" würden die Ansprüche an kompensierende Einflüsse daher so weit steigen, dass – insbesondere bei den in § 112 III StPO genannten Delikten – eine fast unwiderlegbare Vermutung für fluchttypisches Verhalten entsteht, wodurch der Subsumtion gleichwohl nicht weniger Sorgfalt zukommen soll.

Für die Frage der Fluchtgefahr spielt die Höhe der zu erwartenden Strafe eine **467** erhebliche Rolle. Zwar kann im Allgemeinen allein die **Straferwartung** eine Fluchtgefahr grundsätzlich nicht begründen.[408] Sie ist aber Ausgangspunkt für die Erwägung, ob der in ihr liegende Anreiz zur Flucht unter Berücksichtigung sonstiger Umstände so erheblich ist, dass die Annahme gerechtfertigt ist, der Beschuldigte werde wahrscheinlich flüchtig werden. Eine besonders hohe Straferwartung indiziert mithin die Fluchtgefahr, welche nur dann aufgrund besonderer Umstände als nicht wahrscheinlich anzusehen ist.[409]

cc) Verdunkelungsgefahr, § 112 II Nr. 3 StPO

> **Merke:** Gilt nicht bei leichteren Taten, s. § 113 I StPO.

Bei diesem Haftgrund muss die Gefahr bestehen, dass die Ermittlung der **468** Wahrheit erschwert wird. Das setzt voraus, dass der Beschuldigte **überhaupt noch die Möglichkeit** hat, auf die Wahrheitsermittlung in unlauterer Weise Einfluss nehmen zu können. Das ist nicht der Fall, wenn die Straftat ausermittelt ist.[410]

Es müssen **Tatsachen** vorliegen, die sich **aus dem Verhalten des Beschuldigten** **469** ergeben und die den dringenden Verdacht ergeben, dass er eine der im Gesetz genannten drei Varianten vornehmen will.

---

[406] OLG Brandenburg StV 2002, 147; AG Backnang Beschl. v. 19.3.2013 – 2 Ls 222 Js 113636/12.
[407] OLG Köln StV 1995, 419; OLG Köln BeckRS 2017, 141453 Rn. 13 f.
[408] KG StV 1998, 207; LG Frankfurt a.M. StV 1998, 271.
[409] OLG Karlsruhe NJW 1978, 333; OLG Karlsruhe NJW 1993, 1148.
[410] KG Berlin BeckRS 2013, 00933.

470 Das Gesetz nennt als Verdunkelungshandlungen:

- Beweismittel vernichten, verändern, beiseiteschaffen, unterdrücken oder fälschen, (Einwirken auf sachliche Beweismittel),
- Auf Mitbeschuldigte, Zeugen oder Sachverständige in unlauterer Weise einwirken oder (Einwirken auf persönliche Beweismittel),
- Andere zu solchem Verhalten veranlassen (mittelbare Verdunkelungshandlung).

471 Das Verhalten des Beschuldigten muss anstößig und prozessordnungswidrig sein. Rechtmäßiges Verhalten begründet eine Verdunkelungsgefahr auch dann nicht, wenn man dadurch eine Verurteilung erschwert oder gar verhindert werden würde.[411]

Die Tatsache, dass noch umfangreiche weitere Ermittlungen erforderlich sind, reicht mithin für die Annahme der Verdunkelungsgefahr nicht aus.[412]

Macht der Beschuldigte (nur) von seinen Rechten Gebrauch, liegt keine Verdunkelungsgefahr vor, zB[413]

- Bestreiten der Tat oder Verweigerung der Einlassung,
- Weigerung, Mittäter zu nennen,
- Suche nach Entlastungszeugen,
- Verweigerung eines Atemalkohol-Tests.

472 Dass ein Beschuldigter Familienangehörige und Mitarbeiter als Zeugen zu seiner Entlastung benennt, ist sein gutes Recht und kann Verdunkelungsgefahr selbst dann nicht begründen, wenn es sich bei den benannten Zeugen um wirtschaftlich von ihm abhängige Personen handelt.[414]

473 Konsequenz der Verdunkelungshandlungen muss die (konkrete) Gefahr sein, dass die Ermittlung der Wahrheit erschwert wird. Das ist zB **nich**t gegeben, wenn

- der Sachverhalt in vollem Umfang aufgeklärt ist,
- alle Beweise gesichert sind, sodass der Beschuldigte die Wahrheitsfindung nicht mehr behindern kann.[415]

474 **dd) Schwere der Tat, § 112 III StPO.** Zur Wahrung des Verhältnismäßigkeitsgrundsatzes ist § 112 III StPO verfassungskonform dahin auszulegen, dass Umstände vorliegen müssen, die die Gefahr begründen, dass ohne Festnahme des Beschuldigten die alsbaldige Aufklärung und Ahndung der (Katalog-)Tat gefährdet sein könnte.[416] Die Umstände müssen es als möglich erscheinen lassen, dass Flucht-, Verdunkelungs- oder Wiederholungsgefahr besteht. Mit Tatsachen braucht das nicht belegt zu sein. Die Aufzählung der Taten in § 112 III StPO ist abschließend.

---

[411] *Melzer* JA 2009, 213 (214); OLG Köln BeckRS 2017, 141453 Rn. 8.
[412] OLG München NStZ 1996, 403.
[413] *Hansen* EingriffsR NRW Rn. 183.
[414] OLG Saarbrücken StV 2002, 489.
[415] OLG Karlsruhe NJW 1993, 1148.
[416] BVerfGE 19, 342 (350) = NJW 1966, 243.

ee) Wiederholungsgefahr, § 112a StPO. Der Haftgrund der Wiederholungs- 475
gefahr stellt einen Haftgrund im Rahmen der StPO dar, der mit den Gründen
der Untersuchungshaft nach § 112 StPO nicht vergleichbar ist.

Eine wegen Wiederholungsgefahr angeordnete Untersuchungshaft stellt kein
Mittel zur Verfahrenssicherung dar, sondern eine vorbeugende Maßnahme
zum **Schutz der Rechtsgemeinschaft vor weiteren erheblichen Straftaten.** Sie ist
somit präventiv-polizeilicher Natur.[417] Es handelt sich um eine vorbeugende
Maßnahme zum Schutz der Allgemeinheit vor besonders gefährlichen Tätern.

Der Haftgrund der Wiederholungsgefahr, der mit bestimmten Tatsachen zu
begründen ist, ist auf die angeführten Katalogtaten beschränkt.

> **Merke:** Der Haftgrund der Wiederholungsgefahr ist **subsidiär anzuwenden**,
> s. § 112a II StPO; erst sind mithin andere Haftgründe aus § 112 II, III StPO
> zu prüfen. Der Haftbefehl darf auf diesen Haftgrund auch nicht hilfsweise
> gestützt werden.[418]

§ 112a StPO ist grundsätzlich auch im Verfahren gegen **Jugendliche** anwend- 476
bar.[419] Zu beachten ist aber der Vorrang der vorläufigen Unterbringung gem.
§ 71 II JGG.

In § 112a I StPO sind **enumerativ** die für eine Haft tauglichen Deliktsgruppen 477
aufgeführt. Diese Delikte nennt man Anlasstaten.

Der Beschuldigte muss in Bezug auf die Anlasstat in einem dringenden Tatverdacht iSv § 112 I 1 StPO stehen.

Für die Festnahme (Verhaftung) ist nicht allein das Delikt (Anlasstat) ausschlag- 478
gebend. Der Haftgrund greift vielmehr erst dann durch, wenn „bestimmte **Tatsachen** die Gefahr begründen, dass der Täter vor rechtskräftiger Aburteilung weitere **erhebliche Straftaten gleicher Art** begehen oder die Straftat fortsetzen werde.

Straftaten gleicher Art sind nicht nur solche, welche den Tatbestand derselben
Strafbestimmung verwirklichen, sondern auch solche, die zur gleichen De-
liktgruppe gehören. Ob diese Voraussetzungen vorliegen, ist im Einzelfall zu
ermitteln.

Schließlich muss „die **Haft** zur Abwendung der drohenden Gefahr **erforderlich"**
sein. Es darf keine anderen geeigneten und milderen Mittel zur Verhinderung
erneuter Straffälligkeit geben.

Die **Deliktsgruppe aus § 112a I Nr. 1 StPO** beinhaltet ausschließlich Straftaten 479
gegen die **sexuelle Selbstbestimmung**, §§ 174, 174a, 176–179 StGB sowie auch den
Straftatbestand des **Stalking**, § 238 II, III 3 StGB.

Bei diesen Delikten, § 112a I Nr. 1 StPO, brauchen die Voraussetzungen aus
§ 112a I Nr. 2 StPO nicht vorzuliegen, dh eine wiederholte oder fortgesetzte
Tatbegehung wird nicht verlangt (anders: § 112a I Nr. 2 StPO).

---

[417] OLG Dresden StV 2006, 534.
[418] OLG Köln StV 2003, 517; LG Bonn StV 1998, 439.
[419] OLG Hamm StV 2002, 432.

> **Merke:** Bereits die einmalige Begehung eines Sexualdelikts kann auf Persönlichkeitsdefekte hinweisen, welche künftige Taten ähnlicher Art befürchten und erwarten lassen.[420]

480 „Der **Katalog des § 112a I Nr. 2 StPO** enthält Straftaten, die erfahrungsgemäß besonders häufig von **Serientätern** begangen werden."[421]

Weitere gesetzliche Voraussetzung des § 112a I Nr. 2 StPO ist, dass jede einzelne der Taten ihrem konkreten Erscheinungsbild nach die Rechtsordnung schwerwiegend beeinträchtigt.

Eine **wiederholte Tatbegehung** liegt vor, wenn der Täter nach jeweiligem Einzelentschluss mindestens zwei zur gleichen Deliktsgruppe gehörende Handlungen begangen hat.

Alternativ ist die **fortgesetzte Begehung** der Anlasstat möglich. Eine fortgesetzte Tatbegehung liegt vor, wenn der Täter nach einem einmal gefassten Entschluss (Gesamtvorsatz) mindestens zwei zu einer Deliktsgruppe gehörende Handlungen begangen hat.[422]

481 Nur bei den Anlasstaten der Deliktsgruppe des § 112 I Nr. 2 StPO ist zudem im Wege einer vorweggenommenen Strafzumessung prognostisch festzustellen, dass hinsichtlich der Anlasstat eine **Freiheitsstrafe von mindestens einem Jahr** zu erwarten ist. Das verlangt eine Orientierung an der gängigen Gerichtspraxis. Bei Serientätern wird dies regelmäßig zu bejahen sein.

482 **c) Verhältnismäßigkeit, § 112 I 2 StPO.** Die Verhältnismäßigkeit ist entsprechend § 112 I 2 StPO Voraussetzung eines Haftbefehls, dh abzuwägen ist die Schwere des Eingriffs in die Freiheit des Beschuldigten gegen die Bedeutung der Strafsache und die zu erwartende Strafe.

II. Besondere Form- und Verfahrensvorschriften

1. § 127 IV StPO

483 § 127 IV StPO verweist auf die Vorschriften aus §§ 114a–114c StPO.

- § 114a StPO: „Dem Beschuldigten ist bei der Verhaftung eine **Abschrift des Haftbefehls** auszuhändigen; beherrscht er die deutsche Sprache nicht hinreichend, erhält er zudem eine Übersetzung **in einer für ihn verständlichen Sprache**. Ist die Aushändigung einer Abschrift und einer etwaigen Übersetzung nicht möglich, ist ihm unverzüglich in einer für ihn verständlichen Sprache mitzuteilen, welches die **Gründe für die Verhaftung** sind und welche Beschuldigungen gegen ihn erhoben werden. In diesem Fall ist die **Aushändigung** der Abschrift des Haftbefehls sowie einer etwaigen Übersetzung unverzüglich **nachzuholen**."
- § 114b StPO: „**Schriftliche/mündliche Belehrung** in einer dem Betroffenen verständlichen Sprache über seine Rechte."

---

[420] OLG Bremen NStZ-RR 2001, 220; LG Krefeld NJW 1972, 2238.
[421] Meyer-Goßner/Schmitt/*Schmitt* StPO § 112a Rn. 7.
[422] OLG Frankfurt a.M. StV 1984, 159.

> **Merke:** Für diese Belehrung gibt es Vordrucke, die im IGVP/ViVA in 41 Sprachen hinterlegt sind.

Danach ist der Beschuldigte darüber zu belehren, dass er
- unverzüglich, spätestens am Tag nach der Ergreifung, dem Gericht vorzuführen ist, das ihn zu vernehmen und über seine weitere Inhaftierung zu entscheiden hat,
- das Recht hat, sich zur Beschuldigung zu äußern oder nicht zur Sache auszusagen,
- zu seiner Entlastung einzelne Beweiserhebungen beantragen kann,
- jederzeit, auch schon vor seiner Vernehmung, einen von ihm zu wählenden Verteidiger befragen kann,
- in den Fällen des § 140 I und II StPO die Bestellung eines Verteidigers nach Maßgabe des § 141 I und III StPO beanspruchen kann,
- das Recht hat, die Untersuchung durch einen Arzt oder eine Ärztin seiner Wahl zu verlangen und
- einen Angehörigen oder eine Person seines Vertrauens benachrichtigen kann, soweit der Zweck der Untersuchung dadurch nicht gefährdet wird,
- nach Maßgabe des § 147 VII StPO beantragen kann, Auskünfte und Abschriften aus den Akten zu erhalten, soweit er keinen Verteidiger hat, und
- bestimmte Antragsrecht bei andauernder Untersuchungshaft hat (s. § 114b II 1 Nr. 8 StPO).
- Der Beschuldigte ist auf das Akteneinsichtsrecht des Verteidigers nach § 147 StPO hinzuweisen.
- Ein Beschuldigter, der der deutschen Sprache nicht hinreichend mächtig ist oder der hör- oder sprachbehindert ist, ist in einer ihm verständlichen Sprache darauf hinzuweisen, dass er nach Maßgabe des § 187 Abs. 1–3 GVG für das gesamte Strafverfahren die unentgeltliche Hinzuziehung eines Dolmetschers oder Übersetzers beanspruchen kann.
- Ein ausländischer Staatsangehöriger ist darüber zu belehren, dass er die Unterrichtung der konsularischen Vertretung seines Heimatstaates verlangen und dieser Mitteilungen zukommen lassen kann.
- § 114c I StPO: Einem verhafteten Beschuldigten ist unverzüglich Gelegenheit zu geben, einen **Angehörigen** oder eine Person seines Vertrauens **zu benachrichtigen**, sofern der Zweck der Untersuchung dadurch nicht gefährdet wird.

2. Vorführung

§ 128 I StPO bestimmt, dass der Festgenommene unverzüglich, spätestens bis **484** zum Ende des Tags nach der Festnahme, dem Richter vorzuführen ist.

Der Polizei wird gem. § 128 I StPO eine Frist eingeräumt, um entsprechende Ermittlungen unverzüglich anzustellen.[423]

„Die in § 128 Abs. 1 Satz 1 StPO genannte Frist zur Vorführung beim zuständigen Ermittlungsrichter spätestens am Tag nach der Festnahme, dh mit Ablauf des Kalendertages nach dem Tag der Festnahme, ist eine äußerste Frist. Sie darf nicht zur

---

[423] BGH NStZ 1990, 195.

Regel gemacht werden. Die fehlende Möglichkeit, einen Richter zu erreichen, kann nicht ohne weiteres als unvermeidbares Hindernis für die unverzügliche Nachholung der richterlichen Entscheidung gelten."[424]

3. Gefahr im Verzug/Anordnungskompetenz gem. § 127 II StPO

485 Gemäß § 127 II StPO muss **Gefahr im Verzug** vorliegen. Gefahr im Verzug liegt vor, wenn die Festnahme durch das Abwarten der richterlichen Entscheidung gefährdet wäre.

Bei einer beabsichtigen und im Voraus geplanten Festnahme besteht niemals Gefahr im Verzug. Die Strafverfolgungsbehörden müssen regelmäßig versuchen, eine Anordnung des instanziell und funktionell zuständigen Richters zu erlangen, bevor sie die Maßnahme anordnen/durchführen. Nur in Ausnahmesituationen, wenn schon die zeitliche Verzögerung wegen eines solchen Versuchs den Erfolg der Maßnahme gefährden würde, dürfen sie selbst die Anordnung wegen Gefahr im Verzug treffen, ohne sich zuvor um eine richterliche Entscheidung bemüht zu haben.[425]

486 Die vorläufige Festnahme darf durch die StA und die Beamten des Polizeidienstes angeordnet werden.

III. Adressatenregelung

487 Der Adressat ist der Beschuldigte.

IV. Rechtsfolge

488 Als Rechtsfolge ergibt sich die vorläufige Festnahme.

Unter einer Festnahme ist das mit hoheitlicher Gewalt hergestellte Rechtsverhältnis zu verstehen, kraft dessen einer Person die Freiheit dergestalt entzogen ist, dass sie von der Polizei in einer dem polizeilichen Zweck entsprechenden Weise verwahrt und daran gehindert wird, sich fortzubewegen.[426]

D. Sonstiges

I. Festnahme bei Antragsdelikten, § 127 III StPO

489 § 127 III StPO bestimmt:

„Ist eine Straftat nur auf Antrag verfolgbar, so ist die vorläufige Festnahme auch dann zulässig, wenn ein Antrag noch nicht gestellt ist. Dies gilt entsprechend, wenn eine Straftat nur mit Ermächtigung oder auf Strafverlangen verfolgbar ist."

Das Fehlen eines Strafantrags ist also kein Hinderungsgrund für eine Festnahme.[427] Stellt aber der Antragsberechtigte bei einem absoluten Antragsdelikt keinen Strafantrag, ist eine Festnahme ausgeschlossen.

---

[424] LG Hamburg StV 2009, 485 = BeckRS 2009, 08966.
[425] BVerfG NJW 2001, 1121.
[426] OVG Münster NJW 80, 138.
[427] S. auch Nr. 7 RiStBV; *Benfer/Bialon* Rechtseingriffe Rn. 733 ff.

Bei **Privatklagedelikten** dürfte eine vorläufige Festnahme aus Verhältnismäßig- 490
keitsgründen nur ausnahmsweise zulässig sein.[428]

II. Voraussetzungen eines Unterbringungsbefehls, § 126a StPO

§ 127 II StPO erlaubt die vorläufige Festnahme auch, wenn die Voraussetzungen 491
eines Unterbringungsbefehls, § 126a StPO, vorliegen.

Sind dringende Gründe für die Annahme vorhanden, dass jemand eine rechtswidrige Tat im Zustand der Schuldunfähigkeit, § 20 StGB, oder verminderten
Schuldfähigkeit, § 21 StGB, begangen hat und dass seine Unterbringung in einem psychiatrischen Krankenhaus oder einer Entziehungsanstalt angeordnet
werden wird, so kann das Gericht durch Unterbringungsbefehl die einstweilige
Unterbringung in einer dieser Anstalten anordnen, wenn die öffentliche Sicherheit es erfordert, § 126a StPO.

Da die Vorschrift für die polizeiliche Praxis nur geringe Bedeutung hat, wird
hier auf weitere Ausführungen verzichtet.

III. Weitere Möglichkeiten zur Festnahme

§ 127b StPO regelt die sog. „Hauptverhandlungshaft" (→ Rn. 494 ff.). 492

§ 19 IRG bestimmt, dass die StA und die Beamten des Polizeidienstes zur
vorläufigen Festnahme befugt sind, wenn die Voraussetzungen eines Auslieferungshaftbefehls vorliegen.

IV. Absehen von der vorläufigen Festnahme

Personen, die ihren festen Wohnsitz oder Aufenthalt im Ausland haben, können 493
unter den Voraussetzungen des § 127a StPO eine Sicherheit leisten und einen
Zustellungsbevollmächtigten benennen und dadurch die vorläufige Festnahme
abwenden. Zu den Einzelheiten s. die Ausführungen → Rn. 511 ff.

21. Kapitel. Hauptverhandlungshaft, § 127b StPO

„Mit dieser Norm hat der Gesetzgeber eine Festnahmemöglichkeit im Rahmen 494
des beschleunigten Verfahrens geschaffen. Damit wird die Möglichkeit gegeben, Täter vorläufig festzunehmen, auch wenn die Voraussetzungen des § 127 I
oder II StPO nicht vorliegen, und einen (zeitlich) befristeten Haftbefehl zu erlassen, auch wenn die Voraussetzungen nach den §§ 112 ff. StPO nicht
vorliegen."[429] Insofern bedarf es an dieser Stelle zunächst einer Erläuterung der
Grundsätze des beschleunigten Verfahrens.[430]

Das beschleunigte Verfahren wurde zur Abschreckung und erzieherischen 495
Wirkung besonders reisender Täter geschaffen.[431] Damit sollte den Gerichten
die Möglichkeit gegeben werden, „in rechtlich tatsächlich oder rechtlich einfach
gelagerten Fällen eine der Tat möglichst auf dem Fuße folgende Verurteilung

---

[428] SK-StPO/*Paeffgen* § 112 Rn. 50 und § 127 Rn. 35.
[429] Meyer-Goßner/Schmitt/*Schmitt* StPO § 127b Rn. 1.
[430] *Wieneck* JuS 2018, 249 ff.
[431] BT-Drs. 13/2576, 3.

zu ermöglichen".[432] Um die Anwesenheit des Beschuldigten zu gewährleisten, war die Einführung eines „neuen" Festnahmerechts notwendig.

496 Gegen diese 1994 in die StPO eingeführte Regelung bestehen ebenso Bedenken wie gegen das beschleunigte Verfahren insgesamt. Durch diese Form der Festnahme wird in Fällen der kleinen und mittleren Kriminalität die Möglichkeit einer Verhaftung eröffnet, die in schwereren Fällen nicht möglich wäre.[433]

A. Ermächtigungsgrundlage

I. Grundrechtseingriff

497 Mit der Festnahme im Rahmen der Hauptverhandlungshaft ist ein Grundrechtseingriff in Art. 2 II GG iVm Art. 104 GG – Freiheit der Person – verbunden. Dabei handelt es sich regelmäßig um Maßnahmen mit freiheitsentziehendem Charakter.

II. Handlungsform

498 Die Festnahme nach § 127b StPO stellt sich als sog. Justizverwaltungsverwaltungsakt iSd § 23 EGGVG (Rechtsweg bei Justizverwaltungsakten) dar.

B. Formelle Rechtmäßigkeit

499 Die Maßnahme der Festnahme dient der Strafverfolgung (§ 163 StPO).

C. Materielle Rechtmäßigkeit

I. Tatbestandsvoraussetzungen
1. Tat iSd § 127b StPO

500 **Tat** iSd § 127b StPO ist jede Straftat (nicht Ordnungswidrigkeit) eines Erwachsenen oder Heranwachsenden (Jugendliche scheiden aus, da gem. § 79 JGG das beschleunigte Verfahren gegen Jugendliche nicht möglich ist), für die keine höhere Strafe als Geldstrafe oder Freiheitsstrafe bis zu einem Jahr zu erwarten ist.

In der Praxis spielt diese Form der Festnahme für folgende Delikte eine Rolle, zB

- Laden, Tank- und Taschendiebstahl, gegebenenfalls auch einfache Fälle von § 243 StGB (zB Automaten- und Pkw-Aufbrüche),
- Körperverletzung und einfache Fälle von gefährlicher Körperverletzung,
- einfache Betrugsfälle (Zechbetrug, Erschleichen von Leistungen),
- Sachbeschädigung,
- Hausfriedensbruch,
- Fahren ohne Fahrerlaubnis.

---

[432] BT-Drs. 13/2576, 3.
[433] Meyer-Goßner/Schmitt/*Schmitt* StPO § 127b Rn. 2; *Wenske* NStZ 2009, 63 ff.

2. Auf frischer Tat betroffen oder verfolgt

„**Auf frischer Tat betroffen** ist, wer bei der Begehung einer rechtswidrigen Tat 501 oder unmittelbar danach am Tatort oder in dessen unmittelbarer Nähe gestellt wird. Verfolgen auf frischer Tat liegt vor, wenn sich der Täter bereits vom Tatort entfernt hat, sichere Anhaltspunkte aber auf ihn als Täter hinweisen und seine Verfolgung zum Zwecke seiner Ergreifung aufgenommen wird."[434]

Die **restriktive Auslegung** des Betreffens auf frischer Tat impliziert, dass der Tatverdacht letztlich auch dringend sein muss.[435]

3. Festnahmegründe

a) Unverzügliche Entscheidung im beschleunigten Verfahren muss wahrschein- 502 lich sein. Nach den Richtlinien zur Anwendung des beschleunigten Verfahrens vom 15.7.2002 bedeutet dies für das vorliegende Merkmal:

- Es muss ein einfacher Sachverhalt vorliegen oder
- die Beweislage muss klar sein.

Die geforderte „**klare Beweislage**" kann sich durch das Geständnis des Beschul- 503 digten ergeben oder auch durch das Vorhandensein genügend sicherer Beweismittel. Nach Ziff. 146 RiStBV ist das Verfahren nicht anzuwenden, wenn Anlass besteht, die Person des Beschuldigten und sein Vorleben zu erforschen oder wenn der Beschuldigte durch die Anwendung des beschleunigten Verfahrens in seiner Verteidigung beeinträchtigt wird.[436]

Eine Anwendung des beschleunigten Verfahrens kommt nicht in Betracht: 504

- Soweit durch Maßnahmen iSd §§ 127a und 132 StPO (Sicherheitsleistung) eine Verfahrensdurchführung gewährleistet wird.
- Wenn die Person erkennbar unter Drogen- oder Alkoholeinfluss steht.

Die Bestimmung ist auf wohnsitzlose, reisende Straftäter gemünzt, die keine 505 Sicherheit nach §§ 127a, 132 StPO hinterlegen können. Ein Haftbefehl nach § 127b StPO ist unzulässig, wenn als milderes Mittel die sofortige Vorführung zur Verhandlung im beschleunigten Verfahren möglich ist.[437]

b) Aufgrund bestimmter Tatsachen ist zu befürchten, dass der Festgenommene 506 der Hauptverhandlung fernbleiben wird. Derartige Tatsachen liegen vor, wenn:

- Ein fester Wohnsitz nicht sicher festgestellt werden kann (gilt im Zweifel auch für den Aufenthalt in Sammel- oder Gemeinschaftsunterkünften) oder
- die Identität nicht zweifelsfrei feststeht oder
- es sich um reisende Täter handelt oder
- im Einzelfall persönliche Verhältnisse, wie zB hohes Alter, minderjährige zu versorgende Kinder usw, nicht gegen die Durchführung des beschleunigten Verfahrens sprechen.

---

[434] Meyer-Goßner/Schmitt/*Schmitt* StPO § 127 Rn. 5, 6.
[435] *Benfer/Bialon* Rechtseingriffe Rn. 801.
[436] *Benfer/Bialon* Rechtseingriffe Rn. 800.
[437] *Hellmann* NJW 1997, 2148.

507 „Die Anordnung der Haft setzt weder Flucht- noch Verdunklungs- noch Wiederholungsgefahr, sondern nur die Befürchtung des Fernbleibens in der Hauptverhandlung voraus."[438]

II. Besondere Form- und Verfahrensvorschriften

508 **1.** Es gelten die Bestimmungen über die Informations-, Belehrungs- und Benachrichtigungspflichten nach den §§ 114a–114c StPO. → Rn. 483.

2. § 127b II StPO: Ein Haftbefehl darf nur ergehen, wenn die Durchführung der Hauptverhandlung binnen einer Woche nach der Festnahme zu erwarten ist. Der Haftbefehl ist auf höchstens eine Woche ab dem Tage der Festnahme zu befristen.

3. Dabei gilt § 128 StPO mit der Besonderheit, dass der Beschuldigte nicht dem für sonstige Festnahmen zuständigen Haftrichter, sondern dem für die Hauptverhandlung zuständigen Richter vorgeführt werden soll.[439]

4. § 127b III StPO: Über den Erlass des Haftbefehls soll der für die Durchführung des beschleunigten Verfahrens zuständige Richter entscheiden.

5. Die Entscheidung über das beschleunigte Verfahren trifft das Gericht auf Antrag der StA.

6. Anordnung: Anordnungsbefugt sind die StA und die Beamten des Polizeidienstes, § 127b I StPO.

III. Adressatenregelung

509 Adressat der Maßnahme ist der Beschuldigte.

IV. Rechtsfolge

510 Die Rechtsfolge liegt in einer Festnahme, ohne dass ein Haftgrund nach den §§ 112 ff. StPO vorliegen muss. Der Festgenommene ist dann unverzüglich einem Richter vorzuführen, der über das weitere Verfahren zu entscheiden hat.

▶ **Fall:**
Der polnische Staatsbürger wird dabei beobachtet, wie er auf einem Parkplatz die Türgriffe verschiedener Fahrzeug „probiert". Als er eine offene Türe entdeckt, öffnet er diese und entnimmt aus dem nicht verschlossenen Handschuhfach CDs und eine Sonnenbrille. Durch die alarmierten Polizeibeamten wird er noch unmittelbar am Tatort gestellt. Bei der Durchsuchung werden die oben genannten Gegenstände gefunden. Er gibt die Tat unvermittelt zu. Weiterhin gibt er in der Vernehmung an, dass er seit drei Tagen in Deutschland ist. Er wollte sich hier eine Arbeit suchen und hat sich „alles" viel einfacher vorgestellt. Nunmehr beabsichtigt er, nach Polen zurückzukehren. Die Rückfahrkarte war für den Abend des gleichen Tages gebucht. Ansonsten konnten keinerlei Werte, geschweige denn Bargeld bei dem Beschuldigten gefunden werden.

Praxisbezug: Angenommen der oben dargestellte Sachverhalt ereignet sich in den Abendstunden gegen 19.30 Uhr. Für die einschreitenden Polizeibeamten stellt sich die Frage, wie mit dem Beschuldigten zu verfahren ist.

---

[438] Meyer-Goßner/Schmitt/*Schmitt* StPO § 127b Rn. 19.
[439] Meyer-Goßner/Schmitt/*Schmitt* StPO § 127b Rn. 14.

Grundüberlegung ist, ob eine vorläufige Festnahme nach § 127 II StPO möglich ist. Dabei ist sicherlich der Haftgrund der Fluchtgefahr einschlägig, denn der Beschuldigte hat in der Bundesrepublik keinen festen Wohnsitz. Insofern ist davon auszugehen, dass er sich dem Verfahren entziehen wird. Allerdings stellt sich die Frage nach der Verhältnismäßigkeit der Maßnahme. Tatbestandsmäßig liegt ein einfacher Diebstahl vor. Gewerbsmäßigkeit kann nicht unterstellt werden, da der Täter auch offensichtlich nur „offene" Fahrzeuge angegangen ist. Der Beutewert liegt bei ca. 50 EUR. Es kann nicht davon ausgegangen werden, dass für einen solchen Fall tatsächlich Untersuchungshaft angeordnet wird. Eine Sicherheitsleistung scheidet aus, weil der Beschuldigte keinerlei Werte dabei hat. Der vorliegende Sachverhalt ist beispielhaft für eine Festnahme nach § 127b StPO. Der Täter wurde auf frischer Tat betroffen. Es liegt ein einfacher Sachverhalt vor und die Beweislage ist klar. Der Täter ist geständig. Er hat keinen festen Wohnsitz in der Bundesrepublik und will nach Polen zurück. Insofern ist davon auszugehen, dass er der Hauptverhandlung fernbleiben wird.

Ergebnis: Die Polizeibeamten können den Täter nach Rücksprache mit der StA bis zum nächsten Tag aufgrund der Bestimmung des § 127b StPO festnehmen. Ein Haftgrund iSd § 127 II StPO ist nicht zu prüfen.

22. Kapitel. Sicherheitsleistung, §§ 127a und 132 StPO[440]

§ 127a StPO gilt nur für Personen, die im Ausland wohnen. Die Vorschrift dient **511** der **Haftverschonung**. Zahlt der Beschuldigte die Sicherheit nicht oder benennt er keinen Zustellungsbevollmächtigten, so ist er in Haft zu nehmen. Gleichzeitig soll die Regelung sicherstellen, dass die zu erwartende Geldstrafe und die Verfahrenskosten vorhanden sind, falls der Beschuldigte sich weigert, diese später zu zahlen. Das aufwändige Verfahren der internationalen Rechtshilfe soll so vermieden werden.

§ 132 StPO ergänzt § 127a StPO. Im Tatbestand ist der wesentliche Unterschied, **512** dass bei § 132 StPO die **Voraussetzungen eines Haftbefehls nicht vorliegen**, bei § 127a StPO sind die Voraussetzungen eines Haftbefehls allein wegen Fluchtgefahr gegeben. § 132 StPO ist daher **auch bei Ordnungswidrigkeiten anwendbar** und wird gerade hier auch häufig genutzt.

> **Beachte:** Bei Ordnungswidrigkeiten sind vorläufige Festnahme und Verhaftung nie zulässig, § 46 III OWiG!

Die beiden Normen unterscheiden sich in der Rechtsfolge dadurch, dass der Beschuldigte bei § 127a StPO die Sicherheit freiwillig leistet und auch freiwillig einen Zustellungsbevollmächtigten benennt. Er hat „Wahlfreiheit", ob er festgenommen wird oder den Weg der Haftverschonung durch Sicherheitsleistung wählt. Bei § 132 StPO wird die Maßnahme angeordnet. Hier hat der Beschuldigte bzw. der Betroffene keine Wahl!

---

[440] Fallbearbeitung in *Bialon/Springer* Fälle EingriffsR Fall 24.

A. § 127a StPO

I. Ermächtigungsgrundlage

1. Grundrechtseingriffe

513 Bei § 127a StPO kann der Beschuldigte die Sicherheitsleistung nur „freiwillig" leisten. Geht er darauf nicht ein, so ist er vorläufig festzunehmen. Es handelt sich also um keine echte Freiwilligkeit, denn letztlich kann er sich nur für das „kleinere Übel" entscheiden. Daher ist ein Grundrechtseingriff zu bejahen. Die Maßnahme stellt einen Eingriff in das **Eigentumsrecht**, Art. 14 I GG, dar. Der Beschuldigte kann über sein Eigentum zumindest vorübergehend nicht verfügen. Damit liegt ein Eingriff in das Nutzungsrecht vor.

Weiter wird die Person für die Zeit der Maßnahme nach § 127a StPO angehalten. Dies stellt einen Grundrechtseingriff in die **Bewegungsfreiheit**, Art. 2 II 2 GG iVm Art. 104 I GG, in Form einer Freiheitsbeschränkung dar.

2. Handlungsform

514 Die Maßnahme stellt einen **Justizverwaltungsakt**, § 23 EGGVG, dar.

II. Formelle Rechtmäßigkeit

515 Die Maßnahme dient der Strafverfolgung, Die sachliche Zuständigkeit ergibt sich aus § 1 IV PolG NRW iVm § 163 I 1 StPO iVm § 11 I Nr. 2 POG NRW.

III. Materielle Rechtmäßigkeit

1. Tatbestandsvoraussetzungen

516 **a) Beschuldigter.** Zuerst muss die betroffene Person Beschuldigter sein. Das ist gegeben, wenn gegen einen einer Straftat Verdächtigen das Ermittlungsverfahren gezielt betrieben wird. Dies muss durch einen Willensakt der Strafverfolgungsbehörde nach außen deutlich werden. Spätestens mit der Anordnung der vorläufigen Festnahme bzw. der Sicherheitsleistung wird die Person zum Beschuldigten „gemacht".[441]

517 **b) Person hat im Geltungsbereich der StPO keinen festen Wohnsitz oder Aufenthalt.** Der Beschuldigte hat im Geltungsbereich der StPO keinen festen Wohnsitz („Ein Wohnsitz im Inland setzt eine auf eine gewisse Dauer angelegte, tatsächliche Niederlassung an einem Ort (§ 7 Abs. 1 BGB) voraus."[442]) oder Aufenthalt (Das ist der längere Aufenthalt an einem Ort, etwa ab drei Monaten. Das kann zB das Auslandssemester an einer Universität sein oder der vorübergehende berufliche Aufenthalt im Ausland).[443] Die Vorschrift ist daher auch auf Deutsche anwendbar, die ihren Wohnsitz ins Ausland verlegt haben.

> **Merke: Das darf nicht mit Personen verwechselt werden, die obdachlos sind.** Sie leben im Geltungsbereich des Gesetzes. Daher ist bei ihnen eine Sicherheitsleistung nach §§ 127a oder 132 StPO unzulässig.

---

[441] Zum Begriff des Beschuldigten s. *Kramer* Grundbegriffe StrafVerfR Rn. 18 ff.

[442] MüKoStPO/*Böhm/Werner* StPO § 127a Rn. 3 ff.

[443] SK-StPO/*Paeffgen* § 127a Rn. 2.

c) Voraussetzungen eines Haftbefehls liegen nur wegen Fluchtgefahr vor. 518
Weiter müssen die Voraussetzungen eines Haftbefehls vorliegen (s. § 112 I StPO),
allerdings darf als Haftgrund nur die Fluchtgefahr gegeben sein. Wenn ein
anderer Haftgrund auch vorliegt, scheidet die Sicherheitsleistung aus. Das ergibt sich schon aus dem Zweck des Verfahrens. Es soll nur gewährleistet sein,
dass ein im Ausland lebender Beschuldigter der Strafvollstreckung nicht ent-
geht, in dem er die im Urteil festgesetzte Geldstrafe nicht zahlt. Wenn also zB
der Haftgrund der Verdunkelungsgefahr gegeben ist, dann würde das Erheben
einer Sicherheit keinen Sinn machen. Das würde den Betroffenen nicht davon
abhalten, eine der in § 112 II Nr. 3 StPO aufgeführten Handlungen zu begehen.

Die **Voraussetzungen eines Haftbefehls** ergeben sich aus § 112 StPO. Daher ist
zu prüfen, ob

- die Person der Straftat dringend verdächtig ist („Dies bedeutet, dass nach
  gegebenem Verfahrensstand ein hoher Grad der Wahrscheinlichkeit besteht,
  dass der Beschuldigte verurteilt werde."[444]),
- der Haftgrund der Fluchtgefahr vorliegt (Dass der Beschuldigte im Ausland
  wohnt, reicht als Begründung der Fluchtgefahr nicht aus. Es müssen weitere
  Indizien hinzutreten, dass er dem Hauptverfahren fern bleiben und so für
  das Strafverfahren nicht zur Verfügung stehen wird. An solchen Tatsachen
  wird es in der Praxis oft fehlen.[445]).

> **Beispiele:** Mehrere Personen reisen aus Tschechien nach Deutschland ein,
> um in Duisburg Taschendiebstähle zu begehen. Anschließend reisen sie
> sofort wieder aus. Hier kann man davon ausgehen, dass die Rückkehr in das
> Heimatland nicht nur dazu erfolgt, um „nach Hause" zu kommen, sondern
> dem Schutz vor strafrechtlicher Verfolgung dient. Daher ist hier Fluchtgefahr
> zu bejahen.
>
> Anders ist das zu beurteilen, wenn ein Belgier, der mit einem Reisebus zu
> einer Shoppingtour nach Köln gereist ist, dort einen Ladendiebstahl begeht
> und anschließend wieder nach Antwerpen zurückkehren will. Hier ist die
> Heimfahrt ein normaler Vorgang. Fluchtgefahr lässt sich allein aus der Rück-
> kehr an den Wohnort im Ausland nicht begründen.

- die Haft verhältnismäßig ist (Da es sich um Straftaten handeln muss, für die
  keine Freiheitsstrafe zu erwarten ist, sind geeignete Fälle für eine Sicherheitsleistung nach § 127a StPO in der Praxis sehr begrenzt. Häufig wird die Untersuchungshaft im Vergleich zur Schwere der Tat und der zu erwartenden
  Strafe außer Verhältnis stehen.).

d) Es darf nicht damit zu rechnen sein, dass eine Haftstrafe verhängt wird. 519
Weiter darf nicht damit zu rechnen sein, dass eine Freiheitsstrafe verhängt wird,
§ 127a I Nr. 1 StPO. Daher darf es sich nur um eine Straftat im Bereich der leichten bis mittleren Kriminalität handeln.

---

[444] *Kramer* Grundbegriffe StrafVerfR Rn. 67.
[445] Zu der ganzen Problematik s. *Grau* NStZ 2007, 10 ff.

520 **e) Der Beschuldigte muss eine Sicherheit leisten.** Der Beschuldigte muss eine Sicherheit leisten, § 127a I Nr. 2 StPO (Die Sicherheit kann auch von einem Dritten geleistet werden.). In welcher Form das erfolgt, regelt § 116a I StPO.

521 **f) Der Beschuldigte muss einen Zustellungsbevollmächtigten benennen, § 127a II StPO iVm § 116a III StPO.** Der Zustellungsbevollmächtigte muss im Bezirk des zuständigen Gerichts wohnen. Diese Aufgabe können zB Verwandte oder Freunde, aber auch jede andere Person übernehmen.446 Es geht darum, dass die Post (zB Gerichtsbeschlüsse, Ladungen) einer Person geschickt werden können, die für das Gericht verfügbar ist. Diese soll die Schreiben dann an den Beschuldigten weiterleiten.

2. Besondere Form- und Verfahrensvorschriften

522 Die Maßnahme kann durch jeden Polizeibeamten angeordnet werden.[447]

Das Gesetz enthält keine besonderen Form- und Verfahrensvorschriften. Es sollten aber die §§ 107 und 109 StPO sinngemäß beachtet werden.

Durch den Erlass des IM über die Erhebung von Sicherheitsleistungen durch die Polizei sind weitere Vorschriften zu beachten.[448]

3. Adressatenregelung

523 Adressat der Sicherheitsleistung ist der Beschuldigte.

4. Rechtsfolge

524 Die Polizei kann davon absehen, die Festnahme anzuordnen oder aufrechtzuerhalten, wenn eine Sicherheit geleistet wird und ein Zustellungsbevollmächtigter benannt wird. Beides muss der Beschuldigte freiwillig tun.[449]

Für die Zeit der Durchführung der Maßnahme kann der Beschuldigte festgehalten werden.[450]

B. Sicherheitsleistung zur Verfolgung einer Straftat, § 132 StPO

I. Ermächtigungsgrundlage

525 Es wird auf die obigen Ausführungen zu § 127a StPO verwiesen, → Rn. 513.

II. Formelle Rechtmäßigkeit

526 Es wird auf die obigen Ausführungen zu § 127a StPO verwiesen, → Rn. 515.

---

[446] S. auch Richtlinien für das Straf- und Bußgeldverfahren (RiStBV) Nr. 60.

[447] LR/*Paeffgen* StPO § 127a Rn. 11.

[448] RdErl. d. MIK NRW: Verfolgung von Verkehrsverstößen durch die Polizei und Erhebung von Sicherheitsleistungen bei Ordnungswidrigkeiten und Straftaten, Verfolgung und Ahndung von Verkehrsordnungswidrigkeiten durch die Ordnungsbehörden v. 26.8.1980 idF v. 2.11.2010 (MBl. NRW 786), geändert durch Erl. MIK NRW v. 29.4.2014 (MBl. NRW 2014, 256).

[449] LR/*Paeffgen* StPO § 127a Rn. 10.

[450] BGH BeckRS 2011, 06849.

III. Materielle Rechtmäßigkeit bei § 132 StPO

1. Tatbestandsvoraussetzungen

Die Zulässigkeitsvoraussetzungen sind die gleichen wie bei § 127a StPO   **527** (→ Rn. 516 ff.) mit dem einen Unterschied, dass die **Voraussetzungen eines Haftbefehls nicht vorliegen.** Der Haftgrund der Fluchtgefahr lässt sich also nicht begründen (bei anderen Haftgründen scheidet eine Sicherheitsleistung ohnehin aus, → Rn. 518) bzw. die Haft wäre unverhältnismäßig.

2. Besondere Form- und Verfahrensvorschriften

Die Maßnahme darf nur **durch den Richter angeordnet** werden, § 132 II StPO.[451]   **528** Nur wenn Gefahr im Verzug vorliegt, dürfen auch die StA und ihre Ermittlungspersonen die Maßnahme anordnen. Gefahr im Verzug ist eng auszulegen. Es wird in der Praxis in den meisten Fällen zumindest möglich sein zu versuchen, einen Richter zu erreichen. Für die Polizei gilt zusätzlich, dass sie die Anordnung nur treffen darf, wenn auch die StA nicht zu erreichen ist.

§ 132 III StPO verweist auf die §§ 94 und 98 StPO. Daher ist der Beschuldigte über sein Recht auf richterliche Überprüfung der Maßnahme aus § 98 II 5 StPO zu belehren.

Es sollten die §§ 107 und 109 StPO sinngemäß angewendet werden.

> **Beachte:** Zusätzlich ist der Erlass des IM über die Erhebung von Sicherheitsleistungen durch die Polizei zu beachten (→ Rn. 522).

3. Adressatenregelung

Adressat der Sicherheitsleistung ist der Beschuldigte.   **529**

4. Rechtsfolge

Es kann angeordnet werden, dass eine Sicherheit geleistet und ein Zustellungs-   **530** bevollmächtigter benannt wird.

Weigert sich der Beschuldigte, eine Sicherheit zu leisten, dann können Gegenstände beschlagnahmt werden, § 132 III StPO. Dabei ist zu beachten, dass **ihm die Sachen gehören müssen**, also er Eigentum daran hat. Das Gesetz spricht von „Beförderungsmitteln und andere Sachen". Hier ist die Verhältnismäßigkeit zu beachten.[452] Außerdem dürfen die Sachen nicht unpfändbar sein, s. § 811 ZPO.

> **Beispiel:** Im oben schon dargestellten Beispiel eines Belgiers, der einen Ladendiebstahl begeht (Schadenssumme 200 EUR), wird eine Sicherheitsleistung in Höhe von 400 EUR festgelegt. Der Beschuldigte weigert sich, diesen Betrag zu zahlen. Daraufhin wird der Fotoapparat (geschätzter Wert 500 EUR), den er umgehängt hat, beschlagnahmt.

---

[451] LG Frankfurt a.M. Beschl. v. 28.10.2008 – 5/30 Qs 57/08, 5/30 Qs 59/08.
[452] LR/*Paeffgen* StPO § 132 Rn. 16 f.

Im Schrifttum ist umstritten, ob nach solchen Gegenständen auch gesucht werden darf (Durchsuchung der Person, der mitgeführten Gegenstände und eines Beförderungsmittels). So wird die Auffassung vertreten, dass das Recht der Beschlagnahme ungeschrieben auch das Recht umfasst, danach zu suchen.[453] Nach anderer Auffassung soll § 102 StPO analog gelten.

Für die Zeit der Durchführung der Maßnahme kann der Beschuldigte angehalten werden.[454]

C. Sicherheitsleistung zur Verfolgung einer Ordnungswidrigkeit, § 46 OWiG iVm § 132 StPO

I. Ermächtigungsgrundlage

1. Grundrechtseingriff

531 Es wird auf die Ausführungen zu § 127a StPO verwiesen, → Rn. 513.

2. Handlungsform

532 Es handelt sich um einen Verwaltungsakt der Ermittlungs- bzw. der Verfolgungsbehörde.

II. Formelle Rechtmäßigkeit

533 Die Maßnahme dient der Verfolgung von Ordnungswidrigkeiten. Die sachliche Zuständigkeit ergibt sich aus § 1 IV PolG NRW iVm der jeweiligen Zuständigkeitsverordnung iVm § 11 I Nr. 2 POG NRW

III. Materielle Rechtmäßigkeit

Durch § 46 OWiG gelten bei der Verfolgung von Ordnungswidrigkeiten die Vorschriften der StPO sinngemäß. Daher ist Ermächtigungsgrundlage für Sicherheitsleistungen zur Verfolgung einer Ordnungswidrigkeit § 46 OWiG iVm § 132 StPO. Ist die Polizei nicht zuständige Verwaltungsbehörde iSd § 36 OWiG, so ergibt sich die Ermächtigung aus § 53 II OWiG iVm § 132 StPO.

Die Tatbestandsvoraussetzungen sind dieselben, wie oben dargestellt → Rn. 1088. Allerdings sind die Begriffe „Beschuldigter" durch „Betroffener", „einer Straftat" durch „einer Ordnungswidrigkeit", „Durchführung eines Strafverfahrens" durch „Durchführung eines Ordnungswidrigkeitenverfahrens" und „Geldstrafe" durch „Geldbuße" auszutauschen. Für die Verfahrensvorschriften und die Rechtsfolge gelten die obigen Ausführungen → Rn. 522.

23. Kapitel. Sicherstellung zur Gefahrenabwehr, § 43 PolG NRW[455]

534 Die Sicherstellung zur Gefahrenabwehr ist eine der Standardmaßnahmen der Polizei. Sie ist oft Folgemaßnahme nach einer Durchsuchung. Daher setzen die §§ 39 I Nr. 2 und 40 I Nr. 3 PolG NRW die Zulässigkeit der Sicherstellung voraus, um die Person oder die Sache durchsuchen zu dürfen.

---

[453] SK-StPO/*Paeffgen* § 132 Rn. 11.
[454] BGH BeckRS 2011, 06849.
[455] Fallbearbeitung in *Bialon/Springer* Fälle EingriffsR Fälle 10 und 11.

A. Ermächtigungsgrundlage

I. Grundrechtseingriff

Ist der Betroffene Eigentümer oder rechtmäßiger Gewahrsamsinhaber der si- 535 chergestellten Sache, so liegt ein Eingriff in das **Eigentum**, Art. 14 I GG, vor, da er die Sache für die Dauer der Sicherstellung nicht mehr nutzen kann.

In anderen Fällen ist mit der Sicherstellung ein Eingriff in die **allgemeine Handlungsfreiheit**, Art. 2 I GG, gegeben.

II. Handlungsform

Die Durchführung der Sicherstellung einer Sache ist ein Realakt, der aber in 536 vielen Fällen mit einem Verwaltungsakt, der auf ein Dulden gerichtet ist („Dulden Sie, dass die Sache Ihnen weggenommen wird") verbunden ist. Als milderes Mittel kann der Betroffene auch aufgefordert werden, die Sache herauszugeben.[456] Auch das stellt einen Verwaltungsakt iSd § 35 I VwVfG NRW dar.

B. Formelle Rechtmäßigkeit

Die Sicherstellung dient der Gefahrenabwehr iSd § 1 PolG NRW. 537

> **Beachte:** Die allgemeinen Form- und Verfahrensvorschriften der §§ 28, 37, 41 und 43 VwVfG NRW sind anzuwenden.

C. Materielle Rechtmäßigkeit

I. Tatbestandsvoraussetzungen

§ 43 PolG NRW regelt **drei verschiedene Fallkonstellationen**. Für jeden der Fälle 538 gelten andere Tatbestandsmerkmale.

1. Abwehr einer gegenwärtigen Gefahr, § 43 Nr. 1 PolG NRW

Hier muss eine gegenwärtige Gefahr (der Schaden ist bereits eingetreten und 539 die Gefahr dauert noch an oder der Schadenseintritt steht unmittelbar oder mit an Sicherheit grenzender Wahrscheinlichkeit in aller nächster Zeit bevor) vorliegen, die durch den Gegenstand verursacht wird. Dabei sind unterschiedliche Fälle möglich.[457]

So kann der **Gegenstand an sich gefährlich** sein.

> **Beispiel:** Kinder finden beim Spielen im Wald eine Handgranate.
>
> Diese Kriegswaffe kann jederzeit explodieren. Hier ist der Gegenstand an sich gefährlich.

Eine Gefahr kann auch dadurch bestehen, **wie ein Mensch mit dem Gegenstand umgeht.**

---

[456] *Pieroth/Schlink/Kniesel* POR § 19 Rn. 1.
[457] S. auch die Fallbeispiele bei *Pieroth/Schlink/Kniesel* POR § 19 Rn. 8.

> **Beispiel:** Ein Mann bedroht seine Frau mit einem Küchenmesser.

Das Küchenmesser an sich ist ein „harmloser" Haushaltsgegenstand. Erst dadurch, wie er von dem Mann genutzt wird, wird er gefährlich.

Schließlich gibt es Fälle, wo die Gefahr dadurch entsteht, **an welcher Örtlichkeit ein Gegenstand wie abgestellt oder aufbewahrt wird.**

> **Beispiel:** Ein Anrufer beschwert sich über einen verbotswidrig abgestellten Pkw, der in einer engen schwer einsehbaren Kurve auf der Fahrbahn geparkt wurde.

Hier entsteht die Gefahr dadurch, wo das Fahrzeug hingestellt wurde, also „durch die Lage im Raum".

2. Schutz vor Verlust oder Beschädigung der Sache, § 43 Nr. 2 PolG NRW

540 Eigentlich ist der Eigentümer bzw. der rechtmäßige Inhaber der tatsächlichen Gewalt selbst dafür verantwortlich, seine Sachen vor Verlust oder Beschädigung zu schützen. Die Norm setzt daher ungeschrieben voraus, dass

- die konkrete Möglichkeit eines Schadens oder des Verlusts gegeben ist,[458]
- und der Eigentümer bzw. der rechtmäßige Inhaber der tatsächlichen Gewalt (Besitzer) mutmaßlich mit der Sicherstellung einverstanden ist, s. § 677 BGB.

„Die Polizei wird in diesem Fall (gleichsam) in öffentlich-rechtlich geregelter Geschäftsführung für den Eigentümer oder rechtmäßigen Inhaber der tatsächlichen Gewalt tätig. Die Rechtmäßigkeit der Sicherstellung bestimmt sich dabei vorrangig danach, ob die Maßnahme den mutmaßlichen Willen des Berechtigten entspricht. Dies ist anzunehmen, wenn sie dessen objektivem Interesse entspricht, mithin sie jeder Eigentümer bei besonnener Betrachtung als sachgerecht beurteilt."[459]

> **Beispiel:** Nach einem Verkehrsunfall wird ein Fahrradfahrer schwer verletzt mit dem Rettungswagen ins Krankenhaus gebracht. Sein Fahrrad bleibt leicht beschädigt am Unfallort zurück. Hier können die Beamten davon ausgehen, dass es im Interesse des verletzten Eigentümers ist, dass das Fahrrad sichergestellt und bis zur Abholung bei der Polizei verwahrt wird.

3. Verhindern eines Angriffs oder der Flucht, § 43 Nr. 3 PolG NRW

541 Hier sind zwei Tatbestandsmerkmale Voraussetzung für die Sicherstellung:

- Die betroffene **Person wird festgehalten**; damit sind alle Fälle der Freiheitsentziehung nach dem PolG (s. auch die Aufzählung in § 36 I 1 PolG NRW) und auch nach der StPO (zB § 127 StPO oder das Festhalten zur Identitätsfeststellung, § 163b I 2 und II 2 StPO) gemeint.
- Der **Gegenstand kann „gefährlich" eingesetzt** werden. Hier zählt das Gesetz vier Varianten auf. Es reicht aus, wenn eine der Möglichkeiten vorliegt.

---

[458] *Pieroth/Schlink/Kniesel* POR § 19 Rn. 11.
[459] VG Köln BeckRS 2008, 38160.

Mit der Sache könnte sich also der Betroffene selbst verletzen oder töten oder die einschreitenden Beamten oder Dritte (zB herbeigerufener Schlüsseldienst, Ladendetektiv, Arzt bei der Blutprobenentnahme) angreifen oder fremde Sachen beschädigen (zB Streifenwagen, Mobiliar auf der Wache) oder die Flucht ermöglichen oder erleichtern.[460]

Problematisch ist, dass § 43 Nr. 3 PolG NRW nach dem Wortlaut **nicht die Fälle** 542 **des § 39 II PolG NRW umfasst.** Das sind die Sachverhalte, in denen die Person noch nicht festgehalten, sondern nur angehalten wird oder zur Durchführung einer anderen Maßnahme an einen anderen Ort verbracht wird. Hier liegt nur eine Freiheitsbeschränkung, Art. 2 II 2 GG iVm Art. 104 I GG, vor. Werden hier bei einer Durchsuchung gefährliche Gegenstände gefunden oder trägt die Person solche Gegenstände sichtbar bei sich, so darf nach dem Wortlaut des § 43 Nr. 3 PolG NRW die Sache nicht sichergestellt werden, da kein „Festhalten" im Sinne des Gesetzes vorliegt.

Die überwiegende Meinung im Schrifttum geht von einer **ungewollten Gesetzeslücke** aus und hält die Sicherstellung auch für in Fallgestaltungen für zulässig.[461]

II. Besondere Form- und Verfahrensvorschriften

§ 44 PolG NRW regelt die **Verwahrung** der sichergestellten Sachen. In der Regel 543 wird die Polizei den Gegenstand asservieren und in den eigenen Räumlichkeiten aufbewahren. Wenn das nicht möglich ist, so kann die Verwahrung auch Dritten übertragen werden, § 44 I 3 PolG NRW. Davon macht die Polizei zB bei Kfz Gebrauch. Diese werden regelmäßig auf dem Sicherstellungsgelände einer Abschleppfirma (die durch Vertrag mit der Polizei dazu verpflichtet ist) aufbewahrt. Auch die Verwahrung bei Privatpersonen ist in geeigneten Fällen denkbar. Dass eine Sache sichergestellt worden ist, kann auch durch Versiegelung kenntlich gemacht werden,[462] so zB, wenn unbewegliche Gegenstände wie Grundstücke oder Häuser sichergestellt werden.

Der betroffenen Person ist eine Bescheinigung auszustellen, § 44 II 1 PolG NRW. In NRW wird dazu das Sicherstellungsprotokoll, die „NW 10", benutzt.

§ 45 PolG NRW klärt, unter welchen Voraussetzungen eine Sache **verwertet** oder 544 **vernichtet** werden kann.

§ 46 PolG NRW regelt die **Herausgabe** der sichergestellten Sache. Dabei gilt der 545 Grundsatz, dass die Sache herauszugeben ist, wenn die Gefahr, für die die Sache ursächlich war, nicht mehr besteht, § 46 I 1 PolG NRW. Wurde die Sache verwertet, ist der Erlös herauszugeben, § 46 II 1 PolG NRW. Kosten für die Sicherstellung und die Verwahrung einer Sache können in Rechnung gestellt werden, § 46 III PolG NRW.

---

[460] S. hierzu: VG Düsseldorf BeckRS 2013, 55703 mit nicht überzeugender Argumentation bezüglich der Sicherstellung von Handy und Uhr.
[461] *Tegtmeyer/Vahle* PolG NRW § 43 Rn. 22 f.; *Schütte/Braun/Keller* PolG NRW § 43 Rn. 17.
[462] VV 44.0 zu § 43 PolG NRW.

III. Adressatenregelung

546 Bei § 43 Nr. 1 PolG PolG NRW ist die Richtung der Maßnahme nicht näher beschrieben. Daher sind hier die §§ 4–6 PolG NRW heranzuziehen.

Bei § 43 Nr. 2 und Nr. 3 PolG NRW ergibt sich der Adressat aus der Norm.

IV. Rechtsfolge

547 Die Polizei wird befugt, die Sache sicherzustellen. Damit ist die **Begründung eines amtlichen Verwahrungsverhältnisses** gemeint.[463] Ab dem Zeitpunkt der Sicherstellung besteht daher eine Garantenstellung der Polizei für die in Verwahrung genommenen Sachen. Daher hat sie dafür zu sorgen, dass die Sache nicht in Verlust gerät und hat nach Möglichkeit einer Wertminderung vorzubeugen, § 45 III, IV PolG NRW.

> **Merke:** Auch **Tiere** können sichergestellt werden, s. § 5 I 2 PolG NRW und die VV 5.1 dazu.

548 **Druckerzeugnisse** dürfen nur in den Fällen des § 43 Nr. 2 PolG NRW sichergestellt werden. Ansonsten gilt die **Polizeifestigkeit des Presserechts.** Danach dürfen Presseerzeugnisse (zur Definition s. § 7 Pressegesetz NRW) nicht zur Gefahrenabwehr sichergestellt werden. Das heißt, dass ein Rückgriff auf das allgemeine Polizeirecht unzulässig ist. Da aber das Pressegesetz NRW eine Sicherstellung zur Gefahrenabwehr nicht vorsieht, wäre eine solche Maßnahme rechtswidrig. Anders liegt der Fall, wenn es sich um eine strafprozessuale Sicherstellung bzw. Beschlagnahme handelt. Allerdings dürfen zu Beweiszwecken nur zwei Exemplare sichergestellt bzw. beschlagnahmt werden, § 94 StPO. Die Beschlagnahme zur späteren Einziehung darf nur durch den Richter und bei Gefahr im Verzug durch die StA angeordnet werden, §§ 111m, n StPO iVm § 74d StGB.[464]

549 Werden **Polizeibeamte** gegen ihren Willen bei rechtmäßiger Amtsausübung **fotografiert** oder gefilmt, so ist eine Sicherstellung nach § 43 Nr. 1 PolG NRW des Film- oder Fotomaterials dann zulässig, wenn es sich um Porträtaufnahmen handelt.[465]

550 Werden **Fahrzeuge sichergestellt**, so sind verschiedene Fallgruppen zu unterscheiden. Unproblematisch sind die Fälle, in denen von dem Fahrzeug selbst eine Gefahr ausgeht.

> **Beispiel:** Aus einem ordnungsgemäß abgestellten Pkw tropft Öl auf die Fahrbahn. Das Öl fließt in einen nahegelegenen Gully. Hier muss das Fahrzeug sichergestellt werden, damit der Schaden nicht noch größer wird. Das gilt jedenfalls dann, wenn das Öl nicht vor Ort sachgerecht abgelassen werden kann.

---

[463] *Tegtmeyer/Vahle* PolG NRW § 43 Rn. 2; *Pieroth/Schlink/Kniesel* POR § 19 Rn. 1 ff.

[464] VGH Kassel DÖV 1981, 801 f.; OVG Frankfurt (Oder) NJW 1997, 1387.

[465] VGH Mannheim NVwZ 2001, 1292 ff.; *Pieroth/Schlink/Kniesel* POR § 19 Rn. 8; ausführlich zu dem Phänomen: *Wiacek/Colussi* Kriminalistik 2015, 460 ff.

Wenn das **Fahrzeug unverschlossen abgestellt** wurde, so ist nach dem Grundsatz 551 der Erforderlichkeit genau zu prüfen, ob eine Sicherstellung notwendig ist oder das Ziel aus § 43 Nr. 2 PolG NRW nicht auf andere Weise erreicht werden kann.

> **Beispiel:** Ein höherwertiger Pkw steht mit geöffneter Seitenscheibe im Parkhaus am Flughafen. Es kommt dort vermehrt zu Diebstählen aus Kfz. Da das Fahrzeug von den einschreitenden Polizeibeamten nicht vor Ort gesichert werden kann, schleppen sie den Pkw zur Eigentumssicherung ein. Das VG Köln hat diese Sicherstellung für rechtmäßig erklärt.[466]

Die Sicherstellung von **verbotswidrig abgestellten Kfz** ist in der rechtlichen 552 Begründung problematisch. In der Literatur werden unterschiedliche Auffassungen vertreten. Die wohl überwiegende Meinung sieht in der Maßnahme keine Sicherstellung nach § 43 Nr. 1 PolG NRW, sondern einen Fall der Ersatzvornahme, § 52 PolG NRW, nach vorausgegangenem oder fiktivem Verwaltungsakt nach § 8 I PolG NRW.[467]

24. Kapitel. Sicherstellung/Beschlagnahme von Beweismitteln, § 94 StPO[468]

Durch die Rechtsinstitute der Sicherstellung und Beschlagnahme schränkt der Staat die Verfügungsgewalt des Bürgers über „seine" Sachen ein.

Von einer **Sicherstellung** spricht man, wenn sich ein Gegenstand nicht im Ge- 553 wahrsam einer Person befindet oder wenn ein Gegenstand im Gewahrsam einer Person ist und freiwillig herausgegeben wird. Diese Begriffsbestimmung ergibt sich aus einem Umkehrschluss zu § 94 II StPO. Dabei ist Sicherstellung die hoheitliche Begründung der tatsächlichen Gewalt über eine Sache.[469]

Dementsprechend ist eine **Beschlagnahme** immer dann gegeben, wenn sich die 554 entsprechende Sache im Gewahrsam einer Person befindet und nicht freiwillig herausgegeben wird.

Die **Unfreiwilligkeit** kann sich durch einen ausdrücklichen oder offensichtli- 555 chen Willen des Gewahrsamsinhabers darstellen. Aus § 98 II 1 StPO lässt sich ableiten, dass bei Abwesenheit des Gewahrsamsinhabers stets von einer Beschlagnahme auszugehen ist.

Wenn mehrere Personen an einem Gegenstand Mitgewahrsam haben (zB Eheleute), so müssen grundsätzlich alle zustimmen.[470]

> **Merke:** Die Unterscheidung zwischen Sicherstellung und Beschlagnahme ist deshalb wichtig, weil sich daran unterschiedliche Verfahrensvorschriften (Anordnung und Belehrung, § 98 StPO) knüpfen.

---

[466] VG Köln BeckRS 2008, 38160; aA VG Düsseldorf BeckRS 2009, 42024.
[467] S. dazu die Übersicht mit einer Vielzahl von Fallkonstellationen in *Tegtmeyer/Vahle* PolG NRW § 43 Rn. 17; *Pieroth/Schlink/Kniesel* POR § 19 Rn. 3 f.
[468] Zu der gesamten Thematik der Sicherstellung und Beschlagnahme in der StPO s. *Huber* JuS 2014, 215 ff.; Fallbearbeitung in *Bialon/Springer* Fälle EingriffsR Fall 12.
[469] *Rachor* in Lisken/Denninger HdB PolizeiR E Rn. 667.
[470] SK-StPO/*Wohlers/Greco* § 94 Rn. 8.

Bei der **Sicherstellung von Beweismitteln** handelt es sich um einen verfahrenssichernden Eingriff, dh der Gegenstand hat insofern eine Bedeutung, als dass er für die Durchführung des gerichtlichen Verfahrens einen Stellenwert besitzt, indem der Gegenstand einen Beweiswert hat.

A. Ermächtigungsgrundlage

I. Grundrechtseingriff

556 Polizeiliche Eingriffsbefugnisse geben häufig Anlass zu der Frage, inwieweit ein Eingriff in Art. 14 GG vorliegt, der dann durch mögliche Schrankenregelung gedeckt ist. Hier gibt es sehr unterschiedliche Auffassungen, die mit einer im Ergebnis tragfähigen Lösung dargestellt werden sollen.

557 Eine Meinung geht davon aus, dass sämtliche Sicherstellungs- und Beschlagnahmevorschriften keinen Eingriff in Art. 14 GG darstellen, sondern an Art. 2 I GG gemessen werden müssen. Dabei führen die Sicherstellung- und Beschlagnahmevorschriften zur Gefahrenabwehr und Beweissicherung fast immer dazu, dass der Betroffene die Gegenstände zurückerhält und somit nur eine Beeinträchtigung der **Verfügungsgewalt** vorliegt.

Die wohl **herrschende Meinung** sieht in den genannten Vorschriften sehr wohl einen Eingriff in Art. 14 GG, der dann durch die unterschiedlichen Schrankenregelungen gerechtfertigt wird.

558 Dazu **sei im Einzelnen ausgeführt:**

Die **Sicherstellung** bewirkt einen zumindest zeitweiligen Besitzverlust und schränkt die freie Nutzungsmöglichkeit des Eigentümers an der Sache ein. Damit wird eine eigentumsrechtlich geschützte Position gezielt beeinträchtigt. Diese Form der Einwirkung regelt den Inhalt und die Schranken des Eigentums in Ansehung der Strafverfolgungstätigkeit und ist nach ständiger Rechtsprechung Inhalt- und Schrankenbestimmung. Ein Eingriff muss dann auf eine gesetzliche Bestimmung gestützt werden, die im Rahmen einer Güterabwägung die Einschränkung des Eigentumsrechts für das erstrebte Ziel als sozial gerechtfertigt erscheinen lässt.

Folgende Eingriffsmöglichkeiten sollen betrachtet werden:

559 1. **Sicherstellung zur Gefahrenabwehr (nach Wegfall der Gefahrenlage wird der Gegenstand zurückgegeben)**
Die Sicherstellung bewirkt hier einen zumindest **zeitweiligen Besitzverlust** und schränkt die freie Nutzungsmöglichkeit ein. In Betracht kommt die Schranke der „Inhalts- und Schrankenbestimmung im Rahmen der Sozialpflichtigkeit des Eigentums". Der Eingriff muss auf eine gesetzliche Grundlage gestützt werden (Vorschriften aus den Polizeigesetzen der Länder), die im Rahmen einer Güterabwägung die Einschränkung des Eigentums für das erstrebte Ziel als sozial gerechtfertigt erscheinen lässt.
Auch wenn der Gegenstand nicht zurückgegeben sondern vernichtet wird, ist darin keine Enteignung zu sehen, weil es nicht um Entziehung für einen öffentlichen Zweck geht. Auch dann handelt es sich um eine zulässige **Inhalts- und Schrankenregelung.**

2. **Sicherstellung als Beweismittel (nach Wegfall der Beweiseigenschaft wird** 560
   der Gegenstand zurückgegeben)
   Hier gelten die vorab genannten Grundsätze in gleicher Art.
3. **Beschlagnahme als Einziehungsgegenstand** 561
   Die **polizeiliche** Beschlagnahme hat nur vorübergehenden Charakter, weil
   die endgültige Wirkung der Einziehung (Eigentumsübergang an den Staat
   mit Rechtskraft der Entscheidung) erst durch das Gericht festgestellt wird.
   Die Beschlagnahme bewirkt auch hier einen zumindest zeitweiligen Besitzverlust und schränkt die freie Nutzungsmöglichkeit ein. Damit ist der
   Schutzbereich des Art. 14 GG erfasst und wird auch hier von den Inhalts-
   und Schrankenbestimmungen reguliert.

Durch die **gerichtliche** Einziehung wird das Eigentum faktisch entzogen.   562

> **Exkurs zur Enteignung:** 563
> Entzieht ein Gesetz zielgerichtet, zum allgemeinen Wohl und unter Wah-
> rung der Rechtmäßigkeitsvoraussetzungen geschützte Eigentumspositi-
> onen, handelt es sich um eine Enteignung[471]. Diese ist nach Art. 14 III GG
> nur durch materielles Gesetz zum öffentlichen Wohl zulässig, wobei das
> Gesetz selbst die Entschädigung vorsehen muss (Junktim-Klausel).

Nach dem grundlegenden „**Naßauskiesungsbeschluss**" des BVerfG sind bei 564
Eingriffen in Art. 14 GG zwei Enteignungsarten zu unterscheiden, wobei beide
Arten in Bezug auf ihre Zielsetzung dadurch gekennzeichnet sind, dass die
öffentliche Gewalt das Eigentum für einen öffentlichen Zweck braucht, dh in
irgendeiner Weise nutzen will.[472] Daran fehlt es bei Einziehungsanordnungen.
Diese erfolgen, weil das Eigentum im Verstoß gegen Bestimmungen des Strafgesetzbuches erlangt wurde. Eine öffentliche Aufgabe steht hier nicht im Vordergrund.

Die Einziehung von Tatprodukten, Tatmitteln und Tatobjekten ist vom Gesetzgeber zugelassen und insofern „Schranke des Eigentums", die der Gesetzgeber konkretisieren kann.[473] Im Rahmen der Bestimmung des Inhalts und der
Schranken des Eigentums hat der Gesetzgeber die Grenzen der Verhältnismäßigkeit und des Übermaßverbots zu wahren. Hieran ist zu messen, ob die
Einziehung eine verfassungsrechtlich gerechtfertigte **Inhalts- und Schrankenbestimmung** darstellt. Einziehung ist somit als zulässige Inhalts- und Schrankenbestimmungen iSd Art. 14 I 2 GG anzusehen mit der Begründung, dass die
strafrechtliche Einziehung stillschweigend vom Grundgesetz als Schranke des
Eigentums zugelassen ist.

Im Ergebnis bedeutet dies, dass die Einziehung eine zulässige Schranke dar- 565
stellt.

---

[471] BVerfGE 70, 191 (199) = NVwZ 1986, 113; BVerfGE 72, 66 (76) = NJW 1986, 2188, sog.
klassischer Enteignungsbegriff.
[472] *K. P. Julius* ZStW 109 (1997) Heft 1.
[473] BVerfGE 22, 422 = NJW 1968, 787.

566

Zusammenfassung:

- Nach hM sind polizeiliche Sicherstellung- und Beschlagnahmebefugnisse an Art. 14 GG zu messen.
- Die Sicherstellung/Beschlagnahme bewirkt einen zumindest zeitweiligen Besitzverlust und schränkt die freie Nutzungsmöglichkeit ein. Damit kommt die Schranke der „Inhalts- und Schrankenbestimmung im Rahmen der Sozialpflichtigkeit des Eigentums" in Betracht.
- Auch **gerichtliche** Einziehungsvorschriften, die letztlich den Eigentumsverlust bedeuten, stellen keine Enteignungen dar, da diese dadurch gekennzeichnet sind, dass die öffentliche Gewalt das Eigentum für einen öffentlichen Zweck braucht, dh in irgendeiner Weise nutzen will.

Damit sind auch diese gerichtlichen Maßnahmen an den Inhalts- und Schrankenbestimmungen im Rahmen der Sozialpflichtigkeit des Eigentums zu messen.

567 Erfolgt eine Sicherstellung nicht beim Eigentümer, so wird der **Gewahrsamsinhaber** in seiner allgemeinen Handlungsfreiheit nach Art. 2 I GG beschränkt.

> **Beispiel:** Dem Dieb wird nach erfolgreicher Verfolgung die Tatbeute entnommen. Gegenüber dem Eigentümer liegt ein Eingriff in Art. 14 GG vor, der durch die Schrankenbestimmungen gerechtfertigt ist. Gegenüber dem Dieb liegt ein Eingriff in Art. 2 I GG vor. Wirft der Täter die Tatbeute während der Verfolgung weg, so braucht von einem Grundrechtseingriff ihm gegenüber nicht mehr ausgegangen zu werden.

Wenn eine Sache herrenlos ist oder der Berechtigte die Sache freiwillig in die Obhut der Behörde gibt, liegt ein Rechtseingriff nicht vor.[474]

II. Handlungsform

568 Insofern eine polizeiliche Verfügung vorausgegangen ist, handelt es sich um einen Justizverwaltungsakt, ansonsten liegt eine Prozesshandlung vor.

B. Formelle Rechtmäßigkeit

569 Die Maßnahme dient der Strafverfolgung (§ 163 StPO).

---

[474] *Möller/Warg* POR Rn. 400.

C. Materielle Rechtmäßigkeit

I. Tatbestandsvoraussetzungen

1. Verdacht einer Straftat   570

Hinweis: S. hierzu → Rn. 44

2. Gegenstand

Dazu gehören iSd § 94 I StPO alle körperlichen Gegenstände ohne Rücksicht auf 571
den Aggregatzustand.

3. Beweismittelmöglichkeit

„**Beweismittel** sind alle beweglichen und unbeweglichen Sachen, die unmittelbar 572
oder mittelbar für die Tat oder die Umstände ihrer Begehung Beweis erbringen."[475]

Der Gegenstand kann Beleg sein für den Tathergang, Tatzusammenhänge
aufklären, Rückschlüsse auf den Täter zulassen, den Tatverdächtigen be- aber
auch entlasten.

Wenn in irgendeiner nur erdenklichen Form einem Gegenstand ein Beweiswert 573
zugeschrieben werden kann, dann ist dieser Gegenstand Beweismittel. „Die
potentielle Beweisbedeutung des Gegenstands ist erforderlich und
ausreichend."[476]

Beispiele: Fahrzeuge, Kleidungsstücke des Täters/Opfers, Urkunden, Tat-
mittel (Messer, Waffe, Schlagwerkzeug), Geschäftsunterlagen, aber auch
Leichen und Leichenteile, Schriftstücke, Betäubungsmittel, Gifte, gefälschte
Urkunden, Unfallfahrzeuge

Das **Mobiltelefon** kann Beweismittel nach § 94 StPO sein, wenn der Übertra- 574
gungsvorgang abgeschlossen ist. Beweiswert kann einem Mobiltelefon insoweit
zukommen, als die vorhandenen Daten im Telefon Aufschluss über ein bestimmtes Verhalten geben können. Diese Daten unterliegen nicht dem Schutz
des Art. 10 GG. Die Ermächtigung zur Sicherstellung ergibt sich entsprechend
aus §§ 94, 98 StPO. Eine anschließende Durchsicht der Daten begründet sich als
Durchsuchung nach §§ 102, 110 StPO.[477]

4. Bedeutung für die Untersuchung

Aus dem Gesetzestext geht hervor, dass der Gegenstand für die Untersuchung 575
von Bedeutung sein kann. Damit ist die Möglichkeit gemeint, dass der Gegenstand Beweis erbringen kann. Ob es später dazu wirklich kommt oder ob sich
diese Beweismöglichkeit tatsächlich bestätigt, ist unerheblich.

---

[475] Meyer-Goßner/Schmitt/*Schmitt* StPO § 94 Rn. 5.
[476] Meyer-Goßner/Schmitt/*Schmitt* StPO § 94 Rn. 6.
[477] LG Dessau-Roßlau BeckRS 2017, 103272.

II. Besondere Form- und Verfahrensvorschriften

1. § 107 StPO

576 Dem Betroffenen ist auf Verlangen eine Bescheinigung über den Grund der Durchsuchung und eine Auflistung der sichergestellten Gegenstände auszuhändigen (NW 10).

2. § 109 StPO

577 Die in Verwahrung oder in Beschlag genommenen Gegenstände sind genau zu verzeichnen und zur Verhütung von Verwechslungen durch amtliche Siegel oder in sonst geeigneter Weise kenntlich zu machen.

3. § 111n, 111o StPO

578 Siehe → Rn. 996 ff.

4. Besonders begrenzende Bestimmungen

579 § 97 StPO beschäftigt sich mit **Beschlagnahmeverboten**. Auch wenn Gegenstände zweifellos für ein Verfahren wichtig sind und dementsprechend als Beweismittel in Betracht kommen, gibt es Bestimmungen, die es verhindern, dass ein solcher Gegenstand tatsächlich beschlagnahmt wird.

Solche Bestimmungen können sich aus verschiedenen Gesichtspunkten ergeben:

580 • **Beschlagnahmeverbot, weil ein Zeugnisverweigerungsrecht besteht**
Bestimmte Personengruppen haben ein Zeugnisverweigerungsrecht. Dieses Zeugnisverweigerungsrecht kann sich aus einem Verwandtschaftsverhältnis, einer bestimmten beruflichen Stellung oder der Zugehörigkeit zu Presse und Rundfunk ergeben.

581 • **Zeugnisverweigerungsrecht aus einem Verwandtschaftsverhältnis**
Die Zeugnisverweigerung aus einem Verwandtschaftsverhältnis ist in § 52 StPO niedergelegt:
§ 52 I StPO: Zur Verweigerung des Zeugnisses sind berechtigt **1.** der Verlobte des Beschuldigten oder die Person, mit der der Beschuldigte ein Versprechen eingegangen ist, eine Lebenspartnerschaft zu begründen; **2.** der Ehegatte des Beschuldigten, auch wenn die Ehe nicht mehr besteht; **2a** der Lebenspartner des Beschuldigten, auch wenn die Lebenspartnerschaft nicht mehr besteht; **3.** wer mit dem Beschuldigten in gerader Linie verwandt oder verschwägert, in der Seitenlinie bis zum dritten Grad verwandt oder bis zum zweiten Grad verschwägert ist oder war.
Gemäß § 97 I 1 StPO scheiden schriftliche Mitteilungen zwischen dem Beschuldigten und Personen, die nach § 52 StPO zeugnisverweigerungsberechtigt sind, als Beweismittel aus, wenn und solange sie sich im **Gewahrsam der zur Verweigerung des Zeugnisses berechtigten Person** befinden. Wenn der Beschuldigte Mitgewahrsam an den schriftlichen Mitteilungen hat, kann beschlagnahmt werden.[478]

---

[478] SK-StPO/*Wohlers/Greco* § 97 Rn. 24.

- Zeugnisverweigerungsrecht **aus einer bestimmten beruflichen Stellung**   582

> **Merke:** Die Zeugnisverweigerung aus einer bestimmen beruflichen Stellung ist in den §§ 53, 53a StPO niedergelegt.

Gemäß § 97 II 1 StPO kommen auch hier schriftliche Mitteilungen nicht als Beweismittel in Betracht, wenn und solange sie sich im Gewahrsam der Vertrauensperson befinden. Das gilt auch in Bezug auf Bedienstete der Vertrauenspersonen (§ 53a StPO).

Allerdings ist für den Fall des schriftlichen Verkehrs zwischen dem Beschuldigten und seinem Verteidiger § 148 StPO zu beachten. § 148 StPO steht einer Beschlagnahme auch dann entgegen, wenn sich das Schriftstück in der Hand des Beschuldigten befindet.[479]

Das **Beschlagnahmeverbot** gilt auch für Aufzeichnungen, andere Gegenstände und ärztliche Untersuchungsbefunde. Allerdings gelten die Beschränkungen der Beschlagnahme gem. § 97 II 3 StPO nicht, wenn bestimmte Tatsachen den Verdacht begründen, dass die zeugnisverweigerungsberechtigte Person an der Tat oder an einer Begünstigung, Strafvereitelung oder Hehlerei beteiligt ist, oder wenn es sich um Gegenstände handelt, die durch eine Straftat hervorgebracht oder zur Begehung einer Straftat gebraucht oder bestimmt sind oder die aus einer Straftat herrühren.

- **Zeugnisverweigerungsrecht aus der Zugehörigkeit zu Presse oder Rundfunk**   583 **§ 97 V StPO:** Soweit das Zeugnisverweigerungsrecht der in § 53 I Nr. 5 StPO genannten Personen reicht, ist die Beschlagnahme von Schriftstücken, Ton-, Bild- und Datenträgern, Abbildungen und anderen Darstellungen, die sich im Gewahrsam dieser Personen oder der Redaktion, des Verlages, der Druckerei oder der Rundfunkanstalt befinden, unzulässig. Abs. 2 S. 3 und § 160a IV 2 StPO gelten entsprechend; die Beschlagnahme ist jedoch auch in diesen Fällen nur zulässig, wenn sie unter Berücksichtigung der Grundrechte aus Artikel 5 I 2 des Grundgesetzes nicht außer Verhältnis zur Bedeutung der Sache steht und die Erforschung des Sachverhaltes oder die Ermittlung des Aufenthaltsortes des Täters auf andere Weise aussichtslos oder wesentlich erschwert wäre.

Es gibt in der neuen Fassung der Norm keine Unterscheidung mehr zwischen Mitarbeitern der periodischen oder nichtperiodischen Presse.

> **Definition:** Periodisch ist ein Druckwerk, das in ständiger, wenn auch unregelmäßiger Folge und im Abstand von nicht mehr als sechs Monaten erscheint.

Es sind also auch Flugblätter und Plakate erfasst.

Der Kreis der **Zeugnisverweigerungsberechtigten** ist weit auszulegen. Dazu gehört das gesamte redaktionelle, kaufmännische und technische Personal, auch dann, wenn sie zwischenzeitlich aus dem Arbeitsverhältnis

---

[479] Meyer-Goßner/Schmitt/*Schmitt* StPO § 148 Rn. 8.

ausgeschieden sind. Erfasst werden auch die freien journalistischen Mitarbeiter.[480]

Auch hier gelten die Beschränkungen des § 97 II 3 StPO.

- **weitere Vorschriften**

584 – Aus § 96 StPO ergibt sich ein Beschlagnahmeverbot von Akten oder Schriftstücken, die in amtlicher Verwahrung einer anderen Behörde sind. Für Akten und Schriftstücke kann unter den in § 96 StPO genannten Voraussetzungen eine Sperrerklärung erfolgen. Damit ist das Schriftstück für das Gericht als Beweismittel nicht zugänglich.

585 – Aus § 99 StPO ergibt sich ein Beschlagnahmeverbot auf der Post.

§ 99 StPO: Zulässig ist die Beschlagnahme der an den Beschuldigten gerichteten Postsendungen und Telegramme, die sich im Gewahrsam von Personen oder Unternehmen befinden, die geschäftsmäßig Post- oder Telekommunikationsdienste erbringen oder daran mitwirken. Ebenso ist eine Beschlagnahme von Postsendungen und Telegrammen zulässig, bei denen aus vorliegenden Tatsachen zu schließen ist, dass sie von dem Beschuldigten herrühren oder für ihn bestimmt sind und dass ihr Inhalt für die Untersuchung Bedeutung hat.

Beachte: § 99 StPO ist zu anzuwenden, wenn sich die Sache im Gewahrsam der „Post" befindet. Mit der Auslieferung der Post endet dieser Gewahrsam.[481] Mit dem Begriff Post sind alle Unternehmer/Firmen zu verstehen, die Dienstleistungen im Bereich der Telekommunikation erbringen. Zu den schriftlichen Mitteilungen gehören auch Schriftstücke, die auf elektronischem Weg versandt werden.[482]

Im Falle des „Postgewahrsams" ist gem. § 100 StPO zur Anordnung der Beschlagnahme nur das Gericht, bei Gefahr im Verzug auch die StA befugt.

Als Verfahrensvorschrift sind auch die §§ 101 IV 1 Nr. 2 und VII StPO (Unterrichtung des Betroffenen, nachträglicher Rechtsschutz) zu beachten.

5. Anordnung

586 **a) Bei Sicherstellung.** Die Sicherstellung kann durch jeden Polizeibeamten angeordnet werden.

587 **b) Bei Beschlagnahme.** Die **Anordnung einer Beschlagnahme** richtet sich nach § 98 I StPO. Die Anordnung kann nur durch den Richter, bei Gefahr im Verzuge auch durch die StA und deren Ermittlungspersonen ergehen. Gefahr im Verzuge heißt, dass auf eine richterliche Anordnung nicht gewartet werden kann, weil der Betroffene in der Zwischenzeit das Beweismittel verändern, zur Seite schaffen oder vernichten kann. Die Tatsachen, die eine Gefahr im Verzuge begründen, sind zu dokumentieren.[483]

---

[480] *Benfer/Bialon* Rechtseingriffe Rn. 567; BGH NJW 1999, 2051.
[481] SK-StPO *Wohlers/Greco* § 99 Rn. 1.
[482] BGH NJW 2009, 1828.
[483] LG Köln BeckRS 2013, 08864.

Ist eine Beschlagnahme ohne gerichtliche Anordnung erfolgt, so soll binnen drei Tagen eine gerichtliche Bestätigung beantragt werden, wenn:

- bei der Beschlagnahme weder der davon Betroffene noch ein erwachsener Angehöriger anwesend war oder
- der Betroffene und im Falle seiner Abwesenheit ein erwachsener Angehöriger des Betroffenen gegen die Beschlagnahme ausdrücklich Widerspruch erhoben hat.

Die **Frist von drei Tagen** beinhaltet, dass innerhalb von drei Tagen der Antrag zu stellen ist. Es ist nicht notwendig, dass innerhalb von drei Tagen eine gerichtliche Entscheidung herbeigeführt wird.

Gemäß § 98 II 5 StPO ist der Betroffene über seine Rechte zu belehren. Er ist zu belehren, dass er jederzeit die richterliche Entscheidung beantragen kann (§ 98 II 2 StPO).

III. Adressatenregelung

Adressat der Norm ist der Gewahrsamsinhaber.[484]

IV. Rechtsfolge

Rechtsfolge der Sicherstellung/Beschlagnahme ist die amtliche Inverwahrungnahme. Sie kann erfolgen durch Mitnahme in die Räumlichkeiten der Behörde aber auch durch Aufdrücken eines Siegels oder Anheften eines Zettels mit der Bezeichnung des Ermittlungsverfahrens.[485]

> **Merke:** „Kommt ein Gegenstand zugleich auch als Einziehungsgegenstand in Betracht, so ist die Beschlagnahme nach § 94 StPO zwar ausreichend, wegen des nur nach § 111d I StPO eintretenden Veräußerungsverbots empfiehlt sich aber die gleichzeitige Beschlagnahme nach § 111b I StPO."[486] S. hierzu → Rn. 974 ff.

25. Kapitel. Datenauslesung von Mobiltelefonen[487]

Wenn nach einem schweren Verkehrsunfall eine unklare Unfallursache besteht und dadurch auch die Möglichkeit in Betracht gezogen werden muss, dass der Fahrzeugführer abgelenkt war und dies als Unfallursache angesehen werden kann, kommt eine Sicherstellung von Mobiltelefonen in Betracht. Das Mobiltelefon ist dann als Beweismittel zu werten und kann entsprechend der Vorschriften nach den §§ 94, 98 StPO sichergestellt bzw. beschlagnahmt werden, denn durch das Auslesen der Daten im Mobiltelefon kann festgestellt werden, ob der Fahrzeugführer und Verdächtige zum unfallerheblichen Zeitpunkt tatsächlich telefoniert hat. **587a**

---

484 *Benfer/Bialon* Rechtseingriffe Rn. 537.
485 *Kramer* Grundbegriffe StrafVerfR Rn. 188.
486 Meyer-Goßner/Schmitt/*Schmitt* StPO § 94 Rn. 2.
487 Fallbearbeitung in *Bialon/Springer* Fälle EingriffsR Fall 28.

Hinweis: → Rn. 553 ff.

587b Die Sicherstellung/Beschlagnahme des Mobiltelefons gestaltet sich dabei unproblematisch. Die Durchsuchung nach einem solchen Gerät erfolgt über die §§ 102 ff. StPO, denn der Fahrzeugführer ist Verdächtiger und die Suche nach einem Beweismittel ist über die Erfolgsvermutung gestützt. Damit kann der Fahrzeugführer selbst und auch das Fahrzeug nach einem Mobiltelefon durchsucht werden.

Hinweis: → Rn. 656 ff.

587c Zu betrachten ist das Auslesen von derartigen Datenträgern (Mobiltelefonen), denn die für die Beweisführung wesentlichen Daten können über den Provider ermittelt werden. Sie können aber auch innerhalb des Mobiltelefons erhoben werden. Hier sind jedenfalls wesentliche Unterschiede bezüglich des dann vorhandenen Grundrechtseingriffs zu sehen. In einer Entscheidung vom 2.3.2006 hat sich das BVerfG[488] hierzu ausgelassen:

Der Schutz des Fernmeldegeheimnisses endet insoweit in dem Moment, in dem die Nachricht bei dem Empfänger angekommen und der Übertragungsvorgang beendet ist. Die spezifischen Gefahren der räumlich distanzierten Kommunikation bestehen im Herrschaftsbereich des Empfängers, der eigene Schutzvorkehrungen gegen den ungewollten Datenzugriff treffen kann, nicht.

Die nach Abschluss des Übertragungsvorgangs im Herrschaftsbereich des Kommunikationsteilnehmers gespeicherten Kommunikationsverbindungsdaten werden jedoch nicht durch Art. 10 I GG, sondern durch das Recht auf informationelle Selbstbestimmung (Art. 2 I GG iVm Art. 1 I GG) und gegebenenfalls durch Art. 13 I GG geschützt.

Die Beteiligten, die ihre Kommunikation mithilfe von technischen Hilfsmitteln über Distanz unter Nutzung fremder Kommunikationsverbindungswege ausüben, haben nicht die Möglichkeit, die Vertraulichkeit der Kommunikation sicherzustellen.

Art. 10 I GG soll einen Ausgleich für die technisch bedingte Einbuße an Privatheit schaffen und will den Gefahren begegnen, die sich aus dem Übermittlungsvorgang einschließlich der Einschaltung eines Dritten ergeben.

Während für den Kommunikationsteilnehmer keine technischen Möglichkeiten vorhanden sind, das Entstehen und die Speicherung von Verbindungsdaten durch den Nachrichtenmittler zu verhindern oder auch nur zu beeinflussen, ändern sich die Einflussmöglichkeiten, wenn sich die Daten in der eigenen Sphäre des Teilnehmers befinden. Zum einen kann ein unbemerkter Zugriff Dritter auf die gespeicherten Daten ohne Kenntnis des Kommunikationsteilnehmers in der Regel nicht stattfinden. Damit entfällt ein wesentliches Merkmal, das die besondere Schutzbedürftigkeit im Rahmen des Fernmeldegeheimnisses begründet.

---

[488] BVerfG NJW 2006, 976.

Zudem hat es der Betroffene in erheblichem Umfang selbst in der Hand, ob die bei ihm vorhandenen Daten dauerhaft gespeichert werden.

Damit hat das BVerfG entschieden, dass die Auslesung von Daten der Kommunikation, die sich im Handy des Betroffenen befinden, nicht vom Grundrechtsschutz des Art. 10 GG erfasst ist, sondern an Art. 2 I GG iVm Art. 1 I GG zu messen ist. Die §§ 94 ff., 102 ff. StPO ermöglichen grundsätzlich die Durchsuchungen, Sicherstellungen und Beschlagnahmen von Datenträgern oder die Kopie der entsprechenden Daten und damit die Einsichtnahme in Handys um beispielsweise festzustellen, ob der Betroffene zu einer ereignisrelevanten Zeit ein Telefongespräch geführt hat. Fordert die Polizei Verbindungsdaten vom Provider an, so ist dieser Eingriff sehr wohl an Art. 10 GG zu messen.

Das Auslesen der Daten im Mobiltelefon kann als Durchsuchung qualifiziert **587d** werden, denn gem. § 11 III StGB stehen Schriften unter anderem Datenspeichern gleich. Damit ist das Auslesen von Datenspeichern einer Durchsicht von Papieren gleichzustellen, was wiederum eine Durchsuchung im rechtlichen Sinne darstellt. Gemäß § 110 I StPO steht die Durchsicht der Papiere des von der Durchsuchung Betroffenen der StA und auf deren Anordnung ihren Ermittlungspersonen, mit Zustimmung des Betroffenen auch jedem Polizeibeamten zu. Andernfalls sind die Papiere, deren Durchsicht für geboten erachtet werden, mitzunehmen und bei der StA abzuliefern. Unberührt davon bleibt die grundsätzliche Anordnungskompetenz des Gerichts gem. § 105 StPO.

> **Merke:** Die Polizei kann die Sicherstellung eines Mobiltelefons nach zB einem schweren Verkehrsunfall idR aufgrund des Vorliegens von Gefahr im Verzuge anordnen. Das Auslesen der Daten kann gem. § 110 StPO nur durch Anordnung der StA auf die Polizei übertragen werden.

26. Kapitel. Durchsuchung von Personen zur Gefahrenabwehr, § 39 PolG NRW[489]

Das PolG NRW enthält für Durchsuchungen von Personen zur Gefahrenabwehr **588** zwei Eingriffsbefugnisse:

- Durchsuchung von Personen zur Identitätsfeststellung gem. § 12 II PolG NRW,
- Durchsuchung von Personen zur Gefahrenabwehr gem. § 39 PolG NRW.
  Unter der Durchsuchung von Personen ist die Suche nach Gegenständen am Körper oder in den Kleidern des Betroffenen zu verstehen. Zu diesem Zweck kann von der Person gegebenenfalls verlangt werden, Kleidungsstücke abzulegen.[490]
  Die Durchsuchung umfasst auch die Suche an der Körperoberfläche (zB in den Haaren), aber auch in den Körperhöhlen wie Mund, Nase, Ohren, soweit sie ohne Weiteres zugänglich sind.

---

[489] Fallbearbeitung in *Bialon/Springer* Fälle EingriffsR Fälle 6, 13.
[490] VV 39.02 zu § 39 PolG NRW.

> **Beispiel:**[491] Die Klägerin wurde beim Besuch eines Musikfestivals aus Anlass einer Betäubungsmittelkontrolle („Razzia") von der Polizei kontrolliert. Die „Durchsuchung" der zu diesem Zeitpunkt hochschwangeren Klägerin bezog sich auch auf den Genitalbereich. Diese „Suche" konnte indes nicht mehr als Durchsuchung subsumiert werden. Die Suche nach Fremdkörpern in den natürlichen Körperöffnungen ist mithin dem Begriff der körperlichen Untersuchung zuzuordnen und nicht dem Begriff der Durchsuchung. Vor allem liegt auf der Hand, dass der Genitalbereich nicht dem Bereich der „ohne Weiteres zugänglichen Körperöffnungen" zugeordnet werden kann. Soll es zu einer Augenscheinnahme dieses Körperbereichs kommen, so ist eine Mitwirkung des Betroffenen erforderlich, der diesen Bereich erst zugänglich machen muss.

- Eine körperliche Untersuchung kann mithin **nicht** auf § 39 PolG NRW gestützt werden. Eine solche liegt vor, wenn es um den Zustand und die Beschaffenheit des Körpers selbst geht (körperliche Merkmale, Suche nach Gegenständen im Innern des Körpers, zB nach verschluckten Gegenständen). Eine solche Untersuchung ist auf § 8 PolG NRW zu stützen.[492]

A. Ermächtigungsgrundlage

I. Grundrechtseingriff

589
- Art. 2 I GG iVm Art. 1 I GG: Allgemeines Persönlichkeitsrecht, (Persönlichkeitssphäre)
- Art. 2 II 2 GG iVm Art. 104 I GG (Freiheitsbeschränkung)

Weil die Person für die Dauer der Durchsuchung am Ort bleiben muss, liegt außerdem ein Eingriff in die Bewegungsfreiheit als Freiheitsbeschränkung vor.[493] Falls die Durchsuchung unter Anwendung von Zwang durchgeführt wird, kommt ferner ein Eingriff in das Recht auf körperliche Unversehrtheit in Betracht.

II. Handlungsform

590 Die Durchsuchung der Person selbst ist **Realakt**, der allerdings regelmäßig begleitet wird von einem anordnenden Verwaltungsakt, der dem Betroffenen, sofern er anwesend, nicht bewusst- und nicht hilflos ist, die Mitwirkung an der Ausführung, mindestens aber deren Duldung aufgibt.

> **Merke:** Die Anordnung einer Durchsuchung, mit welcher der Betroffene zur Duldung der Durchführungshandlung verpflichtet wird, stellt sich als VA dar, die Durchführung der Durchsuchung dagegen als Realakt.[494]

---

[491] VGH München BeckRS 1998, 23142; s. auch: OVG Saarlouis BeckRS 2008, 30849; *Durner* JA 2008, 667.
[492] *Tegtmeyer/Vahle* PolG NRW § 39 Rn. 1.
[493] OVG Münster NVwZ 1982, 46.
[494] *Schenke* POR Rn. 115.

B. Formelle Rechtmäßigkeit

Die Maßnahme der Durchsuchung nach § 39 PolG NRW dient der Gefahrenab- 591
wehr. Während das allgemeine und besondere Polizei- und Ordnungsrecht die
materiellen Ermächtigungen für VA regelt, wird es hinsichtlich der Regelungen
über das verfahrensmäßige Zustandekommen des VA und dessen Bestandskraft
durch das allgemeine Verwaltungsverfahrensrecht (VwVfG NRW) ergänzt.

> **Hinweis:** → Rn. 111 ff.

C. Materielle Rechtmäßigkeit

I. Tatbestandsvoraussetzungen

1. § 39 I Nr. 1 PolG NRW

Bei der Person, die durchsucht werden soll, müssen also die Voraussetzungen 592
für **ein Festhalten nach dem PolG NRW** (zB Ingewahrsamnahme gem. § 35 PolG
NRW) **oder nach anderen Rechtsvorschriften** (zB § 127 II StPO) vorliegen.

> **Beispiel:** Der A provoziert alkoholisiert Passanten in der Fußgängerzone.
> Er droht einigen Bürgern Schläge an. Die Menschen sind durch sein pro-
> vokantes Auftreten sehr eingeschüchtert. Ein Bürger ruft die Polizei. Als
> die Beamten eintreffen, zeigt er sich auch Ihnen gegenüber sehr aggressiv.
> Die Beamten entschließen sich, den A zur Verhinderung von Straftaten in
> Gewahrsam zu nehmen. Vorher durchsuchen sie ihn.

Nach dem Wortlaut der Norm kommt es also darauf an, dass die Voraussetzungen für ein **Festhalten** vorliegen. Den Begriff des Festhaltens verwendet das
PolG NRW immer, wenn es **Freiheitsentziehungen** meint.

Die Durchsuchung nach § 39 I Nr. 1 PolG NRW dient der Suche nach Sachen,
die zum Angriff auf Personen oder Sachen, zur Flucht oder Selbstgefährdung
geeignet sind.[495]

2. § 39 I Nr. 2 PolG NRW

a) **Tatsachen rechtfertigen die Annahme**   593
   Tatsachen sind objektive Gegebenheiten. Bloße Vermutungen oder ausschließliche Erfahrungen der Vergangenheit genügen nicht. Solche Tatsachen können zB durch eigene Beobachtungen, glaubhafte Hinweise Dritter,
   das Verhalten des Betroffenen oder das Ergebnis durchgeführter Ermittlungen begründet werden.
b) **Person führt Sachen mit**   594
   Das Mitführen bedeutet letztlich, dass sich die Sachen am Körper oder in
   der Kleidung befinden müssen. Die Durchsuchung mitgeführter Sachen
   richtet sich nach § 40 PolG NRW.

---

[495] VV 39.11 zu § 39 PolG NRW.

595 c) **Sicherstellung**

Die Vorschrift bezieht sich ausschließlich auf die **Sicherstellung nach § 43 PolG NRW**, nicht auf strafprozessuale Sicherstellungen/Beschlagnahmen (§§ 94, 98, 111b ff. StPO). Wenn ein Polizeibeamter zB den Hinweis erhält, dass ein Jugendlicher eine entwendete Uhr in seiner Jackentasche versteckt hat, richtet sich die Durchsuchung nach § 102 StPO, die Uhr ist als Beweisgegenstand iSd § 94 StPO sowie als Gegenstand der Einziehung iSd § 111b I StPO zu beschlagnahmen.

3. § 39 I Nr. 3 PolG NRW

Beispiel: Die Polizei erhält den Hinweis, dass sich eine Frau in der Nähe des A-Sees das Leben nehmen will. Am Einsatzort treffen die Beamten auf eine Frau, die gekrümmt neben einer Bank liegt. Die Frau atmet schwer. PK A durchsucht die Kleidung der Frau um Hinweise auf mögliche Tabletten oder andere Mittel zu erlangen.

596 a) **Freie Willensbestimmung ausschließender Zustand**

Eine Person befindet sich in einem die freie Willensbestimmung ausschließenden Zustand, wenn sie nicht in der Lage ist, einen Willensentschluss zu fassen, oder aber nicht mehr nach ihm zu handeln vermag, zB Ohnmacht, Schock, Volltrunkenheit, Rauschgiftkonsum oder Ähnliches.[496]

597 b) **Hilflose Lage**

Eine **hilflose Lage** ist anzunehmen bei kleinen Kindern, bei Verletzten, bei sehr alten Menschen, überhaupt Personen, die zur Abwehr ihnen drohender Gefahren aus eigener Kraft nicht im Stande sind.

Die Durchsuchung beschränkt sich nach VV 39.13 PolG NRW auf die Suche nach Unfallausweisen oder weiteren Hinweisen auf Hilflosigkeit, um Beistand leisten zu können (Medikamentenpackung, die auf eine Erkrankung hindeutet, besondere Krankheitshinweise).[497]

4. § 39 I Nr. 4 PolG NRW

598 **Die Zulässigkeitsvoraussetzungen entsprechen denen aus § 12 I Nr. 2 PolG NRW.**

„Die Durchsuchungsmöglichkeit bei Personen, die sich an sog. „gefährlichen" Orten aufhalten, ergänzt bei diesem Personenkreis die Befugnis zur Identitätsfeststellung nach § 12 I Nr. 2 PolG NRW."[498] Die Durchsuchung nach dieser Norm ist nicht auf die Feststellung der Identität ausgerichtet. Die Person darf auch durchsucht werden, wenn die Identität bereits feststeht.

Beispiel: Nach polizeilichen Erkenntnissen wird am Wochenende regelmäßig auf dem Parkplatz der Diskothek K gedealt. An einem Samstag gegen 23.00 Uhr wird der Parkplatz durch Polizeibeamte abgesperrt. Alle Personen werden aufgefordert sich auszuweisen und die Personen werden durchsucht.[499]

---

[496] *Rachor* in Lisken/Denninger HdB PolizeiR E Rn. 520.
[497] *Rachor* in Lisken/Denninger HdB PolizeiR E Rn. 521.
[498] *Tegtmeyer/Vahle* PolG NRW § 39 Rn. 11.
[499] VGH München BeckRS 2012, 58287 = JuS 2013, 189 (danach wird der von der Durchsuchung betroffene Personenkreis eingegrenzt auf Personen, die in einer entspre-

Diese Bestimmung bildet zusammen mit der Vorschrift auf § 12 I Nr. 2 eine „Ermächtigungskette" für die polizeiliche Razzia. Im weiteren Verlauf sind dazu auch die Normen aus § 40 I Nr. 1 und 4 und § 41 III Nr. 1 PolG NRW zu sehen.

5. § 39 I Nr. 5 PolG NRW

Die Zulässigkeitsvoraussetzungen entsprechen denen aus § 12 I Nr. 3 PolG NRW. 599

Die **Durchsuchungsmöglichkeit** bei Personen, die sich an sog. „gefährdeten" Orten aufhalten, ergänzt bei diesem Personenkreis die Befugnis zur Identitätsfeststellung nach § 12 I Nr. 3 PolG NRW. Die Maßnahme dient in Zusammenhang mit der Identitätsfeststellung und der Durchsuchung von Sachen, § 40 I Nr. 1 und Nr. 5 PolG NRW, dem Verhüten von Anschlägen.

> **Beispiel:** Nach einem Fußballspiel zweier stark verfeindeter Mannschaften randalieren ca. 100 Fans im Zug, als sie sich wieder auf der Heimfahrt befinden. Der Zug steht nunmehr im Bahnhof A und fährt nicht weiter. Die Polizei fordert die Fans auf, den Zug zu verlassen. Von allen Personen werden die Personalien festgestellt. Die Fans werden nach gefährlichen Gegenständen durchsucht.

6. § 39 II PolG NRW

a) **Identität soll nach diesem Gesetz oder einer anderen Rechtsvorschrift fest-** 600
   gestellt werden oder
   Voraussetzung dieser Durchsuchungsmöglichkeit ist die Zulässigkeit einer Identitätsfeststellung nach diesem Gesetz oder einer anderen Rechtsvorschrift. Damit ist auch die strafprozessuale Identitätsfeststellung eingeschlossen.

b) **nach anderer Rechtsvorschrift Vorführung oder Verbringung zur Durchfüh-** 601
   rung einer Maßnahme an einen anderen Ort
   Gemäß § 39 II 2 PolG NRW gilt dasselbe, wenn eine Person nach anderen Rechtsvorschriften vorgeführt oder zur Durchführung einer Maßnahme an einen anderen Ort gebracht werden soll, etwa die Fahrt mit dem Betroffenen zum Krankenhaus zwecks Blutprobenentnahme gem. § 81a StPO.

c) **nach den Umständen zum Schutz des Polizeivollzugsbeamten oder eines** 602
   Dritten gegen eine Gefahr für Leib oder Leben erforderlich
   Diese Suche muss entsprechend des Gesetzestextes **nach den Umständen** zum Schutz des Polizeivollzugsbeamten oder eines Dritten gegen eine Gefahr für Leib oder Leben **erforderlich** sein. Für die Anwendung den § 39 II PolG NRW ist die jeweilige vorgefundene Situation entscheidend. Aus einer bestimmten Gefahrenlage ergibt sich eine Gefahrenprognose. Die Gefahr selbst braucht nicht konkret zu sein.[500] Die **Umstände** ergeben sich aus dem entsprechenden Einzelfall, zB aus dem Verhalten der Person oder auch aus polizeilichen Erkenntnissen.

---

chenden Beziehung zu den Tatsachen stehen, die die Gefährlichkeit des Ortes begründen).
[500] BeckOK PolR NRW/*Thiel*, 8. Ed. 10.2.2018, PolG NRW § 39 Rn. 57.

Die **Sicherheit des Polizeibeamten** steht im Vordergrund der Maßnahme. Da zur Zeit der bevorstehenden Identitätsfeststellung nicht gesagt werden kann, ob der Betroffene im weiteren Ablauf einer Freiheitsentziehung („festhalten") unterzogen wird, kommt § 39 I Nr. 1 PolG NRW nicht in Betracht.[501]

603 Der wesentliche Unterschied zu § 39 I Nr. 1 PolG NRW ist somit darin zu sehen, dass § 39 I Nr. 1 PolG NRW von einem „Festhalten", also von einer freiheitsentziehenden Maßnahme spricht. § 39 II PolG NRW schließt damit eine Lücke. Die Voraussetzungen sind dementsprechend höher, da die „Grundmaßnahme" einen geringen Eingriff darstellt.

II. Besondere Form- und Verfahrensvorschriften

604 Gemäß § 39 III PolG NRW dürfen Personen nur von Personen gleichen Geschlechts oder Ärzten durchsucht werden; dies gilt nicht, wenn die sofortige Durchsuchung zum Schutz gegen eine Gefahr für Leib oder Leben erforderlich ist.

> **Beispiel:** Polizeibeamte entdecken auf einer Parkbank eine hilflose Frau. Die Frau hat leichte Schaumspuren vor dem Mund. Die Frau wird von einem männlichen Beamten durchsucht, um mögliche Hinweise auf ihren Zustand zu erlangen.

Diese Verfahrensvorschrift begrenzt die Ermächtigung. Wird sie verletzt, ist die Maßnahme wegen eines Verstoßes im Schutzbereich des Art. 1 I GG rechtswidrig.

605 Die **Anordnung** kann durch jeden Polizeibeamten erfolgen.

III. Adressatenregelung

606 Der **Adressat** ergibt sich unmittelbar aus den einzelnen Regelungen des § 39 PolG NRW, sodass der Rückgriff auf die allgemeinen Störervorschriften unzulässig ist.

IV. Rechtsfolge

607 Die Rechtsfolge ist die Durchsuchung einer Person und das Verweilen am Durchsuchungsort während der Durchsuchung. Zum § 39 I Nr. 1 PolG NRW ergeben sich zwei wesentliche Unterschiede. Die Durchsuchung nach § 39 II PolG NRW dient dem **Auffinden von Waffen**, anderen gefährlichen Werkzeugen oder Explosionsmitteln und die Voraussetzungen für die Durchsuchung sind deutlich anspruchsvoller als bei § 39 I Nr. 1 PolG NRW.

27. Kapitel. Durchsuchung von Sachen zur Gefahrenabwehr, § 40 PolG NRW[502]

608 „In erster Linie betrifft die Vorschrift die **Durchsuchung beweglicher Sachen**. Dazu gehören Koffer und Taschen, Kraftfahrzeuge und Boote."

---

[501] *Benfer/Bialon* Rechtseingriffe Rn. 318.
[502] Fallbearbeitung in *Bialon/Springer* Fälle EingriffsR Fall 6.

Zelte und Schiffe (Hausboote) und Wohnwagen sind Wohnungen iSd Art. 13 GG und an den Voraussetzungen aus § 41 PolG NRW zu messen. Grundstücke (soweit sie nicht befriedetes Besitztum sind) sind Sachen iSd § 40 PolG NRW.[503]

> **Merke:** Alle beweglichen Sachen, die dem Aufenthalt von Menschen dienen, also bewohnt werden, sind mithin als „Wohnung" iSd Art. 13 GG anzusehen, ebenso das befriedete Besitztum. Sie genießen deshalb auch den besonderen Schutz der §§ 41, 42 PolG NRW.

Bei der Durchsuchung der am Körper **befindlichen Kleidungsstücke** und deren Inhalt handelt es sich nicht um eine Durchsuchung von Sachen im Sinne der Vorschrift, sondern um eine Durchsuchung von Personen (VV 40.02 zu § 40 PolG NRW).

Sachen im Sinne der Norm sind alle körperlichen Gegenstände (vgl. § 90 BGB) und Tiere. In erster Linie sind bewegliche Sachen gemeint (zB Gepäckstücke, Handtaschen, Fahrzeuge). In Betracht kommen aber auch unbewegliche Sachen, also Grundstücke und Grundstücksbestandteile, soweit sie nicht zur Wohnung gehören (Art. 13 GG).

A. Ermächtigungsgrundlage

I. Grundrechtseingriff

- Art. 2 I GG iVm Art. 1 I GG (Allgemeines Persönlichkeitsrecht/Persönlich- **609** keitssphäre),

Die Durchsuchung von Sachen tangiert das Recht auf (freie) Nutzung und Verfügbarkeit über das Eigentum (Art. 14 GG).[504]

II. Handlungsform

Die Verfügung an den Gewahrsamsinhaber, die Durchsuchung der Sache zu dulden, ist ein Verwaltungsakt. Die Durchsuchung selbst ist ein Realakt mit Eingriffscharakter.

B. Formelle Rechtmäßigkeit

Die Maßnahme der Durchsuchung nach § 39 PolG NRW dient der Gefahrenab- **610** wehr. Während das allgemeine und besondere Polizei- und Ordnungsrecht die materiellen Ermächtigungen für VA regelt, wird es hinsichtlich der Regelungen über das verfahrensmäßige Zustandekommen des VA und dessen Bestandskraft durch das allgemeine Verwaltungsverfahrensrecht (VwVfG NRW) ergänzt.

> **Hinweis:** → Rn. 111 ff.

---

[503] *Tegtmeyer/Vahle* PolG NRW § 40 Rn. 2.
[504] *Pieroth/Schlink/Kniesel* POR § 18 Rn. 1.

C. Materielle Rechtmäßigkeit

I. Tatbestandsvoraussetzungen

1. § 40 I Nr. 1 PolG NRW

611 **a) Sache wird von einer Person mitgeführt**
Mitführen heißt, dass die Person jederzeit Zugriff auf die Sache hat.[505]

612 **b) Person darf nach § 39 PolG NRW durchsucht werden**

„Die Bezugnahme auf die Vorschriften über die Durchsuchung von Personen trägt dem Gedanken Rechnung, dass der Durchsuchungszweck nur dann erreicht werden kann, wenn die Maßnahme sich auch auf die von der kontrollierten Person mitgeführten Sachen erstreckt."[506]

Damit ist § 40 I Nr. 1 eine Ergänzung zu § 39 PolG NRW. Das gilt insbesondere auch für die mit § 39 I Nr. 1 PolG NRW und § 39 II PolG NRW verfolgten Zielsetzungen der Eigensicherung sowie des Schutzes dritter Personen.

Die Maßnahme setzt voraus, „dass die Person rechtmäßig nach § 39 PolG NRW durchsucht werden darf. Dass sie tatsächlich durchsucht wird, ist nicht gefordert."[507]

Beispiel: Die Polizei wird zu einer Schlägerei gerufen. Nach Eintreffen stoßen die Beamten auf fünf Personen. Bevor die Personalien der Beteiligten festgestellt werden, werden die Personen selbst und auch die mitgeführten Sachen durchsucht.

2. § 40 I Nr. 2 PolG NRW

613 **a) Tatsachen** sind objektive Gegebenheiten, bloße Vermutungen oder ausschließliche Erfahrungen der Vergangenheit genügen nicht. Solche Tatsachen können zB eigene Beobachtungen, glaubhafte Hinweise Dritter, das Verhalten des Betroffenen oder Ermittlungsergebnisse begründen.

614 **b) Person kann in Gewahrsam genommen werden**
„Unter Gewahrsam ist zunächst die Freiheitsentziehung auf polizeirechtlicher Grundlage zu verstehen. In Betracht kommen aber auch Freiheitsentziehungen aufgrund anderer Gesetze, sofern sie gefahrenabwehrenden Charakter haben."[508]

615 **c) Person wird widerrechtlich festgehalten oder ist hilflos**
„Die Suche kann auch zum Zwecke der Befreiung einer Person dienen. Die erste Variante betrifft Fälle von Freiheitsberaubung einschließlich der Geiselnahme. Die zweite Variante (hilflos) regelt Fälle, in denen Personen sich nicht selbst befreien oder sonst helfen können. Die Vorschrift ist vor allem bei Unglücksfällen bedeutsam."[509]

---

[505] *Rachor* in Lisken/Denninger HdB PolizeiR E Rn. 613.
[506] *Rachor* in Lisken/Denninger HdB PolizeiR E Rn. 613.
[507] *Schütte/Braun/Keller* PolG NRW § 40 Rn. 7.
[508] *Rachor* in Lisken/Denninger HdB PolizeiR E Rn. 614.
[509] *Rachor* in Lisken/Denninger HdB PolizeiR E Rn. 615.

3. § 40 I Nr. 3 PolG NRW

> **Beispiel:** Auf einem Parkplatz steht ein Pkw in der prallen Sonne. Im Koffer-
> raum des Kombis befindet sich ein Hund, der laut wimmert und jault. Dem
> Hund hängt die Zunge aus dem Hals. Der Fahrer des Fahrzeugs ist zeitnah
> nicht zu erreichen. Die Polizei beauftragt ein Schlüsselunternehmen um das
> Fahrzeug zu öffnen.

a) Tatsachen rechtfertigen die Annahme   616

> **Hinweis:** → Rn. 592   ❗

b) Auffinden einer Sache, die sichergestellt werden darf   617
Für diesen Fall muss eine Sicherstellung auf polizeirechtlicher Grundlage
bezweckt sein. Die Suche nach Sachen aus strafprozessualen Gründen richtet sich nach der Strafprozessordnung.

4. § 40 I Nr. 4 PolG NRW

Die Zulässigkeitsvoraussetzungen entsprechen denen aus § 12 I Nr. 2 PolG NRW. 618

§ 40 I Nr. 4 PolG NRW ergänzt die polizeilichen Möglichkeiten der Durchsuchung an „gefährlichen" (verrufenen) Orten und schließt sich der Norm nach
§ 39 I Nr. 4 PolG NRW an.[510]

> **Beispiel:** Im Rahmen einer Razzia durchsucht die Polizei eine Gaststätte im
> „Rotlichtmilieu". Unter einem Tisch entdecken die Beamten eine schwarze
> Dokumententasche. Die Tasche kann keiner Person zugeordnet werden. Die
> Beamten durchsuchen die Tasche.

5. § 40 I Nr. 5 PolG NRW

Die Zulässigkeitsvoraussetzungen entsprechen denen aus § 12 I Nr. 3 PolG NRW. 619

§ 40 I Nr. 5 PolG NRW ergänzt die polizeilichen Möglichkeiten zur Durchsuchung an „gefährdeten" Orten (Objektschutz) und schließt sich der Norm nach
§ 39 I Nr. 5 PolG NRW an.

> **Beispiel:** In den letzten Wochen sind mehrere Anschlagsdrohungen auf ver-
> schiedene Flughäfen eingegangen. Auf einem Flughafen konnte ein Koffer
> festgestellt werden, in dem sich ein selbstkonstruierter Zündsatz befand.
> Polizeibeamte entdecken auf einer Bank des Flughafens F eine Tasche. Eine
> zugehörige Person lässt sich nicht feststellen. Die Beamten verständigen
> einen Feuerwerker, um die Tasche zu untersuchen.

---

[510] Einschränkend: VGH München BeckRS 2014, 47092.

6. § 40 I Nr. 6 PolG NRW[511]

620 **a) Land-, Wasser- oder Luftfahrzeug**
Diese Aufzählung macht deutlich, dass Kontrollstellen nicht nur an Straßen und öffentlichen Plätzen, sondern auch an Flug- und Bootshäfen oder Wasserstraßen eingerichtet werden können.

621 **b) deren Identität nach § 12 I Nr. 4 PolG NRW festgestellt werden darf**
Die Identitätsfeststellung muss an einer Kontrollstelle nach § 12 I Nr. 4 PolG NRW zulässig sein.

Ziel dieser Durchsuchung ist das Auffinden von Gegenständen, die als Waffen oder gefährliche Werkzeuge (s. § 27 I VersammlG) oder als Tatmittel genutzt werden können.[512]
Als Rechtsfolge bestimmt diese Vorschrift, dass sich die Durchsuchung auch auf die in dem Fahrzeug enthaltenen Sachen erstrecken kann.

II. Besondere Form- und Verfahrensvorschriften

622 Zu beachten sind die Verfahrensvorschriften nach § 40 II PolG NRW:

- Anwesenheitsrecht,
- Hinzuziehung von Zeugen,
- Bescheinigung.

Indes werden die Maßnahmen nicht dadurch rechtswidrig, wenn diese Formvorschriften nicht beachtet werden. Der Zweck des Anwesenheitsrechts besteht darin, dass die Besitz- und Eigentumsposition des Berechtigten gewahrt wird. Daher besteht gem. § 25 S. 2 VwVfG NRW auch eine Hinweispflicht der Beamten auf dieses Recht.

623 Die **Anordnung** kann durch jeden Polizeibeamten erfolgen.

III. Adressatenregelung

624 Die allgemeinen **Störervorschriften** sind verdrängt, weil Adressat der Maßnahme der entsprechende Gewahrsamsinhaber ist.

Die **Adressaten** der Durchsuchung werden in der Norm hinreichend speziell bestimmt, die §§ 4–6 PolG NRW sind grundsätzlich nicht anzuwenden.

IV. Rechtsfolge

625 Durchsuchungsobjekte sind alle beweglichen und auch unbeweglichen Sachen (Grundstücke nur, wenn sie nicht befriedet sind, da sonst ein Eingriff in Art. 13 I GG vorliegt, der von der Rechtsfolge des § 40 PolG NRW nicht umfasst wird).[513]

---

[511] *Keller* Kriminalistik 2010, 265 ff.
[512] *Schütte/Braun/Keller* PolG NRW § 40 Rn. 12.
[513] *Rachor* in Lisken/Denninger HdB PolizeiR E Rn. 609.

28. Kapitel. Betreten und Durchsuchen von Wohnungen zur Gefahrenabwehr, § 41 PolG NRW[514]

Durch Art. 13 I GG wird die **Unverletzlichkeit der Wohnung** garantiert. Die **626** Wohnung steht unter dem besonderen Schutz der Verfassung. Art. 13 I GG schützt die räumliche Privatsphäre. Bewohner sollen das Recht haben, in ihren Räumlichkeiten, die sie der allgemeinen Zugänglichkeit entziehen und unabhängig davon, ob sich darin stets und ausschließlich Privates ereignet, in Ruhe gelassen zu werden.

Unter **Wohnung** versteht man die tatsächlich benutzten Räume, die zum dauernden Aufenthalt von Menschen bestimmt und geeignet sind, und die der allgemeinen Zugänglichkeit entzogen und zur Stätte privaten Lebens und Wirkens gemacht sind.[515]

Der Wohnungsbegriff ist weit zu fassen und schließt neben Wohnhäusern und Mietwohnungen auch Hotelzimmer, Wohnmobile, Hausboote usw ein. Seit der Entscheidung des BVerfG v. 13.10.1971 gilt sowohl im Strafprozessrecht als auch im Polizeirecht der weite Wohnungsbegriff.[516]

Zur Wohnung gehören (§ 41 I 2 PolG NRW):

* Wohn- und Nebenräume (Hausflur, Keller …),
* Arbeits-, Betriebs- und Geschäftsräume,
* dazu gehöriges befriedetes Besitztum.

Eine weite Auslegung des **Wohnungsbegriffs** ist erforderlich, weil zwischen einer beruflich-privaten und persönlich-privaten Sphäre nicht deutlich unterschieden werden kann. Wohnung im verfassungsrechtliche Sinne sind somit Keller, Garagen, Innenhöfe, Vorgärten Campingwagen, Zelte usw.[517]

„Ein Grundstück gilt als befriedetes Besitztum, wenn es nach außen erkennbar gegen willkürliches Betreten oder Eindringen gesichert ist. Dazu zählen natürliche Hindernisse (Bachlauf, Graben) oder künstliche Hindernisse (Mauer, Zaun). Die Umfriedung muss auch physisch wirken und darf nicht nur ein psychisches Hindernis sein."[518]

A. Ermächtigungsgrundlage

I. Grundrechtseingriff

Art. 13 GG unterscheidet – abgesehen von den **Datenerhebungsmaßnahmen** – **627** zwischen Durchsuchungen (Art. 13 II GG) und sonstigen „Eingriffen und Beschränkungen" (Art. 13 VII GG). Zu Letzteren gehört auch das Betreten einer Wohnung iSv § 41 PolG NRW.

---

[514] Fallbearbeitung in *Bialon/Springer* Fälle EingriffsR Fälle 10, 15.
[515] *Hansen* EingriffsR NRW Rn. 144.
[516] BVerfG NJW 1971, 2299.
[517] BGH NJW 1997, 2189.
[518] *Benfer/Bialon* Rechtseingriffe Rn. 377.

628 Durchsuchungen von Wohnungen sind Eingriffe in Art. 13 I GG und dürfen grundsätzlich nur von einem Richter angeordnet werden (Art. 13 II GG).

629 Für sonstige **„Eingriffe und Beschränkungen"** (also auch für das Betreten) gilt der qualifizierte Gesetzesvorbehalt des Art. 13 VII GG.

630 Für Räumlichkeiten, die jedermann offen stehen (zB Kaufhäuser, Gaststätten) gilt:

- Das Betreten dieser Räume während der Zeit ihrer öffentlichen Zugänglichkeit ist kein Eingriff in Art. 13 I GG, sondern in Art. 2 I GG.
- Träger des Grundrechts aus Art. 13 GG ist derjenige, dessen Privatsphäre der Raum tatsächlich dient. Das Eigentum – als zivilrechtlicher Anknüpfungspunkt – ist nicht entscheidendes Kriterium. Ansonsten wären alle Mieter ohne Grundrechtsschutz des Art. 13 GG. Zivilrechtliche Bedeutung haben aber gleichwohl der sog. unmittelbare Besitz (§§ 854 ff. BGB) und gelegentlich auch die Besitzdienerschaft (§ 855 BGB).[519]
- Inhaber einer Wohnung ist mithin, wer rechtmäßig die tatsächliche Gewalt über die Räumlichkeiten ausübt, somit zB auch Mieter, Untermieter oder Hotelgast.
- Bei Gemeinschaftsunterkünften, Internaten, Obdachlosenasylen sind nur die Leiter Inhaber (VV 41.11 zu § 41 PolG NRW). Sammelunterkünfte genießen nur dann den Schutz des Art. 13 GG, wenn dem Einzelnen Privatsphäre eingeräumt wird.[520]
- Bei der Durchsuchung des **(Kinder-)Zimmers** eines 13-Jährigen gilt mithin, dass das Zimmer der privaten Persönlichkeitsentfaltung des Kindes in räumlicher Hinsicht dient und es integriert ist in den Gesamtwohnbereich. Es ist mithin Wohnung iSd Art. 13 I GG. Wegen der beschränkten Geschäftsfähigkeit des Kindes ist aber dessen Mutter (Vater) als rechtlich wie auch faktisch nachweisbare **Wohnungsinhaberin** richtige Adressatin einer grundrechtsbeschränkenden Durchsuchungsanordnung.[521]
- Die Einwilligung des Inhabers der Wohnung, der Geschäftsräume oder des sonstigen befriedeten Besitztums zum Betreten oder zur Durchsuchung führt dazu, dass kein Eingriff vorliegt, sodass es § 41 PolG NRW nicht bedarf. Dies gilt aber nur bei der Einwilligung aller Berechtigten.

> **Beispiel:**[522] Aufgrund eines Ehestreits wendet sich die Ehefrau an die Polizei. Als Mitinhaberin der Wohnung bittet sie die Beamten hinein. Aufgrund des Sachverhalts ist davon auszugehen, dass der Ehemann mit dem Betreten nicht einverstanden ist. Es bedarf deshalb einer Ermächtigung, hier § 41 PolG NRW.

---

[519] *Pieroth/Schlink* StaatsR II Rn. 873.
[520] *Schenke* POR Rn. 154.
[521] *Hapkemeyer* Kriminalistik 2001, 367.
[522] *Tegtmeyer/Vahle* PolG NRW § 41 Rn. 10.

II. Handlungsform

Strittig ist, ob §41 PolG NRW Ermächtigungsgrundlage für den Verwaltungsakt ist oder aber (nur) einen Realakt beinhaltet. So wird die Auffassung vertreten, dass sich aus dem Wortlaut des §41 PolG NRW (nur) die Pflicht ergibt, das Betreten der Wohnung bzw. deren Durchsuchung zu dulden. Daraus kann aber nicht die Verpflichtung abgeleitet werden, die Wohnung aktiv zugänglich zu machen. Eine solche Ermächtigungsgrundlage wäre dann mangels Spezialermächtigung §8 PolG NRW.[523]

Nach aA umfasst §41 PolG NRW gegebenenfalls auch das Öffnen der Tür, dh die Ermächtigung verpflichtet den Wohnungsinhaber nicht nur zur **Duldung des Betretens und Durchsuchens** der Wohnung, sondern auch zu deren Öffnung.[524] Der letztgenannten Auffassung wird hier gefolgt.

B. Formelle Rechtmäßigkeit

Die Vorschrift des §41 PolG NRW hat die Zielsetzung der Gefahrenabwehr gem. **631** §1 PolG NRW.

Während das allgemeine und besondere Polizei- und Ordnungsrecht die materiellen Ermächtigungen für VA regelt, wird es hinsichtlich der Regelungen über das verfahrensmäßige Zustandekommen des VA und dessen Bestandskraft durch das allgemeine Verwaltungsverfahrensrecht (VwVfG NRW) ergänzt.

> **Hinweis:** S. Ausführungen zu §8 PolG NRW → Rn. 160

C. Materielle Rechtmäßigkeit

I. Tatbestandsvoraussetzungen (§41 PolG NRW)

1. §41 I Nr. 1 PolG NRW (Tageszeit)

> **Beispiel:** Der Polizei wird durch die Eltern der 15-jährigen T mitgeteilt, dass diese von zu Hause „abgehauen" sei, um zu ihrem Freund zu ziehen. Der Freund ist der „Punkerszene" zuzurechnen und wohnt in einer verwahrlosten „Absteige". Die Eltern bitten die Polizei, ihre Tochter aus dieser Wohnung zu holen.

a) „Tatsachen rechtfertigen die Annahme, dass sich in der Wohnung eine Person **632** befindet. Tatsachen sind objektive Gegebenheiten. Bloße Vermutungen oder ausschließliche Erfahrungen der Vergangenheit reichen nicht aus. Tatsachen können eigene Beobachtungen, Aussagen von Zeugen, das Verhalten des Betroffenen oder die Ergebnisse von Ermittlungshandlungen sein. Diese Tatsachen rechtfertigen dann die Annahme, dass sich die gesuchte Person in einer Wohnung befindet, wenn ein Rückschluss auf der Grundlage objektiver Lebens- oder Berufserfahrung zu diesem Ergebnis führt."[525]

---

[523] *Wolffgang/Hendricks/Merz* POR NRW Rn. 196.
[524] *Schenke* POR Rn. 152.
[525] *Schütte/Braun/Keller* PolG NRW §41 Rn. 14.

633 **b) Vorführung nach § 10 III PolG NRW oder § 35 PolG NRW**

Die Voraussetzungen ergeben sich aus den genannten Normen. Für die Gewahrsamnahme kommen **alle Alternativen aus § 35 PolG NRW** in Betracht. Für die Durchsuchung ist nicht erforderlich, dass die Person dann auch tatsächlich vorgeführt oder in Gewahrsam genommen wird.

2. § 41 I Nr. 2 PolG NRW (Tageszeit)

634 **a)** Tatsachen: s. Ausführungen → Rn. 632

635 **b) Sache in der Wohnung, die nach § 43 Nr. 1 PolG NRW sichergestellt werden darf**

Es müssen die Voraussetzungen der **Sicherstellung nach § 43 Nr. 1 PolG NRW** vorliegen. Die Ermächtigung verlangt lediglich die Voraussetzungen der Sicherstellung. Dass es schließlich tatsächlich zur Sicherstellung einer Sache kommt, ist nicht Bedingung für die Rechtmäßigkeit der Maßnahme. Ausdrücklich ist hier nur § 43 Nr. 1 PolG NRW genannt.

3. § 41 I Nr. 3 PolG NRW (Tages- und Nachtzeit)

636 **a) Immissionen**

Immissionen sind nach der Legaldefinition des § 3 II BImSchG „auf Menschen, Tiere und Pflanzen, den Boden, das Wasser, die Atmosphäre sowie Kultur- und sonstige Sachgüter einwirkende Luftverunreinigungen, Geräusche, Erschütterungen, Licht, Wärme, Strahlen und ähnliche Umwelteinwirkungen".

41 I Nr. 3 PolG NRW dient insbesondere dem wirksamen Schutz der Nachtruhe vor erheblichen Ruhestörungen und zur Beendigung einer Ordnungswidrigkeit iSd § 17 I LImSchG.[526]

637 **b) Erhebliche Belästigung**

Von einer **erheblichen Belästigung** der Nachbarschaft ist in der Regel nur auszugehen, wenn die Polizei um Hilfe gerufen wird und nach Würdigung aller Umstände die Immissionen nicht zumutbar sind.[527]

„Ob die Beeinträchtigung nach Art und Ausmaß erheblich ist, hängt insbesondere ab von[528]

- der Art der Immissionen,
- ihrem objektiven Ausmaß,
- der Umgebung,
- der Zeit (Wochentag, Uhrzeit),
- speziellen gesetzlichen Regelungen (zB zulässiges oder verbotenes Abbrennen pyrotechnischer Gegenstände – Silvesterknaller),
- den Interessenlagen."

638 **c) Nachbarschaft**

Die Belästigungen müssen sich auf die Nachbarschaft auswirken. Zu den Nachbarn zählen die Menschen, die von den Immissionen betroffen sind. Lärm ist tagsüber anders zu bewerten als zur Nachtzeit. „Ähnlich zu diffe-

---

[526] *Keller* Kriminalistik 2009, 244 ff.
[527] VV 41.12 zu § 41 PolG NRW.
[528] *Osterlitz* EingriffsR I 574.

renzieren ist bei Belästigungen an Werktagen einerseits und an Sonn- und Feiertagen andererseits."[529]

> **Beispiel:**[530] F feiert den Einzug in seine neue Wohnung. Die Musik lässt er dabei so laut spielen, dass sich die Teilnehmer an der Feier nur schreiend bemerkbar machen können. Der Lärm dröhnt durch das ganze Mehrfamilienhaus.

4. § 41 I Nr. 4 PolG NRW (Tages- und Nachtzeit)

> **Beispiel:** Die Polizei erhält Kenntnis, dass die 85-jährige Martha M. seit drei Tagen von den Nachbarn nicht mehr gesehen wurde. In der Wohnung brennt Licht. Die Zeitung wurde nicht aus dem Briefkasten geholt. Auf Schellen und Telefonanrufe reagiert Frau M. nicht. Da die Beamten hier davon ausgehen, dass so schnell wie möglich Hilfe zu leisten ist, treten sie die Wohnungstür ein.

a) **Abwehr einer gegenwärtigen Gefahr**   639

> **Hinweis:** → Rn. 27

b) **Leib, Leben oder Freiheit einer Person oder Sachen von bedeutendem Wert**   640
Die Regelung des § 41 I Nr. 4 PolG NRW dient dem **Schutz wichtiger Rechtsgüter**. Was Sachen von bedeutendem Wert sind, wird durch das Gesetz nicht definiert. Der Wert ist abhängig von der Relation zwischen Eingriffsintensität und zu schützendem Rechtsgut und kann nicht in einer Summe dargestellt werden.[531]

c) **Erforderlichkeit**
Die Durchsuchung muss zur Gefahrenabwehr geeignet sein und das mildeste Mittel darstellen.

5. § 41 II PolG NRW (Betreten und Durchsuchen zur Nachtzeit)

Während der Nachtzeit ist das Betreten und Durchsuchen einer Wohnung nur   641
in den Fällen des § 41 I Nr. 3 PoG RW („Immissionen") und § 41 I Nr. 4 PolG NRW („gegenwärtige Gefahr für hochwertige Rechtsgüter") zulässig.

> **Definition: Nachtzeit (§ 104 III StPO):** 1. April – 30. September: 21.00 – 4.00 Uhr / 1. Oktober – 31. März: 21.00 – 06.00 Uhr

6. § 41 III PolG NRW (Tag- und Nachtzeit – nur Betreten möglich)

a) **Abwehr dringender Gefahren**   642
Eine **dringende Gefahr** wird (allgemein) definiert als eine Gefahr für bedeutsame Rechtsgüter. Eine zeitliche Dringlichkeit wird jedoch überwiegend

---

[529] *Tegtmeyer/Vahle* PolG NRW § 41 Rn. 16.
[530] *Benfer/Bialon* Rechtseingriffe Rn. 326.
[531] *Tetsch/Baldarelli* PolG NRW 783.

nicht vorausgesetzt. So wird sogar davon ausgegangen, dass eine dringende Gefahr auch dann bestehen kann, wenn die Gefahr noch nicht konkret ist. „Die Gefahrenursache oder das Gefahren auslösende Moment müssen mithin noch nicht eingetreten sein."[532]

643 **b) Tatsachen rechtfertigen die Annahme**
Es muss sich durch **Tatsachen, dh durch Fakten** belegen lassen, dass die in Rede stehenden Handlungen dort aller Voraussicht nach in Zukunft begangen werden. Die Tatsachen müssen sich aus konkreten polizeilichen Erkenntnissen ergeben. Eine bloß subjektive Einschätzung der Örtlichkeit durch die Polizei ist nicht ausreichend.[533] Eine sog. Ausforschungsrazzia ist unzulässig.

644 **c) Personen verabreden, bereiten vor oder verüben Straftaten von erheblicher Bedeutung oder Personen treffen sich, die gegen aufenthaltsrechtliche Bestimmungen verstoßen oder**

645 **d) gesuchte Straftäter verbergen sich oder**

> **Hinweis:** → Rn. 215 f.

646 **e) Räume dienen der Prostitution**
Prostitution als solche ist nicht strafbar. Der Gesetzgeber trägt mit diesem Tatbestand jedoch der Tatsache Rechnung, dass im Umfeld der Prostitution häufig Straftaten von erheblicher Bedeutung begangen werden und dass solche Räume Schlupfwinkel für organisierte Kriminalität sein können.[534]

7. § 41 IV PolG NRW (Betreten jedermann zugängliche Räume)

„In dieser Situation ist somit nach BVerfG kein Eingriff in Art. 13 GG gegeben, es handelt sich vielmehr bei § 41 IV PolG NRW um eine Eingriffsbefugnis iSd Art. 2 I GG.[535] § 41 IV PolG NRW erleichtert das Betreten (nicht die Durchsuchung) der genannten Räumlichkeiten."

647 **a) Arbeits-, Betriebs- und Geschäftsräume**
sowie andere Räume und Grundstücke, die der Öffentlichkeit zugänglich sind oder zugänglich waren und den Anwesenden zum weiteren Aufenthalt zur Verfügung stehen.
Die beschriebenen Räume sind nach Auffassung des BVerfG Räume minderen Schutzes, sodass die Voraussetzungen aus Art. 13 GG nicht erfüllt sein müssen.

> **Beispiel:** Eine Polizeistreife betritt gegen 23.00 Uhr eine Gaststätte, um zu kontrollieren, ob die Jugendschutzbestimmungen beachtet werden. Einen konkreten Anhaltspunkt, dass gerade in dieser Gaststätte gegen Jugendschutzvorschriften verstoßen wird, gibt es nicht. Gleichwohl ist das Betreten

---

[532] *Tegtmeyer/Vahle* PolG NRW § 41 Rn. 23.
[533] *Benfer/Bialon* Rechtseingriffe Rn. 221.
[534] *Tetsch/Baldarelli* PolG NRW 785; aA *Schütte/Braun/Keller* PolG NRW § 12 Rn. 14.
[535] *Tegtmeyer/Vahle* PolG NRW, 11. Aufl. 2014, § 41 Rn. 24; *Tegtmeyer/Vahle* PolG NRW, 12. Aufl. 2018, § 41 Rn. 5.

der Gaststätte während ihrer allgemeinen Öffnungszeit nach §41 IV PolG NRW zulässig, da die Kontrolle allgemein der Gefahrenabwehr nach §1 I PolG NRW dient. Weitergehende Maßnahmen, wie zB die Identitätsfeststellung bei Jugendlichen, dürfen nur unter den besonderen gesetzlichen Voraussetzungen nach §12 PolG NRW getroffen werden. Das Betreten wäre auch noch nach der „Sperrstunde „ möglich, wenn sich die Gäste nach Schließung der Gaststätte in ihr aufhalten.

b) Zum Zwecke der Gefahrenabwehr   648
Dabei braucht keine konkrete Gefahr vorzuliegen. Angeknüpft wird an §1 I PolG NRW und damit an die abstrakte Gefahr.[536] Wenn die Polizei sachlich zuständig ist, entspricht dies dem „Zweck der Gefahrenabwehr."

c) Während der Arbeits-, Geschäfts- oder Aufenthaltszeit   649
Die Räume (zB Geschäfte, Werkstätten, Museen, Cafés, Teestuben, Gaststätten, Kinos) dürfen nur während der Öffnungszeiten/den bekannt gegebenen Geschäftszeiten betreten werden bzw. auch anschließend, wenn die Räume weiter von Besuchern genutzt werden. Nur die Räume dürfen betreten werden, die der Öffentlichkeit zugänglich sind (also Privaträume nicht).[537]

II. Besondere Form- und Verfahrensvorschriften

1. Verfahren bei der Durchsuchung von Wohnungen (§42 PolG NRW)

> **Hinweis:** Das Polizeigesetz kennt lediglich für die Durchsuchung, nicht jedoch für das Betreten Form- und Verfahrensvorschriften.

1. Der Inhaber der Wohnung hat während der Durchsuchung ein Anwesenheitsrecht; bei Abwesenheit des Wohnungsinhabers ist, wenn möglich,
   a) ein Vertreter,
   b) ein erwachsener Angehöriger,
   c) ein Hausgenosse oder
   d) ein Nachbar
   hinzuzuziehen (§42 II PolG NRW).
2. Der Wohnungsinhaber ist auf sein Recht hinzuweisen, bei der Durchsuchung anwesend sein zu können (VV 42.2 zu §42 PolG NRW).
3. Dem Wohnungsinhaber oder seinem Vertreter ist der Grund der Durchsuchung unverzüglich bekannt zu geben, es sei denn, der Zweck der Durchsuchung würde dadurch gefährdet (§42 III PolG NRW).
4. Es ist eine **Durchsuchungsniederschrift** zu fertigen, die von einem Beamten und dem Wohnungsinhaber/Vertreter zu unterzeichnen ist. Verweigert der Wohnungsinhaber/Vertreter die Unterschrift, ist dies zu vermerken. Dem Wohnungsinhaber/Vertreter ist auf Verlangen eine Durchschrift der Niederschrift auszuhändigen (§42 IV PolG NRW).
5. Kann aufgrund der Umstände des Einzelfalls oder Gefährdung des Zwecks der Durchsuchung die Niederschrift nicht gefertigt/ausgehändigt werden, ist dem Betroffenen die Durchsuchung unter Angabe der verant-

---

[536] S. VV 1.12 §1 PolG NRW; *Schütte/Braun/Keller* PolG NRW §41 Rn. 22.
[537] *Schütte/Braun/Keller* PolG NRW §41 Rn. 23; *Tegtmeyer/Vahle* PolG NRW §41 Rn. 24.

wortlichen Dienststelle sowie Zeit und Ort schriftlich zu bestätigen (§ 42 V PolG NRW).

2. Anordnungskompetenz (§ 42 I PolG NRW: Nur bei Durchsuchung)

650 • Durchsuchungen dürfen, außer bei Gefahr im Verzug, nur durch den Richter angeordnet werden
 • zuständig ist das Amtsgericht, § 42 I 2 PolG NRW

Für das Verfahren gelten die Vorschriften des Gesetzes über das Verfahren in Familiensachen und in den Angelegenheiten der freiwilligen Gerichtsbarkeit entsprechend (§ 42 I 3 PolG NRW).

III. Adressatenregelung

651 Der Adressat ergibt sich direkt aus der Ermächtigung (§ 41 PolG NRW).

IV. Rechtsfolge

652 Rechtsfolge ist das Betreten und Durchsuchen der Wohnung. Die Abgrenzung zwischen Betreten und Durchsuchung ist allein auf präventiv begründete Eingriffe anzuwenden. Im **Strafprozessrecht gibt es nur eine Durchsuchung.**

> **Definition: Durchsuchung** ist das ziel- und zweckgerichtete Suchen staatlicher Organe nach Personen oder Sachen oder zur Ermittlung eines Sachverhalts, um etwas aufzuspüren, was der Inhaber der Wohnung von sich aus nicht offen legen oder herausgeben will.

653 Die Durchsuchung von Wohnungen erfolgt erst nach dem Betreten. Durchsuchung setzt das Betreten der Wohnung voraus. Eingriffe ohne Betreten (Überwachung mit technischen Mitteln) greifen in die Unverletzlichkeit der Wohnung ein, können aber allein innerhalb des eng gezogenen Rahmens nach Art. 13 III–VI GG zulässig sein.[538] Der sog. „Große Lauschangriff" ist mithin kein Fall der Durchsuchung.[539]

> **Merke:** Entscheidendes Begriffsmerkmal der Durchsuchung ist mithin das ziel- und zweckgerichtete Suchen nach Personen oder Sachen oder die Ermittlung eines Sachverhalts (Gefahrenquelle) in einer Wohnung.[540]

654 Die Befugnis zum **Betreten** einer Wohnung umfasst das Recht, sich Zugang zu einer Wohnung zu verschaffen, dort auch von Personen, Sachen und Zuständen Kenntnis zu nehmen und in der Wohnung zu verweilen, solange die Voraussetzungen des Betretens vorliegen.

655 Mit dem Betreten ist eine **Nachschau im Sinne der Gefahrenabwehr verbunden,** wie zB beim Betreten von Geschäftsräumen mit dem Ziel zu prüfen, ob sich der durch eine behördliche Erlaubnis Begünstigte im Rahmen der Gesetze bewegt. Eine Durchsuchung liegt so lange nicht vor, wie der Eingriff in die Unverletz-

---

[538] *Gusy* POR, 7. Aufl. 2009, Rn. 262.
[539] *Schenke* POR Rn. 153.
[540] BVerwG NJW 1975, 130; OLG Karlsruhe NJW 2010, 2961.

lichkeit der Wohnung über das Besichtigen offen liegender Gegenstände nicht hinausgeht.[541]

> **Beispiel:**[542] Die Polizei erhält den Hinweis, dass sich eine total betrunkene Person (A) im Schrebergarten des B befindet. Bei ihrem Eintreffen sehen die Beamten eine männliche Person zwischen den Rosenbäumen liegen. Da das Tor zum Schrebergarten verschlossen ist, klettern die Beamten über den Zaun, um den A in Gewahrsam nehmen zu können bzw. um nach dem Rechten zu sehen. Der Schrebergarten des B ist umfriedetes Besitztum und unterliegt dem Schutz des Art. 13 GG. Da der A „offen" im Garten liegt, brauchen die Beamten keine Nachschau im eigentlichen Sinne zu halten. Es liegt ein Betreten vor, kein Durchsuchen.

Die verschiedenen Normen des § 41 PolG NRW lassen unterschiedliche Rechtsfolgen zu. Während die Abs. 1 und 2 von einem Betreten und Durchsuchen sprechen, lassen die Voraussetzungen der Abs. 3 und 4 lediglich ein Betreten zu.

29. Kapitel. Durchsuchung bei Beschuldigten, § 102 StPO[543]

Die Norm des § 102 StPO wurde in der Überschrift geändert und zwar wurde **656** aus der Durchsuchung beim Verdächtigen die Durchsuchung beim Beschuldigten. Damit sind zweifellos jetzt die Belehrungsvorschriften für den Beschuldigten zu beachten. Inhaltlich wurde die Norm des § 102 StPO nicht verändert. Hier wird weiterhin die Formulierung des „Verdächtigen" genutzt.

Insofern ist zu unterscheiden **zwischen der Durchsuchung bei Verdächtigen und der Durchsuchung bei Unverdächtigen.**[544]

Das Gesetz stellt an die Zulässigkeit der **Durchsuchung beim Verdächtigen** (§ 102 StPO) geringere Anforderungen als an die bei anderen Personen (§ 103 StPO). Das Gesetz geht davon aus, dass im unmittelbaren Einwirkungsbereich des Verdächtigen das Auffinden von Beweismitteln so nahe liegt, dass die allgemeine Vermutung des § 102 StPO bereits die Durchsuchung rechtfertigt.[545]

A. Ermächtigungsgrundlage

I. Grundrechtseingriff

Je nach Fallkonstellationen können unterschiedliche Grundrechtseingriffe in **657** Betracht kommen.

Soweit die Durchsuchung ohne Zustimmung des Betroffenen erfolgt[546], wird mit dem Durchsuchen der Person in das allgemeine Persönlichkeitsrecht aus Art. 2 I GG iVm Art. 1 I GG eingegriffen. Gleichzeitig wird gegebenenfalls die Bewegungsfreiheit der Person iSd Art. 2 II GG iVm Art. 104 I GG für die Dauer

---

[541] OVG Hamburg NJW 1997, 2193.
[542] *Benfer/Bialon* Rechtseingriffe Rn. 308.
[543] Fallbearbeitung in *Bialon/Springer* Fälle EingriffsR Fälle 12, 17.
[544] Überblicksartikel zum Thema: *Huber* JuS 2013, 408 ff.
[545] LR/*Tsambikakis* StPO § 102 Rn. 23.
[546] LG Hamburg, Urt. v. 9.10.2017 – 711 Ns 58/16.

der Durchsuchung beschränkt. Dies stellt sich in Form einer Freiheitsbeschränkung dar.

Die Durchsuchung von Sachen tangiert das Recht auf (freie) Nutzung und Verfügbarkeit über das Eigentum (Art. 14 GG).

658 Art. 13 I GG schützt die **Unverletzlichkeit der Wohnung**. In seinen Wohnräumen hat jeder das Recht, in Ruhe gelassen zu werden. In diese grundrechtlich geschützte Lebenssphäre greift eine (Wohnungs-)Durchsuchung schwerwiegend ein.[547]

659 Beim „**Verdächtigen**" findet die Maßnahme auch statt, wenn er die Räume gemeinsam mit Dritten bewohnt.[548]

> **Beispiel:**[549] Der kindlich aussehende 14-jährige Anton (A) sucht ein Spielwarengeschäft auf, steckt sich dort drei hochwertige „Game Boys" unter die Jacke und löst beim Verlassen des Ladens einen elektronischen Alarm aus. A wird von einem nacheilenden Angestellten festgehalten, in das Geschäft zurückgebracht – was hier nicht zu prüfen ist – und kurze Zeit später der Polizei übergeben. Nach Befragung des A kommen die Beamten aufgrund der Gesamtumstände zu dem Ergebnis, dass noch Ermittlungen erforderlich seien. Sie entschließen sich – inzwischen ist es 18 Uhr geworden und kein Richter mehr erreichbar – zu einer Wohnungsdurchsuchung. Zusammen mit A fahren sie zu dessen Elternhaus, teilen der Mutter (M) den Sachverhalt mit und verlangen von ihr, die Durchsuchung des Zimmers ihres Sohnes zu dulden. M weigert sich. Erst nachdem der eine Polizeibeamte mit der Anwendung unmittelbaren Zwanges droht, willigt die M ein und lässt die Beamten durchsuchen.

Bei der **Durchsuchung des Kinderzimmers** eines 14-Jährigen (zB nach einem Ladendiebstahl) wird in Art. 13 I GG eingegriffen. Das Zimmer dient der privaten Persönlichkeitsentfaltung des A in räumlicher Hinsicht und ist integriert in den Gesamtwohnbereich. Es ist Wohnung iSd Art. 13 I GG. Da der A Minderjähriger ist, ist die Mutter als rechtlich wie auch faktisch nachweisbare Wohnungsinhaberin richtige Adressatin einer grundrechtsbeschränkenden Durchsuchungsanordnung.

II. Handlungsform

659a Die Durchsuchung gem. § 102 StPO stellt sich als sog Justizverwaltungsakt iSd § 23 EGGVG (Rechtsweg bei Justizverwaltungsakten) dar.

B. Formelle Rechtmäßigkeit

660 Die Maßnahme der Durchsuchung dient der Strafverfolgung (§ 163 StPO).

---

[547] BVerfG NJW 2001, 1121; BVerfG BeckRS 2017, 143212.
[548] *Gusy* POR Rn. 266.
[549] *Hapkemeyer* Kriminalistik 2001, 367.

C. Materielle Rechtmäßigkeit

I. Tatbestandsvoraussetzungen

1. Verdacht einer Straftat

Voraussetzung jeder Durchsuchung nach den §§ 102 oder 103 StPO ist ein **An- 661 fangsverdacht** iSd § 152 II StPO wegen einer bestimmten Straftat, mag diese auch noch wenig präzise umrissen sein.[550]

Bloße Vermutungen reichen nicht aus.[551] Die Durchsuchung darf nicht dazu 662 dienen, erst Verdachtsgründe zu schaffen.[552] Die Vermutungen müssen sich auf tatsächliche Anhaltspunkte oder konkrete kriminalistische Erfahrungen stützen. Ausreichend ist aber, dass eine auf kriminalistische Erfahrungen gestützte Vermutung dafür spricht, dass eine verfolgbare Straftat begangen wurde und die Durchsuchung zur Auffindung von Beweismitteln führen wird.

Auch anonyme Anzeigen können einen Verdacht begründen, sind aber mit Vorsicht zu behandeln.[553] Gemäß Nr. 8 RiStBV prüft der Staatsanwalt auch bei namenlosen Anzeigen, ob ein Ermittlungsverfahren einzuleiten ist. Es kann sich empfehlen den Beschuldigten erst dann zu vernehmen, wenn der Verdacht durch andere Ermittlungen eine gewisse Bestätigung gefunden hat. Hinsichtlich der (offensichtlichen) Eignung anonymer Anzeigen muss verlangt werden, dass darin gemachte Angaben entweder ausreichend detailliert sind oder aber in wesentlichen Punkten vor Beantragung eines Durchsuchungsbeschlusses durch anderweitige Ermittlungen bestätigt werden können.[554] Liegen zB neben zwei anonymen Anzeigen mit dem Vorwurf des unerlaubten Handels mit BtM keine weiteren Anhaltspunkte dafür vor, dass die erhobenen Beschuldigungen zutreffen könnten, besteht für einen schwerwiegenden Eingriff wie die Anordnung einer Durchsuchung der Wohn- und Geschäftsräume des Beschuldigten nicht der erforderliche Tatverdacht.[555]

Der Tatverdacht muss sich in **überprüfbarer Weise** aus den Akten ergeben.[556]   663

> **Merke: Verdächtiger (§ 102 StPO)** ist mithin jemand, wenn hinreichende tatsächliche Anhaltspunkte dafür vorliegen, dass er eine strafbare Handlung begangen hat.

Strafunmündige (§ 19 StGB) können keine „Verdächtigen" iSv § 102 StPO sein. 664 Durchsuchungen ihrer Sachen sind nur unter den Voraussetzungen des § 103 StPO zulässig, wenn wegen der Tat gegen eine andere Person ein Verfahren durchgeführt werden kann,[557] es sei denn, die Durchsuchung erfolge zur Sicherung von Einziehung und Gewinnabschöpfung nach § 111b II StPO iVm § 102

---

[550] LG Köln StV 1988, 291; LG Trier BeckRS 2016, 09413; BGH BeckRS 2016, 111347; BVerfG BeckRS 2017, 143212 Rn. 25 f.
[551] BVerfG NJW 2016, 1645; BVerfG BeckRS 2014, 49058 und BVerfG BeckRS 2013, 59957.
[552] BVerfG StV 2013, 609.
[553] Meyer-Goßner/Schmitt/*Schmitt* StPO § 160 Rn. 9.
[554] LG Karlsruhe StraFo 2005, 420 = BeckRS 2006, 07574.
[555] LG Regensburg StV 2004, 198.
[556] LG Darmstadt StraFo 2006, 197 = BeckRS 2011, 09758.
[557] OLG Bamberg NStZ 1989, 40.

StPO.[558] Entsprechendes gilt bei offensichtlichem Vorliegen von Rechtfertigungs- oder Entschuldigungsgründen.

> **Merke:** Nach § 103 I 1 StPO ist vorzugehen, wenn die Maßnahme sich gegen strafunmündige Personen (§ 19 StGB) richtet und eine andere Person Beschuldigter ist.[559]

2. Erfolgsvermutung

665 **Die allgemeine Vermutung,** dass sich in der Wohnung oder in den Sachen des Verdächtigen Beweismittel finden lassen, reicht aus. Es ist nicht erforderlich, dass bei der Durchsuchungsanordnung konkrete Vorstellungen über die zu suchenden Gegenstände bestehen, weshalb hier häufig eine Beschlagnahmeanordnung noch gar nicht möglich ist. Die zu suchenden Gegenstände müssen aber wenigstens annäherungsweise, etwa in Form beispielhafter Angaben, beschreibbar sein.[560]

3. Durchsuchungszweck

666 **a) Ergreifungsdurchsuchung. Ergreifung** iSd § 102 StPO ist jede Festnahme zur Durchführung einer gesetzlich zugelassenen Zwangsmaßnahme, selbst wenn dazu nur ein kurzfristiges Festhalten des Verdächtigen erforderlich ist. In Betracht kommen unter anderem[561]

- die vorläufige Festnahme nach § 127 StPO,
- die Verhaftung nach § 112 oder § 126a I StPO,
- die Festnahme aufgrund eines Vorführungs- oder Haftbefehls nach den §§ 134, 163 III, §§ 230 II, 236, 329 IV 1 StPO,[562]
- die Festnahme zur Verbringung in ein psychiatrisches Krankenhaus zur Beobachtung nach § 81 StPO, zur Vornahme körperlicher Eingriffe nach § 81a StPO, zB einer Blutprobenentnahme, einer erkennungsdienstlichen Behandlung für Zwecke der Strafverfolgung nach § 81b Alt. 1 StPO sowie zur Durchführung von Maßnahmen nach § 163b StPO,[563]
- Ergreifung eines Verurteilten zwecks Entnahme von Körperzellen.[564]

> **Merke:** Zur **Vernehmung** vor der Polizei darf der Beschuldigte – anders als zur Vernehmung vor der StA, § 163a III StPO – **nicht** ergriffen werden. Gemäß § 163a III 1 StPO ist der Beschuldigte verpflichtet, auf Ladung vor der StA zu erscheinen.

---

[558] LR/*Tsambikakis* StPO § 102 Rn. 10.
[559] Meyer-Goßner/Schmitt/*Schmitt* StPO § 102 Rn. 4; SK-StPO/*Wohlers/Jäger* § 103 Rn. 3.
[560] BVerfGE 42, 212 (220) = NJW 1976, 1735 f.
[561] LR/*Tsambikakis* StPO § 102 Rn. 19.
[562] *Weingarten* POLIZEIinfo 3/2009, 49.
[563] SK-StPO/*Wohlers/Jäger* § 102 Rn. 19.
[564] LG Frankfurt a.M. StV 2003, 610.

b) Ermittlungsdurchsuchung. § 102 StPO formuliert als Ermittlungsdurchsu- 667
chung das Auffinden von **Beweismitteln.** Damit dient die Durchsuchung dem
Auffinden von Beweismitteln, wenn Gegenstände oder Spuren gesucht werden,
die Verfahrensbedeutung haben können.

> **Beispiel:** K wird beobachtet, wie er auf dem Wochenmarkt einer Frau eine
> Geldbörse aus der Tasche zieht. Das Auffinden der Geldbörse bei ihm würde
> seine Täterschaft beweisen.[565]

Nach § 111b II StPO sind die §§ 102–110 StPO entsprechend anwendbar auf 668
Durchsuchungen zur Beschlagnahme von Gegenständen, die der Einziehung
unterliegen. Damit ist eine Durchsuchung auch zulässig, wenn Gründe für die
Annahme vorhanden sind, dass die Voraussetzungen für **die Einziehung** des
gesuchten Gegenstands vorliegen.

Die Durchsuchungsermächtigung des § 102 StPO kann sich auch auf **Führer-** 669
scheine beziehen. Wird der Führerschein zum Zwecke der Beschlagnahme
gesucht, sind nach § 111b II StPO die §§ 102 ff. StPO anzuwenden.[566]

4. Durchsuchungsobjekte[567]

Das Gesetz unterscheidet bezüglich der Eingriffsvoraussetzungen (Verdachts- 670
stärke, Richtervorbehalt) nicht ausdrücklich zwischen den genannten Durch-
suchungsobjekten. Gleichwohl kommt der **Differenzierung zwischen der Woh-**
nung und anderen Räumen und den Sachen des Betroffenen auch bei der
Durchsuchung große Bedeutung zu, weil der **Grundrechtsschutz des** Art. 13 GG
nur Wohnungen erfasst.

a) Personen. § 102 StPO gestattet die Durchsuchung der Person des Verdäch- 671
tigen. Diese Durchsuchung ist von der Untersuchung nach § 81a StPO abzugrenzen.

> **Hinweis:** → Rn. 588 und → Rn. 833

b) Sachen. Mit „**dem Verdächtigen gehörende Sachen**" meint das Gesetz im 672
Gegensatz zu Wohnung und Räumen **bewegliche Sachen** wie Akten, jede Art
von Geschäftspapieren, elektronische Datenträger, Kleider, Taschen, Koffer,
Fahrzeuge jeder Art, soweit sie nicht wie der als Wohnung benutzte Wohnwagen
als Wohnung gelten. „Sachen sind Kleidungsstücke, die der Verdächtige bei sich
führt, ohne sie zu tragen."[568]

„Ihm gehörend" ist nicht zivilrechtlich im Sinne von Eigentum zu verstehen.
Der Begriff umfasst mithin Besitz, Gewahrsam, Mitgewahrsam.[569] Bei Mitgewahrsam von Verdächtigen und Unverdächtigen findet § 102 StPO Anwendung.[570]

---

[565] *Benfer/Bialon* Rechtseingriffe Rn. 363.
[566] Meyer-Goßner/Schmitt/*Schmitt* StPO § 102 Rn. 14.
[567] *Benfer/Bialon* Rechtseingriffe Rn. 370 ff.
[568] Meyer-Goßner/Schmitt/*Schmitt* StPO § 102 Rn. 10.
[569] *Hansen* EingriffsR NRW Rn. 157.
[570] BGH NStZ 1986, 34.

673 **c) Wohnungen und andere Räume.** Der Begriff Wohnung wird nicht im engen Sinne der Umgangssprache verstanden, sondern herkömmlich weit ausgelegt und als „**räumliche Privatsphäre**" verstanden. Zur Wohnung gehört damit der Wohnbereich im klassischen Sinne, Nebenräume (Keller, Garage) andere Räume und befriedetes Besitztum.

Zu den anderen Räumen gehören auch Räume von Behörden, zB Unterkunftsräume eines Soldaten oder Polizeibeamten[571] oder auch Diensträume.[572] Ebenso Räume, die nur vorübergehend benutzt oder mitbenutzt werden (Geschäft, Hotelzimmer)[573] sowie auch Arbeits-, Betriebs- und Geschäftsräume.

Entscheidend ist bei allen Räumlichkeiten nicht das Hausrecht, sondern die tatsächliche Nutzung, also der Gewahrsam (Nutzung eines Zimmers im elterlichen Wohnhaus).[574]

> **Merke:** Für die Durchsuchung von Räumlichkeiten und Sachen, die im Mitgewahrsam eines Verdächtigen und eines Nichtverdächtigen stehen, ist Eingriffsgrundlage für die Durchsuchung § 102 StPO, nicht § 103 StPO.

II. Besondere Form- und Verfahrensvorschriften

1. Im Rahmen der Durchsuchung der Person des Verdächtigen, § 81d StPO

674 Der Verdächtige ist grundsätzlich von einem Polizeibeamten gleichen Geschlechts zu durchsuchen (§ 81d StPO analog).

2. Zuziehung des Inhabers: § 106 I 1 StPO

675 Der Verdächtige darf der Durchsuchung beiwohnen (§ 106 I 1 StPO).

Die durchsuchenden Beamten sind nicht verpflichtet, den Inhaber der zu durchsuchenden Räume herbeizuholen/auf dessen Erscheinen zu warten, wenn dieser sich nicht am Durchsuchungsort aufhält. Soweit es dadurch aber zu keiner erheblichen zeitlichen Verzögerung kommt, sollte der Inhaber hinzugezogen bzw. dessen Eintreffen abgewartet werden.[575]

676 Der Inhaber der zu durchsuchenden Räume hat bei Störungen sein Anwesenheitsrecht verwirkt.

3. Hinzuziehung Dritter, § 106 I 2 StPO

677 Bei Abwesenheit des Verdächtigen sind, wenn möglich, in folgender Reihenfolge

- sein Vertreter,
- ein erwachsener Angehöriger,
- ein Hausgenosse oder
- ein Nachbar

hinzuzuziehen (§ 106 I 2 StPO).

---

[571] BGH NJW 1998, 3284.
[572] BayObLG Kriminalistik 1993, 327.
[573] Meyer-Goßner/Schmitt/*Schmitt* StPO § 102 Rn. 7.
[574] BGH NStZ 1986, 84 (85).
[575] Meyer-Goßner/Schmitt/*Schmitt* StPO § 106 Rn. 2; AG Bremen BeckRS 2008, 21765.

> **Hinweis:** § 106 StPO ist keine zwingende Formvorschrift, sondern eine (bloße) Ordnungsvorschrift, dh aus der Nichtbeachtung dieser Vorschrift können keine Rechtsfolgen hergeleitet werden.[576]

4. Bekanntgabe des Durchsuchungszwecks, § 106 II StPO

Zu Beginn der Durchsuchung ist dem Betroffenen bzw. dem in dessen Abwe- 678
senheit zugezogenen Vertreter der Zweck der Durchsuchung bekannt zu geben.
§ 106 II StPO ist hier analog anzuwenden. Nur wenn durch die Bekanntgabe der
Durchsuchungszweck gefährdet würde, kann die Bekanntgabe vor der Durchsuchung entfallen. Sie ist dann so bald wie möglich nachzuholen.[577] Liegt eine
schriftliche Durchsuchungsanordnung vor, ist dem Betroffenen eine Ausferti-
gung auszuhändigen.[578]

5. Hinzuziehung von Durchsuchungszeugen bei Durchsuchung von Wohnung/Räumen des Verdächtigen, § 105 II StPO

Als (zwingend) zu beachtende Formvorschrift ist die Hinzuziehung von **Durch-** 679
suchungszeugen gem. § 105 II StPO zu beachten.[579] § 105 II StPO ist also nicht
nur eine (bloße) Ordnungsvorschrift. Es handelt sich vielmehr um eine wesentliche Förmlichkeit der Durchsuchung.[580] Ist bei einer Durchsuchung also davon
abgesehen worden, Zeugen hinzuzuziehen, obwohl die Voraussetzungen dafür
nicht gegeben waren, kann die Rechtswidrigkeit der Durchsuchung festgestellt
werden.[581]

Bei Abwesenheit des Richters oder StA sind, wenn möglich, 680

- ein Gemeindebeamter oder
- zwei Mitglieder der Gemeinde, in deren Bezirk die Durchsuchung stattfindet,

als Durchsuchungszeugen hinzuzuziehen. Die zugezogenen Personen dürfen
keine Polizeibeamten oder Ermittlungspersonen der StA sein (§ 105 II StPO).

Der Verzicht des Betroffenen auf eine Hinzuziehung von Durchsuchungszeu- 681
gen ist zulässig. Da diese Vorschrift aber nicht nur den Betroffenen schützt
(etwa vor polizeilichen „Übergriffen"), sondern auch dem Schutz der Beamten
(zB vor unberechtigten Vorwürfen des Betroffenen wegen der Art und Weise
der Durchsuchung) dient, liegt die Entscheidung in derartigen Fällen in der
Hand der Polizei, dh die Polizei entscheidet nach pflichtgemäßem Ermessen.
So kann etwa unter dem Aspekt der **Zeugengefährdung** ein Außerachtlassen
des § 105 II StPO gerechtfertigt sein.

---

[576] BGH NStZ 1983, 375.
[577] SK-StPO/*Wohlers/Jäger* § 106 Rn. 25; BGH BeckRS 2017, 116722; dazu: NJW-Spezial 2017, 505.
[578] SK-StPO/*Wohlers/Jäger* § 106 Rn. 26.
[579] LG Koblenz StraFo 2004, 95.
[580] OLG Karlsruhe NStZ 1991, 50.
[581] AG Cottbus StraFo 2005, 198.

682 Die Hinzuziehung von Durchsuchungszeugen muss aber auch möglich sein. Die Möglichkeit besteht zB nicht, wenn der damit verbundene Zweck zu einer Gefährdung des Durchsuchungszwecks führen würde, dh, würde durch die Hinzuziehung der Zeugen der Zeitverlust den Erfolg der Durchsuchung vereiteln, so kann hierauf verzichtet werden.[582]

„Die Entscheidung trifft der Beamte nach pflichtgemäßem Ermessen."[583]

6. Durchsuchungen bei der Bundeswehr, § 105 III StPO

683 Wird die Durchsuchung in einem **Dienstgebäude** oder in einer nicht allgemein zugänglichen Einrichtung oder Anlage der Bundeswehr erforderlich, so wird die vorgesetzte Dienststelle der Bundeswehr um die Durchführung ersucht. Die Polizei ist als ersuchende Stelle zur Mitwirkung berechtigt. Des Ersuchens bedarf es nicht, wenn die Durchsuchung von Räumen vorzunehmen ist, die ausschließlich von anderen Personen als Soldaten bewohnt werden.

7. Mitteilung nach Beendigung der Durchsuchung von Person/Sachen/ Wohnung/anderen Räumen, § 107 1 StPO

684 Auf Verlangen ist dem Verdächtigen schriftlich mitzuteilen,

- warum durchsucht wurde und
- welcher Straftatverdacht besteht (§ 107 1 StPO).

Der Informationsanspruch wird allgemein eng interpretiert. Es wird mithin als ausreichend erachtet, dass der Durchsuchungszweck und – soweit es sich um eine Maßnahme gem. § 103 StPO handelt – die Straftat abstrakt benannt werden.[584]

8. Verzeichnis nach Beendigung der Durchsuchung von Person/Sachen/ Wohnung/anderen Räumen, § 107 2 StPO

684a Auf Verlangen ist dem Betroffenen **entweder**

- ein Verzeichnis der in Verwahrung/Beschlag genommenen Gegenstände (vgl. Sicherstellung/Beschlagnahme) **oder**
- wenn nichts Verdächtiges gefunden wurde, eine (Negativ-)Bescheinigung hierüber auszuhändigen (§ 107 2 StPO).

Entscheidung: Das OLG Stuttgart hatte sich mit der Frage zu befassen, wann dem Betroffenen einer Hausdurchsuchung das gem. § 107 StPO vorgesehene Protokoll auszuhändigen ist. Im fraglichen Fall hatte die durchsuchende Behörde das Protokoll erst einige Tage nach der Durchsuchung erstellt und dem Betroffenen zugesandt. Diese Verfahrensweise verletzt nach Ansicht des OLG Stuttgart die Formvorschrift aus § 107 StPO. Das Verzeichnis ist – wenn es verlangt wird – dem von der Durchsuchung Betroffenen möglichst sofort zu übergeben. Gleichwohl führt der Verstoß gegen § 107 StPO nicht zwingend zur Rechtswidrigkeit der Durch-

---

582 *Händel* DNP 1991, 355 ff.
583 Meyer-Goßner/Schmitt/*Schmitt* StPO § 105 Rn. 11.
584 Meyer-Goßner/Schmitt/*Schmitt* StPO § 107 Rn. 2.

suchung als solche, weil es sich bei der Formvorschrift aus § 107 StPO lediglich um eine Ordnungsvorschrift handelt.[585]

9. Zufallsfunde

§ 108 I StPO gestattet die einstweilige Beschlagnahme von sog. **Zufallsfunden.** **685** Diese Bestimmung stellt sicher, dass der durchsuchende Beamte nicht die „Augen verschließen" muss, wenn er bei einer bestehenden Durchsuchung „verdächtige Gegenstände" findet.[586]

§ 108 StPO betrifft mithin (nur) Zufallsfunde, die auf die Verübung anderer Straftaten hindeuten. Die Vorschrift des § 108 StPO erlaubt allerdings nicht, gezielt nach entsprechenden Gegenständen zu suchen. Eine über den Inhalt eines Durchsuchungsbeschlusses hinaus gehende Durchsuchung, die darauf abzielt, andere als die im (Durchsuchungs-)Beschluss genannten Gegenstände zu beschlagnahmen, ist unzulässig.[587] Der StA ist von der Maßnahme Kenntnis zu geben (§ 108 I 2 StPO).

Die **vorläufige Beschlagnahme** ist von dem durchsuchenden Beamten, auch **686** wenn er nicht Ermittlungsperson der StA ist, anzuordnen.

„Gefahr im Verzug wird nach § 108 StPO gesetzlich vermutet."[588]

Die Regelung des § 108 I 1 StPO über die Behandlung von Zufallsfunden findet bei einer Gebäudedurchsuchung keine Anwendung. „Das schließt aber nicht aus, dass bei Gefahr im Verzug der StA oder der nach § 98 I 1 StPO dazu befugte Polizeibeamte auch bei Gebäudedurchsuchungen Gegenstände nach § 94 StPO beschlagnahmt, die als Beweismittel für irgendeine Straftat von Bedeutung sind."[589]

10. Kennzeichnung beschlagnahmter Gegenstände, § 109 StPO

In Verwahrung genommene Gegenstände sind genau zu verzeichnen und zur **687** Verhütung von Verwechselungen durch amtliche Siegel oder sonst in geeigneter Weise kenntlich zu machen. § 109 StPO ist mithin eine sog. Ordnungsvorschrift, dh die Verletzung macht die Beschlagnahme nicht rechtswidrig.[590]

11. Durchsicht von Papieren

Die **Durchsicht der Papiere** wird durch § 110 StPO mithin eingeschränkt. Gemäß **688** § 110 I StPO steht die Durchsicht der Papiere des von der Durchsuchung Betroffenen der StA und auf deren Anordnung ihren Ermittlungspersonen (§ 152 GVG) zu. Im Übrigen sind Beamte zur Durchsicht der aufgefundenen Papiere nur dann befugt, wenn der Inhaber die Durchsicht genehmigt. Andernfalls haben sie die Papiere, deren Durchsicht sie für geboten erachten, in einem Umschlag, der in Gegenwart des Inhabers mit dem **Amtssiegel** zu verschließen ist, an die StA abzuliefern (§ 110 II StPO).

---

[585] OLG Stuttgart Kriminalistik 1993, 501.
[586] *Benfer/Bialon* Rechtseingriffe Rn. 457.
[587] LG Berlin NStZ 2004, 571.
[588] Meyer-Goßner/Schmitt/*Schmitt* StPO § 108 Rn. 6.
[589] Meyer-Goßner/Schmitt/*Schmitt* StPO § 108 Rn. 5.
[590] Meyer-Goßner/Schmitt/*Schmitt* StPO § 109 Rn. 2.

689 „Der Schutzzweck des § 110 StPO erfasst nicht nur Papiere, sondern ganz allgemein Mitteilungen und Informationen, gleichgültig auf welchem Informationsträger sie festgehalten sind."[591] „Demgemäß fallen unter § 110 StPO auch Filme, Magnetbänder, Lochkarten, EDV-Dateien in Arbeitsspeichern, auf Festplatten oder Disketten."[592]

690 Werden „Papiere" anlässlich einer Durchsuchung mitgenommen, um sie später durchzusehen, ist darin keine Beschlagnahme zu sehen, sondern die Mitnahme ist noch Teil der Durchsuchung.[593] Die Durchsicht der Papiere, auch das Datenauslesen bei CDs und Handys, richtet sich dann nach § 110 III StPO.[594]

12. Anordnungskompetenz, § 105 I StPO

691 Die Anordnung der Durchsuchung ist grundsätzlich dem **Richter** vorbehalten (§ 105 I 1 StPO), der das Vorliegen eines Tatverdachts selbstständig zu prüfen hat.

Eine Zuständigkeit der StA und ihrer Ermittlungspersonen besteht nur bei **Gefahr im Verzug**, die auch während der Vollstreckung der richterlichen Anordnung eintreten kann.

692 „Gefahr im Verzug" liegt vor, wenn bei Einholung der richterlichen Anordnung die Erreichung des Zwecks der Durchsuchung gefährdet wäre.[595]

Zum Begriff der „Gefahr im Verzug" hat sich das BVerfG[596] intensiv eingelassen. Dabei wurden folgende Leitsätze aufgestellt:

- Der Begriff „Gefahr im Verzug" in Art. 13 II GG ist eng auszulegen; die richterliche Anordnung einer Durchsuchung ist die Regel, die nichtrichterliche die Ausnahme.
- „Gefahr im Verzug" muss mit Tatsachen begründet werden, die auf den Einzelfall bezogen sind. Reine Spekulationen, hypothetische Erwägungen oder lediglich auf kriminalistische Alltagserfahrung gestützte, fallunabhängige Vermutungen reichen nicht aus.
- Gerichte und Strafverfolgungsbehörden haben im Rahmen des Möglichen tatsächliche und rechtliche Vorkehrungen zu treffen, damit die in der Verfassung vorgesehene Regelzuständigkeit des Richters auch in der Masse der Alltagsfälle gewahrt bleibt.
- Auslegung und Anwendung des Begriffs „Gefahr im Verzug" unterliegen einer unbeschränkten gerichtlichen Kontrolle. Die Gerichte sind allerdings gehalten, der besonderen Entscheidungssituation der nichtrichterlichen Organe mit ihren situationsbedingten Grenzen von Erkenntnismöglichkeiten Rechnung zu tragen.

---

[591] *Benfer/Bialon* Rechtseingriffe Rn. 465.

[592] *Benfer/Bialon* Rechtseingriffe Rn. 465.

[593] *Benfer/Bialon* Rechtseingriffe Rn. 466; LG Dessau-Roßlau BeckRS 2017, 103272; LG Saarbrücken NStZ 2016, 751; *Peters* NZWiSt 2017, 465 ff.

[594] OVG Bautzen BeckRS 2014, 49095.

[595] BVerfG NJW 2015, 2787; LG Köln BeckRS 2013, 08864; *Rabe von Kühlewein* NStZ 2015, 618 ff.; *Moldenhauer/Wenske* JA 2017, 206 ff.

[596] BVerfG JuS 2001, 701.

- Eine wirksame gerichtliche Nachprüfung der Annahme von „Gefahr im Verzug" setzt voraus, dass sowohl das Ergebnis als auch die Grundlagen der Entscheidung in unmittelbaren zeitlichen Zusammenhang mit der Durchsuchungsmaßnahme in den Ermittlungsakten dargelegt werden.

Für die Praxis haben sich daraus Handlungskonsequenzen ergeben. Tatsächlich **693** ist eine Wohnungsdurchsuchung ohne richterliche Anordnung die Ausnahme. Die Gerichte haben Bereitschaftsdienste eingerichtet, die je nach Behörde zeitlich unterschiedlich erreichbar sind.

Aus schwerwiegenden Verstößen gegen die Vorschriften über die Anordnung **694** der Durchsuchung resultiert mitunter ein Verbot zur Verwertung der aufgefundenen Beweismittel.[597]

III. Adressatenregelung

Adressat der Maßnahme ist der Verdächtige.   **695**

IV. Rechtsfolge

§ 102 StPO regelt die Durchsuchung. **Eine Durchsuchung** ist das ziel- und **696** zweckgerichtete Suchen staatlicher Organe nach Personen oder Sachen oder zur Ermittlung eines Sachverhalts, um etwas aufzuspüren, was der Inhaber der Wohnung von sich aus nicht offen legen oder herausgeben will. **Körperliche Durchsuchungen** nach § 102 StPO dienen dem Zweck, Beweismittel oder Einziehungsgegenstände aufzufinden. Dementsprechend erstreckt sich der Anwendungsbereich des § 102 StPO auf die Suche nach Gegenständen, die in oder unter der Kleidung, auch auf der Körperoberfläche (zB mit Heftpflaster befestigte Sachen) und in den natürlichen Körperöffnungen (Mund, Scheide, After) versteckt sind.[598] Danach ist eine Durchsuchung des Mundes nach Gegenständen in Verbindung mit der Anwendung unmittelbaren Zwanges eine **Durchsuchung**.

Ein **Betreten gibt es im Strafprozessrecht** im Gegensatz zum Recht der Gefah- **697** renabwehr nicht.

In Abgrenzung zur Durchsuchung **dient die Untersuchung** iSd § 81a StPO da- **698** gegen dem Zweck, die Beschaffenheit des Körpers bzw. von Körperteilen zu ermitteln. Erfasst wird jede Besichtigung des ganz oder teilweise unbekleideten Körpers; ebenso die Besichtigung von Körperteilen, die normalerweise unbekleidet sind, so insbesondere die Augenscheinnahme der Körperoberfläche zwecks Auffindens bestimmter Körpermerkmale (Warzen, Leberflecke, Muttermale, Tätowierungen) oder Tatspuren (Kratz- und Injektionsspuren, Blutspritzer auf der Haut, Blut oder Hautfetzen unter den Fingernägeln). Der Beschuldigte muss die körperliche Untersuchung dulden. Er ist auch verpflichtet, sich für die Untersuchung zu entkleiden.[599]

---

[597] *Ransiek* StV 2002, 565 ff.; OLG Düsseldorf BeckRS 2016, 13617.
[598] OLG Celle NStZ 1998, 87.
[599] Meyer-Goßner/Schmitt/*Schmitt* StPO § 81a Rn. 10.

V. Begleitmaßnahme: Fotografieren der Wohnung

699 Die **fotografische Dokumentation** einer Wohnung anlässlich einer Durchsuchung kann (allein) dann zulässig sein, wenn das Dokumentationsinteresse das Persönlichkeitsrecht des Beschuldigten überwiegt, zB wegen der Bedeutung der Straftat und der voraussichtlichen Bedeutung der Bilder als Beweismittel für den gerichtlichen Augenschein.[600] In concreto wollten die Beamten mit Fotos den Zustand der Wohnung dokumentieren, weil sie befürchteten, der Betroffene könne behaupten, dafür sei die Polizei verantwortlich. Unter Hinweis auf diesen schwerwiegenden Grundrechtseingriff stufte das Gericht das Vorgehen der Beamten als rechtswidrig ein. Etwaigen Vorwürfen, sie hätten die Wohnung verwüstet, könnte durch eine anwesende Zeugin vorgebeugt werden.

30. Kapitel. Durchsuchung bei anderen Personen (Unverdächtigen), § 103 StPO

700 § 103 StPO regelt die **Durchsuchung bei nichtverdächtigen Dritten** („andere Personen").

Die besonderen Voraussetzungen des § 103 StPO sind enger als die des § 102 StPO, denn wenn Grundrechtseingriffe bei Personen zulässig sind, die nicht durch eigenes Handeln die Ursache für den Rechtseingriff gesetzt haben, muss der Gesetzgeber diesen Personenkreis in seinen Rechten besser stellen als den Kreis der Tatverdächtigen.[601]

> **Hinweis:** Eine umfangreiche Abgrenzung zwischen den Anwendungsbereichen des § 102 und 103 StPO findet sich bei *Benfer/Bialon* Rechtseingriffe Rn. 401 ff.

A. Ermächtigungsgrundlage

I. Grundrechtseingriff

701 Je nach Fallkonstellationen können unterschiedliche Grundrechtseingriffe in Betracht kommen. Soweit die Durchsuchung ohne Zustimmung des Betroffenen erfolgt,[602] wird mit dem Durchsuchen der Person in das allgemeine Persönlichkeitsrecht aus Art. 2 I GG iVm Art. 1 I GG eingegriffen. Gleichzeitig wird gegebenenfalls die Bewegungsfreiheit der Person iSd Art. 2 II GG iVm Art. 104 I GG für die Dauer der Durchsuchung beschränkt. Dies stellt sich in Form einer Freiheitsbeschränkung dar.

Die Durchsuchung von Sachen tangiert das Recht auf (freie) Nutzung und Verfügbarkeit über das Eigentum (Art. 14 GG).

Art. 13 I GG schützt die **Unverletzlichkeit der Wohnung**. In seinen Wohnräumen hat jeder das Recht, in Ruhe gelassen zu werden. In diese grundrechtlich ge-

---

[600] LG Hamburg StV 2004, 368.
[601] *Benfer/Bialon* Rechtseingriffe Rn. 384.
[602] LG Hamburg Urt. v. 9.10.2017 – 711 Ns 58/16.

schützte Lebenssphäre greift eine (Wohnungs-)Durchsuchung schwerwiegend ein.[603]

II. Handlungsform

Die Durchsuchung gem. § 103 StPO stellt sich als sog. Justizverwaltungsverwal-   **701a** tungsakt iSd § 23 EGGVG (Rechtsweg bei Justizverwaltungsakten) dar.

B. Formelle Rechtmäßigkeit

Die Maßnahme der Durchsuchung dient der Strafverfolgung (§ 163 StPO).   **702**

C. Materielle Rechtmäßigkeit

I. Tatbestandsvoraussetzungen

1. Andere Person (Unverdächtiger)

Unverdächtig ist eine Person, die weder Täter noch Teilnehmer einer Straftat   **703** ist, also diejenigen Personen, die nicht Verdächtige iSv § 102 StPO sind.

Der Begriff **„andere Personen"** umfasst auch juristische Personen und Behörden   **704** und ist also weit auszulegen.

„Es muss der Verdacht einer bestimmten Straftat bestehen, denn Voraussetzung   **705** des § 103 StPO ist, dass überhaupt ein Strafverfahren gegen eine bestimmte Person geführt werden kann."[604]

Nach § 103 I 1 StPO ist vorzugehen, wenn die Maßnahme sich gegen strafunmündige Personen (§ 19 StGB) richtet.[605] Die Durchsuchung bei einem Kind kommt in Betracht, wenn eine andere strafmündige Person eine Straftat begangen hat.[606]

> **Hinweis:** → Rn. 158

2. Tatsachen … (Auffindungsverdacht)

Im Gegensatz zu § 102 StPO reicht bei § 103 StPO eine **Erfolgsvermutung** nicht   **706** aus. Über den Grad der Vermutung hinaus muss aufgrund von **Tatsachen** zu schließen sein, dass der Zweck der Durchsuchung erreicht wird.

„Erforderlich sind substantiierte und deutlich herauszustellende Erkenntnisse, die etwas über die konkreten Erfolgsaussichten der Durchsuchung sagen."[607]

Das Gesetz verlangt anders als bei der Durchsuchung beim Verdächtigen einen   **707** konkreten Verdacht dafür, dass bestimmte Beweismittel gefunden werden können. Fraglich ist allenfalls, wann ein Gegenstand soweit individualisiert ist, dass von einer Suche nach einem „bestimmten Gegenstand" gesprochen wer-

---

[603] BVerfG NJW 2001, 1121.
[604] Meyer-Goßner/Schmitt/*Schmitt* StPO § 103 Rn. 1.
[605] Meyer-Goßner/Schmitt/*Schmitt* StPO § 102 Rn. 4.
[606] SK-StPO/*Wohlers/Jäger* § 103 Rn. 3.
[607] *Benfer/Bialon* Rechtseingriffe Rn. 395.

den kann. Dies dürfte insbesondere von der Art des Gegenstandes abhängen.[608] Bei einem selten vorkommenden Gegenstand dürfte dieser Umstand eher anzunehmen sein, als bei einem „Massenartikel".

708 Eine Durchsuchungsanordnung ist mithin dann zulässig, wenn Tatsachen vorliegen, aus denen zu schließen ist, dass sich das gesuchte Beweismittel in den zu durchsuchenden Räumen befindet. Es wird also eine durch bestimmte bewiesene Tatsachen begründete Erfolgsaussicht der Durchsuchung gefordert. Zwar genügt die Wahrscheinlichkeit des Erfolgs der Maßnahme, nicht ausreichend ist aber die bloße **Vermutung**, dass die Durchsuchung zum Auffinden des gesuchten Beweismittels führen werde.[609] § 103 I 2 StPO gestattet unter engen Voraussetzungen die Durchsuchung ganzer Gebäude.

709 Gemäß § 103 II StPO darf in Räumen, die der Beschuldigte während der Verfolgung betreten hat oder in denen er ergriffen worden ist, ohne die **einschränkenden Voraussetzungen** des § 103 I 1 StPO durchsucht werden. Der Grund für diese Erweiterung liegt in der Erfahrungstatsache, dass ein Verfolgter in den genannten Räumen Spuren zu hinterlassen und sich der Beute oder sonstiger Beweisstücke zu entledigen pflegt.

> **Beispiel:** Nach einem Hinweis wird ein flüchtiger Einbrecher (E) in der Wohnung seiner Freundin (F) festgenommen. Nach der Festnahme wird die Wohnung der F weiter nach Diebesgut durchsucht.
>
> Davon ausgehend, dass F nicht Verdächtige iSv § 102 StPO ist, ergeben sich die Zulässigkeitsvoraussetzungen für die Durchsuchung ihrer Wohnung aus § 103 StPO. Gleichwohl kommt die für den Normalfall geltende Regelung des § 103 I 1 StPO nicht in Betracht, da E in der Wohnung der (unverdächtigen) F festgenommen wurde. In diesen Fällen richtet sich die Durchsuchung nach § 103 II StPO. Hiernach gelten die Beschränkungen des § 103 I 1 StPO nicht für Räume, in denen der Beschuldigte ergriffen worden ist oder die er während der Verfolgung betreten hat, dh jedoch nicht, dass die Wohnungsdurchsuchung ohne Weiteres zulässig ist. Vielmehr müssen in diesen Fällen die Voraussetzungen des § 102 StPO vorliegen. Liegt ein Fall des § 103 II StPO vor, reicht also (wieder) eine Vermutung bezüglich des (Durchsuchungs-) Erfolgs aus. Entscheidend ist, dass keine Tatsachen (s. § 103 I 1 StPO) vorliegen müssen, dass der Zweck der Durchsuchung erreicht wird.

710 Beschuldigter iSd § 103 II StPO ist auch der aus der Strafhaft entflohene Verurteilte. § 103 II StPO findet auch Anwendung, wenn eine Privatperson in ihrer Wohnung einen Tatverdächtigen (Beschuldigten) gem. § 127 I StPO festnimmt.[610]

711 Die Beschränkung von der dieser Absatz spricht, bezieht sich damit auf die geforderten Tatsachen, aus denen zu schließen ist, die gesuchte Person, Spur oder Sache zu finden. Liegt also ein Fall des § 103 II StPO vor, reicht die Vermutung des Erfolges aus.[611]

---

608 *Benfer/Bialon* Rechtseingriffe Rn. 391.
609 LG Frankfurt a.M. StV 2002, 70.
610 Meyer-Goßner/Schmitt/*Schmitt* StPO § 103 Rn. 15. Mit aA *Benfer/Bialon* Rechtseingriffe Rn. 398.
611 *Benfer/Bialon* Rechtseingriffe Rn. 396.

3. Durchsuchungszweck

a) Ergreifungsdurchsuchung. „Der Begriff die Ergreifung des Beschuldigten 712 in § 103 StPO ist identisch mit dem Ergreifen der Person aus § 102 StPO."[612]

b) Ermittlungsdurchsuchung. Grundsätzlich ist bei der Ermittlungsdurchsu- 713 chung ein Verweis auf die Ausführungen zu § 102 StPO möglich. Allerdings müssen bestimmte bewiesene Tatsachen vorliegen.[613]

Anders als bei § 102 StPO, wo allgemein von **Beweismitteln** die Rede ist, spricht 714 § 103 StPO von bestimmten Gegenständen.[614] Daraus folgt, dass eine „allgemeine Suche" nach Beweismitteln hier nicht zulässig ist.[615] Die Durchsuchungsanordnung gegen einen Nichtverdächtigen setzt voraus, dass die zu sichernden Beweismittel hinreichend individualisiert sind.[616] Gleiches gilt auch für die Spuren. Eine Durchsuchungsanordnung zum Auffinden „irgendwelcher Beweismittel, welcher Art auch immer", wäre zu weit gefasst und widerspräche den Voraussetzungen des § 103 StPO.

Nach § 111b II StPO finden die §§ 102–110 StPO Anwendung, um die Beschlagnahme von Gegenständen zu ermöglichen, die der Einziehung unterliegen oder der Schadloshaltung des Verletzten dienen können. Es müssen Tatsachen vorliegen, aus denen zu schließen ist, dass sich die Gegenstände in den zu durchsuchenden Räumen befinden. Die Gegenstände müssen, wie die Beweismittel, schon bei der Durchsuchungsanordnung, wenn auch nicht in allen Einzelheiten, bekannt sein.

4. Durchsuchungsobjekte

Aus der Verwendung des Begriffs „Durchsuchung" in § 103 I 1 StPO folgt, dass 715 § 103 StPO die Durchsuchung iSd § 102 StPO und damit dieselben Objekte wie § 102 StPO meint, obwohl § 103 I 1 StPO am Ende nur von „zu durchsuchenden Räumen" spricht und Personen und Sachen nicht ausdrücklich nennt.[617]

Hinweis: Weitere Ausführungen hierzu → Rn. 670 ff.

II. Besondere Form- und Verfahrensvorschriften

Hinweis: Hierzu die Ausführungen zu § 102 StPO → Rn. 674 ff.

Die **Anordnung** der Durchsuchung ist grundsätzlich dem **Richter** vorbehalten 716 (§ 105 I 1 StPO), der das Vorliegen eines Tatverdachts selbstständig zu prüfen hat. Eine Zuständigkeit der StA und ihrer Ermittlungspersonen besteht nur bei Gefahr im Verzug, die auch während der Vollstreckung der richterlichen Anordnung eintreten kann.

---

[612] *Benfer/Bialon* Rechtseingriffe Rn. 390.
[613] Meyer-Goßner/Schmitt/*Schmitt* StPO § 103 Rn. 6.
[614] *Benfer/Bialon* Rechtseingriffe Rn. 391.
[615] BGH NStZ 2000, 154.
[616] BGH StV 2002, 62.
[617] *Benfer/Bialon* Rechtseingriffe Rn. 387.

Die richterliche Anordnung ist die Regel, die nichtrichterliche die Ausnahme.[618]

> **Hinweis:** Hierzu die Ausführungen zu § 102 StPO → Rn. 691 ff.

717 Zur Anordnung der **Gebäudedurchsuchung** ist nur der Richter oder – bei Gefahr im Verzug – der Staatsanwalt befugt (§ 105 I 2 StPO). „Gefahr im Verzug" liegt vor, wenn bei Einholung der richterlichen Anordnung die Erreichung des Zwecks der Durchsuchung gefährdet wäre.

III. Adressatenregelung

718 Adressat der Ermächtigung nach § 103 StPO ist die „andere Person".

IV. Rechtsfolge

> **Hinweis:** Hierzu die Ausführungen zu § 102 StPO → Rn. 696 ff.

D. Vollstreckung eines Haftbefehls[619]

719 Nach überwiegender Meinung beinhaltet ein Haftbefehl die stillschweigende Anordnung zur Wohnungsdurchsuchung. Bei „Dritten" ist eine Durchsuchung nach überwiegender Meinung nicht möglich. Auch zur Nachtzeit muss bei einer Haftbefehlsvollstreckung davon ausgegangen werden, dass dies nur unter den zusätzlichen Voraussetzungen des § 104 StPO möglich ist.

31. Kapitel. Durchsuchung von Räumen zur Nachtzeit, § 104 StPO

720 Die Vorschrift verbietet grundsätzlich die Durchsuchung der geschützten Räume zur Nachtzeit.

> **Definition: Nachtzeit:** (§ 104 III StPO): 1. April – 30. September: 21.00 – 4.00 Uhr / 1. Oktober – 31. März: 21.00 – 06.00 Uhr

721 § 104 StPO hat Bedeutung für die Durchsuchung von Räumlichkeiten unter Einschluss der Gebäudedurchsuchung iSv § 103 I 2 StPO.

> **Merke:** Nicht erfasst von § 104 StPO sind Durchsuchungen von Personen und Sachen.

Drei Sachverhalte (Abs. 1) und bestimmte Räume (Abs. 2) sind von dem Verbot der Durchsuchung ausgenommen.

§ 104 StPO berührt demnach nicht die Anordnung, sondern regelt die Durchführung, für die im Übrigen die Voraussetzungen der §§ 102, 103, 105 StPO

---

[618] BVerfG NStZ 2001, 382 ff.
[619] *Weingarten* POLIZEIinfo 2009, 49; BeckOK StPO/*Hegmann*, 29. Ed. 1.1.2018, StPO § 105 Rn. 1 ff.

vorliegen müssen Es handelt sich um eine gesetzliche Regelung der „Form" der Durchsuchung iSv Art. 13 II GG, die der Wohnung als der „räumlichen Privatsphäre" besonderen Schutz zuteilwerden lässt.[620]

> **Merke:** § 104 StPO stellt keine eigenständige Ermächtigungsnorm dar, sondern ist immer iVm § 102 oder § 103 StPO zu prüfen.

An dieser Stelle werden deshalb **nur** die sich aus § 104 StPO ergebenden materiellen Voraussetzungen dargestellt. Bei den verschiedenen Tatbestandsvoraussetzungen des § 104 StPO handelt es sich um:

A. Verfolgen auf frischer Tat (§ 104 I 1 StPO) 722

Verfolgung auf frischer Tat ist gegeben, wenn unmittelbar nach Entdeckung der vollendeten oder, sofern das strafbar ist, auch der versuchten Tat die strafrechtliche Verfolgung des Täters aufgenommen worden ist. Der Täter braucht bei der Tat nicht betroffen worden zu sein. Seine Verfolgung auf Sicht oder Gehör wird nicht vorausgesetzt. Zweck der Verfolgung muss nicht das Ergreifen des Täters, sondern kann auch die Sicherstellung und Beschlagnahme von Beute oder Beweismitteln sein.[621]

B. Gefahr im Verzug (§ 104 I 1 StPO) 723

Gefahr im Verzug liegt vor, wenn ohne die Durchsuchung zur Nachtzeit das Ergreifen des Verdächtigen bzw. Beschuldigten mit großer Wahrscheinlichkeit vereitelt bzw. die gesuchte Spur oder Sache dem behördlichen Zugriff entzogen wird.[622]

C. Wiederergreifung eines entwichenen Gefangenen (§ 104 I 1 StPO) 724

Gefangene sind Personen, denen in Ausübung öffentlicher Straf-, Polizei- oder sonstiger hoheitlicher Zwangsgewalt die persönliche Freiheit entzogen ist und die sich infolgedessen tatsächlich im Gewahrsam einer zuständigen Behörde oder eines Amtsträgers befinden, so zB[623]

- Strafgefangene,
- Untersuchungsgefangene,
- Festgenommene Personen gem. § 127 II StPO,
- Festgenommene aufgrund eines Haft- oder Vorführbefehls.

Hält man die §§ 102 ff. StPO auch für Durchsuchungen im Rahmen der **Strafvollstreckung** für entsprechend anwendbar, was mangels näherer Regelung im Strafvollstreckungsrecht angezeigt ist, dann sind unter Gefangenen auch alle die Personen zu verstehen, die aufgrund eines rechtskräftigen Urteils nicht auf freiem Fuß sind.[624]

---

[620] *Benfer/Bialon* Rechtseingriffe Rn. 416 f.
[621] *Benfer/Bialon* Rechtseingriffe Rn. 420 ff.
[622] *Benfer/Bialon* Rechtseingriffe Rn. 423.
[623] *Hansen* EingriffsR NRW Rn. 163.
[624] LR/*Tsambikakis* StPO § 104 Rn. 9.

725 Keine Gefangenen sind zB **Festgenommene** gem. § 127 I StPO durch Privatpersonen und Personen, die dem Arzt nach § 81a StPO zwecks Blutentnahme zugeführt wurden.[625]

726 Die **Durchsuchung zur Nachtzeit** ist nicht nur zulässig, wenn der Verfolgte selbst in den Räumen gesucht wird. Statthaft ist auch das Suchen nach **Anhaltspunkten** für seinen Verbleib,[626] etwa nach abgelegten Kleidern, oder die Suche nach negativen Beweismitteln wie dem Fehlen von Beförderungsmitteln (etwa des Pkw), die zur weiteren Flucht benutzt worden sind. Das ergibt sich deutlich aus dem Wortlaut „wenn es sich um die Wiederergreifung eines Gefangenen handelt".[627]

727 Nach § 104 II StPO gelten für die Durchsuchung bestimmter Unterkünfte die Beschränkungen des § 104 I StPO nicht; vielmehr sind hier die §§ 102, 103 StPO zur Nachtzeit uneingeschränkt anwendbar.

Es handelt sich um

- Räume, die zur Nachtzeit **jedermann zugänglich** sind.
- Räume, die der Polizei bekannt sind als Herbergen oder **Versammlungsorte bestrafter Personen** (zB Hehlerkneipen, Hehlerläden) und als Schlupfwinkel des Glücksspiels, des unerlaubten Betäubungsmittel- und Waffenhandels oder der Prostitution.

> **Beispiel:**[628] Aus sicherer Quelle erfährt der Pächter des „Schwarzes Schaf", dass sein Lokal Ziel einer umfangreichen Durchsuchung ist, nachdem der Polizei bekannt geworden ist, dass in diesem Lokal lebhafter Handel mit Drogen gepflegt wird. Sofort schließt der Wirt das Lokal, obwohl es erst 22.30 Uhr ist und noch mehrere Gäste anwesend sind.

> **Allerdings:** Das Hotelzimmer, in dem ein Callgirl ihren „Kunden" aufsucht, ist eine Wohnung, ebenso die Wohnung eines Callgirls, selbst wenn die Frau dort ihre Kunden empfängt, sodass hier der erhöhte Schutz gilt.[629]

Wohnungen (zB von Hehlern) können solche Räume sein, die **nicht** den Schutz aus § 104 I StPO genießen.[630]

---

[625] *Hansen* EingriffsR NRW Rn. 163.
[626] Meyer-Goßner/Schmitt/*Schmitt* StPO § 104 Rn. 5.
[627] LR/*Tsambikakis* StPO § 104 Rn. 10.
[628] *Benfer/Bialon* Rechtseingriffe Rn. 427.
[629] *Benfer/Bialon* Rechtseingriffe Rn. 434.
[630] LR/*Schäfer*, 2003, StPO § 104 Rn. 15; *Benfer/Bialon* Rechtseingriffe Rn. 432.

2. Teil. Hauptstudium 1

1. Abschnitt. Zwang[631]

Durch Zwang werden **Maßnahmen der Polizei vollstreckt**. Es ist das stärkste 728
Eingreifen des Staates in die Grundrechte des Bürgers.[632] Hat der Betroffene bei
Verwaltungsakten noch die Möglichkeit zu entscheiden, ob er der auferlegten
Pflicht nachkommt oder nicht, wird ihm dieses Recht bei der Zwangsanwen-
dung genommen.

Das **Verwaltungsvollstreckungsverfahren** gliedert sich in **drei Schritte: Andro-** 729
hung des Zwangs, **Festsetzung** des Zwangsmittels und die eigentliche **Zwangsanwendung**.[633] Da Androhung und Festsetzung Verwaltungsakte iSd § 35 I
VwVfG NRW sind, können dagegen Rechtsmittel eingelegt werden. Dadurch
kann sich die endgültige Befolgung bzw. Klärung eines Sachverhalts beträcht-
lich verzögern.

In der **polizeilichen Praxis** verkürzt sich diese Vorgehensweise regelmäßig, da 730
es sich fast immer um zeitlich dringende Fälle handelt, in denen nicht abgewartet werden kann, bis eine gerichtliche Klärung, ob die von der Polizei ergange-
ne Verfügung befolgt werden muss oder nicht, erfolgt ist.[634] Man spricht auch
vom **zweiaktigen Vollstreckungsverfahren**, in dem der Zwang angedroht und
danach durchgeführt wird.

> **Beispiel:** Einem stark angetrunkenen Randalierer wird in einer Altstadtknei-
> pe in Düsseldorf ein Platzverweis erteilt und gleichzeitig angedroht, dass
> er mit Gewalt nach draußen gebracht wird, wenn er die Verfügung nicht
> beachtet. Er reagiert nicht darauf. Nun ergreifen ihn die Beamten an den
> Armen und ziehen ihn aus der Gaststätte.

Häufig sind in der polizeilichen Praxis auch die Fälle, in denen ein Verwaltungsakt nicht erlassen werden konnte. Das kann verschiedene Gründe haben:

* Zum einen, dass kein Adressat vor Ort war. Dann ist es unmöglich, eine
  Verfügung bekannt zu geben. Das ist aber notwendige Voraussetzung, damit
  ein Verwaltungsakt zustande kommt, §§ 41, 43 VwVfG NRW.

> **Beispiel:** Durch einen Wasserrohrbruch tropf Wasser aus einem Zimmer
> in die darunterliegende Wohnung. Ein Verantwortlicher für die Gefah-
> renquelle ist nicht zu erreichen und ein Zweitschlüssel ist auch nicht
> vorhanden. Die Beamten treten die Wohnungstür ein.

---

[631] Fallbearbeitung in *Bialon/Springer* Fälle EingriffsR Fall 14.
[632] *Wolff/Bachof/Stober*, Verwaltungsrecht, Bd. 2, 2000, § 64 Rn. 1; *Rachor* in Lisken/Den-
ninger HdB PolizeiR E Rn. 789.
[633] *Pieroth/Schlink/Kniesel* POR § 24 Rn. 5 und einem Beispiel in Rn. 6.
[634] *Rachor* in Lisken/Denninger HdB PolizeiR E Rn. 794 und 863 f.

- Zum anderen, dass ein Verantwortlicher vor Ort ist, jedoch den Verwaltungsakt nicht zur Kenntnis nehmen kann, weil er zB ohnmächtig ist oder sich in einem die freie Willensbildung ausschließenden Zustand befindet.
- Und zuletzt, dass die Umstände es nicht zulassen, einen Verwaltungsakt zu erlassen, obwohl ein Adressat vor Ort und auch ansprechbar ist.

Regelmäßig sind das Eilfälle, es muss sofort gehandelt werden. Bei diesen Situationen reduziert sich das Vollstreckungsverfahren auf den Sofortvollzug der Maßnahme. Man spricht auch vom **einaktigen Verfahren.**

> **Hinweis:** In vielen Lehrbüchern und Skripten finden sich Schemata, für die verschiedenen Anwendungsformen von Zwang. Grundsätzlich gilt jedoch, dass die **Zwangsanwendung genauso zu prüfen ist wie eine Grundmaßnahme.** Und als weitere Hilfe sei angemerkt, dass man sich beim Aufbau der Prüfung an der Reihenfolge der Paragrafen im PolG NRW orientieren kann. Das heißt, wenn der Zwang zur Gefahrenabwehr eingesetzt wird, beginnt die Prüfung des Zwangs im materiellen Teil bei § 50 PolG NRW, und von dort aus geht man dann die Paragrafen nacheinander durch und nimmt jeweils die, die zum Sachverhalt passen. Wird der Zwang zur Strafverfolgung/Verfolgung einer Ordnungswidrigkeit eingesetzt, so ergibt sich die Zulässigkeit der Zwangsanwendung und das Zwangsmittel ungeschrieben aus der Grundmaßnahme (dazu genauer weiter bei → Rn. 807 ff.). Im PolG NRW setzt dann die Prüfung bei § 57 PolG NRW an. Hier wird geprüft, ob die Art und Weise, wie der unmittelbare Zwang angewendet wurde, zulässig ist. Eine schematische Darstellung des Prüfungsaufbaus findet sich weiter bei → Rn. 811.

32. Kapitel. Zwangsanwendung zur Gefahrenabwehr

A. Ermächtigungsgrundlage

I. Grundrechtseingriff

731 Je nach eingesetztem Zwangsmittel sind die **Grundrechtseingriffe unterschiedlich.**[635] Die Androhung des Zwangsmittels ist darauf gerichtet, den Betroffenen zu einem Handeln, Dulden oder Unterlassen zu zwingen. Damit liegt ein Eingriff in die allgemeine Handlungsfreiheit, Art. 2 I GG, vor.

732 Bei der Ersatzvornahme, § 52 PolG NRW, wird regelmäßig auf eine Sache eingewirkt (zB durch das Versetzen oder Abschleppen eines Fahrzeugs). Damit liegt ein Eingriff in das Nutzungsrecht des Betroffenen vor, das durch Art. 14 I GG geschützt ist. Häufig entstehen auch Kosten durch die Ersatzvornahme (zB für das Abschleppen des Fahrzeugs und das Abstellen auf dem Sicherstellungsgelände des Abschleppunternehmens), die der Betroffene zu zahlen hat, § 52 I 2 PolG NRW. Auch dies stellt einen Eingriff in Art. 14 GG dar.

733 Wird ein Zwangsgeld festgesetzt bzw. vollstreckt, § 53 PolG NRW, so greift das in das Eigentumsrecht, Art. 14 I GG, ein.

---

[635] S. dazu auch *Bialon/Springer* Fälle EingriffsR Falllösungen 14–19.

Die verschiedenen Arten des unmittelbaren Zwangs sind in §58 PolG NRW 734 definiert. Bei der körperlichen Gewalt, §58 II PolG NRW, sind unterschiedliche Grundrechtseingriffe denkbar. In der mildesten Anwendungsweise liegt ein Eingriff in die allgemeine Handlungsfreiheit, Art. 2 I GG, vor.

> **Beispiel:** Bei einem Karnevalsumzug treten Zuschauer immer wieder zu dicht an die Umzugswagen heran. Trotz Aufforderung durch die eingesetzten Polizeibeamten gehen die Personen nicht zurück. Deshalb müssen die Polizeibeamten immer wieder mit ausgebreiteten Armen die Personen mit körperlicher Gewalt zurückdrängen.

Häufig führt der körperliche Zwang auch zu Schmerzen oder gar zu Verletzungen. Dann liegt ein Eingriff in die körperliche Unversehrtheit, Art. 2 II 1 GG, vor.

> **Beispiel:** Bei einer Familienstreitigkeit greift der Ehemann die eingesetzten Polizeibeamten an. Seine Schläge werden von den Beamten durch Blocktechniken gekonnt abgewehrt. Anschließend wird er mit Festhaltegriffen zu Boden gebracht. Später stellt sich heraus, dass der Angreifer durch die Verteidigung an den Armen Prellungen erlitten hat. Er klagt auch über Schmerzen in den Armen.

Werden Hilfsmittel der körperlichen Gewalt, §58 III PolG NRW, gegen Personen eingesetzt, so ist regelmäßig die körperliche Unversehrtheit betroffen. Richtet sich der Einsatz gegen Sachen, liegt ein Eingriff in das Eigentum- bzw. Nutzungsrecht des Betroffenen vor. Die gleichen Grundrechte sind beim Einsatz von Waffen, §58 IV PolG NRW betroffen.

Im Extremfall kann der unmittelbare Zwang, insbesondere beim Einsatz einer Schusswaffe, in das Recht auf Leben eingreifen, Art. 2 II 1 GG.

II. Handlungsform

Die Androhung des Zwangs ist ein Verwaltungsakt, §35 I VwVfG NRW. Die 735 Durchführung des Zwangs ist Realakt.

B. Formelle Rechtmäßigkeit

Wenn der Zwangsanwendung ein Verwaltungsakt vorausgegangen ist (Grund- 736 maßnahme), dann kann an dieser Stelle auf die Ausführungen zur formellen Rechtmäßigkeit des Verwaltungsaktes nach oben verwiesen werden.

Ist dem Zwang kein Verwaltungsakt vorausgegangen, so ist hier die sachliche und örtliche Zuständigkeit zu begründen. Da hier zuerst der Zwang zur Gefahrenabwehr dargestellt wird, ergibt sich die sachliche Zuständigkeit aus §1 I (je nach Fallkonstellationen Satz 1 und 3 oder Satz 1 und 2) PolG NRW iVm §11 I Nr. 1 POG NRW. Die örtliche Zuständigkeit bestimmt sich regelmäßig aus §7 I POG NRW.

C. Materielle Rechtmäßigkeit

I. Tatbestandsvoraussetzungen der Zwangsanwendung

1. Zwang nach vorausgegangenem Verwaltungsakt, § 50 I PolG NRW

737 a) Der erlassene Verwaltungsakt muss auf ein Handeln („Tu das"), Dulden („Dulde das") oder Unterlassen („Lass das") gerichtet sein. Es handelt sich dabei um sog. **befehlende Verwaltungsakte.**

738 b) Ungeschrieben gilt, dass der **Verwaltungsakt wirksam sein muss.** Das liegt unproblematisch vor, wenn er rechtmäßig ist.

> **Klausurtipp:** In einer Klausur ist fast immer gefordert, zuerst den Verwaltungsakt auf Rechtmäßigkeit zu prüfen, sodass bei der Prüfung des Zwangs an dieser Stelle verwiesen werden kann.

739 Fraglich ist, ob ein **rechtswidriger Verwaltungsakt** mit Zwang vollstreckt werden darf. Hierzu gibt es unterschiedliche Auffassungen. Einerseits wird vertreten, dass ein rechtswidriger Verwaltungsakt nicht mit Zwang durchgesetzt werden darf. Andererseits wird argumentiert, dass es nicht auf die Rechtmäßigkeit des Verwaltungsaktes ankommt, sondern nur darauf, dass er wirksam ist.[636] **Das ist gegeben, wenn er bekannt gegeben wurde und nicht nichtig ist.** Die Bekanntgabe richtet sich nach den §§ 41 und 43 VwVfG NRW. Danach wird der Verwaltungsakt zu dem Zeitpunkt wirksam, in dem er dem Beteiligten bekannt gegeben wird. Polizeiliche Maßnahmen werden fast immer mündlich bekannt gegeben. Sobald der Adressat diese Verfügung gehört hat, gilt sie als bekannt gegeben.

740 Wann ein Verwaltungsakt nichtig ist, bestimmt sich nach § 44 VwVfG NRW. In Abs. 1 wird der Grundsatz der Nichtigkeit definiert. Danach muss ein besonders schwerwiegender Fehler vorliegen und dies bei verständiger Würdigung aller in Betracht kommenden Umstände offenkundig sein. Schon aus dem Wortlaut ergibt sich, dass es sich um Fälle handelt, in denen auch ein neutraler Betrachter zu dem Ergebnis käme, dass die Polizei rechtswidrig vorgehe. In der Praxis sind diese Voraussetzungen ausgesprochen selten gegeben.

Es mag sein, dass ein Gericht später zu dem Ergebnis kommt, dass der Verwaltungsakt rechtswidrig war. Zum Zeitpunkt der polizeilichen Entscheidung ist das aber regelmäßig nicht so klar und offensichtlich. Denn die Erkenntnismöglichkeiten vor Ort im Einsatzgeschehen sind begrenzt und das Handeln der Polizei ist zeitlich dringend. Diesen Gegebenheiten müssen Gerichte auch bei der späteren rechtlichen Würdigung Rechnung tragen. Daraus folgt, dass der betroffene Bürger es zuerst einmal hinnehmen muss, dass die Polizei eine gegen ihn gerichtete Verfügung, die er für rechtswidrig hält, durchsetzt. Sonst wäre ein geregeltes und zielführendes Einschreiten unmöglich.[637]

---

[636] Zum Meinungsstreit: BVerfG NVwZ 1999, 290 ff.; VG Gelsenkirchen BeckRS 2017, 131547 Rn. 128 ff.; *Rachor* in Lisken/Denninger HdB PolizeiR E Rn. 799 ff. mwN; *Pieroth/Schlink/Kniesel* POR § 24 Rn. 29 und besonders Rn. 32 f.; *Knemeyer* POR § 32 Rn. 358 ff.

[637] BVerfG NVwZ 1999, 290 ff.; VG Düsseldorf BeckRS 2010, 07474.

c) Ist der Verwaltungsakt rechtmäßig bzw. wirksam, so ist zuletzt zu prüfen, 741
ob der **Verwaltungsakt unanfechtbar** ist oder **Rechtsmittel keine aufschiebende Wirkung** haben. Die Unanfechtbarkeit eines Verwaltungsaktes ist
gegeben, wenn „die Fristen für die Rechtsmittel ungenutzt verstrichen sind"
oder „nicht mehr anfechtbare Entscheidungen über die Wirksamkeit des
Verwaltungsakts" vorliegen.[638]

> **Hinweis:** Diese Fallkonstellation ist für die polizeiliche Praxis nahezu
> bedeutungslos.

Regelmäßig ist zu prüfen, ob Rechtsmittel keine aufschiebende Wirkung
haben. Grundsätzlich führen eingelegte Rechtsmittel dazu, dass der Verwaltungsakt nicht vollzogen werden darf, sondern eine gerichtliche Entscheidung abgewartet werden muss, wie es sich aus § 80 I VwGO ergibt.[639] Gäbe
es von diesem Grundsatz aus § 80 I VwGO keine Ausnahme, so würde eine
wirksame Gefahrenabwehr unmöglich. Denn dann würde der Einspruch
des Bürgers vor Ort dazu führen, dass die Polizei abwarten müsste, wie ein
Gericht über die eingelegte Anfechtungsklage entscheidet. Daher ist für
polizeiliche Maßnahmen in § 80 II Nr. 2 VwGO ein Ausnahmetatbestand
aufgeführt. Danach **entfällt die aufschiebende Wirkung des Rechtsmittels
bei unaufschiebbaren Anordnungen und Maßnahmen von Polizeivollzugsbeamten.** Es ist also zu begründen, dass das Einschreiten der Polizei eilig ist,
also direkt vor Ort gehandelt werden muss, und eine richterliche Entscheidung nicht abgewartet werden kann.

> **Beispiel:** Ein angetrunkener Mann randaliert in einer Gaststätte. Trotz
> mehrfacher Aufforderung der herbeigerufenen Polizeibeamten, die Gast-
> stätte sofort zu verlassen (Platzverweis, § 34 I 1 PolG), bleibt der Mann in
> der Kneipe und ist sehr aggressiv. Die Beamten drohen ihm an, ihn not-
> falls auch gewaltsam aus der Gaststätte zu führen. Auch darauf reagiert
> er nicht.
>
> Der Adressat der polizeilichen Maßnahme, hier der Randalierer, ist also
> mit dem Einschreiten der Polizei nicht einverstanden. Er hat damit die
> Möglichkeit, durch eine Anfechtungsklage vor dem Verwaltungsgericht,
> die Rechtmäßigkeit der polizeilichen Maßnahme zu überprüfen. Grund-
> sätzlich würde das die zwangsweise Vollstreckung des Platzverweises
> verhindern bzw. aufschieben, bis ein Gericht darüber entschieden hat.
> Der Mann hätte dann aber die Möglichkeit, in der Gaststätte weiter zu
> randalieren, Gäste anzupöbeln und gegebenenfalls Straftaten zu begehen
> (zB Körperverletzungsdelikte, Sachbeschädigungen, Hausfriedensbruch).
> Daher kann hier nicht auf eine gerichtliche Entscheidung gewartet wer-

---

[638] *Tegtmeyer/Vahle* PolG NRW § 50 Rn. 4; *Rachor* in Lisken/Denninger HdB PolizeiR E
Rn. 796 f.

[639] Als Rechtsmittel sind dort der Widerspruch und die Anfechtungsklage benannt. Nach
§ 110 I JustG NRW ist das Widerspruchsverfahren für Verwaltungsakte, ausgesetzt.
Daher ist gegen einen polizeilich erlassenen Verwaltungsakt nur noch das Rechtsmittel der Anfechtungsklage möglich.

den. Die polizeiliche Maßnahme ist unaufschiebbar, § 80 II Nr. 2 VwGO. Damit entfällt die aufschiebende Wirkung des Rechtsmittels und der Mann kann von der Polizei sofort mit unmittelbarem Zwang aus der Kneipe gebracht werden.

2. Zwang ohne vorausgegangenen Verwaltungsakt, § 50 II PolG NRW

742 a) Der Sofortvollzug des Zwangs muss darauf abzielen, eine **gegenwärtige Gefahr** abzuwehren. Gegenwärtig ist die Gefahr, wenn der Schadenseintritt unmittelbar oder mit an Sicherheit grenzender Wahrscheinlichkeit in allernächster Zeit eintreten wird oder der Schaden schon eingetreten ist und mit weiteren Schäden zu rechnen ist (eingetretene und noch andauernde Störung). Ausführlich wird der Begriff der gegenwärtigen Gefahr unter → Rn. 27 erklärt.

b) Zur Abwehr dieser gegenwärtigen Gefahr muss der **Sofortvollzug notwendig**, also erforderlich sein.

> **Hinweis:** Hier ist die Erforderlichkeit allerdings nicht wie üblich zu prüfen.

Vielmehr hat der Gesetzgeber im Gesetzestext dazu **drei Möglichkeiten** benannt, die auf den jeweiligen Sachverhalt anzuwenden sind. Die Aufzählung im Gesetz ist nicht abschließend, was sich aus dem Wort „insbesondere" ergibt. Gleichwohl dürfte es in der Praxis keinen Fall geben, der sich nicht unter eine der drei Möglichkeiten subsumieren lässt. Daher ist die Notwendigkeit/Erforderlichkeit des Sofortvollzugs regelmäßig leicht zu begründen.

743 aa) Die **1. Möglichkeit** besagt, dass Maßnahmen gegen Personen nach den §§ 4–6 PolG NRW nicht möglich sind. Das ist der Fall, wenn gar keine Person vor Ort ist oder die Person den Verwaltungsakt nicht zur Kenntnis nehmen kann, weil sie zB ohnmächtig ist.

> **Beispiel:** Die Polizei wird zu einer Verkehrsbehinderung gerufen. Ein Pkw ist so abgestellt worden, dass für andere Verkehrsteilnehmer gefährliche Situationen auftreten. Der Fahrer des Wagens ist nicht vor Ort. Auch telefonisch ist weder der Fahrer noch der Halter erreichbar. Die Polizei lässt den Wagen abschleppen. Hier wird (nach überwiegender Meinung[640]) das Zwangsmittel Ersatzvornahme benutzt, um die gegenwärtige Gefahr für andere Verkehrsteilnehmer abzuwehren. Ein Verwaltungsakt, zB „Fahren Sie den Pkw hier weg", kann hier nicht ausgesprochen werden, weil der Adressat nicht vor Ort ist. Damit ist der Sofortvollzug des Zwangs notwendig, um die Gefahr abzuwehren.

744 bb) Nach der **2. Möglichkeit** sind Maßnahmen gegen Personen nach den §§ 4–6 PolG NRW nicht rechtzeitig möglich. Bei dieser Variante ist der Adressat vor Ort und es könnte grundsätzlich auch ein Verwaltungsakt erlassen werden. Allerdings ist die Gefahrenabwehr so eilbedürftig, dass

---

[640] *Tegtmeyer/Vahle* PolG NRW § 43 Rn. 12.

das Erteilen einer Verfügung höchstwahrscheinlich dazu führt, dass bis dahin der Schaden eingetreten ist.

> **Beispiel: 1.** Die Polizei wird zu einer Familienstreitigkeit gerufen. Eine Frau öffnet den Beamten die Wohnungstüre und lässt sie ein. Kaum sieht der Ehemann die Polizeibeamten, greift er sich ein Messer und rennt damit auf die Beamten zu. Nur durch einen gezielten Tritt in den Bauch des Angreifers kann die Gefahr abgewehrt werden. Hier ist keine Zeit, einen Verwaltungsakt, zB „Unterlassen Sie den Angriff", auszusprechen.
>
> **2.** Wenn ein kleines Kind geradewegs vom Gehweg auf die Fahrbahn zuläuft, dann muss die Polizeibeamtin sofort zugreifen und das Kind zurückziehen. Das Kind anzusprechen, würde zu lange dauern. Bis dahin wäre es vielleicht schon angefahren worden.

cc) Bei der **3. Möglichkeit** versprechen Maßnahmen gegen Personen nach 745 den §§ 4–6 PolG NRW keinen Erfolg. Das ist gegeben, wenn grundsätzlich ein Verwaltungsakt ausgesprochen werden könnte, da ein Adressat vor Ort ist und auch die Zeit für eine Verfügung ausreichen würde, es jedoch absehbar ist, dass mit der Ansprache an den Adressaten die Gefahr nicht abgewehrt werden kann, sondern im Gegenteil die Gefahrensituation noch verschärft wird.

> **Beispiel:** Polizeibeamten erhalten den Einsatz „Randalierer in der Wohnung". Vor Ort hat ein Mann in angetrunkenem Zustand die eigene Wohnungseinrichtung weitgehend zerlegt. Er ist den Polizeibeamten gegenüber zuerst ruhig, wird aber im Laufe des Gesprächs immer aggressiver. Für die Beamten steht fest, dass der Mann in Gewahrsam genommen werden muss, damit er in der Wohnung nicht weiteren Schaden anrichtet. Ein Verwaltungsakt, zB „Sie sind in Gewahrsam genommen, kommen Sie mit zum Streifenwagen" würde mit hoher Wahrscheinlichkeit dazu führen, dass der Mann die Beamten angreift und die Lage eskaliert. Um das zu verhindern, muss der Mann, für ihn überraschend, festgenommen werden. Das heißt, die Beamten werden ihn hier direkt ergreifen und ihm Handfesseln anlegen. Ein Verwaltungsakt wäre grundsätzlich möglich gewesen, hätte aber keinen Erfolg versprochen. Daher darf der Zwang sofort vollzogen werden.

c) Als letztes Tatbestandsmerkmal muss die Polizei **innerhalb ihrer Befugnis-** 746 **se handeln.** Damit ist gemeint, dass ein Verwaltungsakt, wenn er erlassen worden wäre, rechtmäßig sein müsste (fiktiver/hypothetischer Verwaltungsakt).[641] In den obigen Beispielen sind mögliche Verwaltungsakte beschrieben worden (Platzverweis; einen Angriff zu unterlassen). An dieser Stelle ist zu prüfen, ob sie formell und materiell rechtmäßig wären. Dieser

---

[641] VG Aachen BeckRS 2007, 23133; VV 50.2 zu § 50 PolG NRW.

Prüfschritt wird auch als „eingeschobene Rechtmäßigkeitsprüfung" bezeichnet.

II. Rechtsfolge des § 50 PolG NRW

747 § 50 I PolG NRW lässt als Rechtsfolge die sofortige Vollziehung des Zwangs zu. § 50 II PolG NRW erlaubt den Sofortvollzug des Zwangs.

> **Merke:** Mit der Zulässigkeit des Zwangs nach § 50 PolG NRW ist noch nicht geklärt, welche Zwangsmittel angewendet werden dürfen. Dazu sind die folgenden Prüfschritte erforderlich.

III. Zugelassene Zwangsmittel

748 § 51 I PolG NRW **zählt** die zugelassenen Zwangsmittel für die Polizei **abschließend auf.**

§ 51 II PolG NRW verdeutlicht, dass Zwangsmittel grundsätzlich nur dann angewendet werden dürfen, wenn sie **vorher angedroht worden sind**. Dabei verweist die Norm auf die §§ 56 und 61 PolG NRW, die später auch noch ausführlich beschrieben werden → Rn. 768 ff.

§ 51 III 1 PolG NRW macht deutlich, dass Zwangsmittel weder Strafe noch Geldbuße sind, sondern als **Beugemittel** eingesetzt werden. Deshalb dürfen sie auch nicht mehr angewendet oder fortgesetzt werden, wenn der Verpflichtete den Verwaltungsakt befolgt oder die Gefahrensituation sich auf andere Weise erledigt hat.

> **Beispiel:** Im obigen Beispiel der Verkehrsbehinderung durch einen falsch abgestellten Pkw hat die Polizei einen Abschleppwagen bestellt. Doch bevor der Abschleppwagen am Einsatzort eintrifft, erscheint der Fahrer und will mit dem Pkw wegfahren. Die Polizei muss nun versuchen, den Abschleppwagen abzubestellen. Gelingt das nicht mehr, so muss der Fahrer für die entstandenen Kosten aufkommen. Gleichwohl darf der Pkw nicht mehr abgeschleppt werden. Der Fahrer hat dann nur die Kosten für die Leerfahrt zu zahlen. Unabhängig davon werden die einschreitenden Beamten eine Ordnungswidrigkeitenanzeige vorlegen.

Laut § 51 III 1 PolG NRW können Zwangsmittel **wiederholt und auch gewechselt werden.**

§ 51 III 2 PolG NRW müsste eigentlich in § 53 PolG NRW stehen.[642] Daher wird auch erst weiter unten beim Zwangsgeld darauf eingegangen → Rn. 754 ff.

1. Ersatzvornahme, § 52 PolG NRW

749 § 52 PolG NRW normiert die Ersatzvornahme. Die Verwaltungsvorschrift 52.1 zu § 52 PolG NRW enthält gute Erklärungen.[643]

---

[642] *Tegtmeyer/Vahle* PolG NRW § 51 Rn. 3.

[643] „Eine Ersatzvornahme liegt auch vor, wenn die Polizei die vertretbare Handlung selbst ausführt. Vertretbar ist eine Handlung, wenn sie nicht nur von der betroffe-

a) Tatbestand

aa) Eine Ersatzvornahme kann nur durchgeführt werden, wenn der **Adressat verpflichtet** ist, **eine Handlung vorzunehmen.**

> **Merke:** Wird er also zu einem Dulden oder Unterlassen verpflichtet, können als Zwangsmittel nur das Zwangsgeld oder unmittelbarer Zwang eingesetzt werden.

bb) Die geforderte **Handlung** muss **vertretbar** sein. Es muss also möglich sein, 750 dass statt des Adressaten auch jemand anderes die Handlung vornehmen kann. Soll eine Person nach § 9 I PolG NRW befragt werden, so wird eine nicht vertretbare Handlung gefordert, denn eine Aussage kann nur die betroffene Person selber machen. Gleiches gilt, wenn jemandem ein Platzverweis erteilt wird. Einen Ort verlassen kann nur die Person selbst und niemand anders vertretungsweise für sie.

> **Merke:** Klassische Beispiele für vertretbare Handlungen sind das Öffnen einer Wohnungstür oder das Wegsetzen eines Fahrzeugs

cc) Als letztes Tatbestandsmerkmal muss hinzukommen, dass die **vertretbare** 751 **Handlung** vom Pflichtigen **nicht erfüllt** wird, also nicht durchgeführt wird. Auf die Ursache kommt es nicht an. Gerade bei Abschleppfällen ist es regelmäßig so, dass der Verpflichtete nicht vor Ort ist und auch nicht erreicht wird und deshalb seiner Handlungspflicht auch nicht nachkommen kann.

b) Rechtsfolge. Die Polizei darf die geforderte Handlung entweder selbst 752 vornehmen **(Selbstvornahme)** oder einen Dritten damit beauftragen **(Fremdvornahme).**

> **Beispiel:** Von einem Kleintransporter sind sechs Umzugskisten auf die Fahrbahn gefallen. Wie es der Zufall will, hat eine vorbeikommende Polizeistreife den Vorgang beobachtet. Der Fahrer des Transporters wird angehalten und aufgefordert, die Kisten sofort von der Fahrbahn zu schaffen. Gleichzeitig erklärt der einschreitende Beamte, dass der Betroffene mit einem saftigen Bußgeld zu rechnen hat. Daraufhin ist dieser so frustriert, dass er sich weigert, die Kisten wegzuschaffen. Auch die Drohung, dass die Beamten die Kisten sonst selber wegräumen, lässt ihn völlig kalt. Nun greifen die Polizisten zu und schleppen die Kisten auf den Gehweg. In diesem, zugegeben theoretischen, Fall handelt es sich um eine Selbstvornahme.

Lässt die Polizei ein Fahrzeug durch einen Abschleppdienst versetzen oder lässt sie eine Wohnungstür durch einen Schlüsseldienst öffnen, so sind das

---

nen Person persönlich (zB durch Abgabe einer Erklärung), sondern ohne Änderung ihres Inhalts auch von einer anderen vorgenommen werden kann. Die Vorschrift ermächtigt die Polizei nicht, eine andere Person hoheitlich zur Ausführung der Ersatzvornahme zu verpflichten; eine solche Befugnis kann sich im Ausnahmefall aus § 8 iVm § 6 ergeben."

Fälle der Fremdvornahme. Merke: Dabei gilt ungeschrieben, dass die Polizei durch die Ersatzvornahme nur das ausführen darf, was inhaltlich auch von dem Verpflichteten gefordert wird (**Handlungsidentität**).

> **Beispiel:** Ein Tanklastzug hat auf der Fahrbahn eine 2 km lange Ölspur hinterlassen. Die herbeigerufene Polizei beauftragt eine Spezialfirma mit dem Abstreuen der Ölspur. Gleichzeitig wird die Firma aufgefordert, die auch sonst stark verschmutzte Fahrbahn gründlich zu säubern. Später stellt die Polizei dem ermittelten Halter des Lkw nicht nur das Abstreuen der Ölspur in Rechnung, sondern auch die sonstige Reinigung der Fahrbahn. Die Ölspur hätte der Lkw-Fahrer oder der Halter des Lkw beseitigen müssen. Da sie dieser Verpflichtung nicht nachgekommen sind (sie konnten nicht rechtzeitig ermittelt werden) hat die Polizei hier eine Ersatzvornahme durchgeführt. Die Kosten dafür hat der Verursacher zu zahlen. Die sonstige Verschmutzung der Fahrbahn hat aber weder der Lkw-Fahrer noch der Halter verursacht. Dafür können sie nicht zur Verantwortung gezogen werden und brauchen auch nicht die entstandenen Kosten für die Reinigung zu zahlen. Hier hat die Polizei inhaltlich mehr gefordert beziehungsweise durchführen lassen, als der Gefahrenverursacher zu verantworten hat. Zwischen der geforderten Handlung und der ausgeführten Ersatzvornahme besteht hier keine Handlungsidentität.

753 Die **Kosten** der Ersatzvornahme hat der Polizeipflichtige zu tragen.

§ 52 II 1 PolG NRW ist für die Praxis kaum von Bedeutung. Wichtig ist, dass die Kosten der Ersatzvornahme, wenn sie nicht gezahlt werden, im Verwaltungszwangsverfahren beigetrieben werden können, § 52 II 2 PolG NRW.

> **Merke:** § 56 IV PolG NRW bestimmt, dass in der Androhung der Ersatzvornahme die voraussichtlichen Kosten angegeben werden sollen. Das soll den Verpflichteten zusätzlich motivieren, die aufgegebene Handlung auszuführen und die Ersatzvornahme zu vermeiden.

2. Das Zwangsgeld, § 53 PolG NRW

754 **a) Tatbestand.** § 53 I PolG NRW bestimmt, in welcher Höhe Zwangsgeld festzusetzen ist, nämlich auf mindestens 5 und höchstens 2.500 EUR. Die Festsetzung hat schriftlich zu erfolgen. Gemäß § 51 III 2 PolG NRW kann das Zwangsgeld, wenn eine Duldung oder ein Unterlassen erzwungen werden soll, für jeden Fall der Nichtbefolgung festgesetzt werden. Die Höhe des Zwangsgelds kann von Verstoß zu Verstoß gesteigert werden.[644]

Einen **Tatbestand**, wann und unter welchen Voraussetzungen ein Zwangsgeld festgesetzt werden darf, ist der Norm dem Wortlaut nach nicht zu entnehmen. **Dem Sinn nach ist Zwangsgeld dann anzuwenden**, wenn ein Verwaltungsakt durchgesetzt werden soll, und andere Zwangsmittel nicht anwendbar oder ungeeignet sind oder Zwangsgeld das mildeste Mittel darstellt.

---

[644] S. VV 53.1 zu § 53 PolG NRW.

Hinweis: In der Praxis wird Zwangsgeld vor allem zur Durchsetzung eines Aufenthaltsverbotes, §34 II PolG NRW, oder zur Durchsetzung eines Rückkehrverbotes, §34a PolG NRW, genutzt.

§53 II PolG NRW bestimmt, dass mit der Festsetzung des Zwangsgeldes der 755 betroffenen Person eine angemessene Frist zur Zahlung einzuräumen ist. Wenn nicht gezahlt wird, wird das Geld im Verwaltungszwangsverfahren beigetrieben, §53 III 1 PolG.[645] Die Durchsetzung der Zahlungspflicht kann unter bestimmten Voraussetzungen unterbleiben, s. §53 III PolG NRW.

b) Rechtsfolge. Die Rechtsfolge des §53 PolG NRW ist das Festsetzen eines Zwangsgeldes.

§54 PolG NRW regelt die **Ersatzzwangshaft**. Sie ist kein eigenes Zwangsmittel, sondern kann angeordnet werden, wenn das Zwangsgeld uneinbringlich ist. Allerdings bestimmt §54 I 1 PolG NRW, das dies nur möglich ist, wenn bei der Androhung des Zwangsgeldes darauf hingewiesen worden ist. Die Ersatzzwangshaft kann auf Antrag der Polizei nur vom Verwaltungsgericht angeordnet werden.[646]

3. Unmittelbarer Zwang, §55 PolG NRW

a) Definition des unmittelbaren Zwangs. Bevor auf den Tatbestand des §55 I 756 PolG NRW eingegangen wird, soll zuerst geklärt werden, was unmittelbarer Zwang eigentlich ist. §58 PolG NRW enthält die **Legaldefinitionen** zum unmittelbaren Zwang. Im Abs. 1 werden die drei Formen des unmittelbaren Zwanges abschließend aufgeführt.[647]

§58 II PolG NRW definiert die **körperliche Gewalt**. Sie liegt vor, wenn unmittelbar körperlich auf eine Person oder eine Sache eingewirkt wird. Die Verwaltungsvorschrift 58.2 zu §58 PolG NRW nennt dazu **Beispiele**:

Mit Eingriffstechniken wirkt die Polizei auf den Körper einer Person ein (zB Blocktechniken, Würfe, Schläge). Wird eine Tür eingetreten oder eine Fensterscheibe eingeschlagen, wirkt die Polizei damit unmittelbar auf eine Sache ein.

§58 III PolG NRW definiert die **Hilfsmittel der körperlichen Gewalt**.   757

Merke: Durch das Wort „insbesondere" verdeutlicht der Gesetzgeber, dass die Aufzählung der Hilfsmittel nicht abschließend ist.

Dazu führt die Verwaltungsvorschrift zu diesem Absatz aus, dass andere Gegenstände nur als Hilfsmittel eingesetzt werden dürfen, wenn ihre Wirkung in einem angemessenen Verhältnis zu dem angestrebten Erfolg steht.[648] Damit wird die Beachtung des Verhältnismäßigkeitsgrundsatzes betont.

---

[645] VG Düsseldorf BeckRS 2010, 07474.
[646] OVG Münster NJW 2000, 2569 f.
[647] S. auch VV 58.1 zu §58 PolG NRW.
[648] VV 58.31 zu §58 PolG NRW.

758 Für die polizeiliche Praxis von besonderer Bedeutung ist die **Anwendung von Fesseln**. Dabei sind die Zulässigkeitsvoraussetzungen aus § 62 PolG NRW zu beachten, die weiter unten besprochen werden → Rn. 788 ff.

759 Ebenso für die Praxis von Bedeutung ist der **Einsatz von Reizstoff** (Reizstoffsprühgerät, abgekürzt RSG). Der Einsatz des RSG führt beim Betroffenen häufig zu brennenden Augen, Hustenreiz und Hautrötungen. In Einzelfällen kann es auch zu schwerwiegenderen Folgen kommen. Um dem Grundsatz der Verhältnismäßigkeit gerecht zu werden, führt die Verwaltungsvorschrift 58.36 zu § 58 PolG NRW daher aus: „Reiz- und Betäubungsstoffe dürfen nur gebraucht werden, wenn der Einsatz körperlicher Gewalt oder anderer Hilfsmittel keinen Erfolg verspricht und wenn durch den Einsatz dieser Stoffe die Anwendung von Waffen vermieden werden kann. Zu dem Gebrauch von Reiz- und Betäubungsstoffen gehört auch die Verwendung von Tränengas- und Nebelkörpern. Der Einsatz barrikadebrechender Reizstoffwurfkörper oder barrikadebrechender pyrotechnischer Mittel iSd Rn. 58.32 Satz 2 ist nur unter den Voraussetzungen des Gebrauchs von Schusswaffen gegen Personen zulässig." Weiter ist unbedingt § 60 PolG NRW, **Hilfeleistung für Verletzte**, zu beachten. Auf die anderen Hilfsmittel der körperlichen Gewalt soll hier nicht näher eingegangen werden.

760 § 58 IV PolG NRW zählt die **zugelassenen Waffen** abschließend auf.[649] Bei Einsatz des **Schlagstocks** sollen Schläge gegen Arme oder Beine gerichtet werden, um schwerwiegende Verletzungen zu vermeiden.[650] Fraglich ist, wie der **Einsatzmehrzweckstock** (EMS) rechtlich einzuordnen ist. Wenn damit geschlagen, gestoßen oder Angriffe blockt werden, dann ist der Stock eindeutig Waffe iSd § 58 IV PolG NRW. Wird der EMS aber dazu eingesetzt, den Transport einer Person durchzuführen, dann wird hier die Meinung vertreten, dass er dann nicht als Waffe einzuordnen ist, sondern als Hilfsmittel der körperlichen Gewalt iSd § 58 III PolG NRW.

761 Werden **Schusswaffen** eingesetzt, so sind die §§ 61 und 63 ff. PolG NRW anzuwenden. § 58 V PolG NRW ist bei **Einsatz der Bundespolizei** im Land NRW zu beachten. Hier wird nicht näher darauf eingegangen.

762 **b) Tatbestand.** § 55 I 1 PolG NRW ist eine **Konkretisierung des Gebots der Erforderlichkeit** einer Maßnahme. Die Norm nennt drei **Möglichkeiten**, wann unmittelbarer Zwang angewendet werden kann.

763 • Bei der **1. Möglichkeit** kommen andere Zwangsmittel nicht in Betracht. Das ist gegeben, „wenn die gesetzlichen Voraussetzungen fehlen oder wenn sie der Sachlage nicht gerecht werden".[651]

> **Merke:** Die 1. Möglichkeit überschneidet sich mit den beiden anderen, wonach andere Zwangsmittel keinen Erfolg versprechen oder unzweckmäßig sind. Damit ist zusammenfassend festzustellen, dass geprüft werden muss, ob andere Zwangsmittel überhaupt geeignet sind.

---

[649] VV 58.41 zu § 58 PolG NRW.
[650] VV 58.42 zu § 58 PolG NRW.
[651] *Tegtmeyer/Vahle* PolG NRW § 55 Rn. 5.

- Eine **Ersatzvornahme** ist, wie oben ausgeführt, nur bei vertretbaren Handlungen möglich.

> **Beispiel:** Die Polizei spricht gegen einen Randalierer einen Platzverweis aus. Wenn die Person sich weigert, der Verfügung nachzukommen, so ist diese Maßnahme der Polizei nur mit unmittelbarem Zwang durchzusetzen. Es handelt sich um eine unvertretbare Handlung. Nur die Person selbst kann den Ort verlassen. Eine andere Person kann diese Handlung nicht ersatzweise vornehmen.

- Ein **Zwangsgeld** ist nur bei ganz wenigen Maßnahmen der Polizei geeignet. **764** Das Zwangsgeld wird bei Maßnahmen nach den §§ 34 II und 34a PolG NRW angewendet. Denkbar wäre auch, bei einer Meldeauflage oder einer Gefährderansprache nach § 8 I PolG NRW mit dem Zwangsgeld zu arbeiten. Damit dürften sich aber auch schon die praktischen Fälle, in denen ein Zwangsgeld sinnvoll ist, erschöpft haben.

> **Merke:** Damit ist unmittelbarer Zwang regelmäßig zur Durchsetzung unvertretbarer Handlungen, Duldungen und Unterlassungen anzuwenden.[652]

c) Rechtsfolge. Wenn andere Zwangsmittel keine Anwendung finden können, **765** dann lässt § 55 I 1 PolG NRW den unmittelbaren Zwang zur Durchsetzung einer Maßnahme zu. Gemäß § 55 II PolG NRW darf unmittelbarer Zwang **nicht zur Abgabe einer Erklärung** eingesetzt werden. Das bezieht sich zum einen auf die Maßnahme der Befragung nach § 9 PolG NRW. Zum anderen darf aber auch die Erklärung, dass der Betroffene einer Maßnahme freiwillig zustimmt, nicht mit unmittelbarem Zwang oder der Androhung des unmittelbaren Zwangs herbeigeführt werden. Das betrifft zB Maßnahmen nach § 14 PolG NRW.

d) Besondere Form- und Verfahrensvorschriften. § 55 III PolG NRW enthält die Pflicht, dass Polizeivollzugsbeamte sich **auszuweisen** haben, wenn die betroffene Person das verlangt, und der Zweck der Maßnahme dadurch nicht beeinträchtigt wird. Die Norm wird durch einen Erlass des Innenministers NRW konkretisiert.[653]

> **Merke:** Wenn ein Polizist sich auf Aufforderung ausweist, wird der Dienstausweis oder die Kriminaldienstmarke vorgezeigt, aber in keinem Fall ausgehändigt.

4. Zur Abgrenzung von unmittelbarem Zwang zu Standardmaßnahmen

In § 58 II PolG NRW wird körperliche Gewalt definiert als „jede unmittelbare **766** körperliche Einwirkung auf Personen oder Sachen". Es gibt Standardmaßnahmen der Polizei, bei denen notwendigerweise auf eine Person oder auf eine Sache eingewirkt wird. Wenn eine Person nach § 39 PolG NRW durchsucht wird,

---

[652] So auch VV 55.11 zu § 55 PolG NRW.
[653] Polizeidienstausweise, Kriminaldienstmarken und Visitenkarten, RdErl. d. IM v. 12.4.2010 – 43.1 – 58.02.09.

so wird die Kleidung und gegebenenfalls die Körperoberfläche der Person abgetastet. Nach der Definition aus § 58 II PolG NRW läge damit unmittelbarer Zwang vor. Gleiches gilt für die Sicherstellung einer Sache nach § 43 PolG NRW. Auch hier wirkt die Polizei unmittelbar körperlich auf die Sache ein, indem sie die Sache wegnimmt/in Verwahrung nimmt. In beiden Fällen liegt aber kein unmittelbarer Zwang vor, weil die körperliche Einflussnahme zur Ausführung der beschriebenen Standardmaßnahmen gehört.

Merke: Erst, wenn die körperliche Einwirkung über das notwendige Maß zur Durchführung der Standardmaßnahmen hinausgeht, liegt unmittelbarer Zwang vor. Das ist regelmäßig dann der Fall, wenn der Widerstand des Betroffenen überwunden werden muss.

Beispiel: In einer Gaststätte bedroht ein Mann einen anderen Gast mit einem Messer. Die herbeigerufene Polizei fordert den Mann auf, das Messer herauszugeben. Dieser weigert sich. Einer der eingesetzten Polizeibeamten lenkt den Mann ab, sodass der andere Streifenbeamte in einem günstigen Augenblick den Mann überwältigen kann und ihm das Messer entreißt.

5. Zur Abgrenzung von unmittelbarem Zwang zur Ersatzvornahme

767 Auch bei der Ersatzvornahme wird unmittelbar körperlich auf eine Sache eingewirkt.

Beispiel: In einem Mehrfamilienhaus kommt es zu einer nächtlichen Lärmbelästigung. Mehrere Bewohner des Hauses haben schon bei der Polizei angerufen und sich beschwert. Vor Ort versuchen die Polizeibeamten, Zugang zu der Wohnung zu bekommen. Doch auf Schellen und Klopfen an der Wohnungstür reagiert niemand. Der Hausmeister gibt den Beamten einen Schlüssel zur Wohnung. Mit diesem öffnen sie die Tür und stehen danach vor dem überraschten Wohnungsinhaber, der zu ohrenbetäubendem Lärm mit Freunden eine Party feiert. Nach der Definition aus § 58 II PolG NRW liegt auch hier körperliche Gewalt vor, denn es wird unmittelbar körperlich auf eine Sache, nämlich die Tür, eingewirkt.

Hier stellt sich die Frage, wann nicht mehr von einer Ersatzvornahme ausgegangen werden kann, sondern unmittelbarer Zwang zu prüfen ist.

Merke: In jedem Fall liegt unmittelbarer Zwang vor, wenn es durch die körperliche Einwirkung zu einer Substanzverletzung kommt (zB wenn die Polizei eine Wohnungstür eintritt). **Ebenso** liegt unmittelbarer Zwang vor, wenn Hilfsmittel der körperlichen Gewalt, § 58 III PolG NRW, oder sogar Waffen, § 58 IV PolG NRW, eingesetzt werden.

IV. Androhung der Zwangsmittel, § 56 PolG NRW

> **Merke: Ein Zwangsmittel darf immer nur dann angedroht werden, wenn auch die Anwendung des Mittels rechtmäßig ist.** Daraus folgt, dass „Bluffen" verboten ist.

§ 56 I 1 PolG NRW bestimmt, dass Zwangsmittel **möglichst schriftlich anzudro-** **768** **hen** sind. Aus dem Wort „möglichst" ist zu schließen, dass die Androhung auch mündlich oder in anderer Weise erfolgen kann. In der polizeilichen Praxis wird es aus zeitlichen Gründen selten möglich sein, die schriftliche Form zu wählen.[654] Möglich ist das bei einem Aufenthaltsverbot nach § 34 II PolG NRW und bei einem Rückkehrverbot nach § 34a I PolG NRW. Bei diesen beiden Maßnahmen kann das Zwangsgeld zuerst mündlich angedroht werden und später (oder wenn möglich auch schon direkt vor Ort) schriftlich wiederholt werden.

§ 56 I 2 PolG NRW schreibt vor, dass der betroffenen Person zur Erfüllung der **769** Verpflichtung bei der Androhung eine **angemessene Frist** zu bestimmen ist. Das betrifft ganz überwiegend nur Verwaltungsakte, die auf eine Handlung gerichtet sind. Daher legt das Gesetz in der Norm auch fest, dass eine Fristsetzung nicht zu erfolgen braucht, wenn eine Duldung oder Unterlassung erzwungen werden soll. Die Fristsetzung bei einer Handlungspflicht soll dem Betroffenen die Möglichkeit geben, sich zu besinnen und der aufgegebenen Verpflichtung doch noch nachzukommen und damit die Anwendung eines Zwangsmittels zu vermeiden.

> **Beispiel:** Die Polizei hat eine Straße in der Innenstadt Düsseldorf abgesperrt, damit die Läufer eines Marathons, unbehindert durch den Straßenverkehr, ihren Wettkampf durchführen können. Trotzdem ist ein Pkw-Fahrer unbeirrt in den abgesperrten Bereich hineingefahren und hat sein Fahrzeug so abgestellt, dass ein Engpass entstanden ist. Der verbleibende Bereich reicht nicht aus, um die Vielzahl von Läufern ungehindert passieren zu lassen. Ein vor Ort eingesetzter Beamter spricht den Fahrer an und fordert ihn auf, das Fahrzeug wegzufahren. Der sieht das überhaupt nicht ein. Die Läufer werden in diesem Abschnitt in 1½ Stunden erwartet. Nun fordert der Polizist den uneinsichtigen Fahrer erneut auf und verbindet das mit der Androhung, dass er ein Abschleppunternehmen mit der Umsetzung des Pkw beauftragen werde, wenn nicht innerhalb von 15 Min. das Fahrzeug weggefahren werde. Hier ist die Androhung der Ersatzvornahme mit einer angemessenen Frist, der aufgegebenen Handlung nachzukommen, verbunden worden.

In der Praxis sind die Fälle selten, in denen so viel Zeit bleibt, dass eine Frist gesetzt werden kann. Regelmäßig wird mit der Androhung die Aufforderung verbunden sein, die Handlung sofort vorzunehmen.[655]

§ 56 I 3 PolG NRW ermöglicht, **von der Androhung abzusehen.** Das ist möglich, **770** wenn die Umstände die Androhung nicht zulassen. Der Gesetzgeber hat den

---

[654] S. dazu auch die VV 56.1 zu § 56 PolG NRW.
[655] *Tegtmeyer/Vahle* PolG NRW § 56 Rn. 7.

häufigsten Anwendungsfall direkt in das Gesetz geschrieben. Dieser ist gegeben, wenn die sofortige Anwendung des Zwangsmittels zur Abwehr einer gegenwärtigen Gefahr notwendig ist. Hier ist also zu prüfen, ob der Schadenseintritt unmittelbar oder mit an Sicherheit grenzender Wahrscheinlichkeit in allernächster Zeit bevorsteht. Wenn das gegeben ist, dann wird es regelmäßig auch notwendig sein, dass Zwangsmittel direkt anzuwenden, weil keine Zeit mehr bleibt, eine Androhung auszusprechen. Auf die Fälle des § 50 II PolG NRW wird das fast immer zutreffen. Auch in § 56 I 3 PolG NRW findet sich das Wort **„insbesondere"**. Damit wird deutlich, dass auch andere Situationen denkbar sind, in denen die Androhung unterlassen werden darf, obwohl sie zeitlich möglich wäre. Das ist zB dann der Fall, wenn Tatsachen vorliegen, die die Annahme rechtfertigen, dass eine Androhung genau das Gegenteil herbeiführen würde, als beabsichtigt ist.

> **Beispiel** (ein Fall aus der Praxis!): Ein angetrunkener Mann hat in der eigenen Wohnung eine Fensterscheibe mit der bloßen Faust eingeschlagen. Im Beisein der Polizei rammt er mit der Stirn die Kante des Türrahmens, sodass das Holz absplittert. Für die Polizeibeamten ist klar, dass die Person in Gewahrsam genommen wird. Würde man das dem Mann mitteilen oder androhen, dass er mit Gewalt mitgenommen wird, falls er nicht freiwillig mitkommt, ist mit einer Eskalation der Situation zu rechnen. Zeit, unmittelbaren Zwang anzudrohen, ist vorhanden. Trotzdem lassen hier die Umstände die Androhung nicht zu. Zudem gebietet es die Einsatztaktik, den Mann überraschend zu überwältigen.

771 § 56 II PolG NRW sieht vor, dass die **Androhung mit dem Verwaltungsakt verbunden** werden kann. Grundsätzlich soll das auch geschehen, wenn ein Rechtsmittel keine aufschiebende Wirkung hat. Wie oben dargestellt → Rn. 737 ff. (Ausführungen zu § 50 PolG NRW), dürfte das bei einem Einschreiten vor Ort immer der Fall sein. Trotzdem kann es in der Praxis sinnvoll sein, von diesem Grundsatz aus taktischen Erwägungen abzuweichen. Das gilt zB, wenn eine direkte Androhung eines Zwangsmittels die Situation eskalieren lassen würde.

772 § 56 III PolG NRW **konkretisiert das Bestimmtheitsgebot**. Der Gesetzestext spricht für sich und soll hier nicht wiederholt werden.

§ 56 IV PolG NRW schreibt vor, dass bei der Ersatzvornahme in der Androhung die **voraussichtlichen Kosten** angegeben werden sollen. Das soll, neben der eigentlichen Androhung, dem Pflichtigen vor Augen führen, welche Folgen es hat, wenn er die geforderte Handlung nicht durchführt.[656]

773 Nach § 56 V PolG NRW ist **Zwangsgeld in bestimmter Höhe anzudrohen**. Laut der Verwaltungsvorschrift dazu ist bei der Androhung des Zwangsgeldes darauf hinzuweisen, dass das Verwaltungsgericht auf Antrag der Polizei Ersatzzwangshaft anordnen kann, wenn das Zwangsgeld uneinbringlich ist.[657]

774 § 56 VI PolG NRW bezieht sich auf schriftliche Verwaltungsakte und soll hier nicht vertieft werden.

---

[656] *Tegtmeyer/Vahle* PolG NRW § 56 Rn. 9.
[657] VV 56.5 zu § 56 PolG NRW.

V. Zusätzliche Vorschriften bei der Anwendung unmittelbaren Zwangs

> **Merke:** Wird als Zwangsmittel unmittelbarer Zwang eingesetzt, dann **gelten zusätzlich die §§ 57 ff. PolG NRW.** Diese Normen sind nicht bei der Ersatzvornahme oder dem Zwangsgeld zu prüfen.

§ 57 I 1 PolG NRW klärt, dass die Vorschriften aus den §§ 58–66 PolG NRW nicht 775 nur bei Maßnahmen nach dem Polizeigesetz zu beachten sind, sondern auch, wenn die Polizei **nach anderen Rechtsvorschriften zur Anwendung unmittelbaren Zwanges befugt** ist. Das gilt zum einen für die spezielle Gefahrenabwehr, wie das **Versammlungsrecht**, und zum anderen auch für die **Verfolgung von Straftaten und Ordnungswidrigkeiten**, soweit die StPO keine Regelung über unmittelbaren Zwang enthält.[658] Der Hinweis auf die übrigen Vorschriften dieses Gesetzes, § 57 I 2 PolG NRW, gilt insbesondere für die Beachtung des Grundsatzes der **Verhältnismäßigkeit** und die **Ausübung des pflichtgemäßen Ermessens** (vgl. die §§ 2 und 3 PolG NRW).[659]

§ 57 II PolG NRW hat deklaratorischen Charakter. Die Vorschriften über **Notwehr** (§§ 32 und 33 StGB, § 227 BGB) und **Notstand** (§§ 34 und 35 StGB, § 228 BGB) sind keine eigenen Ermächtigungsgrundlagen für polizeiliches Handeln. Wenn ein Polizeibeamter jedoch mit der Zwangsanwendung rechtswidrig handelt, so kann sein Verhalten, wenn die Voraussetzungen für Notwehr oder Notstand zutreffen, straflos bleiben.[660]

§ 59 PolG NRW regelt die Anwendung **unmittelbaren Zwangs auf Anordnung eines Weisungsberechtigten.** Zu diesem Thema gibt es in diesem Buch spezielle Ausführungen, → Rn. 811a ff.

§ 60 PolG NRW schreibt vor, dass **Verletzten**, soweit nötig, **Hilfe zu leisten und** 776 **ärztliche Hilfe zu verschaffen** ist. Hier gilt, dass Gefahrenabwehr grundsätzlich vor Strafverfolgung geht. Auch Berichtspflichten sind dann nachrangig.[661] Die Hilfeleistungspflicht gilt, soweit die Lage es zulässt. Sind mehrere Verletzte gleichzeitig zu versorgen, so ist nach Art und Schwere der Verletzten zu bestimmen, wem zuerst Erste Hilfe geleistet wird, wenn die vorhandenen Kräfte für eine gleichzeitige Versorgung aller Hilfsbedürftigen nicht ausreichen.

§ 61 PolG NRW ergänzt § 56 PolG NRW, wenn unmittelbarer Zwang angewendet 777 werden soll. Dabei entsprechen § 61 I 1 und 2 PolG NRW den Vorschriften aus § 56 I PolG NRW. Für den **Schusswaffengebrauch** sieht § 61 I 3 PolG NRW vor, dass auch die Abgabe eines **Warnschusses** als Androhung gilt. Die Verwaltungsvorschrift zu § 61 PolG NRW regelt, in welcher Form der Schusswaffengebrauch mündlich angedroht werden soll und unter welchen Umständen statt der mündlichen Androhung ein Warnschuss oder Warnschüsse abgegeben werden dürfen. **Ohne Androhung darf von der Schusswaffe Gebrauch gemacht** werden, wenn das zur Abwehr einer gegenwärtigen Gefahr für Leib oder Leben erfor-

---

[658] VV 57.0 zu § 57 PolG NRW.
[659] VV 57.1 zu § 57 PolG NRW.
[660] Ausführlich dazu *Tegtmeyer/Vahle* PolG NRW § 57 Rn. 4; *Keller* EingriffsR NRW 318 ff. mwN.
[661] VV 60.0 zu § 60 PolG NRW.

derlich ist, § 61 II PolG NRW. Auf die Androhung des Schusswaffengebrauchs gegenüber einer Menschenmenge, § 61 III PolG NRW, soll hier nicht näher eingegangen werden.

D. Ermessen und Übermaßverbot

> **Merke:** Für die durchzusetzende Grundmaßnahme (erlassener oder fiktiver Verwaltungsakt) wird das Ermessen und das Übermaßverbot geprüft. Für die Zwangsanwendung ist die Prüfung des Ermessens und des Übermaßverbotes erneut vorzunehmen.

778 Es ist möglich, dass die Grundmaßnahme rechtmäßig ist, nicht aber die Zwangsanwendung, weil bei der Vollstreckung der Maßnahme das Übermaßverbot missachtet wird.

> **Beispiel:** Schaulustige, die den Einsatz von Rettungskräften der Feuerwehr massiv behindern, werden von der Polizei aufgefordert, den Einsatzort zu verlassen. Ohne den Betroffenen Zeit zu geben, dieser Verfügung nachzukommen, schlagen Polizeibeamte mit Schlagstöcken auf die Schaulustigen ein, um sie von dem Platz zu treiben.
>
> Der Platzverweis nach § 34 I 2 PolG NRW ist rechtmäßig. Das Anwenden des unmittelbaren Zwangs durch den Einsatz einer Waffe (der Schlagstock ist als Waffe in § 58 IV PolG NRW aufgeführt) ist unrechtmäßig. Es fehlt die Androhung des Zwangs nach §§ 56 I 1 und 61 I 1 PolG NRW. Außerdem muss den Betroffenen ausreichend Zeit gegeben werden, der Verfügung nachzukommen, § 56 I 2 PolG NRW. Selbst wenn die Polizei das alles beachtet hätte, so ist der Einsatz des Schlagstocks nicht erforderlich, um den Platzverweis durchzusetzen. Aus dem Sachverhalt geht nichts hervor, was die schweren Folgen des Waffeneinsatzes rechtfertigen würde. Nach aller polizeilichen Erfahrung hätte es mildere Maßnahmen des unmittelbaren Zwangs gegeben, um den Platzverweis durchzusetzen. Erst wenn diese nicht ausgereicht hätten, wäre an einen Schlagstockeinsatz zu denken gewesen. Somit liegt auch ein Verstoß gegen das Übermaßverbot vor.

779 Zum **Ermessen, § 3 PolG NRW,** ist unter → Rn. 118 ff. schon ausführlich geschrieben worden.

780 Beim **Übermaßverbot,** § 2 PolG NRW, ist zu untersuchen, ob das eingesetzte Zwangsmittel geeignet, erforderlich und angemessen ist. → Rn. 124 ff.

I. Zwangsgeld

781 Beim Zwangsgeld ist die **Eignung** nur bei wenigen polizeilichen Maßnahmen gegeben (dazu → Rn. 764, 831). **Erforderlich** ist ein Zwangsgeld, wenn der vorausgegangene Verwaltungsakt (§ 50 I PolG NRW) nicht in einer angemessenen Frist befolgt wird. Das setzt voraus, dass bei Bekanntgabe des Verwaltungsaktes mitgeteilt wird, bis wann die Verfügung zu befolgen ist. Häufig wird es so sein, dass der Maßnahme der Polizei sofort von dem Verpflichteten nachzukommen ist. In der **Verhältnismäßigkeit im engeren Sinne** ist zu prüfen, ob das Zwangsgeld in einer angemessenen Höhe angedroht wird.

VV 53.1 zu § 53 PolG NRW: Dabei sind Dauer und Umfang des pflichtwidrigen Verhaltens (erster Verstoß oder Wiederholungsfall), die finanzielle Leistungsfähigkeit der betroffenen Person und die Bedeutung der Angelegenheit zu berücksichtigen.[662]

II. Ersatzvornahme

Bei der Ersatzvornahme wird die **Geeignetheit** des Zwangsmittels schon im 782 Tatbestand des § 52 I PolG NRW geprüft. Die Maßnahme ist nur geeignet, wenn die geforderte Handlung auch durch einen anderen durchgeführt werden kann (dazu → Rn. 749 ff.). Im Rahmen der **Erforderlichkeit** wird untersucht, ob die kostengünstigste Alternative ausgewählt wurde. Regelmäßig wird die Selbstvornahme durch die Polizei preiswerter sein, als wenn jemand anderes damit beauftragt wird. Bei der Auswahl eines Abschleppdienstes oder eines Schlüsseldienstes (Fremdvornahme) ist ebenfalls die billigste Alternative zu wählen. In der **Angemessenheit** wird geklärt, ob die Folgen der Ersatzvornahme für den Betroffenen in einem angemessenen Verhältnis zum Schutz der gefährdeten Rechtsgüter stehen.

III. Unmittelbarer Zwang

Bei der **Geeignetheit** des unmittelbaren Zwangs ist zu prüfen, ob die ange- 783 wandte Form dieses Zwangsmittels dazu taugt, die Gefahrensituation zu beenden.

Ob es **erforderlich** ist, unmittelbaren Zwang einzusetzen, statt eines anderen 784 Zwangsmittels, wird bereits im Tatbestand des § 55 I PolG NRW geprüft. Daher ist im Übermaßverbot nur noch zu prüfen, ob die angewandte Form des unmittelbaren Zwangs erforderlich ist. Dabei ist die Stufung in § 58 PolG NRW zu beachten. Wobei es denkbar ist, dass es Fälle gibt, in denen der Einsatz eines Hilfsmittels der körperlichen Gewalt ein milderes Mittel ist, als der Einsatz körperlicher Gewalt. So ist beim Einsatz von Reizstoff mit erheblichen Folgen für den Betroffenen zu rechnen. Auf der anderen Seite kann es bei sehr aggressiven und körperlich starken Personen trotzdem ein geringeres Übel sein, dass RSG zu benutzen, als den Betroffenen mit körperlicher Gewalt oder einem folgenreicheren Hilfsmittel[663] zu überwältigen. Waffen dürfen nur dann eingesetzt werden, wenn die im Regelfall milderen Formen des unmittelbaren Zwangs (körperliche Gewalt und ihre Hilfsmittel) zur Gefahrenabwehr nicht ausreichen. Für den Schusswaffengebrauch ist die Erforderlichkeit in § 63 PolG NRW durch den Gesetzgeber konkretisiert (→ Rn. 791 ff.).

Wird **körperliche Gewalt** iSd § 58 II PolG NRW angewandt, dann ist hier zu 785 untersuchen, ob die jeweils angewandten Techniken die mildeste Form darstellen. Die Bandbreite, was alles körperliche Gewalt ist, ist beachtlich. Sie beginnt in der mildesten Form mit dem (schmerzlosen) Abdrängen von Personen durch Körpereinsatz und reicht bis zu Kampftechniken, die enorm schmerzhaft sein

---

[662] Diese Vorschrift bezieht sich auf die Festsetzung des Zwangsgeldes. Für die Androhung kann aber nichts anderes gelten.

[663] OLG München BeckRS 2006, 14951 (Einsatz eines DHF – Rottweiler – statt das RSG zu nehmen).

und erhebliche gesundheitliche Nachteile für den Betroffenen mit sich bringen können (bis hin zu Knochenbrüchen).[664]

786 Wird ein **Hilfsmittel der körperlichen Gewalt** genutzt, so ist bei der Prüfung der Erforderlichkeit beim Einsatz von Reiz- und Betäubungsstoffen die Verwaltungsvorschrift 58.36 zu § 58 PolG NRW zu beachten. Wird eine Person gefesselt, so konkretisiert die Verwaltungsvorschrift 62.02 und 62.03 zu § 62 PolG NRW die Erforderlichkeit.

787 Bei Einsatz eines Zwangsmittels ist immer auch zu prüfen, ob dadurch **Nachteile für unbeteiligte Dritte** entstehen können, und inwieweit das erforderlich und angemessen ist (§ 2 I PolG NRW: „Von mehreren möglichen und geeigneten Maßnahmen hat die Polizei diejenige zu treffen, die den Einzelnen und die Allgemeinheit voraussichtlich am wenigsten beeinträchtigt.").[665]

E. Fesselung von Personen, § 62 PolG NRW

I. Tatbestand

788 1. Als erstes Tatbestandsmerkmal fordert § 62 1 PolG NRW, dass die Person **festgehalten** wird. Welche Maßnahmen nach dem PolG NRW unter den Begriff „Festhalten" fallen, zählt § 36 I 1 PolG NRW auf (Vorführung, § 10 III, Festhalten zur IDF, § 12 II 3, alle Varianten des Gewahrsams, § 35). Das Festhalten nach anderen Rechtsvorschriften bestimmt sich nach der StPO (für die Verfolgung von Ordnungswidrigkeiten über die Transmissionsklauseln nach §§ 46 bzw. 53 OWiG ebenfalls nach der StPO). Gemeint sind damit Maßnahmen, die eine Freiheitsentziehung bewirken. Darunter fallen die Verhaftung, §§ 112 ff. StPO, die vorläufige Festnahme, §§ 127 und 127b StPO und das Festhalten zur IDF, §§ 163b I 2 und II 2 StPO (gem. § 46 III OWiG sind Verhaftung und vorläufige Festnahme im Ordnungswidrigkeitsverfahren unzulässig).
Kein Festhalten iSd § 62 PolG NRW ist die Mitnahme der Person zur Wache (bzw. an einen anderen Ort), zB um eine körperliche Untersuchung, §§ 81a, 81c StPO oder um erkennungsdienstliche Maßnahmen durchzuführen, § 81b StPO. In diesen Fällen gilt § 62 S. 2 PolG NRW. Das heißt, auch diese Personen können gefesselt werden, wenn das 2. Tatbestandsmerkmal aus S. 1 zutrifft. Gleiches gilt, wenn die Person nach anderer Rechtsvorschrift (StPO) vorgeführt wird.

> **Beispiel:** Eine festgenommene Person soll vom Polizeigewahrsam in ein Vernehmungszimmer gebracht werden. Da der Betroffene schon bei der Festnahme wild um sich geschlagen hat, wird er während des Transports von der Zelle zum Vernehmungszimmer gefesselt. Die Grundmaßnahme ist hier nicht mehr die vorläufige Festnahme (die ist schon vor der Einlieferung in das Polizeigewahrsam erfolgt). Es geht darum, die Vernehmung zu gewährleisten. Diese Maßnahme kann nicht in der Zelle durchgeführt werden.

---

[664] LG Aachen VersR 1989, 143; OLG Hamm BeckRS 2009, 14704; OVG Lüneburg BeckRS 2016, 54493 (gesonderte Androhung der „Nervendrucktechnik" erforderlich).
[665] BGH NJW 1954, 715.

Daher ist der Betroffene in ein Vernehmungszimmer zu bringen. Hier liegt daher kein Fall des §62 S.1 PolG NRW, sondern des §62 S.2 PolG NRW vor. Da der Mann schon bei der Festnahme wild um sich geschlagen hat, liegen Tatsachen vor, die darauf schließen lassen, dass er beim Transport von der Zelle zum Vernehmungszimmer den Polizeivollzugsbeamten Widerstand leisten könnte, §62 S.1 Nr.1 PolG NRW. Die Fesselung ist daher zulässig.

2. Als zweites Tatbestandsmerkmal fordert §62 S.1 PolG NRW, dass die ein- **789** schreitenden Polizeibeamten eine **Gefahrenprognose** vornehmen. Dazu müssen Tatsachen vorliegen (= belegbare und nachprüfbare Informationen; Vermutungen reichen nicht aus), die die Annahme rechtfertigen, dass sich die Person dem Festhalten oder dem Verbringen an einen anderen Ort aktiv widersetzt. Dieses „aktive Widersetzen" fächert die Vorschrift in drei Varianten auf:

- In der **1. Variante** ergibt die Prognose, dass die festgehaltene Person Polizeivollzugsbeamte oder Dritte (gemeint sind zB der Arzt bei der körperlichen Untersuchung oder der Mitarbeiter eines Schlüsseldienstes = Personen, die die Polizei im Einsatz unterstützen) angreifen wird oder Widerstand leistet (dazu ist ein aktives Widersetzen erforderlich, passives Verhalten wie Stehenbleiben oder Fallenlassen reicht hierfür nicht aus[666]) oder Sachen von nicht geringem Wert beschädigen wird (die Schadensgrenze dürfte hier bei ca. 1.000 EUR liegen; zB Beschädigungen am oder im Transportfahrzeug).
- In der **2. Variante** sprechen die Tatsachen dafür, dass die Person fliehen wird oder befreit werden soll.
- Die Fesselung ist in der **3. Variante** auch zulässig, wenn anzunehmen ist, dass die Person sich töten oder verletzen wird, also Suizidgefahr besteht.

II. Rechtsfolge

Die Fesselung bewirkt einen erheblichen Eingriff in die Grundrechte der betroffenen Person. Daher ist der Verhältnismäßigkeitsgrundsatz besonders sorgsam zu beachten. Dem trägt die Verwaltungsvorschrift zu §62 PolG NRW in den Ziff.62.02 und 62.03 Rechnung.

F. Schusswaffengebrauch

Für den Schusswaffengebrauch hat der Gesetzgeber in den **§§63–65 PolG NRW** **790** **spezielle Vorschriften** erlassen.

> **Hinweis:** Die Verwaltungsvorschrift zu diesen Paragraphen enthält wesentliche Erläuterungen und ist für die Polizei als Erlass verbindlich. Sie sollte unbedingt bei den nun folgenden Erläuterungen mit gelesen und genutzt werden.

---

[666] VV 62.01 zu §62 PolG NRW.

I. Allgemeine Vorschriften für den Schusswaffengebrauch

791 § 63 PolG NRW enthält **allgemeine Vorschriften für den Schusswaffengebrauch.** Die Norm gilt sowohl für den Gebrauch der Schusswaffe gegen Menschen als auch gegen Tiere und Sachen. Die Vorschrift ist eine **Konkretisierung des Erforderlichkeitsgebotes.**

VV 63.11 zu § 63 I PolG NRW: Der Schusswaffengebrauch gegen Personen ist die schwerwiegendste Maßnahme des unmittelbaren Zwanges. Daher sind vorher Rechtmäßigkeit und Verhältnismäßigkeit besonders sorgfältig zu prüfen. Bestehen rechtliche oder tatsächliche Zweifel, ob die Voraussetzungen für den Schusswaffengebrauch vorliegen, ist von der Schusswaffe kein Gebrauch zu machen.

792 § 63 I 1 PolG NRW schreibt vor, dass die Schusswaffe nur eingesetzt werden darf, wenn andere Maßnahmen des unmittelbaren Zwangs erfolglos angewendet sind oder offensichtlich keinen Erfolg versprechen. Hier ist also zu prüfen, ob körperliche Gewalt iSd § 58 II PolG NRW oder der Einsatz von Hilfsmitteln der körperlichen Gewalt, § 58 III PolG NRW, nicht ausreichen, um den polizeilichen Erfolg herbeizuführen. Erst wenn dies zu verneinen ist, darf die Schusswaffe eingesetzt werden.

793 § 63 I 2 PolG NRW besagt, dass die Schusswaffe gegen Personen nur gebraucht werden darf, wenn der **Schusswaffengebrauch gegen Sachen** nicht zum Ziel führt. Es dürfte in der Praxis ein seltener Fall sein, dass die Schusswaffe gegen eine Sache eingesetzt wird, um damit den Schusswaffengebrauch gegen eine Person zu vermeiden.

> **Merke:** Wenn mit Wahrscheinlichkeit damit gerechnet werden muss, dass bei dem Schusswaffengebrauch gegen eine Sache eine Person verletzt wird, dann liegt nicht ein Schusswaffengebrauch gegen eine Sache vor. Dann sind die Voraussetzungen für den Schusswaffengebrauch gegen Personen zu prüfen!

794 Das gilt insbesondere für den **Schusswaffengebrauch gegen Kraftfahrzeuge.** So lautet die Verwaltungsvorschrift hierzu:

VV 63.12 zu § 63 PolG NRW: Auch der Schusswaffengebrauch gegen Sachen ist auf das erforderliche Mindestmaß zu beschränken. Ein Schusswaffengebrauch gegen Sachen liegt nicht vor, wenn mit Wahrscheinlichkeit damit gerechnet werden muss, dass hierdurch Personen verletzt werden. Der Schusswaffengebrauch gegen Kraftfahrzeuge ist daher in der Regel nur unter den Voraussetzungen des Schusswaffengebrauchs gegen Personen zulässig. Diese müssen gegenüber jeder im Fahrzeug befindlichen Person vorliegen, es sei denn, dass ein Fall des § 63 IV 2 NRW vorliegt. Beim Schusswaffengebrauch gegen ein Kraftfahrzeug ist anzustreben, das Fahrzeug fahrunfähig zu machen, weil hierdurch in der Regel der Zweck der Maßnahme erreicht werden kann. Vom Schusswaffengebrauch ist abzusehen, wenn das Fahrzeug erkennbar explosive oder ähnliche gefährliche Güter befördert oder nach seiner Kennzeichnung zur Beförderung solcher Güter bestimmt ist. Diese Einschränkung gilt nicht, wenn durch die Weiterfahrt größere Gefahren zu entstehen drohen als durch den Schusswaffengebrauch.

§63 I 2 PolG NRW ist auch anzuwenden, wenn die **Schusswaffe gegen Tiere** eingesetzt wird. Dazu führt die einschlägige Verwaltungsvorschrift aus:

VV 63.13 zu §63 PolG NRW: Der Schusswaffengebrauch gegen Tiere ist zulässig, wenn von ihnen eine Gefahr ausgeht (sie insbesondere Menschen bedrohen) und die Gefahr nicht auf andere Weise zu beseitigen ist. Verletzte oder kranke Tiere dürfen nur getötet werden, wenn die Befürchtung besteht, dass sie sonst unter Qualen verenden würden, und weder Eigentümer bzw. Tierhalter noch ein Tierarzt oder Jagdausübungsberechtigte kurzfristig zu erreichen sind.

§63 II 1 PolG NRW begrenzt den Schusswaffengebrauch gegen Personen darauf, **angriffs- oder fluchtunfähig** zu machen.

VV 63.21 zu §63 II PolG NRW: Um angriffs- oder fluchtunfähig zu machen, ist, wenn die Umstände es zulassen, auf die Beine zu zielen, vor allem bei Fliehenden.

§63 II 2 PolG NRW regelt und definiert den **Finalen Rettungsschuss.** Gemeint 795 ist damit ein Schuss, der mit an Sicherheit grenzender Wahrscheinlichkeit tödlich wirken wird. Wesentlich dabei ist, dass von der Polizei nicht der Tod des Betroffenen beabsichtigt ist, sondern nur die Angriffsunfähigkeit.

> **Beispiel:** Ein Bankräuber hat drei Geiseln genommen und fordert von der Polizei die Bereitstellung eines Fluchtfahrzeugs und freien Abzug. Nach fünf Stunden Verhandlung mit dem Täter ist die Polizei davon überzeugt, dass der Geiselnehmer auch nicht davor zurückschrecken wird, eine Geisel zu erschießen. Als der Mann die Bank verlässt und dabei einer Geisel eine Pistole an den Kopf hält, wird auf Weisung des Polizeiführers durch einen Präzisionsschützen der Finale Rettungsschuss gesetzt. Der Geiselnehmer verstirbt vor Ort. In dieser Lage ist es wesentlich, dass der Geiselnehmer nicht mehr den Abzug der Pistole betätigen kann. Daher muss der Schuss auf ihn so abgegeben werden, dass er danach handlungsunfähig ist. Dass er mit an Sicherheit grenzender Wahrscheinlichkeit dabei verstirbt, ist nicht Absicht der Polizei, sondern ungewollte und tragische Nebenfolge.

Da der Finale Rettungsschuss in das Recht auf Leben, Art. 2 II 1 GG, eingreift, ist er an hohe Eingriffsvoraussetzungen gebunden. Danach ist dieser Schuss nur zulässig, wenn er das einzige Mittel zur Abwehr einer gegenwärtigen Lebensgefahr oder der gegenwärtigen Gefahr einer schwerwiegenden Verletzung der körperlichen Unversehrtheit ist, §63 II 2 PolG NRW. Der Finale Rettungsschuss muss also **ultima ratio** (letztes Mittel) sein. Die Verwaltungsvorschrift ergänzt dazu:

VV 63.22 zu §63 II 2 PolG NRW: Ein derartiger Schuss ist bei unmittelbar drohender Gewaltanwendung nur bei Lebensgefahr oder der Gefahr schwerwiegender körperlicher Verletzungen zulässig; eine geringfügige Körperverletzung berechtigt keinesfalls zur Abgabe eines Rettungsschusses.

Kein Finaler Rettungsschuss liegt vor, wenn von einem Polizeibeamten ein 796 **„Deutschuss"** abgegeben wird. Dabei handelt es sich um einen Schuss, bei dem die Zieleinrichtung (Kimme und Korn) nicht oder nur grob genutzt wird und somit die Zielrichtung nur angedeutet ist. Dieser Schuss wird dann gesetzt, wenn keine Zeit gegeben ist, um das Ziel genau anzuvisieren.

Beispiel: Polizeibeamte werden zu einem Familienstreit gerufen. Auf Schellen wird die Wohnungstür geöffnet und die Beamten betreten die Wohnung. Plötzlich tritt aus dem Wohnzimmer ein Mann und richtet eine Pistole auf die Beamten. Für die Beamten stellt sich die Situation so dar, dass mit einer unmittelbaren Schussabgabe durch den Angreifer zu rechnen ist. Daher gibt POK Z einen Schuss aus der Dienstpistole in Richtung Oberkörper des Mannes ab. Dieser wird im Bauchbereich getroffen und bricht zusammen.

Die einschreitenden Polizeibeamten befanden sich in der Situation in unmittelbarer Lebensgefahr, da sie damit rechnen mussten, dass es sich um eine echte Pistole handelt und der Mann in allernächster Zeit auf sie schießen würde. Damit lagen alle Voraussetzungen des § 63 I–IV PolG NRW und auch die Voraussetzungen des § 64 I Nr. 1 PolG NRW (dazu weiter → Rn. 799) vor.

Anders als beim Deutschuss handelt es sich beim Finalen Rettungsschuss um einen gezielten Schuss, der regelmäßig durch dafür ausgebildete Polizeibeamte (Präzisionsschützen) abgegeben wird.

797 § 63 III 1 PolG NRW untersagt den **Schusswaffengebrauch gegen Personen, die dem äußeren Eindruck nach noch nicht 14 Jahre alt sind.**

V V 63.3 zu § 63 III PolG NRW: Bestehen Zweifel, ob jemand noch im Kindesalter ist, ist davon auszugehen, dass es sich um ein Kind handelt.

Dieses Verbot wird durch § 63 III 2 PolG NRW eingeschränkt. Der Schusswaffengebrauch gegen ein Kind ist dann zulässig, wenn er das einzige Mittel zur Abwehr einer gegenwärtigen Gefahr für Leib oder Leben ist.

798 § 63 IV 1 PolG NRW erklärt den **Schusswaffengebrauch** für **unzulässig**, wenn dadurch **erkennbar Unbeteiligte mit hoher Wahrscheinlichkeit gefährdet** werden.

V V 63.4 zu § 63 IV PolG NRW: Der Schusswaffengebrauch ist grundsätzlich verboten, wenn durch ihn eine unbeteiligte Person mit hoher Wahrscheinlichkeit gefährdet wird. Es ist nicht nur auf Fußgänger, sondern auch auf fahrende und haltende Fahrzeuge mit Insassen sowie auf Wohnungen und Geschäfte zu achten. Kann die Schussrichtung wegen der örtlichen Verhältnisse (insbesondere Dunkelheit oder sonstige Sichtbehinderungen) nicht überblickt werden, sind besondere Vorsicht und Zurückhaltung geboten.

Auch dieses Verbot wird durch § 63 IV 2 PolG NRW dahingehend eingeschränkt, dass der Schusswaffengebrauch auch unter Gefährdung Unbeteiligter zulässig ist, wenn er das einzige Mittel zur Abwehr einer gegenwärtigen Gefahr für das Leben ist.

II. Schusswaffengebrauch gegen Personen

799 § 64 I PolG NRW weist verschiedene Tatbestände aus, bei denen die Schusswaffe gegen Personen gebraucht werden darf.

Nach § 64 I Nr. 1 PolG NRW darf die Schusswaffe eingesetzt werden, um eine **gegenwärtige Gefahr für Leib oder Leben abzuwehren.** Das dürfte auch der häufigste Fall sein, der in der Praxis für den Schusswaffengebrauch vorkommt, s. dazu auch das oben beschriebene Beispiel zum Einschreiten bei einer Familienstreitigkeit → Rn. 796. Eine Lebensgefahr liegt vor, „wenn in einer bestimmten Situation der Tod mindestens eines Menschen droht".[667] Droht eine gegenwärtige Gefahr für die Gesundheit eines Menschen, so kommt es hier auf die Schwere der zu erwartenden Verletzungen an.

VV 64.11 zu § 64 I PolG NRW: Die Berechtigung zum Schusswaffengebrauch nach § 64 I Nr. 1 setzt mindestens die Gefahr einer schwerwiegenden Körperverletzung voraus.

Damit ist der Schusswaffengebrauch gegen Personen bei der Gefahr leichter Körperverletzungen ausgeschlossen.

§ 64 I Nr. 2 PolG NRW erlaubt den Einsatz der Schusswaffe, um **die unmittelbar 800 bevorstehende Begehung oder Fortsetzung eines Verbrechens zu verhindern**. Gleiches gilt, wenn die **Begehung oder Fortsetzung eines Vergehens** verhindert werden soll. Allerdings hier nur, wenn das Vergehen **unter Anwendung oder Mitführung von Schusswaffen oder Explosivmitteln** geschieht.

Zur Unterscheidung von Verbrechen und Vergehen führt die Verwaltungsvorschrift aus:

VV 64.01 zu § 64 I PolG NRW: „Soweit es für den Schusswaffengebrauch nach § 64 darauf ankommt, ob eine rechtswidrige Tat ein Verbrechen oder ein Vergehen darstellt, richtet sich dies gem. § 12 StGB nach der für die Straftat angedrohten Mindeststrafe. Hierbei ist nur der Regelstrafrahmen maßgebend. Schärfungen und Milderungen nach dem Allgemeinen Teil des StGB (zB bei Versuch, Beihilfe, verminderter Schuldfähigkeit) oder für besonders schwere (vgl. die §§ 243, 263 III oder 266 II StGB) oder minder schwere Fälle (vgl. § 225 IV oder § 226 III StGB) bleiben außer Betracht.

Die Norm zielt darauf ab, das Begehen einer Straftat zu verhindern, also zu 801 verhüten. Wenn der Betroffene bereits zur Tatbegehung angesetzt hat, soll durch den Schusswaffengebrauch erreicht werden, die weitere Fortsetzung der Tat, also die Tatvollendung zu verhindern. Denkbar ist auch bei Dauerdelikten, dass weitere Taten verhindert werden sollen.

VV 64.12 zu § 64 I PolG NRW: Die zu verhindernde Straftat iSd § 64 I Nr. 2 muss unmittelbar bevorstehen. Insoweit genügt das bloße Bestehen einer Gefahr iSd § 8 I nicht. Die Verhinderung der Fortsetzung bedeutet insbesondere die Verhinderung weiterer Tathandlungen oder bei Dauerdelikten die Beendigung des strafbaren Zustandes. Die Handlung muss sich den Umständen nach als Verbrechen oder als ein Vergehen der genannten Art darstellen. Es kommt also darauf an, wie die Polizeivollzugsbeamtin oder der Polizeivollzugsbeamte die Situation unter Berücksichtigung aller im Augenblick gegebenen Erkenntnismöglichkeiten beurteilt. Hierbei ist – obwohl die Notwendigkeit zum schnellen Handeln gegeben ist – besonders sorgfältig vorzugehen."

> **Merke:** Die Tatbestände des § 64 I Nr. 1 und Nr. 2 PolG NRW liegen häufig beide vor. Das ist immer dann der Fall, wenn durch das Begehen einer Straftat iSd Nr. 2 gleichzeitig Leben oder Gesundheit einer Person gegenwärtig gefährdet sind. In solchen Fällen geht § 64 I Nr. 1 PolG NRW der Nr. 2 vor.

---

[667] *Tegtmeyer/Vahle* PolG NRW § 8 Rn. 16.

802 § 64 I Nr. 3 PolG NRW dient der Strafverfolgung, denn es soll die **Festnahme oder Identitätsfeststellung der Person ermöglicht werden**, indem sie angehalten wird. Voraussetzung ist, dass der Betroffene entweder eines Verbrechens oder eines Vergehens dringend verdächtig ist. Ist die Person eines Vergehens dringend verdächtig, so müssen zusätzlich Tatsachen die Annahme rechtfertigen, dass Schusswaffen oder Explosivmittel mitgeführt werden. Der dringende Tatverdacht ist gegeben, wenn eine hohe Wahrscheinlichkeit dafür spricht, dass der Betroffene die Straftat begangen hat. Dabei sind die zum Zeitpunkt des Einschreitens bekannten Tatsachen dafür entscheidend, ob dieser dringende Tatverdacht vorliegt oder nicht. Da durch die Schussabgabe der Betroffene in Lebensgefahr gebracht wird, ist hier sorgfältig zu prüfen, ob die Voraussetzungen gegeben sind. Außerdem müssen, wie in allen Fällen des § 64 I PolG NRW, die allgemeinen Voraussetzungen des Schusswaffengebrauchs nach § 63 PolG NRW geprüft werden. Hier ist vor allen Dingen daran zu denken, ob nicht durch mildere Mittel des unmittelbaren Zwangs (zB körperliche Gewalt, Hilfsmittel) oder auch durch anderes taktisches Einschreiten (zB durch Heranführen weiterer Kräfte, Maßnahmen usw) der Schusswaffengebrauch vermieden werden kann.

> **Merke:** Die Fälle, in denen der Schusswaffengebrauch nötig ist, um die Person zur Strafverfolgung anzuhalten, dürften in der Praxis äußerst selten sein.

803 § 64 I Nr. 4 PolG NRW dient der **Strafverfolgung bzw. der Strafvollstreckung.** Die Norm **setzt eine richterliche Entscheidung voraus.** Geht es um die Strafverfolgung, so ist ein richterlicher Haftbefehl nach den §§ 112 ff. StPO bzw. ein Unterbringungsbefehl nach § 126a StPO nötig. Bei der Strafvollstreckung ist eine Freiheitsstrafe von dem Gericht geurteilt worden. Diese sollen nun vollstreckt werden, § 457 II StPO. Dazu erlässt die Vollstreckungsbehörde (die StA) einen Haft- bzw. Vorführungsbefehl. Weiter ist Tatbestandsvoraussetzung, dass die richterliche Entscheidung wegen eines Verbrechens oder aufgrund des dringenden Verdachts eines Verbrechens erlassen worden ist. Geht es bei der Straftat um ein Vergehen, so ist wieder Tatbestandsmerkmal, dass Tatsachen die Annahme rechtfertigen, dass die betroffene Person Schusswaffen oder Explosivmittel mit sich führt. Ziel des Schusswaffengebrauchs ist die Vereitelung der Flucht (die Person versucht also aus dem amtlichen Gewahrsam zu fliehen) oder die Ergreifung einer Person (weil die Person bereits auf der Flucht ist). Auch bei Fällen nach der Nr. 4 ist die Erforderlichkeit und Angemessenheit des Schusswaffengebrauchs sorgfältig zu prüfen.

> **Merke:** Es dürfte in den meisten Fällen andere Möglichkeiten geben, um den Betroffenen an der Flucht zu hindern bzw. die Flucht zu beenden.

804 **§ 64 II PolG NRW verbietet den Einsatz der Schusswaffe nach § 64 I Nr. 4 PolG NRW,** wenn es sich um den Vollzug von Jugendarrest (Jugendarrest ist ein im deutschen Jugendstrafrecht vorgesehenes Zuchtmittel, das als Freizeitarrest, Kurzarrest oder Dauerarrest verhängt wird, § 16 JGG) bzw. Strafarrest (Strafar-

rest kann anstelle einer Freiheitsstrafe gegen Soldaten unter bestimmten Voraussetzungen verhängt werden, §§ 12 ff. WStG) handelt oder wenn die Flucht aus einer offenen Anstalt (gemeint ist der offene Strafvollzug) verhindert werden soll. Auch dies ist wieder eine Konkretisierung des Übermaßverbots.

§ 64 I Nr. 5 PolG NRW erlaubt den Schusswaffeneinsatz, um die **gewaltsame** 805 **Befreiung einer Person aus amtlichem Gewahrsam zu verhindern.** Die Maßnahme richtet sich also nicht gegen den Festgenommenen, sondern gegen andere Personen, die einen Befreiungsversuch unternehmen. Mit amtlichem Gewahrsam ist jede Freiheitsentziehung gemeint, sowohl nach dem PolG NRW (s. § 36 I 1 PolG NRW) als auch nach der StPO (zB §§ 127, 163b). Die Person muss auch nicht aus einer Zelle befreit werden. Auch andere Formen des Gewahrsams, zB im Streifenwagen, sind möglich.

> **Merke:** Auch hier sind in besonderer Weise das Übermaßverbot und die Vorschriften des § 63 PolG NRW zu beachten.

III. Schusswaffengebrauch gegen Personen in einer Menschenmenge, § 65 PolG NRW

Der **Begriff der Menschenmenge** ist analog zu § 125 StGB zu definieren. Es muss 806 sich um eine Gruppe handeln, die nicht sofort zu überschauen ist und die so groß ist, dass es unerheblich ist, ob ein einzelner noch hinzutritt oder weggeht. Der BGH hat eine Größe von etwa 10–15 Personen als ausreichend angesehen.[668]

> **Hinweis:** Wenn auf einzelne oder mehrere Personen in einer Menschenmenge geschossen werden soll, müssen neben den Voraussetzungen aus § 65 PolG NRW **auch die Voraussetzungen der §§ 63 und 64 PolG NRW vorliegen!**

> **Merke:** § 61 III 2 PolG NRW setzt zwingend voraus, dass der Gebrauch von Schusswaffen gegen Personen in einer Menschenmenge angedroht worden ist. Davon lässt das Gesetz keine Ausnahme zu!

Es ist für die Praxis nahezu ausgeschlossen, dass der § 65 PolG NRW Anwendung findet. Auf weitere Ausführung wird daher an dieser Stelle verzichtet.

33. Kapitel. Die zwangsweise Durchsetzung von StPO-Maßnahmen und Maßnahmen zur Verfolgung einer Ordnungswidrigkeit; Ablaufschema zum Prüfaufbau des Zwangs

A. Durchsetzung von StPO-Maßnahmen

In der Strafprozessordnung wird die zwangsweise Durchsetzung von Ermitt- 807 lungsmaßnahmen nur lückenhaft geregelt. Es ist in Rechtsprechung und Literatur anerkannt, dass sich aus der jeweiligen Befugnis **ungeschrieben** ergibt,

---

[668] BGHSt 33, 306 = NJW 1986, 144.

dass die Maßnahme, wenn sie formell und materiell rechtmäßig ist, von der Polizei mit Zwang durchgeführt werden darf.[669] Diese Ermittlungsbefugnisse werden in der Kommentierung daher auch als Zwangsmaßnahmen bezeichnet. **Als Zwangsmittel kommt nur der unmittelbare Zwang infrage.** Andere Zwangsmittel (Ordnungsgeld, Ersatzordnungshaft, Erzwingungshaft) sind als Beugemaßnahme nur dem Richter und dem Staatsanwalt vorbehalten.

808 Viele Ermittlungsmaßnahmen zielen darauf ab, dass der Betroffene eine Maßnahme zu dulden hat. Dann ist die Ersatzvornahme nicht anwendbar, denn dieses Zwangsmittel setzt voraus, dass der Betroffene zu einem Handeln verpflichtet ist. Beim Tatverdächtigen oder Beschuldigten ist sie schon deshalb nicht zulässig, weil die Person, gegen die sich das Strafverfahren richtet, nicht an der eigenen Strafverfolgung aktiv mitwirken muss, Nemo-tenetur-Prinzip. Aber auch gegenüber Zeugen und Sachverständigen scheidet dieses Zwangsmittel aus, da die geforderten Handlungen unvertretbar sind, also nur von der betroffenen Person ausgeführt werden können.

809 Nach überwiegender Meinung sind für die **Art und Weise, wie der unmittelbare Zwang durchgeführt wird, die landesgesetzlichen Vorschriften heranzuziehen**, da hier in der StPO eine Regelungslücke besteht.[670] Die Brückennorm dazu stellt § 57 I PolG NRW dar, der als Voraussetzung nennt, dass „die Polizei nach diesem Gesetz oder anderen Rechtsvorschriften zur Anwendung unmittelbaren Zwanges befugt" ist. Die StPO ist eine solche andere Rechtsvorschrift. Damit sind bei der Durchsetzung einer strafprozessualen Ermittlungsmaßnahme die §§ 58 ff. PolG NRW zu beachten.

B. Durchsetzung von Maßnahmen zur Verfolgung einer Ordnungswidrigkeit

810 Die obigen Ausführungen gelten auch für die Durchsetzung einer Ermittlungsmaßnahme zur **Verfolgung einer Ordnungswidrigkeit**.

> **Merke:** Da bei einer Ordnungswidrigkeit der Unrechtsgehalt der Tat deutlich geringer ist als bei einer Straftat, muss der Grundsatz der Verhältnismäßigkeit, § 2 PolG NRW, beim Anwenden des unmittelbaren Zwangs besonders intensiv geprüft werden.[671]

Gleichwohl kann selbst bei einer relativ geringfügigen Ordnungswidrigkeit die Durchsetzung einer rechtmäßigen Grundmaßnahme zulässig sein. Das LG Düsseldorf hat in einem Urteil die Anwendung von unmittelbarem Zwang zur Durchsetzung der Identitätsfeststellung bei einer Joggerin für rechtmäßig erklärt. Die Frau war über die Fahrbahn gelaufen, obwohl die Lichtzeichenanlage für Fußgänger Rot zeigte.[672]

---

[669] *Tegtmeyer/Vahle* PolG NRW Einf. 5.1; *Frister* in Lisken/Denninger HdB PolizeiR F Rn. 144; kritisch: *Brenneisen/Brusck-Nielsen* Kriminalistik 2015, 444 ff.
[670] S. VV 57.0 zu § 57 PolG NRW; *Roxin/Schünemann* StrafVerfR § 31 Rn. 11.
[671] *Tetsch/Baldarelli* PolG NRW 912.
[672] LG Düsseldorf BeckRS 2009, 21199.

C. Zum Prüfungsaufbau einer Zwangsmaßnahme

Die Vorschriften zum Zwang erscheinen zuerst umfangreich und unübersicht- 811
lich. Wenn man sich aber von einigen grundsätzlichen Gedanken leiten lässt,
wird damit der Prüfaufbau wesentlich erleichtert. Dazu soll das nachfolgende
Ablaufschema dienen:

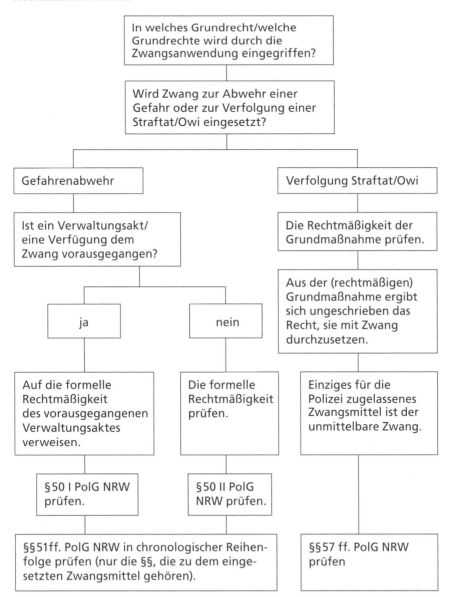

Abschließend sind sowohl beim Zwang zur Gefahrenabwehr als auch beim
Zwang zur Strafverfolgung/Verfolgung einer Ordnungswidrigkeit das **Ermessen und das Übermaßverbot zu prüfen** (s. dazu die Ausführungen → Rn. 778 ff.).

D. Unmittelbarer Zwang auf Anordnung

811a § 59 PolG NRW regelt die Anwendung **unmittelbaren Zwangs auf Anordnung eines Weisungsberechtigten**. Die Vorschrift ist speziell gegenüber der allgemeinen Regelung in § 35 II BeamtStG.

Grundsätzlich besteht die Pflicht, unmittelbaren Zwang anzuwenden, der von einem Weisungsberechtigten angeordnet wird, § 59 I 1 PolG NRW. **Weisungsberechtigte** im Sinne der Vorschrift sind zum einen die Vorgesetzten des Polizeibeamten. Nach § 2 V LBG NRW ist **Vorgesetzter**, wer dienstliche Anordnungen erteilen kann. Wer Vorgesetzter ist, bestimmt sich nach dem Aufbau der öffentlichen Verwaltung. Näheres ergibt sich aus den Geschäftsverteilungsplänen.[673] Generell sind die Linienvorgesetzten befugt, Weisungen zu erteilen. Dabei soll möglichst der unmittelbare Vorgesetzte den Befehl erteilen.[674] Nach dem Erlass „Anwendung unmittelbaren Zwanges durch Polizeibeamte auf Anordnung des Staatsanwalts"[675] ist auch der **Staatsanwalt** gegenüber der Polizei weisungsbefugt, wenn es um die Anwendung unmittelbaren Zwangs bei der Strafverfolgung geht. Allerdings wird diese Weisungsbefugnis in der Ziffer 2.3 des Erlasses dahingehend eingeschränkt, dass bei einem Lebenssachverhalt, in dem sowohl Maßnahmen der Strafverfolgung und der Gefahrenabwehr durchzuführen sind und eine Eilentscheidung über die Anwendung unmittelbaren Zwangs erforderlich ist und keine Einigung darüber herzustellen ist, welche Aufgabe vorrangig ist, dann letztendlich die Polizei darüber entscheidet.

811b § 59 I 2 PolG NRW nennt die Fälle, in denen die Weisung nicht befolgt werden darf. Das gilt zum einen, wenn die Anordnung die **Menschenwürde** verletzt (zB wenn eine Person durch die Maßnahme in schamverletzender Weise behandelt wird) und zum anderen, wenn die **Weisung nicht zu dienstlichen Zwecken** erteilt worden ist (zB wenn der Anordnende den Zwang aus persönlichen Gründen anordnet, um dem Betroffenen „eins auszuwischen" = Ermessensmissbrauch).

811c Wenn durch die Anwendung unmittelbaren Zwangs eine **Straftat** begangen würde, darf der Anordnung ebenfalls nicht gefolgt werden, § 59 II 1 PolG NRW. Eine Straftat könnte vor allem dann vorliegen, wenn die durchzuführende Maßnahme rechtswidrig ist. Dabei ist zu beachten, dass die Anordnung eines Vorgesetzten den einschreitenden Polizeibeamten nicht von einer eigenständigen Prüfung der Rechtmäßigkeit entbindet.[676] Bei der Anwendung des unmittelbaren Zwangs wird es sich regelmäßig um Lebenssachverhalte handeln, in dem ein schnelles Einschreiten erforderlich ist. Daher ist es schwierig, in diesen Einsatzlagen über die formellen und materiellen Voraussetzungen der Rechtmäßigkeit eine gesicherte Aussage zu treffen. § 59 II 2 PolG NRW bestimmt deshalb, dass den ausführenden Polizeibeamten nur dann eine Schuld trifft,

---

[673] *Tegtmeyer/Vahle* PolG NRW § 59 Rn. 3.
[674] S. auch VV 59.1 zu § 59 PolG NRW.
[675] Gemäß RdErl. d. Justizministers – 2372 – III A. 5 – und d. Innenministers – IV A 2 – 2021 – v. 15.12.1973.
[676] VG Magdeburg BeckRS 2013, 55677.

wenn er erkennt oder wenn es nach den ihm bekannten Umständen offensichtlich ist, dass durch die Zwangsanwendung eine Straftat begangen wird.

Die **Remonstrationspflicht** (Pflicht, Einwände zu erheben) ist in §59 III PolG **811d** NRW normiert. Der Beamte hat Bedenken gegen die Rechtmäßigkeit der Anordnung dem Anordnenden gegenüber vorzubringen, soweit das nach den Umständen möglich ist. Damit ist die Remonstrationspflicht bei der Anwendung unmittelbaren Zwangs auf Weisung eines Vorgesetzten im Vergleich zu §36 II und III BeamtStG (generelle Remonstrationspflicht) deutlich reduziert.

Für die Durchführung des Finalen Rettungsschusses finden sich im Polizeige- **811e** setz der Hansestadt Bremen und im Hamburgischen Gesetz zum Schutz der öffentlichen Sicherheit und Ordnung spezielle Regelungen zu dem Thema „Handeln auf Anordnung". Danach gibt es für den Finalen Rettungsschuss **keine Weisungsbefugnis von Vorgesetzten**, s. §46 II 2 und 3 BremPolG und §25 II HbgSOG. Eine solche Regelung sieht das PolG NRW nicht vor.

2. Abschnitt. Ausgewählte Befugnisse des Eingriffsrechts

34. Kapitel. Wohnungsverweisung und Rückkehrverbot, §34a PolG NRW[677]

Häusliche Gewalt ist häufig Anlass für polizeiliche Einsätze. **812**

„Studien belegen, dass häusliche Gewalt oftmals ein Seriendelikt ist, dem ein Gewaltkreislauf zugrunde liegt, der von einer Wiederholung in immer kürzeren Abständen sowie einer Steigerung der Gewaltintensität geprägt ist. Gewaltbeziehungen entstehen nicht von heute auf morgen, sondern im Verlauf von Monaten oder Jahren. Die Gewalttat bleibt daher in aller Regel kein isoliertes, einmaliges Vorkommnis; vielmehr setzt die betroffene Person ihre Misshandlungen typischerweise fort. Daher ist insbesondere nach einer schweren Gewalttat in der häuslichen Sphäre die Gefahr für das Opfer nicht beendet, sondern es kann mit an Sicherheit grenzender Wahrscheinlichkeit davon ausgegangen werden, dass die betroffene Person erneut gewalttätig wird."[678]

Mit dem am 1.1.2002 in Kraft getretenen Gesetz **813**

„zur Verbesserung des zivilgerichtlichen Schutzes bei Gewalttaten und Nachstellungen sowie zur Erleichterung der Überlassung der Ehewohnung bei Trennung **(Gewaltschutzgesetz)**, wurde eine besondere Rechtsgrundlage für Schutzanordnungen des Zivilgerichts bei widerrechtlichen und vorsätzlichen Verletzungen von Körper, Gesundheit und Freiheit einer Person einschließlich der Drohung mit solchen Verletzungen geschaffen. Darüber hinaus wurde eine Anspruchsgrundlage für die – zumindest zeitweise – Überlassung einer gemeinsam genutzten Wohnung geschaffen, wenn die verletzte Person mit dem Täter einen auf Dauer angelegten gemeinsamen Haushalt führt."[679]

---

[677] Fallbearbeitung in *Bialon/Springer* Fälle EingriffsR Fall 20.
[678] GesEntw LRg, LT-Drs. NRW v. 4.9.2001 – 13/1525, 11 f.; *Andersson* Kriminalistik 2018, 192 f.; *Kraft/Keller* Kriminalistik 2017, 241.
[679] GesEntw LRg, LT-Drs. NRW v. 4.9.2001 – 13/1525, 1.

§ 34a PolG NRW trat zeitgleich mit dem Gewaltschutzgesetz in Kraft. Wohnungsverweisung und Rückkehrverbot

„sollen den verbesserten zivilrechtlichen Rechtsschutz nach dem Gewaltschutzgesetz flankieren, um die Gefahr erneuter Gewaltanwendung im Interesse der Opfer bereits vor dem Erwirken gerichtlichen Schutzes zu beseitigen.

Ein zeitlich lückenloser Schutz vom Einschreiten der Polizei bis zum Erwirken einer gerichtlichen Schutzanordnung konnte vor Einführung des § 34a PolG NRW wegen der engen zeitlichen Begrenzung der in Betracht kommenden polizeilichen Standardmaßnahmen (Platzverweis, Ingewahrsamnahme) in der Regel nicht gewährt werden."[680]

A. Ermächtigungsgrundlage

I. Grundrechtseingriff

814 Mit der Wohnungsverweisung und dem Rückkehrverbot werden vor allem die Grundrechte aus Art. 11 GG der **Freizügigkeit**, Art. 13 GG der **Unverletzlichkeit der Wohnung** und Art. 14 GG **Eigentum** eingeschränkt. Nach aA stellt die Wohnungsverweisung keinen Eingriff in Art. 13 GG dar, weil die durch Art. 13 GG geschützte Privatsphäre unangetastet bleibt.

In Betracht kommen können auch Eingriffe in den **Schutz der Familie**, Art. 6 GG, und Eingriffe in das **Selbstbestimmungsrecht des Opfers**, Art. 2 I GG.

„Bezüglich Art. 2 I GG auf der Seite des Opfers ist festzustellen, dass dem Selbstbestimmungsrecht zwar die Freiheit inne wohnt, die Risiken des eigenen Handelns selbst abzuschätzen und (auch) Eigengefährdungen hinzunehmen. Gleichwohl verpflichtet Art. 2 II 1 GG den Staat, Leben und Gesundheit zu schützen. Diese staatliche Schutzverpflichtung kann mithin im Gegensatz zum Selbstbestimmungsrecht des Bürgers stehen. Das ist im Rahmen der häuslichen Gewalt dann der Fall, wenn die Wohnungsverweisung des Täters gegen den Willen des Opfers durchgeführt wird."[681]

Werden Räume innerhalb der Wohnung zu beruflichen oder gewerblichen Zwecken genutzt, kann auch Art. 12 GG, die **Berufsfreiheit**, tangiert sein, wenn der Täter aus der Wohnung verwiesen wird.

II. Handlungsform

815 Die Wohnungsverweisung und das Rückkehrverbot sind Verwaltungsakte iSd § 35 I VwVfG NRW.

B. Formelle Rechtmäßigkeit

816 Die Maßnahme soll dem Schutz von Leben, Gesundheit und Freiheit von Personen dienen. Da bei häuslicher Gewalt regelmäßig Straftaten drohen, ist auch die Rechtsordnung zu schützen. Es sollen weitere Straftaten verhütet werden. Dafür ist die Polizei originär zuständig.

---

[680] GesEntw LRg, LT-Drs. NRW v. 4.9.2001 – 13/1525, 1.

[681] *Keller*, Häusliche Gewalt und Gewaltschutzgesetz, 2008, 87; VG Aachen BeckRS 2013, 49770; VG Aachen BeckRS 2013, 47847.

Die sachliche Zuständigkeit ergibt sich somit aus § 1 I 1 und 2 PolG NRW iVm **817** § 11 I Nr. 1 POG NRW.

Als allgemeine Form- und Verfahrensvorschriften sind die §§ 28, 37, 39, 41 und **818** 43 VwVfG NRW zu beachten.

C. Materielle Rechtmäßigkeit

I. Tatbestandsvoraussetzungen

1. Gegenwärtige Gefahr

Eine gegenwärtige Gefahr liegt vor, wenn die Einwirkung des schädigenden **819** Ereignisses bereits begonnen hat oder wenn eine Einwirkung unmittelbar oder in allernächster Zeit mit einer an Sicherheit grenzender Wahrscheinlichkeit bevorsteht. Die gegenwärtige Gefahr ist eine Steigerung der konkreten Gefahr in zeitlicher Hinsicht. Die Situation erlaubt kein Warten mehr. Allerdings sind an die Wahrscheinlichkeit des Schadenseintritts umso geringere Anforderungen zu stellen, je höherwertiger das gefährdete Rechtsgut ist. Gerade im Rahmen der häuslichen Gewalt ist nach den Erkenntnissen aus der Psychologie und der Kriminologie mit einer **Gewaltspirale** zu rechnen. Dazu gehört, dass der Täter in immer kürzeren Abständen Gewalt gegen sein Opfer ausgeübt.[682]

> **Merke:** Daher liegt eine gegenwärtige Gefahr auch dann vor, wenn mit dem Schadenseintritt jederzeit zu rechnen ist. Davon kann bei häuslicher Gewalt ausgegangen werden.[683]

2. Gefahr für Leben, Gesundheit oder Freiheit

Eine Gefahr für das **Leben** ist gegeben, wenn mit dem Tod eines Menschen **820** gerechnet werden muss.[684] Im Rahmen der häuslichen Gewalt liegt eine **Gesundheitsgefahr** vor, wenn mehr als nur eine ganz unerhebliche Körperverletzung droht. Die **Freiheit** der Person ist gefährdet, wenn zu befürchten ist, dass die betroffene Person eingesperrt oder gegen ihren Willen auf andere Weise festgehalten wird.

3. Häusliche Gewalt

Eine Maßnahme nach § 34a I PolG NRW setzt voraus, dass Täter und Opfer in **821** **häuslicher Gemeinschaft** leben. Dabei ist der Begriff der häuslichen Gemeinschaft weit zu fassen. Dazu gehören eheliche und nichteheliche Lebensgemeinschaften als auch Lebensgemeinschaften derselben Generation (zB Geschwister) und verschiedener Generationen (zB Großeltern, Eltern, Kinder). Der Schutz der Vorschrift soll auch Mitgliedern von Wohngemeinschaften, insbesondere auch

---

[682] OVG Münster NJW 2015, 1468.
[683] VG Aachen BeckRS 2017, 119099; *Tegtmeyer/Vahle* PolG NRW § 34a Rn. 9; Broschüre „Häusliche Gewalt und polizeiliches Handeln – Information für die Polizei und andere Beteiligte" RdErl. d. IM NRW v. 21.3.2002 – 42.1-2761, S. 10; GesEntw LRg, LT-Drs. NRW v. 4.9.2001 – 13/1525, 11.
[684] *Tegtmeyer/Vahle* PolG NRW § 8 Rn. 16.

alten Menschen, die zur Sicherung ihrer Versorgung einen gemeinsamen Haushalt begründet haben, zuteilwerden. Keine häusliche Gemeinschaft liegt vor, wenn einer der Beteiligten nur vorübergehend als Gast anwesend ist. Von einer häuslichen Gemeinschaft ist auch dann noch auszugehen, wenn die Beziehung sich auflöst oder bereits seit einiger Zeit aufgelöst ist. Dann müssen jedoch gewisse Gemeinsamkeiten oder Kontakte noch fortbestehen, zB wegen des gemeinsamen Sorgerechts für ein Kind oder gemeinsame Geschäftstätigkeiten. In Zweifelsfällen ist von einer häuslichen Gemeinschaft auszugehen.

> **Merke:** Die häusliche Gewalt muss nicht in der Wohnung geschehen. Tatorte können auch Geschäftsräume oder der öffentliche Raum sein.

> **Beispiel:** Ein Mann streitet sich während eines Kneipenbesuchs heftig mit seiner Frau. Schließlich gibt er ihr eine kräftige Ohrfeige. Die Frau ruft die Polizei und bittet um Hilfe. Den einschreitenden Polizeibeamten erklärt sie, dass ihr Mann sie schon öfter geschlagen hat. Eine Datenabfrage ergibt, dass die Polizei auch schon einmal wegen häuslicher Streitigkeiten bei dem Ehepaar eingeschritten ist. Die Beamten sprechen gegen den Mann ein Rückkehrverbot aus. Obwohl hier die Gewalt außerhalb der Wohnung angewendet wurde, ist eine Maßnahme nach § 34a PolG NRW möglich.

822 Neben dem Bestehenden einer häuslichen Gemeinschaft ist es erforderlich, dass mit einer gegenwärtigen Gefahr für Leben, Gesundheit oder Freiheit der bedrohten Person zu rechnen ist. Die Polizei muss hier aufgrund von Tatsachen eine Prognose erstellen. Folgende Kriterien können Grundlage für die **Gefahrenprognose** sein:

- „Die grundsätzlichen Erkenntnisse zur Phänomenologie der häuslichen Gewalt als Wiederholungstat,
- Polizeiliche Erkenntnisse über die gewalttätige Person (zB durch eine Datenabfrage),
- Feststellungen zur grundsätzlichen Gewaltbereitschaft der gewalttätigen Person (zB wiederholte Gewaltanwendung oder Drohung mit Gewalt, Aggressionen unter Alkohol- oder Drogeneinfluss, Sucht und Abhängigkeit),
- Feststellungen zu Art und Intensität der ausgeübten Gewalt,
- Aussagen von gefährdeten Personen und Zeugen zur aktuellen Tat und zu zurückliegenden Taten,
- Feststellungen zum physischen und psychischen Zustand anwesender Kinder,
- Feststellungen zum Zustand der gemeinsamen Wohnung,
- Informationen über aktuelle oder ehemalige gerichtliche Schutzanordnungen,
- Zuwiderhandlungen gegen polizeiliche Anordnungen gem. § 34a PolG NRW."[685] „Nach der Vorstellung des Gesetzgebers setzt eine Wohnungsver-

---

[685] Broschüre „Häusliche Gewalt und polizeiliches Handeln – Information für die Polizei und andere Beteiligte" RdErl. d. IM NRW v. 21.3.2002 – 42.1-2761, 16 f.

weisung bzw. ein Rückkehrverbot grundsätzlich entweder eine Gewaltbeziehung mit konkreten Anzeichen für wiederholte Misshandlungen voraus oder eine erstmalige Gewalttat, wenn aufgrund der Intensität des Angriffs und der Schwere der Verletzungen mit einer jederzeitigen Wiederholung der Gewaltanwendung zu rechnen ist."[686]

> **Merke:** Die Gefahrenprognose ist mit den zugrunde liegenden Tatsachen schriftlich zu dokumentieren.

II. Besondere Form- und Verfahrensvorschriften

1. Geltungsbereich der Maßnahme, § 34a I 2, 3 PolG NRW

Der Bereich, für den die Wohnungsverweisung und das Rückkehrverbot gelten **823** sollen, sind **genau zu bezeichnen**, s. auch § 37 I VwVfG NRW.

„Wohnungsverweisung und Rückkehrverbot sind nicht auf die Wohnung beschränkt, sondern können im Interesse eines ausreichenden Schutzes für das Opfer auch auf die unmittelbare Umgebung der Wohnung ausgedehnt werden. Welche Räumlichkeiten zur unmittelbaren Umgebung zählen, ist von den örtlichen Verhältnissen (zB dichte oder weitläufige Bebauung) abhängig. Wesentliches Kriterium ist das Erfordernis eines wirkungsvollen Schutzes der gefährdeten Person vor erneuter Gewaltanwendung."[687]

In besonders begründeten Einzelfällen können die Maßnahmen auf Wohn- und **824** Nebenräume beschränkt werden, § 34a I 3 PolG NRW.

„Eine solche Beschränkung kann mit Blick auf die Grundrechte der betroffenen Person nach Art. 12 GG (Berufsfreiheit) und Art. 14 GG (Eigentum) insbesondere dann in Betracht kommen, wenn die betroffene Person in ihrer Wohnung oder in deren näherer Umgebung ihrem Beruf nachgeht und die Anwesenheit der betroffenen Person im Betrieb für dessen Erhalt oder den Erhalt wichtiger Produktionsmittel zur Sicherung der wirtschaftlichen Existenzgrundlage (auch im Interesse der gefährdeten Person) unerlässlich ist (zB landwirtschaftlicher Familienbetrieb). Das setzt allerdings voraus, dass die örtlichen Verhältnisse so beschaffen sind, dass der Schutz der gefährdeten Person auch durch eine auf den reinen Wohnbereich beschränkte Verweisung der betroffenen Person gewährleistet ist."[688]

2. Mitnahme persönlicher Gegenstände, § 34a II PolG NRW

„Durch die Verpflichtung der Polizei in Abs. 2, der betroffenen Person bei oder (in **825** Ausnahmefällen) auch noch nach der Wohnungsverweisung Gelegenheit zur Mitnahme dringend benötigter Gegenstände des persönlichen Bedarfs (zB Kleidungsstücke, Hygieneartikel, Papiere) zu geben, soll dem mit der befristeten Wohnungsverweisung verbundenen Eingriff in das Grundrecht der betroffenen Person aus Art. 14 GG ein Teil seiner Härte genommen werden. Allerdings ist auch hierbei der Schutz des Opfers vor erneuter Gewaltanwendung zu berücksichtigen, indem die Polizei darauf hinwirkt, dass die betroffene Person nach Möglichkeit bereits bei der

---

[686] OVG Münster BeckRS 2015, 40050.
[687] GesEntw LRg, LT-Drs. NRW v. 4.9.2001 – 13/1525, 13.
[688] GesEntw LRg, LT-Drs. NRW v. 4.9.2001 – 13/1525, 13.

Wohnungsverweisung alle dringend benötigten Gegenstände des persönlichen Bedarfs mitnimmt. Falls die betroffene Person nach der Wohnungsverweisung glaubhaft darlegt, weitere noch in der Wohnung befindliche Gegenstände iSd Abs. 2 S. 2 dringend zu benötigen, darf sie die Wohnung zu diesem Zweck nur in Begleitung der Polizei aufsuchen; die gefährdete Person ist von der Polizei nach Möglichkeit zuvor zu benachrichtigen. Der gefährdeten Person ist von der Polizei zuvor Gelegenheit zu geben, die Gegenstände – etwa über Dritte – herauszugeben, damit eine erneute Kontaktaufnahme mit der betroffenen Person möglichst vermieden werden kann."[689]

3. Bekanntgabe einer neuen Anschrift, § 34a III PolG NRW

„Die in Abs. 3 normierte Verpflichtung der Polizei, die betroffene Person zur Angabe einer Anschrift oder einer zustellungsbevollmächtigten Person zum Zwecke von Zustellungen behördlicher oder gerichtlicher Entscheidungen im Zusammenhang mit den Maßnahmen nach Abs. 1 oder dem Erwirken zivilrechtlichen Schutzes aufzufordern, soll im Interesse des Opferschutzes insbesondere sicherstellen, dass die betroffene Person ohne die Notwendigkeit einer erneuten Kontaktaufnahme mit der gefährdeten Person umgehend von allen behördlichen und gerichtlichen Entscheidungen Kenntnis erhält, Ladungen etc ohne zeitliche Verzögerung zugestellt werden können und gerichtlicher Schutz vor erneuter Gewalt schnellstmöglich erreicht werden kann. Daneben ist durch diese Regelung aber auch gewährleistet, dass die betroffene Person, sobald nach polizeilicher oder gerichtlicher Einschätzung eine Gefahr künftiger Gewaltanwendung nicht mehr besteht, umgehend über die von der Polizei oder dem Gericht verfügte Aufhebung der Maßnahmen informiert wird. Es empfiehlt sich, die betroffene Person aufzufordern, eine Adresse auch für die Zustellung ihrer sonstigen Post (zB Privatbriefe) anzugeben, um einen weiteren möglichen Vorwand der betroffenen Person für eine erneute Kontaktaufnahme mit der gefährdeten Person auszuschließen."[690]

4. Beratungspflicht und Informationen, § 34a IV PolG NRW

826 „Mit der in Abs. 4 geregelten Verpflichtung der Polizei, die gefährdete Person auf die Möglichkeit einer Beantragung zivilrechtlichen Schutzes und die Möglichkeit einer Unterstützung durch geeignete Beratungsstellen hinzuweisen, soll erreicht werden, dass die Gefahr künftiger Gewaltanwendung dauerhaft beseitigt wird."[691]

Ein entsprechendes Merkblatt steht zur Verfügung und soll dem Opfer durch die Polizei ausgehändigt werden.

5. Dauer der Wohnungsverweisung und des Rückkehrverbotes, § 34a V PolG NRW

827 Die Frist für das Rückkehrverbot beträgt bei Anordnung durch die Polizei **im Regelfall zehn Tage**, in Ausnahmefällen sind kürzere Zeiten möglich.[692] Der

---

[689] GesEntw LRg, LT-Drs. NRW v. 4.9.2001 – 13/1525, 14.
[690] GesEntw LRg, LT-Drs. NRW v. 4.9.2001 – 13/1525, 14.
[691] GesEntw LRg, LT-Drs. NRW v. 4.9.2001 – 13/1525, 15; s. auch Broschüre „Häusliche Gewalt und polizeiliches Handeln – Information für die Polizei und andere Beteiligte" RdErl. d. IM NRW v. 21.3.2002 – 42.1-2761, 22 ff.
[692] OVG Münster BeckRS 2012, 51150.

genannte Zeitraum erscheint unter Berücksichtigung der Interessen der gefährdeten Person angemessen und zumutbar, um eine Entscheidung über die Inanspruchnahme zivilgerichtlichen Schutzes treffen und entsprechende Anträge bei Gericht stellen zu können. Nach § 34a V 2 PolG NRW verlängern sich die Wohnungsverweisung und das Rückkehrverbot, wenn die gefährdete Person innerhalb der von der Polizei festgesetzten Frist des Rückkehrverbotes (in der Regel also zehn Tage) einen Antrag auf zivilrechtlichen Schutz mit dem Ziel des Erlasses einer einstweiligen Anordnung gestellt hat. Die Maßnahmen enden dann entweder mit der gerichtlichen Entscheidung, spätestens jedoch mit Ablauf von zehn Tagen (wenn bis dahin keine gerichtliche Entscheidung ergangen ist – was kaum vorstellbar ist). Damit kann sich die Gesamtdauer von Wohnungsverweisung und Rückkehrverbot auf bis zu 20 Tagen summieren.

> **Merke:** Die angeordneten Maßnahmen haben sofortige Wirkung. Bei der Berechnung der Fristen gilt § 31 II VwVfG NRW. Danach beginnt die Frist erst am Tag nach der Anordnung der Maßnahme.[693]

6. Information der Betroffenen über die Dauer der Maßnahme, § 34a VI PolG NRW

„Die in Abs. 6 Satz 2 normierte Verpflichtung der Polizei, die gefährdete und die 828 betroffene Person unverzüglich über die Dauer der Maßnahmen nach Abs. 1 im konkreten Einzelfall zu informieren, schafft für beide Personen die nötige Rechtssicherheit und gibt insbesondere der gefährdeten Person, sofern sie ein weiteres Zusammenleben mit der betroffenen Person ablehnt, die Möglichkeit, sich umgehend um anderweitige Unterkunftsmöglichkeiten zu bemühen."[694]

7. Überprüfung des Rückkehrverbotes, § 34a VII PolG NRW

„Die Verpflichtung der Polizei in Abs. 7, die Einhaltung des Rückkehrverbotes min- 829 destens einmal während seiner Geltung zu überprüfen, dient dem Schutz der gefährdeten Person. Es empfiehlt sich, die Überprüfung frühzeitig durchzuführen, etwa innerhalb der ersten drei Tage nach der Wohnungsverweisung bzw. der Erteilung eines Rückkehrverbotes. Bei Zuwiderhandlungen kann ein zuvor angedrohtes Zwangsgeld festgesetzt und/oder die betroffene Person in Gewahrsam genommen werden."[695] Dabei ist zu prüfen, ob die gegenwärtige Gefahr noch andauert.[696]

III. Adressatenregelung

Der Adressat ergibt sich aus der Ermächtigungsgrundlage. Nach § 34a I 1 PolG 830 NRW ist dies die Person, von der die Gefahr ausgeht (betroffene Person).

IV. Rechtsfolge

Als Rechtsfolge beinhaltet § 34a I PolG NRW die **Wohnungsverweisung** und das 831 **Rückkehrverbot**. Befindet sich die Person, von der die gegenwärtige Gefahr

---

[693] S. dazu *Tegtmeyer/Vahle* PolG NRW § 34a Rn. 24 mit einem Beispiel.
[694] GesEntw LRg, LT-Drs. NRW v. 4.9.2001 – 13/1525, 19.
[695] GesEntw LRg, LT-Drs. NRW v. 4.9.2001 – 13/1525, 19.
[696] OVG Münster BeckRS 2015, 40050; VG Aachen BeckRS 2018, 6928.

ausgeht, nicht mehr in der Wohnung, wird nur noch ein Rückkehrverbot ausgesprochen.

„Wohnungsverweisung und Rückkehrverbot können als Verwaltungsakte in Gegenwart der betroffenen Person mündlich angeordnet werden, §37 II 1 VwVfG NRW; die Maßnahmen sind schriftlich zu bestätigen und zu begründen, wenn hieran ein berechtigtes Interesse besteht (etwa wegen der Absicht der betroffenen Person, Widerspruch und Klage zu erheben bzw. einstweiligen Rechtsschutz beim Verwaltungsgericht zu erwirken) und die betroffene Person dies unverzüglich verlangt, §§37 II 2, 39 VwVfG NRW. Einer Anordnung der sofortigen Vollziehung der Maßnahmen nach §80 II 2 Nr.4 VwGO bedarf es nicht, da es sich um unaufschiebbare Anordnungen und Maßnahmen von Polizeivollzugsbeamten iSd §80 II 1 Nr.2 VwGO handelt und die aufschiebende Wirkung von Widerspruch und Anfechtungsklage bereits nach dieser Vorschrift entfällt. Die Maßnahmen können mit Verwaltungszwang nach den §§50ff. PolG NRW durchgesetzt werden, wobei insbesondere die **Androhung eines Zwangsgeldes** nach den §§53, 56 PolG NRW für den Fall einer Nichtbeachtung des Rückkehrverbotes sowie unmittelbarer Zwang nach den §§55, 57ff. PolG NRW in Betracht kommen."[697]

832 Darüber hinaus kann die Polizei die betroffene Person zur Durchsetzung der Maßnahmen **in Gewahrsam nehmen**, §35 I Nr.4 PolG NRW.

35. Kapitel. Körperliche Untersuchung beim Beschuldigten, §81a StPO[698]

833 §81a StPO enthält einen zweigeteilten Maßnahmenkomplex als Eingriff in die körperliche Unversehrtheit. Einerseits geht es um die körperliche **Untersuchung**, dh eine Inaugenscheinnahme des menschlichen Körpers, um bestimmte Merkmale und seine Funktion festzustellen. Auf der anderen Seite werden körperliche **Eingriffe** gestattet, indem in den Körper eingedrungen wird. Der gebräuchlichste Eingriff ist die Entnahme einer Blutprobe.

834 • **Abgrenzung: Körperliche Durchsuchung**
Die körperliche Untersuchung nach §81a StPO unterscheidet sich von der körperlichen Durchsuchung nach §102 StPO durch den Zweck, der mit ihr verfolgt wird.[699] **Körperliche Durchsuchungen** nach §102 StPO dienen dem Zweck, Beweismittel oder Einziehungsgegenstände aufzufinden. Dagegen geht es bei der **körperlichen Untersuchung** um das Wahrnehmen der äußeren Beschaffenheit des Körpers bzw. um körperliche Eingriffe, also das Eindringen in das Innere des Körpers.
„Die Durchsuchung einer Person zielt auf das Auffinden von Gegenständen ab, die diese Person in ihrer Kleidung, am Körper selbst oder in ohne Weiteres zugänglichen Körperöffnungen (Mund, Ohren) mit sich führt. Demgegenüber handelt es sich bei der Nachschau im Körperinnern unter Einschluss der nicht ohne Weiteres zugänglichen Körperöffnungen (After,

---

[697] GesEntw LRg, LT-Drs. NRW v. 4.9.2001 – 13/1525, 14.
[698] Fallbearbeitung in *Bialon/Springer* Fälle EingriffsR Fall 21.
[699] S. dazu die Übersicht bei *Lübkemann* StrafR 434.

Scheide) um von der Ermächtigung zur Durchsuchung nicht mehr erfasste Untersuchungen."[700]

- **Abgrenzung: Atemalkoholprüfungen**   835

Atemalkoholprüfungen (Vortest und Atemalkoholmessung) sind keine körperlichen Untersuchungen iSd § 81a StPO. Eine rechtliche Grundlage für ihre zwangsweise Durchsetzung besteht nicht. Sie können daher, auch weil sie ein aktives Mitwirken erfordern, nur mit Einverständnis der betroffenen Person durchgeführt werden[701] und sollen die Entscheidung über die Anordnung einer Blutentnahme erleichtern.

Die Atemalkoholmessung mittels Atemalkoholmessgerät dient insbesondere der Feststellung, ob die in § 24a I StVG genannten Atemalkoholwerte erreicht oder überschritten sind. Wird die Atemalkoholprüfung abgelehnt oder das Test- bzw. Messgerät nicht vorschriftsmäßig beatmet oder kann die Atemalkoholmessung mittels Atemalkoholmessgerät aus sonstigen Gründen nicht durchgeführt werden, sind bei Verdacht auf rechtserhebliche Alkoholbeeinflussung eine körperliche Untersuchung und die Blutentnahme anzuordnen. Die Ergebnisse, die mit dem Atemalkoholmessgerät ermittelt werden, reichen im Strafverfahren nicht als gerichtsverwertbares Beweismittel aus. Im Bußgeldverfahren werden diese Ergebnisse von der Rechtsprechung als ausreichend anerkannt.

A. Ermächtigung

I. Grundrechtseingriff

Soweit eine körperliche Untersuchung darauf gerichtet ist, den Körper einer 836 Person in Augenschein zu nehmen, liegt darin ein Eingriff in das **allgemeine Persönlichkeitsrecht**, Art. 2 I iVm Art. 1 I GG. Körperliche Eingriffe greifen in das Grundrecht auf **körperliche Unversehrtheit** nach Art. 2 II 1 GG ein. Da der Betroffene für die Dauer der Maßnahme anwesend sein muss, liegt darin auch ein Eingriff in die **Freiheit der Person**, Art. 2 II 2 GG iVm Art. 104 I GG. Der Eingriff erfolgt durch eine Freiheitsbeschränkung.

II. Handlungsform

Die körperliche Untersuchung stellt einen Justizverwaltungsakt, § 23 EGGVG 837 dar, weil dem Beschuldigten eine Duldungspflicht bezüglich der Untersuchung auferlegt wird.

B. Formelle Rechtmäßigkeit

Die Maßnahme dient der Strafverfolgung. Die sachliche Zuständigkeit ergibt 838 sich aus § 1 IV PolG NRW iVm § 163 I 1 StPO iVm § 11 I Nr. 2 POG NRW.

---

[700] OVG Saarlouis BeckRS 2008, 30849 = JA 2008, 667.
[701] AG Michelstadt BeckRS 2012, 03987; OLG Brandenburg BeckRS 2013, 11469.

C. Materielle Rechtmäßigkeit

I. Tatbestandsvoraussetzungen

1. Verdacht einer Straftat

839 Der Anfangsverdacht einer Straftat ist gegeben, wenn hinreichende tatsächliche Anhaltspunkte dafür vorliegen, dass eine strafbare Handlung begangen wurde. Nähere Erläuterungen finden sich bei → Rn. 43 ff.

2. Beschuldigter

840 Es wird auf die Ausführungen bei → Rn. 46 ff. verwiesen.

3. Feststellen von Tatsachen, die für das Verfahren von Bedeutung sind

841 Tatsachen müssen objektiv nachweisbar sein. Beweismittel sind dem Gericht vorzulegen. Hierzu gehören Feststellungen, die zum Beweis der Straftat und der Täterschaft des Beschuldigten, zum Beweis des Grades der Schuld(-fähigkeit) und für die Ahndung der Tat wesentlich sind. Verfahrenserheblich ist auch die Beurteilung der Verhandlungsfähigkeit des Angeklagten.[702]

> **Beispiele:** 1. Nach einer Vergewaltigung gibt das Opfer an, den Täter mehrfach im Brustbereich gekratzt zu haben.
>
> Die körperliche Untersuchung bei einem ermittelten Beschuldigten führt dazu, dass Kratzspuren auf der Brust des Mannes gefunden und vom Arzt begutachtet und fotografisch und schriftlich dokumentiert werden können. Dieses Beweismittel ist für den Nachweis des Tathergangs und die Ermittlung des Täters für das Verfahren von Bedeutung.
>
> 2. Die Polizei hält einen Pkw-Fahrer bei einer allgemeinen Verkehrskontrolle an. Wegen der verwaschenen Sprache und des Alkoholgeruchs in der Atemluft bieten die Beamten dem Betroffenen die Durchführung eines Atemalkoholvortests an. Dieser ergibt einen Wert von 1,3 Promille. Die Polizeibeamten eröffnen dem Beschuldigten nun, dass er zur Wache mitkommen muss, damit eine Blutprobe entnommen werden kann.
>
> Diese Blutprobe ist nötig, damit im Blut durch eine gerichtsmedizinische Untersuchung der Blutalkoholwert ermittelt werden kann. Der Wert ist ein Beweismittel, um eine Straftat nach § 316 StGB oder einer Ordnungswidrigkeit nach § 24a StVG nachweisen zu können.

II. Besondere Form- und Verfahrensvorschriften

1. Verwendungsregelung, § 81a III StPO

842 Dem Beschuldigten entnommene Blutproben oder sonstige Körperzellen dürfen nur für Zwecke des der Entnahme zugrundeliegenden oder eines anderen anhängigen Strafverfahrens verwendet werden; sie sind unverzüglich zu vernichten, sobald sie hierfür nicht mehr erforderlich sind.

---

[702] BVerfGE 27, 211 = NJW 1970, 505.

2. Durchführungskompetenz

Die **einfache körperliche Untersuchung** kann nach § 81d StPO jede geeignete 843 **Person gleichen Geschlechts oder eine Ärztin/ein Arzt** vornehmen.[703]

Auf Verlangen der betroffenen Person soll eine **Person des Vertrauens** zugelas- 844 sen werden, § 81d 3 StPO. Der Beschuldigte ist auf dieses Recht hinzuweisen, § 81d 4 StPO.

Blutprobenentnahmen und andere körperliche Eingriffe dürfen nach § 81a I 2 845 StPO nur von einem **approbierten** Arzt vorgenommen werden.

3. Anordnungskompetenz, § 81a II StPO

Die Anordnung der körperlichen Untersuchung steht dem **Richter** zu. 846

Bei Gefährdung des Untersuchungserfolges (**Gefahr im Verzug**) durch Verzö- 847 gerung steht auch der StA und ihren Ermittlungspersonen die Anordnungs- kompetenz zu.

Merke: Das BVerfG hat 2001 den Begriff der Gefahr im Verzug konkreti- siert.[704] Die wesentlichen Leitsätze sollen hier wiedergegeben werden:

„Der Begriff „Gefahr im Verzug" in Art. 13 II GG ist eng auszulegen; die rich- terliche Anordnung einer Durchsuchung ist die Regel, die nichtrichterliche die Ausnahme."

„Gefahr im Verzug" muss mit Tatsachen begründet werden, die auf den Ein- zelfall bezogen sind. Reine Spekulationen, hypothetische Erwägungen oder lediglich auf kriminalistische Alltagserfahrung gestützte, fallunabhängige Vermutungen reichen nicht aus."

„Eine wirksame gerichtliche Nachprüfung der Annahme von „Gefahr im Verzug" setzt voraus, dass sowohl das Ergebnis als auch die Grundlagen der Entscheidung in unmittelbarem zeitlichem Zusammenhang mit der Durch- suchungsmaßnahme in den Ermittlungsakten dargelegt werden."

Bezogen auf die körperliche Untersuchung, auf die die Ausführungen des 848 BVerfG vollständig anzuwenden sind, bedeutet das, dass die Polizei eine Person zu körperlichen Untersuchung zuerst einmal an den Ort mitnehmen darf, wo die Untersuchung durchgeführt werden soll. Für diese Mitnahme der Person kann Gefahr im Verzug angenommen werden. Für die eigentliche körperliche Untersuchung ist aber unbedingt zumindest der Versuch zu unternehmen, eine richterliche Anordnung einzuholen. Sollte der Richter nicht erreicht werden, sollte immer versucht werden, eine Anordnung der StA zu erwirken. Erst wenn das nicht möglich ist, dürfen die Ermittlungspersonen der StA die Anordnung selbst vornehmen.

„Der Richtervorbehalt ist verletzt, wenn ein Polizeibeamter „entsprechend einer langjährigen Praxis" eine Blutentnahme ohne Einschaltung eines Richters vor-

---

[703] SK-StPO/*Rogall* § 81d Rn. 8.
[704] BVerfGE 103, 142 ff. = JuS 2001, 701 f.

nimmt, obwohl Gefahr im Verzuge nicht gegeben ist. Der Verstoß gegen den Richtervorbehalt führt in einem solchen Fall zu einem Beweisverwertungsverbot, weil ein objektiv willkürliches Vorgehen beziehungsweise ein grober Verstoß des handelnden Polizeibeamten vorliegt."[705]

Am 24.8.2017 ist § 81a II 2 StPO in Kraft getreten. Danach bedarf die Entnahme einer Blutprobe abweichend von § 81a II 1 StPO **keiner richterlichen Anordnung,** wenn bestimmte Tatsachen den Verdacht begründen, dass eine Straftat nach § 315a I Nr. 1, II und III, § 315c I Nr. 1 Buchst. a, II und III oder § 316 StGB begangen worden ist. Es handelt sich dabei um bestimmte Verkehrsstraftaten. Demnach darf die Staatsanwaltschaft und ihre Ermittlungspersonen die Entnahme einer Blutprobe anordnen, ohne vorher einen richterlichen Beschluss einzuholen.[706] Mit Erlass vom 6.12.2017 – 402-57.01.35 hat das IM NRW geregelt, **dass die Entscheidung über die Anordnung der Blutprobenentnahme in den Fällen des § 81a II 2 StPO grundsätzlich bei den Polizeibehörden liegt.** Für die Entnahme einer Blutprobe bei dem Verdacht einer Ordnungswidrigkeit ist in § 46 IV OwiG folgender S. 2 eingefügt worden: „Die Entnahme einer Blutprobe bedarf abweichend von § 81a Absatz 2 Satz 1 der Strafprozessordnung keiner richterlichen Anordnung, wenn bestimmte Tatsachen den Verdacht begründen, dass eine Ordnungswidrigkeit nach den §§ 24a und 24c des Straßenverkehrsgesetzes begangen worden ist." Da die Polizei als Verfolgungsbehörde im Bußgeldverfahren dieselben Rechte und Pflichten wie die Staatsanwaltschaft bei der Verfolgung von Straftaten hat, § 46 II OwiG, ist sie hier direkt anordnungsbefugt, ohne erst Kontakt mit der Staatsanwaltschaft aufnehmen zu müssen.

III. Adressatenregelung

849 Adressat ist der Beschuldigte.

IV. Rechtsfolge

1. Körperliche Untersuchung

850 Die sog. „einfache körperliche Untersuchung" umfasst die Wahrnehmung der äußeren Beschaffenheit des Körpers, zB die Suche nach Kratzspuren, Schmauchspuren. Weitere Beispiele: die Beobachtung des menschlichen Körpers zur Feststellung seiner Beschaffenheit oder Funktion; die Nachschau im Genitalbereich.

2. Körperliche Eingriffe

851 „Unter einem körperlichen Eingriff, der nur von einem Arzt vorgenommen werden darf, ist alles zu verstehen, was zu einer auch noch so geringfügigen **Verletzung des Körpers** führt oder führen kann. Ein körperlicher Eingriff liegt daher vor, wenn natürliche Körperbestandteile wie Blut, Samen oder Urin entnommen, dem Körper Stoffe zugeführt werden oder wenn sonst in das haut- und muskelumschlossene Innere des Körpers eingegriffen wird."[707]

---

[705] OLG Hamm BeckRS 2009, 10370 = Kriminalistik 2009, 630.
[706] *Stam* NVZ 2018, 155; OLG Rostock BeckRS 2017, 140378.
[707] LR/*Krause,* 2003, StPO § 81a Rn. 27.

Körperliche Eingriffe dürfen nur nach den **Regeln der ärztlichen Kunst** vorge- 852
nommen werden. Bei schweren Eingriffen wie zB Hirnkammerluftfüllung,
Liquordiagnostik ist hier ein strenger Maßstab anzulegen; solche Maßnahmen
sind nur in Ausnahmefällen zulässig und zwar bei starkem Tatverdacht und
schwerem strafrechtlichen Vorwurf.[708]

Ein **Nachteil für die Gesundheit** darf durch den Eingriff nicht zu befürchten 853
sein. Der **Einsatz von Brechmitteln** ist nach neuerer Rechtsprechung des Europäischen Gerichtshofs für Menschenrechte unzulässig.[709]

3. Einwilligung

Die Anordnung der körperlichen Untersuchung, der Entnahme von Blutproben 854
und der Vornahme anderer **leichter Eingriffe** ist überflüssig, wenn der Beschuldigte in die Maßnahme einwilligt.

> **Merke:** Die Einwilligung muss ausdrücklich und aufgrund eines freien Ent-
> schlusses erklärt werden.[710] Die bloße Hinnahme der Untersuchung oder des
> Eingriffs kann mithin nicht als ausdrückliche Einwilligung gewertet werden.

Die Belehrung des Beschuldigten[711] und seine Erklärung der Freiwilligkeit sind 855
schriftlich zu dokumentieren.

4. Mitnahme an den Ort der Untersuchung

Der Beschuldigte darf an den Ort, an dem die Untersuchung durchgeführt 856
werden soll, verbracht werden. Im Regelfall wird dies eine Polizeiwache sein.
Möglich ist aber auch das Verbringen zu einem Krankenhaus. §81a I StPO
schreibt nichts zu dieser Rechtsfolge. Das Verbringen an den Untersuchungsort
ist aber eine notwendige Begleitmaßnahme der körperlichen Untersuchung und
gilt daher als ungeschriebene zulässige Rechtsfolge.

D. Sonstiges

I. Verhältnismäßigkeit

Eingriffe in den Körper eines Menschen stellen eine nicht unerhebliche Beein- 857
trächtigung der körperlichen Unversehrtheit dar. Daher ist hierbei der Grundsatz der Verhältnismäßigkeit in besonderem Maße zu prüfen.

Eine körperliche Untersuchung und eine Blutprobe soll in der Regel aus Gründen der Verhältnismäßigkeit bei bestimmten Privatklagedelikten unterbleiben
(Hausfriedensbruch, Beleidigung, einfache Sachbeschädigung), ebenso bei
leichten Vergehen, s. allerdings die Ausnahmen dazu im Erlass.[712]

---

[708] BVerfG NJW 1963, 1597.
[709] EGMR NJW 2006, 3117.
[710] KG Berlin BeckRS 2014, 20810; LG Saarbrücken NStZ-RR 2009, 55; OLG Hamm BeckRS
2010, 29288 = Verkehrsrecht aktuell 2011, 50.
[711] *Böse* JZ 2015, 653 ff.; *Geppert* NStZ 2014, 481 ff.
[712] Feststellung von Alkohol-, Medikamenten- und Drogeneinfluss bei Straftaten und
Ordnungswidrigkeiten; Sicherstellung und Beschlagnahme von Führerscheinen,
RdErl. d. MIK v. 27.4.2015, 402 – 57.01.35, Ziff. 4.4.2.

II. Anwendung des § 81a StPO im Bußgeldverfahren

858 Gemäß § 46 IV OWiG ist § 81a I 2 StPO mit der Einschränkung anzuwenden, dass nur die Entnahme von Blutproben und andere geringfügige Eingriffe zulässig sind. Regelmäßig reicht bei Verdacht einer Ordnungswidrigkeit nach § 24a StVG eine Atemalkoholmessung aus.

859 Diese Messung setzt aber die aktive Beteiligung und die Einwilligung des Betroffenen voraus. Erst wenn er die Messung verweigert, ist eine körperliche Untersuchung und eine Blutprobe nach § 81a I 2 StPO anzuordnen.

860 Auch bei anderen Ordnungswidrigkeiten kann zum Nachweis der Schuldfähigkeit einer Atemalkoholmessung angeboten werden. Ob dann bei Weigerung auch eine Blutprobe entnommen wird, ist unter besonderer Berücksichtigung des Verhältnismäßigkeitsprinzips zu prüfen und eher zu verneinen.

861 Bei Anordnungen der Entnahme von Blutproben im Zusammenhang mit Ordnungswidrigkeiten in Fällen der §§ 24a bzw. 24c StVG ist zu beachten, dass im Bußgeldverfahren die zuständige Verwaltungsbehörde die Stellung der StA einnimmt. Durch die Verordnung zur Bestimmung der für die Verfolgung und Ahndung von Verkehrsordnungswidrigkeiten zuständigen Verwaltungsbehörden vom 25.9.1979, GV. NRW 1979, 652 ist den Polizeibehörden die sachliche Zuständigkeit für die Verfolgung dieser Ordnungswidrigkeiten übertragen worden. Zur Anordnung einer Blutprobe in diesen Fällen → Rn. 848.

36. Kapitel. Körperliche Untersuchungen anderer Personen, § 81c StPO

862 Insbesondere **Zeugen und Tatopfer** sind Adressat der Maßnahmen gem. § 81c StPO. Es handelt sich mithin um Tatunbeteiligte, die einen erheblich stärkeren Schutz gegen polizeiliche Maßnahmen genießen als Beschuldigte. Dem trägt § 81c StPO dadurch Rechnung, indem er als einzigen körperlichen Eingriff die Blutprobe und Zwangsmittel sowohl für die einfache Untersuchung als auch für Eingriffe nur unter den strengeren Voraussetzungen des § 81c VI StPO zulässt.

Hinweis: Typische Anwendungsbeispiele des § 81c StPO sind Sexualstraftaten. Dabei müssen Spuren und Folgen der Tat am Körper der Geschädigten festgestellt werden.

A. Ermächtigungsgrundlage

863 Es wird auf die Ausführungen im vorhergehenden Kapitel. zur Körperlichen Untersuchung des Beschuldigten verwiesen. (→ Rn. 836).

B. Formelle Rechtmäßigkeit

864 Es wird auf die Ausführungen im vorhergehenden Kapitel. zur Körperlichen Untersuchung des Beschuldigten verwiesen. (→ Rn. 838).

C. Materielle Rechtmäßigkeit

I. Tatbestandsvoraussetzungen

1. Anfangsverdacht einer Straftat

Der Anfangsverdacht einer Straftat ist gegeben, wenn hinreichende tatsächliche **865** Anhaltspunkte dafür vorliegen, dass eine strafbare Handlung begangen wurde. Nähere Erläuterungen finden sich bei → Rn. 43 ff.

2. Zu untersuchende Person ist nicht Beschuldigter

Die zu untersuchende Person darf also weder als Täter noch als Teilnehmer der Straftat verdächtig sein.

3. Person kommt als Zeuge in Betracht

Hier gilt der „weite" Zeugenbegriff. Daher können auch Personen, die keine **866** Aussage machen können, zB Babys oder schwerst psychisch Kranke, körperlich untersucht werden.[713]

4. Zur Erforschung der Wahrheit muss festgestellt werden

Die Untersuchung darf nur mit dem Ziel durchgeführt werden, die Wahrheit **867** zu erforschen. Es sollen also Tathergang und die Person des Täters ermittelt werden. Zu einem anderen Zweck, wie der Untersuchung der Glaubwürdigkeit des Zeugen oder des allgemeinen Geisteszustands, darf die Untersuchung nur mit Einwilligung des Betroffenen erfolgen.[714]

5. Ob sich an ihrem Körper eine bestimmte Spur oder Folge der Tat befindet

Unter **Spuren** versteht man dabei die durch die Tat verursachten Veränderungen **868** am Körper des Opfers, die nicht notwendig zu einer Verletzung geführt haben müssen, zB Stichwunden, Einschusskanal, Blutspuren, Haare, Hautreste unter Fingernägeln, Spermien, Schmauchspuren.[715]

Tatfolgen sind solche, die keine Hinweise auf den Täter oder den Tathergang **869** geben, sonst wären sie Spuren der Tat.

> **Beispiel:** Der A sperrt den B in einen Keller ein und verlangt gegenüber C 50.000 EUR Lösegeld. Erst nach zwei Wochen lässt er den B wieder frei. Als Folge der Tat magert B stark ab und ist fünf Kilo leichter. Der Gewichtsverlust bei B ist nicht Spur der Tat, sondern Folge der Tat.

6. Bei Maßnahmen nach § 81c II StPO: die Maßnahme muss unerlässlich sein

Die körperliche Untersuchung zur Feststellung der Abstammung spielt in der **870** polizeilichen Praxis kaum eine Rolle. Daher soll hier nicht näher darauf einge-

---

[713] *Benfer/Bialon* Rechtseingriffe Rn. 1006.
[714] *Frister* in Lisken/Denninger HdB PolizeiR F Rn. 272.
[715] Meyer-Goßner/Schmitt/*Schmitt* StPO § 81c Rn. 12.

gangen werden. Als einzigen körperlichen Eingriff lässt § 81c II StPO die Entnahme einer Blutprobe zu. Dabei darf diese Maßnahme nur durchgeführt werden, wenn sie zur Erforschung der Wahrheit unerlässlich ist. Damit ist diese Norm eine Konkretisierung des Verhältnismäßigkeitsgrundsatzes. Es ist zu prüfen, ob die Entnahme einer Blutprobe erforderlich ist. Sie muss also geeignet und das mildeste Mittel sein, um die Tat aufzuklären.

II. Besondere Form- und Verfahrensvorschriften

1. Untersuchungen zur Abstammung und Blutproben nur durch einen Arzt und nur, wenn keine gesundheitlichen Nachteile zu befürchten sind, § 81c II 1 und 2 StPO

871 Maßnahmen nach § 81c II StPO dürfen nur durch einen approbierten Arzt durchgeführt werden. Dass dabei keine gesundheitlichen Nachteile zu befürchten sein dürfen, versteht sich eigentlich von selbst. Die Entnahme einer Blutprobe ist dann mit einem erheblichen gesundheitlichen Nachteil verbunden, wenn der Betroffene an einer Krankheit leidet, die die Entnahme einer Blutprobe für ihn zu einer Gefahr werden lässt. Das kann zB der Fall sein, wenn die Person Bluter ist. Es gibt auch Fälle, in denen es kaum möglich ist, eine zum Einstich geeignete Vene zu finden. Die Suche nach so einem Blutgefäß kann äußerst schmerzhaft sein. Auch das ist ein gesundheitlicher Nachteil, der dazu führen kann, dass auf die Entnahme der Blutprobe zu verzichten ist.

2. Zumutbarkeit der Untersuchung, § 81c IV StPO

872 Maßnahmen nach den Abs. 1 und 2 sind unzulässig, wenn sie dem Betroffenen bei Würdigung aller Umstände nicht zugemutet werden können. Die Norm stellt eine Konkretisierung des Verhältnismäßigkeitsgrundsatzes dar. Die Ermittlung der Wahrheit und die Schwere der Straftat sind hier gegenüber der Schwere der Grundrechtseingriffe beim Betroffenen abzuwägen. Daher dürfte bei Bagatellstraftaten die körperliche Untersuchung beim Unverdächtigen gegen seinen Willen grundsätzlich unzumutbar sein.[716]

873 „Obwohl das Gesetz nur für § 81c II StPO vorschreibt, dass die körperliche Untersuchung nur von einem **Arzt** vorgenommen werden darf, wird es nicht nur im Allgemeinen zweckmäßig, sondern vielfach auch allein zumutbar sein, dass ein Arzt auch in den Fällen des Abs. 1 die Untersuchung vornimmt."[717]

3. Untersuchungsverweigerungsrecht[718], § 81c III StPO

874 Gemäß § 81c III 1 StPO können Untersuchungen oder Entnahmen von Blutproben aus den gleichen Gründen wie das Zeugnis verweigert werden. Das Untersuchungsverweigerungsrecht des § 81c III StPO knüpft an § 52 StPO an.

875 Auch durch die Duldung einer körperlichen Untersuchung oder eines körperlichen Eingriffs soll der Betroffene nicht dazu beitragen müssen, einen der in § 52 I StPO aufgeführten nahen Angehörigen einer Straftat zu überführen.[719]

---

[716] LR/*Krause* 2003 StPO § 81c Rn. 21.
[717] LR/*Krause* 2003 StPO § 81c Rn. 22.
[718] *Frister* in Lisken/Denninger HdB PolizeiR F Rn. 275 ff.
[719] BGHSt 32, 140 (143) = NJW 1984, 1829.

Der Betroffene ist über sein Verweigerungsrecht nach § 81c III 1 StPO zu **beleh-** 876
ren, § 81c III 2 iVm § 52 III StPO. Zu belehren ist grundsätzlich nur der Betroffene selbst, auch wenn er minderjährig oder aus anderen Gründen nicht ge-
schäftsfähig ist.[720] Problematisch sind in der Praxis mitunter die Fälle des
§ 81c III 2 StPO, wenn also **Minderjährige** wegen mangelnder Verstandesreife
oder Betreute wegen einer psychischen Krankheit oder einer geistigen oder
seelischen Behinderung von der Bedeutung ihres Weigerungsrechts keine ge-
nügende Vorstellung haben.

Für diese Fälle gilt, dass der Betroffene nur untersucht werden darf, wenn der
gesetzliche Vertreter bzw. der Betreuer der Maßnahme zustimmt. Wenn der
gesetzliche Vertreter oder der Betreuer selbst Beschuldigter ist, so kann er über
die Verweigerung der Untersuchung nicht entscheiden. Gleiches gilt für den
nichtbeschuldigten Elternteil, wenn die gesetzliche Vertretung beiden Eltern
zusteht.

§ 81c III 3 StPO bestimmt für diesen Fall:

„Ist der gesetzliche Vertreter von der Entscheidung ausgeschlossen (§ 52 II 2) oder
aus sonstigen Gründen an einer rechtzeitigen Entscheidung gehindert und erscheint
die sofortige Untersuchung oder Entnahme von Blutproben zur Beweissicherung
erforderlich, so sind diese Maßnahmen nur auf besondere Anordnung des Gerichts und, wenn dieses nicht rechtzeitig erreichbar ist, der StA zulässig. Der die
Maßnahmen anordnende Beschluss ist unanfechtbar. Die nach Satz 3 erhobenen
Beweise dürfen im weiteren Verfahren nur mit Einwilligung des hierzu befugten
gesetzlichen Vertreters verwertet werden."

Beispiel: Der Vater eines fünfjährigen Mädchens steht im Verdacht, seine
Tochter sexuell missbraucht zu haben. Das Mädchen soll auf Spuren der
Tat untersucht werden. Bei Kindern unter sieben Jahren ist generell davon
auszugehen, dass sie die Bedeutung und Tragweite des Untersuchungsver-
weigerungsrechts noch nicht erfassen können. Daher müssten jetzt die Eltern
als gesetzliche Vertreter darüber entscheiden, ob sie der körperlichen Untersuchung zustimmen. Der Vater kann aber nicht über dieses Recht entscheiden, da er selbst Beschuldigter der Tat ist. Geht man davon aus, dass beide
Elternteile im vorliegenden Sachverhalt zusammen gesetzliche Vertreter
des Mädchens sind, so kann auch die Mutter nicht darüber entscheiden, ob
die Tochter untersucht werden darf. Hier müsste jetzt eine Anordnung des
Gerichts bzw. der StA eingeholt werden, § 81c III 3 StPO, wenn man davon
ausgeht, dass nicht abgewartet werden kann, bis hier ein Ergänzungspfleger
nach § 1909 BGB bestellt worden ist.

4. Gleichgeschlechtliche oder ärztliche Untersuchung, § 81d StPO

Kann die körperliche Untersuchung das Schamgefühl verletzen, so wird sie von 877
einer Person gleichen Geschlechts oder von einer Ärztin oder einem Arzt vorgenommen. Bei berechtigtem Interesse soll dem Wunsch, die Untersuchung
einer Person oder einem Arzt bestimmten Geschlechts zu übertragen, entspro-

---

[720] BGH NStZ 1996, 95.

chen werden. Auf Verlangen der betroffenen Person soll eine Person des Vertrauens zugelassen werden. Die betroffene Person ist auf die Regelungen der Sätze 2 und 3 hinzuweisen.

5. Unmittelbarer Zwang, § 81c VI StPO

878 Bei Weigerung des Betroffenen gilt die Vorschrift des § 70 StPO entsprechend. Unmittelbarer Zwang darf nur auf besondere **Anordnung des Richters** angewandt werden.

Die Anordnung setzt voraus, dass der Betroffene trotz Festsetzung eines Ordnungsgeldes bei der Weigerung beharrt oder das Gefahr im Verzug gegeben ist.

6. Anordnungskompetenz, § 81c V StPO

879 Die Anordnung steht dem Gericht, bei Gefährdung des Untersuchungserfolges durch Verzögerung auch der StA und ihren Ermittlungspersonen zu. Zum Begriff der Gefahr im Verzug s. die Ausführungen bei → Rn. 847.

III. Adressatenregelung

880 Als Adressat kommen andere Personen als der Beschuldigte infrage. Das können Zeugen „im weiteren Sinn" bzw. Tatopfer sein.

IV. Rechtsfolge

881 § 81c I StPO lässt die **körperliche Untersuchung** gegen den Willen des Betroffenen zu. Die sog. „einfache körperliche Untersuchung" umfasst die Wahrnehmung der äußeren Beschaffenheit des Körpers, also die Körperoberfläche und die ohne Weiteres zugänglichen Körperöffnungen, also Mund, Ohren und Nase.

882 Als einzigen **körperlichen Eingriff** gegen den Willen des Betroffenen lässt § 81c II StPO die Blutprobe zu. Andere Eingriffe, wie zB einen Scheidenabstrich, sind nur mit Einwilligung des Betroffenen zulässig.[721]

883 Ungeschrieben erlaubt § 81c StPO, dass die betroffene Person an den Ort gebracht wird, wo die Untersuchung durchgeführt werden kann. Das kann die Polizeiwache sein. In vielen Fällen des § 81c StPO wird es nötig sein, die körperliche Untersuchung in einer Arztpraxis oder einem Krankenhaus vorzunehmen.

37. Kapitel. Die erkennungsdienstliche Behandlung zur Gefahrenabwehr, § 14 PolG NRW[722]

884 Erkennungsdienstliche Behandlungen können aufgrund unterschiedlicher **Zielrichtungen** erfolgen. In den folgenden Ausführungen geht es um erkennungsdienstliche Behandlungen zur Strafverfolgung und zur Gefahrenabwehr, wobei der Erkennungsdienst zur Gefahrenabwehr letztlich mit der Zielrichtung einer vorbeugenden Bekämpfung von Straftaten durchgeführt wird.

---

[721] *Frister* in Lisken/Denninger HdB PolizeiR F Rn. 272.
[722] Ausführlich dazu: *Keller* Kriminalistik 2014, 127 ff.

Darüber hinaus ist eine erkennungsdienstliche Behandlung auch zur Feststellung der Identität möglich und zwar dann, wenn andere Maßnahmen zur Identitätsfeststellung nicht zum Erfolg geführt haben. Im Rahmen der Strafverfolgung ist die erkennungsdienstliche Behandlung zur Feststellung der Identität von der Ermächtigungsnorm des § 163b StPO erfasst. Bei der gefahrenabwehrenden Identitätsfeststellung ist die erkennungsdienstliche Behandlung in § 12 II PolG NRW iVm § 14 I Nr. 1 PolG NRW geregelt.

§ 81b StPO unterscheidet **zwei Alternativen**. § 81b StPO Alt. 1 hat strafverfolgen- **885** den Charakter, dh hier geht es darum, eine erkennungsdienstliche Behandlung durchzuführen, um letztlich eine strafbare Handlung zu beweisen.

> **Beispiel:** Nach einem Wohnungseinbruch werden Fingerabdrücke festgestellt und gesichert. Im Rahmen der Ermittlungen wird der A zum Beschuldigten. Um Beweis zu erbringen, dass die festgestellten Fingerabdrücke vom A stammen, wird dieser gem. § 81b Alt. 1 StPO erkennungsdienstlich behandelt.

§ 81b Alt. 2 StPO hat Gefahren abwehrenden Charakter, denn hier geht es darum, für die **künftige Strafverfolgung** vorzusorgen. Damit ist § 81b Alt. 2 StPO dem materiellen Polizeirecht zuzuordnen und ist eigentlich nicht in der StPO zu regeln.[723] „Unter Berücksichtigung der Rechtsprechung des BVerfG wird hierin aber eine mit der Strafverfolgung eng „verwandte" Strafverfolgungsvorsorge gesehen, für die der Bund nach Art. 74 Nr. 1 GG die Gesetzgebungskompetenz hat."[724]

Erkennungsdienstliche Behandlungen nach § 81b Alt. 2 StPO gehören nach hM zur Verwaltungsgerichtsbarkeit.[725]

A. Ermächtigungsgrundlage

I. Grundrechtseingriff

Die erkennungsdienstliche Behandlung im Rahmen des § 14 PolG NRW hat **886** zweifellos Gefahren abwehrenden Charakter.

In erster Linie ist ein grundrechtlicher Eingriff in Art. 2 I GG iVm Art. 1 I GG des Rechts auf informationelle Selbstbestimmung und/oder des Rechts am eigenen Bild gegeben. Regelmäßig sind ebenso Beeinträchtigungen des Rechts auf Freiheit der Person in Form von **Freiheitsbeschränkungen** gem. Art. 2 II 2 GG gegeben. Länger andauernde Maßnahmen können auch Freiheitsentziehungen sein.[726]

II. Handlungsform

Maßnahmen nach § 14 PolG NRW sind Verwaltungsakte im Sinne des Verwal- **887** tungsverfahrensgesetzes.

---

[723] AA *Frister* in Lisken/Denninger HdB PolizeiR F Rn. 283; ebenso *Mayer* Kriminalistik 2015, 520 ff.
[724] Meyer-Goßner/Schmitt/*Schmitt* StPO § 81b Rn. 3.
[725] *Tegtmeyer/Vahle* PolG NRW § 14 Rn. 10; SK-StPO/*Rogall* § 81b Rn. 8 ff.; OVG Bautzen BeckRS 2017, 116497 Rn. 8.
[726] *Tegtmeyer/Vahle* PolG NRW § 14 Rn. 4.

B. Formelle Rechtmäßigkeit

888 Die erkennungsdienstliche Behandlung dient der **Gefahrenabwehr** iSd § 1 I PolG NRW. Es sind die allgemeinen Form- und Verfahrensvorschriften der §§ 28, 37, 39 und 41 VwVfG zu beachten.

C. Materielle Rechtmäßigkeit

I. Tatbestandsvoraussetzungen

1. § 14 I 1 PolG NRW

889 a) Zulässige Identitätsfeststellung nach § 12 PolG NRW. Die Zulässigkeit der Identitätsfeststellung richtet sich nach § 12 PolG NRW. Die erkennungsdienstliche Behandlung kommt dann in Betracht, wenn die zulässigen Rechtsfolgen aus § 12 II PolG NRW nicht ausreichen.

890 b) Identitätsfeststellung ist auf andere Weise nicht oder nur unter erheblichen Schwierigkeiten möglich. Dieser Grundsatz ergibt sich bereits aus § 12 II PolG NRW, denn die durch § 14 PolG veranlassten Maßnahmen können regelmäßig nur auf der Dienststelle durchgeführt werden. Ist der Anlass der Identitätsfeststellung nur geringfügig und liegen keine Anhaltspunkte dafür vor, dass der Betroffene eine **falsche Auskunft** gegeben hat, so muss die Polizei die noch bestehende Ungewissheit über dessen Identität hinnehmen.

„Das Interesse des Einzelnen, von einer solch belastenden Maßnahme verschont zu werden, überwiegt in diesen Fällen das öffentliche Interesse an der polizeilichen Aufgabenerfüllung."[727]

2. § 14 I 2 PolG NRW

891 a) Betroffener ist verdächtig, eine mit Strafe bedrohte Handlung begangen zu haben. Mit dieser Formulierung stellt der Gesetzgeber klar, dass es sich bei § 14 I 2 PolG NRW nicht um eine mit § 81b Alt. 2 StPO überschneidende Regelung handelt.

Maßnahmen nach § 14 I 2 PolG NRW kommen nur gegen Personen in Betracht, die nicht „Beschuldigte" sind.

Beispiele: Strafunmündige (Kinder) oder rechtskräftig Verurteilte.

Praktisch hat § 81b Alt. 2 StPO eine wesentlich größere Bedeutung, da derartige Maßnahmen in der Regel gegen **„Beschuldigte"** getroffen werden.

„Eine auf das Polizeigesetz gestützte erkennungsdienstliche Behandlung kommt somit nur in Betracht, wenn der Verdächtige strafunmündig ist."[728]

892 b) Wegen der Art und Ausführung besteht die Gefahr der Wiederholung. Es müssen Hinweise vorliegen, dass der Betroffene künftig erneut straffällig wird. Dabei ist es ausreichend, wenn nach den gesamten Umständen des Falls **begründete Anhaltspunkte** dafür bestehen, dass der Betroffene künftig oder

---

[727] *Frister* in Lisken/Denninger HdB PolizeiR E Rn. 401.
[728] *Benfer/Bialon* Rechtseingriffe Rn. 1027.

anderwärts gegenwärtig strafrechtlich in Erscheinung treten wird und deswegen mit guten Gründen in den Kreis potentieller Beteiligter an einer strafbaren Handlung einbezogen werden kann. „Für die Beantwortung dieser Frage ist auch auf kriminologische Erkenntnisse und kriminalistische Erfahrungen zurückzugreifen."[729]

> **Hinweis:** Hierzu die Ausführungen zu § 81b Alt. 2 StPO → Rn. 907 ff.

c) Die erkennungsdienstlichen Maßnahmen sind zur vorbeugenden Be- 893
kämpfung von Straftaten erforderlich. Insofern die Gefahr der **Wiederholung** begründet wurde, muss dann die erkennungsdienstliche Behandlung geeignet und erforderlich zur vorbeugenden Bekämpfung von Straftaten sein.[730] Zur Erforderlichkeit gehört, dass die Maßnahmen der erkennungsdienstlichen Behandlung dem Grundsatz des mildesten Mittels entsprechen müssen.

II. Besondere Form- und Verfahrensvorschriften

Da es sich bei § 14 PolG NRW um einen Verwaltungsakt handelt, sind die Vor- 894
schriften des Verwaltungsverfahrensgesetzes anzuwenden.

Gemäß § 14 III PolG NRW ist der Betroffene bei Vornahme der Maßnahme darüber zu belehren, dass er die **Vernichtung** der erkennungsdienstlichen Unterlagen verlangen kann, wenn die Voraussetzungen für ihre weitere Aufbewahrung entfallen sind.

Grundsätzlich gelten wie bei allen Datenerhebungsmaßnahmen die allgemeinen Vorschriften zur Datenerhebung der §§ 9 III–VI PolG NRW.

Zur **Anordnung** ist jeder Polizeibeamte berechtigt.   895

III. Adressatenregelung

Die Adressatenregelung richtet sich bei § 14 I 1 PolG NRW nach der Grundmaß- 896
nahme. Adressat einer polizeilichen Maßnahme nach § 14 I 2 PolG NRW ist der Betroffene. Der Adressat ergibt sich demnach hier aus § 14 PolG NRW.

IV. Rechtsfolge

Als Rechtsfolge kommen die in § 14 IV PolG NRW genannten Maßnahmen in 897
Betracht:

1. Abnahme von Finger- und Handflächenabdrücken,
2. Aufnahme von Lichtbildern,
3. Feststellung äußerer körperlicher Merkmale,
4. Messungen.

Diese Maßnahmen sind nicht abschließend geregelt. Demzufolge sind ähnliche Maßnahmen zugelassen, soweit sie keinen stärkeren Eingriff in Grundrechte

---

[729] *Tegtmeyer/Vahle* PolG NRW § 14 Rn. 11.
[730] Nach neuerer Rechtsprechung sind ED-Behandlungen zur Gefahrenabwehr nach dem jeweiligen PolG nur noch zur Verhütung von Straftaten zulässig: OVG Lüneburg BeckRS 2015, 44635.

des Betroffenen beinhalten (Fixierung des Klanges der Stimme auf einem Tonträger, Schriftproben).[731]

38. Kapitel. Die erkennungsdienstliche Behandlung zur Strafverfolgung, § 81b StPO[732]

A. Ermächtigungsgrundlage

I. Grundrechtseingriff

898 Je nach Art des durchgeführten Eingriffs kommt es zu Beeinträchtigungen des Grundrechts auf informationelle Selbstbestimmung und/oder des Rechts am eigenen Bild gem. Art. 2 I GG iVm Art. 1 I GG. Regelmäßig sind ebenso Beeinträchtigungen des Rechts auf Freiheit der Person in Form von **Freiheitsbeschränkungen** gem. Art. 2 II GG gegeben.

II. Handlungsform

899 Bei der Maßnahme nach § 81b Alt. 1 StPO handelt es sich um einen **Justizverwaltungsakt**. Aus den oben genannten Ausführungen konsequent folgernd handelt es sich bei § 81b Alt. 2 StPO um einen Verwaltungsakt, § 35 S. 1 VwVfG NRW.

B. Formelle Rechtmäßigkeit

900 Je nach Intension des Eingriffs ist die Maßnahme der Strafverfolgung oder der Gefahrenabwehr zuzuordnen. Das **Bundesverwaltungsgericht** hat entschieden, dass sich die Zuständigkeit für polizeiliche Maßnahmen der Strafverfolgungsvorsorge nach **§ 81b Alt. 2 StPO** nicht nach der Strafprozessordnung beurteilt, sondern nach den Polizeigesetzen der Länder.[733]

C. Materielle Rechtmäßigkeit

I. Tatbestandsvoraussetzungen

1. § 81b Alt. 1 StPO

901 **a) Verdacht einer Straftat.**

> **Hinweis:** S. die Ausführungen zum Verdacht einer Straftat → Rn. 43 ff.

902 **b) Beschuldigter.** Beschuldigter ist diejenige Person, gegen die sich das Strafverfahren richtet. Zum Beschuldigten wird jemand, wenn die Strafverfolgungsbehörden gegen ihn Ermittlungsmaßnahmen ergreifen (s. allgemeiner Teil, Grundbegriffe der Strafverfolgung).

> **Hinweis:** S. die Ausführungen zum Beschuldigten → Rn. 46 ff.

---

[731] *Rachor* in Lisken/Denninger HdB PolizeiR E Rn. 396.
[732] Ausführlich: *Keller* Kriminalistik 2014, 263 ff.; Fallbearbeitung in *Bialon/Springer* Fälle EingriffsR Fall 25.
[733] BVerwG BeckRS 2006, 21480 = JuS 2006, 1039.

c) Zwecke der Durchführung des Strafverfahrens. Für die Zwecke des Straf- 903
verfahrens heißt, dass ein Beweiswert für die aktuelle Straftat vorliegen muss.
Die Maßnahme dient zur Beweissicherung oder Beweiserhärtung im konkret
vorliegenden Fall.

d) Notwendigkeit. Die Maßnahme ist dann notwendig, wenn sie ein geeigne- 904
tes Mittel zur Erforschung der Wahrheit ist.[734] „Im Strafverfahren ergibt sich
die Notwendigkeit und ihre Grenzen aus der Sachaufklärungspflicht (§ 244 II
StPO)."[735]

2. § 81b Alt. 2 StPO[736]

a) Verdacht einer Straftat. 905

> **Hinweis:** S. die Ausführungen zu Grundbegriffe der Strafverfolgung
> → Rn. 43 ff.

b) Beschuldigter. 906

> **Hinweis:** S. die Ausführungen zu Grundbegriffe der Strafverfolgung
> → Rn. 46 ff.

c) Zwecke des Erkennungsdienstes. „Zwecke des Erkennungsdienstes" sind 907
darauf gerichtet, dass die Maßnahme nicht zur Überführung eines Beschuldigten dient, sondern damit ist die **vorsorgliche Bereitstellung** der durchgeführten
Maßnahmen des Erkennungsdienstes für die Erforschung und Aufklärung von
künftigen Straftaten gemeint.

In diesem Sinne werden Daten des Beschuldigten während eines anhängigen
Strafverfahrens unabhängig vom aktuellen Beweiswert vorsorglich für **künftige Ermittlungsverfahren** erhoben und auch nach Abschluss des Ermittlungsverfahrens aufbewahrt. Gesetzliche Ermächtigungsgrundlage für die weitere
Aufbewahrung und Speicherung des erkennungsdienstlichen Materials ist
§ 484 IV StPO.[737]

d) Notwendigkeit. Notwendig sind die Maßnahmen vor allem bei gewerbs- 908
oder gewohnheitsmäßig Handelnden oder sonstigen **Rückfalltätern**. „Bei anderen Beschuldigten kommt es darauf an, ob an ihnen wegen der Art und Schwere ihrer Straftaten ein besonderes kriminalistisches Interesse besteht. Maßgebend
ist, ob Anhaltspunkte dafür vorliegen, dass der Beschuldigte in ähnlicher oder
anderer Weise erneut straffällig werden könnte und ob die erkennungsdienstlichen Unterlagen zur Förderung der dann zu führenden Ermittlungen geeignet
erscheinen."[738]

Die Notwendigkeit ist dann nicht gegeben, wenn bereits noch aktuelle und
umfassende Unterlagen vorhanden sind.

---

[734] *Kaefer* Kriminalistik 1993, 644 ff.
[735] Meyer-Goßner/Schmitt/*Schmitt* StPO § 81b Rn. 12.
[736] Überblicksartikel: *Kleinschmidt* Kriminalistik 2013, 252 ff.
[737] *Benfer/Bialon* Rechtseingriffe Rn. 1046; VG Düsseldorf BeckRS 2013, 56809.
[738] Meyer-Goßner/Schmitt/*Schmitt* StPO § 81b Rn. 12; OVG Bautzen BeckRS 2017, 116497
Rn. 9 f.

909 Die zu begründende Wiederholungsgefahr muss nicht für gleiche, wohl aber für vergleichbar schwere Taten bestehen.

Zur Beurteilung können folgende Kategorien hilfreich sein:[739]

1. Art und Begehungsweise der Tat (Triebtat, Bandendelikt, Gewerbsmäßigkeit, professionelle Tatbegehung, hohe kriminelle Energie, sexuell motiviert, besonders brutal),
2. Frühere Taten des Beschuldigten sowie die Wirkung von Strafen und Resozialisierungsmaßnahmen,
3. Persönlichkeitsstruktur, soziales Umfeld,
4. Kriminologische Erkenntnisse über die Rückfallquote im relevanten Deliktsbereich.

910 „Der Grundsatz der **Notwendigkeit** übt auch eine Begrenzungsfunktion in Richtung des Umfangs einer erkennungsdienstlichen Behandlung aus. Notwendig ist die Art der Behandlung, die den dargestellten polizeilichen Zweck erfüllen hilft und dazu geeignet ist. Es kann nicht richtig sein, jeden Straftäter, der einer erkennungsdienstlichen Behandlung unterworfen wird, einem schematisierten Verfahren auszusetzen, ohne Rücksicht darauf, ob die gewonnenen Daten überhaupt geeignet sind, als Beweismittel in dem laufenden oder einem zukünftigen Verfahren zu dienen."[740]

Das bedeutet, dass die Notwendigkeit auch eine Begrenzung darstellt, welche Maßnahme der erkennungsdienstlichen Behandlung zielführend ist, sodass nicht grundsätzlich der gesamte Katalog möglicher erkennungsdienstlicher Maßnahmen durchzuführen ist.

II. Besondere Form- und Verfahrensvorschriften

911 §81d StPO gilt auch für körperliche Behandlungen erkennungsdienstlicher Art, wenn sie das Schamgefühl der jeweiligen Person verletzen können. Eine solche Behandlung ist entsprechend §81d I 1 StPO einer Person gleichen Geschlechts zu übertragen. Ein Arzt oder eine Ärztin wird nicht zwingend erforderlich sein.

912 Zur **Anordnung** ist jeder Polizeibeamte berechtigt. Insofern es sich um Anordnungen nach §81b Alt. 2 StPO handelt (Verwaltungsakte), sind die Vorschriften der §§28, 37, 39 und 41 VwVfG zu beachten.

Die Anordnung von Maßnahmen für erkennungsdienstliche Zwecke kann nur im Verwaltungsrechtweg angefochten werden. Wenn nicht nach §80 II 1 Nr. 4 VwGO die sofortige Vollziehung angeordnet wird, hat die Anfechtungsklage nach §80 I VwGO aufschiebende Wirkung.[741]

III. Adressatenregelung

913 Adressat der Maßnahme ist der Beschuldigte.

---

[739] *Osterlitz* EingriffsR II 379; OVG Münster BeckRS 2013, 59468; OVG Bautzen Beschl. v. 16.12.2013 – 3 D 77/13; OVG Berlin-Brandenburg BeckRS 2013, 59231.
[740] *Benfer/Bialon* Rechtseingriffe Rn. 1051.
[741] Meyer-Goßner/Schmitt/*Schmitt* StPO §81b Rn. 22.

IV. Rechtsfolge

Zulässige Maßnahmen: **914**

- Anfertigung von Lichtbildern,
- Vornahme von Fingerabdrücken,
- Vornahme von Messungen,
- Ähnliche Maßnahmen,
- Feststellung äußerlicher Merkmale,
- Schriftproben, Handflächen- oder Fußabdrücke, Aufnahme der Verdächtigenstimme auf Tonband.[742]

„Lichtbilder dürfen sowohl als Einzelfotos als auch durch Fotografieren des **915** Beschuldigten mit einem festnehmenden Polizeibeamten hergestellt werden, wie es zB aus Gründen der Beweisführung bei Festnahmen im Verlaufe von Demonstrationen geschieht."[743]

Haarproben sind der körperlichen Untersuchung nach § 81a StPO zuzurechnen. **916** Die mit der erkennungsdienstlichen Behandlung verbundene Freiheitsbeschränkung ist von § 81b StPO abgedeckt.

„Soweit **älteres Material** für Zwecke des Erkennungsdienstes nicht mehr geeig- **917** net ist, können neue Maßnahmen vorgenommen werden" (zB neue Bilder nach fast sechs Jahren oder dann, wenn die Person ihr Aussehen stark verändert hat).[744]

39. Kapitel. Polizeiliche Maßnahme der Vorladung

> **Merke:** Die Maßnahmen der erkennungsdienstlichen Behandlung stehen in einem engen Zusammenhang mit dem polizeilichen Recht der Vorladung. Themenorientiert wird an dieser Stelle die polizeiliche Maßnahme der Vorladung dargestellt:

„Die Vorladung ist das **rechtliche Gebot** an eine bestimmte, namentlich bekann- **918** te Person, zu einer bestimmten Zeit an einem bestimmten Ort zu erscheinen und dort bis zur Erledigung der in der Vorladung bezeichneten Angelegenheit zu verweilen."[745]

Bei der polizeilichen Vorladung wird der Ort, zu welchem der Pflichtige kommen muss, meistens eine Dienststelle der Polizei sein.

---

[742] *Benfer/Bialon* Rechtseingriffe Rn. 1034.
[743] *Benfer/Bialon* Rechtseingriffe Rn. 1033.
[744] Meyer-Goßner/Schmitt/*Schmitt* StPO § 81b Rn. 12a; OVG Bautzen Beschl. v. 4.2.2014 – 3 A 734/13; VG Düsseldorf BeckRS 2012, 58213.
[745] *Rachor* in Lisken/Denninger HdB PolizeiR E Rn. 420.

A. Ermächtigungsgrundlage

I. Grundrechtseingriff

919 Mit der Vorladung liegt ein Eingriff in das Grundrecht auf allgemeine Handlungsfreiheit gem. Art. 2 I GG vor. Mit der Vorladung selbst ist noch kein Eingriff in das Recht auf Freiheit der Person gem. Art. 2 II 2 GG gegeben. Auch die zwangsweise Durchsetzung der Vorladung, die Vorführung, ist keine Freiheitsentziehung. Somit ist von einer **freiheitsbeschränkenden Maßnahme**[746] auszugehen. Trotzdem ist diese zwangsweise Durchsetzung mit einem Richtervorbehalt versehen (§ 36 PolG NRW) und wird damit einer Freiheitsentziehung gleich gestellt.

II. Handlungsform

920 Die Vorladung ist ein **belastender Verwaltungsakt**, der in schriftlicher oder mündlicher Form ergehen kann.

B. Formelle Rechtmäßigkeit

921 Die Vorladung dient der Gefahrenabwehr iSd § 1 I PolG NRW.

Es sind die allgemeinen Form- und Verfahrensvorschriften der §§ 28, 37, 39 und 41 VwVfG NRW zu beachten.

C. Materielle Rechtmäßigkeit

I. Tatbestandsvoraussetzungen

1. § 10 I Nr. 1 PolG NRW

922 **a) Tatsachen rechtfertigen die Annahme.** Tatsachen sind gerichtlich nachprüfbare Informationen. Daher hat die Polizei diese Fakten auch zu dokumentieren und bei Gericht vorzulegen.[747]

923 **b) Person kann sachdienliche Angaben machen.** Sachdienliche Angaben können solche über Personen oder Sachverhalte sein. Dabei kommt es nicht darauf an, ob der Betroffene zur Auskunftserteilung verpflichtet ist.

Aussagepflichten können nur im Rahmen des § 9 II PolG NRW bestehen.

> **Beispiel:** Im Rahmen der Suche nach einem vermissten Kind erfährt die Polizei, dass sich der A in der Nähe des letzten Aufenthaltsortes des Kindes aufgehalten hat und angeblich gesehen haben soll, wie eine Person auf das Kind zugegangen ist. Die Vorladung richtet sich nach § 10 PolG NRW, eine Befragung ist auf § 9 PolG NRW zu stützen.[748]

924 **c) Zur Erfüllung einer bestimmten polizeilichen Aufgabe.** Die bestimmte polizeiliche Aufgabe kann nur eine **Aufgabe der Gefahrenabwehr** sein. Die

---

[746] *Tegtmeyer/Vahle* PolG NRW § 10 Rn. 1; *Schütte/Braun/Keller* PolG NRW § 10 Rn. 3.
[747] BVerfG NJW 2015, 2787; BVerfGE 139, 245 ff. = NJW 2015, 2787; OLG München BeckRS 2015, 08312.
[748] *Tegtmeyer/Vahle* PolG NRW § 10 Rn. 5.

Vorladung ist nicht zulässig, wenn die Angaben der Aufklärung einer Straftat oder Ordnungswidrigkeit dienen sollen. Nach der Strafprozessordnung ist niemand zur Aussage und zum Erscheinen bei der Polizei verpflichtet. §§ 133 ff., 161a, 163a StPO enthalten insoweit abschließende Regelungen.

d) Erforderlichkeit. „Die Vorladung ist unter dem Gesichtspunkt der Erforder- 925 lichkeit nicht zulässig, wenn das mit der Vorladung verbundene Ziel auch einfacher auf andere Weise beschafft werden kann."[749]

2. § 10 I Nr. 2 PolG NRW

a) Durchführung erkennungsdienstlicher Maßnahmen. Die Vorladung zur 926 erkennungsdienstlichen Behandlung bezieht sich nach hier vertretener Auffassung nur auf § 14 PolG NRW. Vorladungen, die sich auf erkennungsdienstliche Maßnahmen nach § 81b Alt. 1 oder Alt. 2 StPO beziehen, stützen sich nicht auf § 10 PolG NRW, sondern auf die Bestimmungen des § 81b StPO selbst.[750]

In diesem Zusammenhang findet sich auch die Meinung, dass eine Vorladung zur erkennungsdienstlichen Behandlung nach § 81b Alt. 2 StPO auf § 10 PolG NRW zu stützen ist, weil § 81b StPO als eine Maßnahme der Gefahrenabwehr dem Verwaltungsrecht zugeordnet wird, demzufolge einen Verwaltungsakt darstellt und deshalb in letzter Konsequenz auch eine Vorladung auf § 10 PolG NRW gestützt werden muss.

Hier wird die Rechtsauffassung vertreten, dass § 81b Alt. 2 StPO ein Verwaltungsakt iSv § 35 VwVfG NW ist. Für die Durchsetzung dieser Maßnahme sind die Bestimmungen des VwVfG NW und der VwGO heranzuziehen. Es sind die Regeln des allgemeinen Verwaltungsrechts zu beachten. Für den Rechtsschutz ist der Verwaltungsrechtsweg entscheidend. Eine Vorladung stützt sich dennoch nicht auf § 10 PolG NRW, sondern ergibt sich unmittelbar aus § 81b StPO.

b) Erforderlichkeit. Liegen die Voraussetzungen für eine erkennungsdienstli- 927 che Behandlung vor, so ist die Aufforderung an den Betroffenen, sich auf der Dienststelle einzufinden, eine erforderliche Maßnahme, denn die technischen Mittel zur Vornahme der erkennungsdienstlichen Behandlung finden sich nur dort.[751]

II. Besondere Form- und Verfahrensvorschriften

Gemäß § 10 II PolG NRW soll bei der Vorladung der Grund angegeben werden. 928 Bei der Festsetzung des Zeitpunkts soll auf den Beruf und die sonstigen Lebensverhältnisse Rücksicht genommen werden.

Die Entschädigung von Zeugen und Sachverständigen richtet sich nach § 10 V PolG NRW.

Die **Anordnung** für die Vorladung kann durch jeden Polizeibeamten erfolgen. 929 Die **zwangsweise Durchsetzung** darf nur aufgrund richterlicher Anordnung

---

[749] *Tegtmeyer/Vahle* PolG NRW § 10 Rn. 6.
[750] *Tegtmeyer/Vahle* PolG NRW § 10 Rn. 8; SK-StPO/*Rogall* § 81b Rn. 36; OLG Hamm BeckRS 2012, 10003.
[751] *Rachor* in Lisken/Denninger HdB PolizeiR E Rn. 427.

und nur unter bestimmten Voraussetzungen erfolgen, es sei denn, dass Gefahr im Verzuge vorliegt.

III. Adressatenregelung

930 Adressat der Maßnahme ist derjenige, der sachdienliche Angaben machen kann bzw. derjenige, der erkennungsdienstlich behandelt werden soll. Insofern ergibt sich der Adressat aus der Maßnahme selbst.

IV. Rechtsfolge

931 Der Betroffene darf schriftlich oder mündlich aufgefordert werden, zu den genannten Zwecken an einem von der Polizei bestimmten Ort zu einem bestimmten Zeitpunkt zu erscheinen.

D. Zwangsweise Durchsetzung der Vorladung – Vorführung

932 **I. Voraussetzung**

Wenn der Vorladung ohne hinreichenden Grund keine Folge geleistet wird (§ 10 III PolG NRW), so ist an eine zwangsweise Durchsetzung zu denken. Dabei sind die Vorschriften des §§ 50 I ff. PolG NRW heranzuziehen. Allerdings hat der Gesetzgeber durch § 10 III PolG NRW die Anwendung von **Zwang zur Durchsetzung** einer Vorladung erheblich eingeschränkt.

Die zwangsweise Durchsetzung ist nur zulässig, wenn

- die Angaben zur Abwehr einer Gefahr für Leib, Leben oder Freiheit einer Person erforderlich sind oder

  Beispiel: Im Rahmen einer Entführungslage hat die Polizei gesicherte Erkenntnisse, dass der B den Aufenthaltsort des entführten Kindes kennt.[752]

- zur Durchführung erkennungsdienstlicher Maßnahmen

933 Ist die Vorführung inhaltlich nicht auf diese Zwecke ausgerichtet, ist die Vorführung unzulässig. Die zwangsweise Vorführung darf gem. § 10 III PolG NRW nur aufgrund richterlicher Anordnung erfolgen, es sei denn, dass Gefahr im Verzuge vorliegt.

Im Einzelnen gilt:

1. Die **zwangsweise Vorführung** zwecks erkennungsdienstlicher Behandlung nach § 81b Alt. 1 StPO stützt sich auf § 81b StPO selbst. Damit ist auch die Befugnis einer sofortigen zwangsweisen Durchsetzung verbunden.
2. Die Vorladung zu einer erkennungsdienstlichen Behandlung nach § 81b Alt. 2 StPO stützt sich unmittelbar auf § 81b StPO. Die Anordnung der erkennungsdienstlichen Behandlung auf der Grundlage des § 81b Alt. 2 StPO ist ein **Verwaltungsakt**. Kommt der Beschuldigte der Aufforderung nicht nach, sondern strebt er den Klageweg an, so wird die Annahme einer unaufschiebbaren Maßnahme eines Polizeivollzugsbeamten iSd § 80 II Nr. 2 VwGO nicht in

---

[752] *Tegtmeyer/Vahle* PolG NRW § 10 Rn. 10.

Betracht kommen. In besonderen Eilfällen kann eine sofortige Vollziehung iSd § 80 II Nr. 4 VwGO angeordnet werden.

3. Die Vorladung zu einer erkennungsdienstlichen Behandlung nach § 14 PolG NRW richtet sich nach § 10 PolG NRW. Bei der **zwangsweisen Vorführung** sind die Grundsätze der §§ 10 III, 50 PolG NRW zu beachten. Bei angestrebter Klage ist die Frist abzuwarten oder eine sofortige Vollziehung iSd § 80 II Nr. 4 VwGO anzuordnen.

II. Zeitpunkt

Ab wann kann nun sofortige Vollziehung angeordnet werden? **934**

Die sofortige Vollziehung gem. § 80 II Nr. 4 VwGO ist vom **sofortigen Vollzug** nach § 50 II PolG NRW zu unterscheiden. Der Sofortvollzug nach § 50 II PolG NRW ist unter anderem möglich zur Abwehr einer gegenwärtigen Gefahr und kommt in Betracht, wenn ein Verwaltungsakt noch nicht erlassen wurde. Für die hier zu betrachtende Maßnahme einer erkennungsdienstlichen Behandlung kommt ein sofortiger Vollzug iSd § 50 II VwGO in der Regel nicht in Betracht.

Gemäß § 80 II Nr. 2 VwGO entfällt die **aufschiebende Wirkung** der Anfechtungs- **935** klage bei unaufschiebbaren Anordnungen und Maßnahmen von Polizeivollzugsbeamten.

Diese Regelung erfasst Sachverhalte, in denen ein sofortiges Eingreifen polizeilicher Vollzugsbeamter erforderlich ist. § 80 II Nr. 2 VwGO ist auf Sachverhalte, bei denen vom Schreibtisch aus eine Anordnung erteilt wird, somit regelmäßig nicht anzuwenden.

In der Verwaltungsgerichtsbarkeit gibt es auch das Instrument der **sofortigen** **936** **Vollziehung** gem. § 80 II Nr. 4 VwGO. Die Verwaltungsbehörde wird hiermit ermächtigt, die gem. § 80 I VwGO eintretende aufschiebende Wirkung der Anfechtungsklage durch die Anordnung einer sofortigen Vollziehung auszuschließen.

Gemäß § 80 II Nr. 4 VwGO entfällt die aufschiebende Wirkung in den Fällen, in denen die sofortige Vollziehung im **öffentlichen Interesse** oder im überwiegenden Interesse eines Beteiligten von der Behörde, die den Verwaltungsakt erlassen oder über den Widerspruch zu entscheiden hat, besonders angeordnet wird.[753] Das die **Anordnung** rechtfertigende öffentliche Interesse kann sich insbesondere daraus ergeben, dass mit weiteren Delikten des Betroffenen zu rechnen ist und die Polizei demgemäß auf aktuelle erkennungsdienstliche Unterlagen angewiesen ist, auf die sie dann zurückgreifen kann.

Die sog. sofortige Vollziehung nach § 80 II Nr. 4 VwGO kommt in Betracht, wenn **937** ein uU langjähriges Verwaltungsstreitverfahren den Erfolg der polizeilichen Maßnahmen (Gewinnung von erkennungsdienstlichen Unterlagen) gefährden würde.

---

[753] Es besteht zB kein öffentliches Interesse einer angeordneten erkennungsdienstlichen Behandlung, wenn es sich um die einmalige Tat eines Jugendlichen handelt und dessen Familie angemessen auf die Straftat reagiert hat; vgl. VG München StraFo 2004, 52.

„Prüfstein ist die Frage, ob die Polizei es hinnehmen kann, dass sie erst nach einem – uU lang dauernden – Verwaltungsstreitverfahren über die erforderlichen Unterlagen verfügt."[754]

938 **Exkurs: Praxisbezug zur erkennungsdienstlichen Behandlung und Vorladung/Vorführung**
In der polizeilichen Praxis des Wach- und Wechseldienstes werden erkennungsdienstliche Maßnahmen in der Regel auf der Grundlage des § 81b Alt. 1 StPO angeordnet, da es dann in einem aktuellen Strafverfahren darum geht, die Beweislage herzustellen.
Der Sachbearbeiter im Ermittlungsdienst hat im Rahmen des § 81b 2. Alt StPO oder § 14 PolG NRW eine **Prognose** zu stellen, ob eine erkennungsdienstliche Behandlung für die Verfolgung künftiger Straftaten erforderlich ist, zB auch durch die Einsichtnahme in eine möglicherweise vorhandene Kriminalakte. Kommt der Sachbearbeiter dann zu dem Ergebnis, dass auch eine **sofortige Vollziehung** iSd § 80 II Nr. 4 VwGO zu begründen ist, ist eine sofortige erkennungsdienstliche Behandlung möglich. Ansonsten wird dem Betroffenen eine Vorladung mit **Fristsetzung** von mindestens einem Monat zugestellt, um die Klagefrist zu wahren.

40. Kapitel. Molekulargenetische Untersuchung zur Gefahrenabwehr, § 14a PolG NRW

939 Die präventive molekulargenetische Untersuchung zur Identitätsfeststellung ist in § 14a PolG NRW geregelt. Die Norm ermächtigt die Polizei nach richterlicher Anordnung molekulargenetische Untersuchungen (DNA-Analysen) zur Identifizierung unbekannter Toter und hilfloser Personen vorzunehmen und die gewonnenen DNA-Identifizierungsmuster abzugleichen.

Mit dem neu eingefügten § 14a PolG NRW wird klargestellt, dass die Polizei zur Identifizierung unbekannter Toter und zur Vermisstensachbearbeitung auf molekulargenetische Untersuchungen (DNA-Analyse) zurückgreifen kann.[755] Die rechtliche Regelung ist erforderlich, um die Identität unbekannter Toter und das Schicksal vermisster Personen außerhalb strafrechtlicher Ermittlungsverfahren klären zu können. Auch wenn DNA-Material von Angehörigen der vermissten Personen in der Regel freiwillig zur Verfügung gestellt wird, bestand bisher das Problem, dass eine Analyse des Materials nicht durchgeführt werden konnte, da die Sachverständigen einen richterlichen Beschluss verlangen, der aber nicht eingeholt werden konnte, wenn ein Strafverfahren nicht anhängig war.[756]

---

[754] *Tegtmeyer/Vahle* PolG NRW § 10 Rn. 11.
[755] GesEntw LRg, LT-Drs. v. 11.11.2009 – 14/10089, 27.
[756] GesEntw LRg, LT-Drs. v. 11.11.2009 – 14/10089, 27.

A. Ermächtigungsgrundlage

I. Grundrechtseingriff

Die Entnahme von Körperzellen bei einer hilflosen Person stellt einen Eingriff **940** in das **allgemeine Persönlichkeitsrecht**, Art. 2 I GG iVm Art. 1 I 1 GG, bzw., wenn eine Blutprobe entnommen wird, einen Eingriff in die **körperliche Unversehrtheit**, Art. 2 II 1 GG, dar. Werden Körperzellen bei einer Leiche entnommen, so liegt eigentlich kein Grundrechtseingriff vor. Allerdings ist bei der Maßnahme die Menschenwürde des Verstorbenen zu achten, die über den Tod hinaus Wirkung behält (sog. Postmortales Persönlichkeitsrecht).[757]

Die molekulargenetische Untersuchung zur Identitätsfeststellung (Untersu- **941** chung von Körperzellen zur DNA-Analyse) beinhaltet einen erheblichen Eingriff in das **Grundrecht auf informationelle Selbstbestimmung**, Art. 2 I GG iVm Art. 1 I GG.

II. Handlungsform

Die Entnahme von Körperzellen ist je nach Fallgestaltung Verwaltungsakt iSd **942** § 35 S. 1 VwVfG NRW bzw. ein faktischer Rechtseingriff. Bei der molekulargenetischen Untersuchung zur Identitätsfeststellung (DNA-Analyse) handelt es sich um einen faktischen Rechtseingriff.

B. Formelle Rechtmäßigkeit

Die sachliche Zuständigkeit ergibt sich aus § 1 I PolG NRW iVm § 11 I Nr. 1 POG **943** NRW.

C. Materielle Rechtmäßigkeit

I. Tatbestandsvoraussetzungen

1. Leiche

Eine **Leiche** ist der Körper eines toten Menschen. Im deutschen Recht gibt es **944** keine gesetzlichen Regelungen zur Bestimmung des Todeszeitpunktes. Übereinstimmend wird aber der Hirntod als maßgeblicher Todeszeitpunkt angenommen.

2. Hilflose Person

Hilflose **Personen** sind solche, „die sich aufgrund eines **Unglücksfalls** (Natur- **945** katastrophe oder Großschadensereignis) oder einer **schweren Erkrankung in einem die freie Willensbestimmung ausschließenden Zustand oder sonst in hilfloser Lage befinden.**"[758]

Als **vermisst** gelten jene **Personen,** deren Aufenthalt infolge besonderer Ereig- **946** nisse unbekannt oder unsicher ist. Eine Person wird vermisst, wenn sie ihren gewohnten Lebenskreis verlassen hat, ihr Aufenthalt unbekannt ist und eine Gefahr für Leben oder körperliche Unversehrtheit angenommen werden kann.

---

[757] *Tetsch/Baldarelli* PolG NRW 362.
[758] *Tegtmeyer/Vahle* PolG NRW § 14a Rn. 3.

Bei Minderjährigen, insbesondere Kindern gelten diese bereits als vermisst, wenn sie ihren gewohnten Lebenskreis verlassen haben und ihr Aufenthalt unbekannt ist. In diesen Fällen muss grundsätzlich von einer Gefahr für Leben oder körperliche Unversehrtheit ausgegangen werden, solange die Ermittlungen nichts anderes ergeben.

Kenntnis von vermissten Personen erhält die Polizei in der Regel durch Anzeigen von Angehörigen, Nachbarn, Betreuern, Krankenhäusern usw.

3. Feststellung der Identität

947 Die Feststellung der Identität des Verstorbenen bzw. der hilflosen Person muss das alleinige Ziel der Maßnahme sein.

4. Subsidiaritätsklausel

948 Maßnahmen nach § 14a PolG NRW sind nur zulässig, „wenn die Feststellung der Identität auf andere Weise nicht oder nur unter erheblichen Schwierigkeiten möglich ist". Die Regelung ist Ausfluss des allgemeinen Verhältnismäßigkeitsgrundsatzes. Wegen der hohen Eingriffsintensität der molekulargenetischen Untersuchung (bei lebenden Personen) ist eine besonders strenge Verhältnismäßigkeitsprüfung gefordert.[759]

II. Besondere Form- und Verfahrensvorschriften

1. Beauftragung Sachverständiger

949 Durch Verweis auf § 81f II StPO werden besondere Anforderungen an die Untersuchungsinstitute gestellt und datenschutzrechtliche Vorkehrungen zur Einhaltung der Anforderungen des § 81f II StPO getroffen.

Die sachverständigen Analysestellen haben zudem durch geeignete technische und organisatorische Maßnahmen zu gewährleisten, dass unzulässige molekulargenetische Untersuchungen (zB im codierten Bereich) und die unbefugte Kenntnisnahme Dritter ausgeschlossen sind. Dem Sachverständigen ist das Untersuchungsmaterial ohne Mitteilung des Namens, der Anschrift und des Geburtsdatums des Betroffenen zu übergeben.

2. Zweckbindung

950 Die Speicherung der DNA-Identifizierungsmusters lässt den Datenabgleich mit anderen Proben zu. Die enge Zweckbindung und die Pflicht zur unverzüglichen Löschung der Daten, wenn diese zur Identitätsfeststellung nicht mehr benötigt werden, sind zu beachten. Maßnahmen nach § 14a PolG NRW dürfen ausschließlich zum Zwecke der Feststellung der Identität einer Leiche oder hilflosen Person ergriffen werden. Anderen Zwecken als diesen dürfen die vorgenommenen molekulargenetischen Untersuchungen nicht dienen. Sobald die Identität feststeht, sind die Maßnahmen zu beenden und keine weiteren Maßnahmen zulässig. Entnommene Körperzellen sind unverzüglich zu vernichten, wenn sie für die Untersuchung nach § 14a I 2 PolG NRW nicht mehr benötigt werden, § 14a I 5 PolG NRW.

---

[759] BVerfG BeckRS 2009, 31202.

3. Verwendung und Löschung der Daten

Gespeicherte Daten sind unverzüglich zu löschen, wenn sie zur Identitätsfest- 951
stellung nach § 14a I 1 PolG NRW nicht mehr benötigt werden, § 14a I 8 PolG
NRW. Eine Speicherung der Daten auf „Vorrat" ist damit ausgeschlossen.

4. Anordnungskompetenz

Gemäß § 14a II PolG NRW wird die Durchführung der molekulargenetischen 952
Untersuchungen unter Richtervorbehalt gestellt. Die Anordnung kann nur auf
Antrag der Polizei erfolgen.

III. Adressatenregelung

Der Adressat wird in der Norm direkt genannt. Es handelt sich um hilflose 953
Personen oder Leichen. Ein Rückgriff auf die §§ 4–6 PolG NRW ist daher nicht
erforderlich.

IV. Rechtsfolge

§ 14a I 2 PolG NRW bestimmt die Rechtsfolge der Maßnahme. Danach dürfen 954

- der hilflosen Person oder der Leiche Körperzellen entnommen werden,
- Proben von Gegenständen mit Spurenmaterial der vermissten Person genommen und
- die Proben und entnommenen Körperzellen molekulargenetisch untersucht
  werden,
- die gewonnenen DNA-Identifizierungsmuster abgeglichen und
- die gewonnenen DNA-Identifizierungsmuster für einen späteren Abgleich
  gespeichert werden.

Die Polizei darf, auch ohne richterliche Anordnung, der hilflosen Person oder
der Leiche Körperzellen entnehmen. Das geschieht regelmäßig entweder durch
die Entnahme einer Speichelprobe oder die Abnahme einer Blutprobe.

> **Merke:** Wird eine Blutprobe entnommen, so ist § 81a I 2 StPO zu beachten.
> Danach ist die Blutprobe durch einen approbierten Arzt nach den Regeln der
> ärztlichen Kunst zu entnehmen.

Die Norm ermächtigt die Polizei nach richterlicher Anordnung molekulargenetische Untersuchungen (DNA-Analysen) zur Identifizierung unbekannter
Toter und hilfloser Personen vorzunehmen und die gewonnenen DNA-Identifizierungsmuster abzugleichen.

Die DNA-Identifizierungsmuster können zum Zweck des Abgleichs in einer 955
Datei gespeichert werden. Die in der Datei gespeicherten DNA-Identifizierungsmuster dürfen ausschließlich zum Zweck der Gefahrenabwehr verwendet
werden.

41. Kapitel. Molekulargenetische Untersuchung zur Strafverfolgung, §§ 81e–h StPO

956 Der sog. „genetische Fingerabdruck" ist zu einem wesentlichen Ermittlungsinstrument der Strafverfolgungsbehörden geworden. Selbst lange zurückliegende Straftaten konnten durch die DNA-Untersuchung aufgeklärt werden. Da es fast unmöglich ist, an einem kriminalistischen Ereignisort kein DNA-Material zu hinterlassen, sind die Möglichkeiten des genetischen Fingerabdrucks viel weiter und umfangreicher als beim herkömmlichen Fingerabdruck. Um an einem Tatort keinen herkömmlichen Fingerabdruck zu hinterlassen, reicht es aus, Handschuhe zu tragen oder Gegenstände, die jemand angefasst hat, abzuwischen. Alles DNA-Material an einem Tatort zu entfernen, welches eine Person dort hinterlässt, ist unmöglich.

957 Die DNA-Untersuchung dient zum einen der Erforschung der Wahrheit in einem **laufenden Strafermittlungsverfahren**, §§ 81e und 81f StPO. Zum anderen wird die Maßnahme zu **erkennungsdienstlichen Zwecken** genutzt, § 81g StPO. Als dritte Möglichkeit eröffnet § 81h StPO die Möglichkeit der **DNA-Reihenuntersuchung**. Im Folgenden soll über alle drei Möglichkeiten ein kurzer Überblick gegeben werden.

A. DNA-Untersuchung im laufenden Strafermittlungsverfahren

958 § 81e I StPO regelt nur die Untersuchung von bereits vorhandenen Körperzellen, sog. Vergleichsmaterial. Die Vorschrift verweist auf die §§ 81a und 81c StPO. Daher setzt eine Untersuchung nach § 81e StPO voraus, dass beim Beschuldigten bzw. anderen Personen Körperzellen nach den §§ 81a bzw. 81c StPO unter den dortigen Tatbestandsvoraussetzungen entnommen worden sind. Das geschieht regelmäßig durch die Entnahme einer Speichelprobe. Möglich ist aber auch eine Blutprobe.

959 § 81e II StPO erlaubt die Untersuchung von aufgefundenem Spurenmaterial. Das können zB Zigarettenkippen, Haare, Körperflüssigkeiten und Gegenstände sein, an denen sich DNA-Material befindet.

960 § 81e StPO ermöglicht den Vergleich des gewonnenen DNA-Identifizierungsmusters aus Abs. 1 mit dem ermittelten Muster aus Abs. 2.

> **Beispiel:** In einem Apartment wird ein Callgirl erdrosselt aufgefunden. An einer Zigarettenkippe, die am Tatort liegt, befindet sich DNA-Material, mit dem das DNA-Identifizierungsmuster ermittelt wird. Später wird bei einem Tatverdächtigen ebenfalls ein genetischer Fingerabdruck ermittelt. Ein Vergleich der Tatortspur mit dem DNA-Muster des Tatverdächtigen ergibt eine Übereinstimmung.
>
> Im vorliegenden Fall ist Spurenmaterial des Tatorts nach § 81e II StPO untersucht worden und dann mit dem Identifizierungsmuster des Tatverdächtigen nach § 81e I StPO verglichen worden.

> **Merke:** Die Übereinstimmung besagt noch nichts darüber, welche Schlussfolgerungen daraus für die Ermittlungen in dem Strafverfahren gezogen werden können!

§ 81f I StPO regelt die **Anordnung** der Maßnahme nach § 81e StPO. Danach ord- 961 net das Gericht die Maßnahme an. Bei Gefahr im Verzug kann die Anordnung auch durch die StA und ihrer Ermittlungspersonen erfolgen. Erklärt der Betroffene schriftlich seine **Einwilligung**, so entfällt die Anordnung der Maßnahme. Dann ist er darüber zu belehren, für welchen Zweck die zu erhebenden Daten verwendet werden, § 81f I 2 StPO.

§ 81f II StPO regelt das Verfahren für die eigentliche Untersuchung des DNA- 962 Materials. Es soll gewährleistet werden, dass ein Missbrauch der sensiblen Daten unmöglich gemacht wird. Auf die Darstellung der Einzelheiten wird hier verzichtet.

Für die ermittelten DNA-Identifizierungsmuster gilt § 81a III StPO entsprechend. 963 Daher dürfen sie nur für das zugrunde liegende oder für ein anderes anhängiges Strafverfahren verwendet werden. Anschließend sind sie zu vernichten.

B. DNA-Untersuchung zu erkennungsdienstlichen Zwecken

§ 81g StPO dient zur **Identitätsfeststellung in zukünftigen Strafverfahren**. Zweck 964 der Befugnis ist die Vorsorge für die Verfolgung künftiger Straftaten.

Dazu dürfen dem Beschuldigten Körperzellen entnommen und das DNA-Muster ermittelt werden. Nach § 81g V 1 StPO dürfen die erhobenen Daten beim BKA gespeichert werden. Dazu ist beim BKA die DNA-Analyse-Datei, DAD, eingerichtet worden. Auch die nach § 81e I StPO erhobenen Datensätze eines Beschuldigten und von Spurenmaterial eines Tatorts, § 81e II StPO, kann unter den Voraussetzungen des § 81g I StPO in die Datei eingestellt werden.

Als Tatbestand benennt § 81g I StPO   965

- den Tatverdacht wegen einer Straftat von erheblicher Bedeutung oder einer Sexualstraftat (hier muss es sich nicht um eine Straftat von erheblicher Bedeutung handeln!),
- gegen den Beschuldigten,
- wenn wegen der Art oder Ausführung der Tat, der Persönlichkeit des Beschuldigten oder sonstiger Erkenntnisse Grund zu der Annahme besteht,
- dass gegen ihn künftig Strafverfahren wegen einer Straftat von erheblicher Bedeutung zu führen sind.[760]

Die wiederholte Begehung sonstiger Straftaten kann im Unrechtsgehalt einer 966 Straftat von erheblicher Bedeutung gleichstehen, § 81g I 2 StPO. Die Vorschrift ähnelt damit dem § 81b Alt. 2 StPO, wenn auch bei § 81g StPO der Tatverdacht einer erheblichen Straftat oder einer Sexualstraftat gefordert wird und auch in Zukunft erhebliche Straftaten zu erwarten sind.

---

[760] BVerfG BeckRS 2013, 53073.

967 §81g II und III StPO regeln die Verfahrensvorschriften, unter anderem die Anordnung für die Entnahme von Körperzellen und für die Anordnung der Untersuchung zur Feststellung des DNA-Identifizierungsmusters. Ebenfalls wird die alleinige Nutzung der Körperzellen für die in §81g I StPO vorgesehene Untersuchung vorgeschrieben.

968 §81g IV StPO lässt das gesamte Verfahren nach den Abs. 1–3 auch bei bereits rechtskräftig Verurteilten zu, wenn die entsprechende Eintragung im Bundeszentralregister oder Erziehungsregister noch nicht getilgt ist.

969 §81g V 3 StPO erlaubt die Übermittlung der Daten, die in der DAD gespeichert sind, für Zwecke eines Strafverfahrens, der Gefahrenabwehr und der internationalen Rechtshilfe. Damit ist die Möglichkeit der Zweckänderung eröffnet.

C. DNA-Reihenuntersuchung

970 §81h StPO erlaubt das DNA-Massenscreening.

> **Beispiel:** Nach einer Vergewaltigung an einem zehnjährigen Mädchen in einer Kleinstadt, in der 10.000 Menschen leben, hat die Polizei auch nach mehreren Wochen noch keine heiße Spur. Die Ermittlungsergebnisse deuten jedoch darauf hin, dass der Täter ganz in der Nähe des Elternhauses des Mädchens wohnen muss. Weiter gehen die Ermittler davon aus, dass der Täter männlich und 20–40 Jahre alt ist. Die Polizei bittet daher alle männlichen 20–40-jährigen Einwohner der Kleinstadt zur Abgabe einer Speichelprobe auf die örtliche Polizeiwache zu kommen. Betroffen von der Maßnahme sind 1.400 Männer.

Für das Verfahren ist die **schriftliche Einwilligung** der Betroffenen erforderlich. Man könnte daher meinen, dass mit der Abgabe der Speichelprobe und der anschließenden Ermittlung des DNA-Identifizierungsmusters und dem dann folgenden Abgleich mit Tatortspuren kein Grundrechtseingriff verbunden ist, da die Betroffenen in das Verfahren einwilligen müssen. Auf der anderen Seite ist nicht zu verkennen, dass durch gruppendynamische Prozesse ein nicht unerheblicher psychischer Druck aufgebaut wird, sich an der Untersuchung zu beteiligen. Daher hat der Gesetzgeber in §81h StPO das Verfahren normiert.

971 Es muss der Anfangsverdacht eines Verbrechens gegen das Leben, die körperliche Unversehrtheit, die persönliche Freiheit oder gegen die sexuelle Selbstbestimmung gegeben sein.

972 Die Maßnahme ist nur zulässig bei Personen, die bestimmte, auf den Täter vermutlich zutreffende Prüfungsmerkmale erfüllen. Die Betroffenen müssen ihre schriftliche Einwilligung mit dem Verfahren erklären. Weiter muss die Maßnahme erforderlich sein und darf insbesondere im Hinblick auf die Anzahl der von ihr betroffenen Personen nicht außer Verhältnis zur Schwere der Tat stehen.

973 Die Abs. 2–4 regeln die Verfahrensvorschriften. Die Maßnahme darf nur durch ein Gericht angeordnet werden. Die gewonnenen personenbezogenen Daten dürfen nur für das ursprüngliche Verfahren genutzt werden.

42. Kapitel. Beschlagnahme zur Sicherung der Einziehung oder Unbrauchbarmachung, § 111b StPO, §§ 73 ff., 74 ff. StGB[761]

Mit dem Gesetz zur Reform der strafrechtlichen Vermögensabschöpfung traten **974** am 1.7.2017 umfangreiche Änderungen in Kraft. In der Begründung der Bundesregierung zum Entwurf des Gesetzes[762] heißt es:

„Das geltende Recht wird der hohen kriminalpolitischen Bedeutung der strafrechtlichen Vermögensabschöpfung nicht gerecht. Zwar geben das Strafgesetzbuch (StGB) mit dem Institut des „Verfalls" und die Strafprozessordnung (StPO) mit der Möglichkeit der vorläufigen Sicherstellung von Vermögenswerten („Beschlagnahme" und „dinglicher Arrest") der Strafjustiz ein – jedenfalls im Prinzip – durchdachtes Abschöpfungsmodell an die Hand. Das Regelungswerk ist jedoch äußerst komplex und unübersichtlich. Zudem ist es mit zahlreichen rechtlichen Zweifelsfragen belastet. Strafgerichtliche Entscheidungen auf dem Gebiet der Vermögensabschöpfung sind in hohem Maße fehleranfällig."

Für die vorliegende Thematik ergeben sich Änderungen im Bereich der Beschlagnahmevorschriften. Die bisherigen Beschlagnahmeregelungen zur Einziehung und zum Verfall wurden aufgegeben.

A. Grundrechtseingriff   975

Die polizeiliche Beschlagnahme hat nur vorübergehenden Charakter, weil die endgültige Wirkung der Einziehung (§ 75 StGB – Eigentumsübergang an den Staat mit Rechtskraft des Urteils) erst durch das Gericht festgestellt wird. Die Beschlagnahme bewirkt auch hier einen zumindest zeitweiligen **Besitzverlust** und schränkt die freie Nutzungsmöglichkeit ein. Damit ist der Schutzbereich des Art. 14 GG erfasst und wird auch hier von den Inhalts- und Schrankenbestimmungen reguliert. Durch die gerichtliche Einziehung wird das Eigentum faktisch entzogen.

> **Hinweis:** → Rn. 556 ff.

B. Handlungsform   976

Insofern eine polizeiliche Verfügung vorausgegangen ist, handelt es sich um einen Justizverwaltungsakt, ansonsten liegt eine Prozesshandlung vor.

C. Formelle Rechtmäßigkeit   977

Die Maßnahme dient der Strafverfolgung (§ 163 StPO).

D. Materielle Rechtmäßigkeit

I. Tatbestandsvoraussetzungen   978

Tatbestandsvoraussetzungen der Beschlagnahme:

---

[761] Fallbearbeitung in *Bialon/Springer* Fälle EingriffsR Fall 12.
[762] BR-Drs. 18/9525 v. 5.9.2016 S. 1.

1. § 111b I StPO

979 Ist die Annahme begründet, dass die Voraussetzungen der Einziehung oder Unbrauchbarmachung eines Gegenstandes vorliegen, so kann er zur Sicherung der Vollstreckung beschlagnahmt werden. Liegen dringende Gründe für diese Annahme vor, so soll die Beschlagnahme angeordnet werden. § 94 III bleibt unberührt.

Die Tatbestandsvoraussetzung unterscheidet in einer **begründeten Annahme** und in dem Vorliegen von **dringenden Gründen**. Im der ersten Alternative **kann** die Rechtsfolge (Beschlagnahme) erfolgen, in der zweiten Alternative **soll** sie erfolgen.

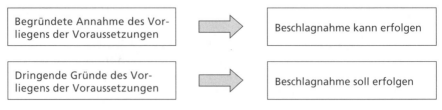

Die Gründe brauchen nur auf einem einfachen Verdacht beruhen. Der Verdacht kann sich auf Straftaten jeder Art beziehen. Die Gründe sind anzunehmen, wenn die Wahrscheinlichkeit dafür besteht, dass die Einziehung in einem späteren gerichtlichen Verfahren ausgesprochen wird. Dringende Gründe sind begrifflich dem „dringenden Tatverdacht" gleich zu setzen, dh die endgültige Einziehung muss in einem hohen Maße wahrscheinlich sein.

„Die Begründungen müssen sich einerseits auf die Begehung der Tat, andererseits auf das Vorliegen der Einziehungsvoraussetzungen beziehen."[763]

Die materiellen Voraussetzungen der Einziehung oder Unbrauchbarmachung ergeben sich aus den §§ 73, 74 StGB.

2. Voraussetzungen der Einziehung aus §§ 73, 74 StGB

a) Voraussetzungen aus § 73 ff. StGB (Taterträge)

980 **Gemäß § 73 StGB** ordnet das Gericht die Einziehung an, wenn der Täter oder Teilnehmer durch eine rechtswidrige Tat oder für sie etwas erlangt hat. Damit geht es in der Vorschrift um Taterträge.

aa) Rechtswidrige Tat. Es ist lediglich das Vorliegen einer rechtswidrigen Tat gefordert. Damit ist schuldhaftes Handeln nicht erforderlich. Auch bei Schuldunfähigkeit und fahrlässig begangener Tat ist die Anordnung der Einziehung nach § 73 StGB möglich.

981 **bb) Täter oder Teilnehmer hat durch die Tat oder für sie etwas erlangt.** Die vorherige Formulierung war geringfügig anders (Täter oder Teilnehmer hat für die Tat oder aus ihr etwas erlangt). Es ist davon auszugehen, dass dies nur aus redaktionellen Erwägungen geschehen ist und keine inhaltlichen Veränderungen beabsichtigt waren.

---

[763] *Benfer/Bialon* Rechtseingriffe Rn. 592.

Für die Tat erlangt sind Zahlungen für die Gehilfentätigkeit bei einer Straftat. Dazu zählen auch Sachleistungen wie kostenlose Nutzungen, Zinsvergünstigungen, Dienstleistungen. Auch Entgelt für den Verkauf von Rauschgift, Gewinne aus verbotenem Glücksspiel oder Vermögensvorteile aus Zuhälterei.[764] Aus der Tat erlangt sind alle Vermögensvorteile, die dem Täter unmittelbar aus der Verwirklichung des Tatbestands selbst in irgendeiner Phase des Tatablaufs zufließen.[765]

Im Kern geht es bei den Taterträgen damit um Vermögensvorteile, die der Täter für die Begehung der Tat erhalten hat (Honorar für die Begehung eines Mordes) und um die tatsächliche Tatbeute (Diebesgut, betrügerisch erlangter Gewinn).

Gemäß § 73 II StGB ordnet das Gericht auch die Einziehung an, wenn der Täter **982** oder Teilnehmer Nutzungen aus dem Erlangten gezogen hat (zB Zinsen aus der Anlage rechtswidrigen Kapitals, Aktiengewinn nach dem Kauf von Aktien mit rechtswidrig erlangtem Geld).

Gemäß § 73 III StGB kann das Gericht auch die Einziehung der Gegenstände **983** anordnen, die der Täter oder Teilnehmer erworben hat,

- durch Veräußerung des Erlangten oder als Ersatz für dessen Zerstörung, Beschädigung oder Entziehung oder
- aufgrund eines erlangten Rechts.

Damit handelt es sich um Surrogate. Surrogat ist, was der Täter oder Teilnehmer entweder durch Veräußerung einer erlangten Sache oder eines Rechts erworben hat oder als Ersatz für die Zerstörung, Beschädigung oder Entziehung des Gegenstands erlangt hat.[766]

Beispiele zu § 73 StGB: **984**
- A erhält von B 200 EUR, weil er im Rahmen eines von B verübten Einbruchs „Schmiere" gestanden hat.
- Finca auf Mallorca, die B aus illegalen Waffengeschäften bezahlt hat (Tatertrag als Surrogat).
- A hat sich in den Besitz von Schmuck durch einen Wohnungseinbruch gebracht.
- A geht mit 5.000 EUR aus einem Raub ins Spielcasino, verspielt dort 3.000 EUR, tauscht die restlichen Jetons um und geht mit 2.000 „sauberen" EUR nach Hause.
- A betrügt seine Versicherung und bekommt 10.000 EUR ausgezahlt. Das Geld legt er in Aktien an und verkauft diese gewinnbringend nach einem Jahr für 13.000 EUR.

Damit ergibt sich im Bereich des Tatbestandaufbaus für die Beschlagnahme von Taterträgen nach § 73 StGB folgende Übersicht:

---

[764] *Benfer/Bialon* Rechtseingriffe Rn. 594.
[765] BGHSt 50, 299 = NJW 2006, 925.
[766] BeckOK StGB/*Heuchemer*, 37. Ed. 1.2.2018, StGB § 73 Rn. 20.

§ 111b I StPO – Begründete Annahme oder dringende Gründe für die Voraussetzungen der Einziehung oder Unbrauchbarmachung

§ 73 StGB – Voraussetzungen der Einziehung von Taterträgen

Rechtswidrige Tat

| § 73 I StGB – Täter oder Teilnehmer haben durch die Tat oder für sie etwas erlangt **oder** | § 73 II StGB – Täter oder Teilnehmer haben Nutzungen aus dem Erlangten gezogen **oder** | § 73 IIII StGB – Surrogate |

b) Voraussetzungen aus §§ 74 ff. StGB (Tatprodukte, Tatmittel, Tatobjekte)

985 **Gemäß § 74 I StGB** können Gegenstände, die durch eine vorsätzliche Tat hervorgebracht (Tatprodukte) oder zu ihrer Begehung oder Vorbereitung gebraucht worden oder bestimmt gewesen sind (Tatmittel), eingezogen werden. Gemäß **§ 74 II StGB** unterliegen Gegenstände, auf die sich eine Straftat bezieht (Tatobjekte), der Einziehung nach der Maßgabe besonderer Vorschriften.

aa) Vorsätzliche Tat. Vorsätzliches Handeln heißt, dass der Täter bewusst und gewollt gehandelt haben muss. Grundlage ist eine rechtswidrige Tat iSd § 11 I Nr. 5 StGB. Das Erfordernis einer „vorsätzlichen Tat" bezieht sich dabei auf die Voraussetzungen zur Einziehung aus § 74 I StGB. Für Tatobjekte spricht § 74 II StGB vom Erfordernis des Vorliegens einer „Straftat".

986 **bb) Tatprodukt, Tatmittel, Tatobjekt. Tatprodukte** sind Gegenstände, deren physische Existenz auf die Begehung einer Straftat zurückzuführen ist. Im Prinzip sind dies also Gegenstände, die durch eine Straftat hergestellt sind. Da es für diesen Bereich jedoch fast ausschließlich Spezialnormen gibt, gibt es kaum Anwendungsbeispiele, denn eine Einziehung erfolgt hier über §§ 74 II, 74 III StGB in Verbindung mit der entsprechenden Spezialnorm.

987 **Tatmittel** sind Tatwerkzeuge, die zur Begehung einer Straftat benutzt werden oder zur Benutzung bestimmt sind. Sie werden auch als Tatinstrumente bezeichnet.[767]

988 Der Begriff des **Tatobjekts** wird in § 74 II StGB genutzt und erfasst Gegenstände, für die es eine besondere Einziehungsvorschrift gibt. Es handelt sich dabei um sog. Beziehungsgegenstände, dh tatnotwendige Mittel die zur Tatbegehung unabdingbar notwendig sind (Kfz beim Fahren ohne Fahrerlaubnis) und Sachen, deren Nutzung selbst schon strafbar ist (verbotene Waffe nach dem Waffengesetz).

---

[767] *Benfer/Bialon* Rechtseingriffe Rn. 606.

Das Strafgesetzbuch und andere Gesetze enthalten eine Vielzahl von Vorschriften, die eine Einziehung über § 74 I StGB hinaus regeln. Dies bedeutet, dass § 74 I StGB dann keine Anwendung findet. Nachfolgend werden einige Vorschriften aufgezählt, wobei diese Aufzählung jedoch nicht abschließend ist, sondern insbesondere die Normen nennt, die für den polizeilichen Gebrauch von Bedeutung sein können:

- § 54 WaffG: Straftaten und Ordnungswidrigkeiten nach dem Waffengesetz,
- § 33 BtMG: Straftaten und Ordnungswidrigkeiten nach dem Betäubungsmittelgesetz,
- § 286 StGB: Straftaten nach den §§ 284 und 285 StGB (Einziehung von Spieleinrichtungen und auf dem Spieltisch befindliches Geld),
- § 282 II StGB: Straftaten nach §§ 267, 268, 271 II und III, 273, 276, 276a, 279 StGB (zB Einziehung von gefälschten Urkunden und Fälschungsmitteln),
- § 150 II StGB: Straftaten nach §§ 146 ff. StGB (Geld- und Wertzeichenfälschung),
- § 92b StGB: Straftaten nach §§ 80 ff. StGB (Verwendung von Kennzeichen verfassungswidriger Organisationen nach § 86a StGB),
- § 30 VersammlG: Straftaten und Ordnungswidrigkeiten nach dem VersammlG,
- § 6 PflVG: Fahren ohne Versicherungsvertrag,
- § 21 III StVG: Fahren ohne Fahrerlaubnis,
- § 22a II StVG: missbräuchliches Herstellen, Vertreiben oder Ausgeben von Kfz-Kennzeichen.

cc) Gegenstände gehören zum Zeitpunkt der Entscheidung dem Täter oder Teilnehmer (§ 74 III StGB). Die Einziehung ist davon abhängig, ob die Gegenstände dem Täter oder Teilnehmer gehören oder zustehen. „Gehören" setzt Eigentum an dem Gegenstand voraus. Entscheidend dafür ist nicht der Tatzeitpunkt, sondern der Zeitpunkt der letzten tatrichterlichen Entscheidung.[768]   **989**

Gemäß **§ 74b StGB können Gegenstände, wenn sie einem anderen als dem Täter oder Teilnehmer gehören oder der Täter oder Teilnehmer ohne Schuld gehandelt hat, auch dann eingezogen werden, wenn sie nach ihrer Art oder den Umständen die Allgemeinheit gefährden oder die Gefahr besteht, dass sie zur Begehung rechtswidriger Taten dienen werden.**

Allgemein gefährlich ist ein Gegenstand, wenn er aufgrund seiner Beschaffen-   **990** heit (zB Sprengstoff oder Gift) oder wegen der Art seiner jeweiligen Verwendung durch den Täter eine Gefahrenquelle ist oder werden kann. Die Gefahr der Begehung weiterer Straftaten besteht ohne Weiteres für Gegenstände, die nur strafrechtlich relevant genutzt werden können (zB Falschgeld).[769]

Gemäß **§ 74a StGB** können Gegenstände abweichend von § 74 III auch dann eingezogen werden, wenn ein Gesetz auf diese Vorschrift (§ 74a StGB) verweist und wenn derjenige, dem sie zur Zeit der Entscheidung gehören oder zustehen,

---

[768] SK-StGB/*Horn/Wolters* § 74 Rn. 13 ff.
[769] *Benfer/Bialon* Rechtseingriffe Rn. 612.

1. mindestens leichtfertig dazu beigetragen hat, dass sie als Tatmittel verwendet worden oder Tatobjekt gewesen sind, oder
2. sie in Kenntnis der Umstände, welche die Einziehung zugelassen hätten, in verwerflicher Weise erworben hat.

Die Möglichkeit des § 74a StGB ist der Begrifflichkeit der **erweiterten Einziehung** zuzuordnen. Die erweiterte Voraussetzung bedeutet im Kern, dass die Einziehung von Gegenständen auch dann möglich ist, wenn die Sachen nicht dem Täter oder Teilnehmer gehören oder zustehen, sofern der Dritte schuldhaft gehandelt hat.[770] Die erweiterte Einziehung gilt nur für die Einziehung nach Sondervorschriften (Beziehungsgegenstände). Das ergibt sich daraus, dass in § 74a StGB verlangt ist, dass das entsprechende Gesetz einen Verweis auf § 74a StGB beinhalten muss. § 74 I StGB als Vorschrift der „normalen Einziehung" enthält keinen Verweis auf § 74a StGB.

991 **dd) Verhältnismäßigkeit (§ 74f StGB).** Für alle Alternativen der Einziehung nach den Vorschriften der §§ 74 ff. StGB gilt der Grundsatz der Verhältnismäßigkeit aus § 74f StGB in unterschiedlichen Ausprägungen. In dieser Neufassung gibt es damit einen deutlichen Unterschied zum alten Recht, wo eine besondere Prüfung der Verhältnismäßigkeit nur in bestimmten Fällen vorgesehen war. Der Grundsatz der Verhältnismäßigkeit ist damit insgesamt im Tatbestand zu prüfen.

> **Beispiele** zu § 74 I, III StGB:
> - Strumpfmaske bei einem Banküberfall.
> - Ziehfix (Einbruchswerkzeug) nach einem Wohnungseinbruch.
> - Pkw, mit dem der Täter zu Überfällen oder Einbrüchen fährt.
> - Waffe, die sich legal in den Händen des Täters befindet (kein Verstoß gegen das WaffG) und beim Banküberfall eingesetzt wird.

> **Beispiele** zu §§ 74 II, III StGB in Verbindung mit einer Spezialnorm:
> - Chemielabor im Keller eines Hauses zur Herstellung von Drogen (§ 74 II, III StGB iVm § 33 BtMG).
> - Falsche Urkunden, die von A hergestellt wurden, um B zu betrügen (§ 74 II, III StGB iVm § 282 StGB).
> - Hanfpflanzen im Keller eines Hauses (§ 74 II, III StGB iVm § 33 BtMG).
> - A wird durchsucht. In seinen Taschen werden zehn Extasy-Pilllen und 20g Amphetamin gefunden (§ 74 II, III StGB iVm § 33 BtMG).
> - A besorgt sich illegal eine Walther P 99 und hat keine Waffenbesitzkarte (§ 74 II, III StGB iVm § 54 WaffG).
> - Auf dem Weg zu einer Versammlung kommt A in eine Kontrollstelle. Im Kofferraum wird ein Baseballschläger gefunden (§ 74 II, III StGB iVm § 30 VersG).
> - A fälscht auf einem Hochleistungskopierer 100 EUR-Scheine. Die Scheine und der Kopierer werden beschlagnahmt (§ 74 II, III StGB iVm § 150 StGB).

---

[770] *Benfer/Bialon* Rechtseingriffe Rn. 589.

Damit ergibt sich im Bereich des Tatbestandaufbaus für die Beschlagnahme von **992** Tatprodukten und Tatmitteln nach §74 I StGB folgende Übersicht:

> § 111b I StPO – Begründete Annahme oder dringende Gründe für die Voraussetzungen der Einziehung oder Unbrauchbarmachung

> § 74 I StGB – Voraussetzungen der Einziehung von Tatprodukten und Tatmitteln

> Vorsätzlich begangene Straftat

> Gegenstände, die durch eine vorsätzliche Tat hervorgebracht (Tatprodukte) oder zu ihrer Begehung oder Vorbereitung gebraucht worden oder bestimmt gewesen sind (Tatmittel).

> Gegenstand gehört dem Täter oder Teilnehmer (§ 74 III StGB) oder gefährdet die Allgemeinheit oder es besteht die Gefahr der Nutzung für rechtswidrige Taten (§ 74b StGB)

> Verhältnismäßigkeit, § 74f StGB

993 Für die Beschlagnahme von Beziehungsgegenständen (Tatobjekte, § 74 II StGB) ergibt sich folgender Tatbestandsaufbau:

> § 111b I StPO – Begründete Annahme oder dringende Gründe für die Voraussetzungen der Einziehung oder Unbrauchbarmachung

> § 74 II StGB – Voraussetzungen der Einziehung eines Tatobjekts

> Gegenstand bezieht sich auf eine Straftat

> Eine besondere Rechtsvorschrift sieht die Einziehung vor (zB § 54 WaffG, § 33 BtMG, § 30 VersG)

> Gegenstand gehört dem Täter oder Teilnehmer (§ 74 III StGB) oder gefährdet die Allgemeinheit oder es besteht die Gefahr der Nutzung für rechtswidrige Taten (§ 74b StGB)

> Gehört der Gegenstand nicht dem Täter oder Teilnehmer, Anwendung von § 74a StGB (erweiterte Einziehung) prüfen

> Verhältnismäßigkeit, § 74f StGB

II. Besondere Form- und Verfahrensvorschriften

Merke: Die Form- und Verfahrensvorschriften, die Anordnungskompetenz, die Adressatenregelung und die Rechtsfolge gelten für alle dargestellten Formen der Einziehung.

994 • Gemäß **§ 111c I StPO** wird die Beschlagnahme bei beweglichen Sachen regelmäßig durch eine Inverwahrungnahme bewirkt. Die Beschlagnahme kann auch dadurch vollzogen werden, dass sie durch Siegel oder in anderer Weise kenntlich gemacht wird.

- Gemäß **§ 111d I StPO** hat die Beschlagnahme die Wirkung eines Veräuße- 995 rungsverbotes iSd § 136 BGB. Damit kann der Eigentümer den Gegenstand nicht mehr veräußern oder sonst über ihn verfügen (verleihen, verschenken, verpfänden usw).[771]
- Gemäß **§ 111k I 3 StPO** obliegt die Durchführung der Beschlagnahme der Staatsanwaltschaft, bei beweglichen Sachen auch den Ermittlungspersonen der Staatsanwaltschaft.
- Gemäß **§ 111m I StPO** obliegt die Verwaltung beschlagnahmter Gegenstände 996 der Staatsanwaltschaft. Sie kann unter anderem ihre Ermittlungspersonen mit der Verwaltung beauftragen.
- Gemäß **111n I StPO** ist der (bewegliche) Gegenstand an den letzten Gewahrsamsinhaber herauszugeben, wenn er für die Zwecke des Strafverfahrens nicht mehr benötigt wird. Für Taterträge ist insbesondere § 111n II StPO von Bedeutung. Gemäß § 111n II StPO wird abweichend von Abs. 1 die Sache an den Verletzten herausgegeben, dem sie durch die Straftat entzogen worden ist, wenn dieser bekannt ist.
- Gemäß **§ 111b II StPO** gelten die §§ 102–110 StPO entsprechend. Gemäß § 107 StPO ist auf Verlangen ein Verzeichnis der in Verwahrung oder in Beschlag genommenen Gegenstände, falls aber nichts Verdächtiges gefunden wurde, eine Bescheinigung hierüber zu geben. Gemäß § 109 sind die in Verwahrung genommenen Gegenstände genau zu verzeichnen und zur Verhütung von Verwechslungen durch amtliche Siegel oder in sonst geeigneter Weise kenntlich zu machen.
- Die Zuständigkeit für die Herausgabe liegt gem. **§ 111o I StPO** bei der Staatsanwaltschaft oder beim Gericht. Ermittlungspersonen der Staatsanwaltschaft sind nur mit deren Zustimmung zur Herausgabe berechtigt. Die Staatsanwaltschaft kann ihren Ermittlungspersonen für bestimmte Fallkonstellationen eine pauschale Zustimmung erteilen.[772]

Hier liegt eine grundsätzliche Problematik, die sich in der praktischen An- 997 wendbarkeit darstellt und zwar bei relativ einfachen Sachverhalten des alltäglichen Polizeilebens.

Sachverhalt: Nach einem Ladendiebstahl im Kaufhaus A wird die Polizei gerufen. Bei der jugendlichen Täterin werden Lippenstifte und Kosmetika gefunden. Die Gegenstände stammen eindeutig aus dem Kaufhaus A. Sie werden dem Ladendetektiv wieder ausgehändigt.

Überlegungen: Bei einer Betrachtung der Rechtslage sind die Gegenstände unzweifelhaft Taterträge iSv § 73 StGB und können (sollen) dementsprechend als Einziehungsgegenstände beschlagnahmt werden. Eine Herausgabe wäre nur mit Zustimmung der Staatsanwaltschaft möglich. Wenn eine pauschale Zustimmung vorliegt, müsste eine solche zwischen der Polizeibehörde und der Staatsanwaltschaft geregelt sein.

- Liegt eine solche nicht vor, ist eine Herausgabe vor Ort rechtlich nicht möglich.

---

[771] SK-StPO/*Rogall* § 111c Rn. 14 f.
[772] BeckOK StPO/*Huber*, 29. Ed. 1.1.2018, StPO § 111o Rn. 1 ff.

998 Die **Anordnungsbefugnis** ergibt sich aus § 111j I StPO. Die Beschlagnahme wird durch den Richter angeordnet. Gemäß S. 2 erfolgt die Anordnung bei Gefahr im Verzug durch die Staatsanwaltschaft. Nach S. 3 können bei **beweglichen Sachen** auch die **Ermittlungspersonen** der Staatsanwaltschaft die Beschlagnahme anordnen, wenn **Gefahr im Verzug** vorliegt. Diese ist hier, anders als bei der Beweismittelbeschlagnahme, damit zu begründen, dass nicht bis zu einer richterlichen/staatsanwaltschaftlichen Anordnung gewartet werden kann, weil der Betroffene in der Zwischenzeit den Gegenstand veräußern könnte.

III. Adressatenregelung

Adressat der Normen sind Täter oder Teilnehmer.

IV. Rechtsfolge

999 Die Rechtsfolge ist in §§ 111b, c StPO geregelt. Die Beschlagnahme einer beweglichen Sache wird dadurch bewirkt, dass die Sache in Gewahrsam genommen oder die Beschlagnahme durch Siegel oder in anderer Weise kenntlich gemacht wird.

3. Teil. Hauptstudium 2

1. Abschnitt. Grundzüge des Versammlungsrechts[773]

Das Versammlungsrecht basiert auf dem Grundrecht aus Art. 8 GG, der Ver- 1000
sammlungsfreiheit. Ebenso wie die Meinungsfreiheit zählt die Versammlungsfreiheit zu den unentbehrlichen und grundlegenden Funktionselementen eines
demokratischen Gemeinwesens. Sie ist für eine freiheitlich demokratische
Staatsordnung konstituierend.[774]

Das Versammlungsrecht ist **besonderes Polizei- und Ordnungsrecht**. Als Son-
derordnungsrecht erfasst das Versammlungsgesetz (VersammlG) die Abwehr
sog. versammlungsspezifischer Gefahren. Hier ist das allgemeine Polizei- und
Ordnungsrecht subsidiär. Aus dem abschließenden Charakter des Versammlungsrechts als „spezialisiertem Gefahrenabwehrrecht" folgt, dass versamm-
lungsbezogene Eingriffe allein auf der Grundlage des VersammlG, nicht dagegen auf der Grundlage des allgemeinen Polizeirechts zulässig sind. Insofern
spricht man von der „Polizeifestigkeit der Versammlungsfreiheit".

Die Versammlungsfreiheit aus Art. 8 GG schützt die Versammlung. Sie ist
abzugrenzen von der reinen Ansammlung und anderen öffentlichen Veranstaltungen.

43. Kapitel. Versammlungsbegriff

Das **BVerfG definiert eine Versammlung** iSd Art. 8 GG als „örtliche Zusammen- 1001
kunft mehrerer Personen zur gemeinschaftlichen, auf die Teilhabe an der öffentlichen Meinungsbildung gerichtete Erörterung oder Kundgebung".[775]

Als Versammlung bezeichnet man die (kurzfristige) Zusammenkunft mehrerer
Personen (nach mittlerweile wohl hM reichen zwei Personen aus).[776] Zum Teil
wird mit Blick auf vereinsrechtliche Bestimmungen (§§ 56, 73 BGB) eine Teilneh-
merzahl von drei bzw. sieben Personen für erforderlich gehalten. Die Personen
müssen sich zu einem gemeinsamen Zweck treffen (bloß zufällige Menschenansammlungen, zB „Volksbelustigungen", sind also nicht ausreichend). Dieser Zweck muss darüber hinaus auf die gemeinsame Meinungsbildung und
-äußerung, auf die gemeinsame kommunikative Entfaltung gerichtet sein. Das
BVerfG fasst den Versammlungsbegriff eng und beschränkt den verfolgten
Zweck auf die Teilhabe an der öffentlichen Meinungsbildung.[777] Deswegen fallen auch Veranstaltungen wie die „Love-Parade" oder „Fuck-Parade" mangels

---

[773] Fallbearbeitung in *Bialon/Springer* Fälle EingriffsR Fall 22.
[774] BVerfGE 69, 315 (344).
[775] BVerfG Einstweilige Anordnung v. 12.7.2001 – 1 BvQ 28/011 und 1 BvQ 30/01.
[776] *Dietel/Gintzel/Kniesel* VersammlG Teil II, § 1 Rn. 16; VGH Kassel BeckRS 2012, 52448.
[777] BVerfG NJW 2002, 1031; 2001, 2459.

eines entsprechenden „kommunikativen Gesamtgepräges" nicht unter dem Schutzbereich des Art. 8 GG.[778]

1002 Die Versammlung muss **„friedlich und ohne Waffen"** durchgeführt werden. Dabei sind Waffen iSd Art. 8 GG zum einen Waffen im technischen Sinn gem. § 1 II WaffG und darüber hinaus auch sonstige gefährliche Werkzeuge (zB Eisenketten), sofern sie zur Verletzung von Personen oder zur Beschädigung von Sachen geeignet sind und zu diesem Zweck mitgeführt werden, s. § 2 III VersammlG.

Eine Versammlung wird noch nicht dadurch unfriedlich, wenn Rechtsverletzungen begangen werden, denn das liefe auf einen einfachen Gesetzesvorbehalt hinaus. Vielmehr wird in Anknüpfung an § 5 Nr. 3 VersammlG von der Unfriedlichkeit ausgegangen, wenn die Versammlung einen gewalttätigen oder aufrührerischen Verlauf nimmt oder ein solcher unmittelbar droht; dabei verlangt die Gewalttätigkeit eine aggressive körperliche Einwirkung auf Personen oder Sachen von einiger Erheblichkeit.[779]

1003 Geschütztes **Verhalten** sind alle mit der Versammlung in Zusammenhang stehende Verhaltensweisen, insbesondere die Teilnahme, Veranstaltung, Leitung, Vorbereitung und Anreise. Nicht geschützt ist die Teilnahme an einer Veranstaltung mit dem Ziel, die Veranstaltung zu verhindern.[780]

1004 Die Verbindung durch einen gemeinsamen Zweck unterscheidet die Versammlung von einer bloßen **Ansammlung**, dh dem zufälligen Zusammenkommen mehrerer Personen (Beispiel: Menschenauflauf nach einem Verkehrsunfall).

Strittig ist die inhaltliche Eingrenzung des (erforderlichen) verbindenden Zwecks. Erörtert wird, ob der gemeinsame Zweck in gemeinsamer Meinungsbildung und -äußerung liegen muss. Auch ist strittig, ob diese Meinung öffentliche Angelegenheiten betreffen muss (enger Versammlungsbegriff) oder ob die Erörterung irgendwelcher Angelegenheiten ausreicht (erweiterter Versammlungsbegriff).[781] Letztlich werden in thematisch-gegenständlicher Dimension drei unterschiedliche Versammlungsbegriffe unterschieden.

A. Enger Versammlungsbegriff

1005 Dieser Versammlungsbegriff fordert die kollektive Meinungsbildung und -äußerung in öffentlichen Angelegenheiten. Dabei reicht es aus, wenn der Veranstalter und die Teilnehmer die Absicht verfolgen, auf die Öffentlichkeit Einfluss zu nehmen. Ob ihnen das gelingt, ist unerheblich.

B. Erweiterter Versammlungsbegriff

1006 Die Anhänger dieses sog. erweiterten Versammlungsbegriffs fordern (analog zum engen Versammlungsbegriff) die kollektive Meinungsbildung, lassen aber

---

[778] BVerfG JA 2002, 277.
[779] VG Dresden BeckRS 2013, 47666.
[780] BVerfGE 84, 203 (209 ff.) = NJW 1991, 2694.
[781] *Dietel/Gintzel/Kniesel* VersammlG Teil II, § 1 Rn. 6 ff.

in der Zielbeschreibung private Angelegenheiten ausreichen.[782] Problematisch ist mitunter eine trennscharfe Differenzierung bei der Analyse des konkreten Versammlungsziels.

C. Weiter Versammlungsbegriff

Mitte der 1990er Jahre bildete sich der weite Versammlungsbegriff heraus. Die **1007** Vertreter dieses Versammlungsbegriffs haben sich nicht nur von der Beschränkung auf die Erörterung öffentlicher (politischer) Angelegenheiten gelöst, sondern darüber hinaus auch von der gemeinsamen Willensbildung und -äußerung als maßgeblichem Kriterium. Hier steht die Garantie der Persönlichkeitsentfaltung im Vordergrund. Die Versammlungsfreiheit soll auch der Isolation des Einzelnen vorbeugen und die Persönlichkeitsentfaltung in Gruppenform garantieren.[783]

Das **BVerfG** hat früher den weiten Versammlungsbegriff vertreten. Seit 2001 hat sich das Gericht von dieser weiten Auslegung des sachlichen Schutzbereichs des Art. 8 I GG gelöst.[784] Bis heute ist strittig, ob das BVerfG den erweiterten oder den engeren Versammlungsbegriff anlegt. Jedenfalls zeigen Entscheidungen, wie zB zur Love Parade,[785] die als Versammlung angemeldet war, dass das Gericht wohl eher in Richtung des engen Versammlungsbegriffs tendiert (strittig).

Bei **Mischveranstaltungen**, wo es einerseits um Vergnügungen, Musikdarbietungen usw, andererseits aber auch um die Teilhabe an der öffentlichen Meinungsbildung geht, ist der **Schwerpunkt der Veranstaltung zu ermitteln**. Danach bestimmt sich, ob von einer Versammlung iSd Art. 8 I GG oder von einer öffentlichen Veranstaltung auszugehen ist.[786]

Merke: Auf öffentliche Veranstaltungen ist das Versammlungsgesetz nicht anzuwenden. Hier gilt das allgemeine Polizeirecht.

44. Kapitel. Gewährleistungsumfang des Art. 8 GG

Geschützt sind umfassend alle mit der Versammlung in Zusammenhang stehende Verhaltensweisen, insbesondere die Teilnahme, Veranstaltung, Leitung, **1008** Vorbereitung, Programmablauf und Anreise.

Es besteht Gestaltungsfreiheit[787] hinsichtlich der Versammlungsplanung und -durchführung. Versammlungsfreiheit bedeutet nicht nur die Kommunikation mit anderen, sondern auch das Recht, auf das Anliegen (auch mit spektakulären Mitteln) aufmerksam zu machen. Zur Gestaltungsfreiheit gehört zB die Freiheit

---

[782] BVerwG NJW 1989, 2411.
[783] *Pieroth/Schlink/Kingreen/Poscher*, Grundrechte Staatsrecht II, 31. Aufl. 2015, Rn. 753.
[784] BVerfG NJW 2002, 1031 ff.
[785] BVerfG NJW 2001, 2459 ff.
[786] *Dietel/Gintzel/Kniesel* VersammlG Teil I Rn. 116; VG Hannover Beschl. v. 8.11.2013 – 10 B 7448/13; VG Berlin BeckRS 2013, 45804; VG Meiningen BeckRS 2017, 141003.
[787] *Alemann/Scheffzyk* JA 2013, 407 ff.; *Hartmann* NVwZ 2018, 200 ff.

über Ort[788], Zeit[789], Art, Inhalt und Ablauf einer Versammlung zu bestimmen. Auch ist die Verwendung von bestimmten Mitteln (zB Fahnen, Transparente[790], Trommeln, Pfeifen, Lautsprecher[791]) Teil des Gewährleistungsumfangs. Die Form der Versammlung, ob sie unter freiem Himmel stattfindet, auf einer Tribüne als Bühnenstück zelebriert, als Informations- und Kommunikationsstand gestaltet oder die Verteilung von Handzetteln und ähnlichen Informationsschriften beinhaltet, kann zunächst einmal der Veranstalter entscheiden.

Dabei sind ein freier Zugang und eine freie Abreise und die Freiheit über die Entscheidung zur Teilnahme (Verbot der Zwangsteilnahme) geschützt.

A. Abgrenzung von Versammlungen unter freiem Himmel von Versammlungen in geschlossenen Räumen

1009 Es kommt bei der Unterscheidung zwischen **Versammlungen unter freiem Himmel** und in **geschlossenen Räumen** nicht auf die Überdachung der Versammlung an, sondern auf die seitliche Umgrenzung bzw. Umschlossenheit. Wegen der fehlenden seitlichen Begrenzung ist bei Versammlungen unter freiem Himmel ein **höheres Gefährdungspotential** gegeben als bei Versammlungen in geschlossenen Räumen.

Für öffentliche, dh jedermann zugängliche Versammlungen unter freiem Himmel, wird der Gesetzesvorbehalt des Art. 8 II GG unter anderem durch das Versammlungsgesetz ausgefüllt. Beschränkungen von Versammlungen in geschlossenen Räumen unterliegen keinem Gesetzesvorbehalt und sind nur zum Schutz kollidierenden Verfassungsrechts zulässig; für Eingriffsmaßnahmen ist hierbei eine gesetzliche Grundlage (erst recht) erforderlich.

B. Brokdorf-Beschluss des BVerfG

1010 Im Zusammenhang mit Großdemonstrationen gegen den Bau des Kernkraftwerks in Brokdorf hat das BVerfG am 14.5.1985 einen Beschluss[792] verabschiedet, der als Magna Charta des Versammlungsrechts bezeichnet wird. Die vom Gericht aufgestellten Leitsätze sind so wesentlich, dass sie hier wörtlich wiedergegeben werden:

„1. Das Recht des Bürgers, durch Ausübung der Versammlungsfreiheit aktiv am politischen Meinungsbildungsprozeß und Willensbildungsprozeß teilzunehmen, gehört zu den **unentbehrlichen Funktionselementen eines demokratischen Gemeinwesens**. Diese grundlegende Bedeutung des Freiheitsrechts ist vom Gesetzgeber beim Erlass grundrechtsbeschränkender Vorschriften sowie bei deren Auslegung und Anwendung durch Behörden und Gerichte zu beachten.

---

[788] BGH NJW 2015, 2892; BVerfG NJW 2014, 2706; OVG Münster BeckRS 2014, 48485; VGH Mannheim BeckRS 2013, 55209; BVerfGE 128, 226 ff. = JuS 2011, 665 = BeckRS 2011, 47764; *Prothmann*, Die Wahl des Versammlungsortes, 2013.
[789] VGH München BeckRS 2012, 49483; VG Berlin BeckRS 2012, 59295.
[790] VG Düsseldorf BeckRS 2012, 58838.
[791] Einschr. VG Münster BeckRS 2013, 54245.
[792] BVerfGE 69, 315 ff. = NJW 1985, 2395.

2. Die Regelung des Versammlungsgesetzes über die Pflicht zur **Anmeldung** von Veranstaltungen unter freiem Himmel und über die Voraussetzungen für deren Auflösung oder Verbot (§§ 14, 15) genügt den verfassungsrechtlichen Anforderungen, wenn bei ihrer Auslegung und Anwendung berücksichtigt wird, dass

2.1 die Anmeldepflicht bei **Spontandemonstrationen** nicht eingreift und ihre Ver- 1011 letzung nicht schematisch zur Auflösung oder zum Verbot berechtigt,

2.2 **Auflösung und Verbot** nur zum Schutz gleichwertiger Rechtsgüter unter strikter Wahrung des Grundsatzes der Verhältnismäßigkeit und nur bei einer unmittelbaren, aus erkennbaren Umständen herleitbaren Gefährdung dieser Rechtsgüter erfolgen dürfen.

3. Die staatlichen **Behörden** sind gehalten, nach dem Vorbild friedlich verlaufender Großdemonstrationen **versammlungsfreundlich** zu verfahren und nicht ohne zureichenden Grund hinter bewährten Erfahrungen zurückzubleiben. Je mehr die Veranstalter ihrerseits zu einseitigen vertrauensbildenden Maßnahmen oder zu einer demonstrationsfreundlichen Kooperation bereit sind, desto höher rückt die Schwelle für behördliches Eingreifen wegen Gefährdung der öffentlichen Sicherheit.

4. Steht nicht zu befürchten, dass eine Demonstration im Ganzen einen **unfriedli-** 1012 **chen Verlauf** nimmt oder dass der Veranstalter und sein Anhang einen solchen Verlauf anstreben oder zumindest billigen, bleibt für die friedlichen Teilnehmer der von der Verfassung jedem Staatsbürger garantierte Schutz der Versammlungsfreiheit auch dann erhalten, wenn mit Ausschreitungen durch einzelne oder eine Minderheit zu rechnen ist. In einem solchen Fall setzt ein vorbeugendes Verbot der gesamten Veranstaltung strenge Anforderungen an die Gefahrenprognose sowie die vorherige Ausschöpfung aller sinnvoll anwendbaren Mittel voraus, welche den friedlichen Demonstranten eine Grundrechtsverwirklichung ermöglichen.

5. Die Verwaltungsgerichte haben schon im Verfahren des vorläufigen Rechtsschutzes durch eine intensivere Prüfung dem Umstand Rechnung zu tragen, dass der **Sofortvollzug eines Demonstrationsverbotes** in der Regel zur endgültigen Verhinderung der Grundrechtsverwirklichung führt."

> **Merke:** Die Versammlungsbehörden haben sich bei ihren Maßnahmen gegenüber Versammlungen an diesen Leitsätzen zu orientieren. Daher sind diese Leitsätze auch heranzuziehen, wenn die Rechtmäßigkeit von Eingriffsmaßnahmen bei Versammlungen geprüft wird.

C. Anmeldung von Versammlungen, Spontan- und Eilversammlungen

Nach § 14 I VersammlG ist eine öffentliche Versammlung unter freiem Himmel 1013 oder ein Aufzug spätestens 48 Stunden vor der Bekanntgabe der ständigen Behörde anzumelden. Diese Anmeldepflicht soll die Versammlungsbehörde in die Lage versetzen, einerseits alle Maßnahmen zu treffen, um die Versammlung zu schützen und andererseits die Beeinträchtigungen durch das Versammlungsgeschehen für Dritte in einem möglichst geringen Maß zu halten. Wäre diese Anmeldefrist unbedingt einzuhalten, dann wäre es unmöglich, auf aktuelle politische Ereignisse spontan zu reagieren und mit anderen zusammen

Meinung auszutauschen und Meinung kundzugeben, sich also zu versammeln. Daher hat das BVerfG in seinem Brokdorf-Beschluss ausgeführt, dass bei Spontanversammlungen die Anmeldepflicht nicht eingreift. Eine **Spontanversammlung** ist eine ungeplante oder nicht vorbereitete Versammlung, die aus einem aktuellen Anlass augenblicklich entsteht.[793] Auch Veranstaltungen, die aus politischem Anlass spontan per Handy oder Internet verabredet werden (sog. Smartmob) sind Spontanversammlungen und unterfallen dem Schutz aus Art. 8 I GG.[794]

1014 **Eilversammlungen** sind Veranstaltungen, die zwar geplant sind, bei denen aber der Zeitraum zwischen dem Entschluss für die Versammlung und dem Beginn der Versammlung nicht ausreicht, um die Frist von 48 Stunden für die Anmeldung einzuhalten. Hier bleibt die Anmeldepflicht bestehen. Es muss sobald wie möglich angemeldet werden, damit die Versammlungsbehörde noch so umfangreich wie möglich Vorbereitungsmaßnahmen treffen kann.[795]

Weiter gilt, dass die Verletzung der Anmeldepflicht nicht schematisch zur Auflösung oder zum Verbot der Versammlung berechtigt (s. oben Leitsatz 2.2 des Brokdorf-Beschlusses).

45. Kapitel. Ermächtigungsgrundlage

A. Grundrechtseingriff

1015 Eingriffe können alle staatlichen Maßnahmen und Handlungen sein, die vom Schutzbereich erfasste Verhaltensweisen erschweren oder unmöglich machen oder sanktionieren. Hierzu zählen insbesondere das Verbot oder die Auflösung der Versammlung, der Ausschluss von Teilnehmern und faktische Behinderungen. Auch staatliche Informationseingriffe (wie zB Fotografieren, Videografieren) gehören dazu. Die Beeinflussungen des Inhalts von Meinungskundgebungen bei Versammlungen sind zudem ein Eingriff in Art. 5 I GG (zB die Beschlagnahme eines Transparents).

B. Struktur des Versammlungsgesetzes (VersammlG)

1016 Allgemeine Vorschriften für alle (öffentlichen) Versammlungen: §§ 1–3 VersammlG

Maßnahmen bei Versammlungen in geschlossenen Räumen: §§ 5 ff. VersammlG

Maßnahmen bei Versammlungen unter freiem Himmel: §§ 14 ff. VersammlG

Straf- und Bußgeldvorschriften: §§ 21 ff. VersammlG

---

[793] *Dietel/Gintzel/Kniesel* VersammlG Teil II § 14 Rn. 11 ff.
[794] *Kresse* Hessische Polizeirundschau 2010, 10 ff.; aA *Dietel/Gintzel/Kniesel* VersammlG Teil II § 14 Rn. 15; *Stalberg* Kommunaljurist 2013, 169 ff.
[795] *Dietel/Gintzel/Kniesel* VersammlG Teil II § 14 Rn. 16 ff.

C. Eingriffsermächtigungen (System)

Eingriffsermächtigungen für die staatliche Gewalt sind grundsätzlich nur dem 1017
VersammlG zu entnehmen, das Versammlungsrecht ist insofern „**polizeifest**".
Gleichwohl stellt sich die Frage, ob der Rückgriff auf das allgemeine Polizeirecht
damit in Gänze ausgeschlossen ist.

I. Ergänzungstheorie

Das VersammlG enthält nur wenige Eingriffsermächtigungen, die zudem teil- 1018
weise noch generalklauselartig ausgeformt sind, sodass die Theorie der Polizeifestigkeit im Einzelfall zu einem unvertretbaren Ergebnis, nämlich dem
unzulänglichen Schutz der Versammlung führen könnte. Die **Polizeifestigkeit
der Versammlungsfreiheit** bedeutet daher nicht (zwingend),

„dass in die Versammlungsfreiheit nur auf der Grundlage des VersammlG eingegriffen werden könnte; denn das VersammlG enthält keine abschließende Regelung
für die Abwehr aller Gefahren, die in Zusammenhang mit Versammlungen auftreten können. Vielmehr ist das Versammlungswesen im VersammlG nicht umfassend
und vollständig, sondern nur teilweise und lückenhaft geregelt, sodass in Ermangelung einer speziellen Regelung auf das der allgemeinen Gefahrenabwehr dienende
Polizeirecht des Landes zurückgegriffen werden muss. Das trifft namentlich für
polizeiliche Befugnisse während der Vorbereitung von Versammlungen und gegenüber anreisenden Versammlungsteilnehmern zu".[796]

§ 1 I VersammlG erfasst grundsätzlich nur öffentliche Versammlungen und
Aufzüge. Art. 8 GG erfasst dagegen (anders als das VersammlG) auch nichtöf-
fentliche Versammlungen.

II. Auflagen, Verbot, polizeiliche Auflösung, § 15 VersammlG

Die zentrale Befugnis im Versammlungsgesetz ist der § 15 VersammlG.

Gemäß § 15 I VersammlG kann die zuständige Behörde die Versammlung unter freiem Himmel oder den Aufzug verbieten oder von bestimmten **Auflagen**
abhängig machen, wenn nach den zur Zeit des Erlasses der Verfügung erkennbaren Umständen die öffentliche Sicherheit oder Ordnung[797] bei Durchführung
der Versammlung oder des Aufzuges unmittelbar gefährdet ist.

Der Begriff „Auflage" in § 15 I 1 VersammlG ist irreführend, denn die „Auflage"
ist eine **Nebenbestimmung** zu einem **Verwaltungsakt** (vgl. § 36 II Nr. 4 VwVfG).
Weil Versammlungen nicht genehmigungspflichtig sind, wird bei der Anmeldung jedoch kein Verwaltungsakt (also zB eine „Versammlungserlaubnis")
erlassen, der mit einer Nebenbestimmung versehen werden könnte. Der Begriff
„**Auflage**" bezeichnet also einen **eigenständigen belastenden Verwaltungsakt**.
Dieser VA greift in die Versammlungsfreiheit ein.

---

[796] BVerwG BeckRS 2007, 26860; vgl. auch *Brenneisen* DIE POLIZEI 2008, 104 (107); VG
Würzburg BeckRS 2013, 54696; einschr. dazu: OVG Lüneburg BeckRS 2013, 52626.
[797] BVerfG Einstweilige Anordnung BeckRS 2013, 59931; VG Gelsenkirchen BeckRS 2013,
58824.

> **Beispiele** für Auflagen aus der Rechtsprechung:
> - **Verlegung der Versammlung** einer rechtsextremistischen Gruppe vom 27. Januar (Gedenktag für die Opfer des Nationalsozialismus) **auf einen anderen Tag**.[798]
> - Anordnung einer von der Versammlungsanmeldung **abweichende Routenführung** außerhalb des Kernbereichs der Innenstadt[799] bzw. auf dem Gelände einer anderen Veranstaltung.[800] **Untersagung** der Verwendung von Trommeln, „wenn sie nicht zur Erzielung von Aufmerksamkeit dient, sondern die Einschüchterung anderer Personen zur Folge hat." [801]
> - **Verbot von Rufen** mit der Wortfolge „Nationaler Widerstand", „Hier marschiert der Nationale Widerstand" oder „Hier spaziert der Nationale Widerstand".[802]

1019 **Die beschränkende Verfügung** wird dem **Veranstalter** der Versammlung als **Adressaten** schriftlich bekannt gegeben. Dem **Veranstalter** kann aufgegeben werden, die **Teilnehmer** zu Beginn der Versammlung über den Inhalt der Verfügung zu **informieren**. In **Ausnahmefällen** soll auch eine Bekanntgabe durch die Versammlungsbehörde in Form der **Allgemeinverfügung** zulässig sein.

1020 Die öffentliche Sicherheit iSv § 15 I VersammlG umfasst – wie nach der polizeirechtlichen Generalklausel – die Unversehrtheit der Rechtsordnung, Bestand und Funktionsfähigkeit staatlicher Einrichtungen sowie die Unverletzlichkeit individueller Rechte und Rechtsgüter.[803] Eine bloße Gefährdung der öffentlichen Ordnung wird im Allgemeinen für ein Versammlungsvollverbot nicht ausreichen.[804]

1021 **Unmittelbare Gefahr** bedeutet im Zusammenhang mit § 15 I VersammlG, dass, wenn die Versammlung wie geplant stattfindet, es mit an Sicherheit grenzender Wahrscheinlichkeit zu einer Störung der öffentlichen Sicherheit oder Ordnung kommt. Die unmittelbare Gefahr entspricht damit dem Begriff der gegenwärtigen Gefahr. Grundlage für die **Gefahrenprognose** sind die zum Zeitpunkt des Verbotes bekannten Umstände. Die Gefahrenprognose muss auf **aktuellen und konkreten Tatsachen** beruhen und darf sich nicht auf Vermutungen, bloßen Verdachtsmomenten oder Erfahrung mit früheren Versammlungen stützen.[805]

III. Minus-Maßnahme-Theorie

1022 Gemäß § 15 III VersammlG kann die Versammlungsbehörde eine Versammlung oder einen Aufzug **auflösen**, wenn sie nicht angemeldet ist, wenn von den Angaben der Anmeldung abgewichen oder den Auflagen zuwidergehandelt

---

[798] BVerfG NJW 2001, 1409 f.; OVG Koblenz JuS 2013, 671 = BeckRS 2014, 47875; Für Auflagen zur Nachtzeit: VG Karlsruhe BeckRS 2017, 124080.
[799] BVerwGE 64, 55 ff.; VG Hannover BeckRS 2013, 53957.
[800] OVG Hamburg BeckRS 2017, 121194; VG Münster Beschl. v. 9.5.2018 – 1 L 507/18.
[801] OVG Weimar DVBl 1999, 1754; BVerfG NJW 2000, 3052; VG Bayreuth BeckRS 2012, 57251.
[802] BVerwGE 64, 55 ff.; VG Augsburg BeckRS 2013, 55628.
[803] BVerfGE 69, 315 (352), dazu *Walther* JA 1995, 372.
[804] *Brenneisen/Wilksen* Kriminalistik 2006, 265 (266).
[805] VGH Kassel BeckRS 2013, 52564; BVerfG BeckRS 2013, 59931.

wird oder wenn die Voraussetzungen zu einem Verbot nach Abs. 1 oder 2 gegeben sind.

Die Auflösung der Versammlung ist aber vielfach nicht mit dem Grundsatz der Verhältnismäßigkeit zu vereinbaren. Nach Beginn einer Versammlung wird es aber oftmals trotzdem erforderlich sein, Teilnehmer mit entsprechenden – teilnehmerbezogenen – Anordnungen (Verfügungen) erreichen zu können, um einen störungsfreien und reibungslosen Ablauf der Versammlung zu gewährleisten. In Betracht kommen dann beschränkende Verfügungen, die gegenüber der Auflösung geringerer Intensität sind und deshalb von der Auflösungsermächtigung mit abgedeckt werden. Rechtsdogmatisch wird in diesen Fällen auf die sog. „Minus-Maßnahme-Theorie" zurückgegriffen, dh als (unmittelbar) teilnehmerbezogene Anordnungen können sog. Minus-Maßnahmen nach § 15 III VersammlG getroffen werden. Im Rahmen dieser Ermächtigungsgrundlage können Standardmaßnahmen des (allgemeinen) Polizeirechts herangezogen werden. Verknüpft wird der Tatbestand des § 15 III VersammlG mit einer Rechtsfolge aus dem PolG NRW.[806]

Nachfolgend aufgeführte Verfügungen sind dabei denkbar (beispielhaft):[807]

- Verbot des Marschierens in Formation
- Untersagung bestimmter Redebeiträge
- Verbot des Benutzens von Trommeln (Um die Kundgebung überhaupt zu ermöglichen)
- Beschränkung des Lautsprechereinsatzes
- Kein Einsatz von Sirenen
- Beschränkung auf eine stationäre Veranstaltung

Erkennbar ist an diesen beschränkenden Verfügungen, dass sie sich auf die Versammlung als Ganzes beziehen, weniger auf Verfügungen gegen einzelne Teilnehmer. **1023**

Im Rahmen von § 15 III VersammlG können allerdings nur solche (Minus-)Maßnahmen getroffen werden, die die weitere Teilnahme für den Einzelnen zulassen.

> **Merke:** Unmittelbar teilnehmerbezogene Maßnahmen, die zum Ausschluss führen (Platzverweis, Gewahrsamnahme) sind als Minus-Maßnahme nach § 15 III VersG unzulässig.

Als **Ultima Ratio** lässt § 15 III VersammlG die Auflösung der Versammlung zu. Sie darf immer erst dann angeordnet werden, wenn es kein milderes Mittel gibt, um die versammlungsspezifische Gefahr abzuwehren.

> **Merke:** Erst im Anschluss an die Auflösung der Versammlung sind Maßnahmen nach dem allgemeinen Polizeigesetz zulässig. Denn mit der Auflösung endet der Grundrechtsschutz aus Art. 8 I GG.

---

[806] *van der Schroot* JURA 2009, 382 ff.; *Lembke* JuS 2005, 984 (987); *Kniesel/Poscher* in Lisken/ Denninger HdB PolizeiR K Rn. 26 ff.
[807] *Brenneisen/Wilksen* VersR 352 (345).

> **Beispiel:** Eine Ingewahrsamnahme der Versammlungsteilnehmer ist ohne vorherige und mögliche Auflösung der Versammlung (hier: Demonstration gegen den Castor-Transport) rechtswidrig.[808] Ein Platzverweis, der gegen die Teilnehmer einer Sitzblockade verfügt wird, ist rechtswidrig, falls die Sitzblockade nicht zuvor auf der Grundlage des Versammlungsgesetzes aufgelöst worden ist.[809] Für gröblich störende Teilnehmer besteht die Möglichkeit, sie gem. §§ 18 III oder 19 IV VersammlG auszuschließen.

Damit müssen Maßnahmen gegen einzelne Teilnehmer innerhalb einer Versammlung über § 18 III VersammlG bzw. § 19 IV VersammlG betrachtet werden. Gemäß § 18 III VersammlG kann die Polizei Teilnehmer, welche die Ordnung gröblich stören, von der Versammlung ausschließen (entsprechend gilt § 19 IV VersammlG für Aufzüge). Eine gröbliche Ordnungsstörung liegt vor, wenn der ordnungsgemäße Ablauf einer Versammlung erheblich beeinträchtigt ist.[810]

Beispiele für gröbliche Ordnungsstörungen:[811]

- Zeigen von Plakaten mit beleidigendem Inhalt (Straftatbestand)
- Absingen von Liedern (als Einwirkung auf die Versammlung iSd §§ 18 III, 19 IV VersammlG)
- Niederbrüllen von Rednern (als Einwirkung auf die Versammlung iSd §§ 18 III, 19 IV VersammlG)
- Sprechchöre (als Einwirkung auf die Versammlung iSd §§ 18 III, 19 IV VersammlG)

In diesen Fällen wäre ein Ausschluss des (der) „störenden" Versammlungsteilnehmer(s) zulässig. Über die og „Minus-Maßnahme-Theorie" sind auch hier wenig belastende Verfügungen zulässig, die eine weitere Teilnahme ermöglichen, das störende Verhalten allerdings unterbinden.

> **Beispiel:** Im Verlauf einer Versammlung hält ein Versammlungsteilnehmer ein Plakat in die Höhe, auf dem der Präsident der USA schwer beleidigt wird. Die hierdurch verursachte Gefahrensituation (Verstoß gegen § 103 I StGB) kann bereits durch eine Sicherstellung des Plakates behoben werden, die im Wege des Erst-Recht-Schlusses auf § 18 III VersammlG begründet werden kann.
>
> Die Erfüllung des objektiven Tatbestandes des § 103 StGB ist eine „gröbliche Störung" iSd § 18 III VersammlG. Da minder schweren Maßnahmen im Rahmen des Übermaßverbotes immer Vorrang zukommt, darf der Schluss von der Ausschlussermächtigung auf die Befugnis zum Erlass beschränkender Verfügungen gezogen werden, wenn dadurch ein Verzicht auf die schwerere Eingriffsmaßnahme möglich erscheint („Erst-Recht-Schluss"). Insofern ist eine Verfügung nach § 18 III VersammlG iVm § 43 PolG NRW (Sicherstellung des Plakats) als Mindermaßnahme zulässig.

---

[808] OVG Bremen DÖV 1987, 253; ausführlich zu den Rechtsgrundlagen: *Brenneisen/Staack* Kriminalistik 2017, 91 ff.
[809] OLG Celle BeckRS 2005, 03613.
[810] Düring-Friedl/Enders/*Enders* VersammlG § 11 Rn. 2 ff.
[811] *Brenneisen/Wilksen* VersR 355; Düring-Friedl/Enders/*Düring-Friedl* VersammlG § 18 Rn. 16.

D. Strafprozessuale Maßnahmen

Liegt der Anfangsverdacht einer Straftat vor, so ist die sachliche Zuständigkeit 1024 gem. § 163 I 1 StPO gegeben und der generelle Zugriff auf die strafprozessualen Befugnisnormen eröffnet. Eine wie auch immer geartete „StPO-Festigkeit" der Versammlungsfreiheit besteht nicht. Die Zulässigkeit von Strafverfolgungsmaßnahmen im Zusammenhang mit Versammlungen wird allgemein anerkannt und stellt keine Verletzung des Grundrechtes auf Versammlungsfreiheit gem. Art. 8 GG dar. Aufgrund des **Legalitätsprinzips** (§ 163 StPO) besteht vielmehr eine (grundsätzliche) Pflicht zum Einschreiten. Allerdings sind strafverfolgende Maßnahmen im Licht des Art. 8 GG zu prüfen und an die Verhältnismäßigkeit ein strenger Maßstab anzulegen.[812]

E. Vorkontrollen

Art. 8 I GG schützt auch den Vorgang des „**Sich-Versammelns**" und entfaltet 1025 seine Wirkung daher bereits in der Vorphase der Versammlung. Zu berücksichtigen ist generell, dass der grundrechtliche Schutz des Art. 8 GG zu dem Zeitpunkt beginnt, in dem ein Versammlungsteilnehmer die Reise zum Versammlungsort unmittelbar, dh ohne versammlungsunabhängige Zwischenstopps oder Umwege, antritt.[813] Gezielte auf das Vorfeld der Versammlung gerichtete staatliche Maßnahmen greifen in das Wesen des Grundrechts ein. Zu berücksichtigen ist, dass die meisten Befugnisnormen des VersammlG in systematischer Hinsicht von einer bereits bestehenden Versammlung ausgehen. Für das teilnehmerbezogene präventiv-polizeiliche Handeln im Vorfeld der Versammlung enthält das VersammlG keine speziellen Regelungen. Vorfeldmaßnahmen gegen einzelne Versammlungsteilnehmer können auf das allgemeine Polizeirecht gestützt werden.[814]

„Soweit Vorfeldmaßnahmen ganz überwiegend auf die unmittelbare Verhütung von versammlungsbezogenen Straftaten oder Ordnungswidrigkeiten (Sprengen, Verhindern, Vereiteln einer Versammlung, Verstoß gegen das Uniformierungs- oder Bewaffnungsverbot bzw. Verstoß gegen das Passivbewaffnungs- oder Vermummungsverbot) gerichtet sind, gilt für notwendige Eingriffe, etwa Identitätsfeststellung, Durchsuchung, Sicherstellung, auch Ingewahrsamnahme, allgemeines Polizeirecht."[815]

> **Merke:** Spezielle Regelungen für Kontrollen während der Anreise von Versammlungsteilnehmern enthalten die §§ 12 I Nr. 4 und 40 I Nr. 6 PolG NRW, in denen die Identitätsfeststellung und Durchsuchung von Fahrzeugen an Kontrollstellen geregelt sind, um Straftaten nach § 27 VersammlG zu verhüten.

---

[812] BVerfG BeckRS 2016, 55724.
[813] BVerfGE 69, 315 (348).
[814] Kniesel/Poscher in Lisken/Denninger HdB PolizeiR K Rn. 37.
[815] *Dietel/Kniesel/Ginzel* VersammlG, 16. Aufl. 2008, § 15 Rn. 6; VG Würzburg BeckRS 2013, 54696; *Trurnit* NVwZ 2012, 1079 ff.

F. Meldeauflagen

1026 Die Meldeauflage bedeutet, dass sich die betroffene Person zu einem bestimmten Zeitpunkt bei einer bestimmten Anlaufadresse der Polizei zu melden hat. Sie kann als Präventivmaßnahme bei potentiellen auswärtigen Störern geeignet sein, eine Teilnahme an einer Versammlung zu verhindern. In Ermangelung einer gesonderten Gesetzesgrundlage kommt als Ermächtigungsgrundlage nur die Generalklausel, § 8 I PolG NRW, zur Anwendung.

> **Beispiel (G8-Gipfel in Genua):** Meldeauflagen für gewaltbereite Globalisierungsgegner sind zulässig und kein Verstoß gegen die Versammlungsfreiheit.[816]

G. Gefährderansprachen/Gefährderanschreiben

1027 Zur Verhütung von Straftaten hat sich auch die sog. Gefährderansprache bewährt. Es handelt sich um eine Ermahnung, sich normgerecht zu verhalten. Es besteht nach polizeilicher Erfahrung eine gewisse Wahrscheinlichkeit, dass der Betroffene zumindest temporär sein Verhalten an der Situation ausrichtet und auf die Begehung von Straftaten verzichtet. Gefährderansprachen können in die allgemeine Handlungsfreiheit, Art. 2 I GG, eingreifen.[817] Wie bei der Meldeauflage ist auch hier die Generalklausel, § 8 I PolG NRW, Ermächtigungsgrundlage.[818]

46. Kapitel. Informationsverarbeitung[819]

1028 Maßnahmen der Erhebung, Verarbeitung und Verwendung personenbezogener Daten sind sowohl im Vorfeld von Versammlungen als auch bei der Durchführung von Versammlungen von (taktischer) Bedeutung. Sofern polizeiliche Maßnahmen in den Schutzbereich der Versammlungsfreiheit eingreifen, stehen mit §§ 12a, 19a VersammlG bereichsspezifische (abschließende) Normen zur Verfügung. Die Bestimmungen gelten explizit für Bild- und Tonaufnahmen, schließen eingriffsschwächere Maßnahmen (zB Befragung, Beobachtung ohne Einsatz technischer Mittel, Videobildübertragung) aber nicht aus.[820]

> **Merke:** Für Datenerhebungen bei öffentlichen Veranstaltungen und Ansammlungen ist § 15 PolG NRW anzuwenden.

---

[816] BVerwGE 129, 142 = BeckRS 2007, 26860.
[817] VGH Mannheim BeckRS 2017, 137291.
[818] *Hebeler* NVwZ 2011, 1364 ff.
[819] *Koranyi/Singelnstein* NJW 2011, 124 ff.
[820] *Dietel/Gintzel/Kniesel* VersammlG Teil II § 12a Rn. 21; *Brenneisen/Wilksen* VersammlR 316.

A. Grundrechtsrelevanz

In dem Videografieren/Fotografieren von Versammlungsteilnehmern ist ein **1029** Rechtseingriff zu sehen. Die Fixierung des äußeren Erscheinungsbildes einer Person stellt einen faktischen Rechtseingriff in das allgemeine Persönlichkeitsrecht, hier das Recht am eigenen Bild, dar. Auch das Recht auf informationelle Selbstbestimmung als auch die Versammlungsfreiheit aus Art. 8 GG können berührt sein.[821] Anknüpfungspunkt ist die „innere Versammlungsfreiheit", die auch den Entschluss zur Teilnahme an einer Versammlung beinhaltet. Staatliche Überwachungsmaßnahmen sind daher geeignet, Personen von der Teilnahme abzuhalten.

B. Übersichtsaufnahmen[822]

Nach wie vor wird diskutiert, ob eine Übertragung von Bildern einer Versamm- **1030** lung (ohne Aufzeichnung, zB in den Führungs- und Lageraum der Polizei), bereits einen Eingriff darstellt (sog. Übersichtsaufnahmen).

Die Videobeobachtung kann die innere Versammlungsfreiheit beeinträchtigen. Aus Sorge vor staatlicher Überwachung bei der Ausübung des Grundrechtes aus Art. 8 I GG könnten Bürger von der Teilnahme an der Versammlung abgeschreckt werden. Die optische Dokumentation eines Demonstrationszuges durch Video- und Fotoaufnahme ist unabhängig davon, ob Übersichts- oder Einzelaufnahmen angefertigt werden, ein Eingriff in das Grundrecht der Versammlungsfreiheit.[823] Solche Aufnahmen sind daher nur unter den Voraussetzungen des § 12a VersammlG zulässig.[824] Das Land Berlin hat eine spezielle Norm für Übersichtsaufnahmen in § 1 III VersammlG Berlin geschaffen.[825]

I. Bild- und Tonaufnahmen

Versammlungsgesetzliche Ermächtigungen sind die §§ 12a, 19a VersammlG. **1031** § 19a VersammlG ist eine Transferklausel, wodurch die für Versammlungen in geschlossenen Räumen geltende Rechtsnorm des § 12a VersammlG auf Versammlungen unter freiem Himmel und Aufzüge übertragen wird.

Die §§ 12a, 19a VersammlG verfolgen das Ziel, insbesondere Straftaten aus oder im Zusammenhang mit der Versammlung zu verhüten. Erkannte Rädelsführer oder Gewalttäter sollen gezielt überwacht werden. Dadurch sollen Straftaten und Unfriedlichkeit verhindert werden.

§§ 19a, 12a VersammlG treffen auch eine abschließende Regelung für die Anfertigung von Bildaufnahmen einzelner Versammlungsteilnehmer. Damit ist der Rückgriff auf das allgemeine Polizei- und Ordnungsrecht ausgeschlossen.

---

[821] *Dietel/Gintzel/Kniesel* VersammlG Teil II § 12a Rn. 3; *Knape* Die Polizei 2018, 1 ff.
[822] *Neskovic/Uhlig* NVwZ 2014, 335 ff.
[823] OVG Koblenz JA 2015, 878 = BeckRS 2015, 41909; OVG Münster DVBl 2011, 175 = BeckRS 2010, 56316; BVerfG NJW 2009, 1481; *Brenneisen* Die Polizei 2012, 93.
[824] *Dietel/Gintzel/Kniesel* VersammlG Teil II § 12a Rn. 8 ff.
[825] Gesetz über Aufnahmen und Aufzeichnungen von Bild und Ton bei Versammlungen unter freiem Himmel und Aufzügen v. 23.4.2013, GVBl 2013, 103; VerfGH Berlin BeckRS 2014, 49904.

1032 Gemäß §§ 12a, 19a VersammlG darf die Polizei Bild- und Tonaufnahmen von Teilnehmern bei oder in Zusammenhang mit öffentlichen Versammlungen nur anfertigen, wenn tatsächliche Anhaltspunkte die Annahme rechtfertigen, dass von ihnen erhebliche Gefahren für die öffentliche Sicherheit oder Ordnung ausgehen. Die Maßnahmen dürfen auch durchgeführt werden, wenn Dritte unvermeidbar betroffen werden.

1033 Voraussetzung ist demnach eine **gesicherte Gefahrenprognose** („tatsächliche Anhaltspunkte") für die Annahme einer erheblichen Gefahr (Gefahr für bedeutende Rechtsgüter) für die öffentliche Sicherheit.[826]

Gemäß § 12a III VersammlG bleiben die Befugnisse zur Erhebung personenbezogener Informationen nach Maßgabe der StPO und des OWiG unberührt.

> **Beispiel:** Die Polizei videografiert einen Versammlungsteilnehmer, der mit Pflastersteinen auf Schaufensterscheiben wirft. Die Informationserhebung ist nach § 100h I Nr. 1 StPO zulässig.

II. Vernichtungsgebot

1034 Gemäß § 12a II VersammlG sind die Unterlagen nach Beendigung der öffentlichen Versammlung oder zeitlich und sachlich damit unmittelbar in Zusammenhang stehender Ereignisse unverzüglich zu vernichten, soweit sie nicht für die nachfolgend erläuterten Zwecke benötigt werden.

III. Datenverwendung zur Strafverfolgung

1035 Erhobene personenbezogene Daten dürfen für Zwecke des Strafverfahrens, nicht jedoch für die Erforschung von Ordnungswidrigkeiten, verwendet werden. § 12a II Nr. 1 VersammlG ist eine Transformationsklausel, die aufgrund der mit der Datenverarbeitung einhergehenden Zweckänderung erforderlich ist. Entsprechende Daten sind als Beweismittel zu den Ermittlungsakten zu nehmen.

IV. Datenverwendung zur bereichsspezifischen Gefahrenabwehr

1036 Es muss eine gesicherte Gefahrenprognose unter Berücksichtigung kriminologischer Erkenntnisse den Schluss zulassen, dass von der betreffenden Person in absehbarer Zeit erhebliche Gefahren im Zusammenhang mit dem Versammlungsgeschehen ausgehen werden, § 12a II Nr. 2 VersammlG.[827]

V. Heimliche Datenerhebung

1037 Strittig ist, ob die §§ 12a und 19a VersammlG auch eine heimliche Datenerhebung umfassen. Die Rechtsfolgen der Regelung lassen diese Frage offen. Zumindest nach dem Wortlaut ist ein verdecktes Vorgehen nicht ausgeschlossen. Geht man vom Präventionszweck der Norm aus, so ist eine „abschreckende Wirkung" nur bei offenem Vorgehen erreichbar.

---

[826] BVerfG BeckRS 2015, 52925.
[827] Düring-Friedl/Enders/*Enders* VersammlG § 12a Rn. 10.

Ein heimliches Fotografieren/Videografieren von Versammlungsteilnehmern wäre somit rechtswidrig.[828]

47. Kapitel. Straftaten/Ordnungswidrigkeiten (Überblick)

Die Straf- und Bußgeldvorschriften sind in den §§ 21 ff. VersammlG niederge- **1038** legt. Dabei regeln die §§ 21–28 VersammlG die Straftatbestände und § 29 VersammlG die Ordnungswidrigkeiten.

Für die polizeiliche Praxis besonders relevant ist § 27 VersammlG, der das Mitführen von Angriffs- und Schutzwaffen[829], das Anlegen von Vermummungsgegenständen[830] sowie das Zusammenrotten unter Strafe stellt. Diese Strafnorm wird, wie oben dargestellt, in § 12 I Nr. 4 PolG NRW aufgegriffen. Danach sind Vorkontrollen, mit dem Ziel Straftaten nach § 27 VersammlG zu verhüten, möglich.

48. Kapitel. Einziehung

§ 30 VersammlG regelt die Einziehung von Beziehungsgegenständen. Da die **1039** Vorschrift auf § 74a StGB und § 23 OWiG verweist, ist auch die sog. Dritteinziehung von Gegenständen (Gegenständen, die dem Täter nicht gehören oder zustehen) möglich.

49. Kapitel. Zuständigkeiten

Aus dem Versammlungsgesetz bzw. der Verordnung über Zuständigkeiten **1040** nach dem Versammlungsgesetz[831] ergeben sich sachliche Zuständigkeiten. Gemäß § 1 ZuSt-VO zuständige Behörde nach §§ 2 III, 5, 14, 15 und 17a III und IV VersammlG ist die Kreispolizeibehörde. Demnach ist in NRW die Kreispolizeibehörde Versammlungsbehörde.

Die Zuständigkeit für die Verfolgung und Ahndung von Ordnungswidrigkeiten nach § 29 VersammlG wird ebenfalls der Kreispolizeibehörde übertragen, § 2 ZuSt-VO.

50. Kapitel. Föderalismusreform

Seit 2006 wurde die konkurrierende Gesetzgebungskompetenz des Bundes für **1041** das Versammlungsrecht in Art. 74 I Nr. 3 GG gestrichen. Das Versammlungsgesetz als Bundesgesetz gilt gem. Art. 125a I 1 GG als Bundesrecht fort. Die Landesgesetzgeber haben die Möglichkeit, das Versammlungsgesetz zu ersetzen, Art. 125a I 2 GG. Davon Gebrauch gemacht haben bisher die Bundesländer Bayern, Sachsen, Sachsen-Anhalt und Niedersachsen. Das Land Berlin hat ein

---

[828] *Dietel/Gintzel/Kniesel* VersammlG Teil II § 12a Rn. 11 ff.
[829] *Wernthaler* Polizeiinfo 1/2015, 19 ff.; *Brenneisen* Kriminalistik 2018, 34 ff.
[830] *Brenneisen/Martins* Kriminalistik 2015, 318 ff.; Vermummungsverbot in Fußballstadien: OLG Hamm BeckRS 2017, 128330 mwN.
[831] VO über Zuständigkeiten nach dem Versammlungsgesetz v. 2.2.1987 (GV. NRW 62).

Gesetz erlassen, das den § 19a VersammlG (Bund) ersetzt. Der Landtag in NRW hat bisher noch kein Landesversammlungsgesetz erlassen.

> **Hinweis:** Einen Vorschlag für ein Versammlungsgesetz auf Länderebene mit umfangreichen Erläuterungen zum Versammlungsrecht enthält der „Musterentwurf eines Versammlungsgesetzes".[832]

51. Kapitel. Praktische Handhabung des Versammlungsrechts

1042 Das polizeiliche Handeln im Versammlungsrecht lässt sich in **vier Phasen** unterteilen, die unterschiedliche Verfahrensweisen und Rechtsanwendungen erfordern:

A . Vorbereitung, zB:	**B. Vorfeldgefahren**, insbesondere Anreise von möglicherweise gewalttätigen Demonstrationsteilnehmern
1. Anmeldepflicht, § 14 I VersammlG; Erlaubnispflicht, § 1 II BannMG NRW	1. Vorkontrollen, §§ 12 I Nr. 4 und 40 I Nr. 6 PolG NRW
2. Verbot, § 15 I, II VersammlG	2. Beschlagnahme von Gegenständen gem. §§ 94 ff., 111b ff. StPO iVm § 30 VersammlG
3. Auflagen, § 15 I VersammlG	3. § 17a IV 1 VersammlG
4. Gefährderansprachen, Meldeauflagen, § 8 I PolG NRW	4. Videoaufnahmen, §§ 19a, 12a VersammlG

D. Nachphase	**C. Durchführung**
dh nach Beendigung bzw. rechtmäßiger Auflösung der Versammlung, zB Platzverweis, § 34 I PolG NRW oder Gewahrsamnahme, § 35 I Nr. 2 PolG NRW	1. Auflösung gem. § 15 III, IV VersammlG
	2. Minusmaßnahmen, § 15 III VersammlG iVm PolG NRW
	3. Ausschluss einzelner Teilnehmer, §§ 17a IV 2; 18 III, 19 IV VersammlG
	4. Videoaufnahmen, §§ 19a, 12a VersammlG

52. Kapitel. Der Arbeitskampf als besondere Versammlungsform[833]

A. Begriffsbestimmung

1043 Der Begriff Arbeitskampf ist eine Bezeichnung für gemeinsame Aktionen von Arbeitgebern oder Arbeitnehmern zur Erreichung eines genau bestimmten

---

[832] *Enders/Hoffmann-Riem/Kniesel/Poscher/Schulze-Fielitz*, AK Versammlungsrecht Musterentwurf eines Versammlungsgesetzes, 2011.
[833] *Barczak* DVBl 2014, 758 ff.

arbeitsrechtlichen Zieles wie Lohnforderungen oder Arbeitsbedingungen. Formen des Arbeitskampfes sind typischerweise der Streik und die Aussperrung.[834]

B. Grundrechtsbetrachtung

Gemäß § 9 III GG ist für jedermann und für alle Berufe das Recht gewährleistet **1043a** zur Wahrung und Förderung der Arbeits- und Wirtschaftsbedingungen Vereinigungen zu bilden. Damit stützen sich Handlungsformen von Beteiligten an Arbeitskampfmaßnahmen grundsätzlich auf Art. 9 III GG. Allerdings haben verschiedenste neue Formen von Maßnahmen des Arbeitskampfes Fragen zum Verhältnis von Art. 9 III GG zu Art. 8 GG aufgeworfen. Zweifellos sind Betriebsbesetzungen auf Betriebsgeländen vom Schutzbereich des Art. 9 III GG erfasst und keine Versammlungen iSd Art. 8 GG. Trotzdem können Maßnahmen des Arbeitskampfes demonstrative Aktionen sein und zwar dann, wenn die arbeitskampfrechtlichen Inhalte in die Öffentlichkeit getragen werden, zB durch Diskussionsveranstaltungen, Informationsstände.[835]

Dann entfaltet neben Art. 9 III GG auch Art. 8 GG seine Schutzwirkung.

C. Polizeiliche Maßnahmen

Grundsätzlich erfordern typische Arbeitskampfmaßnahmen wie Streikposten, **1043b** Aussperrungen, Versorgungseinschränkungen der Bevölkerung und Ähnliches keine polizeilichen Maßnahmen.

Aus der Neutralitätspflicht folgt sogar eine Unzulässigkeit polizeilicher Maßnahmen.[836] Damit sind Auflösungen von Blockaden, die eine Weiterarbeit nicht streikender Arbeitnehmer verhindern wollen, unzulässig, sofern nicht unmittelbare physische Gewalt angewendet wird.[837] Ebenso gilt die Neutralitätspflicht, wenn der Arbeitgeber von seinem Hausrecht Gebrauch machen will, um Blockadeaktionen auf dem Betriebsgelände zu unterbinden. Aus einem möglichen Hausfriedensbruch oder aus zivilrechtlichen Ansprüchen folgt keine Auflösungsverpflichtung der Polizei. Etwas anderes kann nur gelten, wenn erhebliche Rechtsgüter gefährdet sind. Maßstab sind hier die Grundsätze des polizeilichen Notstands.[838]

Die grundsätzliche Strafverfolgungspflicht der Polizei bleibt selbstverständlich unberührt.[839] So dürfen Streikposten Arbeitswillige „überreden", am Streik teilzunehmen. Sie dürfen nicht (körperlich) am Betreten des Betriebes gehindert werden.[840] Auf keinen Fall sind Körperverletzungen zu dulden. Der Arbeits-

---

[834] Möllers/*Huzel*, Wörterbuch der Polizei, Arbeitskampf, 2. Aufl. 2010.
[835] *Kniesel/Poscher* in Lisken/Denninger HdB PolizeiR K Rn. 174 f.
[836] BeckOK PolR BW/*Nachbaur*, 10. Ed. 15.3.2018, PolG § 4 Rn. 42–43.
[837] *Ott/Wächtler/Heinhold*, Gesetz über Versammlungen und Aufzüge, 7. Aufl. 2010, Einf. IV. Rn. 41.
[838] *Ott/Wächtler/Heinhold*, Gesetz über Versammlungen und Aufzüge, 7. Aufl. 2010, Einf. IV. Rn. 41.
[839] BeckOK PolR BW/*Nachbaur*, 10. Ed. 15.3.2018, PolG § 4 Rn. 42–43.
[840] *Brenneisen/Wilksen* VersR 536 ff.

kampf ist gekennzeichnet durch passives Verhalten. Körperliche Übergriffe sind damit ausgeschlossen.[841] In der Polizeidienstvorschrift 100, 4.5, werden polizeiliche Maßnahmen im Rahmen von Arbeitskämpfen thematisiert (VS-Nur für den Dienstgebrauch).

2. Abschnitt. Grundzüge des Waffenrechts

1044 Auch wenn es das Ziel der Bundesregierung im Jahre 2003 war, dass Waffenrecht so zu ordnen, dass es jedem Bürger ohne Probleme möglich sei, mit dem Gesetz eigenständig zu arbeiten und ohne größere Probleme einen Gegenstand waffenrechtlich einzuordnen und zu erkennen, welche Erlaubnisse für welche Umgangsart mit diesem Gegenstand erforderlich sind, bleibt die Materie kompliziert und ist nur mit gründlicher Einarbeitung zu überschauen.

> **Klausurtipp:** Wenn in einer Klausur/Fachgespräch ein Gegenstand und der Umgang damit waffenrechtlich zu bewerten ist, so empfiehlt sich folgende Vorgehensweise (Gleiches gilt für die polizeiliche Praxis):
> - Handelt es sich bei dem Gegenstand um eine Waffe im Sinne des Waffengesetzes?
>   (nur dann ist das Waffengesetz, WaffG, anzuwenden)
> - Wie geht der Betroffene mit der Waffe um?
>   (Besitzen, Führen, Schießen usw)
> - Welche Einschränkungen/Erlaubnisse gelten für diese Waffe bzw. für den Umgang mit dieser Waffe?
>   (zB Erfordernis einer Waffenbesitzkarte, eines Waffenscheins/Kleinen Waffenscheins)
> - Welche Straftaten/Ordnungswidrigkeiten liegen vor?
> - Welche polizeilichen Maßnahmen sind gegebenenfalls zu treffen?
>   (zB Sicherstellung zur Gefahrenabwehr, Sicherstellung/Beschlagnahme als Beweismittel, als Einziehungsgegenstand, Fertigen einer entsprechenden Anzeige)

Die nun folgenden Ausführungen orientieren sich an der oben dargestellten Prüfreihenfolge.

53. Kapitel. Zur Entstehung des neuen Waffenrechts ab 2003

1045 In der 14. Legislaturperiode (1998–2002) verfolgte die Bundesregierung mit Nachdruck das Vorhaben einer Neuregelung des Waffenrechts.

Ein Arbeitsentwurf lag am 21.3.2001 vor.

„Das neue Recht soll die Bevölkerung besser schützen. Kernpunkte sind dabei bessere Aufbewahrungsregelungen, höhere Anforderungen an die Zuverlässigkeit der Waffenträger, Ausschluss von Waffenerwerb durch Extremisten, ein sog. „Kleiner

---

[841] *Brenneisen/Wilksen* VersR 537.

Waffenschein" für Reizstoff-, Schreckschuss- und Signalwaffen und restriktive Regelungen für Spring- und Fallmesser, Butterflymesser und Wurfsterne. Zugleich dient das neue Recht der verbesserten Rechtssicherheit der – von allenfalls wenigen Ausnahmen abgesehen – insgesamt rechtstreuen und verantwortungsbewussten Jäger und Schützen."[842]

Das Gesetzesvorhaben wurde am 26.4.2002 in dritter Lesung im Bundestag behandelt (234. Sitzung). Das war der Tag, an dem das „Massaker" von Erfurt geschah!

Aus diesem Anlass wurden einige Regelungen im neuen Waffenrecht verschärft. Am 11.10.2002 wurde das Gesetz (Gesetz zur Neuregelung des Waffenrechts, WaffRNeuRegG, BGBl. 2002 I 3970) erlassen und trat am 1.4.2003 in Kraft.

In der Folgezeit wurde das Gesetz erneut überarbeitet (WaffRÄndG 2008 v. 26.3.2008, BGBl. 2008 I 426). Wesentlichen Änderungen traten am 1.4.2008 in Kraft. Bedeutsam für die Polizei ist hier der neu geschaffene § 42a WaffG. Damit wird das Führen von Anscheinswaffen, Hieb- und Stoßwaffen und bestimmten Messern verboten (weiter unten wird die Vorschrift näher erläutert) → Rn. 982 ff.

Nach dem Amoklauf von Winnenden am 11.3.2009 wurde das Waffengesetz erneut wesentlich geändert (4. SprengGÄndG v. 17.7.2009, BGBl. 2009 I 2062).

Merke: Für die Polizei ist hier die Verschärfung der Aufbewahrungsvorschriften § 36 III und V WaffG wichtig.[843]

54. Kapitel. Aufbau des neuen Waffenrechts

Mit dem WaffRNeuRegG, das am 1.4.2003 in Kraft trat, wurde das Waffenrecht **1046** völlig neu geordnet. Regelungen, die die Prüfung und Zulassung von Schusswaffen, Munition und sonstigen Waffen betreffen und damit technische Vorschriften darstellen, werden im Beschussgesetz normiert. Die Definitionen, welche Gegenstände als Waffen anzusehen sind, und der Umgang mit diesen Gegenständen wird nun im Waffengesetz geregelt.

Waffenrecht	
Beschussgesetz	**Waffengesetz** (WaffG)
Prüfung und Zulassung von Waffen und Munition zur Sicherheit der Waffenverwender	Regelungen für den Umgang mit Waffen zum Schutz der öffentlichen Sicherheit und Ordnung

Das **Beschussgesetz** spielt für die polizeiliche Praxis keine Rolle. Daher ist es im Polizeifachhandbuch auch nicht abgedruckt.

---

[842] *Steindorf*, Waffenrecht, 8. Aufl. 2007, 9 f.
[843] Erläuterungen und Kommentierung dazu: *Soschinka/Heller* NVwZ 2009, 993 ff.

Das **Waffengesetz** ist in sechs Abschnitte aufgeteilt. Näheres ergibt sich aus dem Inhaltsverzeichnis vor dem Gesetz. Dem Gesetz angefügt sind zwei Anlagen, die auch ausdrücklich im Gesetz erwähnt werden (§§ 1 IV, 2 II–IV WaffG).

Anlage 1 enthält waffenrechtliche Begriffsbestimmungen = Definitionen.

Anlage 2 ist eine Waffenliste.

55. Kapitel. Zum Begriff „Waffen"

> **Hinweis:** Der Begriff Waffe im Sinne des WaffG ist nicht gleichbedeutend mit dem Waffenbegriff des StGB und auch nicht des VersammlG!

1047 Waffen im Sinne des Waffengesetzes werden in § 1 II WaffG definiert. In § 1 IV WaffG wird auf die Anlage 1 des Gesetzes verwiesen. Dort finden sich dann die detaillierten Definitionen der Gegenstände, die unter das Waffengesetz fallen.

Waffen (§ 1 II WaffG)		
Nr. 1:	Schusswaffen	ihnen gleichgestellte Gegenstände
Nr. 2:	a) tragbare Gegenstände, ihrem Wesen nach dazu bestimmt, Menschen zu verletzen (so sinngemäß), insbesondere Hieb- und Stoßwaffen	b) tragbare Gegenstände, die, ohne dazu bestimmt zu sein, durch ihre Gestaltung die Eignung besitzen, als Waffen verwendet zu werden (so sinngemäß) und in diesem Gesetz (Anlage) genannt sind

Die im Schaubild oben genannten Gegenstände werden nun im Einzelnen erläutert.

Zum Begriff der Schusswaffe (Anlage 1, Abschnitt 1, Unterabschnitt 1, Nr. 1.1 und 1.2):

Gegenstände zum	• Angriff oder Verteidigung • Signalgebung • Jagd • Distanzinjektion • Markierung • Sport oder Spiel	bestimmt	Wille des Herstellers, der in der Bauart der Waffe zum Ausdruck kommt; eine abweichende Erklärung des Herstellers über den Verwendungszweck, zB nur für Zier- oder Sammlerzwecke, ist unerheblich.

und
bei denen **Geschosse** durch einen **Lauf** getrieben werden **(Schusswaffen im engeren Sinn)**.

Beispiele: Pistole (zB Walther P 99), Revolver, Gewehr, Flinte.

Zum Begriff der „ihnen (den Schusswaffen im engeren Sinne) gleichgestellte 1048
Gegenstände", (Schusswaffen im weiteren Sinne)

- von Schusswaffen im engeren Sinne dadurch abgegrenzt, dass ihnen entweder ein Lauf fehlt oder kein Geschoss durch einen Lauf getrieben wird.
- diese Gegenstände müssen tragbar sein (Anlage 1, Abschnitt 1, Unterabschnitt 1, Nr. 1.2.1).
- mit diesen Gegenständen kann gezielt oder wenigstens gerichtet geschossen werden.

Beispiele: Schreckschuss-, Reizstoff-, Signalwaffen, Schießbleistifte, Armbrüste.

Für **Schreckschuss-, Reizstoff- und Signalwaffen** ist für das Führen der Waffen der „Kleine Waffenschein" (→ Rn. 1045) erforderlich. Diese Waffen müssen durch die Physikalisch-Technische Bundesanstalt (**PTB**) zugelassen sein. Das ist daran erkenntlich, dass auf der Waffe in einem Kreis PTB und darunter eine Nummer eingraviert sind. Auch andere Gegenstände, die unter das Waffengesetz fallen, müssen ein Zulassungszeichen der PTB tragen, so zB Elektroimpulsgeräte und Reizstoffsprühgeräte.

Eine weitere Kennzeichnung, die in der Praxis häufig vorkommt, ist das **„F" im Fünfeck**. Damit werden **Druckluft-, Federdruck- und CO^2-Waffen** markiert, bei denen die Geschosse eine Bewegungsenergie von höchstens 7,5 Joule haben. Solche Waffen werden häufig von Sportschützen genutzt. Unter diese Regelung fallen zB Luftpistolen, Luftgewehre und Softairwaffen.

- **Waffen nach §1 II Nr. 2a WaffG**   1048a
  Beispielhaft („insbesondere") in Anlage 1, Abschnitt 1, Unterabschnitt 2, Nr. 1 aufgezählt:
  – Hieb- und Stoßwaffen (zB Dolche, Stilette, Seitengewehre, Degen, Säbel, geschliffene Florette, Stockdegen, „Totschläger", Stahlruten, Schlagringe, Gummiknüppel, Schlagstöcke)

- Elektroimpulsgeräte
- Reizstoffsprühgeräte (Hundeabwehrspray ist nicht erfasst)
- Flammenwerfer
- Molotow-Cocktails
- Würgegeräte (zB Nunchaku, Garotte)
- Präzisionsschleuder

1048b • **Waffen nach § 1 II Nr. 2b WaffG**

Diese sind „nicht von Haus aus" dazu bestimmt, als Waffe eingesetzt zu werden, aber aufgrund ihrer Gestaltung besitzen sie die Eignung dazu. Waffe im Sinne des Waffengesetzes sind diese Gegenstände nur, wenn sie ausdrücklich im Gesetz genannt sind.

Sie sind in Anlage 1, Abschnitt 1, Unterabschnitt 2, Nr. 2 festgelegt:
- bestimmte Messer (Spring-, Fall-, Faust- und Butterflymesser)
- Tierabwehrgeräte (zB Elektroimpulsgeräte)

56. Kapitel. Zum Begriff „Umgang" mit Waffen oder Munition

1049 § 1 III WaffG beschreibt „**Umgang**" als

- erwerben,
- besitzen,
- überlassen,
- führen,
- verbringen,
- mitnehmen,
- schießen,
- herstellen,
- bearbeiten,
- instand setzen,
- Handel damit treiben.

Die einzelnen Tätigkeiten sind in der Anlage 1 Abschnitt 2 definiert.

1050 Für die polizeiliche Praxis wichtig sind die Begriffe:

- **Erwerb:** Erlangen der tatsächlichen Gewalt (auch möglich durch Fund, Aneignung oder Diebstahl).
- **Besitz:** Ausüben der tatsächlichen Gewalt.
- **Führen:** Ausüben der tatsächlichen Gewalt außerhalb der eigenen Wohnung, der eigenen Geschäftsräume oder des eigenen befriedeten Besitztums.
- **Schießen:** Wer mit einer Schusswaffe Geschosse durch einen Lauf verschießt, Kartuschenmunition abschießt, mit Patronen- oder Kartuschenmunition Reiz- oder andere Wirkstoffe verschießt oder pyrotechnische Munition verschießt.

1051 Das WaffG sieht **grundsätzlich eine Erlaubnispflicht** für den Umgang mit Waffen oder Munition vor, § 2 II iVm Anlage 2 und setzt als **Mindestalter 18 Jahre** fest, § 2 I WaffG. Der Umgang mit bestimmten Waffen und Munition ist gänzlich verboten, § 2 III WaffG iVm Anlage 2.

1052 Die Erlaubnisse sind in § 10 WaffG geregelt.

- Für den **Erwerb** und **Besitz** wird die Erlaubnis durch eine **Waffenbesitzkarte** erteilt, § 10 I WaffG.
- Für das **Führen** von Waffen ist ein **Waffenschein** erforderlich, § 10 IV WaffG.
- Für das **Führen von Schreckschuss-, Reizstoff- und Signalwaffen** wurde der „**Kleine Waffenschein**" eingeführt, § 10 IV 4 WaffG.
- Wer außerhalb von Schießstätten mit einer Schusswaffe **schießen** will, braucht dazu einen **Erlaubnisschein**, § 10 V WaffG.

Ausnahmen von den Erlaubnispflichten sind in § 12 WaffG geregelt. 1053

Bezogen auf bestimmte Personengruppen (Jäger, Sportschützen usw) sind Ausnahmen von den Erlaubnispflichten in den §§ 13 ff. WaffG geregelt.

Wichtige **Ausnahme von der Waffenscheinpflicht** für die polizeiliche Praxis: 1054

Transport einer Waffe, § 12 III Nr. 2 WaffG

- in nicht **schussbereitem** (wenn sie nicht geladen ist, das heißt, dass Munition oder Geschosse weder in der Trommel, noch in dem in die Waffe eingeführten Magazin noch im Patronen- oder Geschosslager sind, Anlage 1, Abschnitt 2, Ziff. 12) **Zustand und**
- in nicht **zugriffsbereitem** (wenn sie nicht unmittelbar in Anschlag gebracht werden kann; sie ist nicht zugriffsbereit, wenn sie in einem verschlossenen [**ver**schlossen bedeutet „abgeschlossen" im Unterschied zu „geschlossen" zB Waffenkoffer oder Futteral mit Schloss, abgeschlossener Kofferraum oder abgeschlossenes Handschuhfach reichen auch aus] Behältnis mitgeführt wird, Anlage 1, Abschnitt 2, Ziff. 13) **Zustand und**
- zu einem von seinem **waffenrechtlichen Bedürfnis umfassten Zweck** oder im Zusammenhang damit.

> **Beispiel:** Der T ist Sportschütze und hat heute Abend Training. Seine ungeladene Kleinkaliberpistole verpackt er in eine Transporttasche, die auch mit einem Schloss versehen ist, das er natürlich auch abschließt. Danach setzt er sich in seinen Pkw und fährt auf direktem Weg zur Schießstätte seines Vereins. Auf dem Weg von der Wohnung zum Vereinsgelände führt der T damit die Waffe. Eigentlich bräuchte er dann als Erlaubnis dafür einen Waffenschein. Da aber die Voraussetzungen des § 12 III Nr. 2 WaffG vorliegen, entfällt der Erlaubnisvorbehalt.

Die Voraussetzungen, um eine Erlaubnis erteilt zu bekommen, sind in den §§ 4 ff. WaffG geregelt. Diese Normen sollen hier nicht weiter erörtert werden.

57. Kapitel. Aufbewahrung von Waffen und Munition, § 36 WaffG und §§ 13, 14 AWaffV[844]

§ 36 I 1 WaffG enthält den **Grundsatz**, dass Waffen und Munition so aufzube- 1055 wahren sind, dass sie nicht abhandenkommen oder Dritte sie nicht unbefugt an sich nehmen können. Dabei sind mit „Dritte" nicht nur fremde Personen,

---

[844] S. dazu *Soschinka/Heller* NVwZ 2009, 993 ff.; *Gerster* GSZ 2018, 18 ff.

sondern auch Mitbewohner und Besucher gemeint.[845] Der Verstoß gegen diese Vorschrift kann dazu führen, dass der Betroffene als unzuverlässig iSd § 5 I Nr. 2b WaffG gilt und damit waffenrechtliche Erlaubnisse nicht erteilt bzw. widerrufen werden.[846]

> **Merke:** In der polizeilichen Praxis sollten daher Verstöße gegen die Aufbewahrungsvorschrift immer mit Bericht bzw. Anzeige an die zuständige Behörde (in NRW ist das die Kreispolizeibehörde[847]) gemeldet werden, damit von dort entsprechend reagiert werden kann.

1055a Für Schusswaffen, verbotene Waffen und Munition hat der Gesetzgeber die **Pflicht zur sicheren Aufbewahrung konkretisiert**, §§ 13 und 14 AWaffV. Danach gilt für die Unterbringung von Schusswaffen mindestens, dass sie in einem abgeschlossenen Schrank oder Raum aufbewahrt werden. Der Berechtigte muss auch ausschließen, dass Unberechtigte Zugriff auf den Schlüssel zum Schrank oder Raum haben. Für Schusswaffen, deren Erwerb nicht von der Erlaubnispflicht freigestellt ist, und für verbotene Waffen schreibt § 13 I AWaffV vor, dass sie in einem klassifizierten Behältnis (das also bestimmten Sicherheitsnormen entspricht) oder vergleichbar gesicherten Räumen aufbewahrt werden.

1055b Ein **Verstoß** gegen § 13 II AWaffV ist eine Ordnungswidrigkeit nach § 34 Nr. 12 AWaffV und kann mit einem Bußgeld bis zu 10.000 EUR geahndet werden, § 53 II WaffG. Wer dieses ordnungswidrige Handeln vorsätzlich begeht und dadurch die Gefahr verursacht, dass eine Schusswaffe oder Munition abhandenkommt oder unberechtigt darauf zugegriffen wird, begeht eine Straftat nach § 52 III Nr. 7a WaffG.

Auf die weiteren Änderungen in § 36 Waffengesetz und §§ 13 f. AWaffV, mit dem Ziel, eine sichere Aufbewahrung von Waffen zu gewährleisten, soll hier nicht eingegangen werden.

58. Kapitel. Ausweispflichten, § 38 WaffG

1056 Wer eine Waffe führt, muss seinen Personalausweis oder Pass und die entsprechende waffenrechtliche Erlaubnis (zB den Waffenschein oder den Kleinen Waffenschein) mit sich führen und Polizeibeamten oder sonst zur Personenkontrolle Befugten auf Verlangen zur Prüfung aushändigen. Die waffenrechtlichen Erlaubnisse enthalten kein Lichtbild. Um sicher zu gehen, dass der Kontrollierte nicht die Erlaubnis einer anderen Person aushändigt, muss er deshalb einen mit Lichtbild versehenen Ausweis zusätzlich aushändigen, also BPA oder Pass. Jäger brauchen daher nur den Jagdschein aushändigen, da dieser mit einem Lichtbild versehen ist, § 38 I 1 Nr. 2 WaffG.

Ein Verstoß gegen die Ausweispflicht ist eine Ordnungswidrigkeit nach § 53 I Nr. 20 WaffG.

---

[845] VG Ansbach BeckRS 2009, 47027.
[846] VG Würzburg BeckRS 2009, 30301.
[847] §§ 1 und 5 VO zur Durchführung des Waffengesetzes v. 8.4.2003 (GV. NRW 217).

Die Ausweispflicht nach § 38 WaffG ist speziell gegenüber § 13 PolG NRW (Prüfen von Berechtigungsscheinen).

59. Kapitel. Verbot des Führens von Waffen bei öffentlichen Veranstaltungen, § 42 WaffG

Was mit „öffentlicher Veranstaltung" gemeint ist, hat der Gesetzgeber beispiel- **1057** haft in § 42 I WaffG aufgezählt. Damit sind geplante Zusammenkünfte von Menschen erfasst, die keine Versammlung iSd Art. 8 I GG und des Versammlungsgesetzes darstellen. Denn für Versammlungen gilt die Gewährleistungsschranke „ohne Waffen" aus Art. 8 I GG und das Waffenverbot nach § 2 III VersammlG (Straftat nach § 27 I VersammlG). Dabei ist der versammlungsrechtliche Waffenbegriff nicht identisch mit dem des Waffengesetzes.

Der Begriff der „öffentlichen Veranstaltung" nach § 42 WaffG ist vom BGH präzisiert worden.

„Öffentliche Veranstaltungen iSd **§ 39 I WaffG**[848] sind demnach planmäßige, zeitlich eingegrenzte, aus dem Alltag herausgehobene Ereignisse, welche nicht nach der Zahl der anwesenden Personen, sondern nach ihrem außeralltäglichen Charakter und jeweils spezifischen Zweck vom bloßen gemeinsamen Verweilen an einem Ort abgegrenzt und in der Regel jedermann zugänglich sind, auf einer besonderen Veranlassung beruhen und regelmäßig ein Ablaufprogramm haben."[849]

Daher ist der normale Betrieb in Gaststätten und Spielhallen keine Veranstaltung iSd § 42 WaffG.[850] Wenn an diesen Orten allerdings eine besondere Veranstaltung stattfindet, wie zB eine „Miss-Wahl" oder eine „Beach-Party", dann ist das ein Geschehen, das aus dem Alltäglichen herausgehoben ist und dann ist § 42 WaffG auch anzuwenden.[851]

Ein **Verstoß gegen das Führungsverbot** ist eine Straftat nach § 52 III Nr. 9 WaffG. **1058** Nach § 42 II WaffG kann die zuständige Behörden **Ausnahmen** von dem Verbot nach Abs. 1 zulassen. Nach Abs. 3 muss der Berechtigte diesen Ausnahmebescheid dann mitführen und auf Verlangen zur Prüfung aushändigen. Abs. 4 nennt Ausnahmen, wann die Abs. 1–3 nicht anwendbar sind.

60. Kapitel. Verbot des Führens von Anscheinswaffen und bestimmten tragbaren Gegenständen, § 42a WaffG[852]

Wer die in § 42a I WaffG aufgelisteten **Gegenstände führt und kein berechtigtes 1059 Interesse** (§ 42a II, III WaffG, s. unten) **nachweisen kann**, begeht eine Ordnungswidrigkeit nach § 53 I Nr. 21a WaffG.

Die Vorschrift ist mit Wirkung vom 1.4.2008 in das Gesetz aufgenommen worden.

---

[848] Anmerkung des Verfassers: Dem entspricht der heutige § 42 I WaffG.
[849] BGHSt 37, 330 ff. = NJW 1991, 2715.
[850] Der regelmäßige Diskothekenbetrieb ist dagegen öffentliche Veranstaltung iSd Norm, s. § 42 I 2 WaffG.
[851] Ausführlich dazu: *Steindorf*, Waffenrecht, 8. Aufl. 2007, 305 f.
[852] S. dazu den ausführlichen Artikel: *Springer* POLIZEIinfo 2008, 8 ff.

„Ziel ist die Verdrängung originalgetreuer Schusswaffenimitate aus der Öffentlichkeit... Diese Waffenimitate werden mittlerweile in ihrem Aussehen so originalgetreu kopiert, dass sie oft nicht von echten Feuerwaffen zu unterscheiden sind. Damit besteht die Gefahr, dass Polizeivollzugsbeamte bei einer Verwechslung in der Annahme einer vermeintlichen Notwehr- oder Nothilfesituation mit verheerenden Folgen von ihrer Dienstwaffe Gebrauch machen."[853]

Die **Definition für Anscheinswaffen** findet sich in Anlage 1, Abschnitt 1, Unterabschnitt 1, Nr. 1.6. Zusammenfassend kann man feststellen, dass diese Gegenstände nach dem objektiven Erscheinungsbild den Anschein bzw. das Aussehen von Feuerwaffen haben und damit von „scharfen" Waffen nicht zu unterscheiden sind.

„**Ausgenommen von der Definition** sind Spielzeugattrappen (zB Zündblättchenrevolver), Waffenimitate für Brauchtumsveranstaltungen (zB für Karneval, öffentliche Western-Veranstaltungen und Umzüge bei Schützenfesten) und kulturhistorisch bedeutsame Waffensammlungen. Ebenfalls ausgenommen sind die von Sportschützen verwendeten Druckluftwaffen (Luftpistole und Luftgewehr) sowie Schreckschuss-, Reizstoff- und Signalwaffen, die nach geltendem Recht nur nach Erteilung eines Waffenscheins bzw. eines Kleinen Waffenscheins (vgl. § 10 IV des WaffG) in der Öffentlichkeit geführt werden dürfen."[854]

Ebenfalls ist es **verboten, Hieb- und Stoßwaffen** nach Anlage 1, Abschnitt 1, Unterabschnitt 2, Nr. 1.1 **zu führen**. Das sind Gegenstände, die ihrem Wesen nach dazu bestimmt sind, unter unmittelbarer Ausnutzung der Muskelkraft durch Hieb, Stoß, Stich, Schlag oder Wurf Verletzungen beizubringen. Darunter fallen unter anderem Dolche, Stillette, Degen, Säbel, zweiseitig geschliffene Messer, Schlagstöcke. **Nicht unter das Verbot** fallen Werkzeuge wie zB Äxte oder Beile.

Ebenso ist es **verboten, Messer mit einhändig feststellbarer Klinge** (Einhandmesser[855] – das sind Messer, bei denen mit einer Hand die Klinge geöffnet und festgestellt werden kann, zB durch eine Einkerbung in der Klinge, einen hervorstehenden Knopf an der Klinge oder eine ähnliche Vorrichtung; s. entsprechende Bilder im Internet) oder **feststehende Messer mit einer Klingenlänge über 12 cm zu führen**. Absicht des Gesetzgebers war es, der Polizei die Möglichkeit zu geben, bereits im Vorfeld einer Gewalttat bei provokativen Verhalten gewaltbereiter Jugendlicher einzuschreiten.[856]

1060 § 42a II WaffG beschreibt **Ausnahmen von dem Führungsverbot**. Dazu gehört das Verwenden solcher Gegenstände bei Foto-, Film- und Fernsehaufnahmen oder bei Theateraufführungen.[857]

Die Gegenstände dürfen auch geführt werden, wenn sie in einem **ver**schlossenen Behältnis transportiert werden. Verschlossenen meint ein mit einem Schloss versehenes Behältnis oder in einer eingeschweißten Verpackung.

---

[853] BT-Drs. 16/8224, 18 f.
[854] BT-Drs. 16/8224, 19.
[855] OLG Köln NStZ-RR 2014, 25; OLG Stuttgart NStZ 2012, 453.
[856] BT-Drs. 16/8224, 18.
[857] VGH Kassel JA 2012, 237 = BeckRS 2011, 48792.

Und zuletzt dürfen Gegenstände nach Abs. 1 Nr. 2 und 3 (Hieb- und Stoßwaffen, bestimmte Messer) auch geführt werden, wenn dazu ein **berechtigtes Interesse besteht**. Beispiele für das berechtigte Interesse finden sich in § 42a III WaffG. Dabei ist die Aufzählung nicht abschließend. Zum Führen berechtigt ist der Betroffene, wenn das im Zusammenhang mit der Berufsausübung, der Brauchtumspflege, dem Sport oder einem allgemein anerkannten Zweck erfolgt. Mit „allgemein anerkanntem Zweck" sind sozialadäquate Tätigkeiten gemeint, wie zB Picknick, Bergsteigen oder Gartenpflege.[858]

> **Merke:** Die in der Praxis häufig verwendete Argumentation von Betroffenen, das Messer oder die Hiebwaffe würden zum Zweck der Selbstverteidigung mitgeführt, ist kein allgemein anerkannter Zweck!

> **Beispiel:** In der Altstadt Düsseldorf werden an einem Freitagabend an einem Kriminalitätsbrennpunkt mehrere männliche Jugendliche von Polizeibeamten kontrolliert. Bei der Durchsuchung der Personen werden ein Schlagstock und ein Kampfmesser mit einer Klingenlänge von 16 cm gefunden. Die Betroffenen geben an, die Gegenstände nur mitzuführen, um sich bei Angriffen verteidigen zu können. Wie oben ausgeführt, werden hier das Messer und der Schlagstock nicht zu einem allgemein anerkannten Zweck geführt. Damit haben die Betroffenen kein berechtigtes Interesse am Führen der Gegenstände iSd § 42a III WaffG. Die Betroffenen begehen eine Ordnungswidrigkeit nach § 53 I Nr. 21a WaffG. Neben der Ordnungswidrigkeitenanzeige werden die einschreitenden Polizeibeamten die Gegenstände zur Einziehung beschlagnahmen, § 111b I StPO iVm § 54 II WaffG (Einzelheiten zur Einziehung → Rn. 549 ff.).

61. Kapitel. Straf- und Bußgeldvorschriften, Einziehung, §§ 51 ff. WaffG

Die §§ 51 und 52 WaffG enthalten die **Strafvorschriften**. § 53 WaffG normiert die **Ordnungswidrigkeiten**. 1061

§ 54 WaffG enthält in den Abs. 1 und 2 spezielle **Einziehungsvorschriften**, die anstelle der Generalklausel der Einziehung nach § 74 I StGB treten. Für bestimmte Straftaten, die in § 54 I WaffG aufgezählt sind, ist die Einziehung der Beziehungsgegenstände und aller weiteren Gegenstände, die im Zusammenhang mit der Straftat stehen, obligatorisch. 1062

Für andere Straftaten und für Ordnungswidrigkeiten ist die Einziehung fakultativ, § 54 II WaffG. Die einschreitenden Polizeibeamten sollten bei Verstößen gegen das Waffengesetz immer die Möglichkeit nutzen, die Gegenstände zur späteren Einziehung zu beschlagnahmen. Ermächtigungsgrundlage bei Straftaten ist dafür § 111b I StPO iVm § 74 II WaffG iVm § 54 I oder II WaffG. Ermächtigungsgrundlage bei Ordnungswidrigkeiten ist § 22 OWiG iVm § 46 OWiG iVm § 111b I StPO iVm § 54 II WaffG. Auf der NW 10 sind die entsprechenden Felder anzukreuzen. Im

---

[858] BT-Drs. 16/8224, 18.

Regelfall wird das Gericht bzw. bei Ordnungswidrigkeiten die Bußgeldbehörde (in NRW sind das die KPB[859]) im Urteil bzw. im Bußgeldbescheid die Einziehung der Gegenstände anordnen. Damit ist sichergestellt, dass den Betroffenen die missbräuchlich genutzten Gegenstände auf Dauer entzogen werden.

> **Merke:** Schon aus Gründen der Eigensicherung macht es für Polizeibeamtinnen und -beamte Sinn, die Beschlagnahme anzuordnen.

1063 Die in § 111j I 3 StPO geforderte Gefahr im Verzug ist damit zu begründen, dass auf eine richterliche Entscheidung nicht gewartet werden kann, da der Betroffene in der Zwischenzeit den Gegenstand veräußern könnte (erst die Beschlagnahme des Gegenstandes iSv § 111c I StPO bewirkt gem. § 111d I StPO ein Veräußerungsverbot).

1064 § 54 III WaffG enthält Vorschriften zu den erweiterten Voraussetzungen der Einziehung, auf die hier nicht näher eingegangen werden soll.

62. Kapitel. Ausnahmen vom Gesetz

1065 § 55 I WaffG bestimmt, dass das Gesetz, wenn nicht ausdrücklich etwas anderes bestimmt ist, für bestimmte Behörden und deren Bedienstete nicht anwendbar ist. Dazu gehören gem. § 55 I Nr. 3 WaffG auch die Polizeien der Länder und ihre Bediensteten. Daher brauchen Polizeibeamtinnen und Polizeibeamte des Landes NRW zB für den Besitz und das Führen der Walther P 99 weder eine Waffenbesitzkarte noch einen Waffenschein. Allerdings sollten unbedingt die innerdienstlichen Weisungen zur Aufbewahrung und zum Führen von Waffen beachtet werden![860]

3. Abschnitt. Ausgewählte Ordnungswidrigkeiten

63. Kapitel. Verstöße gegen Lärmschutzbestimmungen[861]

1066 Der Schutz vor Lärm gehört zu den bedeutendsten Herausforderungen für die Umweltpolitik der Gegenwart. Rechtlich geht es darum, schädliche Umwelteinwirkungen zu vermeiden. Deshalb sind von der Lärmwirkungsforschung Angaben über gesundheitliche Beeinträchtigungen durch Lärm, aber auch über erhebliche Belästigungen unterhalb der Schwelle von Gesundheitsgefahren zu erhoffen.[862] Es gibt keinen festen Wert für die Schwelle des Empfindens von Geräuschen als Lärm.

> **Definition Lärm:** Als Lärm kann man Schall beschreiben, der Menschen belästigt oder sogar gesundheitlich schädigt.

---

[859] § 5 VO zur Durchführung des Waffengesetzes v. 8.4.2003 (GV. NRW 217).
[860] S. dazu auch OVG Koblenz BeckRS 2013, 47159; VG Düsseldorf BeckRS 2016, 115726.
[861] Fallbearbeitung in *Bialon/Springer* Fälle zum Eingriffsrecht Fall 10.
[862] *Koch* NVwZ 2000, 490.

Verschiedene, dem Lärm ausgesetzte Personen können Lärm unterschiedlich empfinden. Bei der **Lärmmessung** orientiert man sich an der Lautstärke, die durch den Schalldruckpegel dargestellt wird. Der so bestimmte Schallpegel wird in Dezibel dB (A) angegeben. Der leiseste für den Menschen noch hörbare Ton liegt bei 0 dB (A), die Schmerzgrenze wird bei 120 dB (A) angegeben. Wird es lauter als 120 dB (A), besteht Verletzungsgefahr.[863]

A. Bundesimmissionsschutzgesetz

In den §§ 2 und 3 des Bundesimmissionsschutzgesetzes (BImSchG) wird der **1067** Geltungsbereich und die Begriffsbestimmungen vorgenommen. Nach § 2 I BImSchG gelten die Vorschriften dieses Gesetzes unter anderem für den Betrieb von Anlagen. Nach § 3 V 2 BImSchG sind Anlagen im Sinne dieses Gesetzes unter anderem Maschinen und Geräte. Nach § 4 BImSchG bedürfen Anlagen grundsätzlich einer Genehmigung. Anlagen, die nicht gewerblichen Zwecken dienen und nicht im Rahmen wirtschaftlicher Unternehmungen Verwendung finden brauchen nur dann eine Genehmigung, wenn sie in besonderem Maße geeignet sind, schädliche Umwelteinwirkungen durch Luftverunreinigungen oder Geräusche hervorzurufen.

Wie diese Vorschriften zeigen, geht es hier um Anlagen. Dies bedeutet, es geht **1068** um Großgeräte und Firmenteile, die Immissionen verursachen und aufgrund dessen einer Genehmigung bedürfen, weil es sich um dauerhafte Immissionen handelt.

Solche Sachverhalte sind in aller Regel für die Polizei bedeutungslos. In der Praxis kann es natürlich vorkommen, dass der Bürger sich über Lärmbelästigungen beschwert, die von Betriebsstätten ausgehen. **Sofortmaßnahmen** sind dann kaum erforderlich, sondern es wird in diesen Fällen ein Bericht an die zuständige Stelle weitergeleitet, die den Vorgang dann zu prüfen hat, um für die Zukunft möglicherweise entsprechende Maßnahmen vorzunehmen.

Immissionen können von Geräten und Maschinen ausgehen, so zB auch von **1069** Kleingeräten und Kleinmaschinen, die nur dann einer Genehmigung bedürfen, wenn sie in besonderem Maße geeignet sind, schädliche Umwelteinwirkungen durch Luftverunreinigung oder Geräusche hervorzurufen.

Zur praktischen Anwendbarkeit wurde die Verordnung zur Durchführung des Bundes-Immissionsschutzgesetzes **(Geräte- und Maschinenlärmschutzverordnung)** erlassen, die in den folgenden Ausführungen Einfluss gefunden hat und so zB die Rasenmäherlärmverordnung abgelöst hat.

> **Hinweis:** Zur Anwendbarkeit des Bundesimmissionsschutzgesetzes als solches sei abschließend gesagt, dass dieses für die polizeiliche Praxis kaum Bedeutung hat.

---

[863] *Terwiesche*, Handbuch des Fachanwalts Verwaltungsrecht, 2009, Kap. 44.

B. Landesimmissionsschutzgesetz Nordrhein-Westfalen

1070 Nach §1 Landesimmissionschutzgesetz (LImSchG) gilt dieses Gesetz für die Errichtung von Anlagen sowie für das Verhalten von Personen, soweit dadurch **schädliche Umwelteinwirkungen** verursacht werden können.

1071 Als Generalklausel dieses Gesetzes hat sich nach §3 LImSchG jeder so zu verhalten, dass schädliche Umwelteinwirkungen vermieden werden, soweit das nach den Umständen des Einzelfalls möglich und zumutbar ist.

Im zweiten Abschnitt (ab §9 LImSchG) beschäftigt sich das Gesetz mit der Lärmbekämpfung.

§9 LImSchG – Schutz der Nachtruhe:

(1) Von 22.00 bis 06.00 Uhr sind Betätigungen verboten, welche die Nachtruhe zu stören geeignet sind.

(2) Das Verbot des Absatzes 1 gilt nicht für
1. Ernte- und Bestellungsarbeiten zwischen 5.00 und 06.00 Uhr sowie zwischen 22.00 und 23.00 Uhr.
2. die Außengastronomie zwischen 22.00 und 24.00 Uhr. ...
3. den Betrieb von Anlagen, die aufgrund einer Genehmigung nach dem BImSchG, ...
4. Maßnahmen zur Verhütung oder Beseitigung eines Notstandes.

Darüber hinaus kann die zuständige Behörde auf Antrag Ausnahmen von dem Verbot des Abs. 1 zulassen, wenn die Ausübung der Tätigkeit während der Nachtzeit im öffentlichen Interesse oder im überwiegenden Interesse eines Beteiligten geboten ist, die Ausnahme kann unter Bedingungen erteilt und mit Auflagen verbunden werden.

(3) Bei Vorliegen eines öffentlichen Bedürfnisses oder besonderer örtlicher Verhältnisse können die Gemeinden für Messen, Märkte, Volksfeste, Volksbelustigungen, ähnliche Veranstaltungen und für Zwecke der Außengastronomie sowie für die Nacht vom 31. Dezember zum 1. Januar durch ordnungsbehördliche Verordnungen allgemeine Ausnahmen von dem Verbot des Abs. 1 zulassen. Ein öffentliches Bedürfnis liegt in der Regel vor, wenn eine Veranstaltung auf historischen, kulturellen oder sonst sozialgewichtigen Umständen beruht und deshalb das Interesse der Allgemeinheit an der Durchführung der Veranstaltung gegenüber dem Schutzbedürfnis der Nachbarschaft überwiegt.

1072 Grundsätzlich gilt §9 LImSchG für alle **ruhestörenden Belästigungen** in der Zeit von 22.00–6.00 Uhr. Hauptanwendungsbereich sind die Belästigungen, die von Nachbarschaften ausgehen (Partylärm, angetrunkene Personen singen während der Nachtzeit und Ähnliches).

1073 Kommt es zusätzlich zur Benutzung von Tonträgern, so findet §10 LImSchG Anwendung.

Verwaltungsvorschriften zum Landes-Immissionsschutzgesetz vom 17.1.1994

9.1 Durch Abs. 1 werden grundsätzlich alle ruhestörenden Betätigungen während der Nachtzeit untersagt. Die Störung der Nachtruhe kann hervorgerufen werden durch den Betrieb von Anlagen oder durch ein hiervon unabhängiges Verhalten von

Personen (nächtliches Singen, lautes Türenschlagen usw). Soweit bei einer Störung der Betrieb einer Anlage im Vordergrund steht, ist zunächst zu prüfen, ob durch vorrangige bundesgesetzliche Vorschriften (zB § 6 der 8. BImSchV) eine die Anwendung des Landes-Immissionsschutzgesetzes ausschließende Regelung getroffen ist.

Wann eine Störung der Nachtruhe vorliegt, ist unter Berücksichtigung der Umstände des Einzelfalles festzustellen. Für die Prüfung der Ruhestörung ist insbesondere der Gebietscharakter des Einwirkungsbereichs von Bedeutung. Ergeben die planungsrechtliche Ausweisung oder die tatsächliche Bebauung eines Gebietes, dass es gegenüber Geräuschbelästigungen nur eingeschränkt schutzbedürftig ist (zB wegen überwiegender gewerblicher Nutzung), sind die Geräusche anders zu beurteilen als in Wohngebieten. Allgemein können zur Beurteilung der Störung der Nachtruhe die TA Lärm und die VDI-Richtlinie 2058 entsprechend herangezogen werden. Allerdings ist eine schematische Anwendung dieser Regelwerke verfehlt, weil eine Anpassung der abstrakten technischen Grundsätze an die besonderen Erfordernisse und Gegebenheiten des Einzelfalles nötig sein kann. Dies kann insbesondere dort der Fall sein, wo Gebiete unterschiedlicher Nutzungsart aufeinander treffen und das Gebot gegenseitiger Duldung und Rücksichtnahme gilt.

Gegen Störungen durch Lärmeinwirkungen vor 22.00 Uhr und nach 06.00 Uhr kann uU auf der Grundlage des § 3 I oder aufgrund vorrangiger Spezialnormen (zB § 6 der 8. BImSchV) eingeschritten werden. Zu prüfen ist in diesen Fällen auch, ob ein Verstoß gegen § 117 OWiG (unzulässiger Lärm) vorliegt.

Für das Verbot kommt es nicht darauf an, dass tatsächlich eine Störung der **1074** Nachtruhe eintritt, sondern es genügt die hinreichende Wahrscheinlichkeit, dass die entsprechende Handlung zu einer Störung führen kann („geeignet sind"). Ziel der Nachtruhe ist es, einen gesunden Schlaf zu gewährleisten. Es sei erwähnt, dass das Grundrecht auf freie Entfaltung der Persönlichkeit dem Wohnungsinhaber **nicht** das Recht gibt, „einmal im Monat durch lautstarkes Feiern die Nachtruhe zu stören". Der Wohnungsinhaber ist vielmehr dafür verantwortlich, dass von einer von ihm veranstalteten Geburtstagsfeier kein Lärm ausgeht, der die Nachtruhe zu stören geeignet ist.[864]

Geht von einer Gartenparty Lärm aus, der geeignet ist die **Nachtruhe** der Anwohner zu stören, so ist der Veranstalter der Party dafür verantwortlich, auch wenn der Lärm von seinen Gästen und nicht von ihm persönlich verursacht wird. Eine die Nachtruhe iSv § 9 LImSchG zwischen 22.00 Uhr und 06.00 Uhr störende Betätigung ist auch **nicht „ausnahmsweise"** zu gelegentlichen persönlichen, beruflichen oder familiären Feiern zulässig.[865] Über längeren Zeitraum andauernder Ehekrach, der die Nachtruhe Dritter stört, ist auch ordnungswidrig. Zur Störung der Nachtruhe wird der Lärm erst dann, wenn er über einen längeren Zeitraum andauert. Das ist vorliegend der Fall, da die Streitigkeiten wenigstens jeweils eine halbe Stunde andauerten. **Kurzzeitige Wortgefechte**, die zu Lärmbelästigungen führen, sind sozialadäquat und von den übrigen Hausbewohnern hinzunehmen. Diese Art der Äußerung gehört natürlicherweise zum menschlichen Erscheinungsbild und ist mehr oder minder Bestandteil

---

[864] OLG Düsseldorf NJW 1990, 1676.
[865] OLG Düsseldorf NVwZ 1995, 1034.

einer kommunikativen Begegnung von Menschen, insbesondere von Ehepartnern. Gerade bei letztgenannten sind Streitigkeiten verbaler Natur häufig anzutreffen, da sich aus dem Miteinander in der Ehe naturgemäß eher Konflikte ergeben, die durch lautstarke Auseinandersetzungen ausgetragen werden.[866]

Zur Feststellung der Lärmbelästigung ist die Angabe des Maßes des von dem Betroffenen bzw. von dessen Gästen verursachten Geräuschpegels nicht erforderlich. Vielmehr kann eine Lärmbelästigung iSv §9 I LImSchG mit jedem zulässigen Beweismittel, insbesondere auch durch Vernehmung der betroffenen Anwohner nachgewiesen werden.

1075 Grundsätzlich genießt der Schutz der Nachtruhe den Vorrang gegenüber dem Interesse der Bevölkerung, zur Nachtzeit Freizeitveranstaltungen zu besuchen; allerdings gilt dieser Schutz nicht absolut, denn §9 II 2 und III LImSchG NRW eröffnen ausdrücklich die Möglichkeit, im Einzelfall oder generell Ausnahmen zur Durchführung von Freizeitveranstaltungen nach 22.00 Uhr zuzulassen (Rockkonzert).[867]

Gemäß §9 II 2 LImSchG kann die nach §14 LImSchG zuständige Behörde auf Antrag Ausnahmen von dem Verbot des Abs. 1 zulassen, wenn die Ausübung der Tätigkeit während der Nachtzeit im öffentlichen Interesse oder im überwiegenden Interesse eines Beteiligten geboten ist (Güterabwägung).[868]

§10 LImSchG – Benutzung von Tonträgern

I. Geräte, die der Schallerzeugung oder Schallwiedergabe dienen (Musikinstrumente, Tonwiedergabegeräte und ähnliche Geräte) dürfen nur in solcher Lautstärke benutzt werden, dass unbeteiligte Personen nicht erheblich belästigt werden.

Verwaltungsvorschriften zum Landes-Immissionsschutzgesetz vom 17.1.1994[869]

10.1 Tongeräte sind Geräte, die der Erzeugung oder der Wiedergabe von Schall dienen. Zu den Tongeräten gehören zB Radios, Fernsehgeräte, Videorecorder, Kassettenrecorder, Plattenspieler, Tonbandgeräte, elektrische Verstärker, Megaphone, Lautsprecher, Musikinstrumente, akustische Signalgeräte und Selbstschussanlagen auf Feldern und in Gärten zum Vertreiben von Vögeln.

10.2 Abs. 1 stellt den Grundsatz auf, dass die genannten Geräte immer nur in solcher Lautstärke benutzt werden dürfen, dass unbeteiligte Personen nicht erheblich belästigt werden. Wann eine erhebliche Belästigung unbeteiligter Personen vorliegt, hängt von den Umständen des Einzelfalles ab, insbesondere auch von der Tageszeit, dem Gebietscharakter sowie der Art und Dauer der Benutzung der Geräte. So kann das Üben eines Klavierspielers in den Abend- oder Mittagsstunden anders zu beurteilen sein als in den Vormittags- oder Nachmittagsstunden. Die Benutzung eines Schussapparates zur Vertreibung von saatfressenden Vögeln ist bei fehlender Bebauung in der Umgebung in der Regel nicht als erhebliche Belästigung anzusehen, wohl bei einer nur wenige 100 m entfernten Wohnsiedlung. Der auf wenige Tage begrenzte Lärm von Tongeräten im Zusammenhang mit einer Kirmes, oder einem

---

[866] AG Düsseldorf NJW 1992, 384.
[867] BGH DVBl 2004, 376 (378) = BeckRS 2003, 09423.
[868] *Ketteler* VR 2008, 18 (21).
[869] VV.LImSchG NRW v. 17.1.1994.

ortsüblichen Volksfest kann anders zu beurteilen sein als der Lärm, der ständig von einem Vergnügungs- oder Freizeitcenter ausgeht.

Wann eine **erhebliche Belästigung** unbeteiligter Personen vorliegt, ist auch hier **1076** eine Frage der Umstände des Einzelfalles. Auf öffentlichen Verkehrsflächen sowie in und auf solchen Anlagen, Verkehrsräumen und Verkehrsmitteln, die der allgemeinen Benutzung dienen, ferner in öffentlichen Badeanstalten ist der Gebrauch dieser Geräte verboten, wenn andere hierdurch belästigt werden können (§ 10 II LImSchG NRW). Die gegenüber Abs. 1 speziellere Vorschrift des § 10 II LImSchG NRW regelt, dass auf öffentlichen Verkehrsflächen sowie in und auf solchen Anlagen, Verkehrsflächen und Verkehrsmitteln, die der allgemeinen Benutzung dienen, der Gebrauch dieser Geräte verboten ist, wenn andere hierdurch belästigt werden. Da hier nur „eine Belästigung" – und nicht „eine erhebliche Belästigung" – vorzuliegen braucht, enthält diese Regelung einen weniger strengen Maßstab als Abs. 1.[870] Auch bei der (anlagenunabhängigen) Benutzung von Tongeräten können gem. § 10 IV 1 LImSchG NRW bei einem öffentlichen oder überwiegenden privaten Interesse auf Antrag Ausnahmen zugelassen werden. Gemäß § 10 IV LImSchG NRW kann die örtliche Ordnungsbehörde bei einem öffentlichen oder überwiegenden privaten Interesse auf Antrag von den Bestimmungen der Abs. 1 und 2 im Einzelfall Ausnahmen zulassen.

Hierbei hat ebenfalls eine Güterabwägung auf der Grundlage des Einzelfalles stattzufinden, welche das Interesse des Veranstalters an der Nutzung von Tongeräten einerseits sowie das Schutzbedürfnis der Betroffenen andererseits umfassend würdigt.[871] Eine allgemeine Ausnahme ist nur möglich bei Vorliegen eines öffentlichen Bedürfnisses oder besonderer örtlicher Verhältnisse (Stadtteilfest – Störung der Nachtruhe; zur Ausnahmegenehmigung für Lautsprecherbetrieb und Musiklärm)[872]. Für zeitlich begrenzte Darbietungen in Fußgängerzonen, insbesondere Musikdarbietungen, können ebenfalls durch ordnungsbehördliche Verordnung allgemeine Ausnahmen zugelassen werden (§ 10 IV 4 LImSchG NRW).

Ordnungswidrigkeiten sind entsprechend der Vorschrift aus §§ 9, 10 LImSchG **1077** iVm § 17 LImSchG herzuleiten.

Für sonstigen verhaltensbedingten Lärm während der Tageszeit ist nicht das **1078** Landesimmissionsschutzgesetz, sondern § 117 OWiG anzuwenden.

C. Unzulässiger Lärm, § 117 OWiG

§ 117 OWiG – Unzulässiger Lärm: (1) Ordnungswidrig handelt, wer ohne berech- **1079** tigten Anlass oder in einem unzulässigen oder nach den Umständen vermeidbaren Ausmaß Lärm erregt, der geeignet ist, die Allgemeinheit oder die Nachbarschaft erheblich zu belästigen oder die Gesundheit eines anderen zu schädigen.

(2) Die Ordnungswidrigkeit kann mit einer Geldbuße bis zu fünftausend Euro geahndet werden, wenn die Handlung nicht nach anderen Vorschriften geahndet werden kann.

---

[870] *Ketteler* VR 2008, 18 (25).
[871] OVG Münster NVwZ 1988, 178.
[872] VG Düsseldorf NJW 1991, 2661.

1080 § 117 OWiG stellt einen sog. **Auffangtatbestand** dar, wenn andere Vorschriften nicht greifen.

1081 Vorrangig sind hier auch die Gesetze über Sonn- und Feiertage zu nennen, welche als Landesgesetze entsprechend in den Bundesländern geregelt sind.

1082 Geschützt werden durch § 117 OWiG in erster Linie die Allgemeinheit und die Nachbarschaft vor Lärmbelästigungen sowie die „Gesundheit eines anderen".

> **Beispiel:** Anhaltendes Grölen angetrunkener Personen in einer Wohnstraße gegen 20.00 Uhr.

1083 § 117 OWiG gilt für alle Arten der **Lärmerregung**.[873] Der Tatbestand enthält drei Varianten, die sich allerdings überschneiden können. Hinzukommen muss, dass der Lärm die Eignung („potenzielles Gefährdungsdelikt") zu einer erheblichen Belästigung der Allgemeinheit, der Nachbarschaft oder zu einer Gesundheitsschädigung Einzelner hat. § 117 OWiG ist ein Auffangtatbestand und tritt hinter spezielleren Tatbeständen zurück, zB §§ 9 ff. LImSchG NRW (§ 117 II OWiG).

1084 1. Ohne berechtigten Anlass
Ohne berechtigten Anlass erregt Lärm, wenn vernünftige, anzuerkennende Gründe für die Lärmerregung nicht gegeben sind, zB Trommeln an der Wand zur Nachbarwohnung zur Nachtzeit.[874]

1085 2. In einem unzulässigen oder vermeidbaren Ausmaß
In einem unzulässigen oder vermeidbaren Ausmaß wird Lärm erregt, wenn zwar ein berechtigter Anlass für das Lärmerregen gegeben ist, jedoch die zulässigen Grenzen überschritten werden. Diese Grenzen können behördlich oder gesetzlich festgelegt sein oder sich aus der Verkehrssitte ergeben.[875]

1086 3. Lärmerregung
Lärm erregt, wer ihn unmittelbar oder mittelbar verursacht. Lärm kann auch durch Unterlassen erregt werden (§ 8 OWiG: Begehen durch Unterlassen), wenn der Täter nach den Umständen als dafür verantwortlich anzusehen ist, für Ruhe zu sorgen, zB der Gastwirt, der gegen übermäßiges Lärmen der Gäste nicht einschreitet.

D. Feiertagsgesetz NRW

1087 **§ 3 Feiertagsgesetz NRW – Arbeitsverbote:** An Sonn- und Feiertagen sind alle öffentlich bemerkbaren Arbeiten verboten, die geeignet sind, die äußere Ruhe des Tages zu stören, sofern sie nicht besonders erlaubt sind. Bei erlaubten Arbeiten sind unnötige Störungen und Geräusche zu vermeiden.

Gemäß § 11 des Gesetzes handelt ordnungswidrig, wer unter anderem gegen § 3 Feiertagsgesetz NRW verstößt.

---

[873] Göhler/*Gürtler* OWiG § 117 Rn. 3.
[874] VG Schleswig NJW 2000, 970.
[875] *Lemke/Mosbacher* OWiG § 117 Rn. 9.

E. 32. Verordnung zur Durchführung des Bundes-Immissionsschutz-gesetzes (Geräte- und Maschinenlärmverordnung – 32. BImSchV)[876]

Im Abschnitt 3 werden Betriebsregelungen für Geräte und Maschinen formu- **1088** liert.

§ 7 32. BImSchV: (1) In reinen, allgemeinen und besonderen Wohngebieten, Klein-siedlungsgebieten, Sondergebieten, die der Erholung dienen, Kur- und Klinikgebie-ten und … dürfen im Freien

1. Geräte und Maschinen nach dem Anhang an Sonn- und Feiertagen ganztägig sowie an Werktagen in der Zeit von 20.00 Uhr bis 07.00 Uhr nicht betrieben werden,

2. Geräte und Maschinen nach dem Anhang Nr. 02, 24, 34 und 35 an Werktagen auch in der Zeit von 07.00 Uhr bis 09.00 Uhr, von 13.00 Uhr bis 15.00 Uhr und von 17.00 Uhr bis 20.00 Uhr nicht betrieben werden, …

> **Hinweis:** Ausnahme für die Geräte gilt dann, wenn sie mit einem besonde-ren Umweltzeichen der EU versehen sind. Dies ergibt sich aus dem weiteren Gesetzeswortlaut.

Einige Maschinen seien hier beispielhaft erläutert: **1089**

- **Rasenmäher:** Dürfen nicht an Sonn- und Feiertagen und werktags nicht zwischen 20.00 Uhr und 07.00 Uhr betrieben werden. Es spielt keine Rolle, ob der Rasen-mäher mit Verbrennungs- oder mit Elektromotor betrieben wird. Sog. lärmarme Rasenmäher oder Maschinen mit dem Umweltzeichen dürfen auch nicht länger betrieben werden.
- **Heckenscheren:** Dürfen nicht an Sonn- und Feiertagen und werktags nicht zwischen 20.00 Uhr und 07.00 Uhr betrieben werden.
- **Tragbare Motorsägen:** Dürfen nicht an Sonn- und Feiertagen und werktags nicht zwischen 20.00 Uhr und 07.00 Uhr betrieben werden.
- **Beton- und Mörtelmischer:** Dürfen nicht an Sonn- und Feiertagen und werktags nicht zwischen 20.00 Uhr und 07.00 Uhr betrieben werden.
- **Rasentrimmer/Rasenkantenschneider:** Dürfen nicht an Sonn- und Feiertagen und werktags nicht zwischen 20.00 Uhr und 07.00 Uhr betrieben werden.
- **Grastrimmer/Graskantenschneider:** Diese Geräte dürfen nicht mit Rasentrim-mern/Rasenkantenschneidern verwechselt werden. Grastrimmer/Graskanten-schneider sind dadurch erkennbar, dass sie mit **Verbrennungsmotor** betrieben werden. Geräte mit dem EG-Umweltzeichen dürfen nicht an Sonn- und Feiertagen und werktags nicht zwischen 20.00 Uhr und 07.00 Uhr betrieben werden. Geräte ohne Umweltzeichen dürfen nicht an Sonn- und Feiertagen und an Werktagen nur von 09.00 Uhr bis 13.00 Uhr und von 15.00 Uhr bis 17.00 Uhr betrieben werden.
- **Vertikutierer:** Dürfen nicht an Sonn- und Feiertagen und werktags nicht zwischen 20.00 Uhr und 07.00 Uhr betrieben werden.
- **Schredder/Zerkleinerer (sog. Häcksler):** Dürfen nicht an Sonn- und Feiertagen und werktags nicht zwischen 20.00 Uhr und 07.00 Uhr betrieben werden. Es spielt

---

[876] BGBl. 2002 I 3478.

keine Rolle, ob die Geräte mit Verbrennung oder mit Elektromotor betrieben werden.

- **Freischneider, Laubbläser, Laubsammler:** Geräte mit dem EG-Umweltzeichen dürfen nicht an Sonn- und Feiertagen und werktags nicht zwischen 20.00 Uhr und 07.00 Uhr betrieben werden. Geräte ohne Umweltzeichen dürfen nicht an Sonn- und Feiertagen und an Werktagen nur von 09.00 Uhr bis 13.00 Uhr und von 15.00 bis 17.00 Uhr betrieben werden.

1090 Gemäß § 9 32. BImSchV handelt unter anderem ordnungswidrig, wer vorsätzlich oder fahrlässig entgegen § 7 I 1 32. BImSchV ein Gerät oder eine Maschine betreibt.

F. Zusammenfassung und Beispiele

- Das Landesimmissionsschutzgesetz schützt die Bürger vor vermeidbarem Lärm während der Nachtzeit (22.00 Uhr bis 06.00 Uhr) und Lärm während der Tageszeit durch unter anderem die Benutzung von Tonträgern.

  > **Beispiel:** Partylärm, Kofferradio in der Badeanstalt, angetrunkene Personen singen während der Nachtzeit.

- Für sonstigen verhaltensbedingten Lärm während der Tageszeit bildet der § 117 OWiG einen Auffangtatbestand.

  > **Beispiel:** Angetrunkene Personen laufen sonntags grölend durch die Straßen.

- Geht es um die Anwendung von Maschinen und Geräten ist in erster Linie die Geräte- und Maschinenlärmschutzverordnung anhängig.

  > **Beispiel:** Rasenmähen am Sonntag, Rasenmähen werktags um 21.00 Uhr, Benutzung eines Laubbläsers ohne EG-Umweltzeichen um 17.00 Uhr.

- Die Sonn- und Feiertagsgesetze greifen für alle Arbeiten, die geeignet sind, die äußere Ruhe des Tages zu stören. Letztlich bleibt für diese Vorschrift kaum noch Anwendungsraum, da durch die Geräte- und Maschinenlärmschutzverordnung fast sämtliche Maschinenarbeiten aufgefangen werden.

  > Als **Beispiel** kann hier dienen, dass manuelle Arbeiten durch Hammer und Stemmeisen an einem Sonntag die Ruhe stören.

Bei Lärm im Zusammenhang mit dem Betrieb von Gaststätten, Schankwirtschaften, Schankvorgärten oder Diskotheken, insbesondere bei Verstößen gegen gaststättenrechtliche Lärmschutzregelungen, greift das Gaststättengesetz. Darüber hinaus sind im Einzelfall auch die Verordnungen der jeweiligen Kommunen heranzuziehen.

64. Kapitel. Weitere Verstöße gegen das Ordnungswidrigkeitengesetz

A. Falsche Namensangabe, § 111 OWiG

Die **unbefugte Verweigerung** der Angabe dieser Personaldaten oder unrichtige 1091
Angaben gegenüber einem zuständigen Amtsträger stellt hiernach eine Ordnungswidrigkeit dar, die mit Geldbuße geahndet werden kann (§ 111 OWiG).

„§ 111 OWiG ist die allgemeine Verpflichtung zu entnehmen, gegenüber zustän- 1092
digen Behörden und Beamten über Vor-, Familien- und Geburtsnamen, Ort und
Tag der Geburt, Familienstand, Beruf, Wohnung und Staatsangehörigkeit Auskunft zu geben. Doch enthält diese Bestimmung einen für alle denkbaren
Fälle behördlichen Auskunftsverlangens bestimmten Maximalkatalog allgemein geltender Auskunftpflichten, der für die Zwecke der Identitätsfeststellung nicht überschritten werden darf, aber nicht ausgeschöpft werden muss."[877]
So hat die Rechtsprechung keinen Verstoß gegen § 111 OWiG angenommen,
wenn der Betroffene in einem Verkehrsordnungswidrigkeitenverfahren die
Angabe des **Berufs** verweigert.[878] Grundsätzlich genügt die Vorlage des Personalausweises zur Ermöglichung der Identitätsfeststellung. Reicht dies aufgrund
besonderer Umstände nicht aus (hier: Unlesbarkeit der Hausnummer), können
nach der Entscheidung des OLG Hamm[879] vom Auskunftpflichtigen ergänzende Angaben verlangt werden:

„Der Betroffene ist … auch gehalten, zusätzlich Fragen … zu beantworten, wenn
dies zur Überprüfung der Personalien erforderlich ist. Der Tatbestand des § 111
OWiG ist auch erfüllt, wenn nur ein Teil der Angaben verweigert wird."[880]

Zweck von § 111 OWiG ist es, amtlichen Auskunftsverlangen Nachdruck zu
verleihen. Durch die Androhung eines Bußgelds für den Fall der Weigerung
soll die Bereitschaft des Aufgeforderten zur Auskunftserteilung erhöht werden,
damit der Stelle, die zur Identitätsfeststellung ermächtigt ist, aufwendigere oder
umständlichere Maßnahmen erspart bleiben.[881]

§ 111 OWiG begründet keine Auskunftpflicht, sondern setzt eine solche auf- 1093
grund einer Rechtsvorschrift voraus. **Die Nichtausfüllung eines Anhörungsbogens** durch den Betroffenen ist daher nach der Entscheidung des OLG Dresden[882] nicht ohne Weiteres eine OWi:

„Das Verhalten des Betroffenen ist … nur bußgeldbewehrt, wenn die Zusendung
des Anhörungsbogens zumindest auch der Identitätsfeststellung gedient hat, weil
notwendige Personalien fehlten … ."

Wegen einer Auskunftsverweigerung darf eine Geldbuße gem. § 111 OWiG
indes nur dann verhängt werden, wenn das behördliche Auskunftsverlangen
formell und materiell rechtmäßig war. Liegen aber etwa die einschlägigen
Voraussetzungen einer Ermächtigung (zB § 12 PolG NW) nicht vor, so ist die

---

[877] LR/*Tsambikakis* StPO § 163b Rn. 13.
[878] BayObLG NJW 1979, 1054.
[879] OLG Hamm VRS 111, 282.
[880] *Korte* NStZ 2008, 80 (86).
[881] BVerfG DVBl 1995, 791.
[882] OLG Dresden NZV 2005, 653.

entsprechende Maßnahme materiell fehlerhaft, weil sich niemand ohne Grund gegenüber einem Amtsträger ausweisen muss.[883]

B. Unerlaubte Ansammlung, § 113 OWiG

1094 Geschützt wird die öffentliche Sicherheit und Ordnung vor einer Gefährdung, die durch eine unfriedliche, aber auch friedliche Ansammlung entstehen kann, zB durch eine Behinderung von Ermittlungsmaßnahmen bei Straftaten.[884] Gemäß § 113 I OWiG handelt ordnungswidrig, wer sich einer öffentlichen Ansammlung anschließt oder sich nicht aus ihr entfernt, obwohl ein Träger von Hoheitsbefugnissen die Menge dreimal rechtmäßig aufgefordert hat, auseinander zu gehen.

> **Beispiel:**[885] Nach einer Schlägerei auf der Kirmes in A-Stadt, bei der mehrere Personen zT schwere Verletzungen erlitten haben, behindern ca. 40 Schaulustige die notwendigen Ermittlungs- und Rettungsmaßnahmen der Polizei und Feuerwehr. Die dreimalige Aufforderung über Gigaphon, zurückzuweichen und den Rettungsweg freizumachen, wird nur von Einzelnen beachtet. Andere Personen streben – neugierig geworden – hinzu.

1095 Die Vorschrift gibt nicht die Befugnis, **Ansammlungen aufzulösen**, sondern setzt voraus, dass diese Befugnis nach anderen Vorschriften bereits besteht. Sie umschreibt einen Gefährdungstatbestand, der durch Begehen oder Unterlassen verwirklicht werden kann und ist Auffangtatbestand gegenüber dem Landfriedensbruch nach § 125 StGB. Die Ansammlung muss öffentlich sein. Dies ist sie, wenn die Möglichkeit besteht, dass sich an ihr beliebig viele nicht namentlich oder sonst individuell bezeichnete Personen beteiligen können, und zwar selbst dann, wenn die Beteiligung von der Erfüllung einer Bedingung wie etwa der Zahlung von Eintrittsgeld abhängt. Öffentlich in diesem Sinne heißt nicht, dass die Ansammlung auf öffentlichen Plätzen oder Wegen stattfinden muss oder dass sie von der Öffentlichkeit gesehen werden kann.[886] **Öffentlich** in diesem Sinne kann auch ein in sich abgeschlossener Personenkreis sein, wie etwa die Gesamtzahl der Besucher einer großen Sportveranstaltung oder die Zusammenrottung der Angehörigen eines Großbetriebes. Tathandlung ist das Nichtbeachten der dreimaligen rechtmäßigen Aufforderung eines Trägers von Hoheitsbefugnissen auseinander zu gehen oder der Anschluss an die Ansammlung unter der genannten Voraussetzung.[887] Der Begriff der Ansammlung stimmt mit dem der Menschenmenge in §§ 124, 125 StGB überein. Es müssen sich so viele Menschen versammelt haben, dass es auf das Hinzukommen oder Weggehen einzelner Personen nicht mehr ankommt.[888] Im Regelfall ist dabei auch der einzelne Teilnehmer nicht mehr in der Lage, mit jedem anderen unmittelbar

---

[883] *Vahle* Kriminalistik 1996, 43; BVerfG NJW 1995, 3110.

[884] Göhler/*Gürtler* OWiG § 113 Rn. 2.

[885] *Lübkemann* StrafR 632.

[886] *Lemke/Mosbacher* OWiG § 113 Rn. 7.

[887] *Lemke/Mosbacher* OWiG § 113 Rn. 8.

[888] OLG Düsseldorf NStZ 1990, 339.

in Verbindung zu treten. Jedenfalls muss die Zahl der Teilnehmer unbestimmt und auf den ersten Blick nicht überschaubar sein.[889]

C. Belästigung der Allgemeinheit, § 118 OWiG

Geschützt wird der äußere Bestand der öffentlichen Ordnung, dh erfasst wer- 1096 den Handlungen, die gegen die öffentliche Ordnung gerichtet sind.[890] Der Tatbestand verlangt eine „grob ungehörige Handlung", die geeignet ist, die Allgemeinheit zu belästigen oder zu gefährden und die **öffentliche Ordnung** zu beeinträchtigen.

Die Vorschrift des § 118 OWiG muss im Hinblick auf Art. 2 I GG restriktiv aus- 1097 gelegt werden, erfasst mithin nicht jedes schlechte Benehmen.[891] Es unterliegt keinem Zweifel, dass das „Niederlassen" einzelner oder mehrerer Personen im innerstädtischen Bereich, auch wenn man darunter ein längeres Verweilen versteht, zB, um eine Zeitung oder ein Buch zu lesen, sich mit anderen zu unterhalten oder um sich durch Aufnahme von Speisen und Getränken zu stärken, vom verfassungsrechtlich garantierten Gemeingebrauch gedeckt ist, zumal der Gemeingebrauch anderer hierdurch nicht – jedenfalls nicht unzumutbar – beeinträchtigt wird. Wenn in einer solchen Situation von einer oder mehreren Personen Alkohol getrunken wird, ändert das grundsätzlich nichts daran, dass dieses Verhalten im Rahmen des Gemeingebrauchs liegt.[892]

I. Allgemeinheit

Definition: Unter **Allgemeinheit** ist eine zufällige, unbestimmte Mehrheit von Personen zu verstehen. Nicht darunter fällt somit ein individuell abgrenzbarer Personenkreis.[893]

Definition: Belästigung ist die Zufügung eines nicht nur geringfügigen körperlichen oder seelischen Unbehagens.

Es kommt mithin nicht darauf an, ob sich die betroffenen Anwesenden von der 1098 Handlung tatsächlich belästigt fühlen. Entscheidend ist nicht die Auffassung der zufällig Anwesenden, sondern das Werturteil der Allgemeinheit. Für die Betroffenheit der Allgemeinheit iSd § 118 OWiG reicht die konkrete Möglichkeit der unmittelbaren Wahrnehmung durch andere Unbeteiligte in der Nähe eines Tatortes aus. Es ist mithin ohne Belang, ob sich diese anwesenden Personen durch eine grob ungehörige Handlung belästigt fühlen oder an ihr Anstoß nehmen oder gar, ob sie sie als belustigend empfinden. Entscheidend ist allein das Werturteil, das die Gesamtheit des an der Verkehrssitte interessierten Publikums über den Vorgang fällt.[894]

---

[889] *Lemke/Mosbacher* OWiG § 113 Rn. 3.
[890] Göhler/*Gürtler* OWiG § 118 Rn. 2.
[891] *Rühle* POLIZEI-heute 1998, 191 (192).
[892] OLG Saarbrücken NJW 1998, 251.
[893] HK-GS/*Laue* StGB § 183a, OWiG § 118 Rn. 9.
[894] Zur sog. „*Rebel Clown Army*" vgl. *Ebert* DIE POLIZEI 2009, 37 (43).

II. Grob ungehörige Handlung

1099 Eine grob ungehörige Handlung liegt dann vor, wenn die Handlung in einem so deutlichen Widerspruch zur Gemeinschaftsordnung steht, dass sie jeder billig denkende Bürger als eine grobe Rücksichtslosigkeit gegenüber jedem Mitbürger ansehen würde, sie sich also gleichsam als eine Missachtung der durch die Gemeinschaftsordnung geschützten Interessen darstellt. Solch ein schutzwürdiges Interesse ist auch das **Schamgefühl.** In der Schamhaftigkeit offenbart sich vor allem die Scheu des Menschen, die eigene Nacktheit unberufenen fremden Blicken auszusetzen, ihr kann es aber auch widerstreben, mit nackten fremden Menschen konfrontiert zu werden (Nacktradelaktion).[895] Zwar muss berücksichtigt werden, dass sich die sittlichen Wertvorstellungen in der Bevölkerung geändert haben und diese im Gegensatz zu früheren Zeiten heute von einer unbefangeneren und freieren Auffassung hinsichtlich der Konfrontation mit menschlicher Nacktheit gekennzeichnet sind. Maßgebend sei jedoch, ob das nackte Auftreten in der Öffentlichkeit die in der ungeschriebenen Gemeinschaftsordnung verankerte Toleranzgrenze überschreite, ohne deren Beachtung auch eine für Entwicklung offene Gesellschaft nicht auskomme. Diese Beurteilung hänge vom Einzelfall ab:[896] Unbekleidetes Joggen im Naherholungsgebiet ist verboten (Freiburger Nacktjogger erneut rechtskräftig verurteilt). **„Grob ungehörig"** ist eine Handlung, die sich bewusst nicht in die für das gedeihliche Zusammenleben der jeweiligen Rechtsgemeinschaft erforderliche Ordnung einfügt und dadurch in einen deutlichen (groben) Widerspruch zur Gemeinschaftsordnung tritt.[897] Dass dies dem Wandel der Auffassungen der Gesellschaft unterliegt, ist zu berücksichtigen. So können Handlungen, die noch vor geraumer Zeit als „ungehörig" eingestuft wurden, heute nicht mehr als tatbestandsmäßig eingestuft werden, zB das Durchqueren eines Hotelgeländes durch einen nur mit einer Badehose bekleideten Mann.[898] Es gilt, dass praktisch alle relevanten „Ordnungsstörungen" im Rahmen des geltenden Rechts erfasst werden (können), insbesondere auch durch § 118 OWiG (Nacktjogger)[899]. Dieser Tatbestand gehört aber zum Schutzgut der öffentlichen Sicherheit, sodass ein Rekurs auf die „öffentliche Ordnung" nicht vonnöten ist (Laserspiele[900], Reichskriegsflagge[901]).

Tatbestände, die von der „öffentlichen Ordnung" noch erfasst werden, werden von Baumann als „verbleibende Anwendungsbereiche" beschrieben:[902]

- Aggressives Betteln,
- Vorgehen gegen Extremisten,
- Verhinderung der Selbsttötung,
- Fragwürdige gewerbsmäßige Schaustellungen von Personen,

---

[895] VG Karlsruhe DVP 2006, 259 = BeckRS 2005, 27185.
[896] OLG Karlsruhe NStZ-RR 2000, 309.
[897] Göhler/*Gürtler* OWiG § 118 Rn. 4.
[898] BayObLGSt 21, 175.
[899] ZB OLG Karlsruhe NStZ 2001, 587.
[900] OVG Münster NWVBl. 2001, 94.
[901] OVG Münster NJW 1994, 2909.
[902] *Baumann* DVP 2008, 450 (452).

- Ausstellung präparierter Leichen,
- Unzumutbare Formen öffentlichen sexualbezogenen Verhaltens,
- Laser- und Paintballspiele.[903]

Im Fall des **aggressiven Bettelns** etwa, in denen der Bettler Passanten aufdring- **1100** lich und hartnäckig anspricht, sich diesen in den Weg stellt oder hinterherläuft, liegt der Tatbestand des § 118 I OWiG vor. Nicht das Betteln an sich, sondern die Begleitumstände führen dazu, dass diese Norm verletzt wird. Insoweit ist ein Verstoß gegen die öffentliche Sicherheit gegeben, sodass ein Einschreiten der Polizei möglich ist. Das Betteln stellt – jedenfalls in seiner „stillen" Erscheinungsform – abstrakt generell keine Störung der öffentlichen Sicherheit oder Ordnung dar. Mit ihm ist auch keine abstrakte Gefahr für die öffentliche Sicherheit oder Ordnung verbunden.[904] Das Betteln verstößt auch nicht gegen strafrechtliche Bestimmungen. Es werden durch das Betteln als solches auch nicht regelmäßig und typischerweise strafrechtliche Vorschriften verletzt; insbesondere kann von einer Nötigung (§ 240 StGB), also einer verwerflichen Gewaltanwendung oder einem Drohen mit empfindlichem Übel, wodurch zu einer Handlung veranlasst werden soll, jedenfalls beim untersagten „stillen" Betteln regelmäßig nicht ausgegangen werden.

Auch verstößt das Betteln im Allgemeinen nicht gegen § 118 OWiG. Eine grob ungehörige Handlung, die geeignet ist, die Allgemeinheit zu belästigen oder zu gefährden und die öffentliche Ordnung zu beeinträchtigen, ist darin nicht zu sehen. Dass das Betteln gegen die weithin anerkannten Regeln von Sitte, Anstand und Ordnung verstößt, kann ebenfalls nicht festgestellt werden. Soweit ein Bettler bei einem Passanten ein schlechtes Gewissen hervorruft, erfüllt dies nicht den Tatbestand des § 118 OWiG. Das Betteln führt im Allgemeinen auch nicht zu Verstößen gegen das Straßenrecht. Vielmehr unterfällt es, jedenfalls soweit es um seine „stille" Form geht, dem straßenrechtlichen Gemeingebrauch und beeinträchtigt nicht den Gemeingebrauch anderer in unzumutbarer Weise.[905]

Im Falle der „Unzumutbaren Formen öffentlichen sexualbezogenen Verhaltens" **1101** kann das Sich-Entblößen in der Öffentlichkeit – wenn von einem Mann begangen – den Straftatbestand des § 183 I StGB erfüllen; das „schlichte" Nacktgehen eines Mannes oder einer Frau („Flitzer", „Blitzer") stellt einen Verstoß gegen § 118 I OWiG dar. Damit wird jeweils eine Gefahr für die öffentliche Sicherheit verursacht (Nacktjogger).

Tatbestandsmäßig im Rahmen des § 118 OWiG können zB folgende Handlungen **1102** sein:

- Äußerung eines Fluggastes, er habe im Gepäck eine Bombe versteckt,[906]
- Nacktjoggen,[907]

---

[903] BayVGH BayVBl. 2001, 689.
[904] VGH Mannheim NVwZ 1999, 560.
[905] *Roos* POLIZEI-heute 2006, 65 (67).
[906] KG Berlin NStZ 1987, 468.
[907] OLG Karlsruhe NStZ 2001, 587.

- Nichtentfernen von Hundekot zB auf Kinderspielplatz oder in Menschenansammlungen,[908]
- Urinieren nur an belebten Plätzen oder Kinderspielplätzen,[909]
- Verteilung von Drucksachen, die den Anschein amtlicher Schriftstücke hervorrufen,[910]
- Ungehörige Äußerung eines Fluggastes bei der Gepäckkontrolle,[911]
- Urinieren inmitten einer Fußgängerzone,
- Zurschaustellen des eigenen nackten Körpers auf öffentlichen Wegen und Plätzen als „Interaktionskunst".[912]

1103 **Nicht tatbestandsmäßig** sind regelmäßig folgende Handlungen:

- Sog. „Stilles" Betteln,[913]
- Alkoholgenuss auf öffentlichen Straßen,[914]
- Spazieren auf dem Kurhaushof in der Badehose,[915]
- Warnung vor „Radarfalle",[916]
- Überkleben eines Wahlplakates,[917]
- Grundloses Herbeirufen eines Polizeifahrzeuges,[918]
- Ausstellen plastinierter Leichen in der Öffentlichkeit.[919]

D. Grob anstößige und belästigende Handlungen, § 119 OWiG

1104 Die Vorschrift soll dem Schutz des Bürgers vor ungewollter Konfrontation mit sexuellen Handlungen, Darstellungen oder Gegenständen dienen. Abs. 1 erfasst bestimmte Formen des Angebots der Gelegenheit zu sexuellen Handlungen. Abs. 2 betrifft Mittel und Gegenstände, die dem sexuellen Gebrauch dienen. Abs. 3 bedroht das Zugänglichmachen von Schriften, Ton- oder Bildträgern, Datenspeichern, Abbildungen oder Darstellungen sexuellen Inhalts.

> **Beispiel:** Eine Frau bietet sich in einer belebten Einkaufsstraße einer Stadt durch Aufmachung und Körperhaltung in aufdringlicher Weise zum Geschlechtsverkehr an.[920]

---

[908] OLG Celle NVwZ-RR 1991, 245.
[909] HK-GS/*Laur* StGB § 183a, OWiG § 118 Rn. 10.
[910] AG Göttingen NJW 1983, 1210: § 118 OWiG ist kein Presseinhaltsdelikt.
[911] KG Berlin NStZ 1987, 467.
[912] *Lübkemann* StrafR 640; OVG Münster NJW 1997, 1180: Nacktauftreten keine Äußerung im Sinne des Grundrechts auf Kunstfreiheit nach Art. 5 III GG.
[913] VGH Mannheim DÖV 1998, 1015.
[914] VGH Mannheim VBl. BW 1999, 101 ff.
[915] Göhler/*Gürtler* OWiG § 118 Rn. 12.
[916] OLG Stuttgart NZV 1997, 242.
[917] OLG Oldenburg NJW 1982, 1166.
[918] BGHSt 13, 241 = NJW 1959, 1931.
[919] *Korte* NStZ 2007, 21 (28); OLG Hamburg NStZ 2006, 528.
[920] *Lübkemann* StrafR 642.

E. Verbotene Ausübung der Prostitution, § 120 OWiG

Geschützt werden soll die Allgemeinheit vor den mit der **Prostitution** verbun- **1105**
denen Belästigungen und Gefahren, namentlich für Jugendliche. Die Ausübung
der Prostitution ist gewerberechtlich erlaubt. Durch das am 1.1.2002 in Kraft
getretene sog. Prostitutionsgesetz hat der Gesetzgeber klargestellt, dass die
Prostitution selbst nicht (mehr) sittenwidrig und „unerlaubt" im Sinne des
Gewerbebegriffs ist. Gleichwohl hat zB Internetwerbung für entgeltliche sexuelle Handlungen in einer zurückhaltenden Form zu erfolgen; ansonsten ist sie
auch nach Inkrafttreten des ProstG und trotz eines gewandelten Verständnisses
in der Bevölkerung ordnungswidrig.[921]

Das Werbeverbot für Prostitution ist jetzt in § 32 III ProstSchG geregelt.[922]

> **Definition:** Prostitution ist die sexuelle Betätigung vor oder mit wechselnden
> Partnern gegen Entgelt zu Erwerbszwecken.[923]

> **Beispiel:** Polizeibeamte beobachten eine Frau im sog. „Sperrgebiet", die ihrer
> Kleidung und ihrem Benehmen nach ganz offensichtlich darauf bedacht ist,
> „Freier" zu angeln.[924]

§ 120 OWiG tritt zurück gegenüber einschlägigen Strafvorschriften, § 183a Er- **1106**
regung öffentlichen Ärgernisses), § 184f (Ausübung der verbotenen Prostitution)
und § 184g (Jugendgefährdende Prostitution) StGB.

Die Ausübung der verbotenen Prostitution gem. § 184f StGB steht im Zusammenhang mit § 120 I 1 OWiG, der einfache Verstöße gegen sog. Sperrbezirksver-
ordnungen zu Ordnungswidrigkeiten erklärt.

§ 184f StGB qualifiziert diese Vorschrift bei beharrlichen Zuwiderhandlungen
zu einer Straftat.[925]

F. Halten gefährlicher Tiere, § 121 OWiG

Geschützt werden Leben und körperliche Unversehrtheit, aber auch das Eigen- **1107**
tum oder der Besitz anderer vor möglichen Verletzungen durch gefährliche
Tiere.[926] Täter ist jeder, der bewirkt oder dazu beiträgt, dass sich gefährliche oder
bösartige Tiere frei umherbewegen. Das ist nicht nur der Halter eines solchen
Tieres oder derjenige, bei dem ein solches Tier vorübergehend untergebracht
ist, sondern auch der Betreiber von Tierheimen, sog. Hundepensionen usw, aber
auch der Zoobesucher, der die Tür eines Tierkäfigs öffnet.[927]

---

[921] OLG Zweibrücken MMR 2008, 468 = BeckRS 2008, 07593 jetzt geregelt in § 32 III
ProstSchG.
[922] KK-OwiG/*Kurz*, 5. Aufl. 2018, OwiG § 120 Rn. 1.
[923] BGH NStZ 2000, 86.
[924] *Lübkemann* StrafR 644.
[925] HK-GS/*Lauer* StGB § 184d Rn. 1.
[926] Göhler/*Gürtler* OWiG § 121 Rn. 2.
[927] *Lemke/Mosbacher* OWiG § 121 Rn. 2.

G. Vollrausch, § 122 OWiG

1108 § 122 OWiG schützt die durch Bußgeldnormen abgesicherte Rechtsordnung vor den Gefahren, die der Zustand des Vollrausches wegen der damit einhergehenden Aufhebung bzw. Reduzierung der Fähigkeit zur Normerkenntnis und Normbefolgung erfahrungsgemäß nach sich zieht.[928] Zweck der Vorschrift ist es, die Allgemeinheit vor der Gefährlichkeit des Berauschens zu schützen. Sie ergänzt § 323a StGB, der für im Rausch begangene Straftaten gilt. Die Allgemeinheit soll auch vor der Gefährlichkeit eines Berauschten geschützt werden, der in seinem Zustand eine mit Geldbuße bedrohte Handlung begeht und gegen den keine Geldbuße festgesetzt werden kann, weil er infolge des Rausches nicht vorwerfbar gehandelt hat oder weil dies nicht auszuschließen ist.[929]

65. Kapitel. Weitere Verstöße gegen das Landesimmissionsschutzgesetz

A. Verbrennen im Freien

1109 Das Verbrennen sowie das Abbrennen von Gegenständen zum Zwecke der **Rückgewinnung** einzelner Bestandteile oder zu anderen Zwecken (zB Brauchtumsfeuer) im Freien ist untersagt, soweit die Nachbarschaft oder die Allgemeinheit hierdurch gefährdet oder erheblich belästigt werden können (§ 7 I 1 LImSchG NRW).

Wird im Garten eines Mehrfamilienhauses eine Grillparty veranstaltet und dringt der beim Grillen entstehende Qualm in konzentrierter Weise in Wohn- und Schlafzimmer unbeteiligter Nachbarn ein, erfüllt dies den Tatbestand einer erheblichen Belästigung von Nachbarn durch verbotenes Verbrennen von Gegenständen iSd § 7 I LImSchG NRW.[930]

Gemäß § 7 II LImSchG NRW kann die zuständige Behörde auf Antrag Ausnahmen von dem Verbot des Abs. 1 zulassen, wenn lediglich kurzfristig mit Luftverunreinigungen zu rechnen ist.

B. Abbrennen von Feuerwerken oder Feuerwerkskörpern, § 11 LImSchG

1110 Wer ein Feuerwerk oder an bewohnten oder von Personen besuchten Orten Feuerwerkskörper der Klassen III und IV iSd § 6 III iVm Nummer 1.3 der Anlage 1 der Ersten Verordnung zum Sprengstoffgesetz (1. SprengV) …, abbrennen will, hat dies der **örtlichen Ordnungsbehörde**, in deren Bezirk das Feuerwerk oder die Feuerwerkskörper abgebrannt werden sollen, zwei Wochen vorher schriftlich anzuzeigen. Die örtliche Ordnungsbehörde kann im Einzelfall auf die Einhaltung der Frist verzichten.

---

[928] Göhler/*Gürtler* OWiG § 122 Rn. 1.
[929] *Lemke/Mosbacher* OWiG § 122 Rn. 1.
[930] OLG Düsseldorf NVwZ 1995, 1034.

C. Laufenlassen von Motoren, § 11a LImSchG

Es ist verboten, Geräusch oder Abgas erzeugende Motoren unnötig laufen zu **1111** lassen.

D. Halten von Tieren, § 12 LImSchG NRW

Gemäß § 12 LImSchG NRW sind Tiere so zu halten, dass niemand durch die **1112** hiervon ausgehenden Immissionen, insbesondere durch den von den Tieren erzeugten Lärm, mehr als nur geringfügig belästigt wird. Es gibt dabei keine „Bell-Freiheit" für Wachhunde. Wird ein Hund zur Bewachung von Gebäuden eingesetzt, hat der Hundehalter dafür Sorge zu tragen, dass der Hund im Rahmen seiner eingesetzten Tätigkeit nicht auf jedes vernehmbare Geräusch reagiert, sondern nur auf Geräusche, die einer unmittelbaren Störung des Eigentums vorausgehen. Auch ein **Wachhund** muss mithin so gehalten werden, dass durch sein Bellen die Anwohner nicht mehr als nur geringfügig gestört werden.[931] Als Maßnahmen zB gegen störendes Hundegebell kommen Anordnungen nach dem landesrechtlich geregelten Recht der öffentlichen Sicherheit und Ordnung in Betracht. Sorgt zB ein Hund, der im Garten eines Wohnhauses umherläuft, durch übermäßiges Bellen für Störungen der Nachbarn, kann uU eine ordnungsrechtliche Verfügung getroffen werden, die es dem Hundehalter auferlegt, den Hund nachts im Wohnhaus zu halten.[932] So hat das VG Stade[933] eine ordnungsrechtliche Verfügung als rechtmäßig erachtet, mit der ein Hundehalter, dessen Hund öfters und auch ohne erkennbaren Anlass (im entschiedenen Fall bis zu 60 Mal am Tag) zu bellen pflegte, verpflichtet wurde, das Tier von 19.00 Uhr bis 8.00 Uhr morgens und zwischen 12.00 Uhr und 15.00 Uhr nicht im Garten herumlaufen zu lassen.[934] Von Tieren ausgehende Immissionen wie Lärm (zB Hundegebell) oder Gerüche können uU gem. §§ 1004, 906 BGB zivilrechtlich abgewehrt werden: Wird das Eigentum in anderer Weise als durch Entziehung oder Vorenthaltung des Besitzes beeinträchtigt, so kann der Eigentümer gem. § 1004 I BGB von dem Störer die Beseitigung der Beeinträchtigung verlangen und auf Unterlassung klagen, wenn weitere Beeinträchtigungen zu besorgen sind.

4. Abschnitt. Grundzüge des Aufenthaltsrechts

Im polizeilichen Alltagsgeschehen hat die Polizei regelmäßig mit Personen zu **1113** tun, die nicht Deutsche im Sinne des Grundgesetzes sind, Art. 116 I GG und § 2 I AufenthG. Je nach Staatsangehörigkeit, sowie Dauer und Zweck des Aufenthalts benötigen diese Personen keinen Aufenthaltstitel für die Einreise und den Aufenthalt in Deutschland bzw. sie brauchen zB ein Visum oder eine Niederlassungserlaubnis. Daher sind **grundlegende Kenntnisse im Aufenthaltsrecht**

---

[931] OLG Düsseldorf NJW 1990, 3160.
[932] BVerwG NVwZ 1993, 268.
[933] VG Stade DWW 1990, 249.
[934] *Scheidler* DVBl 2007, 936 (940).

erforderlich, um bei Antreffen eines Ausländers gegebenenfalls erforderliche Kontrollmaßnahmen und Folgemaßnahmen durchführen zu können.[935]

Durch das **Legalitätsprinzip** ist die Polizei als Strafverfolgungsbehörde verpflichtet, beim Anfangsverdacht einer Straftat tätig zu werden, § 163 I 1 StPO. Daher muss die Polizei auch bei **Straftaten nach den §§ 95 ff. AufenthG und §§ 84 ff. AsylG einschreiten.** Auch deshalb sind Grundkenntnisse im Aufenthaltsrecht nötig.

Wesentliche Gesetze und Verordnungen im Ausländerrecht sind:

- das Aufenthaltsgesetz (AufenthG), dazu die allgemeine Verwaltungsvorschrift zum AufenthG und die Aufenthaltsverordnung (AufenthV);
- das Freizügigkeitsgesetz/EU;
- das Asylgesetz (AsylG), vormals Asylverfahrensgesetz (in der Literatur wird häufig noch diese Bezeichnung verwendet, statt des nun gültigen AsylG);
- das Ausländerzentralregistergesetz (AZRG);
- das Rundschreiben „Zur Behandlung von Diplomaten und anderen bevorrechtigten Personen in der Bundesrepublik Deutschland"[936] (dieser Text ist für die polizeiliche Praxis sehr zu empfehlen, da er umfangreiche Auskunft enthält zu: Bevorrechtigten Einzelpersonen, Bevorrechtigung und Schutz diplomatischer Missionen, konsularischer Vertretungen, Internationaler Organisationen und sonstiger Vertretungen, spezialgesetzliche Regelungen zur Behandlung gesandtschaftsrechtlich bevorrechtigter Personen im deutschen Recht, Sonderbestimmungen für die Rechtsstellung der Stationierungsstreitkräfte, der Streitkräfte der NATO-Mitgliedstaaten, der aufgrund des Nordatlantikvertrages errichteten internationalen militärischen Hauptquartiere, der Teilnehmerstaaten an der NATO-Partnerschaft für den Frieden (PfP) sowie der Streitkräfte aus Drittstaaten, Ausweise für Mitglieder ausländischer Vertretungen und Internationaler Organisationen, Behandlung von bevorrechtigten Personen bei Verstößen gegen die Straßenverkehrsordnung und die öffentliche Ordnung, Kraftfahrzeugkennzeichen und Ehrung und Schutz von Besuchern).

66. Kapitel. Bestimmungen im Aufenthaltsgesetz

1114 Die Kernbestimmungen des Aufenthaltsrechts sind im Aufenthaltsgesetz (AufenthG) gebündelt. Ziel des Gesetzes ist es, den **Zuzug von Ausländern zu steuern und zu begrenzen**, § 1 I AufenthG.

Das Gesetz enthält die grundlegenden Vorschriften zur **Einreise, Aufenthalt und Ausreise** von Ausländern. Außerdem werden Regelungen für verschiedene Zwecke des Aufenthalts, wie Ausbildung, Erwerbstätigkeit, Aufenthalt aus völkerrechtlichen, humanitären oder politischen Gründen und Aufenthalt

---

[935] Folgende Internetseite kann eine Unterstützung sein, wenn man sich mit dem Ausländerrecht näher beschäftigen will: https://www.bmi.bund.de/DE/themen/migration/aufenthaltsrecht/aufenthaltsrecht-node.html (zuletzt aufgerufen am 22.5.2018)

[936] RdSchr. d. Auswärtigen Amts v. 15.9.2015 – 503-90-507.00 –, GMBl 2015, 1206.

aus familiären Gründen, getroffen. Ein eigenes Kapitel. ist der Integration von Ausländern in Deutschland gewidmet, §§ 43–45a AufenthG.

§ 3 I AufenthG bestimmt, dass Ausländer nur in das Bundesgebiet einreisen oder sich darin aufhalten dürfen, wenn sie einen anerkannten und gültigen Pass oder Passersatz besitzen, sofern sie nicht von der Passpflicht durch Rechtsverordnung befreit sind. Ausnahmen von der Passpflicht ergeben sich aus § 14 AufenthV. Für Unionsbürger und ihre Familienangehörigen gilt die Passpflicht nicht, § 1 II Nr. 1 AufenthG, § 11 I 1 FreizügG/EU. Sie unterliegen allerdings der Ausweispflicht nach § 8 FreizügG/EU. Gleiches gilt für Angehörige des Europäischen Wirtschaftsraums (EWR = Norwegen, Island, Liechtenstein), Schweizer und türkische Assoziationsberechtigte. Allein an dieser Regelung kann man erkennen, wie kompliziert das Aufenthaltsrecht ist. Für die polizeiliche **Kontrolle des grenzüberschreitenden Verkehrs** nach § 13 I 2 AufenthG sind die „Grenzbehörden" zuständig. Das ist nach § 2 BPolG die **Bundespolizei**. Da für diese Aufgabe keine Zuständigkeit der Polizeien der Länder besteht (mit Ausnahme von Bayern und Hamburg), wird hier nicht weiter auf Einreisevorschriften eingegangen.

Ausländer bedürfen für die Einreise und den Aufenthalt im Bundesgebiet eines **1115** **Aufenthaltstitels**, sofern nicht durch Recht der Europäischen Union oder durch Rechtsverordnung etwas anderes bestimmt ist. Eine weitere Ausnahme ergibt sich, wenn aufgrund des Abkommens vom 12.12.1963 zur Gründung einer Assoziation zwischen der Europäischen Wirtschaftsgemeinschaft und der Türkei (BGBl. 1964 II 509) (Assoziationsabkommen EWG/Türkei) ein Aufenthaltsrecht besteht, § 4 I 1 AufenthG. Als Aufenthaltstitel nennt § 4 I 2 das **Visum** iSd § 6 I und III AufenthG, die **Aufenthaltserlaubnis**, die **Blaue Karte EU**, die **ICT-Karte**, die **mobile ICT-Karte**, die **Niederlassungserlaubnis** und die **Erlaubnis zum Daueraufenthalt-EU**.

Von der Pflicht, einen Aufenthaltstitel zu besitzen, gibt es eine Reihe von **Ausnahmen**. **So benötigen Unionsbürger keinen Aufenthaltstitel**, § 11 I FreizügigG.

§ 15 AufenthV regelt: „Die Befreiung vom Erfordernis eines Aufenthaltstitels für die Einreise und den Aufenthalt von Ausländern für **Kurzaufenthalte** richtet sich nach dem Recht der Europäischen Union, insbesondere dem Schengener Durchführungsübereinkommen und der Verordnung (EG) Nr. 539/2001 in Verbindung mit den nachfolgenden Bestimmungen." In der Verordnung (EG) Nr. 539/2001[937], Anlage 2, sind sog. „**Positivstaatler**" aufgelistet. Das sind Personen aus Drittstaaten (außerhalb der EU), die für Kurzaufenthalte kein Visum benötigen. In der Anlage 1 sind die „**Negativstaatler**" aufgeführt, die für einen Kurzaufenthalt ein Visum brauchen. Gemäß § 1 2 AufenthV ist ein Kurzaufenthalt ein Aufenthalt im gemeinsamen Gebiet der Schengen-Staaten von höchstens 90 Tagen je Zeitraum von 180 Tagen, wobei der Zeitraum von 180 Tagen, der jedem Tag des Aufenthalts vorangeht, berücksichtigt wird. Ebenso sind Angehörige von Staaten, mit denen Deutschland ein **Sichtvermerksabkommen** geschlossen hat von der Pflicht, einen Aufenthaltstitel zu besitzen, befreit, § 16 AufenthaltsV. Eine Gesamtübersicht, für welche Staaten

---

[937] ABl. 2001 L 081, 1 ff.

eine Visumpflicht bzw. Visumsfreiheit besteht, findet sich auf der Internetseite des Auswärtigen Amts.[938]

§ 6 AufenthG benennt die **verschiedenen Formen von Visa**. Dazu gehören das **Schengen-Visum**, § 6 I Nr. 1 AufenthG. Dieser Sichtvermerk berechtigt für die Durchreise durch das Hoheitsgebiet der Schengen-Staaten oder für geplante Aufenthalte in diesem Gebiet von bis zu 90 Tagen je Zeitraum von 180 Tagen (**Visum für den Kurzaufenthalt**). Außerdem kann ein Flughafentransitvisum für die Durchreise durch die internationalen Transitzonen der Flughäfen ausgestellt werden, § 6 I Nr. 2 AufenthG. Für längerfristige Aufenthalte ist ein **nationales Visum** erforderlich, § 6 III AufenthG. Inwieweit ein Drittstaatenangehöriger für die Einreise und den Aufenthalt ein Visum benötigt ist je nach Staatsangehörigkeit unterschiedlich. Eine Übersicht dazu findet sich auf der Internetseite des Auswärtigen Amts.[939] Daher sollte bei der Kontrolle eines Ausländers im Rahmen eines Einsatzes durch die Landespolizei über die Leitstelle nachgefragt werden, ob und welcher Aufenthaltstitel erforderlich ist.

1116 § 7 I 1 AufenthG definiert die **Aufenthaltserlaubnis** als befristeten Aufenthaltstitel, der nach Abs. 2 für einen der folgenden Abschnitte des Gesetzes genannten Zweck erteilt wird. Zu diesen Zwecken gehören: Studium, Sprachkurs, Schulbesuch und sonstige Ausbildung, Erwerbstätigkeit als Arbeitnehmer oder als Selbstständiger, Aufenthalt aus völkerrechtlichen, humanitären oder politischen Gründen (zB als anerkannter Asylberechtigter), Familiennachzug.

§ 9 I 1 AufenthG definiert die **Niederlassungserlaubnis** als einen unbefristeten Aufenthaltstitel. In Abs. 2 der Norm sind die Voraussetzungen aufgelistet, die erfüllt sein müssen, damit ein Ausländer eine Niederlassungserlaubnis erteilt bekommt. Dieser Aufenthaltstitel berechtigt nicht zur Mobilität in den EU-Staaten.

§ 9a I 1 AufenthG regelt die **Erlaubnis zum Daueraufenthalt–EU** als unbefristeten Aufenthaltstitel. „Die Erlaubnis zum Daueraufenthalt-EU beruht auf der RL 2003/109/EG".[940] Dieser Aufenthaltstitel berechtigt die Inhaber zur Mobilität in den EU-Staaten.

Nach § 19a AufenthG kann ein Ausländer als Aufenthaltstitel die **Blaue Karte EU** als Aufenthaltstitel zur Ausübung einer hoch qualifizierten Beschäftigung erteilt werden.

§ 19b AufenthG regelt die **ICT-Karte** als Aufenthaltstitel zum Zweck eines unternehmensinternen Transfers eines Ausländers. Wenn der Ausländer einen für die Dauer des Antragsverfahrens gültigen nach der Richtlinie 2014/66/EU erteilten Aufenthaltstitel eines anderen Mitgliedstaates besitzt, wird die **mobile ICT-Karte** ausgestellt, § 19d AufenthG.

---

[938] https://www.auswaertiges-amt.de/de/einreiseundaufenthalt/staatenlistevisumpflicht/207820 (zuletzt aufgerufen am 22.5.2018).

[939] https://www.auswaertiges-amt.de/de/einreiseundaufenthalt/staatenlistevisumpflicht/207820 (zuletzt aufgerufen am 22.5.2018).

[940] BeckOK AuslR/*Maor*, 10. Ed. 1.2.2016, AufenthG § 9a Rn. 1.

Die §§ 47–49 AufenthG enthalten **ordnungsrechtliche Vorschriften** für die Zeit des Aufenthalts eines Ausländers im Bundesgebiet. Dazu gehört, dass nach § 47 AufenthG die **politische Betätigung beschränkt oder verboten werden kann**.

§ 48 AufenthG normiert **ausweisrechtliche Vorschriften**. Nach Abs. 1 ist ein **1117** Ausländer verpflichtet, seinen Pass, seinen Passersatz oder seinen Ausweisersatz und seinen Aufenthaltstitel oder eine Bescheinigung über die Aussetzung der Abschiebung auf Verlangen den mit dem Vollzug des Ausländerrechts betrauten Behörden vorzulegen, auszuhändigen und vorübergehend zu überlassen, soweit dies zur Durchführung oder Sicherung von Maßnahmen nach diesem Gesetz erforderlich ist.[941] Nach § 71 IV AufenthG sind auch die **Polizeien der Länder für Maßnahmen nach § 48 AufenthG sachlich zuständig**. Dabei ist wichtig zu beachten, dass der Ausländer ein Ausweisdokument besitzen muss. „Das Merkmal **„Besitz" eines Passes oder Passersatzes** ist auch dann erfüllt, wenn der Ausländer den Pass oder Passersatz zwar nicht mitführt, jedoch der Ausländerbehörde oder den mit der Durchführung dieses Gesetzes beauftragten Behörden binnen angemessener Frist nachweist, dass er über einen gültigen und anerkannten Pass oder Passersatz verfügt (§ 82 Absatz 1)."[942] **Es besteht keine allgemeine Verpflichtung, einen Pass, einen Passersatz, einen Ausweisersatz oder einen Aufenthaltstitel mitzuführen**.[943] Ein Ausländer, der einen Pass oder Passersatz weder besitzt noch in zumutbarer Weise erlangen kann, genügt der Ausweispflicht mit der Bescheinigung über einen Aufenthaltstitel oder die Aussetzung der Abschiebung, wenn sie mit den Angaben zur Person und einem Lichtbild versehen und als Ausweisersatz bezeichnet ist, § 48 II AufenthG. Besitzt der Ausländer keinen gültigen Pass oder Passersatz, ist er verpflichtet, **an der Beschaffung des Identitätspapiers mitzuwirken** sowie alle Urkunden, sonstigen Unterlagen und Datenträger, die für die Feststellung seiner Identität und Staatsangehörigkeit und für die Feststellung und Geltendmachung einer Rückführungsmöglichkeit in einen anderen Staat von Bedeutung sein können und in deren Besitz er ist, den mit der Ausführung dieses Gesetzes betrauten Behörden auf Verlangen vorzulegen, auszuhändigen und zu überlassen. Kommt der Ausländer seiner Verpflichtung nicht nach und bestehen tatsächliche Anhaltspunkte, dass er im Besitz solcher Unterlagen oder Datenträger ist, **können er und die von ihm mitgeführten Sachen durchsucht werden**. Der Ausländer hat die Maßnahme zu dulden, § 48 III AufenthG. Bei einer Durchsuchung ist immer zu fragen, welches Ziel damit erreicht werden soll. Die hier aufgeführte Durchsuchung nach § 48 III 2 AufenthG zielt darauf ab, die **Identität der Person festzustellen und den aufenthaltsrechtlichen Status zu überprüfen**. Gesucht wird daher nach Identitätspapieren (zB Personalausweis, Reisepass) oder sonstigen Dokumenten, die Aufschluss über die Personalien und die Staatsangehörigkeit der Person und die Dauer des Aufenthalts in Deutschland geben können (zB Urkunden, Führerschein, Werksausweis, Adressbuch). Soll die Durchsuchung

---

[941] In der Anlage D AufenthV ist eine Vielzahl von Ausweisdokumenten farbig dargestellt, sodass man sich einen Eindruck davon verschaffen kann, wie diese Ausweise aussehen.

[942] Ziff. 3.1.4 VV AufenthG.

[943] Ziff. 48.0.4 VV AufenthG.

anderen Zwecken dienen, zB der allgemeinen Gefahrenabwehr oder der Strafverfolgung, so ist sie auf § 12 I PolG NRW oder § 163 StPO zu stützen. Die Durchsuchung zur Eigensicherung richtet sich nach § 39 I Nr. 1 bzw. II PolG NRW.

Bei einer Durchsuchung nach § 48 III 2 AufenthG sind im AufenthG selber keine **Verfahrensvorschriften für diese Durchsuchung** vorgesehen. Daher sind die §§ 39 III u. 40 II PolG NRW analog anzuwenden.

1118 § 48 IIIa AufenthG erlaubt auch das **Auslesen von Datenträgern**, wenn das zu dem in Gesetz genannten Zwecken erforderlich ist. Dazu gehören auch Endgeräte, wie ein Handy oder Smartphone. Die Datenträger dürfen aber **nur von einem Bediensteten ausgelesen werden, der die Befähigung zum Richteramt hat**, § 48 IIIa 4 AufenthG.

§ 49 AufenthG ermächtigt die zuständigen Behörden, die **Identität eines Ausländers festzustellen** und zu überprüfen. Die zehn Absätze des Paragrafen regeln die Zulässigkeitsvoraussetzungen für die erforderlichen Maßnahmen zur Feststellung der Identität. Auch hier sind die **Polizeien der Länder nach § 71 IV AufenthG für diese Maßnahmen zuständig.**

Ab § 50 AufenthG wird die **Ausreisepflicht** von Ausländern geregelt. Ein Ausländer ist zur Ausreise verpflichtet, wenn er einen erforderlichen Aufenthaltstitel nicht oder nicht mehr besitzt und ein Aufenthaltsrecht nach dem Assoziationsabkommen EWG/Türkei nicht oder nicht mehr besteht, § 50 I AufenthG. Abs. 2 der Norm verpflichtet den Ausländer, das Bundesgebiet unverzüglich oder, wenn ihm eine Ausreisefrist gesetzt ist, bis zum Ablauf der Frist zu verlassen. Die weiteren Absätze enthalten Bestimmungen über die Einreise in einen anderen Mitgliedstaat der EU oder einen anderen Schengen-Staat, die Anzeige eines Wohnungswechsels/längeren Ortswechsels beim Ausländeramt, die in Inverwahrungnahme des Passes eines ausreisepflichtigen Ausländers und die Ausschreibung des Ausländers in den Fahndungshilfsmitteln der Polizei zur Aufenthaltsermittlung bzw. zur Festnahme.

1119 Die §§ 51 und 52 AufenthG legen fest, **wann ein Aufenthaltstitel erlischt bzw. widerrufen werden kann.** Nach § 53 AufenthG besteht die Möglichkeit, einen Ausländer auszuweisen, wenn das zur Abwehr einer Gefahr für die öffentlichen Sicherheit oder Ordnung erforderlich ist.

Ab § 57 AufenthG wird die **Durchsetzung der Ausreisepflicht** normiert. Dabei unterscheidet das Gesetz zwischen der **Zurückweisung**, § 57 AufenthG, und der **Abschiebung**, § 58 AufenthG.

„Die Zurückschiebung ist systematisch der Zurückweisung (§ 15) nachgeordnet und stellt zusammen mit der Abschiebung (§ 58) eine aufenthaltsbeendende Maßnahme dar.“[944]

§ 58 I 1 AufenthG bestimmt: Der **Ausländer ist abzuschieben**, wenn die Ausreisepflicht vollziehbar ist, eine Ausreisefrist nicht gewährt wurde oder diese abgelaufen ist, und die freiwillige Erfüllung der Ausreisepflicht nicht gesichert ist oder aus Gründen der öffentlichen Sicherheit und Ordnung eine Überwachung

---

[944] BeckOK AuslR/*Kluth*, 17. Ed. 1.11.2017, AufenthG § 57 Rn. 3.

der Ausreise erforderlich erscheint. Abs. 2 der Norm nennt Regelbeispiele, wann die Ausreisepflicht vollziehbar ist. In Abs. 3 werden Tatbestände genannt, bei deren Vorliegen die Überwachung der Ausreise insbesondere erforderlich ist.

§ 58a AufenthG gibt die Möglichkeit, zur Abwehr einer Gefahr für die öffentliche Sicherheit oder Ordnung oder zur Abwehr einer terroristischen Gefahr ohne vorhergehende Ausweisung eine Abschiebungsanordnung zu erlassen.

Allerdings gibt es auch Fallgestaltungen, bei denen eine **Abschiebung unzulässig** ist, § 60 AufenthG. Geregelt wird das Abschiebungsverbot für Flüchtlinge nach der Genfer Flüchtlingskonvention, der EMRK, humanitäre Abschiebungsverbote und das Abschiebungsverbot im Rahmen bewaffneter Konflikte.[945]

Die Abschiebung kann vorübergehend ausgesetzt werden (**Duldung**), § 60a AufenthG. Die Duldung gibt dem Ausländer kein Aufenthaltsrecht, der Aufenthalt bleibt vielmehr unrechtmäßig und die Pflicht zur unverzüglichen Ausreise besteht fort. Durch die Duldung wird die Vollziehbarkeit der Ausreisepflicht nicht berührt (vgl. § 58 I, § 59 III). Sie bezweckt auch, den Ausländer trotz der ihm obliegenden vollziehbaren Ausreisepflicht vor der Strafbarkeit zu bewahren (vgl. § 95 I Nr. 2).[946] Über die Aussetzung der Abschiebung ist dem Ausländer eine Bescheinigung auszustellen, § 60a IV AufenthG (**Duldungsbescheinigung**).

§ 61 AufenthG erlaubt es der Ausländerbehörde, den Aufenthalt eines vollzieh- 1120 bar ausreisepflichtigen Ausländers **räumlich zu beschränken** bzw. eine **Wohnsitzauflage** zu erteilen.

Als schärfstes Mittel, um die Ausreise durchzusetzen, kann nach § 62 AufenthG die **Abschiebungshaft** richterlich angeordnet werden.[947] Dabei wird bei der Abschiebungshaft (Abs. 1), zwischen der **Vorbereitungshaft** (Abs. 2) und der **Sicherungshaft** (Abs. 3) unterschieden. „Gemeinsame Grundlage aller Haftgründe ist das Vorliegen einer vollziehbaren Ausreisepflicht iSd § 58 II AufenthG."[948]

Abs. 5 erlaubt auch die **vorläufige Festnahme** ohne richterliche Anordnung, wenn die Voraussetzungen für die Sicherungshaft nach Abs. 3 vorliegen. Die Tatbestandsmerkmale des Abs. 5 sind kumulativ zu prüfen.[949] In der Ziff. 62.4.3 VV AufenthG sind Fallbeispiele aufgezählt. Der Ausländer ist **unverzüglich dem Richter** zur Entscheidung über die Anordnung der Sicherungshaft **vorzuführen**, § 62 V 2 AufenthG. Weitere Ausführungen dazu finden sich unten im Kapitel 70.

§ 62a AufenthG beinhaltet die **Verfahrensvorschriften**, die bei der Haft und der vorläufigen Festnahme nach § 62 AufenthG zu beachten sind.

Über § 62b AufenthG kann ein **richterlicher Ausreisegewahrsam** angeordnet werden, der maximal zehn Tage dauern darf. „§ 62b AufenthG soll der Sicherstellung der Durchführbarkeit von Abschiebungsmaßnahmen, insbesondere

---

[945] Ziff. 60.0.1.0, 60.5.1 u. 60.7.1.1 VV AufenthG.

[946] Ziff. 60a.3 VV AufenthG.

[947] S. § 1 S. 2 Abschiebungshaftvollzugsgesetz NRW und Richtlinien für den Abschiebungsgewahrsam im Land Nordrhein-Westfalen (Abschiebungshaftrichtlinien – AHaftRL), RdErl. d. MIK NRW v. 19.1.2009 – 15-39.21.01-5-.

[948] BeckOK AuslR/*Kluth*, 17. Ed. 1.11.2017, AufenthG § 62 Rn. 14.

[949] OLG Zweibrücken BeckRS 2008, 04928.

bei Abschiebungen, die einen erheblichen organisatorischen Aufwand erfordern, dienen."[950]

§ 71 IV und V AufenthG weist den **Polizeien der Länder Aufgaben im Bereich des Aufenthaltsgesetzes zu.** Dazu gehören die Überprüfung ausweisrechtlicher Pflichten, § 48 AufenthG, und die Feststellung der Identität, § 49 AufenthG, s. dazu die obigen Ausführungen.

1121 Nach § 71 V AufenthG sind die **Polizeien der Länder auch zuständig für die Durchführung der Abschiebung, § 58 Aufenthaltsgesetzes, und die Zurückschiebung, § 57 AufenthG.** „Die Polizeien der Länder sind unbeschadet landesrechtlicher Vorschriften im Rahmen der Abschiebung nur für die Durchführung dieser Maßnahme (Vollstreckung als Realakt) zuständig. Für eine Androhung, Ankündigung oder Anordnung der Abschiebung bleibt die Ausländerbehörde zuständig. Die Vollstreckungsbehörde erteilt nach Maßgabe landesrechtlicher Vorschriften den Polizeien der Länder den Vollstreckungsauftrag. Insoweit erfüllen die Polizeien der Länder die Funktion der Vollstreckungsbeamten."[951]

Wenn ein **Aufenthaltstitel mit einer räumlichen Beschränkung** erteilt wurde, so besteht auch eine **Zuständigkeit der Landespolizei für Maßnahmen nach § 12 III AufenthG,** also dafür Sorge zu tragen, dass der Ausländer den Bereich, in dem er sich unzulässig aufhält, wieder verlässt. Die Regelung des § 12 III AufenthG bezieht sich nicht lediglich auf den von § 12 II und III AufenthG erfassten Personenkreis, sondern auch auf ausreisepflichtige Ausländer (§ 51 VI) und Ausländer, deren Abschiebung ausgesetzt ist (§ 61 I), sowie auf Asylbewerber (§ 56 I und III, § 59 II AsylG). Unerheblich ist, ob die räumliche Beschränkung unmittelbar kraft Gesetzes besteht, durch Verwaltungsakt angeordnet ist oder fortgilt.[952]

Zur Durchsetzung der Ausreisepflicht kann ein Ausländer auch zur Festnahme bzw. zur Aufenthaltsermittlung in den **Fahndungshilfsmitteln der Polizei ausgeschrieben werden,** § 50 VI AufenthG.

In den §§ 95–97 AufenthG sind **Straftaten** normiert. Dabei kann der Ausländer sich selbst nur nach § 95 AufenthG strafbar machen. Die Strafandrohung beträgt Freiheitsstrafe bis zu einem Jahr oder Geldstrafe bei Straftaten nach § 95 I und Ia AufenthG. Aus diesem Grund ist beim Verdacht einer solchen Straftat eine **vorläufige Festnahme nach § 127 II StPO aus Verhältnismäßigkeitsgründen unzulässig,** s. § 112 I 2 StPO. Strafbar ist unter anderem der wiederholte Verstoß (also ab dem zweiten Verstoß) gegen eine räumliche Beschränkung, § 95 I Nr. 6a und 7 AufenthG. Der erstmalige Verstoß gegen eine räumliche Beschränkung ist eine Ordnungswidrigkeit nach § 98 III Nr. 2 und 4 AufenthG.

67. Kapitel. Bestimmungen im Asylgesetz

1122 Die Bestimmungen zum Asylrecht finden sich im Asylgesetz (AsylG). Das Gesetz gilt für Ausländer, die entweder nach Art. 16a GG Asyl oder internationalen Schutz als Flüchtling beantragen, § 1 AsylG. Das Gesetz regelt den Ablauf des

---

[950] Bergmann/Dienelt/*Winkelmann* Ausländerrecht AufenthG § 62b Rn. 2.
[951] VV AufenthG Ziffer 71.5.2.1.
[952] Ziff. 12.3.1 VV AufenthG.

Asylverfahrens. Für dieses Verfahren ist das Bundesamt für Migration und Flüchtlinge (BAMF) zuständig, § 5 I AsylG.

Die **Aufgaben der Polizeien der Länder sind in § 19 AsylG festgelegt**. Abs. 1 dieser Norm bestimmt, dass ein Ausländer, der bei der Polizei eines Landes um Asyl nachsucht (s. § 13 III AsylG), in den Fällen des § 14 I AsylG (Antragstellung bei der Außenstelle des Bundesamtes für Migration und Flüchtlinge die der zuständigen Aufnahmeeinrichtung zugeordnet ist) unverzüglich an die zuständige oder, soweit diese nicht bekannt ist, an die nächstgelegene Aufnahmeeinrichtung zur Meldung weiterzuleiten ist. Nach Abs. 2 hat die Polizei den Ausländer erkennungsdienstlich zu behandeln. Der Umfang der ED-Behandlung ergibt sich aus § 16 I AsylG. Die Einzelheiten sind in dem Erlass des Innenministers NRW v. 18.3.2002 – 44.2 – 2953 – geregelt.[953]

Einem Ausländer, der um Asyl nachsucht, ist zur Durchführung des Asylverfahrens der Aufenthalt im Bundesgebiet gestattet (**Aufenthaltsgestattung**), § 55 I AsylG. Für die Dauer des Asylverfahrens genügt der Ausländer seiner Ausweispflicht mit der Bescheinigung über die Aufenthaltsgestattung, § 64 I AsylG. Die Aufenthaltsgestattung ist **räumlich** auf den Bezirk der Ausländerbehörde **beschränkt**, in dem die für die Aufnahme des Ausländers zuständige Aufnahmeeinrichtung liegt, § 56 I AsylG. § 58 AsylG regelt, unter welchen Voraussetzungen der Ausländer den zugewiesenen Aufenthaltsbereich, teilweise auch ohne vorherige Erlaubnis, verlassen darf. Wird ein Ausländer außerhalb des zugewiesenen Aufenthaltsbereichs angetroffen, ohne dass er dazu berechtigt ist, so gilt nach § 12 III AufenthG die Verlassenspflicht. Diese **Verlassenspflicht** kann nach § 59 I AsylG, soweit es erforderlich ist, auch mit unmittelbarem Zwang ohne vorherige Androhung durchgesetzt werden. § 59 II AsylG erlaubt als Ultima Ratio auch die Festnahme zur Durchsetzung der Verlassenspflicht. Nach § 59 III Nr. 1 AsylG sind **für diese Aufgaben auch die Polizeien der Länder zuständig**.

Der erstmalige **Verstoß gegen eine räumliche Beschränkung** ist eine Ordnungswidrigkeit, § 86 I AsylG. Bei einem wiederholten Verstoß liegt eine Straftat nach § 85 Nr. 2 AsylG vor.

1123 Durch den im Oktober 2015 aufgenommenen § 59a AsylG erlischt die räumliche Beschränkung spätestens nach drei Monaten ununterbrochenen Aufenthalts in der Bundesrepublik. Zum gleichen Zeitpunkt ist der § 59b AsylG in Kraft getreten, der es der Ausländerbehörde erlaubt, im Einzelfall eine räumliche Beschränkung der Aufenthaltsgestattung anzuordnen, die unabhängig von § 59a AsylG länger als drei Monate andauern kann.

Dem Ausländer wird nach der Asylantragstellung innerhalb von drei Arbeitstagen eine mit den Angaben zur Person und einem Lichtbild versehene Bescheinigung über die Aufenthaltsgestattung ausgestellt, wenn er nicht im Besitz eines Aufenthaltstitels ist, § 63 I 1 AsylG.

Einem Ausländer, der um Asyl nachgesucht hat und nach den Vorschriften des Asylgesetzes oder des Aufenthaltsgesetzes erkennungsdienstlich behandelt

---

[953] MBl. NRW 2002, 389.

worden ist, aber noch keinen Asylantrag gestellt hat, wird unverzüglich eine Bescheinigung über die Meldung als Asylsuchender (**Ankunftsnachweis**) ausgestellt, § 63a AsylG.[954] Diese Vorschrift ist mit Wirkung vom 24.10.2015 in das AsylG aufgenommen worden. Betroffen sind Personen, die noch keinen Termin bei der zuständigen Außenstelle des BAMF bekommen haben und daher noch keinen Asylantrag stellen konnten. Der Ankunftsnachweis ist kein Reisedokument. Der Asylsuchende genügt mit diesem Dokument nicht der Pass- und Ausweispflicht im Bundesgebiet. Das Dokument berechtigt nicht zum Grenzübertritt, § 6 II 2 Ankunftsnachweisverordnung (AKNV).[955] „Er dient ausschließlich als Nachweis der Meldung als Asylsuchender; seiner Pass- und Ausweispflicht kann der Asylsuchende damit nicht genügen. Durch die sichtbare Anbringung von Angaben zur Person auf dem Dokument wird eine nahezu eindeutige Identifikation der vorlegenden Person mit der als Inhaber ausgewiesenen Person ermöglicht. Der Ankunftsnachweis ist mit dem Lichtbild des Asylsuchenden verbunden; dies gilt selbst bei Säuglingen und Kleinkindern. Da die Seriennummer dieses Dokumentes auch im Ausländerzentralregister gespeichert wird, kann in Zweifelsfällen zusätzlich über eine entsprechende Abfrage Klarheit über die Person gewonnen werden, die das Dokument vorlegt".[956]

Der Ausländer genügt für die Dauer des Asylverfahrens seiner Ausweispflicht mit der Bescheinigung über die Aufenthaltsgestattung, § 64 I AsylG.

Straftatbestände sind in den §§ 84–85 AsylG normiert. Verstöße, die ein Ausländer gegen das AsylG begehen kann, zählt § 85 AsylG auf. Die Strafandrohung beträgt Freiheitsstrafe bis zu einem Jahr oder Geldstrafe. Aus diesem Grund ist beim Verdacht einer solchen Straftat eine vorläufige Festnahme nach § 127 II StPO aus Verhältnismäßigkeitsgründen unzulässig, s. § 112 I 2 StPO.

68. Kapitel. Bestimmungen nach dem Gesetz über die allgemeine Freizügigkeit von Unionsbürgern, Freizügigkeitsgesetz/EU (FreizügG/EU)

1124 Art. 20 AEUV bestimmt, dass Unionsbürger ist, wer die Staatsangehörigkeit eines Mitgliedstaats der EU besitzt. Zu den damit verbrieften Rechten gehört auch die **Freizügigkeit** im gesamten Raum der EU. Mit dem Freizügigkeitsgesetz/EU hat der Gesetzgeber die Bestimmungen der Europäischen Union über den freien Personenverkehr (hier vor allem die Richtlinie 2004/38/EG des Europäischen Parlaments und des Rates vom 29.4.2004 über das Recht der Unionsbürger und ihrer Familienangehörigen, sich im Hoheitsgebiet der Mitgliedstaaten frei zu bewegen und aufzuhalten)[957] in nationales Recht umgesetzt.

Dieses Gesetz regelt die **Einreise** und den **Aufenthalt** von Staatsangehörigen anderer Mitgliedstaaten der Europäischen Union (**Unionsbürger**) **und ihrer**

---

[954] Anlage 4 zu § 5 Ankunftsnachweisverordnung enthält ein Muster des Ankunftsnachweises.

[955] VO über die Bescheinigung über die Meldung als Asylsuchender v. 5.2.2016 (BGBl. 2016 I 162).

[956] BR-Drs. 6/16, 12.

[957] ABl. 2004 L 158, 77 ff.

Familienangehörigen, § 1 FreizügG/EU. Als Gemeinschaftsrecht der EU geht es den Bestimmungen des Aufenthaltsgesetzes vor, s. auch § 1 II Nr. 1 AufenthG. Unter den Voraussetzungen des § 2 II FreizügG/EU (zB Arbeitssuche, Berufsausbildung, Selbstständigkeit) besteht ein Recht auf Freizügigkeit. Das gilt auch für Familienangehörige. **Unionsbürger bedürfen für die Einreise keines Visums und für den Aufenthalt keines Aufenthaltstitels**, § 2 IV 1 FreizügG/EU. In den §§ 3–5 FreizügG/EU werden Einzelheiten für Familienangehörige von Unionsbürgern, nicht erwerbstätige Freizügigkeitsberechtigte, das Daueraufenthaltsrecht und entsprechende Bescheinigungen (Aufenthaltskarte, Bescheinigung über das Daueraufenthaltsrecht) geregelt. Auch der Verlust des Rechts auf Einreise und Aufenthalt ist möglich, § 6 FreizügG/EU. Unter bestimmten Voraussetzungen besteht auch Ausreisepflicht, § 7 FreizügG/EU. Bestimmte Vorschriften des AufenthG finden auch auf Unionsbürger und ihre Familienangehörigen Anwendung, § 11 FreizügG/EU.

69. Kapitel. Das Gesetz über das Ausländerzentralregister (AZRG)[958]

Das Ausländerzentralregister wird vom Bundesamt für Migration und Flücht- 1125
linge geführt (Registerbehörde). Es besteht aus einem allgemeinen Datenbestand und einer gesondert geführten Visadatei. Im **allgemeinen Datenbestand** (§§ 2–27 AZRG) sind die personenbezogenen Daten aller Ausländer registriert, die sich länger als nur vorübergehend (im Regelfall mehr als drei Monate) in Deutschland aufhalten bzw. aufgehalten haben. Die getrennt vom allgemeinen Datenbestand geführte **Visadatei** (§§ 28–33 AZRG) enthält die personenbezogenen Daten von Personen, die einen Antrag auf Ausstellung eines Visums gestellt haben. Insgesamt sind etwa 26 Millionen personenbezogene Datensätze im AZR gespeichert.[959] Die Registerbehörde unterstützt durch die Speicherung und die Übermittlung der im Register gespeicherten Daten von Ausländern die mit der Durchführung ausländer- oder asylrechtlicher Vorschriften betrauten Behörden und andere öffentliche Stellen, § 1 I, II AZRG. Einträge im Ausländerzentralregister werden nach § 15 I Nr. 4 AZRG auch an die Polizeien der Länder übermittelt. Rechtsgrundlage für einen **Datenabgleich** ist entweder § 25 I PolG NRW bzw. § 98c StPO. Zulässig ist auch der Abruf im automatisierten Verfahren nach § 22 I AZRG. Die in der Visadatei erfassten Daten dürfen ebenfalls auf Ersuchen an die Polizeien der Länder übermittelt werden, §§ 32 I Nr. 5, 33 AZRG. Die Speicherung von personenbezogenen Daten von EU-Bürgern ist nur unter den eingeschränkten Voraussetzungen des § 2 III AZRG zulässig.[960]

70. Kapitel. Kontrolle von Ausländern im Rahmen eines polizeilichen Einsatzes

Im Rahmen von polizeilichen Einsätzen hat die Polizei fast täglich mit Auslän- 1126
dern zu tun. In vielen Fällen wird auch die Identität der Person festgestellt, zB

---

958 S. dazu auch *Petri* in Lisken/Denninger HdB PolizeiR Abschnitt G, Rn. 511 ff.
959 http://www.bva.bund.de/DE/Organisation/Abteilungen/Abteilung_S/AZR/azr-inhalt.html (aufgerufen am 22.5.2018).
960 S. dazu EuGH NVwZ 2009, 379; DVBl 2009, 171 ff.

§ 12 PolG NRW, § 163b StPO. Auch für Ausländer gilt, wie für Deutsche, **dass sie weder einen Pass, einen Passersatz, einen Ausweis oder eine Bescheinigung über ihren aufenthaltsrechtlichen Status mitführen müssen** (etwas anderes gilt für den Grenzübertritt, der hier aber nicht weiter betrachtet werden soll).

Die folgende **Kurzübersicht** zeigt, **welche Dokumente ein Ausländer besitzen muss:**

- Angehörige von EU-Staaten: Pass oder nationalen Personalausweis (zB italienische Carta d'identita oder französiche Carte d'identite')
- Angehörige anderer Staaten (visumfreie Staaten): Pass und bei einem Aufenthalt von mehr als drei Monaten gegebenenfalls s. nächsten Unterpunkt
- Angehörige anderer Staaten (visumpflichtige Staaten): Pass oder Passersatz plus Visum oder Aufenthaltstitel oder anderem Schengentitel
- Gemeldete asylnachsuchende Personen (Asylantrag wurde noch nicht gestellt): Pass oder Passersatz plus Ankunftsnachweis
- Asylbewerber (Asylantrag wurde gestellt): Aufenthaltsgestattung
- Abgelehnte Asylbewerber, Abschiebung ausgesetzt: Duldungsbescheinigung.

1127 Bei der **Identitätsfeststellung** gibt es zwei Möglichkeiten: entweder der Betroffene weist sich mit einem Ausweisdokument aus oder er macht mündliche Angaben zu seiner Identität (falls er kein Ausweisdokument mitführt und auch gegebenenfalls bei einer Durchsuchung kein solches Dokument gefunden wird).

Wenn die Identitätsfeststellung ergibt, dass die Person Ausländer ist, so sollte ermittelt werden, **wie lange die Person sich schon in Deutschland aufhält und wie lange der Aufenthalt noch dauern soll und welchem Zweck der Aufenthalt dient** (Befragen, Auswerten der vorgelegten Dokumente/sonstige Unterlagen). Je nach Staatsangehörigkeit und Aufenthaltszweck ist zu ermitteln, ob die Person einen **Aufenthaltstitel benötigt**. Regelmäßig wird dazu eine Abfrage über die Leitstelle/die Bundespolizei notwendig sein. Ergibt die Abfrage, dass die Person einen Aufenthaltstitel benötigt, diesen jedoch nicht vorweisen und auch nicht besorgen kann, so sollte eine **AZR-Abfrage** (Abfrage im Ausländerzentralregister) vorgenommen werden. Dort sind alle notwendigen Daten verzeichnet, sodass die Abfrage entweder ergibt, dass die betroffene Person im Besitz des notwendigen Aufenthaltstitels ist, oder aber dass ein entsprechender Aufenthaltstitel nicht eingetragen bzw. nicht mehr gültig ist.

Falls ein notwendiger Aufenthaltstitel nicht eingetragen ist, obwohl die kontrollierte Person einen solchen Titel benötigt, so besteht der **Verdacht des illegalen Aufenthalts** und damit einer Straftat nach § 95 AufenthG. Da die Strafandrohung dieser Norm maximal Freiheitsstrafe bis zu einem Jahr bzw. Geldstrafe vorsieht, ist, wie oben schon ausgeführt, **eine vorläufige Festnahme aus Verhältnismäßigkeitsgründen unzulässig**. Die Person kann jedoch, wenn die **Identität noch nicht zweifelsfrei feststeht, festgehalten werden**, § 163b I 2 StPO. Allerdings darf das Festhalten die Dauer von 12 Stunden nicht überschreiten, § 163c II StPO.

Ist die Identität einwandfrei geklärt, so bleibt die **Möglichkeit der vorläufigen** 1128
Festnahme/Gewahrsamnahme nach § 62 V AufenthG. Die Tatbestandsmerkmale dieser Norm sind kumulativ zu prüfen.[961]

Danach muss

1. der dringende Verdacht für das Vorliegen der Voraussetzungen nach § 62 III
   1 AufenthG bestehen
   (in § 62 III 1 AufenthG sind **Haftgründe** aufgezählt. Dazu gehört unter anderem,
   - dass der Ausländer aufgrund einer unerlaubten Einreise (s. § 14 I AufenthG) vollziehbar ausreisepflichtig ist, § 62 III 1 Nr. 1 AufenthG oder
   - der Ausländer vollziehbar ausreisepflichtig ist, die Ausreisefrist abgelaufen ist und der Ausländer seinen Aufenthaltsort gewechselt hat, ohne der Ausländerbehörde eine Anschrift anzugeben, unter der er erreichbar ist, § 62 III 1 Nr. 2 AufenthG),
2. die richterliche Entscheidung über die Anordnung der Sicherungshaft nicht vorher eingeholt werden können (also **Gefahr im Verzug** bestehen, genauso wie bei § 127 II StPO, s. → Rn. 485) und
3. der begründete Verdacht vorliegen, dass sich der Ausländer der **Anordnung der Sicherungshaft entziehen will**. (Das ist nicht gegeben, wenn sich der Ausländer der Abschiebung offensichtlich nicht entziehen will. Das kann zB daran deutlich werden, dass der Betroffene wohl der Meldebehörde nicht aber auch dem Ausländeramt einen Wohnungswechsel angezeigt hat oder er kann Flugtickets vorweisen. Andererseits spricht es für das Vorliegen des Tatbestandsmerkmals, wenn der Ausländer sich verborgen hält oder bereits gegen aufenthaltsrechtliche Bestimmungen, wie eine räumliche Beschränkung, verstoßen hat und die Art der Verstöße die Schlussfolgerung nahelegt, dass er sich künftig der Abschiebung zu entziehen versuchen wird.)[962]
4. ungeschrieben gilt, dass die vorläufige Festnahme/Gewahrsamnahme **verhältnismäßig im weiteren Sinn** sein muss (Die Sicherungshaft wäre unverhältnismäßig, wenn mit ärztlichem Attest belegt ist, dass die Person reiseunfähig ist oder die Person stationär im Krankenhaus behandelt werden muss).

Folgende **Beispiele** zeigen, wann eine vorläufige Festnahme nach § 62 V AufenthG infrage kommt:

Fall 1 „Die Polizeibehörden überprüfen die Personalien eines vollziehbar ausreisepflichtigen Ausländers zur Nachtzeit. Hier gewährleistet Abs. 4 (in der jetzigen Fassung des Gesetzes Abs. 5, Anm. d. Autoren) eine bundeseinheitliche Regelung, der zufolge der Ausländer ohne vorherige richterliche Anordnung vorläufig in Gewahrsam genommen werden kann. Der Ausländer ist unverzüglich dem Richter zur Entscheidung über die Anordnung der Sicherungshaft vorzuführen."[963]

---

[961]   OLG Zweibrücken BeckRS 2008, 04928.
[962]   S. auch die Erläuterungen in Richtlinien für den Abschiebungsgewahrsam im Land Nordrhein-Westfalen (Abschiebungshaftrichtlinien – AHaftRL), RdErl. d. MIK NRW v. 8.6.2016 – 121-39.21.01-2-, Ziff. 10.
[963]   VV AufenthG Ziff. 62.4.3.1.

Fall 2 „Ein vollziehbar ausreisepflichtiger Ausländer unbekannten Aufenthalts (vgl. § 62 II 1 Nr. 2 [jetzt § 62 III 1 Nr. 2, Anm. d. Autoren]) wird von der Polizei aufgegriffen."[964]

Weitere Maßnahmen sind durch die Fachdienststellen (zB KK Fahndung, K-Wache) der Direktion K durchzuführen.

1129 Wird gegen eine **räumliche Beschränkung verstoßen**, so ist beim erstmaligen Verstoß eine Ordnungswidrigkeitenanzeige und bei wiederholtem Verstoß (ab dem zweiten Verstoß) eine Strafanzeige vorzulegen. Auch hier ist eine **vorläufige Festnahme unverhältnismäßig und unzulässig**. Nach § 12 III AufenthG kann die Person durch die Polizei **aufgefordert werden, den Bereich zu verlassen**, in dem sich die Person unzulässig auffällt. Diese Norm geht den Platzverweis nach § 34 PolG NRW vor. Die Verlassenspflicht kann auch mit unmittelbarem Zwang durchgesetzt werden.

Zulässig ist es auch, rechtmäßig erlangte **personenbezogene Daten mit dem polizeilichen Fahndungsbestand abzugleichen**, § 25 I 3 PolG NRW und §§ 15, 22 AZRG. Ist die Person zur Aufenthaltsermittlung bzw. zur Festnahme ausgeschrieben, sind die entsprechenden Maßnahmen durchzuführen.

§ 12 I Nr. 2b PolG NRW erlaubt die Durchführung von **Razzien an einem Ort, an dem sich Personen treffen, die gegen aufenthaltsrechtliche Strafvorschriften verstoßen**. Die Norm setzt voraus, dass objektive, der Nachprüfung zugängliche Tatsachen vorliegen, dass in der Vergangenheit an diesen Orten bereits entsprechende Straftaten verübt wurden.[965]

In keinem Fall gestattet allein das **Aussehen einer Person**, zB die Hautfarbe, eine polizeiliche Kontrolle und eine Identitätsfeststellung.[966]

Falls bei einer polizeilichen Kontrolle die **betroffene Person angibt, aufgrund ihres Status Vorrechte oder Befreiungen für sich in Anspruch nehmen zu können** (zB Angehöriger einer diplomatischen oder konsularischen Vertretung), „so kann verlangt werden, dass der Nachweis durch Vorlage entsprechender Urkunden, insbesondere durch die in Teil 6 genannten Ausweise (Protokollausweise), den Diplomatenpass oder auf andere Weise geführt wird. Es ist jedoch unerlässlich, die betroffene Person mit besonderer Höflichkeit zu behandeln, damit die Maßnahme keine negativen und eventuell politischen Reaktionen hervorruft."[967]

5. Abschnitt. Grundzüge des Gewerberechts

71. Kapitel. Reisegewerbe

1130 Die Polizei hat mit dem Thema Reisegewerberecht regelmäßig nur dann zu tun, wenn es um **Haustürgeschäfte** geht. Typische Beispiele, mit denen die Polizei immer wieder konfrontiert wird, sind Zeitschriftenwerber, die von Haus zu Haus gehen bzw. reisende Händler, die Waren oder Dienstleistungen an der

---

[964] VV AufenthG Ziff. 62.4.3.4.
[965] *Rachor* in Lisken/Denninger HbB PolizeiR Rn. 332.
[966] VG München BeckRS 2016, 111974; OVG Koblenz BeckRS 2016, 47529.
[967] RdSchr. d. Auswärtigen Amts v. 15.9.2015 – 503-90-507.00 –, Kap C 1.

Haustür anbieten (ambulanter Einzelhandel/Direktvertrieb). Die polizeiliche Relevanz dieser Tätigkeiten ergibt sich auch daraus, dass Haustürgeschäfte von Kriminellen dazu genutzt werden, um Tatgelegenheiten für Wohnungs-und Firmeneinbrüche auszukundschaften. Ebenso werden auf diese Weise Trickbetrügereien und Diebstähle aus Wohnungen vorbereitet bzw. durchgeführt. Für Wohnungsinhaber ist es schwierig zu erkennen, ob es sich um ein erlaubtes Reisegewerbe in Form eines unbestellten Vertreterbesuchs handelt oder ob die an der Haustür angetroffene Person kriminelle Interessen verfolgt.[968]

Die Vorschriften über das Reisegewerbe sind komplex und nur dann sicher anwendbar, wenn man sich gründlich in die Materie eingearbeitet hat. Daher sollte sich die Polizei auf Fälle konzentrieren, bei der an einer Haustür Waren oder Dienstleistungen ohne vorherige Bestellung angeboten werden. In diesen Fallkonstellationen ist immer eine Reisegewerbekarte bzw. eine Zweitschrift oder eine beglaubigte Kopie der Reisegewerbekarte als Nachweis für eine erteilte Erlaubnis erforderlich. In allen anderen Fällen des Reisegewerbes sollte Rücksprache mit der zuständigen Ordnungsbehörde genommen werden.

Die folgenden Ausführungen beschränken sich im Wesentlichen auf Sachverhalte, die in der polizeilichen Praxis immer wieder vorkommen.

1. **Sachverhalt:**
   Bei Frau Müller schellt jemand an der Wohnungstür. Als sie öffnet, steht dort ein etwa 30-jähriger Mann, der ihr Kochtöpfe verkaufen will. Da ihr die Angelegenheit seltsam vorkommt, ruft sie bei der Polizei an. Ein Streifenwagen fährt zu der Adresse und trifft den Verkäufer an. Dieser kann sich mit einer Reisegewerbekarte, ausgestellt von der Stadt Duisburg, ausweisen.

2. **Sachverhalt:**
   Harald T geht von Haus zu Haus und bietet den Personen, die ihm die Wohnungstür öffnen, an, alle im Haushalt befindlichen Messer zu schleifen. Das wäre deutlich billiger, als wenn man zeitaufwendig dazu ein Spezialgeschäft aufsuchen würde, behauptet er. Eine herbeigerufene Polizeistreife fordert von T, dass er sich mit der Reisegewerbekarte ausweist. Dazu ist T nicht in der Lage. Die Polizisten untersagen ihm, seine Dienstleistungen weiter an der Haustür anzubieten. Außerdem kündigen sie an, gegen ihn eine Ordnungswidrigkeitenanzeige vorzulegen.

3. **Sachverhalt:**
   Eine Frau geht von Wohnung zu Wohnung und versucht, die Anwohner dazu zu überreden, ein Zeitschriftenabonnement abzuschließen. Sie hat die Unterlagen dabei, sodass man ohne großen Aufwand zu einem günstigen Vertrag kommen könne. Bei der Kontrolle durch die Polizei gibt sie an, keine Reisegewerbekarte zu brauchen. Diese habe der Chef. Die Polizei fordert die Frau auf, sich mit einer Zweitschrift oder einer beglaubigten Kopie der Reisegewerbekarte auszuweisen. Dazu ist sie nicht in der Lage. Die weitere Vertriebstätigkeit wird ihr untersagt. Die Frau gibt den Polizisten eine Telefonnummer, unter der ihr Chef zu erreichen sei. Dies gelingt tatsächlich und

---

[968] S. dazu: http://www.polizei-beratung.de/themen-und-tipps/betrug/haustuerbetrug.html (abgerufen am 22.5.2018).

1 Stunde später legt der Bruno P auf der Polizeiwache die Reisegewerbekarte vor. Die Frau ist in seinem Auftrag unterwegs. Er gibt an, davon ausgegangen zu sein, dass es reiche, wenn nur er die Reisegewerbekarte habe.

4. **Sachverhalt:**
Chantal G studiert seit zwei Semestern Trompete. Um sich etwas dazu zu verdienen, spielt sie nachmittags in der Düsseldorfer Altstadt Stücke, von denen sie glaubt, sie schon zu beherrschen. Mehrere Passanten beschweren sich bei einer Fußstreife der Polizei über die Katzenmusik. Die Polizisten verweisen darauf, dass Musizieren in der Öffentlichkeit zulässig und sogar von der Verfassung durch Art. 5 III GG geschützt ist. Sie sehen keinen Grund einzuschreiten.

1131 In der GewO wird zwischen stehendem Gewerbe, Reisegewerbe und wirtschaftlichen Aktivitäten auf Messen, Ausstellungen und Märkten unterschieden. Ein **stationäres Gewerbe** wird regelmäßig dann ausgeübt, wenn die Tätigkeit aus einer Niederlassung heraus erfolgt. Eine Niederlassung besteht, wenn eine selbstständige gewerbsmäßige Tätigkeit auf unbestimmte Zeit und mittels einer festen Einrichtung von dieser aus tatsächlich ausgeübt wird, § 4 III GewO. ZB fallen Einkaufsgeschäfte, wie Bäckereien, Metzgereien, Versicherungsbüros, Zeitschriftenläden unter den Begriff des stationären Gewerbes.

Nach § 55 I GewO betreibt ein **Reisegewerbe**, wer gewerbsmäßig ohne vorhergehende Bestellung außerhalb seiner gewerblichen Niederlassung (§ 4 III GewO) oder ohne eine solche zu haben

1. Waren feilbietet oder Bestellungen aufsucht (vertreibt) oder ankauft, Leistungen anbietet oder Bestellungen auf Leistungen aufsucht oder
2. unterhaltende Tätigkeiten als Schausteller oder nach Schaustellerart ausübt, § 55 I GewO.

Ziel dieser Norm ist es, die Allgemeinheit und Verbraucher vor unzuverlässigen Personen zu schützen. Deshalb ist die Reisegewerbekarte zu versagen, wenn Tatsachen die Annahme rechtfertigen, dass der Antragsteller die für die beabsichtigte Tätigkeit erforderliche Zuverlässigkeit nicht besitzt, § 57 GewO.

Die Legaldefinition des § 55 I GewO beschreibt drei allgemeine Merkmale, die erfüllt sein müssen:

- Gewerbsmäßig,
- ohne vorherige Bestellung und
- außerhalb seiner gewerblichen Niederlassung oder ohne eine solche zu haben.

1132 Zur Auslegung des Begriffs „**gewerbsmäßig**" ist die Definition für Gewerbe des Bundesverwaltungsgerichts hilfreich. „Nach ständiger Rechtsprechung des Bundesverwaltungsgerichts ist **Gewerbe** im gewerberechtlichen Sinne jede nicht sozial unwertige, auf Gewinnerzielung gerichtete und auf Dauer angelegte selbständige Tätigkeit, es sei denn, es handelt sich um eine freiberufliche oder der bloßen Verwaltung und Nutzung eigenen Vermögens dienende Arbeit."[969] Daher

---

[969] Weidtmann-Neuer/*Labi* GewO OK JURION § 1 Rn. 1.

wird in den Sachverhalten 1 bis 3 ein Gewerbe ausgeübt, da die Tätigkeit darauf ausgerichtet ist, einen Gewinn zu erzielen. Es spricht auch nichts dafür, dass die beschriebenen Personen die Tätigkeit nur vorübergehend ausüben. Somit kann unterstellt werden, dass die Tätigkeit auf Dauer angelegt ist. Im dritten Fall wird die Tätigkeit von der Frau nicht selbstständig ausgeübt, sondern sie ist für eine andere Person tätig. S. dazu die Ausführungen im nächsten Absatz.

Dabei wird seit 2007 die Reisegewerbekarte nur noch dem Prinzipal (das ist die natürliche oder auch juristische Person, die das Gewerbe betreibt) ausgestellt. Angestellte, die in direkten Kundenkontakt kommen, müssen deshalb eine Zweitschrift oder eine beglaubigte Kopie der Reisegewerbekarte vom Prinzipal bekommen, § 60c II GewO.[970]

Ohne vorherige Bestellung arbeitet der Gewerbetreibende, wenn er nicht vom Kunden bestellt worden ist, also von sich aus den Kunden aufsucht.[971] Das ist bei Haustürgeschäften regelmäßig der Fall.

Der Begriff „**Niederlassung**" wurde oben bereits erklärt. Bei Haustürgeschäften findet das Gewerbe immer außerhalb der Niederlassung statt bzw. der Ausübende hat keine eigene Niederlassung.

Das Gesetz nennt **zwei Varianten**, wie die Tätigkeit aussehen kann, die der Werbende anbietet. Bei der 1. Variante werden **Waren feilgeboten** werden. Das ist der Fall, wenn zB Teppiche, Messer oder Geschirr angeboten werden (s. Sachverhalt 1). Genauso gehört in diese Variante, wenn Zeitungsabonnements oder Telefonverträge (s. Sachverhalt 3) angeboten werden. Ebenso gehört zum § 55 I Nr. 1 GewO, das **Anbieten von Leistungen**, zB das Schleifen von Messern (s. Sachverhalt 2) oder das Putzen von Fenstern.

Unter § 55 I Nr. 2 GewO fallen **unterhaltende Tätigkeiten als Schausteller oder nach Schaustellerart.** „Damit hat der Gesetzgeber zum Ausdruck gebracht, dass nur die bei Volksfesten und ähnlichen Veranstaltungen (zB Zirkus, Varieté, Bungee Jumping) üblichen Vergnügungen erfasst werden sollen und nicht Veranstaltungen mit überwiegend musikalischem, künstlerischem oder sportlichem Charakter (zB Popkonzerte, Theater-, Folklore-, Sportveranstaltungen) oder Straßenmusikantinnen bzw. Straßenmusikanten."[972] Eine Reisegewerbekarte brauchen Straßenmusikanten nicht (s. Sachverhalt 4).[973] Gleiches gilt für Personen, die in der Fußgängerzone eine Malerei auf den Boden aufbringen oder als Pantomime auftreten. Hier können aber Vorschriften aus der Stadtsatzung der jeweiligen Kommune oder dem Straßen- und Wegegesetz NRW zu beachten sein. Die „freien Berufe" fallen nicht unter die Definition des Reisegewerbes. Daher ist für den Verkauf selbstgefertigter Scherenschnitte oder Bilder oder für Pflastermaler keine Reisegewerbekarte erforderlich.[974]

1133

---

[970] BeckOK GewO/*Rossi*, 41. Ed. 1.4.2018, GewO § 55 Rn. 26.

[971] BeckOK GewO/*Rossi*, 41. Ed. 1.4.2018, GewO § 55 Rn. 7.

[972] Allgemeine Verwaltungsvorschrift für den Vollzug des Titels III der Gewerbeordnung (ReisegewVwV) Ziff. 1.2.1.

[973] So gibt es beispielsweise in Düsseldorf einen Flyer, in dem Regeln aufgeführt sind, an die sich Straßenmusiker halten müssen: Ordnungsamt der Stadt Düsseldorf „Spielregeln für Straßenmusikanten in der Innenstadt".

[974] BeckOK GewO/*Rossi*, 41. Ed. 1.4.2018, GewO § 55 Rn. 6.

Fällt eine gewerbliche Tätigkeit unter die Legaldefinition des § 55 I GewO, so bestimmt § 55 II GewO, dass eine Erlaubnis einzuholen ist. Wird die Erlaubnis erteilt, so erhält der Antragsteller eine **Reisegewerbekarte**. Die Reisegewerbekarte kann sowohl natürlichen Personen als auch juristischen Personen, wie zB einer Handelsgesellschaft, ausgestellt werden. Angestellte, die für den Gewerbetreibenden arbeiten, erhalten keine eigene Reisegewerbekarte mehr. Allerdings muss der Gewerbetreibende ihnen eine **Zweitschrift oder beglaubigte Abschrift der Reisegewerbekarte** geben, wenn die Angestellten unmittelbar mit dem Kunden Kontakt aufnehmen sollen, § 60c II 1 GewO.

Die §§ 55a, 55b GewO beschreiben **Tätigkeiten, die erlaubnisfrei sind,** für die also keine Reisegewerbekarte nötig ist. Teilweise müssen solche Tätigkeiten angezeigt werden, § 55c GewO. § 56 GewO normiert **Tätigkeiten, die im Reisegewerbe verboten** sind. § 57 GewO regelt, wann die Reisegewerbekarte versagt wird. § 59 GewO eröffnet die Möglichkeit, Tätigkeiten, für die keine Reisegewerbekarte erforderlich ist, zu untersagen.

1134 § 60c GewO regelt die **Kontrolle einer ausgeübten Tätigkeit im Reisegewerbe.** Während der Ausübung des Reisegewerbes muss der Inhaber der Reisegewerbekarte diese mitführen. Zur Ausübung des Gewerbes gehören auch die notwendigen Vorbereitungs- und Nachbereitungshandlungen, wie zB das Be- und Entladen von Ware. Die Reisegewerbekarte muss auf Verlangen den **zuständigen Behörden vorgezeigt werden**.

Nach § 2 Anlage III Ziff. 1.38 GewRV ist die Polizei zur Kontrolle nach § 60c GewO sachlich zuständig.[975] Danach darf die Person, die ein Reisegewerbe ausübt, kontrolliert werden, um zu überprüfen, ob eine Reisegewerbekarte ausgestellt und damit diese Tätigkeit erlaubt wurde. Aufgabe der Polizei ist es somit, einen **Berechtigungsschein zu prüfen**, s. Sachverhalte eins und zwei.

Vorzeigen bedeutet nicht, dass die Reisegewerbekarte ausgehändigt werden muss. Fraglich ist, ob hier § 13 PolG NRW ergänzend herangezogen werden kann. Hier erläutert allerdings die Verwaltungsvorschrift zum PolG in der Ziff. 13.03, das bei einer Vorschrift nach dem Bundesrecht, die nur das Vorzeigen normiert, § 13 PolG NRW nicht ergänzend hinzugezogen werden kann. Daher kann vom Inhaber einer Reisegewerbekarte nicht verlangt werden, dass er sie bei einer Kontrolle der Polizei aushändigt.[976]

Wird ein Angestellter des Gewerbetreibenden tätig, so ist die **Zweitschrift bzw. die beglaubigte Kopie der Reisegewerbekarte vorzuzeigen**, § 60c II 2 GewO (Sachverhalt 3).

Falls die Reisegewerbekarte oder die Zweitschrift nicht vorgezeigt werden kann, kann die Ordnungsbehörde bzw. die Polizei die **Einstellung des Gewerbes verlangen** bis das entsprechende Dokument beschafft wird, § 60c I 1 GewO (Sachverhalte 2 und 3). Auf Verlangen ist die zum Kauf **angebotene Ware**

---

[975] VO zur Übertragung von Ermächtigungen, zur Regelung von Zuständigkeiten und Festlegungen auf dem Gebiet des Gewerberechts (Gewerberechtsverordnung – GewRV) v. 17.11.2009 (GV. NRW 626).

[976] *Tegtmeyer/Vahle* PolG NRW § 13 Rn. 12; aA: *Tetsch/Baldarelli* PolG NRW 350; *Schütte/Braun/Keller* PolG NRW § 13 Rn. 8 m. Darstellung d. unterschiedlichen Auffassungen.

vorzulegen, § 60c I 2 GewO. Auch dafür sind Ordnungsbehörde und Kreispolizeibehörde zuständig.

Für die **Verhinderung der Gewerbeausübung** nach § 60d GewO ist die Kreispolizeibehörde nicht zuständig, s. Ziff. 1.40 GewRV! Daher kann die Ausübung nur vorübergehend untersagt werden, bis die sachlich zuständige Ordnungsbehörde Gewerbeausübung endgültig untersagen kann.

Wenn für das ausgeübte Reisegewerbe **keine Reisegewerbekarte ausgestellt wurde**, so liegt eine Ordnungswidrigkeit nach § 145 I Nr. 1 GewO vor (Sachverhalt 2).

Verstöße gegen die Verpflichtungen nach § 60c GewO stellen Ordnungswidrigkeiten nach § 145 III Nr. 3, 4, 10 oder 11 GewO dar. Daher kann eine Ordnungswidrigkeitenanzeige vorgelegt werden (Sachverhalt 3).

72. Kapitel. Kontrolle von Personen im Bewachungsgewerbe

§ 34a I 1 GewO bestimmt: „Wer gewerbsmäßig Leben oder Eigentum fremder **1135** Personen bewachen will (Bewachungsgewerbe), bedarf der Erlaubnis der zuständigen Behörde." Aufgrund des § 34a II GewO ist die Bewachungsverordnung (BewachV) erlassen worden. Wer ein Bewachungsgewerbe betreibt, muss gem. § 11 I BewachV **Wachpersonen einen Ausweis ausstellen**. Dabei bestimmt § 11 I 1 BewachV: „Der Ausweis muss so beschaffen sein, dass er sich von amtlichen Ausweisen deutlich unterscheidet." Damit soll sichergestellt sein, dass die Wachperson nicht mit einem Träger eines öffentlichen Amtes (zB Polizei) verwechselt wird[977] bzw. sich als solcher ausgeben kann, s. § 132 StGB.

Nach § 11 III BewachV müssen Wachpersonen während des Wachdienstes einen **Ausweis mitführen** und auf Verlangen den Beauftragten der **zuständigen Behörde vorzuzeigen**. Nach Ziff. 2.2.5 GewRV ist die **Kreispolizeibehörde** neben dem Ordnungsamt **für die Kontrolle sachlich zuständig**. § 11 III BewachV ist speziell gegenüber § 13 PolG NRW. Dabei ist zu berücksichtigen, dass diese Pflicht nur für Mitarbeiter eines Bewachungsunternehmens gilt. Wird zB von einem Diskothekenbesitzer einer seiner Mitarbeiter als Türsteher eingesetzt, so fällt dieser nicht unter diese Vorschrift.[978]

§ 28 WaffG regelt den Erwerb, Besitz und Führen von Schusswaffen und Munition durch Bewachungsunternehmer und ihr Bewachungspersonal. Ergänzend bestimmt § 10 I 3 BewachV: „Die Dienstanweisung muss ferner bestimmen, dass die Wachperson während des Dienstes nur mit Zustimmung des Gewerbetreibenden eine Schusswaffe, Hieb- und Stoßwaffen sowie Reizstoffsprühgeräte führen darf und **jeden Gebrauch dieser Waffen unverzüglich der zuständigen Polizeidienststelle** und dem Gewerbetreibenden anzuzeigen hat." § 13 II BewachV regelt: „Hat der Gewerbetreibende oder eine seiner Wachpersonen im Wachdienst von Waffen Gebrauch gemacht, so hat der Gewerbetreibende dies unverzüglich der zuständigen Behörde und, falls noch keine Anzeige nach § 10 I 3 erfolgt ist, **der zuständigen Polizeidienststelle anzuzeigen**." „Der Begriff

---

[977] Friauf/*Höfling* GewO § 11 Rn. 1.
[978] Friauf/*Höfling* GewO § 11 Rn. 1.

„Waffengebrauch" umfasst jede absichtliche oder unbeabsichtigte Verwendung von Waffen, nicht aber die bloße Drohung mit einer Waffe."[979] Nach Ziff. 2.2.6 GewRV ist dafür die Kreispolizeibehörde zuständig. Damit soll der Gewerbeaufsicht ermöglicht werden, die Zuverlässigkeit des Gewerbeausübenden und seiner Mitarbeiter zu überwachen.

6. Abschnitt. Grundzüge des Jugendschutzrechts

1136 Jugendschutz ist grundsätzlich geregelt im Jugendschutzgesetz. Dieses Gesetz verfolgt das Ziel, Kinder und Jugendliche vor Gefahren in der Öffentlichkeit und Gefahren durch Medien zu bewahren.

Kerninhalte des Jugendschutzgesetzes sind nicht Ge- und Verbote an Kinder und Jugendliche, sondern Verhaltensanweisungen an Gewerbetreibende (Verkäufer) und Veranstalter. Damit richtet sich das Jugendschutzgesetz an Kioskbetreiber, Verkaufsgeschäfte generell, Betreiber von Videotheken, Kinobetreiber, Gaststätteninhaber.

Gesetzesstruktur:

Das Jugendschutzgesetz ist in sieben Abschnitte unterteilt:
Abschnitt 1: Allgemeines
Abschnitt 2: Jugendschutz in der Öffentlichkeit
Abschnitt 3: Jugendschutz im Bereich der Medien
Abschnitt 4: Bundesprüfstelle für jugendgefährdende Medien
Abschnitt 5: Verordnungsermächtigung
Abschnitt 6: Ahndung von Verstößen
Abschnitt 7: Schlussvorschriften

73. Kapitel. Allgemeines

1137 Nachfolgend werden zunächst die wesentlichen Begriffe definiert, welche das Gesetz im § 1 JuSchG bestimmt:

1. Kinder/Jugendliche: Kinder sind Personen, die noch nicht 14 Jahre alt sind, Jugendliche sind Personen, die 14, aber noch nicht 18 Jahre alt sind.
2. Personensorgeberechtigte Person ist, wem allein oder gemeinsam mit einer anderen Person nach den Vorschriften des BGB die Personensorge zusteht.
3. Erziehungsbeauftragte Person ist jede Person über 18 Jahren, soweit sie auf Dauer oder zeitweise aufgrund einer Vereinbarung mit der personensorgeberechtigten Person Erziehungsaufgaben wahrnimmt oder soweit sie ein Kind oder eine jugendliche Person im Rahmen der Ausbildung oder der Jugendhilfe betreut.

Damit sind personensorgeberechtigte Personen Vater und Mutter oder der Vormund. Erziehungsbeauftragte Personen können alle Personen über 18 Jahre sein, die in der Lage sind, die vereinbarte Erziehungsaufgabe zu erfüllen. Das Jugendschutzgesetz nimmt hier keine besonderen Begrenzungen vor. Aller-

---

[979] Friauf/*Höfling* GewO § 13 Rn. 4.

dings sollte eine sorgfältige Prüfung durch die Eltern vorgenommen werden. Die Beauftragung selbst ist an keine Form gebunden. Insofern kann eine mündliche oder schriftliche Beauftragung erteilt werden. Zur Vermeidung von Unstimmigkeiten bietet sich naturgemäß die schriftliche Form an. Im Zweifelsfall ist eine Überprüfung seitens des Veranstalters vorzunehmen. In letzter Konsequenz ist der Aufenthalt nicht zu gestatten.[980]

Eine Beauftragung muss tatsächlich in einem Einzelfall erfolgen. Insofern sind Blankoerklärungen, auf denen der Jugendliche selbst eine personenbeauftragte Person eintragen kann, nicht zulässig.[981]

Erziehungsbeauftragte haben ihre Berechtigung auf „Verlangen darzulegen". Eine Beauftragung kann für mehrere Kinder und Jugendliche vorliegen.

Praxisbezug:

In der Praxis kann es im polizeilichen Einsatzgeschehen zu einer Streitigkeit hinsichtlich der Vorlage einer derartigen Bescheinigung kommen. Hier sind strenge Maßstäbe anzulegen. Gegebenenfalls ist unmittelbar eine Nachfrage bei den Eltern vorzunehmen.

Gemäß §2 JuSchG haben Personen, die nach diesem Gesetz Altersgrenzen zu beachten haben, ihr Lebensalter auf Verlangen in geeigneter Weise nachzuweisen.

Gemäß §3 JuSchG haben Veranstalter und Gewerbetreibende die für ihren Betriebsteil geltenden Bestimmungen dieses Gesetzes durch Aushang deutlich lesbar und gut sichtbar bekannt zu machen. Eine bestimmte Größe ist nicht vorgeschrieben. Der Text ist in deutscher Sprache zu verfassen.[982]

Das Jugendschutzgesetz unterscheidet zwischen Trägermedien und Telemedi- **1138** en. Trägermedien sind solche, deren Inhalte (Text, Bild, Ton) durch gegenständliche Weitergabe verbreitet wird (zB Schrift, CD, DVD, Stick, Speichermedium). Telemedien sind elektronische Informations- und Kommunikationsdienste, die nach dem Telemediengesetz übermittelt oder zugänglich gemacht werden.

Wesentlich dabei ist, dass für den Jugendschutz bei Telemedien nicht das Jugendschutzgesetz, sondern der Jugendschutzmedien-Staatsvertrag anzuwenden ist. [983]

74. Kapitel. Jugendschutz in der Öffentlichkeit

Jugendschutz in der Öffentlichkeit befasst sich mit dem Aufenthalt in Gaststät- **1139** ten und der Anwesenheit bei Tanzveranstaltungen und dem Aufenthalt in Spielhallen. Definiert wird der Begriff der jugendgefährdenden Veranstaltungen und Orte. In den §§9 und 10 JuSchG wird der Umgang mit alkoholischen Getränken und Tabakwaren geregelt.

---

[980] *Trittermann,* Jugendschutz, 2012, 11.
[981] *Wieser,* Jugendschutz in der Öffentlichkeit, 2012, 52 ff.
[982] *Wieser,* Jugendschutz in der Öffentlichkeit, 2012, 17.
[983] *Lieven,* Das Jugendschutzgesetz mit Erläuterungen, 22. Aufl. 2014, 9.

Eine grundsätzliche Aufenthaltsbestimmung obliegt den Eltern oder den bestimmten Sorgeberechtigten (zB dem gerichtlich bestimmten Vormund, wenn den Eltern das Sorgerecht entzogen wurde). Damit gibt es keine gesetzlichen Vorgaben, wie lange Kinder/Jugendliche zB auf der Straße spielen dürfen.

Derartige Beschränkungen gibt es für jugendgefährdende Veranstaltungen und jugendgefährdende Orte. Im §4 JuSchG wird dabei speziell der Aufenthalt in Gaststätten geregelt; im §5 JuSchG die Anwesenheit bei öffentlichen Tanzveranstaltungen und im §6 der Aufenthalt in Spielhallen. Sozusagen als Generalbestimmungen werden in den §§7, 8 JuSchG jugendgefährdende Veranstaltungen und Betriebe und jugendgefährdende Orte erfasst, die nicht unter die Bestimmungen der §§4–6 JuSchG fallen.

In der nachfolgenden Tabelle[984] werden die entsprechenden Regelungen dargestellt:

§§	Regelungsbereich	unter 16	über 16
4 (1) 4 (2)	Aufenthalt in Gaststätten	Nur in Begleitung einer personensorgeberechtigten oder erziehungsbeauftragten Person oder in der Zeit zwischen 5 Uhr und 23 Uhr zur Einnahme einer Mahlzeit oder eines Getränks Ausnahme: auf Reisen oder bei Teilnahme an einer Veranstaltung eines anerkannten Jugendhilfeträgers	Ohne Begleitung einer personensorgeberechtigten oder erziehungsbeauftragten Person in der Zeit von 5 Uhr morgens und 24 Uhr Ausnahme: auf Reisen oder bei Teilnahme an einer Veranstaltung eines anerkannten Jugendhilfeträgers
4 (3)	Aufenthalt in Nachtbars oder Nachtclubs	Nicht gestattet	Nicht gestattet
5 (1)	Anwesenheit in Discos	Nur in Begleitung einer personensorgeberechtigten oder erziehungsbeauftragten Person	Ohne Begleitung einer personensorgeberechtigten oder erziehungsbeauftragten Person bis längstens 24 Uhr

---

[984] *Lieven,* Das Jugendschutzgesetz mit Erläuterungen, 22. Aufl. 2014, 26 ff., https://www.bmfsfj.de/blob/93832/a6f1450d70e5593c3f2f60ca513d99d8/flyer-jugendschutz-data.pdf (zuletzt abgerufen am 23.5.2018).

§§	Regelungsbereich	unter 16	über 16
5 (2)	Anwesenheit bei Tanzveranstaltungen eines anerkannten Jugendhilfeträgers, zur Brauchtumspflege, zur künstlerischen Betätigung	Ohne Begleitung einer personensorgeberechtigten oder erziehungsbeauftragten Person: – Kinder unter 14 Jahren bis 22 Uhr – Jugendliche unter 16 Jahren bis 24 Uhr	Ohne Begleitung einer personensorgeberechtigten oder erziehungsbeauftragten Person längstens bis 24 Uhr
6 (1)	Aufenthalt in öffentlichen Spielhallen	Nicht gestattet	Nicht gestattet
6 (2)	Teilnahme an Spielen mit Gewinnmöglichkeit	Nicht gestattet Ausnahme: auf Volksfesten, Schützenfesten, Jahrmärkten etc, wenn der Gewinn in Waren von geringem Wert besteht	
8	Aufenthalt an jugendgefährdenden Orten	Nicht gestattet	Nicht gestattet
9 (1) Nr. 1	Abgabe und Verzehr von Bier, Wein, weinähnliche Getränke oder Schaumwein oder Mischungen von Bier, Wein, weinähnlichen Getränken oder Schaumwein mit nichtalkoholischen Getränken	Nicht gestattet Ausnahme: Jugendliche ab 14 Jahren in Begleitung einer personensorgeberechtigten Person	Gestattet
9 (1) Nr. 2	Abgabe und Verzehr anderer alkoholischer Getränke oder Lebensmittel, die andere alkoholische Getränke in nicht nur geringfügiger Menge enthalten	Nicht gestattet	Nicht gestattet

§§	Regelungsbereich	unter 16	über 16
10 (1)	Rauchen in der Öffentlichkeit; Abgabe von Tabakwaren	Nicht gestattet	Nicht gestattet

A. Örtlichkeiten und Veranstaltungen

1140 Während der Begriff der Gaststätte, der Tanzveranstaltung und der Spielhalle keiner näheren Definition bedarf und damit in der praktischen Anwendung sicherlich klar bestimmbar ist, haben die Begriffe der jugendgefährdenden Veranstaltung/Betrieb und des jugendgefährdenden Ortes einen generalklauselartigen Auslegungscharakter. Jugendgefährdende Orte können beispielsweise Treffpunkte von Drogenkonsumenten sein oder Plätze, die der Prostitution dienen. Hierzu zählen auch Drogenumschlagplätze, ein Straßenstrich, Lokale im Zuhältermilieu, Sex-Shops, auch gegebenenfalls Großstadtbahnhöfe.[985]

Internetcafe:

In einem Internet-Cafe werden internetfähige Computer zur Nutzung zur Verfügung gestellt. Derartige Computer können auf vielfältige Art und Weise genutzt werden. Die eigentliche Nutzung besteht in Form von Internetrecherchen oder Beteiligung an Kommunikationsplattformen oder der Nutzung von beispielsweise Office-Programmen. Daneben kann mit dem Computer auch „gespielt" werden.

Eine Erlaubnispflicht und damit ein Aufenthaltsverbot für Kinder und Jugendliche (§ 6 I JuSchG) besteht dann, wenn der Spielcharakter im Vordergrund steht. Dies ist im Einzelfall sicherlich nicht immer einfach zu beurteilen. Beurteilungskriterien sollten sich an folgenden Feststellungen orientieren:[986]

- Selbstdarstellung des Unternehmens,
- Werbung des Unternehmens,
- Ausstattung der Räumlichkeiten,
- Programmierung der Computer,
- Nutzung der Kunden.

Internet-Cafes sind dann erlaubnispflichtige Gaststättenbetriebe, wenn dort Speisen oder Getränke zum Verzehr angeboten werden und sie gewerblich ausgerichtet sind.[987]

B. Konsum von alkoholischen Getränken

1141 § 9 JuSchG regelt den Erwerb von alkoholischen Getränken und den Verzehr in der Öffentlichkeit und nimmt eine Differenzierung der verschiedenen alkoholischen Getränke vor. Dabei wird unterschieden zwischen „harten" und „wei-

---

[985] Nikles/Roll/Spürck/Erdemir/Gutknecht/*Nikles* JugendschutzR § 8 Rn. 5.
[986] *Wieser,* Jugendschutz in der Öffentlichkeit, 2012, 32 ff.
[987] *Jäckel/Mundinger,* Jugendschutzgesetz, 2015, 101.

chen" alkoholischen Getränken. Zu den „weichen" Alkoholika zählen demnach Bier, Wein und Sekt. Zu den „harten Getränken" Schnaps und auch Alkopops, dh branntweinhaltige Getränke. Von branntweinhaltigen Getränken spricht man immer dann, wenn unabhängig von Form oder Konzentration Branntwein einem Getränk beigemischt ist.[988] „Der Rechtsbegriff „Branntwein" ist mit Inkrafttreten des Alkoholsteuergesetzes entfallen. Die Norm erfasst Alkohol und alkoholhaltige Waren nach § 1 Abs. 6 und 7 AlkoholsteuerG, also auch weiterhin Branntwein, insbesondere Trinkbranntwein jeder Art sowie auch unbearbeiteter Branntwein (Spiritus), dh zum Trinken geeignete, durch Gärung oder Destillation gewonnene alkoholhaltige Flüssigkeiten, ohne Rücksicht darauf, mit welchen Zusätzen sie zubereitet sind wie zB Weinbrand, klare Schnäpse, Whisky, Magenbitter, Rum."[989]

Gemäß § 9 I Nr. 2 JuSchG dürfen die „harten" Alkoholika in nicht nur geringfügiger Menge weder an Kinder und Jugendliche unter 18 Jahren abgegeben, noch darf ihnen der Verzehr gestattet werden. Für die „weichen" Alkoholika, § 9 I Nr. 1 JuSchG, gilt dies für Kinder und Jugendliche unter 16 Jahren.

Dieses Verbot gilt gem. § 9 II JuSchG nicht für „weiche" Getränke, wenn Jugendliche von einer personensorgeberechtigten Person begleitet werden. Damit darf beispielsweise der 14-Jährige in Begleitung der Mutter Bier trinken.

Darüber hinaus spricht das Gesetz von „nicht geringfügigen" Mengen. Davon ist in der Regel auszugehen, wenn der Alkoholgehalt einen Wert von 1 Volumenprozent übersteigt.[990] Damit fallen Pralinen mit entsprechender Füllung oder Rumkugeln nicht unter diese Vorschrift.

C. Rauchen in der Öffentlichkeit, Tabakwaren

Gemäß § 10 I JuSchG dürfen Tabakwaren in Gaststätten, Verkaufsstellen oder **1142** sonst in der Öffentlichkeit an Kinder oder Jugendliche weder abgegeben noch darf ihnen das Rauchen gestattet werden. Damit sieht das Gesetz ein generelles Rauchverbot für Kinder und Jugendliche unter 18 Jahren vor.

Im Bereich des Rauchens gibt es nicht die Möglichkeit, dass die Zustimmung von erziehungs- oder personensorgeberechtigten Personen eine Ausnahme herleitet. Eltern, die ihrem 14-jährigen Sohn das Rauchen in der Öffentlichkeit gestatten, begehen selbst eine Ordnungswidrigkeit nach § 28 IV JuSchG iVm § 28 I Nr. 12 JuSchG. Erlauben Eltern dem 12-jährigen Sohn das Rauchen in der Wohnung, so liegt ein Verstoß gegen das Jugendschutzgesetz nicht vor. Möglicherweise liegt ein Verstoß gegen § 171 StGB – Verletzung der Fürsorge- oder Erziehungspflicht – vor.[991]

Seit 1. April 2016 gelten die vorgenannten Bestimmungen auch für E-Zigaretten und E-Shishas (§ 10 IV JuSchG). Neu hinzugefügt wurde auch der § 10 III JuSchG:

---

[988] *Jäckel/Mundinger,* Jugendschutzgesetz, 2015, 61.
[989] Erbs/Kohlhaas/*Liesching,* 218. EL Januar 2018, JuSchG § 9 Rn. 4.
[990] *Trittermann,* Jugendschutz, 2012, 18.
[991] *Jäckel/Mundinger,* Jugendschutzgesetz, 2015, 72.

„Tabakwaren und andere nikotinhaltige Erzeugnisse und deren Behältnisse dürfen Kindern und Jugendlichen weder im Versandhandel angeboten noch an Kinder und Jugendliche im Wege des Versandhandels abgegeben werden."

Der Konsum herkömmlicher Wasserpfeifen, in denen nikotinfreie Stoffe geraucht werden, ist durch das Gesetz weiterhin nicht erfasst.

75. Kapitel. Jugendschutz im Bereich der Medien

1143 Jugendschutz im Bereich der Medien ist in erster Linie im Jugendmedienschutz-Staatsvertrag geregelt. Im Jugendschutzgesetz finden sich Bestimmungen in den §§ 11–16 JuSchG. Im polizeilichen Alltag gibt es hier kaum Berührungspunkte. Zwecks näherer Erläuterungen wird auf die entsprechende Fachliteratur verwiesen.

76. Kapitel. Ahndung von Verstößen

1144 Im § 27 JuSchG sind die Strafvorschriften und im § 28 JuSchG die Bußgeldvorschriften geregelt. Die Zuständigkeit für die Ahndung und Verfolgung von Ordnungswidrigkeiten nach § 28 JuSchG wird den örtlichen Ordnungsbehörden übertragen. Im nachfolgenden Kapitel werden in verschiedenen Beispielen Sachverhalte mit polizeilichem Bezug dargestellt. In diesen Sachverhalten werden dann auf die entsprechenden Straf- oder Bußgeldvorschriften Bezug genommen.

77. Kapitel. Polizeiliche Maßnahmen

A. Eingriffsnorm des Jugendschutzgesetzes

1145 Das Jugendschutzgesetz enthält in den §§ 7, 8 JuSchG Eingriffsnormen, wobei insbesondere § 8 JuSchG von polizeilicher Bedeutung ist:

„Hält sich ein Kind oder eine jugendliche Person an einem Ort auf, an dem ihm oder ihr eine unmittelbare Gefahr für das körperliche, geistige oder seelische Wohl droht, so hat die zuständige Behörde oder Stelle die zur Abwendung der Gefahr erforderlichen Maßnahmen zu treffen. Wenn nötig, hat sie das Kind oder die jugendliche Person
1. zum Verlassen des Ortes anzuhalten,
2. der erziehungsberechtigten Person im Sinne des § 7 Absatz 1 Nummer 6 SGB VIII zuzuführen oder, wenn keine erziehungsberechtigte Person erreichbar ist, in die Obhut des Jugendamtes zu bringen.

In schwierigen Fällen hat die zuständige Behörde oder Stelle das Jugendamt über den jugendgefährdenden Ort zu unterrichten.

Die Zuständigkeit ist in der Jugendschutzzuständigkeitsverordnung NRW vom 16.12.2003 geregelt. Gemäß § 1 JuSchGZVO sind zuständige Behörden iSd §§ 7, 8 JuSchG die örtlichen Ordnungsbehörden und die Kreispolizeibehörden. Die Polizei ist für Sofortmaßnahmen neben dem Jugendamt zuständig.[992] Schwieri-

---

[992] *Tetsch/Baldarelli*, Polizeigesetz, 1. Aufl. 2011, 750.

ge Fälle sind schwerwiegende Fälle im Sinne einer herausragenden Bedeutung oder prognostizierter Wiederholungsgefahr.[993]

Tatbestandliche Voraussetzung ist zunächst ein Gefährdungsort (→ Rn. 1140). **1146** Eine unmittelbare Gefahr ist eine konkrete Gefahr. Insofern muss alsbald ein schädigender Einfluss zu erwarten sein.[994] Allerdings ist noch nicht die zeitliche Komponente einer gegenwärtigen Gefahr gefordert.

Bei einer so formulierten Gefährdungslage genügt es, wenn das Kind/der Jugendliche dort angetroffen wird. Es ist nicht erforderlich, dass ein längerfristiges Verweilen vorliegt.[995] Damit müsste eine Zeitdauer von wenigen Minuten ausreichen, um eine Gefährdung anzunehmen.

Als Rechtsfolge bestimmt § 8 JuSchG, dass die zuständige Behörde die zur Abwendung der Gefahr erforderlichen Maßnahmen treffen kann. Dazu gehört auch, das Kind oder die jugendliche Person zum Verlassen des Ortes anzuhalten und/oder der erziehungsberechtigten Person oder dem Jugendamt zuzuführen.

B. Eingriffsnorm des Polizeigesetzes

Gemäß § 35 II PolG NRW kann die Polizei Minderjährige, die sich der Obhut der Sorgeberechtigten entzogen haben, in Gewahrsam nehmen, um sie den Sorgeberechtigten oder dem Jugendamt zuzuführen.

Hinweis: s. hierzu → Rn. 423 ff.

78. Kapitel. Sachverhaltslösungen zum Jugendschutzrecht

Sachverhalt 1: **1147**

Im Rahmen einer zivilrechtlichen Streitigkeit werden Polizeibeamte gegen 23.30 Uhr zu der Gaststätte G gerufen. Während PK A mit dem Gast G den eigentlichen Einsatzanlass regelt, stellt PK B fest, dass an einem Tisch ein Mann mit einem ca. 12-jährigen Kind sitzt. Der Mann ist offensichtlich der Vater. An einem anderen Tisch sitzt ein ca. 16-jähriger Junge und verzehrt ein Essen und trinkt ein Wasser.

Lösung zum Sachverhalt 1:

Das ca. 12-jährige Kind befindet sich offensichtlich in Begleitung einer erziehungsberechtigten Person. Der 16-Jährige darf auch ohne Begleitung bis 24 Uhr in der Gaststätte verweilen. Verstöße sind nicht erkennbar.

Sachverhalt 2:

In A-Stadt findet ein großes Seefest statt. Durch zivile Polizeibeamte, die als Aufklärungskräfte eingeteilt sind, wird beobachtet, wie an einer Verkaufsbude Getränke eingekauft werden. Der 18-jährige A kauft eine Flasche Wodka. Der 14-jährige B kauft sechs Dosen Bier. Beide gehören offensichtlich zusammen.

---

[993] Nikles/Roll/Spürck/Erdemir/Gutknecht/*Nikles* JugendschutzR § 9 Rn. 12.
[994] Nikles/Roll/Spürck/Erdemir/Gutknecht/*Nikles* JugendschutzR § 8 Rn. 5.
[995] Nikles/Roll/Spürck/Erdemir/Gutknecht/*Nikles* JugendschutzR § 9 Rn. 7.

Lösung zum Sachverhalt 2:

Dem 18-jährigen A darf die Flasche Wodka verkauft werden. Bei Bier handelt es sich um „weiche" Alkoholika. Der Verkauf ist zulässig an Jugendliche ab 16 Jahren. Hier kauft der 14-jährige B sechs Dosen Bier. Der Verkäufer begeht eine Ordnungswidrigkeit gem. § 9 I JuSchG iVm § 28 I Nr. 10 JuSchG.

Zu beurteilen wäre, inwiefern der 18-Jährige eine Ordnungswidrigkeit nach § 28 IV JuSchG begangen haben könnte. Danach handelt ordnungswidrig, wer als Person über 18 Jahren ein Verhalten eines Kindes oder einer jugendlichen Person herbeiführt oder fördert, das unter anderem mit dem Verbot behaftet ist, entgegen § 9 I JuSchG den Verzehr von alkoholischen Getränken zu gestatten.

Herbeiführen oder Fördern umfasst Handlungen, die für das Verhalten eines Kindes oder Jugendlichen kausal geworden sind.[996] Bloßes Dulden ist kein aktives Herbeiführen oder Fördern.[997] Allerdings wird ein Unterlassen dann erfasst, wenn eine Rechtspflicht zum Handeln bestand. Eine solche Rechtspflicht besteht für personensorgeberechtigte oder erziehungsberechtigte Personen. Da der A keine personensorgeberechtigte Person ist, kann ihm kein Verstoß angelastet werden.

Personensorgeberechtigte Personen dürfen gem. § 9 II JuSchG den Verzehr von Bier eines 14-jährigen Jugendlichen gestatten. Nicht gestatten dürfte sie den Verzehr von Bier eines 13-jährigen Kindes oder den Verzehr von harten Alkoholika eines 17-jährigen Jugendlichen.

Sachverhalt 3:

Im Rahmen eines polizeilichen Einsatzes (Randalierer auf einem Stadtteilfest) stellen die Beamten PK A und PK B fest, dass der 30-jährige M seinem 14-jährigen Sohn das Rauchen einer Zigarette erlaubt, denn beide stehen während der Unterhaltung raucherderweise vor Ihnen. Sie sprechen den Vater an. Dieser entgegnet, dass Sie sich überhaupt nicht einzumischen haben.

Lösung zum Sachverhalt 3:

Gemäß § 10 I JuSchG darf Kindern und Jugendlichen das Rauchen in der Öffentlichkeit nicht gestattet werden. Insofern kann auch der eigene Vater als erziehungsberechtigte Person dies nicht gestatten. Er begeht damit eine Ordnungswidrigkeit nach § 10 I JuSchuG iVm § 28 I Nr. 12 JuSchG.

In der polizeilichen Praxis stellt sich nunmehr die Frage nach dem polizeilichen Einschreitverhalten. Zweifellos kann gegen den Vater die entsprechende Ordnungswidrigkeitenanzeige gefertigt werden. Die Feststellung der Identität des Vaters richtet sich nach § 163b StPO (Verfolgung einer Ordnungswidrigkeit). Gegen den Jungen wird die entsprechende Verfügung erteilt, das Rauchen einzustellen. Gesetzt den Fall, dass der Junge der Aufforderung nicht nachkommt und der Vater möglicherweise das Verhalten des Jungen weiterhin provokativ unterstützt, müsste eine Zwangsanwendung erfolgen. Polizeiliche Zwangsanwendung würde an der Verhältnismäßigkeit scheitern.

---

[996] Nikles/Roll/Spürck/Erdemir/Gutknecht/*Nikles* JugendschutzR § 28 Rn. 13.
[997] *Jäckel/Mundinger,* Jugendschutzgesetz, 2015, 65.

Darüber sollten sich die handelnden Beamten vor der Verfügung bewusst sein. Zur Einleitung weiterer Maßnahmen würde darüber hinaus ein Bericht an das Jugendamt erfolgen.

79. Kapitel. Jugendschutzkontrollen

Jugendschutzkontrollen werden durchgeführt, um zunächst eine Nachschau **1148** und Überprüfungen in Gaststätten, Diskotheken oder Spielhallen oder anderen öffentlichen Veranstaltungen durchzuführen.[998]

In der Regel werden derartige Kontrollen in Zusammenarbeit mit der originär zuständigen Behörde durchgeführt. Die Eingriffsform aus § 41 IV PolG NRW stellt dabei eine Ergänzung der Kontrollmöglichkeiten für die Polizei dar.[999] Rechtlich stellt sich dieses Handeln als ein Betreten dar. S. hierzu → Rn. 647 ff.

7. Abschnitt. Befugnis des Eingriffsrechts

80. Kapitel. Sicherstellung und Beschlagnahme von Führerscheinen, § 94 III StPO[1000]

Ein **Führerschein** ist eine amtliche Urkunde. Er ist amtlicher Nachweis und die **1149** Bescheinigung dafür, dass einer Person aufgrund ihrer in amtlicher Prüfung **nachgewiesenen Eignung** die Fahrerlaubnis erteilt worden ist.

Soll der Führerschein als Beweismittel sichergestellt werden (zB als gefälschte Urkunde), so erfolgt dies über § 94 I bzw. II StPO. Für die weitaus wichtigeren Fälle in der Praxis, die Trunkenheitsfahrt, die Verkehrsunfallflucht bzw. Verkehrsgefährdung, kann der Führerschein kein Beweismittel sein. Dann gilt indes § 94 III StPO, in dem die Abs. 1 und 2 auch für Führerscheine, die der **Einziehung** unterliegen, angewendet werden können.

§ 94 III StPO fordert als Tatbestand, dass der **Führerschein der Einziehung un-** **1150** **terliegt**. Das ist der Fall, wenn das Gericht die Fahrerlaubnis nach § 69 StGB entzieht. Der Führerschein wird dann im Urteil eingezogen, § 69 III StGB. Diese Maßnahme erfolgt jedoch **erst einige Monate nach der Tatbegehung**. Sinn der Entziehung der Fahrerlaubnis ist, dass die Allgemeinheit vor Kraftfahrzeugführern, die sich als ungeeignet für die Teilnahme am öffentlichen Straßenverkehr erwiesen haben, geschützt wird. Daher erlaubt § 111a I StPO die **vorläufige Entziehung der Fahrerlaubnis** durch das Gericht. Aber auch diese Maßnahme erfolgt im Regelfall nicht direkt nach Tatbegehung, sondern erst nach einigen Tagen/Wochen. Daher ermöglicht § 94 III StPO die **Sicherstellung/Beschlagnahme des Führerscheins direkt nach der Tatbegehung**, bzw. wenn der Täter durch die Polizei angehalten und kontrolliert wird.

---

[998] *Wieser*, Jugendschutz in der Öffentlichkeit, 2012, 66.
[999] *Tetsch/Baldarelli*, Polizeigesetz, 1. Aufl. 2011, 785.
[1000] Fallbearbeitung in *Bialon/Springer* Fälle zum Eingriffsrecht Fall 26.

> **Merke:** Während die Maßnahme des Gerichts nach § 69 StGB bzw. nach § 111a I StPO dazu führt, dass der Betroffene mit Bekanntgabe der Entscheidung kein Kraftfahrzeug mehr führen darf, wirkt die Maßnahme der Polizei nach § 94 III StPO nur, wenn der **Führerschein als Dokument sichergestellt bzw. beschlagnahmt** werden kann. Hat der Beschuldigte den Führerschein nicht bei sich bzw. gibt er an, er habe den Führerschein verloren und kann das Dokument auch bei Durchsuchungen nicht aufgefunden werden, so kann der Betroffene nach Entlassung durch die Polizei **weiter Kraftfahrzeuge führen**. Das gilt so lange, bis ein Gericht nach § 111a I StPO die Fahrerlaubnis vorläufig entzieht. Dann ist es unerheblich, ob der Führerschein den Behörden vorliegt oder nicht.

A. Ermächtigungsgrundlage

I. Grundrechtseingriff

1151 Die Einbehaltung des Führscheins ist ein Eingriff in das Grundrecht der **allgemeinen Handlungsfreiheit**, Art. 2 I GG.

Art. 14 GG ist deshalb nicht anwendbar, weil der Führerscheininhaber kein Eigentum an dem Führerschein erworben hat. Dem Führerscheininhaber wird durch Sicherstellung/Beschlagnahme des Führerscheins die Möglichkeit genommen, ein fahrerlaubnispflichtiges Fahrzeug im öffentlichen Straßenverkehr zu führen. Dies stellt eine erhebliche Einschränkung seiner allgemeinen Handlungsfreiheit dar.

II. Handlungsform

1152 Es handelt sich um einen Justizverwaltungsakt iSv § 23 EGGVG.

B. Formelle Rechtmäßigkeit

1153 Die Einbehaltung des Führerscheins dient der Strafverfolgung. Die sachliche Zuständigkeit ergibt sich auch hier aus § 1 IV PolG NRW iVm § 163 I 1 StPO iVm § 11 I Nr. 2 POG NRW.

C. Materielle Rechtmäßigkeit

Als Eingriffsbefugnis kommt § 94 III StPO in Betracht.

I. Tatbestandsvoraussetzungen

1. Für die Polizei ist zu prüfen, ob die Voraussetzungen nach § 111a I StPO und § 69 I StGB vorliegen. Ist dies der Fall, dann unterliegt der Führerschein der Einziehung und es kann die Maßnahme nach § 94 III StGB durchgeführt werden.

2. Gemäß **§ 111a I StPO**[1001] kann die Fahrerlaubnis vom Richter vorläufig entzogen werden, wenn **dringende Gründe** dafür vorliegen, dass die Fahrerlaubnis

---

[1001] *Krumm* SVR 2014, 94 ff.

im abschließenden Urteil endgültig entzogen wird. Die geforderten dringenden Gründe **ergeben sich aus § 69 StGB.**

Während für eine Beschlagnahme von Beweismitteln nach § 94 I und II StPO ein einfacher Tatverdacht ausreicht, müssen bei der Sicherstellung bzw. Beschlagnahme eines Führerscheins bereits **„dringende Gründe"** (dringender Tatverdacht) für seine spätere Einziehung sprechen. Es muss eine hohe Wahrscheinlichkeit gegeben sein, dass das Gericht später nach § 69 StGB die Fahrerlaubnis entziehen wird.

3. **Tatbestand des § 69 StGB**

   a) **Rechtswidrige Tat**

   Rechtswidrig ist eine Tat, die den Tatbestand eines Strafgesetzes verwirklicht, § 11 I Nr. 5 StGB. Es dürfen keine Rechtfertigungsgründe erkennbar sein.

   b) **bei oder im Zusammenhang mit dem Führen eines Kfz oder unter Verletzung der Pflichten eines Kraftfahrzeugführers**

   Es kann immer nur eine der drei Varianten vorliegen. In jedem Fall ist Voraussetzung, dass ein **Kraftfahrzeug geführt wird.** Die Definition für Kraftfahrzeuge ergibt sich aus § 1 II StVG. Danach sind Kraftfahrzeuge Landfahrzeuge, die durch Maschinenkraft bewegt werden, ohne an Bahngleise gebunden zu sein.

> **Merke:** Es muss sich dabei nicht um ein führerscheinpflichtiges Kraftfahrzeug handeln. Die Tat kann daher auch zB mit einem Mofa begangen werden.

Das Tatbestandsmerkmal **„beim Führen eines Kraftfahrzeugs"** ist erfüllt, wenn der Beschuldigte die Tat mit dem Kraftfahrzeug begeht. Die in § 69 II StGB genannten Straftaten sind dafür Beispielsfälle, die in der Praxis auch häufig vorkommen.

Taten **„im Zusammenhang mit dem Führen eines Kraftfahrzeuges"** sind gegeben, wenn das Kraftfahrzeug tatbezogen zur Vorbereitung oder Begehung der rechtswidrigen Tat benutzt bzw. geführt wird.[1002]

> **Beispiel:** Nach einem Sparkassenüberfall rast der Täter mit seinem Pkw durch die Stadt und versucht möglichst schnell vom Tatort hinwegzukommen. Hier wird das Kraftfahrzeug dazu genutzt, nach der eigentlichen Tat zu fliehen. Damit steht die rechtswidrige Tat, hier der Raubüberfall, im Zusammenhang mit dem Führen eines Kraftfahrzeugs.

Rechtswidrige Taten unter **„Verletzung der Pflichten eines Kraftfahrzeugführers"** hat begangen, wer als Täter besondere verkehrsrechtliche Pflichten missachtet hat und dadurch straffällig geworden ist. Eine Verletzung der Pflichten eines Kraftfahrzeugführers liegt beispielsweise vor, wenn jemand als Halter sein Fahrzeug einem anderen überlässt,

---

[1002] *Fischer* StGB § 44 Rn. 8.

der keine Fahrerlaubnis besitzt oder der erkennbar wegen Trunkenheit fahruntüchtig ist.[1003]

c) **sich aus der Tat ergibt, dass er zum Führen von Kfz ungeeignet ist**

§ 69 II StGB benennt Straftaten, bei denen der Gesetzgeber im Regelfall unterstellt, dass sich aus der Tat **regelmäßig** die **Ungeeignetheit** des Kraftfahrzeugführers **ergibt**. Hier kann die Polizei also ohne weitere Prüfung von der Ungeeignetheit ausgehen.[1004]

Die Aufzählung der Straftaten in § 69 II StGB ist abschließend. Bei § 69 II Nr. 3 StGB,[1005] Verkehrsunfallflucht, ist zu berücksichtigen, dass von „einem bedeutenden Schaden" nach neuerer Rechtsprechung ab einer Schadenshöhe von 1.500 EUR ausgegangen werden kann.[1006]

Bei allen anderen Straftaten, die also nicht unter § 69 II StGB fallen, muss geprüft und mit Tatsachen begründet werden, dass sich aus der rechtswidrigen Tat schlussfolgern lässt, dass der Beschuldigte zum Führen von Kraftfahrzeugen ungeeignet ist. Dabei ist die Entscheidung des Großen Senats des **BGH aus dem Jahr 2005** zu beachten.[1007]

„Die strafgerichtliche Entziehung der Fahrerlaubnis wegen charakterlicher Ungeeignetheit bei Taten im Zusammenhang mit dem Führen eines Kraftfahrzeugs (§ 69 I 1 Var. 2 StGB) setzt daher voraus, das die Anlasstat tragfähige Rückschlüsse darauf zulässt, dass der Täter bereit ist, **„die Sicherheit des Straßenverkehrs seinen eigenen kriminellen Interessen unterzuordnen."**[1008]

In dem obigen **Beispiel** „Sparkassenüberfall" muss der Täter davon ausgehen, dass die Angestellten der Sparkasse sofort einen Alarm auslösen, sobald er die Bank verlassen hat. Somit wird die Polizei in kürzester Zeit Fahndungsmaßnahmen nach ihm einleiten. Daher ist er gezwungen, so schnell wie möglich vom Tatort zu fliehen. Bei seiner Flucht kann er die Regeln der Straßenverkehrsordnung nicht befolgen, ohne dass sich die Flucht verzögern würde. Hier kann man aus der Tat schlussfolgern, dass der Täter die Sicherheit des Straßenverkehrs seinen eigenen kriminellen Interessen unterordnet.

1154   Bei vielen Straftaten, bei denen man noch vor 2005 die charakterliche Ungeeignetheit des Beschuldigten zum Führen von Kraftfahrzeugen schlussfolgerte, ist das nach der zitierten Entscheidung nun nicht mehr zulässig. Der Große Senat des BGH hat als Ziel des § 69 StGB die Sicherheit des Straßenverkehrs festgestellt. Daher darf die Fahrerlaubnis nur entzogen werden, wenn das erforderlich ist, diese Sicherheit des Straßenverkehrs zu gewährleisten. § 69 StGB ist keine Nebenstrafe und darf deshalb auch so nicht gebraucht werden.

[1003] BHHJ/*Burmann* StGB § 69 Rn. 13; MüKoStGB/*Athing/v. Heintschel-Heinegg* StGB § 69 Rn. 48.

[1004] *Benfer/Bialon* Rechtseingriffe Rn. 660 f.; das Gericht kann zu einem anderen Ergebnis kommen: LG Dortmund BeckRS 2013, 04426.

[1005] S. dazu *Himmelreich* DAR 2012, 49 ff.

[1006] LG Braunschweig BeckRS 2016, 10302; LG Wuppertal BeckRS 2017, 130155.

[1007] BGHSt 50, 93 = NJW 2005, 1957 ff.

[1008] Hervorhebung erfolgte durch die Autoren.

> **Beispiel:** „Allein die Benutzung eines Kraftfahrzeuges zum Transport von Rauschgift, insbesondere wenn durch ein präpariertes Versteck besondere Vorkehrungen gegen eine Entdeckung des Rauschgifts getroffen worden sind, reicht nicht aus, um eine Entziehung der Fahrerlaubnis zu begründen."[1009]

In dem vorliegenden Fall hat der Täter keinen Grund, die Sicherheit des Straßenverkehrs zu gefährden. Im Gegenteil, beim Transport von Rauschgift wird der Betroffene immer versuchen, möglichst unauffällig zu fahren.

„Verbringt der Täter das Tatopfer unter Anwendung einer List in seinem Fahrzeug zu einem abgelegenen Ort, um dort eine Sexualstraftat zu begehen, so erweist er sich allein dadurch noch nicht als ungeeignet für das Führen von Kraftfahrzeugen iSd § 69 Abs. 1 Satz 1 StGB."[1010]

Die Ungeeignetheit zum Führen von Kraftfahrzeugen hat der BGH in nachfolgenden Fall allerdings bejaht: „Dies ist der Fall, wenn ein 78 Jahre alter Täter nicht nur ein zwölf Jahre altes Mädchen gegen dessen Willen in seinen Pkw gezogen hatte, um während der anschließenden Fahrt sexuelle Handlungen an ihm vorzunehmen, sondern zugleich den Hund des Kindes mit in das Auto „befördert" hatte und sodann, ohne dass dieser vorher irgendwie abgesichert wurde, losgefahren war, obwohl er damit rechnen musste, dass er durch die nicht vorhersehbare Reaktion des Kindes auf die ungewollte Mitnahme und insbesondere auf ungewollte sexuelle Berührungen sowie durch das unkalkulierbare Verhalten des Hundes im Führen des Kfz abgelenkt würde, und in dieser – durch die so verursachte Ablenkung – auch für andere Verkehrsteilnehmer nicht ungefährlichen Situation die Sicherheit des Straßenverkehrs gefährdet werden könnte."[1011]

Ist der Tatbestand des § 69 I StGB erfüllt, dann sind iSd § 111a I StPO dringende **1155** Gründe dafür gegeben, dass die Fahrerlaubnis entzogen werden wird. Dann ist auch nach § 94 III StPO die Sicherstellung oder Beschlagnahme des Führerscheins zulässig.

II. Besondere Form- und Verfahrensvorschriften

Gemäß **§ 98 II 1 StPO** ist binnen drei Tagen eine richterliche Bestätigung der **1156** Beschlagnahme zu beantragen, wenn ausdrücklich Widerspruch gegen die Beschlagnahme erhoben wurde.

Gemäß **§ 98 II 5 StPO** ist der Betroffene zu belehren, dass er jederzeit die richterliche Entscheidung über die Beschlagnahme beantragen kann.

Außerdem ist dem Betroffenen gem. **§ 107 StPO** auf Verlangen eine Bescheinigung über die Beschlagnahme auszuhändigen (NW 10).

Der Führerschein ist zu asservieren, **§ 109 StPO**. Regelmäßig wird der Führerschein beim Vorgang aufbewahrt.

[1009] BGH BeckRS 2005, 10579 = StV 2006, 186.
[1010] BGH NJW 2005, 2933.
[1011] BGH NStZ 2006, 334.

Sollte die vorläufige Entziehung der Fahrerlaubnis nicht erfolgen, müsste der Führerschein nach § 111a V StPO wieder ausgehändigt werden.

III. Anordnung

1157 Die **Sicherstellung** eines Führerscheins kann von jedem Polizeibeamten angeordnet werden. Das Recht zur **Anordnung einer Beschlagnahme** folgt aus § 98 I StPO und obliegt grundsätzlich dem Richter. Lediglich bei Gefahr im Verzuge sind auch die StA und ihre Ermittlungspersonen (§ 152 GVG) anordnungsbefugt.

Im Zusammenhang mit der Führerscheinbeschlagnahme liegt **Gefahr im Verzuge** vor, wenn auf die Entscheidung über die vorläufige Entziehung nicht gewartet werden kann, weil zu befürchten ist, dass der Beschuldigte bis zu diesem Zeitpunkt weitere Verkehrsstraftaten begeht oder den Führerschein auf die gerichtliche Anordnung hin nicht abgibt. Hat der Führerscheininhaber zB schwerwiegende Verkehrsstraftaten begangen und sich als ungeeignet zum Führer von Kfz erwiesen, so ist durchaus zu erwarten, dass er vor Einholung einer richterlichen Entscheidung weitere (Verkehrs-)Straftaten gleicher oder ähnlicher Art begehen wird.

Daneben könnte die Gefahr bestehen, dass nach einer gerichtlichen Anordnung der Führerschein nicht abgegeben wird (zB weil er angeblich verloren ging). Wenn ein Richter trotz mittlerweile flächendeckender Bereitschaftsdienste der Justiz nicht erreicht werden kann, liegt Gefahr im Verzuge vor. Die StA und ihre Ermittlungsbeamten dürfen dann die Führerscheinbeschlagnahme anordnen.

IV. Adressatenregelung

1158 Adressat der Maßnahme nach § 94 III StPO ist der Tatverdächtige iSv § 69 I StGB, gegebenenfalls der Gewahrsaminhaber, wenn der Führerschein nicht in Besitz des Tatverdächtigen ist.

V. Rechtsfolge

1159 Gemäß § 94 III StPO gelten die Abs. 1 und 2 des § 94 StPO auch für Führerscheine, die der Einziehung unterliegen. Wird der Führerschein freiwillig herausgegeben, so ist er sicherzustellen. Ist der Führerscheininhaber mit der Inverwahrungnahme seines Führerscheins nicht einverstanden, so muss der Führerschein nach § 94 II StPO beschlagnahmt werden.

D. Sonstiges

I. Ausländische Führerscheine: § 111a VI 2 StPO iVm § 69b StGB

1160 Die Entziehung der Fahrerlaubnis wird bei Führerscheinen, die durch eine ausländische Behörde ausgestellt wurden, im Führerschein nur eingetragen. Allerdings darf der Führerschein zum Zwecke dieser Eintragung des Vermerks beschlagnahmt werden, § 111a VI StPO.

Ist der ausländische Führerschein von einer Behörde eines Mitgliedstaates der Europäischen Union oder eines anderen Vertragsstaates des Abkommens über den Europäischen Wirtschaftsraum ausgestellt worden und hat der Inhaber seinen ordentlichen Wohnsitz im Inland, so wird der Führerschein im Urteil eingezogen und an die ausstellende Behörde zurückgesandt, § 69b II StGB.

II. Folge- und Begleitmaßnahmen zur Auffindung des Führerscheins

In der Regel wird bei den oben aufgeführten Verkehrsdelikten (Regelanlassta- **1161** ten) zunächst bei der polizeilichen Kontrolle die Aushändigung des Führerscheins durch den Tatverdächtigen an die Polizeibeamten verlangt, um zu überprüfen, ob der Kraftfahrzeugführer in Besitz einer gültigen Fahrerlaubnis ist.

Gibt der Tatverdächtige an, den Führerschein nicht dabei oder verloren zu haben, kommt zur Sicherstellung/Beschlagnahme nach § 94 III StPO des Führerscheins als Begleitmaßnahmen die **Durchsuchung** der Person, seiner Sachen und des mitgeführten Fahrzeugs iSv §§ 102 ff. StPO in Betracht, und es sind die gesonderten Tatbestandsvoraussetzungen dieser Eingriffsnormen zu prüfen.

Eine Wohnungsdurchsuchung ist ebenfalls unter den Voraussetzungen der §§ 102 ff. StPO möglich. Allerdings ist hier der Grundsatz der Verhältnismäßigkeit besonders zu beachten.[1012] Hier ist nach überwiegender Auffassung in jedem Fall ein richterlicher Beschluss einzuholen. Gefahr im Verzug dürfte nur bei schwerwiegenden Anlasstaten ausnahmsweise zu begründen sein.

[1012] *Gramse* NZV 2002, 345 ff.

4. Teil. Hauptstudium 3

1. Abschnitt. Grundzüge der Datenverarbeitung

Die meisten Daten, die die Polizei erhebt, werden danach weiterverarbeitet. Nur **1162** in wenigen Fällen bleibt es beim Erheben der Daten.

> **Beispiele:**
> 1. Die Polizei befragt eine Person. Die Antwort lässt erkennen, dass es keinen sachlichen Grund gibt, die Informationen zu speichern.
> 2. Bei einer kurzfristigen Observation stellt sich heraus, dass von der betroffenen Person keine Gefahr für die öffentliche Sicherheit ausgeht. Ihr Verhalten stellt sich als harmlos dar. Ein Observationsbericht erübrigt sich damit.
> 3. Übersichtsaufnahmen bei Versammlungen und bei Fußballspielen dienen allein der Orientierung und der Lagebeurteilung und werden häufig nicht aufgezeichnet, also nicht gespeichert.

Regelmäßig werden die erlangten Daten **gespeichert**. Damit stehen die Daten **1163** für den späteren Zugriff zur Verfügung. Die Daten können dann **genutzt** und **verändert** werden. Sie können an andere weitergegeben, also **übermittelt** und von den neuen „Besitzern" für deren Zwecke genutzt werden. Schließlich können Daten auch nach einem zuvor festgelegten Raster **gefiltert** und so Personen aus einer Vielzahl von Menschen ausermittelt werden (**Rasterfahndung**). Zuletzt können Daten auch **berichtigt**, **gelöscht** oder **gesperrt** werden.[1013]

Die Schritte sollen an einem alltäglichen **Beispiel** verdeutlicht werden:

> Nachts werden an einem Kriminalitätsbrennpunkt drei verdächtige Personen angehalten und kontrolliert. Die Identität wird festgestellt und die Personen befragt, warum sie sich hier aufhalten (**Datenerhebung**). Da keine weiteren Gründe gegeben sind, um sie weiter festzuhalten oder gegen sie zu ermitteln, werden sie anschließend entlassen. Die Beamten fertigen einen Beobachtungs- und Feststellungsbericht (BuF), der über IGVP/ViVA den Dienststellen der KPB zur Verfügung steht (**Datenspeicherung**). Ein Sachbearbeiter eines Kriminalkommissariats weiß, dass in der Nachbar-KPB ein Kollege gegen diese Personen strafrechtlich ermittelt und fragt an, ob dieser den BuF nutzen will, was er bejaht. So wird der Bericht an den interessierten Beamten geschickt (**Datenübermittlung**). Später werden in der Nachbarbehörde die polizeieigenen Datenbestände nach bestimmten Suchkriterien (zB Alter, Geschlecht, Staatsangehörigkeit, Beruf) gefiltert, um potenzielle Verdächtige einer Serie von Wohnungseinbrüchen herauszufiltern. Dazu werden auch die Angaben in dem BuF genutzt (**Rasterfahndung**, s. § 98a StPO).

[1013] Zur polizeilichen Datenverarbeitung insgesamt: *Gusy* ZJS 2012, 155 ff.

1164 Jeder dieser Verarbeitungsschritte ist ein erneuter **Eingriff in das Recht auf informationelle Selbstbestimmung** (RIS), Art. 2 I GG iVm Art. 1 I GG. Das Erheben von Daten für sich genommen ist „harmlos" im Vergleich dazu, was mit den Daten durch die weitere Verarbeitung geschehen kann. Die Verknüpfung mit anderen Datenbeständen (wie zB bei einer Rasterfahndung) oder die Weitergabe an andere Polizeibehörden, andere Behörden und Organisationen greift zum Teil wesentlich in das RIS ein. Aus diesem Grund hat das BVerfG vor dem gläsernen Menschen gewarnt und klare **bereichsspezifische Regelungen** gefordert.[1014]

Die Vorschriften über die Datenverarbeitung sind 1990 in das PolG NRW eingearbeitet worden.[1015] In der StPO sind die Vorschriften zur Datenverarbeitung teilweise über das Gesetz verstreut. Erst im Jahr 2000 und den darauf folgenden Jahren wurden im 8. Buch der StPO zusammenfassend einige Bereiche der Datenverarbeitung geregelt.

81. Kapitel. Datenverarbeitung im PolG NRW

A. Datenspeicherung, -veränderung und -nutzung, §§ 22–25 PolG NRW

1165 In der Verwaltungsvorschrift zum Polizeigesetz NRW werden die Definitionen für die einzelnen Verarbeitungsschritte aus dem Datenschutzgesetz NRW wiedergegeben.

VV 23.0 zu § 23 PolG NRW: Speichern ist das Erfassen, Aufnehmen oder Aufbewahren von Daten auf einem Datenträger zum Zwecke ihrer weiteren Verarbeitung (§ 3 II 2 DSG NRW).

1166 Als **Datenträger** kann jedes Speichermedium infrage kommen. Dazu zählen **Akten** (zB polizeiliche Notizbücher, Einsatzbefehle und sonstige Einsatzunterlagen)[1016] und **Dateien** (man unterscheidet „nicht automatisierte Sammlungen", die nach bestimmten Merkmalen geordnet sind und ausgewertet werden können und „automatisierte Dateien", in denen die Auswertung maschinell, also nicht von Hand, erfolgt).[1017]

1167 § 22 PolG NRW regelt, dass Daten nicht „auf ewig" gespeichert werden dürfen. In jedem Fall ist danach zu fragen, ob die weitere Speicherung noch für den Zweck erforderlich ist, für den die Daten erhoben worden sind. Um das sicherzustellen, fordert § 22 PolG NRW, dass **Prüftermine und Aufbewahrungsfristen** festzulegen sind. Daten dürfen nur länger aufbewahrt werden, wenn sich bei der Prüfung herausstellt, dass das für den ursprünglichen Zweck noch erforderlich ist.[1018]

1168 § 23 PolG NRW enthält das aus der Verfassung abgeleitete **Zweckbindungsgebot**. Zu diesem Thema und zu den Möglichkeiten der Zweckänderung gibt es ein eigenes Kapitel, → Rn. 1202 ff.

[1014] BVerfGE 65, 1 ff. = NJW 1984, 419 (422).
[1015] S. dazu *Tegtmeyer/Vahle* PolG NRW Einf. Ziff. 1.3.2.
[1016] VV 24.01 zu § 24 PolG NRW.
[1017] VV 24.01 und 24.02 zu § 24 PolG NRW.
[1018] S. zB VG Köln BeckRS 2007, 27172.

Während die §§ 22 und 23 PolG NRW allgemeine Vorschriften darstellen, ist **1169**
§ 24 PolG NRW die eigentliche **Ermächtigungsgrundlage**, um Daten zu speichern, zu verändern und zu nutzen.

Die Definition für „**Speichern**" wurde bereits oben beschrieben → Rn. 1033.

VV 23.0: **Verändern** ist das inhaltliche Umgestalten gespeicherter Daten (§ 3 II 3
DSG NRW).

> **Beispiel:** In einem Datensatz werden die Einzelangaben zu einer bestimmten
> Person gelöscht und der Datensatz dadurch anonymisiert (s. § 3 VI Bundes-
> datenschutzgesetz).

VV 23.0 zu § 23 PolG: Nutzung ist jede sonstige Verwendung personenbezogener **1170**
Daten iSd § 3 II 7 DSG NRW, die nicht Erheben, Speicherung, Veränderung, Übermittlung, Berichtigung, Sperrung, Löschung oder Vernichtung ist.

> **Beispiel:** Der Datenabgleich, § 25 PolG NRW, ist eine solche Datennutzung.

I. Ermächtigungsgrundlage
1. Grundrechtseingriff

Das RIS schützt nicht nur vor der unfreiwilligen Preisgabe eigener Daten, son- **1171**
dern grundsätzlich darf jeder auch selbst darüber entscheiden, wie die erhobenen Daten weiter verwendet werden. Damit ist jeder der in § 24 I PolG NRW
genannten Verarbeitungsschritte ein **erneuter Eingriff in das Recht auf informationelle Selbstbestimmung**, Art. 2 I GG iVm Art. 1 I GG.

2. Handlungsform

Regelmäßig werden das Speichern, Verändern oder Nutzen der Daten faktische **1172**
Rechtseingriffe sein, da sie nicht als Duldungsverfügung an den Betroffenen
bekannt gegeben, sondern tatsächlich durchgeführt werden.

II. Formelle Rechtmäßigkeit

Die Maßnahme dient der Gefahrenabwehr iSd § 1 I PolG NRW.   **1173**

III. Materielle Rechtmäßigkeit
1. Tatbestandsvoraussetzungen

§ 24 I PolG NRW enthält die „**Generalklausel**" zur Speicherung, Veränderung **1174**
und Nutzung von personenbezogenen Daten zur Gefahrenabwehr.

Die Daten müssen **rechtmäßig erlangt** worden sein. Das kann durch eine Maßnahme nach den §§ 9–21 PolG NRW geschehen sein oder die Polizei hat die
Daten freiwillig vom Bürger mitgeteilt bekommen oder die Daten wurden nach
§ 27 PolG NRW von einer Polizeibehörde oder nach § 30 PolG NRW von öffentlichen Stellen an die Polizei übermittelt. In jedem Fall müssen die Daten rechtmäßig erlangt worden sein, sonst dürfen sie nicht weiter verarbeitet werden.[1019]

[1019] VV 24.11 zu § 24 PolG NRW; *Tegtmeyer/Vahle* PolG NRW § 24 Rn. 3.

1175 Das Speichern, Verändern oder Nutzen dient entweder der **Erfüllung einer Aufgabe aus § 1 PolG NRW** …

> **Beispiel:** Das Schreiben eines Berichts nach dem Einsatz, um das Jugendamt über die gefahrenbegründenden Zustände in einer Familie zu informieren.

… oder der **zeitlich befristeten Dokumentation**[1020]

> **Beispiel:** Der Eintrag in das polizeiliche Notizbuch zu einem Einsatz, bei dem der Betroffene angekündigt hat, sich über das Einschreiten der Beamten zu beschweren.

… oder der **Vorgangsverwaltung**.

1176 Die Datenspeicherung, -veränderung oder -nutzung muss **erforderlich** sein. Hier ist iSv § 2 I PolG NRW zu prüfen, ob die Maßnahme geeignet und das mildeste Mittel ist.

2. Besondere Form- und Verfahrensvorschriften

1177 Es sind die Grundsätze aus den §§ 22 und 23 PolG NRW zu beachten.

3. Adressatenregelung

1178 Die Richtung der Maßnahme ergibt sich aus der zugrunde liegenden Datenerhebung bzw. Datenübermittlung. Ein Rückgriff auf die §§ 4–6 PolG NRW ist nicht nötig.

4. Rechtsfolge

1179 Die personenbezogenen Daten dürfen entweder gespeichert, verändert oder genutzt werden.

1180 § 24 II PolG NRW enthält eine **Transmissionsklausel**, nach der rechtmäßig zur Strafverfolgung erhobene Daten auch für die Gefahrenabwehr genutzt werden dürfen, s. auch § 481 I StPO. Auch hier gilt ungeschrieben der allgemeine Grundsatz der Datenverarbeitung, dass zu prüfen ist, ob die Daten auch zur Gefahrenabwehr erhoben werden dürften (fiktive Prüfung).

1181 Außerdem befugt § 24 II PolG NRW die Polizei zur **Kriminalaktenhaltung**, sodass die aus Strafverfahren stammenden Daten für die Zwecke der Gefahrenabwehr gespeichert werden dürfen. Das gilt auch für die Daten aus der erkennungsdienstlichen Behandlung nach § 81b Alt. 2 StPO.[1021] Weiter sind Prüfungstermine und Fristen geregelt.

§ 24 III–VII PolG NRW regeln weitere Fallkonstellationen, die hier nicht weiter dargestellt werden sollen.

B. Datenabgleich, § 25 PolG NRW

1182 Der Datenabgleich ist eine Standardmaßnahme der Polizei.

[1020] S. dazu VV 24.12 zu § 24 PolG NRW; *Tegtmeyer/Vahle* PolG NRW § 24 Rn. 6.
[1021] VV 24.23 zu § 24 PolG NRW; OVG Münster BeckRS 2013, 59468.

> **Merke:** Alle rechtmäßig erhobenen personenbezogenen Daten kann die Polizei mit dem Fahndungsbestand abgleichen, §25 I 3 PolG NRW. Dies findet täglich bei fast jedem Einsatz statt.

I. Ermächtigungsgrundlage

1. Grundrechtseingriff

Auch der Datenabgleich ist ein **Eingriff in das Recht auf informationelle Selbst-** 1183 **bestimmung**, Art. 2 I GG iVm Art. 1 I GG.

Wird die Person wegen des Datenabgleichs über die zugrunde liegende Maßnahme hinaus angehalten (s. §25 II PolG NRW), liegt ein Eingriff in die **Bewegungsfreiheit**, Art. 2 II 2 GG iVm Art. 104 I GG, vor.

2. Handlungsform

Regelmäßig handelt es sich beim Abgleichen um einen faktischen Rechtsein- 1184 griff.

II. Formelle Rechtmäßigkeit

Der Datenabgleich ist eine Maßnahme eigener Art, die sich nur teilweise ein- 1185 deutig der Gefahrenabwehr zuordnen lässt. Daher wird hier die Ansicht vertreten, dass sich die sachliche Zuständigkeit aus §25 I PolG NRW iVm §11 I Nr. 1 POG NRW ergibt (Schluss von der Ermächtigung auf die sachliche Zuständigkeit).

III. Materielle Rechtmäßigkeit

1. Tatbestandsvoraussetzungen

§25 I PolG NRW enthält **drei verschiedene Zielrichtungen** und damit drei ei- 1186 genständige Befugnisse.

Zuerst ist gem. §25 I 1 PolG NRW der Abgleich zulässig bei Personen, die **Ver-** 1187 **haltens- oder Zustandsverantwortliche**, §§4 und 5 PolG NRW, sind. Dabei ist Voraussetzung, dass die Daten, die abgeglichen werden sollen, vorher rechtmäßig erhoben worden sind. Dazu muss eine andere Norm ermächtigt haben (zB §12 PolG NRW oder §163b I StPO).[1022] Der Abgleich dient dazu, **Erkenntnisse über die betroffene Person zu erhalten**, die für den Einsatzzweck erforderlich sind.[1023] Regelmäßig werden das Informationen sein, die der Eigensicherung dienen.

> **Beispiel:** Nach einer Schlägerei werden die Personalien der Beteiligten festgestellt (§163b I StPO). Der Datenabgleich ergibt, dass für einen der Schläger der personengebundene Hinweis „gewalttätig" vorliegt. Dieser Warnhinweis ist für die Eigensicherung in dem Einsatz wesentlich!

[1022] S. auch VV 25.0 zu §25 PolG NRW.
[1023] VV 25.11 zu §25 PolG NRW: Es muss eine hinreichende Wahrscheinlichkeit bestehen, dass durch den Abgleich nach §25 I 1 sachdienliche Hinweise zu erhalten sind, die zur Abwehr der Gefahr genutzt werden können; OVG Koblenz BeckRS 2013, 47159.

Denkbar sind auch Fälle, in denen der Abgleich Erkenntnisse bringt, die für die Gefahrenprognose oder für weitere Maßnahmen notwendig sind.

> **Beispiel:** Bei einem Einsatz „Häusliche Gewalt" ergibt eine Recherche in CE-BIUS, dass die Polizei in den letzten vier Wochen schon dreimal bei Familie Walter gegen den schlagenden Ehemann und Familienvater eingeschritten ist. Diese Tatsache ist wichtig, um die in §34a I PolG NRW geforderte Prognose der Wiederholungsgefahr zu begründen.

1188 §25 I 2 PolG NRW erlaubt den **Abgleich auch gegenüber „anderen Personen",** also solchen, die weder Verhaltens- noch Zustandsverantwortliche sind. §6 PolG NRW wird hier nicht genannt, weil nicht die dort aufgeführten engen Voraussetzungen vorzuliegen brauchen.

Die Daten müssen rechtmäßig erlangt sein → Rn. 1174.

1189 Außerdem muss durch Tatsachen der Schluss zulässig sein, dass der Abgleich erforderlich ist, um eine bestimmte polizeiliche Aufgabe der Gefahrenabwehr zu erfüllen. Damit soll ein „Abfragen ins Blaue hinein" verhindert werden.[1024] Auch dies kann sich zB auf die Eigensicherung beziehen. Denn häufig ist in der ersten Phase eines Einsatzes für die Polizei nicht erkennbar, wie sie die vor Ort befindlichen Personen einzuschätzen hat.

§25 I 3 PolG NRW regelt die **Fahndungsabfrage.** Einzige Voraussetzung ist, dass die Daten rechtmäßig erlangt worden sind. Damit hat die Polizei die Möglichkeit festzustellen, ob die Person gesucht wird. Es sind sowohl Fälle der Gefahrenabwehr (zB vermisstes Kind, aus dem Altenheim abgängige verwirrte Person) als auch der Strafverfolgung (zB mit Haftbefehl gesuchte Person oder Fälle der Aufenthaltsermittlung) oder der Strafvollstreckung (zB Vollstreckungshaftbefehl, abgängige Personen aus der Justizvollzugsanstalt) denkbar.

2. Besondere Form- und Verfahrensvorschriften

1190 Es sind die Vorschriften des §23 PolG NRW zu beachten.

3. Adressatenregelung

1191 Die Richtung der Maßnahme ergibt sich direkt aus der Norm, also aus §25 PolG NRW.

4. Rechtsfolge

1192 §25 I PolG NRW erlaubt den **Datenabgleich.** Darunter ist die Feststellung zu verstehen, „ob zu einer bestimmten Person bereits Notierungen in einer Datei gespeichert sind".[1025] Regelmäßig wird der Abgleich maschinell erfolgen. Genutzt werden dürfen alle polizeilichen Dateien (wie zB das Informationssystem der Polizei = INPOL und das **Computer Einsatz Bearbeitungs-, Informations- und Unterstützungs-System = CEBIUS).

[1024] IdS ist auch die VV 25.12 zu §25 PolG NRW zu verstehen: „Die Voraussetzungen für den Datenabgleich nach §25 I 2 sind enger als die für die Befragung nach §9".
[1025] *Tegtmeyer/Vahle* PolG NRW §25 Rn. 1.

Nicht zu den polizeilichen Dateien gehören die vom Einwohnermeldeamt und dem Kraftfahrzeugbundesamt zur Verfügung gestellten Datensätze (EMA-Datei und **Z**entrales **V**erkehrs**in**formationssystem = ZEVIS), auch wenn die Polizei darauf direkten online-Zugriff hat. Es handelt sich also um **polizeifremde Dateien**. Der Umgang mit diesen Dateien ist also kein Datenabgleich iSd §25 PolG NRW. Will die Polizei aus diesen Dateien Daten ergänzen bzw. abgleichen (zB zum Ergänzen oder Überprüfen der Wohnanschrift, Feststellung eines Halters, Überprüfung einer Fahrerlaubnis), so stellt dies ein Ersuchen um Datenübermittlung nach §30 II PolG NRW dar.[1026] Da die Polizei im automatisierten Verfahren direkten Zugriff auf diese Dateien hat, ist die Polizei als Empfänger der Daten für die Rechtmäßigkeit der Datenübermittlung verantwortlich, §26 III 5 PolG NRW.

Für die Zeit des Abgleichs darf die **Person auch angehalten werden**. Die Befug- **1193** nis zum Anhalten muss sich aber zuerst aus der Grundmaßnahme ergeben, zB aus §12 PolG NRW.[1027] Ist diese Maßnahme erledigt, der Datenabgleich aber noch nicht abgeschlossen, dann darf die Person aufgrund von §25 II PolG NRW weiter angehalten werden. Dabei ist die Verhältnismäßigkeit besonders zu beachten. Das kommt im Gesetz dadurch zum Ausdruck, dass das weitere Anhalten zeitlich so begrenzt wird, wie es regelmäßig für die Durchführung eines Datenabgleichs notwendig ist. Es soll verhindert werden, dass ein Betroffener längere Zeit vor Ort bleiben muss, weil das Datensystem der Polizei „abgestürzt" ist oder sonstige Gründe dazu führen, dass ein Abgleich nicht möglich ist. In diesen Fällen muss die Person entlassen werden, ohne dass der Abgleich durchgeführt wurde.

In den §§26–30 PolG NRW wird die **Datenübermittlung** geregelt. S. dazu das eigene Kapitel. → Rn. 1209.

C. Rasterfahndung, Berichtigung, Löschung und Sperrung von Daten, Sicherung des Datenschutzes, §§31–33 PolG NRW

Auf diese Bestimmungen soll hier nicht näher eingegangen werden.

82. Kapitel. Datenverarbeitung in der StPO

Schon die Vorschriften zur Datenerhebung sind in der StPO nicht systematisch **1194** zusammengefasst, sondern an verschiedenen Stellen des Gesetzes normiert. Gleiches gilt auch überwiegend für die weiteren Schritte der Datenverarbeitung.

A. Vorschriften

Das **Speichern** von Daten wird in der StPO durch die §§483 ff. StPO geregelt.   **1195**

Die **Datenübermittlung** und **Datennutzung** im Ermittlungsverfahren werden generell in den §§487 ff. StPO geregelt. An verschiedenen Stellen der StPO finden sich spezielle Normen. So sind zB die **Rasterfahndung** in den §§98a, b

---

[1026] *Tetsch/Baldarelli* PolG NRW 526.
[1027] VV 25.2 zu §25 PolG NRW.

StPO, die **Auskunft über Telekommunikationsverbindungsdaten** in § 100g StPO, die **Fahndungsausschreibung/Öffentlichkeitsfahndung** in den §§ 131–131c StPO und die **Netzfahndung** in § 163d StPO normiert.

Für das **Erteilen von Auskünften** und die **Akteneinsicht** gelten die §§ 474–481 StPO. Daneben gibt es spezielle Regelungen unter anderem in den §§ 163 I 2, 147, 385, 397 und 406e StPO.

An dieser Stelle soll nur erläuternd auf den Datenabgleich nach § 98c StPO eingegangen werden.

B. Datenabgleich, § 98c StPO

I. Ermächtigungsgrundlage

1. Grundrechtseingriff

1196 Auch der Datenabgleich ist ein **Eingriff in das Recht auf informationelle Selbstbestimmung**, Art. 2 I GG iVm Art. 1 I GG.

2. Handlungsform

1197 Regelmäßig handelt es sich beim Abgleichen um eine Prozesshandlung.

II. Formelle Rechtmäßigkeit

1198 Die Maßnahme dient der Strafverfolgung, § 1 IV PolG NRW iVm § 163 I 1 StPO iVm § 11 I 2 POG NRW.

III. Materielle Rechtmäßigkeit

1. Tatbestandsvoraussetzungen

1199 Der Datenabgleich muss dazu dienen, eine **Straftat aufzuklären** oder den **Aufenthaltsort einer Person zu ermitteln,** nach der für Zwecke eines Strafverfahrens gefahndet wird. Ungeschrieben gilt, dass der Anfangsverdacht einer Straftat vorliegen muss. Die Norm schreibt die Zielrichtung der Maßnahme fest. Zum einen geht es darum, die Straftat, wegen der das Verfahren geführt wird, aufzuklären.

> **Beispiel:** Der Datenabgleich wird durchgeführt, um unvollständige Personaldaten des Tatverdächtigen zu ergänzen. Das kann durch einen Abgleich mit polizeieigenen Dateien aber auch mit externen Dateien, zB Datei des Einwohnermeldeamtes, geschehen.

Zum anderen kann die Maßnahme genutzt werden, um den Aufenthaltsort einer Person zu ermitteln, nach der gefahndet wird. Diese Fahndung ist sowohl im laufenden Ermittlungsverfahren als auch zur Strafvollstreckung möglich.

> **Beispiel:** Durch den Hinweis eines V-Mannes bekommt die Polizei den Tipp, dass der zur Strafvollstreckung mit Haftbefehl gesuchte X sich bei einem Heinz Krüger in Düsseldorf aufhalten soll. Die Adresse ist nicht bekannt. Die Polizei ermittelt durch einen Datenabgleich, welche Personen mit dem Namen Karl Krüger wo in Düsseldorf leben, um so den Aufenthalt des X herauszufinden.

2. Besondere Form- und Verfahrensvorschriften

§ 98c S. 2 StPO grenzt den Datenabgleich ein. Er ist unzulässig, wenn bundes- **1200** rechtliche bzw. landesrechtliche Verwendungsregelungen entgegenstehen. Eine solche Norm ist zB § 23 I 3 PolG NRW.

3. Adressatenregelung

Der Adressat ergibt sich direkt aus der Norm. Letztlich kann jede Person, die **1201** Tatverdächtige oder Zeuge im Verfahren ist, Adressat des Datenabgleichs sein.

4. Rechtsfolge

§ 98c StPO lässt den maschinellen Abgleich mit Dateien aus den Bereichen der Strafverfolgung, Strafvollstreckung und auch der Gefahrenabwehr zu. Damit ist der Umfang der Dateien, der genutzt werden darf, wesentlich größer als es bei § 25 I PolG NRW der Fall ist.

> **Merke:** Auch Dateien, die von externer Stelle der Polizei zur Verfügung gestellt werden, wie zB Dateien des Einwohnermeldeamtes oder des Kraftfahrzeugbundesamtes (EMA, ZEVIS) können abgeglichen werden.

83. Kapitel. Zweckänderung[1028]

§ 23 I 1 PolG NRW enthält das aus der Verfassung abgeleitete **Zweckbindungs-** **1202** **gebot.**[1029] Die Weiterverarbeitung rechtmäßig erhobener Daten darf nur zum ursprünglichen Zweck erfolgen. Damit soll sichergestellt werden, dass für den Bürger vorhersehbar ist, was die Polizei mit seinen Daten weiter anfangen wird. Sollen die Daten für einen anderen Zweck genutzt werden, so liegt eine **Zweckänderung** vor. Dafür ist immer eine gesetzliche Ermächtigung oder die Einwilligung des Betroffenen erforderlich, s. § 13 I und II DSG NRW.

Eine Norm im Sinne des Grundsatzes ist § 23 I 2 PolG NRW. Eine **Zweckände-** **1203** **rung** ist danach möglich, wenn eine Datenerhebung für diese andere Aufgabe ebenfalls zulässig wäre. Hier wird eine hypothetische Prüfung verlangt, ähnlich wie bei § 50 II PolG NRW (Anwendung von Zwang ohne vorausgegangenen Verwaltungsakt). Sinn der Vorschrift ist es, den Bürger nicht erneut mit einer Datenerhebung zu überziehen, sondern die bereits gewonnenen Daten für einen neuen Zweck direkt speichern, verändern und nutzen zu dürfen. Die Verknüpfung mit der hypothetischen Prüfung der Rechtmäßigkeit der Erhebung der Daten für den neuen Zweck soll sicherstellen, dass Daten nicht willkürlich weiterverarbeitet werden können.[1030]

Werden Daten innerhalb der Polizeibehörde zu einem anderen Zweck weitergegeben, so ist § 23 I 2 PolG NRW dafür die Ermächtigungsgrundlage.[1031]

[1028] Überblicksartikel: *Kay* Kriminalistik 2013, 495 ff.
[1029] VV 23.12 zu § 23 PolG NRW.
[1030] Zu dieser „rechtmäßigen Alternativerhebung" s. *Petri* in Lisken/Denninger HdB PolizeiR G Rn. 378.
[1031] VV 23.12 S. 2 zu § 23 PolG NRW.

1204 Die Befugnis zur **Zweckänderung** ist häufig schon in den Datenerhebungsnormen **speziell geregelt**, so zB in §§ 15 I 3, 15a II, 15b S. 4, 17 IV 2 und VII, 18 V 2 und VII PolG NRW, indirekt auch §§ 19 II 2, 20 IV 2 und 21 IV 1 PolG NRW. Diese speziellen Regelungen gehen der Generalklausel aus § 23 I 2 PolG NRW vor.

> **Beispiel:** Bei Ermittlungen im Bereich der organisierten Kriminalität stattet die Polizei einen Verdeckten Ermittler (VE) zur Eigensicherung mit einem Personenschutzsender aus (s. § 18 V PolG NRW). In einem Gespräch des VE mit einem Beschuldigten in dessen Wohnung macht dieser Angaben zum Transport einer größeren Menge Heroin und benennt dabei auch Mittäter. Die so gewonnenen Daten sollen in einem Strafverfahren genutzt werden. Damit werden Daten, die zur Gefahrenabwehr (Eigensicherung des VE) erhoben wurden, nun für einen anderen Zweck, hier die Strafverfolgung, genutzt. § 18 V 2 PolG NRW iVm § 161 III StPO erlaubt die Nutzung der Daten für das Strafverfahren, wenn das Amtsgericht die Rechtmäßigkeit der Grundmaßnahme (hier die Datenerhebung zur Eigensicherung nach § 18 V 1 PolG NRW) feststellt. Bei Gefahr im Verzug ist die richterliche Entscheidung unverzüglich nachzuholen.

1205 § 23 I 3 PolG NRW **verbietet die Zweckänderung** für Daten, die nach § 11 PolG erhoben worden sind. Gemeint sind damit Personaldaten, die die Polizei zur Vorbereitung für die Hilfeleistung und das Handeln in Gefahrfällen erhoben hat.

> **Beispiel:** In Düsseldorf hat sich eine neue Firma angesiedelt, die mit hochgiftigen Säuren arbeitet. Die Polizei fordert die Firma auf, die Personaldaten der Leiter des Werkschutzes und der Werksfeuerwehr und die Personalien weiterer Verantwortlicher für Schadensfälle zu benennen. Die Ermächtigungsgrundlage für die Forderung der Polizei ergibt sich aus § 11 PolG NRW. § 23 I 3 PolG NRW verbietet nun, die erhobenen Personaldaten zu einem anderen Zweck zu nutzen. Demnach dürfen die erhobenen Personaldaten zB nicht für die Strafverfolgung genutzt werden. Aber auch eine Verwendung dieser Daten für andere Zwecke innerhalb der Gefahrenabwehr ist unzulässig.

1206 § 23 II PolG NRW enthält Regelungen für „**wertende Angaben**". Sie beinhalten „eine auf Tatsachen basierende Einschätzung und geben somit auch in Zukunft erwartete Verhaltensweisen oder bestimmte Charaktereigenschaften der betroffenen Person wieder".[1032] Darunter fallen die **personengebundenen Hinweise** (PHW), die aus Eigensicherungsgründen gespeichert und zB beim Datenabgleich, s. § 25 I PolG NRW, den einschreitenden Beamten zur Kenntnis gegeben werden.

1207 Die Vorschriften zur Datenverarbeitung sind im 8. Buch der StPO geregelt. Die Normen sind generalklauselartig ausgestaltet.[1033] Im Bereich der **Strafverfolgung** ergibt sich das Zweckbindungsgebot aus § 483 I StPO. Aber auch in der

---

[1032] VV 23.2 zu § 23 PolG.
[1033] LR/*Hilger* vor § 474 Rn. 14.

StPO werden **Ausnahmen vom Zweckbindungsgebot** zugelassen. So dürfen die Polizeibehörden gem. § 481 I 1 StPO nach Maßgabe der Polizeigesetze personenbezogene Daten aus Strafverfahren verwenden. Auch hier fordert das Gesetz also die hypothetische Prüfung für die Rechtmäßigkeit der Datenerhebung für den neuen Zweck.

> **Beispiel:** Die Polizei setzt einen V-Mann im Rahmen eines Strafverfahrens gegen rechtsextremistische Gewalttäter ein. In einem Gespräch des V-Manns mit einem Beschuldigten gibt dieser an, dass morgen in Düsseldorf der türkischstämmige Erdogan Z. erschossen werden soll. Der V-Mann setzt sich umgehend mit der zuständigen Kreispolizeibehörde in Verbindung und gibt diese Information weiter. Die Polizei nutzt diese Daten, um den Mord an Erdogan Z. zu verhüten. Hier werden personenbezogene Daten (Angaben über eine bevorstehende Straftat) im Rahmen der Strafverfolgung bekannt. Der V-Mann wird hier nach § 163 I 2 StPO zur Strafverfolgung eingesetzt. § 481 I 1 StPO erlaubt es, dass die Polizei die Daten auch zur Gefahrenabwehr nutzt. Allerdings ist dazu erforderlich, dass die Datenerhebung auch nach dem PolG NRW zulässig wäre. § 19 I 1 Nr. 1 PolG NRW erlaubt den Einsatz eines V-Manns, wenn dies zur Abwehr einer gegenwärtigen Gefahr für Leib, Leben oder Freiheit einer Person erforderlich ist. Diese Tatbestandsvoraussetzungen sind im vorliegenden Sachverhalt erfüllt. Somit dürfen die im Strafverfahren gewonnenen Daten auch zur Gefahrenabwehr und damit zum Schutz des Erdogan Z. genutzt werden.

§ 484 I StPO erlaubt die Speicherung von personenbezogenen Daten, die ursprünglich für ein Strafverfahren erhoben worden sind, auch für die **Vorsorge zur Verfolgung zukünftiger Straftaten.** § 484 IV StPO bestimmt, dass für die Speicherung und Nutzung dieser Daten das jeweilige Polizeigesetz anzuwenden ist. § 24 II 1 PolG NRW erlaubt die Zweckänderung von personenbezogenen Daten, die zur Strafverfolgung erhoben worden sind, für die Zwecke der Gefahrenabwehr. **1208**

> **Beispiel:** Ein 16-jähriger Mann schlägt bei einem Discothekenbesuch einen anderen Gast brutal zusammen. Die Polizei nimmt eine Strafanzeige auf. Die so erhobenen Personaldaten des Beschuldigten werden aber nicht nur für das Strafverfahren genutzt, sondern auch in einem Merkblatt festgehalten, das bei der Polizei in der Kriminalaktenhaltung aufbewahrt wird. Diese Speicherung erfolgt zum Zweck der Vorsorge für die Verfolgung zukünftiger Straftaten. § 24 II 1 und 2 PolG NRW sind dafür die Ermächtigungsgrundlage.

Für die Übernahme von personenbezogenen Daten aus dem Bereich der Gefahrenabwehr für die Strafverfolgung gilt § 161 II StPO.[1034]

[1034] BGH BeckRS 2017, 118214 Rn. 38.

84. Kapitel. Datenübermittlung

1209 Die §§ 26–30 PolG NRW regeln die **Datenübermittlung zur Gefahrenabwehr**. Die VV 26.0 zu § 26 PolG NRW definiert, was unter einer Datenübermittlung zu verstehen ist. Zusammenfassend ist es das **Weitergeben der personenbezogenen Daten an Dritte**.

§ 26 PolG NRW stellt allgemeine Regeln auf. Die wichtigste ist das **Zweckbindungsgebot**, § 26 I 1 PolG NRW. § 26 II PolG NRW regelt das Zweckbindungsgebot speziell für Daten, die einem Berufs- oder besonderen Amtsgeheimnis unterliegen.[1035] Wenn die zur Verschwiegenheit verpflichtete Person in Ausübung ihrer Berufs- oder Amtspflicht der Polizei diese personenbezogenen Daten übermittelt, so darf die Polizei die Daten nur weitergeben/übermitteln, wenn der Empfänger die Daten zur Erfüllung des gleichen Zwecks benötigt, zu dem sie die Polizei erlangt hat.

> **Beispiel:** Der Internist Dr. F. ruft den ihm persönlich bekannten KHK B an und teilt mit, dass er gerade ein Kind ärztlich versorgt hat, an dessen Körper deutliche Spuren einer Gewalttat zu finden sind. Die bei der ärztlichen Untersuchung anwesende Mutter hat angedeutet, dass der Vater des Kindes manchmal zu einer harten Bestrafung neigt. Der Arzt ist der Meinung, dass sich das Jugendamt dringend um die Familie kümmern muss.
>
> Eigentlich ist der Arzt zur Verschwiegenheit verpflichtet, sonst kann er sich nach § 203 I StGB strafbar machen. Hier liegt aber ein Fall des rechtfertigenden Notstands, § 34 StGB, vor. Die Polizei darf die vom Arzt erhaltenen Informationen nur zum Zweck der Gefahrenabwehr an das Jugendamt übermitteln, § 26 II PolG NRW. Das Jugendamt darf die erhaltenen Daten nur zum Schutz des Kindes nutzen. Eine Verwendung der Daten für einen anderen Zweck ist unzulässig.

Ergänzt wird das Zweckbindungsgebot noch durch § 26 IV PolG NRW, der auch den Empfänger der personenbezogenen Daten verpflichtet, die Daten nur zum ursprünglichen Zweck zu nutzen, wenn gesetzlich nicht etwas anderes bestimmt ist (also die Zweckänderung durch Gesetz zugelassen ist).

1210 § 26 I 2 PolG NRW lässt die Möglichkeit der **Zweckänderung** zu. Danach darf die Polizei die Daten zu einem anderen Zweck übermitteln, wenn das durch Gesetz zugelassen ist oder zur Abwehr einer Gefahr (gemeint ist hier die konkrete Gefahr iSd § 8 I PolG NRW) erforderlich ist. Eine gesetzliche Regelung zur Zweckänderung enthält zB der § 27 I 2 PolG NRW.

1211 § 27 PolG NRW befugt zur **Datenübermittlung zwischen inländischen Polizeibehörden**, aber auch zur **Übermittlung an ausländische Polizeibehörden**. Letzteres ist zB bei internationalen Sportveranstaltungen zur Abwehr von Gefahren durch gewalttätige „Fans" nötig.

1212 § 28 PolG NRW regelt die **Weitergabe von Daten von der Polizei an öffentliche Stellen** im In- und Ausland. Dazu gehören vor allem Gerichte und Behörden.[1036]

[1035] S. VV 26.2 zu § 26 PolG NRW.
[1036] Eingehend dazu *Tegtmeyer/Vahle* PolG NRW § 28 Rn. 1.

So gibt die Polizei häufig Daten an das Jugendamt weiter, damit diese Behörde zum Schutz von Kindern und Jugendlichen in den Familien tätig werden kann.

§ 29 PolG NRW erlaubt die **Weitergabe von Daten an Private**.[1037] Darunter fällt **1213** zB die Weitergabe der Verkehrsunfallmitteilung an die Unfallbeteiligten. Dem Vermieter eines Mehrfamilienhauses kann die Polizei mitteilen, wann sie wie oft bei einem bestimmten Mieter wegen ruhestörenden Lärms eingeschritten ist, wenn der Vermieter diese Daten braucht, um eine Räumungsklage vor Gericht zu begründen.

§ 30 PolG NRW erlaubt unter den dortigen Voraussetzungen die **Datenübermitt-** **1214** **lung an die Polizei**. Das liegt zB vor, wenn das Einwohnermeldeamt mitteilt, wo eine betroffene Person wohnt. Gleiches gilt, wenn das Straßenverkehrsamt mitteilt, ob die betroffene Person eine Fahrerlaubnis besitzt. In beiden Beispielen werden diese Daten online bereitgehalten und können von der Polizei abgerufen werden (EMA-Datei, ZEVIS).

Nach § 481 I 2 StPO dürfen **Strafverfolgungsbehörden** personenbezogene Daten **1215** an die Polizei **zur Gefahrenabwehr übermitteln**. Auch in diesen Fällen ist hypothetisch zu prüfen, ob die Polizei die Daten zur Gefahrenabwehr hätte erheben dürfen.

Die §§ 474 ff. StPO regeln das **Erteilen von Auskünften**. Die Auskunftserteilung aus strafrechtlichen Ermittlungsverfahren stellt eine Datenübermittlung an andere öffentliche Stellen und gegebenenfalls an Private dar. Diese Normen werden hier nicht näher erläutert.

85. Kapitel. Datenerhebung bei Mobilfunkendgeräten

Mit den §§ 20a und 20b PolG NRW hat der Gesetzgeber für den Bereich der **1216** Gefahrenabwehr Möglichkeiten geschaffen, Telekommunikations- und Telemediendaten abzufragen. Festzustellen ist dabei, dass es im Bereich der Gefahrenabwehr auch weiterhin keine Möglichkeit gibt, Gesprächsinhalte abzuhören, denn gem. § 20a PolG NRW können nur Bestands- und Verkehrsdaten erhoben werden. Eine Erfassung von Inhalten über einen Kommunikationsvorgang (typische Telefonüberwachung) ist als Rechtsfolge nicht zugelassen.[1038] Dem Gesetzgeber ging es in erster Linie darum, Instrumente und gesetzliche Grundlagen zu schaffen, um polizeiliche Lagen der Gefahrenabwehr zu bewältigen, bei denen es um Suizidenten, hilflose Personen oder Kinder geht.[1039]

Damit kann im Rahmen der Zielsetzung des Buches als beispielhafter Anwen- **1217** dungsfall die Situation dienen, bei der es darum geht, den Standort eines Suizidenten zu bestimmen, um einen möglichen Suizid zu verhindern. Gemäß § 20b PolG NRW darf die Polizei unter den Voraussetzungen des § 20a PolG NRW auch technische Mittel zur Ermittlung des Standortes eines aktiv geschalteten Mobilfunkendgerätes und zur Ermittlung der Geräte- und Kartennummern einsetzen. Die Maßnahme ist nur zulässig, wenn ohne die Ermittlung die

---

[1037] S. VV 29.01 zu § 29 PolG NRW.
[1038] LT-Drs. NRW 16/2256, 19.
[1039] LT-Drs. NRW 16/2256, 2.

Erreichung des Zwecks nach Satz 1 aussichtslos oder wesentlich erschwert wäre. Entsprechend der Voraussetzungen des § 20a PolG NRW sind derartige Datenerhebungen zulässig

1. wenn die hohe Wahrscheinlichkeit eines Schadens für Leben, Gesundheit oder Freiheit einer Person besteht oder
2. zur Abwehr einer gemeinen Gefahr.

1218 Mit der Formulierung „hohe Wahrscheinlichkeit" ist keine zeitliche Dringlichkeit verbunden, sondern die Prognose muss gegenüber der „konkreten Gefahr" substantieller und gefestigter sein. Anders als bei der gegenwärtigen Gefahr ist aber keine gesteigerte zeitliche Nähe des Schadenseintritts nötig.[1040]

Maßnahmen der Datenabfrage sind nach Abs. 3 grundsätzlich durch die Behördenleiterin oder den Behördenleiter anzuordnen. Nach allgemeinen Regeln kann dies auch durch die Vertreterin oder den Vertreter im Amt geschehen. Sowohl der an die Behördenleiterin oder den Behördenleiter zu richtende Antrag, als auch die Anordnung der Maßnahme bedürfen der Schriftform. Satz 3 enthält inhaltliche Mindestanforderungen an die Anordnung, Satz 4 schafft eine aus Gründen der effektiven Gefahrenabwehr nötige Sonderregel bei Gefahr im Verzug, indem eine Anordnung dann fernmündlich erfolgen kann. Allerdings ist es nicht möglich, die Anordnungskompetenz auf Bereitschaftsbeamte des höheren Dienstes zu verlagern. Nur der eng begrenzte Personenkreis des Behördenleiters bzw. der Vertretung ist zur Anordnung befugt.[1041]

2. Abschnitt. Eingriffsrechtliche Befugnisse bei internationaler Zusammenarbeit

Die internationale Zusammenarbeit der Polizei nimmt immer größeren Raum ein und gewinnt dadurch an Bedeutung. In diesem Artikel werden einige rechtliche Zusammenhänge aufgezeigt, die für die Arbeit der Polizei, auch im täglichen Dienst, wesentlich sind. Außerdem sollen wichtige Organisationen in diesem Kontext vorgestellt werden. Wegen des Umfangs des Themas, kann hier nur ein Überblick gegeben werden.[1042]

86. Kapitel. Rechtliche Grundlagen im Vertrag über die Europäische Union[1043] (EUV) und dem Vertrag über die Arbeitsweise der Europäischen Union[1044] (AEUV)

1219 Art. 3 II EUV lautet: „Die Union bietet ihren Bürgerinnen und Bürgern einen **Raum der Freiheit, der Sicherheit und des Rechts ohne Binnengrenzen**, in dem – in Verbindung mit geeigneten Maßnahmen in Bezug auf die Kontrollen an

[1040] LT-Drs. NRW 16/2256, 23.
[1041] *Tetsch/Baldarelli* Beilage PolG NRW 23.
[1042] Dies entspricht jedoch auch der im Curriculum angegebenen Lernzielstufe und der für das Thema angegebenen Zahl der Präsenzstunden.
[1043] ABl. 2012 C 326, 13.
[1044] ABl. 2012 C 326, 47.

den Außengrenzen, das Asyl, die Einwanderung sowie die Verhütung und Bekämpfung der Kriminalität – der **freie Personenverkehr** gewährleistet ist." Zum einen wird hier als Grundsatz der „Raum der Freiheit, der Sicherheit und des Rechts" genannt. Zum anderen wird als ein Ziel unter anderem die Verhütung und Bekämpfung der Kriminalität angegeben. Gleichzeitig wird das Spannungsfeld zwischen Sicherheit und Freiheit aufgezeigt.

Der hier beschriebene Grundsatz wird im AEUV, Dritter Teil, Titel V, Art. 67–89 aufgefächert und konkretisiert.

Auffällig ist, dass sich an mehreren Stellen im Text „**Beschleunigungsklauseln**" finden (Art. 82 II UAbs. 2 AEUV, Art. 83 III UAbs. 2 AEUV, Art. 86 I UAbs. 3 AEUV, Art. 87 III UAbs. 3 AEUV), nach denen neun Mitgliedstaaten eine Zusammenarbeit in diesem Bereich vereinbaren können.

Die Art. 67–76 AEUV enthalten allgemeine Bestimmungen. Unter anderem wird **1220** festgestellt, dass es **keine Personenkontrollen an den Binnengrenzen** gibt. Dafür soll eine gemeinsame Politik in den Bereichen Asyl, Einwanderung und Kontrollen an den Außengrenzen entwickelt werden, Art. 67 II AEUV. Durch Maßnahmen unter anderem zur Koordinierung und Zusammenarbeit von Polizeibehörden soll ein hohes Maß an Sicherheit gewährleistet werden, Art. 67 III AEUV.

Gemäß Art. 71 AEUV ist ein „Ständiger Ausschuss für die operative Zusammenarbeit im Bereich der inneren Sicherheit (**COSI**)" eingerichtet worden.[1045] Der Ausschuss soll die Kooperation der Mitgliedstaaten im Bereich der inneren Sicherheit fördern. In regelmäßigen Abständen werden dem Europäischen Rat Berichte vorgelegt. „Der Ausschuss setzt sich aus hohen Beamten der Innen- und/oder Justizministerien aller EU-Mitgliedstaaten sowie aus Vertretern der Kommission und des EAD zusammen. Europol, Eurojust, Frontex, CEPOL und andere einschlägige Gremien können als Beobachter zu den Sitzungen eingeladen werden."[1046]

Art. 72 AEUV bestimmt, dass die **originäre Zuständigkeit der Mitgliedstaaten** für die Aufrechterhaltung der öffentlichen Ordnung und den Schutz der inneren Sicherheit **erhalten bleibt**.

Die Mitgliedstaaten der EU haben weiterhin die Möglichkeit, **bilaterale Verträge** zur Zusammenarbeit und Koordination abzuschließen, Art. 73 AEUV.

Die Art. 77–80 AEUV enthalten Regelungen zur Politik im Bereich **Grenzkontrollen, Asyl und Einwanderung**.

Art. 81 AEUV normiert die justizielle Zusammenarbeit in Zivilsachen.

In den Art. 82–86 AEUV wird die **justizielle Zusammenarbeit in Strafsachen 1221** geregelt. Art. 82 I 2 lit. d AEUV bestimmt, dass das Europäische Parlament und der Rat Maßnahmen erlassen, um die Zusammenarbeit zwischen den Justizbe-

---

[1045] Nähere Informationen zum Ausschuss: https://netzpolitik.org/2014/cosi-das-kleine-eu-innenministerium-koennte-gesetze-vorbereiten-und-sich-vermehrt-dem-terrorismus-widmen/(aufgerufen am 8.6.2016).

[1046] http://www.consilium.europa.eu/de/council-eu/preparatory-bodies/standing-committee-operational-cooperation-internal-security/(zuletzt aufgerufen am 22.5.2018).

hörden oder entsprechenden Behörden der Mitgliedstaaten im Rahmen der Strafverfolgung sowie des Vollzugs und der Vollstreckung von Entscheidungen zu erleichtern. Im Abs. 2 dieser Norm erhält das Europäische Parlament und der Rat das Recht, durch Richtlinien Mindestvorschriften festzulegen. Mit der Richtlinie 2010/64/EU des Europäischen Parlaments und des Rates über das **Recht auf Dolmetscherleistungen und Übersetzungen in Strafverfahren** v. 20.10.2010[1047] und der Richtlinie 2012/13/EU des Europäischen Parlaments und des Rates über das **Recht auf Belehrung und Unterrichtung in Strafverfahren** v. 22.5.2012[1048] wurde diese Norm erstmalig angewandt. Der Bundestag hat mit dem „Gesetz zur Stärkung der Verfahrensrechte von Beschuldigten im Strafverfahren" v. 2.7.2013[1049] diese Richtlinien in nationales Recht umgesetzt. Damit wird deutlich, dass über Art. 82 II AEUV sehr konkret in die Regelungen zum Strafverfahren eingegriffen werden kann.

In Art. 85 I AEUV wird der Auftrag von „**Eurojust**" beschrieben: „Eurojust hat den Auftrag, die Koordinierung und Zusammenarbeit zwischen den nationalen Behörden zu unterstützen und zu verstärken, die für die Ermittlung und Verfolgung von schwerer Kriminalität zuständig sind, wenn zwei oder mehr Mitgliedstaaten betroffen sind oder eine Verfolgung auf gemeinsamer Grundlage erforderlich ist; Eurojust stützt sich dabei auf die von den Behörden der Mitgliedstaaten und von Europol durchgeführten Operationen und gelieferten Informationen."

Art. 86 AEUV dient dazu, dass eine **Europäische Staatsanwaltschaft** eingerichtet wird. Dazu liegen bisher nur Vorschläge vor.[1050]

1222 In den Art. 87–89 AEUV wird die **polizeiliche Zusammenarbeit in der EU** ausgestaltet. Dabei fokussiert sich diese Zusammenarbeit auf die Verhütung und Verfolgung von Straftaten, Art. 87 I AEUV. Die klassische Gefahrenabwehr wird davon also nicht umfasst.

Um die in Art. 87 I AEUV beschriebenen Ziele zu erreichen, sollen in den Bereichen Datenverarbeitung, Aus- und Fortbildung und Ermittlungstechniken zur Aufdeckung schwerwiegender Formen der organisierten Kriminalität Maßnahmen erlassen werden, Art. 87 II AEUV.

Mit Art. 88 AEUV wird die Grundlage zur Einrichtung eines Europäischen Polizeiamtes, **Europol**, geschaffen. Die wesentlichen Aufgaben dieser Behörde werden in Art. 88 II AEUV beschrieben. Danach ist Europol zentrale Informationssammel- und auswertungsstelle in den Bereichen der schweren Kriminalität und des Terrorismus. Europol ist zuständig für die Koordinierung, Organisation und Durchführung von Ermittlungen und operativen Maßnahmen, die gemeinsam mit den zuständigen Behörden der Mitgliedstaaten oder im Rahmen gemeinsamer Ermittlungsgruppen durchgeführt werden, gegebenenfalls in Verbindung mit Eurojust.

[1047] ABl. 2010 L 280, 1.
[1048] ABl. 2012 L 142, 1.
[1049] BGBl. 2013 I 1938.
[1050] Vorschlag der Europäischen Kommission v. 17.3.2013 – COM 2013, 534 final, Verfahren 2013/0255/APP.

Mit Beschluss des Rates der Europäischen Union v. 6.4.2009 wurde das Europä- **1223** ische Polizeiamt errichtet.[1051] Sitz von Europol ist Den Haag, Niederlande, Art. 1 I des Beschlusses. Jeder Mitgliedstaat richtet eine **nationale (Verbindungs-)Stelle** ein, Art. 8 des Beschlusses. In Deutschland ist das das BKA, s. § 3 BKAG. Die nationalen Stellen entsenden mindestens einen Verbindungsbeamten zu Europol, Art. 9 des Beschlusses. Nach Art. 11 des Beschlusses unterhält Europol das **Europol-Informationssystem.** Zur Erfüllung seiner Aufgaben kann Europol mit anderen europäischen Organen kooperieren, Art. 22 des Beschlusses. Dazu gehören unter anderem Eurojust, das europäische Amt zu Betrugsbekämpfung (**OLAF**), die Europäische Agentur für die operative Zusammenarbeit an den Außengrenzen der Mitgliedstaaten der Europäischen Union (**Frontex**), die Europäische Polizeiakademie (**EPA bzw. CEPOL**), die Europäische Zentralbank (**EZB**) und die Europäische Beobachtungsstelle für Drogen und Drogensucht (**EBDD**).[1052]

Nach Art. 89 AEUV wird die Möglichkeit geschaffen, dass Behörden eines Mitgliedstaates im Hoheitsgebiet eines anderen Mitgliedstaats in Verbindung und in Absprache mit dessen Behörden tätig werden dürfen. Die Art. 40 und 41 SDÜ erlauben die grenzüberschreitende Observation und Nacheile. Ansonsten existieren zahlreiche bi- und multilaterale Verträge, die aber noch nicht im Rahmen des Art. 89 AEUV gemeinschaftsrechtlich angepasst worden sind.

87. Kapitel. Der Prümer Beschluss

Mit diesem Beschluss (PrümB)[1053] aus dem Jahr 2008 wurde der ursprüngliche **1224** Vertrag, den sieben europäische Staaten 2005 miteinander geschlossen hatten, in europäisches Gemeinschaftsrecht überführt. In Deutschland wurde dazu das Ausführungsgesetz zum Prümer Vertrag und zum Ratsbeschluss Prüm (PrümerVAG) erlassen.[1054]

Zur Verbesserung des Informationsaustauschs enthält dieser Beschluss Vorschriften, nach denen sich die Mitgliedstaaten **Zugriffsrechte auf ihre automatisierten DNA-Analyse-Dateien, ihre automatisierten daktyloskopischen Identifizierungssysteme sowie die Fahrzeugregister** gewähren, Art. 1 lit. a und Kapitel 2 PrümB. Bei Daten aus den nationalen DNA-Analyse-Dateien und den nationalen automatisierten daktyloskopischen Identifizierungssystemen gibt ein Treffer/Kein-Treffer-System dem abfragenden Mitgliedstaat die Möglichkeit, in einem zweiten Schritt den Datei führenden Mitgliedstaat um spezifische dazugehörige personenbezogene Daten und gegebenenfalls um weitere Informationen im Verfahren der gegenseitigen Unterstützung zu bitten. Das Treffer/Kein-Treffer-System bietet eine Struktur für den Abgleich anonymer Profile, bei

---

[1051] ABl. 2009 L 121, 37.

[1052] Weitere Informationen zu Europol finden sich unter https://www.europol.europa. eu/.

[1053] Beschluss 2008/615/JI des Rates zur Vertiefung der grenzüberschreitenden Zusammenarbeit, insbesondere zur Bekämpfung des Terrorismus und der grenzüberschreitenden Kriminalität v. 23.6.2008, ABl. 2008 L 210, 1; ausführlich dazu *Hummer* EUR 4/2007, 517 ff.

[1054] PrümVAG v. 10.7.2006 (BGBl. 2006 I 1458).

der zusätzliche personenbezogene Daten nur nach einem Treffer ausgetauscht werden und Übermittlung wie Empfang dieser Daten dem einzelstaatlichen Recht, einschließlich der Bestimmungen über die Rechtshilfe, unterliegen. Damit wird ein angemessenes Datenschutzsystem gewährleistet.

1225 Zur **Verbesserung des Informationsaustauschs** im Hinblick auf die Verhinderung von Straftaten und die Abwehr von Gefahren für die öffentliche Sicherheit und Ordnung **im Zusammenhang mit Großveranstaltungen mit grenzüberschreitendem Bezug** können personenbezogene und nichtpersonenbezogene Daten von den Mitgliedstaaten unter bestimmten Voraussetzungen übermittelt werden, Art. 1 lit b und Kapitel 3 PrümB.

> **Beispiel**: Zur Vorbereitung der Fußballeuropameisterschaft 2016 in Frankreich übermittelt die ZIS (Zentrale Informationsstelle Sporteinsätze)[1055] dem NFIP Frankreich (National Football Information Point) Erkenntnisse über die Zahl von anreisenden B-und C-Fans[1056] aus Deutschland zu den jeweiligen Veranstaltungsorten in Frankreich. Es werden auch Erkenntnisse über Anfahrtswege und Beförderungsmittel und geplante Aktionen der Fans übermittelt. Über Personen, die bei nationalen und internationalen Fußballspielen in der Vergangenheit durch Sicherheitsstörungen (das müssen nicht zwangsläufig Straftaten sein) aufgefallen sind, werden auch die personenbezogenen Daten auf Anforderung der französischen Polizei übermittelt.

1226 Die im Beispiel zuerst genannten Daten sind nicht personenbezogen, denn sie lassen keinen Rückschluss auf bestimmte Personen zu. Sobald personenbezogene Daten (Identifizierungsdaten der Person wie Namen, Vornamen, Geburtsdatum, Geburtsort, Erkenntnisse aus der Kriminalakte usw) übermittelt werden sollen, müssen Tatsachen die Annahme rechtfertigen, dass zu erwarten ist, dass diese Personen sich auch an Gewalttätigkeiten in Frankreich anlässlich der EURO 2016 beteiligen werden und hierbei Adressat polizeilicher Maßnahmen werden können. Ergänzend zum Art. 14 PrümB und bilateral geschlossenen Verträgen kommt hier die Verordnung über die Zulassung der Datenübermittlung von der Polizei an ausländische Polizeibehörden (PolDÜV NRW)[1057] zum Tragen. Diese Verordnung wurde gem. § 27 II PolG NRW erlassen. Danach ist gem. § 1 I Nr. 1 PolDÜV NRW die Übermittlung personenbezogener Daten an Polizeibehörden anderer Mitgliedstaaten der EU im Rahmen des § 27 I PolG NRW zulässig.

Fortsetzung des obigen Beispiels: Durch die ZIS wird das **SKB-Team-Deutschland**[1058] nach Frankreich entsandt, um die dortigen Behörden im Einsatz zu

---

[1055] Die ZIS gehört zum LZPD NRW mit Sitz in Duisburg.

[1056] Zuschauer der Kategorie B: der gewaltbereite/-geneigte „Fan"; Kategorie C: der gewaltsuchende „Fan".

[1057] Polizeidatenübermittlungsverordnung – PolDÜV v. 22.12.2008 (GV. NRW 837).

[1058] Es handelt sich dabei um 14 SKB, die in der Einsatzbewältigung bei Fußballspielen erfahren sind. Es handelt sich nicht um eine feststehende Einheit, sondern um einen Pool aus Landesbeamten unter Koordinierung und Führung der ZIS. Ziel ist die Beratung von Polizeiführern/Einsatzleitern durch Szenekenntnisse, Einsatzerfah-

unterstützen.[1059] Die deutschen Polizisten dürfen dabei ihre **Uniform tragen** und können mit der in Deutschland üblichen **Bewaffnung und Ausrüstung ausgestattet sein**, s. Art. 19 I PrümB.[1060]

Rechtsgrundlage ist Art. 17 PrümB bzw. der bilateral bereits geschlossene Vertrag mit der Republik Frankreich.[1061] Die dabei zu beachtenden Modalitäten werden in dem „**Handbuch Fußball Europa**" und einem für die Austragung der Fußballeuropameisterschaft 2016 ausgehandelten bilateralen Vertrag zwischen der Bundesrepublik Deutschland und der Republik Frankreich festgelegt.

Weiter enthält der Beschluss Bestimmungen über die Voraussetzungen für die Übermittlung von Informationen zur **Verhinderung terroristischer Straftaten**, Art. 1 lit. c und Kapitel 4 PrümB.

Ergänzend zum verbesserten Informationsaustausch werden weitere Formen der engeren Zusammenarbeit der Polizeibehörden geregelt, insbesondere durch **gemeinsame Einsatzformen zur Gefahrenabwehr** (zB gemeinsame Streifen), Art. 1 lit. d und Kapitel 5 PrümB, s. dazu auch das obige Beispiel.

Art. 18 PrümB sieht die **Hilfeleistung bei Massenveranstaltungen, Katastrophen** **1227** **und schweren Unglücksfällen** vor. Die Art. 19–23 PrümB gestalten die Verantwortlichkeiten bei solchen Einsätzen aus. Dazu gehören auch die zivilrechtliche Haftung, die strafrechtliche Verantwortung und der beamtenrechtliche Status der eingesetzten Kräfte.

Einhergehend mit dem verbesserten Informationsaustausch zwischen den Mitgliedstaaten und einer Vernetzung der nationalen Datenbanken enthält der Beschluss **umfangreiche Datenschutzbestimmungen** zur Wahrung des Rechts auf informationelle Selbstbestimmung, s. Kapitel 6 PrümB.

88. Kapitel. Das Schengener Durchführungsübereinkommen (SDÜ)[1062]

Frankreich, Belgien, Luxemburg, die Niederlande und die Bundesrepublik **1228** Deutschland unterzeichneten am 14.6.1985 das Abkommen von Schengen. Ziel war es, die Personenkontrollen an den Binnengrenzen schrittweise abzubauen. Zur Umsetzung dieses Abkommens wurde am 19.6.1990 das SDÜ unterzeichnet. Durch das Schengen-Protokoll zum Amsterdamer Vertrag wurde der Schengen-Besitzstand in EU-Gemeinschaftsrecht überführt.[1063]

---

rungen, die Identifizierung von Störern usw zur erfolgreichen Einsatzbewältigung, um Auseinandersetzungen und Ansehensschädigung BRD zu verhindern.

[1059] S. „Handbuch mit Empfehlungen für die internationale polizeiliche Zusammenarbeit und Maßnahmen zur Vorbeugung und Bekämpfung von Gewalttätigkeiten und Störungen im Zusammenhang mit Fußballspielen von internationaler Dimension, die zumindest einen Mitgliedstaat betreffen", ABl. 2010 C 165, 1, Kap. 2, Abs. 6.

[1060] Nach Rücksprache mit der ZIS werden die Beamten des SKB-Teams D mit hoher Wahrscheinlichkeit nicht bewaffnet eingesetzt werden (Stand: 15.4.2016).

[1061] Abkommen zwischen der Bundesrepublik Deutschland und der Regierung der Französischen Republik über die Zusammenarbeit der Polizei- und Zollbehörden in den Grenzgebieten v. 1.4.2000 (BGBl. 2000 II 842).

[1062] ABl. 2000 L 239, 19.

[1063] ABl. 1997 C 340, 93.

In den Artikeln 39–47 SDÜ wird die **polizeiliche Zusammenarbeit** geregelt. Wesentlich hierbei sind der Art. 40 SDÜ, **Observation**, und Art. 41 SDÜ, **Nacheile**.

Art. 40 I SDÜ lässt die Fortsetzung einer **Observation eines Tatverdächtigen** auf dem Hoheitsgebiet eines anderen Staates zu, wenn der betroffene Staat dem vorher gestellten Rechtshilfeersuchen zugestimmt hat. Diese Regelung wird im Abs. 2 der Norm dahingehend erweitert, dass bei besonderer Dringlichkeit (Gefahr im Verzug) die Observation auch ohne vorher eingeholte Zustimmung des betreffenden Staates fortgesetzt werden darf, wenn die in der Norm genannten Bedingungen erfüllt sind (Abs. 2 und 3).

Art. 41 I SDÜ erlaubt die **Verfolgung eines auf frischer Tat betroffenen Tatverdächtigen** auf dem Hoheitsgebiet eines anderen Vertragsstaates fortzusetzen, wenn die zuständigen Behörden des betroffenen Staates nicht rechtzeitig informiert werden konnten bzw. nicht rechtzeitig zur Stelle sind, um die Verfolgung zu übernehmen. In den weiteren Absätzen werden die näheren Einzelheiten beschrieben, die bei der grenzüberschreitenden Nacheile zu beachten sind.

89. Kapitel. Das Schengener Informationssystem (SIS)

1229 Mit den Bestimmungen des Teil IV des SDÜ wurde das Schengener Informationssystem eingeführt. Dieses ist inzwischen zum sog. SIS II weiter entwickelt worden.[1064] Das SIS ist ein **Fahndungssystem** und dient dazu, Ausgleichsmaßnahmen zum Wegfall der Binnengrenzkontrollen im Schengen-Raum zu schaffen. Das SIS II enthält Ausschreibungen von Vermissten zu deren Schutz oder zur Gefahrenabwehr, von Personen, die im Rahmen eines Gerichtsverfahrens gesucht werden, von Personen und Sachen zum Zwecke der verdeckten Registrierung oder gezielter Kontrolle sowie Sachfahndungsausschreibungen zur Sicherstellung oder Beweissicherung in Strafverfahren. SIS II ist seit dem 9.4.2013 in Betrieb. Derzeit gehören dem System 29 Mitgliedstaaten an. Mit Stand 1.1.2016 waren insgesamt rund 70 Mio. Datensätze im SIS II gespeichert.[1065]

Jeder Mitgliedstaat unterhält ein nationales System. Jeder Mitgliedstaat richtet eine nationale SIS II-Stelle und ein SIRENE-Büro ein. Die **SIRENE Deutschland** ist im **BKA** in Wiesbaden in die Gruppe „Präsenzdienste" integriert.

Einen **zusammenfassenden Überblick und Ausblick zum Informationsmanagement** im Bereich Freiheit, Sicherheit und Recht gibt die Mitteilung der Europäischen Kommission an das Europäische Parlament und den Rat „Solidere und intelligentere Informationssysteme für das Grenzmanagement und mehr Sicherheit".[1066]

Ergänzt werden die Vorschriften zum SIS durch die **RiStBV Anlage 6**, „Richtlinien über die internationale Fahndung nach Personen, einschließlich der Fahndung nach Personen im Schengener Informationssystem".[1067]

[1064] ABl. 2006 L 381, 4.
[1065] https://www.bka.de/DE/UnsereAufgaben/Aufgabenbereiche/InternationaleFunktion/SchengenerAbkommen/SISII/abkommen_node.html (abgerufen am 22.5.2018).
[1066] COM/2016/0205 final v. 6.4.2016.
[1067] Richtlinien für das Straf- und Bußgeldverfahren (RiStBV) Anlage 6 v. 1.10.1993.

90. Kapitel. Bilateral geschlossene Verträge

Die Bundesrepublik Deutschland hat mit allen angrenzenden Staaten **bilatera-** 1230
le Verträge zur grenzüberschreitenden polizeilichen Zusammenarbeit geschlossen.[1068] Ausdrücklich lässt Art. 39 IV und V SDÜ solche Vereinbarungen und
Abkommen zwischen den Mitgliedstaaten zu.

Die bilateralen Verträge gehen über die zugelassenen Rechtsfolgen der Art. 40
und 41 SDÜ (Observation und Nacheile) und der Rechtsfolgen im Beschluss von
Prüm hinaus. Allerdings sind die Bedingungen und die zugelassenen Maßnahmen je nach Vertrag unterschiedlich. Daher hat der Rat der Europäischen Union
ein „**Handbuch für grenzüberschreitende Einsätze – nationale Merkblätter**"[1069]
herausgegeben. Darin lassen sich für jeden Mitgliedstaat zusammenfassend die
jeweiligen geltenden Regelungen ablesen.

Hier soll nur auf die Verträge mit den beiden EU-Staaten eingegangen werden,
mit denen NRW eine gemeinsame Grenze hat, also Belgien und die Niederlande.

A. Der belgische Vertrag

Der **Vertrag mit Belgien** wurde am 29.5.2002 veröffentlicht.[1070] Art. 2 I des Ver- 1231
trages enthält die Zielbestimmung: „Die Vertragsparteien verstärken die Zusammenarbeit der Behörden und Dienststellen der Polizei, des Bundesgrenz-
schutzes (heute Bundespolizei, Anm. d. Autoren) und der Zollverwaltung bei
der Gefahrenabwehr sowie bei der Verhütung und Verfolgung von Straftaten."
Dabei erstreckt sich diese Zusammenarbeit vornehmlich auf „den Informationsaustausch, die Koordination polizeilicher Einsätze in den Grenzgebieten,
die Kooperation im Bereich der Aus- und Fortbildung und Führungs- und
Einsatzmittel.", Art. 2 II 2 des Vertrages. Art. 4 des Vertrags regelt die **Einrichtung einer gemischt besetzten deutsch-belgischen Kontaktdienststelle**. In den
Art. 9 und 10 des Vertrags werden Observation und Nacheile geregelt. Die Bestimmungen gehen dabei nicht über die Regelungen der Art. 40 und 41 SDÜ
hinaus. Einzelheiten und Ausführungen, die bei einem Einsatz von Polizisten
aus NRW auf dem Hoheitsgebiet des Königreichs Belgien zu beachten sind,
ergeben sich aus dem „Handbuch für grenzüberschreitende Einsätze – nationale Merkblätter", s. oben.

B. Der niederländische Vertrag

Der **Vertrag mit dem Königreich der Niederlande**[1071] geht deutlich über die in 1232
den Art. 40 und 41 SDÜ getroffenen Regelungen hinaus.[1072] Er ist auch wesent-

---

[1068] Ein Fundstellenverzeichnis findet sich in: BeckOK PolR NRW/*Möstl*, 9. Ed. 10.5.2018,
Systematische Vorbemerkungen zum Polizeirecht in Deutschland, Rn. 72; s. auch BMI,
Referat ÖS 14, Übersicht bilaterale Polizei- und (Zoll-)Verträge, Stand: 15.3.2016; *Rapp*
in DPolBl 5/2014, 6.

[1069] Rat der Europäischen Union 17.2.2011 – 10505/4/09 REV 4 ADD 1 REV 1 –.

[1070] BGBl. 2002 II 1532.

[1071] Bekanntmachung des Vertrags v. 17.3.2006 (BGBl. 2006 II 194).

[1072] Ausführlich dazu *Schramm* in DPolBl 5/2014, 11 ff.

lich umfangreicher und detaillierter als der Vertrag mit dem Königreich Belgien. So können bei dringendem Bedarf zur Abwehr von Gefahren für die öffentliche Sicherheit oder Ordnung, zur Verhinderung und zur Verfolgung von Straftaten Beamte der Polizeibehörden des einen Vertragsstaates den zuständigen Stellen des anderen Vertragsstaates ausnahmsweise zur Wahrnehmung polizeilicher Vollzugsaufgaben einschließlich hoheitlicher Befugnisse unterstellt werden, Art. 6 I des Vertrags. Art. 11 des Vertrags **ergänzt die Regelungen zur Observation** nach Art. 40 SDÜ. Art. 12 des Vertrags **ergänzt die Regeln zur grenzüberschreitenden Nacheile** nach Art. 41 SDÜ. Hervorzuheben ist hier, dass auch Personen, die sich innerhalb einer Entfernung von höchstens 150 km zur Grenze einer Kontrolle entzogen haben, verfolgt werden dürfen. Dabei muss es sich um eine Person handeln, nach der wegen einer auslieferungsfähigen Straftat gefahndet wird oder die zu einer freiheitsentziehenden Sanktion verurteilt worden ist, derentwegen eine Auslieferung zulässig erscheint, Art. 12 I Nr. 1 des Vertrags. Allerdings ist eine solche Nacheile auch zulässig, soweit sich eine Person einer polizeilichen Kontrolle innerhalb einer Entfernung von höchstens 150 Kilometern bis zu der Grenze entzieht, sofern dabei eindeutige Anhaltezeichen missachtet werden und in der Folge eine Gefährdung der öffentlichen Sicherheit herbeigeführt wird, Art. 17 II des Vertrags. Der Gesetzestext ist an dieser Stelle missverständlich. Nach dem Wortlaut würde es erst nach der polizeilichen Kontrolle zu einer Gefährdung der öffentlichen Sicherheit kommen bzw. diese Gefahr würde nach der Kontrolle herbeigeführt werden. Fragt man nach dem Zweck der Norm, so dürfte es so sein, dass Tatsachen darauf schließen lassen, dass das Verhalten der Person eine Gefahr für die öffentliche Sicherheit verursacht, die auch noch besteht, wenn es zum Grenzübertritt kommt.

1233   Art. 19 des Vertrags erlaubt die grenzübergreifende Zusammenarbeit zur Abwehr von Gefahren für die öffentliche Sicherheit oder Ordnung und zur Verhütung von Straftaten durch **gemeinsame Einsatzformen**. Aufgrund dieser Norm ist das **Grenzüberschreitende Polizeiteam (GPT)** gegründet worden.[1073] Zu dem Team gehören insgesamt 20 Polizeibeamte aus den beiden Staaten. Das GPT hat seinen Sitz am ehemaligen Grenzübergang Bad Bentheim.

Nach Art. 21 des Vertrags sind **vorläufige grenzüberschreitende Maßnahmen zur Abwehr einer gegenwärtigen Gefahr für Leib oder Leben** zulässig.

Art. 24 des Vertrags behandelt die **Einrichtung und die Aufgaben einer gemischt besetzten Dienststelle.**

C. Euregionale Informations- und Cooperationscentrum – EPICC[1074]

1234   In diesem 2005 gegründeten Zentrum arbeiten die Polizeibehörden der Euregio Maas-Rhein zusammen. Das EPICC hat seinen Sitz in Heerlen in den Niederlanden. Hauptaufgaben sind der Informationsaustausch und die Unterstützung bei grenzüberschreitenden Einsätzen. Rechtsgrundlagen sind das SDÜ, der

---

[1073] https://www.deutschland-nederland.eu/project/gpt-2015 (zuletzt aufgerufen am 27.6.2018.

[1074] http://www.nebedeagpol.eu/index.php?option=com_content&view=article&id=67&Itemid=466&lang=de (zuletzt aufgerufen am 22.5.2018).

Beschluss von Prüm sowie die bilateralen Verträge zwischen Deutschland und dem Königreich der Niederlanden und Deutschland und dem Königreich Belgien. Etwa 30 Polizeibeamte aus den drei Staaten arbeiten in dem Zentrum. Hervorgegangen ist das EPICC aus der Arbeit der Arbeitsgemeinschaft der Polizei in der Euregio Maas-Rhein (NeBeDeAgPol), die seit 45 Jahren besteht.

91. Kapitel. Das Gesetz über die internationale Rechtshilfe in Strafsachen und der Europäische Haftbefehl

Das Gesetz über die internationale Rechtshilfe in Strafsachen (IRG)[1075] regelt den **1235** Rechtshilfeverkehr mit dem Ausland in **strafrechtlichen Angelegenheiten**, § 1 I IRG. Strafrechtliche Angelegenheiten im Sinne dieses Gesetzes sind auch Verfahren wegen einer Tat, die nach deutschem Recht als **Ordnungswidrigkeit** mit Geldbuße oder die nach ausländischem Recht mit einer vergleichbaren Sanktion bedroht ist, sofern über deren Festsetzung ein auch für Strafsachen zuständiges Gericht entscheiden kann, § 1 II IRG. Der **Grundsatz** lautet, dass ein Ausländer, der in einem ausländischen Staat wegen einer Tat, die dort mit Strafe bedroht ist, verfolgt wird oder verurteilt worden ist, diesem Staat auf Ersuchen einer zuständigen Stelle zur Verfolgung oder zur Vollstreckung einer wegen der Tat verhängten Strafe oder sonstigen Sanktion **ausgeliefert werden kann**, § 2 I IRG. § 3 IRG schränkt die Möglichkeit der Auslieferung allerdings auf solche Taten ein, die auch nach deutschem Recht eine Straftat sind und die Strafandrohung im Höchstmaß mit Freiheitsstrafe von mindestens einem Jahr bedroht ist bzw. die noch zu vollstreckende freiheitsentziehende Sanktion mindestens vier Monate beträgt.

Die §§ 15 und 16 IRG bestimmen, wann eine Person in **(vorläufige) Ausliefe-** **1236** **rungshaft** genommen werden kann. Die Anordnung erfolgt durch einen Haftbefehl des OLG, § 17 I IRG. Die Staatsanwaltschaft bei dem Oberlandesgericht bereitet die Entscheidung über die Auslieferung vor und führt die bewilligte Auslieferung durch, § 17 II IRG.

Die ausgestellten Haftbefehle können zur **Fahndung** genutzt und die entsprechenden Daten in das SIS eingestellt werden, § 18 IRG und Art. 95 SDÜ.

Gemäß § 19 IRG können die Staatsanwaltschaft und Polizeibehörden eine **vorläufige Festnahme** durchführen, wenn die Voraussetzungen eines Auslieferungshaftbefehls, §§ 15 und 16 IRG, vorliegen.

Das „allgemeine" Auslieferungsverfahren ist nur noch anzuwenden, soweit es sich um Personen aus Nicht-EU-Staaten handelt. Für Personen, die einem Mitgliedstaat der EU angehören, gelten die Vorschriften des europäischen Haftbefehls.

Mit dem **Europäischen Haftbefehlsgesetz (EuHbG)**[1076] wurde der Rahmenbeschluss des Rates der Europäischen Union[1077] in deutsches Recht umgesetzt.

[1075] Neugefasst durch Bek. v. 27.6.1994 (BGBl. 1994 I 1537).
[1076] Gesetz zur Umsetzung des Rahmenbeschlusses über den Europäischen Haftbefehl und die Übergabeverfahren zwischen den Mitgliedstaaten der Europäischen Union v. 20.7.2006 (BGBl. 2006 I 1721).
[1077] ABl. 2002 L 190, 1.

Der europäische Haftbefehl ist in das Gesetz über die internationale Rechtshilfe eingearbeitet, §§ 78 ff. IRG.

Mit dem Rahmenbeschluss zum europäischen Haftbefehl wird das davor geltende Auslieferungsverfahren abgelöst. Ziel der Neuregelung war es, dass gerichtliche Entscheidungen der Mitgliedstaaten der Europäischen Union untereinander anerkannt werden. Damit sollte eine Beschleunigung der gerichtlichen Auslieferung einhergehen.

1237 Die erste Fassung des EuHbG[1078] wurde vom Bundesverfassungsgericht **für nichtig erklärt.**[1079] Bemängelt wurde, dass die Regelungen, nach denen es zulässig war, **Deutsche** an einen Mitgliedstaat der EU **auszuliefern**, unverhältnismäßig in Art. 16 GG eingreifen würden und außerdem die Rechtsschutzgarantie aus Art. 19 IV GG unzureichend beachtet wurde. Das Gericht erließ einen Prüfkatalog, der in die Neufassung des Gesetzes eingearbeitet wurde. Die jetzt verfassungskonforme Fassung wurde in § 80 IRG aufgenommen.

Der Europäische Haftbefehl[1080] kann sowohl zur **Strafverfolgung** als auch zur **Strafvollstreckung** erlassen werden. Bei der Strafverfolgung ist es erforderlich, dass die Person dringend tatverdächtig ist, eine Straftat begangen zu haben, die mit einer Gefängnisstrafe oder einer freiheitsentziehenden Maßregel der Sicherung im Höchstmaß von mindestens einem Jahr bestraft wird, § 81 Nr. 1 IRG. Der Haftbefehl zur Strafvollstreckung setzt eine rechtskräftige Verurteilung zu einer Gefängnisstrafe oder einer Anordnung einer Maßregel der Sicherung von mindestens vier Monaten voraus, § 81 Nr. 2 IRG. § 81 Nr. 4 IRG verweist auf einen Deliktskatalog im Rahmenbeschluss, Art. 2 II IRG. Liegt der dringende Verdacht einer solchen Straftat vor, so entfällt nach § 81 Nr. 4 IRG die Prüfung der Gegenseitigkeit der Strafbarkeit des Delikts. Der Katalog enthält eine Vielzahl von Straftaten. Die meisten davon sind nach deutschem Strafrecht Verbrechenstatbestände. Es werden aber auch Betrugsdelikte, Umweltdelikte und Handel mit gestohlenen Kraftfahrzeugen aufgeführt. Der Katalog wird daher als zu vage kritisiert.

1238 In einem Bericht der europäischen Kommission aus dem Jahr 2011[1081] wurde eine erste Bilanz über die Wirksamkeit des europäischen Haftbefehls gezogen. Darin heißt es: „Mehr als sieben Jahre sind seit dem Inkrafttreten des Rahmenbeschlusses des Rates vom 13. Juni 2002 über den Europäischen Haftbefehl (nachfolgend „EHB") und die Übergabeverfahren zwischen den Mitgliedstaaten[1] (nachfolgend „Rahmenbeschluss") am 1. Januar 2004 vergangen. Die für die Jahre 2005 bis 2009 verfügbaren Statistiken[2] (s. Anhang 1) verzeichnen 54 689 ausgestellte und 11 630 vollstreckte EHB. In diesem Zeitraum stimmten zwischen 51 % und 62 % der gesuchten Personen durchschnittlich innerhalb von 14 bis 17 Tagen ihrer Übergabe zu. Diejenigen, die nicht zustimmten, wurden

---

[1078] Gesetz v. 21.7.2004 (BGBl. 2004 I 1748).

[1079] BVerfG NJW 2005, 2289.

[1080] Ausführlich dazu *Böhm* NJW 2006, 2592 ff.; *Hackner* NStZ 2006, 663 ff.; gute Zusammenfassung: https://www.landtag.nrw.de/portal/WWW/GB_I/I.5/PBGD/ Aktuelles_Thema/Aktuelles_Thema_2007/Der_EurEuropaeis_Haftbefehl.pdf (zuletzt aufgerufen am 22.5.2018).

[1081] KOM(2011) 0175 endg.

im Durchschnitt nach 48 Tagen übergeben. Gegenüber der Situation vor Einführung des EHB, als die Auslieferung gesuchter Personen durchschnittlich ein Jahr dauerte, stellt dies eine sehr positive Entwicklung dar und hat zweifelsohne die Freizügigkeit innerhalb der EU gestärkt, denn der EHB hindert diejenigen, die sich der Justiz zu entziehen versuchen, wirksam an der Ausnutzung offener Grenzen." Der Bericht führt allerdings auch Kritikpunkte auf. Der Rahmenbeschluss zum europäischen Haftbefehl ist in den Mitgliedstaaten unterschiedlich umgesetzt worden. Er wird in den Mitgliedstaaten auch unterschiedlich angewendet. Teilweise wird bei relativ geringen Vergehen ein entsprechender Haftbefehl ausgestellt und damit das Verhältnismäßigkeitsprinzip nicht beachtet. Die europaweite Vergleichbarkeit von Rechtsnormen wird von Kritikern angezweifelt. Auch ist der Zugang zum europäischen Gerichtshof für Menschenrechte nur unter erheblichen Schwierigkeiten für einzelne Personen möglich. Der Mindeststandard von Verfahrensrechten der Beschuldigten müssen in den Mitgliedstaaten verabschiedet und umgesetzt werden. Um europaweit ein einheitliches Verfahren zu gewährleisten, sollen die Mitgliedstaaten sich an dem Handbuch zum europäischen Haftbefehl[1082] orientieren. Kritisiert werden auch immer wieder die Haftbedingungen in einigen EU-Staaten.[1083] Wegen drohender Verstöße gegen die EMRK, s. auch § 73 S. 2 IRG, sind von deutschen Gerichten und dem EUGH mehrere Urteile gesprochen worden, die ein Auslieferungsersuchen ablehnten bzw. an Bedingungen knüpften.[1084]

Die §§ 92 ff. IRG erlauben den Strafverfolgungsbehörden der EU-Mitgliedstaa- **1239** ten, **Informationen** einschließlich personenbezogener Daten zur Strafrechtspflege **zu übermitteln.**

§ 93 IRG bestimmt die **Weitergabe von Informationen in einer gemeinsamen Ermittlungsgruppe,** die von einem EU-Mitgliedstaat eingerichtet wurde.

Ergänzt werden die Vorschriften des IRG durch den **Rechtsakt des europäischen Rates** über die Erstellung des „Übereinkommens gemäß Artikel 34 des Vertrags über die Europäische Union – vom Rat erstellt – über die **Rechtshilfe in Strafsachen zwischen den Mitgliedstaaten der Europäischen Union** (EURechtsHStrÜ).[1085] Unter anderem wird darin die Vernehmung eines Zeugen oder Sachverständigen per **Videokonferenz** bzw. **Telefonkonferenz** geregelt, Art. 10 und 11 EURechtsHStrÜ. Art. 12 EURechtsHStrÜ erlaubt die Durchführung von **kontrollierten Lieferungen.** Über Art. 13 EURechtsHStrÜ können **gemeinsame Ermittlungsgruppen** zwischen zwei oder mehr Mitgliedstaaten der EU eingerichtet werden. Art. 14 EURechtsHStrÜ erlaubt auch **verdeckte Ermittlungen.** Nach den Art. 17 ff. EURechtsHStrÜ ist die **Überwachung des Telekommunikationsverkehrs** möglich.

[1082] Rat der Europäischen Union v. 17.12.2010 17195/1/10 REV 1.

[1083] Europäisches Komitee zur Verhütung von Folter und unmenschlicher oder erniedrigender Behandlung oder Strafe (CPT), Bericht v. 16.10.2014 zu der Visite in Griechenland.

[1084] OLG Stuttgart BeckRS 2016, 08585; OLG Düsseldorf Beschl. v. 14.12.2015 – III-3 AR 15/15n; OLG Karlsruhe BeckRS 2014, 11797; OLG Dresden NStZ-RR 2015, 26 f.; EuGH BeckRS 2016, 80575.

[1085] ABl. 2000 C 197, 1; G. v. 22.7.2005 (BGBl. 2005 I 650).

1240 Ausführungsbestimmungen zur internationalen Zusammenarbeit in Strafsachen enthalten die Richtlinien für den Verkehr mit dem Ausland in strafrechtlichen Angelegenheiten (**RiVASt**).[1086] Nr. 123 RiVASt regelt die Aufgaben des BKA. Ergänzend dazu wird in der Nr. 124 RiVASt beschrieben, unter welchen Voraussetzungen andere Polizeibehörden mit ausländischen Strafverfolgungsbehörden zusammenarbeiten. Dabei gilt der Grundsatz, dass diese Zusammenarbeit über das BKA zu laufen hat. Nur, wenn es eine ausdrückliche Regelung gibt, die die direkte Zusammenarbeit zulässt, braucht das BKA nicht eingeschaltet zu werden. Das gilt zB für die grenzüberschreitende Zusammenarbeit, die durch bilaterale Verträge vereinbart wurde, → Rn. 1230 ff.

Auf **Landesebene** ist der gemeinsame Runderlass des Justizministeriums und des Ministeriums für Inneres und Kommunales „Ausübung der Befugnisse im Rechtshilfeverkehr mit dem Ausland in strafrechtlichen Angelegenheiten"[1087] zu beachten. Zur zentralen Landesbehörde wird durch diesen Erlass das **LKA** bestimmt. Für den **polizeilichen Rechtshilfeverkehr mit Belgien und den Niederlanden** werden die angrenzenden Kreispolizeibehörden in NRW an die Grenzen zu den Niederlanden und Belgien für zuständig erklärt, III. des Erlasses.

[1086] In der Fassung der Bek. v. 5.12.2012 (BAnz AT 19.12.2012 B2).
[1087] RdErl. v. 10.3.1999 – IV A 1 – 1431/3.0.

Sachverzeichnis

(Die Zahlen verweisen auf die Randnummern des Buches)